¡NO VALGA
LA REDUNDANCIA!

Pleonasmos, redundancias, sinsentidos, anfibologías
y ultracorrecciones que decimos y escribimos en español

JUAN DOMINGO ARGÜELLES

¡NO VALGA LA REDUNDANCIA!

Pleonasmos, redundancias, sinsentidos, anfibologías
y ultracorrecciones que decimos y escribimos en español

OCEANO

¡NO VALGA LA REDUNDANCIA!
Pleonasmos, redundancias, sinsentidos, anfibologías
y ultracorrecciones que decimos y escribimos en español

© 2021, Juan Domingo Argüelles

Diseño de portada: Ivonne Murillo
Fotografía del autor: cortesía Archivo de la FIL de Guadalajara, 2016,
intervenida por Irma Bastida Herrera
Viñeta de la solapa: Irma Bastida Herrera

D. R. © 2021, Editorial Océano de México, S.A. de C.V.
Guillermo Barroso 17-5, Col. Industrial Las Armas
Tlalnepantla de Baz, 54080, Estado de México
info@oceano.com.mx

Primera edición: 2021

ISBN: 978-607-557-246-8

Impreso en México / Printed in Mexico

ÍNDICE

Producen verdadero asombro la insensibilidad, la desenvoltura, el atrevimien-
to, la contumelia, la impudicia de tantos y tantos profesionales del idioma, que,
metidos en el oficio, jamás cuestionan sus ocurrencias. Ni les pasa por el magín
exigirse un poco de esmero, una pizca de pulcritud. [...] El desdén que la pulcri-
tud merece a quienes pululan por el lenguaje, se corresponde exactamente con
las demás suciedades observables en nuestra vida social. Y ese desdén no cesa...

FERNANDO LÁZARO CARRETER

Hay algo que impide a la gente consultar diccionarios: la pereza.

ADOLFO BIOY CASARES

PRÓLOGO

En 1950 el gran poeta y ensayista alemán Gottfried Benn hizo un diagnóstico de la lengua. No únicamente de la alemana, sino en general, y concluyó que el idioma estaba atravesando por una crisis en la que, por momentos, perdía su carácter dialógico y su profundidad y devenía en lo puramente político. Sin embargo, años atrás, en 1934, se mostró confiado en que la lengua, por ser un ente vivo, con su evolución, su congruencia y su capacidad de adaptación lógica, jamás aceptaría una transformación artificial o mecanicista, esto es, política. Eso, dijo, "no sucederá jamás".

Téngase en cuenta que, desde entonces, Benn ya se refería a los estropicios e infecciones ocasionados por el virus político que afectaba a la lengua, pero también, con gran lucidez, sabía que tanto la fortaleza del idioma común, ciudadano, civil, como la fuerza milenaria del idioma poético o literario (esto es, de carácter estético), impedirían su desnaturalización ante el tenaz empuje político, porque, citando a Balzac, "mientras los imperios pasan, 'una palabra pesa más que una victoria'".

Dos décadas después, en *El placer del texto*, Roland Barthes advertiría que "el lenguaje *encrático* (el que se produce y se extiende bajo la protección del poder) es estatutariamente un lenguaje de repetición; todas las instituciones oficiales de lenguaje son máquinas repetidoras", desde las escuelas hasta la publicidad oficial, que confluyen, invariablemente, en "el estereotipo" que, a decir del semiólogo francés, "es un hecho político, la figura mayor de la ideología" y "la palabra repetida fuera de toda magia y de todo entusiasmo".

La lengua civil, de la cual deriva la lengua estética, es también un poder, con sus propios principios, normados por la lógica y el uso común, y este poder de la lengua se resiste, siempre, a los demás poderes, pero especialmente al poder político que la asedia y que la desea ideológica y no dialógica. ¡Qué tan importante, y tan poderosa, es la lengua civil y dialógica, que lo primero que hacen los conquistadores, políticos y militares, es arrancarles la lengua a los conquistados para imponerles la suya!

El idioma (todo idioma) ha sufrido los embates del poder (todo poder), y, sin embargo, ha obedecido siempre a sus propias reglas de evolución, de acuerdo con la realidad, sin aceptar intromisiones caprichosas ni caminos por decreto, pues incluso cuando una forma errónea (un barbarismo, por ejemplo) acaba imponiéndose como válida entre los hablantes y escribientes, esto lo determina el uso común y no la arbitrariedad de nadie, por muy bienintencionados que puedan ser sus motivos (y casi nunca lo son).

En su ya largo proceso evolutivo, todas las lenguas tienden a la precisión y a la economía, elementos indispensables para una buena comunicación y no menos para la más depurada creación estética. La precisión está directamente relacionada con la lógica y el sentido común, y, ya resuelta la precisión, la economía da concisión al idioma con el uso de la menor cantidad de vocablos o de palabras en un enunciado, para abarcar y expresar el más exacto significado. Forma elegante y concisa, y precisión semántica confieren a la lengua sus más firmes capacidades expresivas, tanto para la comunicación básica como para la creación de obras estéticas: información, sin ambigüedades, y belleza en el decir y el escribir.

Por ello, las lenguas, incluido el español, pasaron del arcaísmo pleonástico y redundante a la concisión, con vocablos cuyos significados evitan, en todo lo posible, los yerros, equívocos y anfibologías. El español antiguo está lleno de pleonasmos muy parecidos, en su uso, a los del hebreo, que, para denotar algo, repite términos y significados, como en "lloraban con los sus ojos, llenos de lágrimas, las mujeres" y "habló Yaveh y de su boca dijo palabras para que los oídos de todos escucharan".

Muchas de las formas con las que hoy se duplica o se desdobla el idioma, por motivos ideológicos y políticos (especialmente los llamados "de género", que surgieron en las esferas del poder), por muy bienintencionados o nobles que puedan ser los objetivos que tratan de justificar su uso, no son avances sino retrocesos en nuestra lengua. No obran en la precisión, sino en la anfibología, y pasan por encima de la lógica y de la economía del lenguaje. Como bien lo ha afirmado Gabriel Zaid, las duplicaciones y redundancias, además de las formas caprichosas de derivar "femeninos", en nombre de la equidad y la igualdad, no constituyen un avance en el idioma, sino un evidente retroceso. Resolver problemas y corregir injusticias sociales no tendría por qué implicar la ruina del idioma.

Zaid explica, de la manera más sencilla, para que todos entiendan: "De los afanes feministas han salido muchas cosas buenas y algunas lamentables. El acceso al voto, a las profesiones y al poder han sido avances de verdad. Pero que una directora se haga llamar *la director* o *el director* no es un avance. La lengua admite innovaciones, pero no arbitrariedades. Permite decir *el presidente, la presidente* y *la presidenta; el juez, la juez* y *la jueza;* pero no *el presidenta,* ni *el jueza,* ni *la director.* Tampoco *el director,* si es directora". Que un sector femenino llegue al extremo de llamar "grupa", en lugar de "grupo", al conjunto o a la pluralidad de mujeres, no es desde luego un avance lógico de la lengua, sino una arbitrariedad que no beneficia a nadie. El sustantivo femenino "grupa" (del francés *croupe*) designa las "ancas de una caballería". Pero el "grupo" es "grupo", sea para designar el conjunto de varones o sea para referirnos al conjunto de mujeres. Reivindicar los derechos de las mujeres no tiene que implicar ni la confusión en la lengua ni la destrucción de la lógica.

Vivimos hoy, igual que en tiempos de Gottfried Benn, un asedio político a la lengua dialógica, en una crisis más (otra, entre muchas a lo largo de la historia), en que lo ideológico y lo ilógico tratan de imponerse sobre la evolución natural y el uso sensato del común. La lengua política, al igual que en otras épocas, cree posible imponerse por exigencia, por coerción o por decreto. Hay quienes incluso exigen (sean individuos o colectivos), la supresión o la inclusión de determinados términos en los diccionarios. Censura para unos y libertad para otros. Esto es desconocer la evolución natural de la lengua, pues ni aun suprimiendo del diccionario los términos que disgustan, éstos dejarán de existir. Existen porque nombran una realidad, y la obligación de los diccionarios (es decir, de quienes hacen los diccionarios) es reflejar esa realidad, no ocultarla ni mucho menos negarla.

Si cada cual decide que un término, el que sea, debe desaparecer del diccionario y, en su lugar, incluir otros "satisfactorios" y a contentillo, tal vez no quede nada de lengua dialógica, y sí, en cambio, todo un vocabulario de lengua política, ideológica. Esto, por fortuna, para decirlo con Gottfried Benn, "no sucederá jamás"; y, pasado un tiempo, el idioma se irá desembarazando de lo que no es suyo por naturaleza, de lo que no es parte viva de su evolución. Ya lo veremos, o no, pero la lógica se impondrá siempre allá donde la arbitrariedad quiera mandar y decidir. La realidad manda incluso cuando se cumplen nuestros deseos. Lo cierto es que, hoy, con la corrección política, hasta los machistas (por sus dichos y acciones) navegan con bandera de "feministas" (¿o "feministos"?; ¡más bien, "femilistos"!): lo dicen, lo escriben, lo pregonan, lo ostentan, aunque se muerdan la lengua y, de paso, laceren el idioma y ofendan nuestra inteligencia. ¡Caraduras que son! Muy feminista ha de ser el escritor y funcionario que no se percata del machismo declarativo que lo traiciona cuando, pretendiendo ostentar su "feminismo", afirma enfático ante un público conformado por estudiantes: "¡Vamos a abolir el machismo a putazos!". Algo digno de figurar en la célebre columna periodística "Por mi madre, bohemios" del ya difunto Carlos Monsiváis.

La crisis que padece hoy el idioma, con la intromisión del poder político y de otros poderes (incluido el académico), no conducirá a una transformación artificial de la lengua. La neolengua política e interesada (con sus desdoblamientos, duplicaciones, eufemismos y demás caprichos y arbitrariedades) será una anécdota más en tanto no sea de uso común. A lo más que puede llegar esta neolengua políticamente correcta es a formas jergales en estancos especializados que, por serlo, conspiran contra la comunicación. Toda forma jergal del idioma es de uso exclusivo (y, por tanto, excluyente) de las cofradías que la usan y la entienden. Y queda claro que no conduce a la inclusión sino al elitismo, como bien lo ha señalado Concepción Company, directora adjunta de la Academia Mexicana de la Lengua, reconocida en 2019 con el Premio Nacional de Ciencias y Artes, en la rama de Lingüística.

En una entrevista, Company advirtió lo siguiente: "Me parece muy peligroso el lenguaje incluyente. [...] ¿Qué problema tiene el lenguaje incluyente? Que 'todos y todas' es políticamente correcto. Ningún político se atrevería a dirigirse a una audiencia diciendo 'buenas noches, señores' o 'buenas noches tengan todos ustedes', que es una posibilidad de la lengua. Sin embargo, el lenguaje incluyente es como una cortina de humo que oculta los verdaderos problemas del machismo de la socie-dad mexicana. Entonces, estoy segura de que muchos caballeros machines cuando dicen 'estimadas todas y queridos todos', lavan su conciencia pensando: 'Qué incluyente soy', pero después matan de un batazo a su esposa".

El uso de la arroba (tod@s), la equis (todxs) y la e ("todes) como signos de la inclusión, o de la denominada "perspectiva de género" en la lengua, es un recurso político que hasta los más machistas aprueban y utilizan para quedar bien con las audiencias. A decir de Company, "el lenguaje incluyente es una superficialidad que desvía la atención del problema profundo, porque a las mujeres, no siendo minoría, siendo iguales, se nos trata como discapacitadas mentales". Por ello, con incorrección política, al referirse a sí misma, sentencia: "No quiero que me incluyan por ser mujer, porque eso me ofende".

Por lo demás, el uso del idioma o de los idiomas de santa Teresa de Jesús, sor Juana Inés de la Cruz, Virginia Woolf, Emilia Pardo Bazán, Emily Dickinson, Simone de Beauvoir, María Zambrano, Emily Brontë, Charlotte Brontë, Jane Austen, Mary Shelley, Toni Morrison, Isak Dinesen, Marguerite Yourcenar, Marguerite Duras, Mercè Rodoreda, Elena Garro y Rosario Castellanos, entre otras muchas autoras, varias de ellas feministas, o que se opusieron resueltamente al poder masculino de su época, nada tiene que ver, en sus perdurables obras, con artificios para la confusión de la lengua, sino con poderosas fuerzas imaginativas y transformadoras para enriquecerla, y que están a la par de las grandes creaciones literarias de los más grandes escritores de su tiempo y de todos los tiempos.

Los políticos, desde su altura omnipotente, "conceden", como bien advierte Zaid, pero invariablemente *subrayan* lo que conceden, para que se vea el tamaño de sus concesiones, la prodigalidad de sus favores. "Nunca dirán 'los tontos y las tontas'", porque sus redundancias y sus duplicaciones son interesadas. Su interés mayor como políticos es quedar bien con cualquier auditorio, a costa de lo que sea: "Chiquillos y chiquillas", "mexicanos y mexicanas", ¿guanajuatenses y **guanajuatensas**?, ¿tijuanenses y **tijuanensas**?, ¿guerrerenses y **guerrerensas**? Company lo advierte también: los políticos machines que hoy se declaran feministas, por corrección ideológica, dirán "estimadas", "queridas", "estimades", pero no "corruptos y corruptas", "ladrones y ladronas", porque "las mujeres [están] nada más para lo bonito. [...] solamente [para] lo positivo", lo cual "es más falso que Judas y es peligroso".

Los políticos, los funcionarios y los académicos, desde los poderes institucionales (y muchas veces desde su mala conciencia) se han inventado un lenguaje opuesto a la lengua convencional. La epidemia del eufemismo políticamente correcto ha venido socavando la lógica y la precisión del idioma y ha creado un ruido que impide comprender la verdad llana. Tal es el idioma político, al margen de la lengua civil o ciudadana, pues el común no habla así. Cuando un "anciano" ya no lo es y se convierte en un "adulto mayor" o "adulto en plenitud", la claridad y la precisión idiomáticas se pierden ahí donde triunfan la demagogia y lo que Camilo José Cela denominó, atinadamente, el "piadosismo", esto es, la falsa piedad.

En épocas de mayor ingenuidad, pero no de corrección política, inventamos un eufemismo simpático hasta para los ladrones: "Amantes de lo ajeno". Será tal vez porque hasta los ladrones de antaño merecían algo de consideración, en comparación con los grandes y execrables ladrones de hoy. Algunos periodistas de nota roja, en diarios de provincia, todavía lo usan. Pero ¡cuidado!: hemos dicho "provincia". Mala palabra, incorrecta políticamente. Y es que el sustantivo femenino "provincia" (que con tanto amor y elegancia poética reivindicó López Velarde) fue adquiriendo una carga peyorativa, lo mismo que el adjetivo y sustantivo "provinciano"; por ello, con malicia disfrazada de benevolencia, el poder político inventó el eufemismo "interior de la república": horrorosa expresión ante el correcto sustantivo "provincia", pues cuando se habla, desde el poder, de ese "interior de la república", se hace desde el centralismo, desde el mexicocentrismo. En mi caso, sin corrección política, reivindico que nací en la "provincia" (del latín *provincia*): "demarcación territorial administrativa de las varias en que se organizan algunos Estados o instituciones" (DRAE). Sólo el poder, y los acomplejados, sienten pena, conmiseración y desprecio por la "provincia" a la que llaman, con piadosismo y con arrogancia, "interior de la república".

Hoy, el eufemismo y el piadosismo invaden nuestra lengua, y cuando la corrección política está en lo más alto de un sistema de susceptibilidades, el enmascaramiento de las palabras consigue su apogeo, y hablamos y escribimos de "exasesinos" (¡como si pudiera haberlos!), para referirnos a los matones de la ETA y de otras organizaciones terroristas que, ya viejos (y viejas, para ser inclusivos), diabéticos, cancerosos y ejemplares abuelos (y abuelas), se esconden aquí y allá y se hacen pasar por gente respetabilísima, amable, gentil, vecina ideal, que ya no quiere recordar ni que se le recuerde el coche bomba que mató no únicamente a los guardias, sino a civiles, entre ellos niños, padres y abuelos. Esos "exasesinos" y esas "exasesinas" han de dormir tranquilos, y tranquilas, si pueden, pero ningún eufemismo estúpido, de corrección política, podrá lavarles la cara y presentarlos ante el mundo sin el nombre y el adjetivo que sus acciones merecen. "Asesinar" es matar a alguien con alevosía y ensañamiento. El "asesinato" no es sólo una figura legal, sino también una definición moral. Los "exasesinos", al menos en nuestro idioma, no existen. Puedes incluso decirte "patriota" ("el patriotismo es el último refugio de un canalla", escribió Samuel Johnson), pero si has asesinado, si has masacrado a gente inocente, que te perdone Dios, pero siempre serás un asesino. Hay, por supuesto, gente que idolatra a los "exasesinos", y es la más interesada en fijar este eufemismo casi enaltecedor del crimen.

Vivimos en un mundo donde, contra toda la lógica y la precisión del idioma, el lenguaje político exige que ya no se le diga "viejo" al "viejo", y tampoco "anciano", sino "adulto mayor", "adulto en plenitud", "persona de la tercera edad", entre otros enmascaramientos parecidos. Pero en los diarios, cuando no se puede usar el eufemismo, para destacar justamente una noticia, se recurre a la precisión de referirse a la "persona más anciana del mundo", porque no es posible, por muy eufemístico que alguien sea, usar bien la semántica, y no se diga la sintaxis, en una noticia que informe, por ejemplo, sobre "el adulto mayor más adulto de todos los adultos mayores" o una barbaridad parecida.

Está proscrito decir y escribir "ciego" (niño ciego, joven ciego, anciano ciego), aunque personas "ciegas", profesionistas inclusive, reivindiquen este adjetivo para sí, sin complicación ninguna. Ejemplos: *Por tener una condición de* **ceguera** *congénita, cursé la primaria en el Instituto Nacional del Niño* **Ciego**; *Soy mujer con discapacidad visual;* **ceguera** *total*. La "ceguera" es "ceguera" ("total privación de la vista", DRAE), y la "discapacidad visual" es un concepto más amplio, que abarca no únicamente la "ceguera", sino también otras afecciones que limitan el sentido de la vista. Y, en todo el mundo, y en México por supuesto, existen los hospitales de la ceguera y las asociaciones para evitar la ceguera, obligados científicamente a no enmascarar la realidad.

Hoy ya se habla, difusa y confusamente, de "perpetradores", término muy de nuestro idioma, pero casi erudito: forma culta, y oculta, para no decir "asesinos", "criminales", "secuestradores", "violadores". Dejemos la corrección política y el piadosismo para los políticos; en lengua ciudadana digamos "asesino", "secuestrador", "violador", etcétera, con sus respectivos femeninos cuando la precisión lo exija, ya que "perpetrar" es verbo que se usa para las acciones de quienes cometen o consuman delitos graves. A ciertas instalaciones, que son cárceles disfrazadas, donde se violan los derechos humanos de los migrantes, el gobierno las denomina, eufemísticamente, "estaciones migratorias"; al estancamiento de la economía, al nulo crecimiento, se le dice "crecimiento cero", ¡como si se pudiera crecer en cero! Y una buena parte de la sociedad (especialmente, la profesional), no sólo se conforma con estas máscaras, sino que las adopta, las defiende y las usa, contra toda lógica.

Un día amaneceremos con que el *Diario de un loco*, de Gógol, ha cambiado de título por el correctamente político *Diario de un débil mental*, y *El idiota* o *El Príncipe idiota*, de Dostoievski, ahora se intitulará *El ingenuo* o, mejor aún, *El príncipe ingenuo*. El eufemismo y el piadosismo, frutos podridos de la corrección política y la hipocresía, se encargan de ponerles máscaras a las palabras para que digan no lo que deben decir con precisión, con exactitud y con verdad, sino lo que no queremos nombrar para no sentir el peso de la realidad.

Pasamos del eufemismo y el piadosismo, para desfigurar la realidad y el idioma, a la redundancia bruta que lo es cuando lo que se dice o se escribe ignora por completo la significación del término al que se le añade algo superfluo. Por ejemplo, es una torpeza tremenda decir y escribir "constelación de estrellas", puesto que toda "constelación" es de "estrellas". El problema es que muchísimas personas, distraídas como están con la neolengua política, ignoran por completo el significado del sustantivo femenino "constelación". Y, por lo demás, la educación no tiene interés en resolver esto. A la escuela le interesa que los niños hablen, y estudien, en inglés, sin importar que hablen y escriban en un pésimo español.

Y suele decir la gente, cuando comete un despropósito de reiteración machacona, "valga la redundancia". Aquí le decimos que no, que no valga; que valga el buen uso del idioma, que valga el conocimiento frente a la ignorancia. Por ello, en estas páginas recogemos ampliamente las redundancias que, cuando son extremas, bien merecen el nombre de *rebuznancias*.

Por culpa del propio *Diccionario* de la Real Academia Española (el famoso DRAE) y del castellano peninsular, éstas son cada vez más insistentes, incluso en obras literarias y en libros reputados de gran nivel intelectual. En uno de ellos leemos la siguiente sandez, en una traducción al español, que delata que, cada vez más, las personas (incluidas las que trabajan profesionalmente con el idioma) desconocen el significado de las palabras: "Cuando **vio** la **vista** que desde ahí se **divisaba** hubiese deseado arrojarse desde la muralla".

¿Es posible decirlo peor? Sí, por supuesto. Pero esta expresión ya pertenece a lo muy malo entre lo malo, y, por lo que se evidencia y se divisa, todo seguirá empeorando si, por ejemplo, en *Noticias Yahoo*, sitio en el que se informan millones de internautas, a éstos no les sorprende en absoluto amanecer con encabezados como el siguiente, digno de figurar en una crestomatía de la idiotez: "**Fallece** la última hija de Babe Ruth **que seguía con vida**". ¡Qué bueno que, antes de fallecer, seguía con vida! Para no ser menos, el diario mexicano *La Jornada*, en su sitio de internet, nos regaló, el 18 de junio de 2020, el siguiente encabezado de gran impacto: "**Muere la última hermana viva** de John. F. Kennedy". Claro, sí, ¡qué lujo de precisión en el idioma! Y es que las otras hermanas de "Jack" (el destripador de Marilyn) no podían morir... ¡por la extravagante razón de que ya estaban muertas!

El 30 de mayo de 2020 la agencia de noticias EFE informó que un conocidísimo periodista e investigador mexicano, adicto a las especulaciones sobre fenómenos paranormales, ovnis, extraterrestres y los muy célebres (y muy vendibles) "alienígenas ancestrales", afirmó lo siguiente: "Si yo considero que algo es verdad, no importa de lo que me acusen, que digan lo que quieran: tarde o temprano la verdad tendrá que salir. **Ojalá la vida me dé la oportunidad de verlo en vida**". Y, si la vida no le da esa oportunidad, pues ya la muerte le hará ese favor. ¡Faltaba más!

Las redundancias, en su mayor parte, se producen por el desconocimiento del significado de las palabras. Todos, unos más, otros menos, ignoramos el significado preciso y a veces incluso aproximado de ciertos términos; pero, para subsanar esto, existen los diccionarios. El gran problema es que la gente cree que sabe o está segura de saber, y por ello nunca busca el significado de las palabras que dice y escribe. Personas con muchos diplomas y credenciales creen que no necesitan el diccionario precisamente porque ya cuentan con muchos diplomas y credenciales. Tienen la seguridad de que los diplomas y las credenciales, los títulos y las jerarquías, relevan del estudio continuo y de la duda sistemática.

Hay redundancias y hay rebuznancias. Ambas pertenecen a los peores vicios del habla y de la escritura, pero en el caso de las rebuznancias, éstas, por ser más bárbaras, hacen honor a su nombre y van a parar al saco de las "burradas" ("dichos o hechos necios o brutales", DRAE), tales como "afección cardíaca del corazón", "comicios electorales", "erradicar de raíz, "insuficiencia renal de los riñones", "actualidad palpitante", "actualmente en vigor", "homenaje póstumo al fallecido". Para decirlo pronto, son redundancias elevadas a la millonésima potencia, esto es, *al infinito y más allá*, para decirlo con las palabras del clásico.

Vemos y observamos que la mayor parte de las redundancias se produce debido a la ignorancia del significado de las palabras. Nadie tendría por qué saber los significados de todas las palabras y, de hecho, nadie los sabe realmente. Para esto están los diccionarios que, por desgracia, la gente no tiene la costumbre de consultar. Éste es el motivo que ocasiona tantos disparates en el habla y en la lengua escrita, lo mismo en el ámbito inculto que en el ambiente culto de nuestro idioma; y a las redundancias hay que añadir los contrasentidos o sinsentidos. Casi invariablemente, quien comete y acomete redundancias utiliza también contrasentidos, como "avanzar hacia adelante" y "avanzar hacia atrás" (contrasentido ésta; rebuznancia, la otra).

Pero, así como la ignorancia del idioma se extiende debido al desdén del conocimiento que hay en los libros, y en las accesibles y asequibles obras de referencia, hoy es común que el propio gobierno se encargue de destruir el idioma, con la colaboración de los publicistas. Antes los publicistas eran *creativos* y conocían el idioma ("Mejor mejora mejoral"; "Goce la vida, gócela ahorita, con Carta Blanca exquisita"; "Siga los tres movimientos de Fab: Remoje, exprima y tienda"; "A gozar, a bailar... que Fab se ocupa de lavar"; "No compre del montón, compre Del Monte", etcétera) hoy son, en su gran mayoría, gente de escaso alfabeto y de tontas ocurrencias. Por ejemplo, en la Cuarta Transformación, el Instituto Mexicano del Seguro Social, el IMSS, no tiene reparo alguno, en un país donde la gente no consulta el diccionario y tiene graves fallas ortográficas, en machacarle los sesos a la gente con un anuncio que tuvo cientos de páginas y dobles páginas pagadas en los periódicos (con los impuestos, obviamente), en el que relumbraba la maravillosa frase "DEJA QUE TU FAMILIA TE IMSSPIRE".

Con este anuncio tan "imspirador", creado bajo la influencia de "100 Mexicanos Dijieron" (droga televisiva poderosísima), no pocas personas supondrán que el verbo correcto es "imspirar" y no inspirar", pero esto les tiene sin cuidado al gobierno federal y al director general del Instituto Mexicano del Seguro Social, al casi poeta chiapaneco Zoé Robledo Aburto, un funcionario, por lo visto, muy "imspirado", únicamente porque, en la repartición de puestos, le tocó dirigir el IMSS. ¿Cuidar el idioma? ¿A quién le importa?

La verdad es que, en general, cada vez nos importa menos el cuidado del idioma, porque también nos importa cada vez menos el cuidado de otras cosas, y los políticos y gobernantes nos ponen la muestra de que, así como desprecian a los ciudadanos (que no forman parte de su elenco), desprecian todo lo demás que no les rinda provecho. ¿Para qué preocuparse por el cuidado del idioma si hay otras cosas más lucrativas que cuidar? Por ejemplo, la popularidad, protectora del poder.

La ignorancia simple produce, simplemente, tonterías, incluso divertidas; de no ser tan lamentables por el hecho de aparecer en publicaciones donde la precisión y la claridad del idioma deberían ser principios rectores. Hay cosas simpatiquísimas de tan ridículas. Por ejemplo, en una crónica del diario mexicano *El Universal* (7 de diciembre de 2019), leemos que el boxeador estadounidense de origen mexicano "Andy Ruiz salió con un físico más voluptuoso, en comparación con la primera pelea que tuvieron [él y el británico Anthony Joshua] en el Madison Square Garden".

Uno se queda con los ojos cuadrados: ¿físico voluptuoso el de un boxeador obeso, de más de 130 kilogramos? Tal parece que quien escribió esto jamás ha ido al diccionario para consultar el significado del adjetivo y sustantivo "voluptuoso" (del latín *voluptuōsus*), que el DRAE define del siguiente modo: "Que inclina a la voluptuosidad ['complacencia en los deleites sensuales'], la inspira o la hace sentir" (ejemplo: *Toda ella despedía un aroma voluptuoso*), y "dado a los placeres o deleites sensuales" (ejemplo: *Cartas de un sexagenario voluptuoso*, título de una novela de Miguel Delibes). Probablemente, el redactor de la crónica, al ver el "físico" de Andy Ruiz, sintió una inclinación a la voluptuosidad o una complacencia en los deleites sensuales, aunque más le valdría haberse equivocado de adjetivo, y haber querido decir que el boxeador Andy Ruiz salió con un físico más "voluminoso", adjetivo que significa "grande" o "de mucho tamaño" (DUE). Por supuesto, si lo que escribió es lo que realmente quería decir ("voluptuoso"), los gustos no se discuten.

Al emprender lo que debía denominarse, en un principio, *El segundo libro de las malas lenguas* lo hice con la conciencia plena de que la cuestión del idioma es trabajo de nunca acabar. Por ello, aplacé ese segundo volumen, que tendrá las mismas características del primero (publicado en 2018), con nuevos desbarres y barbarismos, y me concentré, en estas páginas, para dar prioridad, en un solo tomo, a los sinsentidos y redundancias, los pleonasmos y ultracorrecciones, tan abundantes en nuestro idioma. A ellos añadí algunos temas generales importantes en los que mucha gente se equivoca, y también incluí uno que otro anglicismo o pochismo, dos o tres falsas redundancias y varias impertinencias y jaladas con las que la Real Academia Española, en contubernio con las academias de América, colabora en la difusión de barbaridades y en la confusión de los hablantes y escribientes.

Para después, si es que ese "después" llega, dejo el segundo volumen de *Las malas lenguas*, y prefiero darles a los lectores nuevos aires para su deleite y aprendizaje en un idioma que cada vez hablamos y escribimos peor... sin darnos cuenta. Me queda claro que únicamente un pequeño sector entre los más de quinientos millones de personas que tienen como lengua materna el español posee algún interés en corregir, preservar y mejorar su idioma. La mayor parte no sólo no tiene interés en ello, sino que incluso lo destruye a sabiendas, lo cual es peor que hacerlo por ignorancia.

Sobra decir, por lo anterior, que este libro, al igual que *Las malas lenguas*, va dirigido a unos pocos millares de personas a quienes el cuidado del idioma les interesa, sea porque es su ámbito profesional o bien su gozo, además de su prodigioso instrumento de comunicación. Pensando en quienes gustaron de *Las malas lenguas* escribí *¡No valga la redundancia!*, para responder a la frase tan difundida "valga la redundancia" con la que muchos intentan justificar sus cientos de patochadas.

Por supuesto, este libro tiene un propósito didáctico, educativo. No podría ser de otro modo si en sus páginas se llama la atención acerca de los yerros que cometemos a causa de creer que todo lo sabemos y que, por ello mismo, no hace falta consultar el diccionario. Reivindico la certeza profesional de Fernando Lázaro Carreter: "Quien se expresa en los medios —y, por supuesto, quien enseña en las aulas español u otra disciplina: el que enseña en español tiene la primaria obligación de ser profesor de español— ha de hacerlo enjuiciando su lenguaje y el ajeno, y procurando el tiento preciso para que la novedad, la variación, la moda o, incluso, la transgresión que emplea o promueve sirva al fin de mejorar o ampliar las posibilidades comunicativas y expresivas de la lengua. Todo aquello que no apunta a ese objetivo debería ser mirado con cautela y con sospecha de ser mera moda, libre de correr su suerte, pero sin apoyo".

Bien dicho está. Las innovaciones en cualquier lengua y, por supuesto, en la nuestra, son buenas si son necesarias; si surgen de la necesidad de enriquecer lógicamente nuestro idioma y así dotarlo de mayor sentido y precisión. Todo lo que no sea para esto, es decir, para la mejoría comunicativa y la creación de belleza, no merece apoyo alguno, que sería algo así como participar en la fechoría de arrojar basura dentro de nuestra casa y, además, no conformes con ello, vivir complacidos en medio de esa inmundicia.

Mucha gente no lo sabe, pero "**idio**ma", "**idio**tez" e "**idio**tismo" tienen la misma raíz, del griego *ídios* ("propio", "peculiar"). Por ello, hay una línea a veces muy delgada entre el buen idioma y los idiotismos. Pero siempre podemos elegir. Al abordar parcialmente este tema, en *Las malas lenguas* lo dije. Hoy lo repito: *¡No valga la redundancia!*

Agradecimientos

Agradezco a Rogelio Villarreal Cueva, director general de Editorial Océano de México, y a Guadalupe Ordaz, coordinadora editorial, que hayan acogido este libro, uno más, con el que continúo este proyecto de investigación filológica y lexicográfica que considero necesario, especialmente para quienes utilizan el idioma en los ámbitos profesionales. También a Adriana Cataño, por la limpia formación y el esmerado diseño de páginas, y por su invaluable apoyo en el cuidado de la edición, y a Miliett Alcántar, cuya minuciosa revisión final ha sido de gran ayuda para salvarme de erratas y otro tipo de yerros con los que suele abatirnos constantemente el tan ubicuo y célebre duende de los libros. Y al final, pero no al último, gracias también a Rosy, con quien me disculpo, una vez más, por el mucho tiempo que he destinado a este proyecto absorbente y obsesivo, de nunca acabar, ocioso tal vez, para muchos, pero, a mi parecer, ya lo he dicho, necesario, y en ningún modo necio, o al menos así lo espero.

CONCEPTOS Y SIGLAS FRECUENTES
EN ESTE LIBRO

CONCEPTOS

acento (prosódico). SUSTANTIVO MASCULINO. Relieve que en la pronunciación se da a una sílaba distinguiéndola de las demás por una mayor intensidad, una mayor duración o un tono más alto.

adjetivo. SUSTANTIVO MASCULINO. (Del latín *adiectīvus*.) Clase de palabra cuyos elementos modifican a un sustantivo o se predican de él, y denotan cualidades, propiedades y relaciones de diversa naturaleza. Ejemplo: "disparatado", en la frase "término disparatado".

adverbio. SUSTANTIVO MASCULINO. (Del latín *adverbium*.) Clase de palabras cuyos elementos son invariables y tónicos, están dotados generalmente de significado léxico y modifican el significado de varias categorías, principalmente de un verbo, de un adjetivo, de una oración o de una palabra de la misma clase. Ejemplo: "disparatadamente", en la frase "escribe **disparatadamente**".

aféresis. SUSTANTIVO FEMENINO. (Del griego *aphaíresis*.). Supresión de algún sonido al principio de un vocablo, como en "ñero" por "compañero" y "ñora" por "señora".

afijo. ADJETIVO Y SUSTANTIVO. Dicho de un morfema: que aparece ligado en una posición fija con respecto a la base a la que se adjunta. Ejemplos: "**orto**grafía", "anglo**filia**".

anfibología. SUSTANTIVO FEMENINO. Vicio de la palabra, cláusula o manera de hablar que desembocan en un doble sentido o en un equívoco de interpretación, como en "el dulce lamentar de dos pastores" (Garcilaso de la Vega), "lo disfrutó mucho veinte años atrás", "me confundí yo" y "me gusta la Merlos". En retórica es el empleo voluntario de voces o cláusulas de doble sentido, como en "y mi voz que madura/ y mi voz quemadura/ y mi bosque madura/ y mi voz quema dura" (Xavier Villaurrutia). Con un uso coloquial, festivo y escarnecedor, pero igualmente retórico, en México se le denomina "albur" ("juego de palabras de doble sentido con connotación sexual"), deformación de "calambur" (del francés *calembour*: "agrupación de varias sílabas de modo que alteren el significado de las palabras a que pertenecen: *Este es conde y disimula*"), como en "el coyote cojo de las nalgas pintas", "Alma Marcela Rico Silva", "¿te gusta a ti eso?", "Salomé Terán Doblado", "Élber Galarga a sus órdenes" y "Élber González para servirle". Cabe advertir que, en este tipo de construcciones verbales del ingenio vulgar son indispensables un contexto y un código comunes para lograr el efecto deseado. Inofensiva es en España la frase "cogí el yate" que, sin embargo, al cambiar el orden de los factores (esto es, de la sintaxis) altera su sentido (la semántica) y se convierte, en México, en un escarnio machista de muy eficaz ofensa sexual: "el yate cogí".

anfibológico. ADJETIVO. Que tiene o implica anfibología.

anglicismo. SUSTANTIVO MASCULINO. (De *ánglico* e *-ismo*.) Giro o modo de hablar propio de la lengua inglesa. Vocablo o giro de la lengua inglesa empleado en otra.

anglicista. ADJETIVO Y SUSTANTIVO. Que emplea anglicismos.

anglofilia. SUSTANTIVO FEMENINO. (De *anglo* y *-filia*.) Simpatía o admiración por lo inglés.

anglófilo. ADJETIVO Y SUSTANTIVO. Que simpatiza con lo inglés o lo admira.

antónimo. ADJETIVO Y SUSTANTIVO. Dicho de una palabra: que, respecto de otra, expresa una idea opuesta o contraria, como "prefijo" frente a "sufijo", "correcto" frente a "incorrecto".

apocopar. VERBO TRANSITIVO. Hacer uso de la apócope. Ejemplo: *Bicicleta es un sustantivo que es frecuente apocopar como* **bici**.

apócope. SUSTANTIVO FEMENINO. (Del latín tardío *apocŏpe* y éste del griego *apokopé*.) Supresión de algún sonido al final de un vocablo, como en "algún" por "alguno", "ningún" por "ninguno", "gran" por "grande", "cien", por "ciento", "muy" por "mucho" "san" por "santo".

átono. ADJETIVO. Que no tiene acento prosódico, como en los pronombres me, te y se.

barbaridad. SUSTANTIVO FEMENINO. Dicho o hecho necio o temerario.

barbarismo. SUSTANTIVO MASCULINO. (Del latín *barbarismus*, y éste del griego *barbarismós*.) Incorrección lingüística que consiste en pronunciar o escribir mal las palabras, o en emplear vocablos impropios para lo que se desea dar a entender. También, extranjerismo no incorporado totalmente al idioma.

barrabasada. SUSTANTIVO FEMENINO COLOQUIAL. Desaguisado, disparate, acción que produce gran daño o perjuicio.

cacofonía. SUSTANTIVO FEMENINO. (Del griego *kakophōnía*.) Disonancia que resulta de la inarmónica combinación de los elementos acústicos de la palabra, como en "la arca" en lugar de "el arca".

castellano. SUSTANTIVO MASCULINO. (Del latín *castellānus*: "perteneciente al castillo".) Lengua española, especialmente cuando se quiere distinguir de alguna otra lengua vernácula de España.

castizo. ADJETIVO. (De *casta* e *-izo*.) Dicho del lenguaje: puro y sin mezcla de voces ni giros extraños.

chabacano. ADJETIVO. Grosero o de mal gusto.

contrasentido. SUSTANTIVO MASCULINO. Despropósito, disparate.

desbarre. SUSTANTIVO MASCULINO. Acción y efecto de desbarrar: discurrir fuera de razón.

diéresis. SUSTANTIVO FEMENINO. (Del latín *diaerĕsis*, y éste del griego *diaíresis*: división.) Signo ortográfico (¨) que se sitúa sobre la "u" en las sílabas *gue*, *gui*, para indicar que dicha vocal debe pronunciarse, como en "cigüeña" y "pingüino".

dislate. SUSTANTIVO MASCULINO. Disparate.

disparatado. ADJETIVO. Dicho de una persona: que disparata. Contrario a la razón.

disparatar. VERBO INTRANSITIVO. Decir o hacer algo fuera de razón o regla.

disparate. SUSTANTIVO MASCULINO. Hecho o dicho disparatado.

enclítico. ADJETIVO. Dicho de una palabra átona, especialmente de un pronombre personal: que se pronuncia formando grupo acentual con la palabra tónica precedente, como en "díselo" y "tornose".

epiceno. ADJETIVO. (Del latín *epicoenus*, y éste del griego *epíkoinos*: literalmente, "común.) Dicho de un nombre animado: Que, con un solo género gramatical, puede designar seres de uno y otro sexo, como "abeja", "hormiga", "jirafa", "lince", "pantera" y "víctima".

español. SUSTANTIVO MASCULINO. (Del occitano *espaignol*, y éste del latín medieval *Hispaniolus*: "de Hispania", España.) Lengua romance que se habla, como idioma nativo, en España, gran parte de América, Filipinas y Guinea Ecuatorial.

etimología. SUSTANTIVO FEMENINO. (Del latín *etymologĭa*, y éste del griego *etymología*.) Origen de las palabras, razón de su existencia, de su significación y de su forma. Ejemplo: La etimología latina de la palabra "aguijón" es *aculeus*, derivada de *acus*, "aguja".

extranjerismo. SUSTANTIVO MASCULINO. Préstamo lingüístico, especialmente el no adaptado.

extranjerizante. ADJETIVO. Que tiende a lo extranjero o lo imita.

fonética. SUSTANTIVO FEMENINO. Conjunto de los sonidos de un idioma. También, parte de la gramática que estudia los mecanismos de producción, transmisión y percepción de la señal sonora que constituye el habla.

galicismo. SUSTANTIVO MASCULINO. (Del francés *gallicisme*.) Giro o modo de hablar propio de la lengua francesa. Vocablo o giro de la lengua francesa empleado en otra.

galicista. ADJETIVO Y SUSTANTIVO. Persona que incurre frecuentemente en galicismos, hablando o escribiendo.

galimatías. SUSTANTIVO MASCULINO COLOQUIAL. Lenguaje oscuro por la impropiedad de la frase o por la confusión de las ideas.

haplología. SUSTANTIVO FEMENINO. (Del griego *haplóos*, "simple" y *-logía*.) Eliminación de una sílaba semejante a otra contigua de la misma palabra, como en "cejunto" por "cejijunto" e "impudicia" por "impudicicia".

hiato. SUSTANTIVO MASCULINO. (Del latín *hiātus*.) Secuencia de dos vocales que se pronuncian en sílabas distintas, como en "maíz" y "raíz": *ma-íz, ra-íz*.

homofonía. SUSTANTIVO FEMENINO. Cualidad de homófono.

homófono. ADJETIVO Y SUSTANTIVO. Dicho de una palabra: que suena igual que otra, pero que tiene distinto significado y puede tener distinta grafía, como "incipiente" e "insipiente", "tubo" y "tuvo".

imperativo. ADJETIVO Y SUSTANTIVO. Modo verbal empleado para expresar mandato, como en "canta", "corre", "salta".

indicativo. ADJETIVO Y SUSTANTIVO. Modo verbal propio de la forma enunciativa, asertiva o aseverativa, como en "yo canto", "tú corres", "él salta".

jerigonza. SUSTANTIVO FEMENINO. (Del occitano *gergons*.) Lenguaje especial de algunos gremios. Lenguaje de mal gusto, complicado y difícil de entender.

lengua. SUSTANTIVO FEMENINO. (Del latín *lingua*.) Sistema de comunicación verbal y casi siempre escrito, propio de una comunidad humana.

lengua romance. SUSTANTIVO. (Del latín *Romanĭce*: "en el idioma de los romanos".) Lengua derivada del latín, como el español, el catalán, el gallego, el italiano y el francés, entre otros.

mamarrachada. SUSTANTIVO FEMENINO COLOQUIAL. Acción desconcertada y ridícula.

mexicanismo. SUSTANTIVO MASCULINO. Palabra o uso propios del español hablado en México. Ejemplos: "ajolote", "chilaquiles", "nopal", "tlaconete", "tlacoyo".

ortoepía. SUSTANTIVO FEMENINO. Arte de pronunciar correctamente. Ejemplos de faltas de ortoepía: decir "váyamos" en lugar de "vayamos", "entendist**es**" en lugar de "entendiste", "ler" en lugar de "**leer**", "austeri**dá**" en lugar de "austeri**dad**", "legali**dá**" en lugar de "legali**dad**", "Lu**í** Gil **P**ere" en lugar de "Lu**is** Gil **P**ér**ez**".

ortografía. SUSTANTIVO FEMENINO. Conjunto de normas que regulan la escritura de una lengua. También, forma correcta de escribir respetando las normas de la ortografía. Ejemplos de faltas de ortografía: escribir "infla**cc**ión" en lugar de "inflación", "iva" en vez de "iba", "**cocreta**" en lugar de "**croqueta**".

palabra. SUSTANTIVO FEMENINO. (Del latín *parabŏla*, "comparación, proverbio", y éste del griego *parabolé*.) Unidad lingüística, dotada generalmente de significado, que se separa de las demás mediante pausas potenciales en la pronunciación y blancos en la escritura. Ejemplos: "a", "es", "uno", "casa", "salir, "comida", "molinos", "página", "cuéntamelo".

palabra átona. Aquella inacentuada, generalmente de significado gramatical y no léxico, como el artículo, la preposición y la conjunción: "a", "al", "de", "del", "la", "los", "mis", "o", "para", "por", "y", etcétera.

palabra aguda u oxítona. Aquella cuya sílaba tónica es la última, como en "adi**ós**", "amor", "ba**lón**", colibrí", "des**liz**", "espa**ñol**", "to**mar**".

palabra comodín o comodín léxico. Aquella que se emplea, por pobreza de lenguaje, con muchos sentidos reemplazando a otras más adecuadas y de mayor precisión en el contexto; por ejemplo, el anglicismo "look", en lugar de "apariencia", "aspecto" o "imagen", como en "cambio de look", "nuevo look", "look diferente", "su moderno look", etcétera.

palabra homógrafa. Aquella que tiene la misma grafía que otra, con diferente significado, como en "**competencia**", de "competir" ("disputa o contienda entre dos o más personas sobre algo") y "**competencia**", de "competer" ("incumbencia; pericia, aptitud o idoneidad para hacer algo o intervenir en un asunto determinado").

palabra llana o grave o paroxítona. Aquella cuya sílaba tónica es la penúltima, como en "**án**gel", "**ár**bol", "**be**lla", "**car**ne", "**fo**ca", "**Jai**me", "**li**ma", "re**si**na", "sen**ten**cia", "taqui**car**dia", "ulti**má**tum".

palabra esdrújula o proparoxítona. Aquella cuya sílaba tónica es la antepenúltima (y, siendo así, siempre tendrá más de dos sílabas e invariablemente lleva tilde), como en "**án**geles", "antepe**núl**timo", "car**dú**menes", "**clá**sico", "**pá**gina", "pe**núl**timo", "**téc**nico", "**tí**pico", "**ú**nico", "**zó**calo".

palabra sobreesdrújula o superproparoxítona. Aquella cuya sílaba tónica es anterior a la antepenúltima sílaba (y, en consecuencia, tiene más de tres sílabas e invariablemente lleva tilde), como en "**có**maselo", "co**rrí**gemelo", "**cuén**tamelo", "**dán**domelo", "de**mués**tramelo", "**dí**ganoslo", "ima**gí**neselo", "rom**pién**dosela", "**trá**emelo", "**sá**caselo".

palabra tónica. Aquella que se pronuncia con acento y que, en general, tiene significado léxico, como el adjetivo, el sustantivo, el verbo y gran parte de los adverbios: "**be**lla" (adjetivo), "car**te**ro" (sustantivo), "defen**der**" (verbo), "**mu**cho" (adverbio).

palabro. SUSTANTIVO MASCULINO COLOQUIAL. Palabra o expresión rara o mal dicha, como "**agaro**fobia" en lugar de "**agora**fobia", "**apoyar el cáncer**" en lugar de "**apoyar la lucha** contra el cáncer", "**areo**puerto" en lugar de "**aero**puerto", "erupto" y "eruto" en lugar de "eructo", "costelación" en lugar de "constelación", "cosmo**pó**lita" en lugar de "cosmopolita", "cuartada" en lugar de "coartada", "erudi**cc**ión" en lugar de "erudi**c**ión", "infla**cc**ión" en lugar de "infla**c**ión".

patochada. SUSTANTIVO FEMENINO. (De *pata*.) Disparate, despropósito, dicho necio o grosero.

paráfrasis. SUSTANTIVO FEMENINO. (Del latín *paraphrăsis*, y éste del griego *paráphrasis*.) Explicación o interpretación amplificativa de un texto para ilustrarlo o hacerlo más claro o inteligible. También, traducción en verso en la cual se imita el original, sin verterlo con escrupulosa exactitud. Asimismo, frase que, imitando en su estructura otra conocida, se formula con palabras diferentes, como en "Parafraseando a Julio César que dijo: vine, vi, vencí; yo vine, vi y perdí". [No confundir con "perífrasis".]

pendejada. SUSTANTIVO FEMENINO COLOQUIAL. Tontería: dicho o hecho tonto.

pendejismo. SUSTANTIVO MASCULINO COLOQUIAL. Burrada: dicho o hecho necio o brutal.

perífrasis. SUSTANTIVO FEMENINO. (Del latín *periphrăsis*, y éste del griego *períphrasis*.) Expresión pluriverbal cuyo significado se asimila parcialmente al de una unidad léxica, como "echar una conversada" en vez de "conversar". También, expresión, por medio de un rodeo verbal, de algo que se habría podido decir con menos palabras o con una sola, como en "**lo que viene siendo** la Fórmula Uno", en lugar de "la Fórmula Uno". [No confundir con "paráfrasis".]

perogrullada. SUSTANTIVO FEMENINO COLOQUIAL. Verdad o certeza que, por notoriamente sabida, es necedad o simpleza decirla, como en "los viejos ya no son niños".

Perogrullo. SUSTANTIVO MASCULINO. Personaje ficticio a quien se atribuye presentar obviedades de manera sentenciosa. Una verdad de Perogrullo es, por ejemplo, "ha amanecido porque es de día".

pleonasmo. SUSTANTIVO MASCULINO. (Del latín tardío *pleonasmus*, y éste del griego *pleonasmós*.) En retórica, empleo en la oración de uno o más vocablos, innecesarios para que tenga sentido completo, pero con los cuales (a veces; no siempre) se añade expresividad a lo dicho.

pochismo. SUSTANTIVO MASCULINO. Modo de pensar o de actuar propio de un pocho. También, anglicismo introducido al español por los pochos.

pocho. ADJETIVO Y SUSTANTIVO. Dicho de un mexicano: que adopta costumbres o modales de los estadounidenses.

prefijo. ADJETIVO Y SUSTANTIVO. (Del latín *praefixus*: colocar delante.) Dicho de un afijo: que va antepuesto principalmente a la raíz, como en "**sin**sentido", "**ultra**corrección".

proclítico. ADJETIVO. Dicho de una palabra átona, especialmente de un pronombre personal: que se pronuncia formando grupo acentual con la palabra tónica que la sigue, como en *se lo dices, se volvió*.

pronombre. SUSTANTIVO MASCULINO. (Del latín *pronōmen*.) Clase de palabras cuyos elementos hacen las veces del sustantivo o del sintagma nominal y que se emplean para referirse a las personas, los animales o las cosas sin nombrarlos. Ejemplo: "ésta", en la frase "entre todas las redundancias, ésta es la peor".

rebuznancia. SUSTANTIVO FEMENINO. (De "rebuznar": "dar rebuznos".) Redundancia, pero a lo bestia.

redundancia. SUSTANTIVO FEMENINO. (Del latín *redundantia*.) Uso vicioso de la lengua. Repetición innecesaria o excesiva de una palabra o concepto, sin aportar nada al sentido de lo expresado y que, por el contrario, demuestra ignorancia en el significado del concepto principal.

semántica. SUSTANTIVO FEMENINO. (Del griego *sēmantikós*: significativo.) Significado de una unidad lingüística.

sinalefa. SUSTANTIVO FEMENINO. (Del latín tardío *synaloepha*, y éste del griego *synaloiphé*: confundir, mezclar.) Unión en una única sílaba de dos o más vocales contiguas, pertenecientes a una misma palabra o a palabras diferentes, como en "caleidoscopio" o en "mut**uo in**terés".

sinónimo. ADJETIVO Y SUSTANTIVO. (Del latín *synonỹmus*, y éste del griego *synónymos*.) Dicho de una palabra o de una expresión: que, respecto de otra, tiene el mismo significado o muy parecido, como "desbarre" y "dislate".

sinsentido. SUSTANTIVO MASCULINO. Cosa absurda y que no tiene explicación.

solecismo. SUSTANTIVO MASCULINO. (Del latín *soloecismus*, y éste del griego *soloikismós*.) Falta de sintaxis; error cometido contra las normas de algún idioma.

subjuntivo. ADJETIVO Y SUSTANTIVO. (Del latín *subiunctīvus*.) Modo verbal empleado para expresar la acción como dudosa, posible, deseada o necesaria, como en "que yo **cante**", "que tú **corras**", "que él **salte**".

sufijo. ADJETIVO Y SUSTANTIVO. (Del latín *suffixus*: fijar por debajo.) Dicho de un afijo: que va pospuesto a la base léxica, como en "adverbi**al**", "gramatic**al**", "nomin**al**", "mamarrach**ada**".

superlativo. ADJETIVO Y SUSTANTIVO. (Del latín *superlatīvus*.) En gramática, el que expresa una cualidad en alto grado; por ejemplo, dice María Moliner, el superlativo absoluto de **cansado** es **cansadísimo**.

sustantivo. SUSTANTIVO MASCULINO. Nombre. Ejemplo: "disparate", en la frase "lo que está diciendo es un **disparate**".

tautología. SUSTANTIVO FEMENINO. (Del griego *tautología*.) Acumulación innecesaria e inútil de una palabra o expresión a otra cuyo significado ya se aportó desde el primer término de la enunciación, como en "**justicia justa y recta**". Redundancia, repetición. A decir de María Moliner, "significa lo mismo que 'pleonasmo', pero se emplea con significado más despectivo". También: "frase en que se comete tautología, y, en lógica, proposición verdadera independientemente del valor de su contenido", como en "el **triángulo** tiene **tres ángulos**", "los **solteros** son las personas **no casadas**", "Dios **existe** o **no existe**".

tautológico. ADJETIVO. Perteneciente o relativo a la tautología, o que la incluye.

tilde (acento ortográfico). SUSTANTIVO FEMENINO. Acento. Signo ortográfico español (´) para marcar el relieve en el sonido de una sílaba o para diferenciar monosílabos homófonos, como en "ba**úl**", "Ra**úl**", "m**í**" y "t**é**".

tónico. ADJETIVO. Que tiene acento prosódico, como en "**á**ngel", "cam**i**no", "murci**é**lago".

ultracorrección. SUSTANTIVO FEMENINO. Deformación de una palabra por equivocado prurito de corrección, según el modelo de otras, como en "inflacción" en vez del correcto "inflación", por influjo de "trans**acción**".

verbo. SUSTANTIVO MASCULINO. (Del latín *verbum*: palabra.) Clase de palabras cuyos elementos pueden tener variación de persona, número, tiempo, modo y aspecto, como "disparatar" y "desbarrar": *yo disparato, tú disparatas, él disparata, nosotros disparatamos, ustedes disparatan, ellos disparatan; yo desbarré, tú desbarraste, él desbarró, nosotros desbarramos, ustedes desbarraron, ellos desbarraron.*

verbo auxiliar. El que se usa para formar los tiempos de otros verbos, como "ser", "estar" y "haber". Ejemplos: "**Estar disparatando** todo el tiempo", "**Haber desbarrado ayer**".

verbo impersonal. El que se emplea generalmente en tercera persona del singular de todos los tiempos y modos, simples y compuestos, y en infinitivo y gerundio, sin referencia ninguna a sujeto léxico elíptico o expreso. Ejemplo: "**Había** muchos disparates en su texto".

verbo intransitivo. El que se construye sin complemento directo y cuya acción realizada por el sujeto no recae sobre un objeto o persona, como "nacer", "morir", "correr", "ir", "yacer". Ejemplo: "Ese camino **va** hasta el pueblo".

verbo irregular. El que sufre variaciones en la raíz, en las terminaciones o en ambas, como "acertar", "coger" y "contar". Ejemplos: "Yo ac**ie**rto, ellos a**c**ertaron"; "yo co**j**o, ellos co**gi**eron"; "yo **cue**nto, ustedes **con**taron".

verbo pronominal. Aquel en el que el infinitivo termina con el pronombre reflexivo "se", como "amar**se**", "equivocar**se**", "peinar**se**". Ejemplo: "**Se** equivocó y, después, volvió a equivocarse".

verbo reflexivo. Aquel en el que la acción del sujeto recae sobre él mismo, y en su conjugación se incluye al menos, invariablemente, un pronombre reflexivo (*me, te, se, lo, los, la, las, le, les, nos*). Ejemplo: "**Se tornó** (o **tornose**) cada vez más huraño".

verbo regular. Aquel en el que la raíz permanece invariable y toma las terminaciones de los verbos modelo. Ejemplo: *Yo canto, tú cantas, él canta, nosotros cantamos, ustedes cantan, ellos cantan.*

verbo transitivo. El que se construye con complemento directo y cuya acción realizada por el sujeto recae sobre otra persona o cosa, como "amar", "decir", "leer", "escribir", "cantar". Ejemplos: "Jorge **leyó un libro** horrible", "Agustín Lara **componía y cantaba boleros**", "Rosy **ama a sus hijos**".

zarandaja. SUSTANTIVO FEMENINO COLOQUIAL. Cosa menuda, sin valor, o de importancia muy secundaria.

zoquete. SUSTANTIVO MASCULINO COLOQUIAL. Persona tarda en comprender.

SIGLAS Y DENOMINACIONES ABREVIADAS DE OBRAS E INSTITUCIONES

AML. Academia Mexicana de la Lengua.

Clave. Clave. Diccionario de uso del español actual.

DBM. *Diccionario breve de mexicanismos.*

DEUM. *Diccionario del español usual en México*, de El Colegio de México.

DGA. *Diccionario general de americanismos.*

DM. *Diccionario de mexicanismos*, de la Academia Mexicana de la Lengua.

DRAE. *Diccionario [de la lengua española]*, de la Real Academia Española. (También "diccionario académico".)

DUE. *Diccionario de uso del español*, de María Moliner.

Panhispánico. Diccionario panhispánico de dudas.

RAE. Real Academia Española.

A

1. abajo, ¿abajo del subsuelo?, bajo, ¿bajo el subsuelo?, debajo, ¿debajo del subsuelo?, subsuelo
Muchas personas ignoran que el prefijo "sub-" (del latín *sub-*) significa, en su primera acepción, "bajo" o "debajo de", como en los adjetivos o sustantivos "**sub**costal"
("que está debajo de las costillas"), "**sub**marino" ("que está o se efectúa debajo de la
superficie del mar") y "**sub**suelo" ("que está debajo del suelo" o "debajo de la superficie terrestre"), entre otros muchos. Esta ignorancia lleva a las expresiones redundantes "**abajo del sub**suelo", "**bajo el sub**suelo" y "**debajo del sub**suelo", que es como
decir, barbáricamente, "**debajo del suelo de abajo**". Y hasta conduce a una gracejada:
¿Qué hay **debajo del sub**suelo? ¡Pues más **sub**suelo, compadre! Veamos por qué. El
sustantivo masculino "subsuelo" tiene las siguientes acepciones en el diccionario
académico: "Terreno que está debajo de la capa labrantía o laborable o, en general,
debajo de una capa de tierra" y "parte profunda del terreno a la cual no llegan los
aprovechamientos superficiales de los predios y en donde las leyes consideran esta-
tuido el dominio público, facultando a la autoridad gubernamental para otorgar concesiones mineras". María Moliner coincide con ambas acepciones en el DUE, en tanto
que, en el *Clave, diccionario de uso del español actual*, sus redactores prefieren la sen-
cillez y precisión y definen el sustantivo "subsuelo" como la "capa del terreno que
está debajo de una capa de la superficie terrestre", y nos dan un ejemplo: *El subsuelo
de esta región es rico en carbón*. También hay subsuelos ricos en petróleo, metales, piedras preciosas, etcétera. Sabemos que el adjetivo "bajo" (también "debajo"), del latín
bassus, significa "dicho de una cosa: que está en lugar inferior respecto de otras de la
misma especie o naturaleza" (DRAE). Queda claro, entonces, que el "**sub**suelo" ocupa
un lugar inferior (**por debajo**, como lo indica el prefijo "sub-") en relación con el "suelo" (del latín *solum*), sustantivo masculino cuyo significado es "superficie terrestre".
Ejemplo: *El trigo se desarrolla muy bien en suelos arcillosos*. Lo que está debajo del "suelo", esto es, de la superficie terrestre, es el "**sub**suelo" que, con el prefijo "sub-" ya indica, de manera explícita, esa característica de inferioridad. Por ello las expresiones
"**abajo del sub**suelo", "**bajo el sub**suelo" y "**debajo del sub**suelo" son redundantes, siendo lo correcto "**en el sub**suelo". Se puede argumentar que ciertas capas de la esfera
terrestre son, por supuesto, más profundas que otras luego de la "corteza" (los "mantos" superiores e inferiores, la "zona de transición" y los "núcleos"), pero si para ellas
tenemos denominaciones técnicas o científicas, basta con mencionarlas y punto,

pues todas forman parte del "subsuelo". Para efectos incluso técnicos, en términos geológicos, la "corteza terrestre" es la "capa sólida externa de la Tierra" (DRAE), y debajo de la "corteza terrestre" está el "subsuelo". Prácticamente, todas las veces que alguien utiliza las expresiones "**abajo del sub**suelo", "**bajo el sub**suelo" y "**debajo del subsuelo**" no se refiere al núcleo de la esfera terrestre, sino simplemente a la capa o las capas que, debajo de la "corteza terrestre" no constituyen otra cosa más que el "subsuelo". Por ello, insistimos y concluimos, tendrían que decir y escribir, con corrección, sin redundancia, "**en el sub**suelo" y punto.

Son redundancias del ámbito culto y científico, pero se han extendido a todas las capas del idioma. En el diario español ABC (no nos extraña que sea español) leemos el siguiente titular:

♀ "¿Qué se oculta **bajo el subsuelo** londinense?".

Lo correcto, sin redundancia, ya lo sabemos, es:

♂ ¿Qué se oculta **en el subsuelo** londinense?

🖉 He aquí otros ejemplos de estas redundancias que obedecen a la ignorancia del significado del prefijo "sub-": "La cantidad de vida **bajo el subsuelo** de la Tierra es de 245 a 385 veces mayor que la cantidad de humanos", "la mayor reserva de oro del mundo, **bajo el subsuelo** de Manhattan", "las historias secretas escondidas **bajo el subsuelo**", "científicos miden **bajo el subsuelo** la rotación de la Tierra", "¿qué se esconde **bajo el subsuelo** de Madrid" (una gran mina de redundancias), "secretos y curiosidades **bajo el subsuelo**", "actualmente, el monumento ha quedado **bajo el subsuelo**", "un anciano sordomudo vive **debajo del subsuelo** del mercado" (no; el pobre hombre vive en el subsuelo del mercado), "**debajo del subsuelo** marino", "el motor se encuentra en un cuarto de máquinas **debajo del subsuelo**", "el 90% de los seres unicelulares vive **debajo del subsuelo** marino" (en realidad, no; vive en el subsuelo marino), "el país está **debajo del subsuelo**, dijo Kirchner" (dijo tantas barbaridades que nadie se dio cuenta de ésta), "las expectativas, **por debajo del subsuelo**", "Viña, **más abajo del subsuelo**" (ya sabemos que más abajo del subsuelo hay más subsuelo), "se observará qué hay **abajo del subsuelo** de la capital", "la gente conocerá que hay **abajo del subsuelo**" (¡simplemente más subsuelo) y, como siempre hay algo peor, "**agua subterránea debajo del subsuelo**" (¡qué gran noticia!, ¿y no había aguas aéreas?).

☞ Google: 1 090 000 resultados de "bajo el subsuelo"; 212 000 de "debajo del subsuelo"; 55 600 de "abajo del subsuelo". ☒

☞ Google: 3 130 000 resultados de "en el subsuelo"; 1 890 000 de "del subsuelo". ☑

2. abarrotada, abarrotado, ¿*abarrotado por completo*?, abarrotar, ¿*abarrotar completamente*?, ¿*completamente abarrotado*?

¿Puede estar algo incompletamente abarrotado? ¿Puede abarrotarse algo incompletamente? La lógica y el significado de las palabras nos indican que no. Veamos. El verbo transitivo "abarrotar" tiene tres acepciones principales en el DRAE: "Apretar o fortalecer con barrotes algo", "llenar por completo un espacio de personas o cosas", "hacer que un local se llene". Ejemplos del DRAE: *El público* **abarrotó** *la plaza*; *El conferenciante* **abarrotó** *la sala*. Tiene también uso pronominal ("abarrotarse") que, dicho de un lugar, significa "llenarse con personas u objetos". Ejemplo: *La plaza de toros se abarrotó*. De ahí el sustantivo masculino "abarrotamiento": acción y efecto de abarrotar, esto es "llenar por completo un espacio". Ejemplo: *Con la fama del músico, el* **abarrotamiento** *del lugar era de esperarse*. De ahí también el adjetivo participio "abarrotado": "lleno por completo". Ejemplo: *El estadio estuvo* **abarrotado**. Siendo así, son indudables redundancias decir y escribir "abarrotado por completo", "abarrotar completamente", "completamente abarrotado" y demás variantes. Sobran, están de más, el adjetivo "completo" ("lleno") y el adverbio "completamente" ("sin que nada falte"). Basta con decir y escribir "abarrotado", "abarrotada" y "abarrotar". Lo demás es innecesario, pues no hay nada que se abarrote incompletamente. Quienes cometen estos disparates han de ser los mismos que dan parte a la policía si encuentran en la vía pública "un **cadáver completamente muerto**". Se trata de disparates frecuentes en los ámbitos de los espectáculos y del deporte. Del habla pasaron a la escritura y hoy abundan en internet, pero también son frecuentes en publicaciones impresas (diarios, libros y revistas) incluso culturales. Son muchos los profesionistas y los escritores que no saben los significados precisos del verbo "abarrotar" y el adjetivo "abarrotado". (Por cierto, otra acepción del sustantivo "abarrote", utilizado generalmente en plural, se refiere a los "artículos comerciales, principalmente comestibles, y de uso cotidiano y venta ordinaria", DRAE. Pero ¿por qué? Porque el verbo "abarrotar" significa también "cargar un buque aprovechando hasta los sitios más pequeños de su bodega y cámaras, y a veces parte de su cubierta" y "saturar de productos el mercado". De ahí los sustantivos abarrotería y abarrotero.) Obviamente estas personas ya no consultan el diccionario, y todo porque creen que no lo necesitan en virtud de que son licenciados, maestros, doctores y postdoctores o bien autores de mucho éxito comercial a quienes ya nadie les va a decir cómo escribir, porque *se las saben de todas todas* (y ésta sí es locución, deliberadamente enfática, de buena retórica).

En una edición española de *El retrato de Dorian Gray*, el traductor (español, por supuesto) hace escribir lo siguiente a Oscar Wilde:

♀ "La sala estaba **completamente abarrotada** esa noche".

En realidad, lo que Wilde escribió y lo que el traductor debió expresar con fidelidad, y sin redundancia, es que

♂ la sala estaba **abarrotada** esa noche.

✐ He aquí otros ejemplos de esta redundancia, tomados de diarios, libros, revistas y páginas de internet: "la avenida 16 de Septiembre luce **completamente abarrotada**", "la Puerta del Sol, **completamente abarrotada** para recibir al Real Madrid", "la iglesia estaba **completamente abarrotada**", "en menos de una hora quedaría **completamente abarrotada**", "la enorme plaza central estaba **completamente abarrotada** de espectadores", "el local estaba **completamente abarrotado**", "al llegar al teatro se sorprendieron al verlo **completamente abarrotado**", "estaba **completamente abarrotado** de hombres que fumaban y bebían sin cesar", "un mercado ~~completamente abarrotado de opciones muy parecidas~~", "el tren, **abarrotado por completo**", "el edificio estuvo **abarrotado por completo**", "al mediodía el vestíbulo del Palacio de Bellas Artes era **abarrotado por completo**", "ha **abarrotado por completo** el Teatro de la Ciudad", "conciertos **abarrotados por completo**", "los patios están **abarrotados completamente**", "los camiones urbanos van **abarrotados completamente**", "la Arena Monterrey estaba **abarrotada completamente**", "**abarrotada completamente** de público".

☞ Google: 24 000 resultados de "completamente abarrotado"; 15 100 de "completamente abarrotada"; 8 730 de "abarrotado por completo"; 4 620 de "completamente abarrotadas"; 4 110 de "abarrotada por completo"; 3 870 de "completamente abarrotados"; 3 100 de "abarrotadas por completo". ⊠

3. ¿*abceso*?, absceso, ¿*absceso de pus*?, ¿*abseso*?, pus

Los términos "abceso" y "abseso" carecen de significación alguna en español, aunque bien podrían estar en el *Diccionario de mexicanismos*, de la Academia Mexicana de la Lengua, que incluye múltiples faltas ortográficas, palabros y barbarismos a los que, abusivamente, denomina mexicanismos, desde "cónyugue", "espurgar", "fiusha", "fueras" (en lugar de "fuera"; ¿y por qué no "cercas", en lugar de "cerca", contrario de "lejos"?), "humadera", "jediondo y "kiosko", hasta burradas como "destróyer", "erario público" y "joy", estos últimos seguramente muy utilizados por los académicos y sus abuelitos. El correcto sustantivo masculino "absceso", proviene del latín *abscessus* (tumor) y significa "acumulación de pus en los tejidos orgánicos" (DRAE). Ejemplo: *Se sometió a la curación de un* **absceso** *en la axila*. Escribir "abceso" o "abseso" son desbarres en la escritura del ámbito médico que aparecen con frecuencia en publicaciones impresas y en internet. Por lo demás, como ya vimos en la definición, todo "absceso" es de "pus"; por ello, resulta una redundancia bruta decir y escribir "absceso de pus", similar a "cáncer maligno", puesto que no hay "cáncer" que sea "benigno".

En el diario digital español *La Vanguardia* se informa al lector que

♀ "La mastitis no tratada puede provocar un **absceso de pus** en la mama".

Quiso informar, correctamente, el diario, sin redundancia, que

♂ la mastitis no tratada puede provocar un **absceso**.

✐ Abundan también los que escriben "abseso", como en el periódico de Chihuahua *El Pueblo*, en cuyas páginas leemos el siguiente encabezado: "Seguro Popular da cobertura a tratamiento de **abseso** dental". He aquí otros ejemplos de tan abundantes disparates, tomados lo mismo de publicaciones impresas que de internet y que quién sabe por qué motivo no fueron incluidos en el DM de la AML con el apodo de "mexicanismos": "nunca debe cerrarse completamente la abertura del **abceso**", "**abceso** perianal recurrente", "**abceso** pulmonar", "tratamiento de un **abceso** dental", "drenaje de **abcesos**", "manejo de **abcesos** prostáticos", "remedios caseros para **absesos** dentales", "**absesos** de grasa en el cuerpo", "**absesos** en los perros", "**abseso** en axila", "**abseso** hepático", "el **abseso** más grande del mundo", "se puede llegar a formar un **absceso de pus**", "fui operada de **absceso de pus**", "con un gran **absceso de pus** en la cara", "las causas que provocan el **absceso de pus**" y, como siempre hay algo peor, "se le reventó al cirujano un **absceso de pus** con el que no contaba" (¡esto en una carta del escritor español Juan Marsé en el que le relata a una amiga su experiencia, en el quirófano, a causa de la apendicitis!).

☞ Google: 127 000 resultados de "abcesos"; 108 000 de "abceso"; 37 600 de "abseso"; 35 000 de absesos"; 30 800 de "abscesos de pus"; 25 100 de "un abceso"; 19 300 de "absceso de pus"; 13 600 de "los abcesos"; 8 710 de "el abceso"; 6 860 de "abceso de pus"; 2 310 de "el abseso"; 1 490 de "abcesos de pus". ☒

4. abstinencia, *¿abstinencia total?*
El sustantivo femenino "abstinencia" (del latín *abstinentia*) tiene dos acepciones en el diccionario académico: "Acción de abstenerse de algo, especialmente de tomar alimentos o drogas" y "privación de determinados alimentos o bebidas, en cumplimiento de precepto religioso o de voto especial". Al franquista DRAE le falta especificar una abstinencia muy importante: la abstinencia sexual, esto es la privación del coito, por motivos también religiosos, conocida como "celibato" (del latín *celibatus*), sustantivo masculino que significa "soltería, especialmente de quien ha hecho voto de castidad" (DRAE). ¿Y cómo define el franquista DRAE el sustantivo femenino "castidad" (del latín *castitas, castitatis*)? Además de "cualidad de casto", "virtud de quien se abstiene de todo goce carnal". "¿Virtud?" No, señores académicos, no necesariamente es "virtud". Puede ser incluso un defecto. En todo caso es una condición o característica, pero no una virtud, pues el sustantivo femenino "virtud" (del latín *virtus, virtutis*) está utilizado aquí en la séptima acepción del DRAE: "Acción virtuosa o recto modo de proceder". Privarse del sexo puede ser tan virtuoso o defectuoso como privarse de bailar o de reír, pues privarse es sinónimo de "abstenerse" (del latín *abstinere*), verbo pronominal que significa "privarse de algo". Las privaciones ("renuncias voluntarias a algo") no son, en sí mismas, virtudes: son preferencias propias del gusto y de las creencias de cada cual: prohibiciones que uno se impone, sin que esto

pueda considerarse una virtud o una acción virtuosa. Lo cierto es que al hablar y al escribir de "abstinencia" (privación, renuncia) debemos evitar acompañar a ese sustantivo del adjetivo "total" (del latín medieval *totalis*, y éste derivado del latín *totus*: "todo entero"), cuyo significado es "que lo comprende todo en su especie" (DRAE). La razón es sencilla: el sustantivo "abstinencia", cuyo sinónimo es "privación" ya incluye, de manera implícita, la renuncia total a algo. No hay "abstinencias parciales" a algo, pues tal cosa no sería una "abstinencia", y hablar y escribir de "abstinencia total" es una gruesa redundancia, ya que toda "abstinencia", por definición, es una renuncia o una privación absoluta de algo. Evitemos este disparate culto. El adjetivo "total" sobra, y el adjetivo "parcial" va contra la lógica. No existe tal cosa.

Redundancia del ámbito culto, la expresión "abstinencia total" delata que quienes la usan no suelen consultar, en el diccionario, el significado de los términos que utilizan. La encontramos, oronda, en las publicaciones impresas (libros, periódicos y revistas), y es abundante en internet. En la publicación española *El Periódico* leemos el siguiente titular:

♀ "Alcoholismo: de la **abstinencia total** al control del consumo".

Con corrección, debió informarse:

♂ Alcoholismo: de la **abstinencia** al control del consumo.

⟋ En un libro leemos que "la abstinencia parcial, y en el estado sano, produce efectos diversos". Otra tontería. O hay abstinencia o no la hay. Esto de la "abstinencia parcial" es como pensar que se puede ser "medio extremista" o "medio fundamentalista". He aquí otros ejemplos de estas tonterías: "Asociación Pionera de **Abstinencia Total** del Sagrado Corazón", "la **abstinencia total** vs. el consumo controlado", "la **abstinencia total** puede matar", "Shannon de Lima prometió **abstinencia total**", "quizá crean que la **abstinencia total** es innecesaria", "¡**Abstinencia total**! Brad Pitt no tendrá sexo por un año", "bendición de la **abstinencia total** del alcohol", "la **abstinencia total** es más fácil de cumplir que la moderación perfecta", "la adicción al teléfono móvil no se combate con la **abstinencia total**", "la **abstinencia total** podría fomentar aún más la monotonía y falta de interés", "**abstinencia total**, clave en el tratamiento del alcoholismo", "la **abstinencia total** te hace correr un riesgo mayor", "**abstinencia total**: la única seguridad", "insisten en la **abstinencia total** como único resultado aceptable", "te recomiendo **abstinencia total**" (te recomiendo un diccionario), "¿qué es la **abstinencia parcial**?" (es algo así como renunciar al coito, pero no al onanismo), "en los días de **abstinencia parcial**", "está más que demostrado que la **abstinencia parcial** no funciona" (por la sencilla razón de que no existe), "una **abstinencia parcial** de alimentos", "**abstinencia parcial** de la complacencia en sexo" (o sea: te complaces a medias), "puede ser suficiente una **abstinencia parcial**" (sí, suficiente para destruir la lógica).

☞ Google: 50 700 resultados de "abstinencia total"; 1 420 de "abstinencia parcial". ☒

5. abusar, abusivo, abuso, *¿abuso desmesurado?*, *¿abuso desproporcionado?*, *¿abuso exagerado?*, *¿abuso excesivo?*, *¿abuso inmoderado?*, exceder, excesivo, *¿excesivo abuso?*, exceso, usar, uso, *¿uso abusivo?*

El sustantivo masculino "uso" (del latín *usus*) denota la acción de "usar", verbo transitivo que significa "hacer servir una cosa para algo", y, como intransitivo, "dicho de una persona: disfrutar algo" (DRAE). Ejemplos: *Todo se descompone con el **uso***; *En este museo se prohíbe **usar** cámaras fotográficas*; *Puedo **usar** unos años más mi automóvil si le doy constante mantenimiento*. El verbo intransitivo "abusar" significa, en la primera acepción del DRAE, "hacer uso excesivo, injusto o indebido de algo o de alguien". Ejemplo: *Todo el tiempo **abusaba** de su autoridad*. De ahí que el sustantivo "abuso" (del latín *abūsus*) denote la acción y efecto de "abusar" que, ya desde 1726, en el *Diccionario de Autoridades*, se definía como "corruptela introducida contra lo justo y razonable, y uso malo de las cosas". Ejemplo: *Fue acusado de **abuso** de autoridad*. Queda claro, entonces, que "abuso" equivale a "mal uso" y que, en consecuencia, no es lo mismo "**uso** de autoridad" (con sentido positivo) que "**abuso** de autoridad" (con ineludible sentido negativo). Dicho y comprendido lo anterior, resulta una gruesa redundancia referirse al "**abuso excesivo**" o al "**excesivo abuso**", puesto que, por definición, "abusar", como hemos visto, ya implica "exceso" (del latín *excessus*), sustantivo masculino que significa "parte que excede y pasa más allá de la medida o regla" (DRAE). Ejemplo: *Se puede ser pendejo, pero lo de él es un **exceso***. De ahí el adjetivo "excesivo": "que excede y sale de regla". Ejemplo: *Su tontería es **excesiva**, pero él ni se da cuenta*. El verbo intransitivo y pronominal "exceder", "excederse" significa, por ello, en la segunda acepción del DRAE, "propasarse, ir más allá de lo lícito o razonable". Ejemplo: *Se puede ser pendejo, pero no hay que **excederse***. Es correcto decir y escribir "**uso excesivo** de fuerza" y "**excesivo uso** de poder", pero no lo es, por supuesto, decir y escribir "**abuso excesivo** de fuerza" y "**excesivo abuso** de poder", pues si "abusar" significa "hacer uso excesivo", en estos dos últimos casos estamos incurriendo en redundancias muy brutas que, para mayor desgracia, han desembocado en otra mucho peor, es decir, una repugnante rebuznancia: la del "**uso abusivo**", con la que se dan vuelo millones de hablantes y escribientes, y que es la joya de la corona de este increíble dislate, pues el adjetivo "abusivo" (del latín tardío *abusīvus*) "se aplica a lo que constituye un abuso" (DUE) o, en otras palabras, un "uso" nocivo, perjudicial, dañino. Ejemplo de María Moliner: *Precios **abusivos***. De tal forma, unir el sustantivo "uso" al adjetivo "abusivo" es no tener ni la menor idea del significado de las palabras ni del uso de la lógica. Dígase "**acción** abusiva", "**ejercicio** abusivo", "**práctica** abusiva", pero no, ¡por favor!, "**uso abusivo**", pues el adjetivo "abusivo", como hemos visto, ya contiene en sí la noción negativa del sustantivo "uso" que no es otra que el sustantivo "abuso". Estas redundancias tan primarias pueden evitarse recurriendo al diccionario, a fin de consultar las definiciones de los sustantivos "uso" y "abuso" y de los adjetivos "abusivo" y "excesivo", pero da la casualidad de que quienes utilizan estos términos e incurren en tales dislates (periodistas, escritores y profesionistas en general) jamás abren un diccionario ni siquiera mediante sus teléfonos inteligentes. Por ello leemos y escuchamos a cada rato acerca del "**uso abusivo** de redes sociales", el "**abuso excesivo** de fuerza" y el "**excesivo abuso** de poder", o, incurriendo en la misma redundancia, pero con otro adjetivo, del "**abuso desproporcionado**" y del "**desproporcionado abuso**", lo cual es caer en el mismo comal caliente, pues el adjetivo "desproporcionado" (del participio de "desproporcionar") significa "que no tiene la proporción conveniente o necesaria" (DRAE) y, por tanto, es sinónimo del adjetivo "excesivo", siendo el significado del verbo transitivo "desproporcionar", "quitar la proporción a algo, sacarlo de regla y medida". Ejemplos: *La sanción que se le aplicó es **desproporcionada**; Una ley que **desproporcione** el castigo, en relación con la culpa, es injusta.* Otros sinónimos de "excesivo" y "desproporcionado" son "exagerado", "desmesurado" e "inmoderado". En consecuencia, si también hacemos acompañar estos adjetivos con el sustantivo "abuso" cometemos, sin más, brutas redundancias. Lo correcto es acompañarlos del sustantivo "uso": "**uso excesivo**", "**uso desproporcionado**", "**uso exagerado**", "**uso desmesurado**", "**uso inmoderado**", pero jamás "**uso abusivo**", pues esto es como decir y escribir la sandez "**práctica impráctica**", que uno pensaría que nadie se atrevería a utilizar, pero que tiene, al menos, medio centenar de resultados en el motor de búsqueda de Google, con ejemplos tan bárbaros como los siguientes: "Haciendo esta **práctica impráctica**, lenta y costosa", "no creo que sea tan obvio que pretendan incrementar esta **práctica impráctica**", "esta **práctica impráctica** espero desaparezca por la inseguridad jurídica que esto implica", "le seguía pareciendo una **práctica impráctica**", etcétera.

En su recomendación 37/2020 (del 2 de septiembre de 2020), la Comisión Nacional de los Derechos Humanos (CNDH), de México, se refiere a

♀ "una muerte signada por la violencia extrema, percibida también como un **abuso excesivo**".

No; claro que no: ¡todo abuso es excesivo! ¡No hay abuso que no lo sea! Por tanto, la CNDH (esta institución hoy tan desprestigiada) debió referirse a

☝ una muerte signada por la violencia extrema, percibida también como un **abuso**. Y punto.

🖉 Van aquí algunos pocos ejemplos de estas abundantes redundancias brutas, reproducidos de publicaciones impresas y de internet: "El **uso abusivo** de redes sociales", "efectos sobre la salud del **uso abusivo** de la tecnología", "el **uso abusivo** de los videojuegos", "PAN acusa **uso abusivo** de justicia", "el **uso abusivo** de los derechos", "**uso abusivo** de armas de fuego",

"**uso abusivo** de la fuerza", "adicción y **uso abusivo** de las nuevas tecnologías", "acusan a policías de **abuso excesivo** de fuerza", "alertan sobre miopía por **abuso excesivo** de dispositivos
digitales", "la contaminación urbana y el **abuso excesivo** de energéticos", "**abuso excesivo** de
violencia en sus labores", "**abuso excesivo** de bótox", "**abuso excesivo** de poder del sistema
de justicia", "el **abuso excesivo** de la fuerza del Estado", "limitar el **abuso excesivo** de la aplicación de la ley penal", "**excesivo abuso** del alcohol", "con **excesivo abuso** de la fuerza", "**exce-
sivo abuso** y maltrato hacia los animales", "**abusos excesivos** del poder público", "**excesivos
abusos** policiales en México", "**abuso desmesurado** de anglicismos en el vocabulario", "**abuso
exagerado** y continuo de nuestros símbolos patrios", "Tlatlaya y Ayotzinapa, claro ejemplo de
abuso desproporcionado de poder", "ojalá se logre exterminar el **exagerado abuso** del poder
político y económico", "**abuso inmoderado** habitual de drogas enervantes", "el **desmesurado
abuso** de los contratos temporales", "el **desproporcionado abuso** que hacemos del petróleo" y,
como siempre hay algo peor, "llaman a evitar **uso abusivo** de cubrebocas". ¡Que Dios los perdone, porque nosotros, no!

☞ Google: 1 480 000 resultados de "uso abusivo"; 108 000 de "abuso excesivo"; 14 300 de
"excesivo abuso"; 5 110 de "abusos excesivos"; 4 290 de "excesivos abusos"; 4 090 de "abuso
desmesurado"; 4 050 de "abuso exagerado"; 2 180 de "abuso desproporcionado"; 1 340 de "exagerado abuso"; 1 180 de "abuso inmoderado"; 1 000 de "desmesurado abuso"; 1 000 de "desproporcionado abuso". ☒

☞ Google: 2 260 000 resultados de "uso excesivo"; 422 000 de "uso exagerado"; 236 000
de "excesivo uso"; 174 000 de "uso desproporcionado"; 38 300 de "exagerado uso"; 32 200 de
"uso desmesurado"; 29 900 de "uso inmoderado"; 13 300 de "desproporcionado uso". ☑

**6. actual, actualmente, ¿*actualmente en vigor?*, ¿*actualmente vigente?*, ¿*hoy vigente?*, vi-
gente, ¿*vigente ahora?*, ¿*vigente en la actualidad*?**
En las expresiones "actualmente en vigor" y "actualmente vigente", el adverbio sale
sobrando. Basta con decir "en vigor" o "vigente", tratándose, en específico, de leyes,
ordenanzas o reglamentos. Ejemplos: *La ley en vigor, La ley vigente*. Con el adverbio
"actualmente" lo único que hacemos es cometer redundancia. Veamos por qué. El
adjetivo "vigente" (del latín *vigens, vigentis*, participio activo de *vigēre*: literalmente,
"tener vigor") posee el siguiente significado: "Dicho de una ley, de una ordenanza,
de un estilo o de una costumbre: Que está en vigor y observancia" (DRAE). Ejemplo:
*En la **ley vigente** del Servicio Profesional de Carrera en la Administración Pública Federal
se establece que los servidores públicos de carrera tienen derecho a la estabilidad y permanencia en el servicio*. El sustantivo masculino "vigor" (del latín *vigor, vigōris*) tiene el siguiente significado en la tercera acepción del diccionario académico: "Fuerza de
obligar en las leyes u ordenanzas". Ejemplo: *La **ley en vigor** de Protección de Datos Personales fue publicada en el* Diario Oficial de la Federación *el 26 de enero de 2017*. El

adverbio "actualmente" significa "en el tiempo actual", "en el presente". Por ello, si una disposición o una ley están en vigor o son vigentes, lo están y lo son, sin ninguna duda, en el tiempo actual, en el presente, en el "hoy" (del latín *hodie*), adverbio que significa "en este día", "en el tiempo presente" (DRAE); de ahí que las expresiones "hoy vigente" y "vigente en la actualidad" sean también disparatadas redundancias. Basta con decir "vigente". Ejemplo: *La ley vigente del Impuesto Sobre la Renta tuvo su última reforma el 30 de noviembre de 2016.* Los adverbios "actualmente" y "hoy" (a veces "ahora", que también significa "en este momento o en el tiempo actual", DRAE) forman redundancia con el adjetivo "vigente" y el sustantivo "vigor", al referirnos a una disposición, una ordenanza o una ley. Por ello, simplemente deben evitarse: si una disposición, una ordenanza o una ley están en vigor o son vigentes, no hay nada más que decir.

Las expresiones redundantes "actualmente en vigor", "actualmente vigente", "ahora vigente" "hoy en vigor", "hoy vigente" y "vigente en la actualidad", con sus variantes, se usan con donaire hasta en los ámbitos legales y legislativos. Son redundancias de profesionistas, y quienes las cometen lo hacen como hábito. Por ello no es extraño que el periodismo las haya adoptado sin el menor reparo. En un libro, un destacado constitucionalista mexicano escribe lo siguiente:

♀ "En forma reiterada he venido planteando la posibilidad de expedir una nueva constitución que sustituya a la **actualmente en vigor** y que fue expedida en 1917".

En la misma página, el autor insiste: "Aunque la derogación de la constitución **actualmente en vigor**...". Y en la siguiente: "Bien que mal la constitución **actualmente en vigor**...". Y también en otras páginas. Al parecer, en algunas empresas editoriales ya no existen los correctores que ayuden a un autor a no escribir redundancias. Un buen corrector hubiera eliminado esas formas viciosas del adverbio "actualmente", y ayudado al autor a escribir lo siguiente:

♂ En forma reiterada he venido planteando la posibilidad de expedir una nueva constitución que sustituya a la que está **en vigor** y que fue expedida en 1917.

🖉 Millones de hablantes y escribientes del ámbito profesional incurren en estas redundancias atroces. He aquí unos poquísimos ejemplos: "La ley **vigente en la actualidad** fue más allá todavía", "la ley **vigente en la actualidad** se promulgó", "la nueva ley **vigente en la actualidad**", "el cuerpo principal de la ley **vigente en la actualidad**", "del tenor literal de la ley **vigente en la actualidad**", "en sintonía con la ley **vigente en la actualidad**", "el respeto de las leyes **vigentes en la actualidad**", "con arreglo en las leyes **vigentes en la actualidad**", "determinadas leyes **vigentes en la actualidad**", "en cumplimiento de las leyes **vigentes en la actualidad**" (lo extraordinario sería que se hiciera en cumplimiento de las leyes no vigentes), "el Código Penal **actualmente en vigor**", "legislación sobre estupefacientes **actualmente en vigor**" (más bien, legislación en

vigor sobre estupefacientes), "la Constitución **actualmente en vigor** fue aprobada", "el articu-
lado **actualmente en vigor**", "la Ley de Educación Superior **actualmente vigente**", "el sistema
electoral mexicano **actualmente vigente**", "el código **actualmente vigente**", "contratos **actualmente vigentes**", "normas **actualmente vigentes**", "reformar las leyes **actualmente vigentes**",
"sigue **vigente hoy día**", "sistema multilateral **hoy vigente**", "la normativa **hoy vigente** en el sector", "desarrollan la ley **hoy vigente**", "se negoció el tratado trilateral **hoy vigente**", "flexibili-
zar el acuerdo antidrogas **hoy vigente**", "según las normas ortográficas **hoy vigentes**" (¡y este
ejemplo es parte de una respuesta de "ʀᴀᴇ Consultas"!; así escriben en la Real Academia Española los que "orientan" a quienes preguntan), "derechos sociales **hoy vigentes**", "la normativa **vigente ahora**", "los códigos sagrados siguen **vigentes ahora**", "las leyes militares **vigentes
ahora**", "los años 90 siguen **vigentes ahora**", "leyes y estatutos que están **vigentes ahora**", "no
siguen **vigentes ahora**", "estos precios son los **vigentes ahora**", "siguen **vigentes ahora** en este
formato", "constitución **vigente ahora**" (yo también vi gente ahora, pero no en Constitución,
sino en Reforma).

☞ Google: 8 200 000 resultados de "vigente en la actualidad"; 5 410 000 de "vigentes en
la actualidad"; 3 120 000 de "actualmente en vigor"; 430 000 de "actualmente vigente"; 292 000
de "actualmente vigentes"; 141 000 de "hoy vigente"; 107 000 de "hoy vigentes"; 68 000 de
"vigente ahora"; 20 400 de "vigentes ahora". ☒

7. actualidad, ¿*actualidad palpitante?*, palpitante, ¿*palpitante actualidad?*

Uno de los lugares comunes favoritos del periodismo es el pleonasmo "actualidad
palpitante", con su variante, "palpitante actualidad". Quienes lo usan con especial donaire, lo denominan pleonasmo o énfasis de estilo, porque lo creen bien vestido de
retórica, pero, aunque se vista de seda, redundancia se queda. Veamos por qué. El
sustantivo femenino "actualidad" (de *actual*) posee dos acepciones en el ᴅʀᴀᴇ: "Tiempo presente" y "cosa o suceso que atrae y ocupa la atención del común de las gentes en un momento dado". Ejemplo: *La **actualidad** política en España es de pandereta*.
En cuanto al adjetivo "palpitante" (del antiguo participio activo de *palpitar*), significa "que palpita" y, en su segunda acepción, "vivo, de actualidad" (ᴅʀᴀᴇ). Ejemplo: *La
palpitante política española es de pandereta, con el Coletas por delante*. Queda claro, con
todo esto, que decir y escribir "actualidad palpitante" y "palpitante actualidad" es rizar el rizo, pues toda actualidad es palpitante (viva) y todo lo palpitante entraña actualidad. Puede ser peor incluso: cuando se le agrega el adverbio "más" y se potencia
la redundancia con barbaridades como la siguiente, tomada de la página de internet del Ayuntamiento de Gijón: "Presentaciones de libros en el ᴄᴄᴀɪ. Programa que
facilita a autores y editores la promoción de sus novedades al tiempo que acerca a
los lectores a **la más palpitante actualidad** literaria". Incluso escritores, de esos que
ganan premios muy gordos y celebrados en España, se adornan con su "palpitante

actualidad" o su "actualidad palpitante" en sus libros galardonados, lo que revela que no consultan el diccionario porque, seguramente, creen que ya dominan la lengua española sin necesidad de vejigas para flotar.

Se trata de redundancias cultas o, por lo menos, "refinadas", y, por ello, muchos les dicen pleonasmo, como si los pleonasmos no fueran también redundancias, muchos de ellos de una presuntuosidad que no puede ser más ingenua ni más fatua. En el libro *Yo, Trump*, del periodista español Ramón Rovira, leemos que

🖊 "Philip Roth escribió esta distopía sobre su familia judía hace más de una década, pero la llegada a la Casa Blanca de Donald Trump la ha devuelto a la **palpitante actualidad**".

En buen español, y sin redundancia, Rovira debió escribir:

🖊 Philip Roth escribió esta distopía sobre su familia judía hace más de una década, pero la llegada de Donald Trump a la Casa Blanca la ha devuelto a la **actualidad**.

🖊 He aquí unos pocos ejemplos de esta redundancia que algunos suponen de "mucho estilo": "Conversaciones **de palpitante actualidad**", "la obra definitiva sobre un tema **de palpitante actualidad**", "la **palpitante actualidad** es, desde siglos, excelente remedio para soportar la realidad" (¿alguien entiende algo en este enunciado?), "la **palpitante actualidad** jurídica de los avances médicos", "siempre la **palpitante actualidad** puede presentar un lado dudoso", "le dan a su pensamiento una **palpitante actualidad**", "el tema de la seguridad es **de palpitante actualidad**", "noticia **de palpitante actualidad**" (doble redundancia, pues el sustantivo "noticia" significa "dato o información nuevos"), "el tema del desplazamiento masivo de personas es de una **palpitante actualidad**", "el tema de la Reforma Tributaria es **de palpitante actualidad**", "ahora quisiera referirme brevemente a otro tema **de palpitante actualidad**", "**de actualidad palpitante en extremo**" (¿"palpitante en extremo"?; ha de ser taquicardia), "volvamos los ojos a lo **de actualidad palpitante**", "cuestiones de la **actualidad palpitante**", "todo el pasado suyo es **actualidad palpitante**" (¡ah, chingá!), "este pequeño trozo de historia en una página **de actualidad palpitante**", "tuvo que hablar de otros temas **de actualidad palpitante**", "así lo constatan dos **noticias de actualidad palpitante**" (ya lo dijimos: si son "noticias", son de "actualidad"), "los investigadores de orientan y polarizan hacia otros asuntos **de más palpitante actualidad**", "un nuevo auge que se hace eco **de la más palpitante actualidad**", "se había convertido en cronista **de la más palpitante actualidad**", "iluminado las cuestiones **de la más palpitante actualidad**". ¡Y basta!

☞ Google: 34 800 resultados de "palpitante actualidad"; 23 500 de "de palpitante actualidad"; 14 400 de "actualidad palpitante"; 4 230 de "de actualidad palpitante"; 3 930 de "más palpitante actualidad"; 3 300 de "de la más palpitante actualidad"; 2 770 de "la palpitante actualidad". ☒

8. adelantar, adelante, atrás, avance, avanzar, *¿avanzar hacia adelante?, ¿avanzar hacia atrás?, ¿avanzar hacia delante?,* ir, regresar, *¿regresar atrás?, ¿regresar hacia adelante?, ¿regresar hacia atrás?, ¿regresar hacia delante?,* retroceder, *¿retroceder atrás?, ¿retroceder hacia adelante?, ¿retroceder hacia atrás?, ¿retroceder hacia delante?*

¿Se puede "avanzar hacia atrás", se puede "regresar o retroceder hacia adelante"? Hay mucha gente que así lo cree, aunque se trate de atroces sinsentidos, del mismo modo que son atroces redundancias decir y escribir "avanzar hacia adelante" y "regresar o retroceder hacia atrás". En un tiempo donde la lógica ha sido extraviada y el buen uso de la lengua se ha perdido, ya todo es posible, pero cada vez menos posibles la claridad y la precisión comunicativas. En el caso de "avanzar" y de "adelantar" queda claro que estos verbos de acción sólo pueden cumplirse "hacia adelante" o "hacia delante", pues el transitivo e intransitivo "avanzar" (del latín vulgar *abantiāre*, y éste del latín tardío *abante*, "delante") significa, en su acepción principal "adelantar, mover o prolongar hacia adelante", en tanto que su sinónimo transitivo y pronominal "adelantar", "adelantarse" significa "mover o llegar hacia adelante" (DRAE). Ejemplos: *Avanzaron diez kilómetros y se detuvieron para reponer fuerzas; Se adelantó para preparar todo en la hacienda, y esperó a los demás.* De ahí el adverbio "avante" (del latín tardío *abante*, "delante"), cuyo significado y sinónimo es el también adverbio "adelante". Ejemplos: *Mujeres víctimas de violencia salen avante con ayuda profesional; Los niños que padecen cáncer no pueden salir adelante sin sus medicamentos y sin el tratamiento adecuado, aunque el gobierno crea lo contrario.* De ahí también el sustantivo "avanzada": "Partida de soldados destacada del cuerpo principal, para observar de cerca al enemigo y evitar sorpresas", y también "aquello que se adelanta, anticipa o aparece en primer término". Ejemplos: *Fue de los que participó en la avanzada de la tropa; Le tocó ir de avanzada en la comitiva.* Resulta increíble que personas ilustradas, tal vez no precisamente muy cultas, pero sí de alta escolarización, no usen la lógica ni, obviamente, el diccionario, para saber que "avanzar" siempre es ir "hacia adelante", con la consecuencia de que no se puede "avanzar hacia atrás". Peor aún: hay quienes "adelantan hacia atrás" y ni cuenta se dan de que destrozan la lógica y el idioma. Por cierto, es falso que los cangrejos caminen hacia atrás: en realidad, se desplazan hacia los lados. "Esto se debe —leemos en una enciclopedia— a la articulación de las piernas que hace que la marcha de reojo sea más eficiente". En pocas palabras, ¡ni siquiera los cangrejos "avanzan hacia atrás"! No existe forma de hacerlo. En cuanto al adverbio "adelante" (de *delante*), éste significa "más allá", "hacia delante, hacia enfrente" (DRAE). Ejemplo del diccionario académico: *El enemigo nos cierra el paso; no podemos ir adelante.* Con obviedad, antónimo o contrario de "adelante" es el adverbio "atrás" (de *tras*), cuyo significado es "hacia la parte que está o queda a las espaldas de alguien o algo" y "en la zona posterior a aquella en que está situado lo que se toma como punto de referencia"

(DRAE). Ejemplo: *En cuanto lo vi, aceleré el paso, lo rebasé y pronto lo dejé **atrás**.* Queda claro que se avanza siempre hacia adelante y nunca hacia atrás, pues "tornar" (del latín *tornăre*) es, en su carácter de verbo intransitivo, "regresar al lugar de donde se partió" (DRAE). Ejemplo: *Y, ya sin ánimo de nada, **tornaré** a mi pueblo a bien morir.* Siendo así, hay que insistir en ello, no se avanza jamás hacia atrás, sino que se "regresa", donde el verbo intransitivo y pronominal "regresar", "regresarse" (de *regreso*) significa "volver al lugar de donde se partió". Ejemplo: ***Regresé** a casa muy tarde.* No se regresa hacia delante, se regresa, invariablemente, hacia atrás; esto es, se "retrocede", donde el verbo intransitivo "retroceder" (del latín *retrocedĕre*) significa "volver hacia atrás" (DRAE). Ejemplo: *Vacilante, **retrocedió** unos pasos y se quedó pensativo.* Insistamos hasta que a nadie le quede ninguna duda: no se puede "adelantar hacia atrás", del mismo modo que no se puede "avanzar hacia atrás". No es, por cierto, el caso del verbo intransitivo "ir" (del latín *ire*) que significa "moverse de un lugar hacia otro apartado de la persona que habla" (DRAE). En consecuencia, se puede **ir (andar, caminar) hacia adelante** o se puede **ir hacia atrás**. Ejemplos: ***Fue hacia adelante** y se quedó observando el camino; **Fui hacia atrás**, pero no encontré a nadie.* Jamás se retrocede hacia delante; todo "retroceso", por definición, es hacia atrás. Explicado y comprendido todo esto, debe quedar claro, por evidente, que "avanzar hacia adelante", "avanzar hacia delante", "regresar atrás", "regresar hacia atrás", "retroceder atrás" y "retroceder hacia atrás" son brutas redundancias, y, en oposición, "avanzar hacia atrás", "regresar hacia adelante", "regresar hacia delante", "retroceder hacia adelante" y "retroceder hacia delante" son contrasentidos tan torpes que deben arrojarse, sin dilación, en el bote de los pendejismos. Hay escritores y traductores, muy campantes, y campanudos, que hacen gala ya sea de estas redundancias brutas o de estos vergonzosos contrasentidos. En la traducción del libro *Pioneros de la ciencia ficción rusa* leemos lo siguiente: "Trabajé sin descanso con los remos, **avancé hacia atrás y hacia delante**". En una sola frase, las dos tonterías juntas. Quisieron decir el escritor y el traductor (ambos incompetentes) que el pobre personaje, quizá tan bruto como ellos, remó sin descanso, **avanzó** y **retrocedió**. ¡Hasta la ciencia ficción debe respetar la lógica del idioma!

No se trata de redundancias y contrasentidos que pertenezcan únicamente al español inculto. En los ámbitos profesionales también están presentes, entre personas muy serias y respetables que, sin embargo, jamás abren un diccionario y, además, seguramente reprobaron la materia de lógica. En la edición mexicana de la revista *Entrepreneur*, la redactora Sarah Crossman Sullivan escribe la siguiente joya, en su artículo "El miedo: enemigo mortal de los emprendedores":

♀ "Hay típicamente tres opciones: **avanzar hacia adelante**, quedarse quieto o **avanzar hacia atrás**".

Por lo visto, el miedo no es el único enemigo mortal de los emprendedores, sino también la falta de lógica. Lo correcto:

    ⚬ Hay tres opciones: **avanzar**, quedarse quieto o **retroceder**.

✐ A veces la expresión "avanzar hacia atrás" se utiliza con sentido irónico, para expresar que el "avance" no es tal, sino todo lo contrario. Pero el ejemplo anterior no es el caso, como sí lo es la ironía de Luis García Montero, en una entrevista de 2014 en el diario *El País*: "Ahora vivimos también un cambio de ciclo, quizá más triste, porque el sentimiento que tenemos es que nuestros hijos van a vivir peor que nosotros, que se puede **avanzar hacia atrás**". Lo cierto es que los mismos que avanzan hacia atrás y hacia adelante, son también quienes regresan y retroceden hacia atrás y hacia adelante, muy quitados de la pena. He aquí algunos ejemplos de estas tonterías que socavan la lógica y destruyen el idioma: "¿Cómo hago para **avanzar hacia atrás?**" (muy simple: no uses la lógica), "¿puede el tiempo **avanzar hacia atrás?**", "**avanzar hacia atrás** como un cangrejo" (no, los cangrejos no retroceden, sino que se desplazan lateralmente: caminan hacia los lados), "disminuyen su tamaño al **avanzar hacia atrás**", "ser capaces de **avanzar hacia atrás** sin desorientarse", "en ese fresco que no necesita **avanzar hacia atrás ni hacia delante**", "esta loca obsesión de **avanzar hacia atrás**", "sólo dando un paso atrás, podremos **avanzar hacia adelante** con confianza y seguridad" (la autoayuda en todo su esplendor), "la mejor forma de **avanzar hacia adelante**", "mirando atrás para **avanzar hacia adelante**" (¡uy, qué profundo!), "no se puede **avanzar hacia delante** mirando hacia atrás en cada paso" (más profundidad filosófica), "si no dejas de mirar hacia atrás, tropezarás cada vez que intentes **avanzar hacia delante**" (más y más profundidad), "hay momentos en los que nos sentimos con la claridad y la seguridad suficiente para **avanzar hacia delante** a un paso rápido" (la profundidad al infinito), "aunque nadie ha podido **regresar atrás** y hacer un nuevo comienzo, cualquiera puede recomenzar ahora y hacer un nuevo final" (¡ay, Diosito santo, queda uno anonadado!), "no suele ser bueno **regresar atrás**" (¿por eso muchos quieren **regresar hacia delante?**), "**regresar atrás** ayuda a saber si fuimos felices", "Guajardo pide a precandidatos no **regresar hacia atrás**" (sí, sólo tenían permitido **regresar hacia delante**), "detenerse de manera súbita y **regresar hacia atrás**", "una ola de disparos atravesó la barandilla, golpeando y chispeando, haciéndolo **retroceder hacia atrás**" (novela policíaca, obviamente), "no te rindas y si vas a **retroceder hacia atrás** que sea para tomar impulso" (¡y saltar hacia atrás!), "sería bueno **retroceder hacia adelante**" (esto ya se inventó: se llama avanzar), "el capitalismo sólo puede **retroceder hacia adelante**", "queríamos **retroceder hacia delante**", "esta es una clara demostración de la desesperación y de la necesidad de **retroceder hacia delante**", "recordar quiénes somos es **volver atrás para regresar hacia adelante**", "se trata de **regresar hacia delante**", "si pudiera **retroceder atrás** quisiera no haberte conocido nunca" (pero como sólo sabes retroceder hacia delante, ahora te chingas) y, como siempre hay algo peor, "**avanzar hacia atrás** sería un poco como **retroceder hacia delante**" y "nos permite **avanzar hacia atrás y retroceder hacia adelante** con graciosos movimientos de minué". ¡Estamos rodeados, no parece haber salvación!

☞ Google: 210 000 resultados de "avanzar hacia atrás"; 206 000 de "avanzar hacia adelante"; 165 000 de "avanzando hacia adelante"; 134 000 de "avanzar hacia delante"; 85 400 de "avanzando hacia atrás"; 66 800 de "avanzó hacia atrás"; 33 900 de "regresar atrás"; 22 300 de "avanzan hacia atrás"; 20 900 de "avanzan hacia adelante"; 19 800 de "regresar hacia atrás"; 14 100 de "retroceder hacia atrás"; 10 500 de "retroceder hacia adelante"; 8 830 de "retroceder hacia delante"; 6 850 de "regresar hacia adelante"; 6 590 de "avancé hacia atrás"; 4 830 de "regresar hacia delante"; 3 510 de "avancé hacia adelante"; 2 530 de "retroceder atrás"; 1 000 de "adelantar hacia atrás". ☒

9. adjetivos que matan

¿Aguacero torrencial?, ¿aguacero repentino?, ¿amarga hiel?, ¿arma pavorosa?, ¿asesinato atroz?, ¿blanca nieve?, "¿brillante sol?, ¿calor infernal?, ¿colmillos afilados?, ¿daga aguda?, ¿destello luminoso?, ¿dolorosa herida?, ¿dulce miel?, ¿frío cadáver?, ¿frío invierno?, ¿gozoso placer?, ¿hermosa belleza?, ¿hondo pesar?, ¿inquietante angustia?, ¿lamentable accidente?, ¿lamentable deceso?, ¿lamentable fallecimiento?, ¿lamentable muerte?, ¿lamentable pérdida?, ¿mansa oveja?, ¿marcha multitudinaria?, ¿miedo atroz?, ¿miedo pavoroso?, ¿miseria conmovedora?, ¿negra oscuridad?, ¿odio ciego?, ¿profundo pesar?, ¿ruidosa carcajada?, ¿sonora carcajada?, ¿terrible tragedia?, ¿tumba helada? Los más ridículos lugares comunes son consecuencia de no haber leído jamás la famosa recomendación de Vicente Huidobro en su "Arte poética": "Inventa mundos nuevos y cuida tu palabra./ El adjetivo, cuando no da vida, mata". Menos conocido, pero igualmente exacto, es el consejo que Carl Sternheim le dio al joven Gottfried Benn (y a cualquier escritor, joven o viejo): "Cuando escribas algo, revísalo nuevamente y cancela los adjetivos: así será más claro lo que deseas expresar". El "adjetivo" (del latín *adiectīvus*) es el término que "expresa cualidad o accidente" y acompaña al nombre o sustantivo calificándolo o determinándolo. Existen adjetivos comparativos, demostrativos, posesivos, superlativos, etcétera, pero los más utilizados son los denominados "calificativos". Un "adjetivo calificativo", de acuerdo con el DRAE, es el "que modifica al sustantivo o se predica de él y expresa generalmente cualidades o propiedades de lo designado por el nombre". Ejemplo: *Fuimos a ver una película* **horrible** *en una* **lujosa** *sala de cine, pero llena de espectadores* **ruidosos**. Cuando el adjetivo calificativo no añade cualidades o características diferentes al significado del nombre o sustantivo, lo único que produce es redundancia, pues hay sustantivos que ya contienen, implícitamente, las cualidades o los defectos con los que se pretende calificarlos. Ejemplo (de frecuente cursilería): *La* **dulce miel** *de tus besos*. Así sea en sentido figurado (puesto que los labios no producen miel), la "miel" es "dulce" por definición: "sustancia viscosa, amarillenta y muy dulce, que producen las abejas" o bien "jarabe saturado obtenido entre dos cristalizaciones o cocciones sucesivas en la fabricación del azúcar" (DRAE), y nada añade al sustantivo "miel" el adjetivo "dulce", pues la dulzura es inherente a la miel. En la gramática, ya sea en el discurso oral o escrito, existe, como figura retórica, el "epíteto" (del latín *epithĕton*, y éste del griego *epítheton*: literalmente, "agregado"), término que designa al "adjetivo que denota una cualidad prototípica del sustantivo al que modifica y que no ejerce función restrictiva. En *la blanca nieve, blanca* es un epíteto" (DRAE). Lo cierto es que el "epíteto", como la figura retórica que es, forma parte de las licencias poéticas que, además, pertenecen a un estilo literario arcaico. Lo encontramos, utilizado de forma deliberada, en obras antiguas y clásicas, y ahora lo hallamos, usado de forma inconsciente, en redacciones afectadas y en expresiones carentes de toda elegancia literaria. Son vicios del lenguaje. Al explicar su antiguo uso, Félix Fano, en su *Índice gramatical*, explica: "**epíteto**. Es el adjetivo o participio que se usa principalmente para caracterizar o explicar el nombre, y suele ir delante de él; v. gr.: la **mansa oveja**. El epíteto se junta al sustantivo para llamar la atención hacia alguna cualidad que de ordinario le acompaña". Como bien señala Fano, el epíteto suele ir delante del nombre o sustantivo, como en "el duro acero", "la invicta espada", "la efímera existencia". Al igual que el pleonasmo, también figura de dicción, en la antigua retórica el epíteto aportaba énfasis a la oratoria o al discurso poético. Hoy no aporta nada que no sea la redundancia misma. Los peores escritores y políticos y los más descuidados periodistas, amantes de los lugares comunes, suelen recargar las tintas de su discurso, o de lo que llaman su "estilo", en los adjetivos calificativos que no agregan nada a los nombres o sustantivos, resultando de esto evidentes cursilerías de las que únicamente ellos no se dan cuenta. Las publicaciones impresas y las páginas de internet están llenas de estos adjetivos que, al no dar vida, matan. Van unos pocos ejemplos: "Nuestra **hermosa belleza** latina", "para que realce siempre su **hermosa belleza**", "**profundo pesar** por el fallecimiento de nuestro querido profesor", "con **profundo pesar**, CEPAL lamenta fallecimiento del ex Director del CELADE", "en alerta 8 entidades por **calor infernal** de hasta 45 grados" (lamentamos contradecir al diario mexicano *Excélsior*: en el infierno, si existe, el calor que se promete es superior a los 45 grados; ya tendremos oportunidad de comprobarlo), "por 40 días habrá un **calor infernal** y todo será culpa de la canícula" (dijo el diablo: Con qué poquito pinole les da tos; ¿calor infernal?, ¡aquí los espero!), "**lamentable accidente** automovilístico deja varios lesionados", "un hombre murió electrocutado en un **lamentable accidente**" (el único que ya no lo pudo lamentar fue el muerto), "quiero beber ansiosa la **dulce miel** de tus labios", "pude sentir la **dulce miel** de tus labios besando los míos", "**terrible tragedia** en Italia: puente se desploma en plena autopista", "Guatemala sufrió una **terrible tragedia** tras la erupción del Volcán de Fuego", "el **brillante sol** llegó a mí", "**lamentable pérdida** de vidas humanas", "expresamos nuestro **hondo pesar** por el **lamentable**

fallecimiento", "arrebatado por la desconfianza, sintió un **miedo atroz**" (lo atroz sería que se les colara una errata en el adjetivo, y lo que sintiera fuese un miedo atra**z**), "mostró sus **afilados colmillos**" (que un día antes, por error, llevó al servicio con el afilador de cuchillos, a quien confundió con el afilador de colmillos), "no había nada a su alrededor salvo una absoluta y **negra oscuridad**" (escritores con este "estilo" suelen ganar becas y premios), "fruto de un **odio ciego** y **absurdo**" (tenemos que suponer que hay odios muy lúcidos y nada absurdos), "saboreó la **amarga hiel** de la derrota" (ésta es cursilería de altos vuelos, no jaladas), "el rey de antaño se ha levantado de su **tumba helada**", "fue un **asesinato atroz**", "me resultó difícil reprimir una **sonora carcajada**" (¡tan fácil que hubiese sido optar por una silenciosa carcajada!), "soltó una **ruidosa carcajada**", "terminó por ocasionarle una **dolorosa herida**", "un **aguacero torrencial** se dejó sentir", "Brian sintió un **miedo pavoroso**" (otro escritor que pide a gritos un premio literario internacional), "hubo un **aguacero repentino** mientras estábamos en el parque", "el **frío cadáver** descansaba en su lecho de muerte" (lo bueno es que descansaba), "le estaba produciendo un **gozoso placer**", "de nuevo experimenté la **inquietante angustia** de ser observado" (otro escritor de altos vuelos) y, como siempre hay algo peor, "sintió una **inquietante angustia** dentro de su cuerpo" (no vayan a creer que la sintió fuera).

☞ Google: 1 730 000 resultados de "hermosa belleza"; 1 720 000 de "profundo pesar"; 292 000 de "calor infernal"; 264 000 de "lamentable accidente"; 195 000 de "dulce miel"; 143 000 de "terrible tragedia"; 140 000 de "brillante sol"; 139 000 de "lamentable pérdida"; 134 000 de "hondo pesar"; 92 700 de "lamentable fallecimiento"; 74 000 de "miedo atroz"; 65 200 de "sonora carcajada"; 58 000 de "lamentable muerte"; 47 500 de "accidente lamentable"; 44 300 de "afilados colmillos"; 41 100 de "negra oscuridad"; 39 700 de "odio ciego"; 33 100 de "colmillos afilados"; 19 200 de "amarga hiel"; 15 900 de "asesinato atroz"; 12 100 de "dolorosa herida"; 10 600 de "aguacero torrencial"; 10 400 de "hiel amarga"; 9 150 de "tumba helada"; 7 430 de "miedo pavoroso"; 7 120 de "aguacero repentino"; 4 610 de "ruidosa carcajada"; 4 500 "frío cadáver"; 4 440 de "dulce miel de tus besos"; 2 370 de "gozoso placer"; 1 070 de "inquietante angustia". ☒

10. adolescente, *¿adolescente joven?*, *¿adolescente muy joven?*, joven, *¿joven adolescente?*, *¿persona adolescente?*

El término "adolescente joven" es tan absurdo como su sinónimo, y a veces opuesto, "joven adolescente". Ambos son sinsentidos de los ámbitos de la psicología, la salud y la autoayuda. Quien es "adolescente" es "adolescente", y quien es "joven" es "joven". No hay que mezclar una cosa con la otra, aunque a los terapeutas y consejeros familiares les encanten estas barbaridades. Peor que "adolescente joven" es, en estos mismos ámbitos, "adolescente muy joven", pues el oxímoron raya en la ridiculez.

Como están las cosas, tal vez pronto se hable de "niño muy adolescente". Todo esto da grima. El adjetivo y sustantivo "adolescente" (del latín *adolescens, adolescentis*) significa "que está en la adolescencia", y el sustantivo femenino "adolescencia" (del latín *adolescentia*) designa el "período de la vida humana que sigue a la niñez y precede a la juventud" (DRAE). Ejemplo: *Francisco es un **adolescente**, ya casi un **joven**.* El adjetivo y sustantivo "joven" (del latín *iuvĕnis*) significa lo siguiente: "Dicho de una persona: Que está en la juventud". En consecuencia, el sustantivo femenino "juventud" (del latín *iuventus, iuventūtis*) designa al "período de la vida humana que precede inmediatamente a la madurez" (DRAE). Ejemplo: *Adriana es una **joven**, ya dejó de ser una **adolescente**.* El DRAE no precisa las edades para diferenciar las etapas "adolescente" y "juvenil", pero, de acuerdo con los convencionalismos más confiables, la "adolescencia" es la etapa comprendida entre la "pubertad" y la "edad adulta", esto es entre los 12 y los 18 años, y la etapa "juvenil" es la comprendida entre la "juventud" y la "madurez", es decir entre los 18 y los 29 años. A partir de los 30 se inicia la "madurez" que, hacia los 60, abrirá las puertas de la "vejez". Queda claro que un "joven" no es un "adolescente" ni mucho menos un "niño" (de 11 años o menos), y que una persona "madura", aunque se comporte con puerilidad o con desenfado adolescente o juvenil, no es, por supuesto, un niño ni un adolescente ni un joven, sino alguien que no ha conseguido asumir su madurez y que, probablemente, llegue a viejo comportándose como si estuviera en la escuela secundaria. Los oxímoros "adolescente joven", "adolescente muy joven" y "joven adolescente" son barbaridades o, al menos, inexactitudes en el uso de la lengua. No confundamos las cosas. Podemos decir y escribir: *Un **adolescente** de 13 años* o *Una **adolescente** de 17 años;* también: *Un **joven** de 22 años* o *Una **joven** de 25 años,* pero nada gana nuestro idioma, porque nada precisa y, en cambio, sí lleva a la confusión, con las expresiones "adolescente joven", "adolescente muy joven" y "joven adolescente". Es cierto que el adjetivo "joven" posee la acepción secundaria "de poca edad, frecuentemente considerado en relación con otros" (DRAE), pero la lógica nos obliga a no utilizar este adjetivo para modificar los nombres de los períodos que, por convención, se dan a la vida humana (niño, púber, adolescente, joven, maduro, anciano o viejo), pues, así como no hay **viejos jóvenes**, tampoco hay **niños jóvenes**. En su acepción secundaria, el adjetivo "joven" casi siempre se usa en función comparativa. He aquí el ejemplo del DRAE: *El **más joven** de todos era yo.* Y en este ejemplo se entiende que el pronombre "todos" no implica necesariamente, en el contexto oracional, la "juventud" de los aludidos, sino la menor edad de uno de ellos en relación con los demás, con la probabilidad de que nadie, realmente, en ese indefinido "todos", sea "joven". Otra barbaridad es decir y escribir "persona adolescente", pues la "adolescencia", como ya hemos visto en la definición, es un "período de la vida humana"; en consecuencia, no hay árboles adolescentes ni peces adolescentes ni microbios adolescentes y ni siquiera chimpancés adolescentes, aunque mucho parecido tengamos con los chimpancés. La "adolescencia" es privativa de los seres humanos; por tanto, no hace falta anteponer el sustantivo "persona" ("individuo de la especie humana") al adjetivo "adolescente"; basta con usar "adolescente" y "adolescentes" como sustantivos. Ejemplos: *El **adolescente** presenta una crisis de personalidad; Los **adolescentes** suelen desconfiar de sus padres.* La expresión "persona adolescente" es, con absoluta seguridad, una redundancia que surgió con el denominado "lenguaje inclusivo o de género"; absurdamente, pues "adolescente", lo mismo si es adjetivo que sustantivo, es invariable tanto para el masculino como para el femenino; el género lo marca, especialmente, el artículo: "**el** adolescente", "**la** adolescente", "**unos** adolescentes", "**unas** adolescentes". Si decimos y escribimos "personas adolescentes" para abarcar lo mismo a los hombres que a las mujeres "adolescentes", ello es rizar el rizo, pues con decir y escribir "adolescentes" ya estamos abarcando ambos géneros.

Las formas equívocas "adolescente joven", "adolescente muy joven" y "joven adolescente", que se producen a partir del mismo procedimiento torpemente eufemístico y redundante de llamar a los viejos o ancianos "adultos mayores" o "adultos en plenitud", cada vez se extienden más en las publicaciones impresas, en el lenguaje necio de profesionistas, y, sobre todo, en internet. En un libro leemos lo siguiente:

♀ "Debió cortar por lo sano desde el principio y no alentar esos sentimientos en una **adolescente muy joven** y sensible".

Tan claro y preciso que es nuestro idioma como para decir, correctamente:

♂ no alentar esos sentimientos en una **adolescente** sensible.

✎ He aquí unos pocos ejemplos de estas barrabasadas que atentan contra la lógica y dañan la precisión de la lengua: "Salud de los **adolescentes jóvenes**", "perfil de las condiciones de vida de los **adolescentes jóvenes**", "la incapacidad de los **adolescentes jóvenes**", "salud cardiometabólica en **adolescentes jóvenes**", "vidas sexuales y reproductivas de **adolescentes jóvenes**", "la participación política de **jóvenes adolescentes**", "ansiedad manifiesta en **jóvenes adolescentes** con sobrepeso", "el impacto de Instagram en los **jóvenes adolescentes**", "madres **jóvenes adolescentes** indígenas", "**jóvenes adolescentes** en situaciones de vulnerabilidad psicosocial", "tengo una sobrina **joven adolescente**", "la oración del **joven adolescente**", "ninguna **joven adolescente** necesita exámenes ginecológicos", "el sueño en el **adolescente joven**", "¿qué es ser **adolescente joven** hoy?", "la percepción del **adolescente joven**", "un **adolescente muy joven** está hablando en serio", "la **adolescente muy joven**", "partos entre **adolescentes muy jóvenes**", "las necesidades de salud sexual y reproductiva de **adolescentes muy jóvenes**", "protocolo internacional para **personas adolescentes**", "la privación de la libertad de las **personas adolescentes**", "¿cómo piensan las **personas adolescentes**?", "cómo hablar de sexualidad con **personas adolescentes**", "perspectivas éticas del cuidado a **personas adolescentes**",

"Instituto de las **Personas Adolescentes** y Jóvenes", "la posición de la **persona adolescente** en el sistema social", "derecho penal de la **persona adolescente**".

☞ Google: 724 000 resultados de "adolescentes jóvenes"; 636 000 de "jóvenes adolescentes"; 614 000 de "joven adolescente"; 180 000 de "adolescente joven"; 132 000 de "personas adolescentes"; 56 000 de "persona adolescente"; 10 000 de "adolescente muy joven"; 6 830 de "adolescentes muy jóvenes". ☒

11. alimento, ¿alimento no nutritivo?, ¿alimento sin nutrientes?

Si una persona, con hambre o sin ella, se lleva a la boca un puñado de trozos de acero y se lo traga, ¿equivale esto a "alimentarse"?, ¿es eso un "alimento"? Desde luego, no; porque, de acuerdo con la definición de "alimento", el acero no es una materia con cualidades "alimenticias" para un ser humano y para un ser vivo en general. Es más, ingerir acero no sólo no lo alimenta, sino que hasta puede poner en riesgo la vida de quien lo ingiere. Siendo así, no existe algo que pueda denominarse "alimento no nutritivo" o "alimento sin nutrientes", pues lo que no es "nutritivo" o carece de "nutrientes", simplemente no es "alimento", al menos para el ser humano, pues se dice que hay cucarachas que viven dentro de los aparatos eléctricos y electrónicos, debido al ambiente cálido que ahí encuentran, y que pueden llegar a alimentarse del forro plástico de los cables y circuitos de dichos aparatos. Pero, para el ser humano, lo que no es nutritivo, no es alimento. Veamos por qué. El sustantivo femenino "alimentación" posee dos acepciones principales en el DRAE: "Dar alimento a un ser vivo" y "conjunto de las cosas que se toman o se proporcionan como alimento". Ejemplo: *La alimentación es un derecho de todos los seres humanos.* El verbo transitivo "alimentar" significa "dar alimento a un ser vivo". Ejemplo: *La madre alimentó al recién nacido.* De ahí el adjetivo "alimenticio": "Que alimenta o tiene la propiedad de alimentar". Ejemplo: *La leche materna es altamente alimenticia.* Finalmente, el sustantivo masculino "alimento" (del latín *alimentum*) posee dos acepciones principales en el diccionario académico: "Conjunto de sustancias que los seres vivos comen o beben para subsistir" y "cada una de las sustancias que un ser vivo toma o recibe para su nutrición". Ejemplo: *El mejor alimento para un recién nacido es la leche materna.* Hay alimentos más o menos "nutritivos", pero no hay "alimentos **no nutritivos**" ni "alimentos **sin nutrientes**", puesto que el contrasentido que encierran dichas expresiones impide que puedan ser "alimentos". La lógica se impone: El "nutriente" y lo "nutritivo" se definen como "lo que nutre"; la "nutrición" es la "acción y efecto de nutrir"; "nutrir" (del latín *nutrīre*) es "aumentar la sustancia del cuerpo animal o vegetal por medio del alimento", y lo "nutricio" (del latín *nutricius*) es aquello que es "capaz de nutrir". Queda claro, entonces, de una vez por todas, que lo que no es "nutritivo" o carece de "nutrientes" no puede denominarse "alimento".

En el ámbito culto de nuestra lengua y, especialmente, entre los nutriólogos, cada vez se abren más camino los contrasentidos "alimento no nutritivo" y "alimento sin nutrientes". A los profesionales de la nutrición les hace falta usar la lógica o, en su defecto, consultar el diccionario. En el diario argentino *La Nación*, en un artículo intitulado "11 cosas que hacemos para adelgazar y son un error gigante", se afirma que una de ellas es

♀ "Comer **alimentos no nutritivos**".

Lo correcto es decir y escribir:

♂ comer **alimentos poco nutritivos** o **con escaso valor nutricional**.

🖉 Esos alimentos poco nutritivos o con escaso valor nutricional son los denominados "chatarra" o "comida rápida" (trátese de frituras o golosinas), pero, justamente porque se trata de "alimentos", algún escaso nutriente han de tener, pues de otro modo, por definición, no serían "alimentos". He aquí algunos ejemplos de este contrasentido que ya escuchamos y leemos con frecuencia en nuestro idioma: "Consumo de **alimentos no nutritivos** en estudiantes", "consumo de **alimentos no nutritivos** o chatarras", "saciarse con golosinas o **alimentos no nutritivos**", "buscan disminuir consumo de **alimentos no nutritivos** en escuelas", "venta de **alimentos no nutritivos** en las cooperativas de educación básica", "componentes bioactivos de los **alimentos no nutritivos**", "exceso de **alimentos no nutritivos** y ultraprocesados", "vista y olor de un **alimento no nutritivo**", "**alimento no nutritivo** que se sirve en pequeñas porciones", "un **alimento no nutritivo** debe evitarse o moderarse", "hay que consumir pocos **alimentos sin nutrientes**", "evitar **alimentos sin nutrientes** como bollería industrial y bebidas carbonatadas", "las grandes industrias están produciendo **alimentos sin nutrientes**", "la merluza es considerado por muchos [tontos] como un **alimento sin nutrientes**", "la problemática radica que se comen **alimentos sin nutrientes**", "debemos elegir con cuidado y evitar los **alimentos sin nutrientes**" y, como siempre hay algo peor, "cereales: **alimento sin nutrientes**" (¡vaya idiotez, aunque se refiera a los cereales procesados en hojuelas!).

☞ Google: 50 200 resultados de "alimentos no nutritivos"; 2 260 de "alimento no nutritivo"; 1 430 de "alimentos sin nutrientes"; 1 000 de "alimento sin nutrientes". ☒

☞ Google: 148 000 resultados de "alimentos chatarra"; 11 400 de "alimentos poco nutritivos"; 3 300 de "alimentos con pocos nutrientes"; 3 000 de "alimentos de escaso valor nutricional"; 2 130 de "alimento de escaso valor nutritivo". ☑

12. ¿*alimento orgánico?*, **orgánico**, ¿*producto orgánico*?

Para comprender claramente qué es lo "orgánico" resulta útil el procedimiento inverso de saber primero qué es lo "inorgánico", es decir lo "no orgánico". Como adjetivo, el término "inorgánico" se aplica "a los seres minerales por oposición a los animales y vegetales, y a lo que procede de ellos o se relaciona con ellos" (DUE). Ejemplo: *La química* **inorgánica** *se ocupa de estudiar las propiedades de la materia que no contiene carbono en sus moléculas.* Pasemos ahora al adjetivo "orgánico", del cual María Moliner ofrece tres acepciones principales en el DUE: "Constituido por órganos; se aplica, por antonomasia, a 'ser' para designar a los seres vivos"; "se aplica a las sustancias elaboradas por los seres vivos y a la parte de la química que las estudia", y también "se aplica a los cuerpos cuyo componente constante es el carbono, y a la parte de la química que los estudia". En DRAE las acepciones son coincidentes, pero más escuetas: "Dicho de un cuerpo: Que está con disposición o aptitud para vivir" y "dicho de una sustancia: que tiene como componente el carbono y que forma parte de los seres vivos". Ejemplo: *Los desechos* **orgánicos** *están constituidos, generalmente, por restos de alimentos.* Cabe decir que el sustantivo masculino "carbono" (del latín *carbo, carbōnis*: "carbón") es el "elemento químico no metálico, número atómico 6, sólido, componente principal de todas las sustancias orgánicas" (DUE). Quiere decir esto que el carbono es consustancial a los seres vivos (es decir, orgánicos) y no a los seres minerales, carentes de carbono en sus moléculas. Si el adjetivo "inorgánico" se opone al adjetivo "orgánico" es porque el primero se refiere a lo inanimado o inerte, en tanto que el segundo se aplica a los seres vivos y a las sustancias que éstos elaboran. Por todo lo anterior, fue una idiotez suprema la ocurrencia de denominar "alimento **orgánico**" al producto agrícola o agroindustrial que es el resultado de "procedimientos denominados 'ecológicos' que evitan el uso de productos sintéticos como pesticidas, herbicidas y fertilizantes artificiales"; como si el uso de pesticidas, herbicidas y fertilizantes artificiales pudiera quitarles la cualidad de "orgánicos" a los alimentos o productos agrícolas: como si un tomate fertilizado artificialmente dejara de ser tomate y perdiera su cualidad de alimento. Lo cierto es que tan "orgánica" es una lechuga fertilizada con productos sintéticos, como una col que se desarrolló sin fertilizantes artificiales, pues ambos son productos vivos, y su componente principal es el carbono. La lechuga únicamente sería inorgánica si estuviera hecha de piedra o de metal (una escultura, pues), y no sería, entonces, alimento. Ésta es una prueba de que la ideología y la corrección política atentan contra la lógica y el idioma. Veamos por qué. Para que existan "alimentos **orgánicos**", tendrían que existir, en oposición, "alimentos **inorgánicos**", y resulta obvio, como lo hemos visto en la entrada anterior, que estos últimos no existen, a menos que alguien consuma piedras porque las confundió con papas y cebollas (¡y, desde luego, no serían alimentos!). Hay que dejarnos de tonterías y regresar la lógica a su lugar. ¡Todos los alimentos son orgánicos, en tanto son alimentos, esto es productos de seres vivos o elaborados por seres vivos! A los mal denominados "alimentos orgánicos" se les llama también "alimentos ecológicos" o "alimentos biológicos", denominaciones menos desafortunadas, aunque de todos modos redundante la última. También, con mayor generalización, se les conoce

como "productos orgánicos", "productos ecológicos" y "productos biológicos" y, con
un sentido específico escalofriantemente idiota, "comida orgánica", ¡como si pudiera haber comida que no sea orgánica! En la Wikipedia leemos la siguiente información: "En la Unión Europea las denominaciones **ecológico**, **biológico** y **orgánico**, para
los productos agrícolas y ganaderos destinados a la alimentación humana o animal
se consideran sinónimos y su uso está protegido y regulado por los Reglamentos Co-
munitarios 834/2007 y 889/2008. Los prefijos **eco-** y **bio-** también están protegi-
dos y regulados así mismo (*sic*) en todos los idiomas de la Unión. En cada país hay
costumbre de usar uno u otro término. Por ejemplo, en España está más extendido
el uso de **ecológico**, en Portugal y Francia se usa más el término **biológico** (en francés *biologique*), mientras que en el Reino Unido se utiliza más **orgánico** (*organic* en
inglés). Los productores de alimentos ecológicos están obligados a usar únicamente ciertos agroquímicos autorizados y no se pueden utilizar para su producción se-
millas o plantas transgénicas. Los cultivos ecológicos son fertilizados habitualmente
con compost, polvos minerales y otras sustancias de origen ecológico". Bárbara redacción, pero tal es la forma de explicar en qué consiste esto. Entre los adjetivos "ecológico", "biológico" y "orgánico" para acompañar al sustantivo "alimento", el único
que no resulta redundante es el primero: "alimento ecológico", pues tanto "biológico" como "orgánico" son inherentes a "alimento", es decir, a la vida y a los seres vivos. Quiere esto decir que no hay alimento que no sea ni biológico ni orgánico; todo
alimento lo es, pues el sustantivo "alimento" (del latín *alimentum*), como lo hemos
visto, tiene dos acepciones principales: "Conjunto de sustancias que los seres vivos
comen o beben para subsistir" y "cada una de las sustancias que un ser vivo toma o
recibe para su nutrición" (DRAE). Ejemplo: *El pescado es un **alimento** rico en proteínas.*
En cuanto al adjetivo "biológico" ("perteneciente o relativo a la biología"), aunque en
una acepción secundaria signifique "natural o que implica respeto al medio ambiente al evitar el uso de productos químicos" (DRAE), esta expresión bien podría definir
lo "ecológico", que en la tercera acepción del DRAE significa lo siguiente: "Realizado
u obtenido sin emplear compuestos químicos que dañen el medio ambiente". Ejemplos del diccionario académico: *Agricultura **ecológica**; Tomates **ecológicos**.* Obviamente,
no toda la agricultura es ecológica, pero sí todos los tomates son "orgánicos" y "biológicos", a menos, por supuesto, que sean de piedra o de vidrio, y ya no pertenecerían
a la agricultura, sino al arte o a la artesanía. De cualquier forma, al menos el adjetivo
"biológico" posee una acepción específica que se aplica a lo "natural", a lo que "evita el uso de productos químicos". Pero el adjetivo "orgánico", calco del inglés *organic*
para referirse al alimento "ecológico" o "biológico", es una absoluta tontería. Difícilmente saldrá ya de nuestro idioma, por su carácter político y económico (es un negocio multimillonario dirigido a un sector privilegiado económicamente: ¡los pobres

no tienen poder adquisitivo para estos alimentos!), pero si queremos reivindicar la lógica y dignificar la lengua digamos y escribamos "alimento ecológico", y hasta "alimento biológico" en última instancia, pero no la absurda redundancia "alimento orgánico", pues no hay alimento que no sea orgánico.

Este disparate tiene un amplio respaldo político y económico. Surgió en el ámbito culto del idioma y de las empresas de nicho para las élites, y tiene el aval de gobiernos, organismos internacionales, universidades y otras instituciones. El periodismo se ha encargado de ampliar su difusión. En la misma página de la Secretaría de Agricultura, Ganadería, Desarrollo Rural, Pesca y Alimentación, del Gobierno de México, leemos lo siguiente:

♀ "En México más de 169 mil productores se dedican a la producción agrícola de **alimentos orgánicos**".

Con corrección lingüística, con lógica, sin redundancias y sin esa horrible sintaxis, dicha secretaría mexicana debió informar que

♂ en México más de 169 000 empresas agrícolas se dedican a la producción de **alimentos ecológicos.**

🖋 Si los mismos gobiernos utilizan este disparate, y lo hacen oficial, el socavamiento de la lógica y del idioma parece irreversible. He aquí otros pocos ejemplos de los millones con los que se atropella la lengua en instituciones públicas y empresas privadas, en el periodismo impreso y en internet: "**Productos orgánicos** mexicanos", "7 cosas que no sabías de los **productos orgánicos**", "las mejores tiendas de **productos orgánicos**", "**productos orgánicos**, calidad e inocuidad", "¿vale la pena comprar **productos orgánicos**?", "10 razones por las que los **alimentos orgánicos** son mejores para ti", "**alimentos orgánicos**: lo que usted necesita saber", "obsesión por **alimentos orgánicos**, un negocio multimillonario", "conoce los beneficios de los **alimentos orgánicos**", "**alimentos orgánicos** con gran potencial", "emprenda con **alimentos orgánicos**", "¿qué es la **agricultura orgánica**?", "la **agricultura orgánica** en el mundo", "la **agricultura orgánica** produce lo suficiente y es más sostenible", "principales ventajas de la **agricultura orgánica**", "Centro Nacional Especializado de **Agricultura Orgánica**", "9 ventajas asombrosas de la **comida orgánica**", "**comida orgánica** para bebés", "beneficios de la **comida orgánica**", "¿por qué es importante la **comida orgánica**?", "cultivo de **vegetales orgánicos**", "**vegetales orgánicos** y frescos", "los beneficios de los **tomates orgánicos**", "los **tomates orgánicos** son más pequeños, sabrosos y nutritivos", "**tomates orgánicos**, listos para ganar el mercado", "ensalada de pulpo con **tomates orgánicos**", etcétera.

☞ Google: 2 850 000 resultados de "productos orgánicos"; 1 860 000 de "alimentos orgánicos"; 678 000 de "agricultura orgánica"; 355 000 de "comida orgánica"; 244 000 de "producto orgánico"; 218 000 de "vegetales orgánicos"; 163 000 de "alimento orgánico"; 56 000 de "tomates orgánicos". ☒

☞ Google: 3 600 000 resultados de "productos ecológicos"; 2 530 000 de "agricultura ecológica"; 713 000 de "agricultura biológica"; 629 000 de "productos biológicos"; 602 000 de "alimentos ecológicos"; 101 000 de "alimentos biológicos"; 32 000 de "tomates ecológicos"; 20 500 de "vegetales ecológicos". ☑

13. ambas, ambos, ¿ambos dos?, ¿ambos tres?, ¿ambos cuatro?, entrambos

En el *Diccionario de uso del español* María Moliner define el término "ambos", "ambas" (del latín *ambo*) como adjetivo y pronombre, en plural, que "se aplica a dos cosas consabidas". Y ofrece un par de ejemplos: *Soy amigo de* **ambos** *hermanos*; **Ambos** *me interesan*. En el DRAE se especifican las formas adjetiva y pronominal. Como adjetivo indefinido plural, "ambos" significa "uno y otro", "usado con sustantivos contables en plural referido a un sintagma nominal mencionado o sobrentendido". Ejemplo: *Le gustaron* **ambos** *textos*. Como pronombre indefinido masculino y femenino plural, "ambos", "ambas", significa "el uno y el otro, o los dos" e igualmente se usa "referido a un sintagma nominal mencionado o sobrentendido". Ejemplo: *Leyó dos libros de ese escritor y le gustaron* **ambos**. Tanto el DUE como el DRAE mencionan la locución adjetival y pronominal "ambos a dos", ya prácticamente en desuso, que significa, literalmente, "uno y otro". El DUE, aunque no el DRAE, dirige al lector al adjetivo y pronombre indefinido plural "entrambos" (del latín *inter ambos*), otra forma de decir "ambos", ya también casi en desuso. Al respecto, en su *Diccionario de dudas y dificultades de la lengua española*, Manuel Seco señala lo siguiente: "Puede presentarse en la forma *ambos a dos*, puramente literaria, de la que son variantes erróneas *ambos dos* (*Vamos a explicar* **ambas dos** *interrogantes fundamentales*, J. L. Cebrián, *El País*, 14.2.1982, 1) y *ambos dos a dos*. En cuanto a la variante *ambos tres*, oída por la radio (**Ambos tres** *se dirigieron*, Radio Madrid, 7.4.1983, 7 h), no es preciso ningún comentario". En el *Diccionario panhispánico de dudas* se asegura, a propósito de "ambos a dos", que "esta locución, sinónima de *ambos*, era muy frecuente en el español medieval y clásico, más con preposición (*ambos a dos*) que sin ella (*ambos dos*), y en estas dos formas ha pervivido hasta nuestros días. Por su carácter redundante, está en retroceso en el habla culta y se desaconseja su empleo". Y acerca de "entrambos", usado como adjetivo o pronombre, el *Panhispánico* advierte que es sinónimo de "ambos": "frecuente en épocas anteriores, hoy solo se emplea, ocasionalmente, en la lengua escrita, con intención arcaizante". Aclara también (cuando algo puede aclarar este lexicón tan guango) que, pese a su sentido etimológico, "*entrambos* no es variante gráfica del sintagma preposicional *entre ambos*", por lo que no es correcto decir "**entrambos** clubes existen grandes diferencias", en lugar de "**entre ambos** clubes existen grandes diferencias". Queda claro, entonces que "ambos dos" es redundancia, que "ambos tres" es pendejismo y que "ambos cuatro" es pendejismo elevado a la cuarta potencia (que es hasta donde se elevó Vicente Fox Quesada cuando lo dijo), en tanto que "entrambos" es arcaísmo que ya ni los tatarabuelos emplearían al hablar y al escribir. Digamos y escribamos "ambos", y punto.

Por supuesto, sobrevive el "ambos dos" (más que el "entrambos") en gente afectada y pretendidamente culta. No es redundancia del ámbito inculto de la lengua, sino de gente pretenciosa que nunca consulta el diccionario y que, lo mismo en publicaciones impresas que en internet, influye en quienes la imitan porque suponen que gente tan culta, o tan prestigiada, debe tener razón. En libros y en periódicos es abundante. En un libro sobre política leemos lo siguiente:

♀ "En **ambos dos** autores se encuentra bibliografía internacional sobre el tema".

¡Estupendo! Pero, sin redundancia, el autor debió escribir:

♂ En **ambos** autores, etcétera.

✐ He aquí un surtido rico de esta redundancia y de los pendejismos "ambos tres" y "ambos cuatro", en boca y en letra de cultos, letrados y hasta presidentes de sufridas naciones: "de acuerdo con **ambos dos**", "**ambos dos** han salido juntos", "y **ambos dos** se ríen", "**ambos dos** se aman en silencio", "**ambos dos** se aman hasta el tuétano", "**ambos dos** se odian y se necesitan" (sí, claro, se necesitan para poder ser **ambos dos**), "cosas de **ambos dos**", "**ambos dos** unidos", "porque **ambos dos a dúo** tienen lo suyo" (¡qué maravilla: **a dúo ambos dos**!; si fueran **ambos tres** harían un **trío**), "a la mierda **ambos dos**" (estamos de acuerdo; mejor aún: ¡a la mierda **ambos tres**!), "**ambos dos** han disfrutado", "**ambos tres** son similares", "**ambos tres** sabemos que eso no es así" (no sólo lo sabemos **ambos tres**, sino **ambos cuatro**), "debería estar entre uno de los grandes referentes de **ambos tres**", "**ambos tres** empezaron a ganar torneos grandes", "elaborados **ambos tres** con el mismo protocolo", "estamos **ambos cuatro**: Vicente Fox".

☞ Google: 245 000 resultados de "ambos dos"; 26 500 de "ambos tres"; 8 230 de "ambos cuatro". ☒

14. amor propio, autoamor, ¿autoduda?, autoestima, autoestima baja, baja autoestima, duda de sí mismo, dudar de sí mismo, nula autoestima

La gente que cree en el "autosuicidio" y que es capaz de "autoconvocarse", "autopostularse", "autoexpulsarse", "autojustificarse", "autoconmiserarse" y, por supuesto", "autosuperarse", cree, también, invariablemente, en la "autoduda", tontería redundante de "autodudosos" que deberían "autorrevisarse" el coco, pues el palabro "autoduda" pertenece a la psicología o a cierto tipo de psicología "superacional", que ¡ojalá fuese *superracional*! Pertenece al mismo ámbito del "autoamor", otro palabro que se abre paso en nuestro idioma para ocupar el lugar del sustantivo "amor propio". Analicemos los casos. El sustantivo masculino "amor" (del latín *amor, amōris*) tiene la siguiente acepción principal en el DRAE: "Sentimiento intenso del ser humano que, partiendo de su propia insuficiencia, necesita y busca el encuentro y unión con otro ser". Ejemplo: *Todo lo que necesitas es **amor*** (John Lennon). En una acepción secundaria, el sustantivo "amor" significa "sentimiento de afecto, inclinación y entrega a alguien o algo". Ejemplo: *Le tiene un gran **amor** a su familia.* Entre las acepciones específicas de este sustantivo está el de "amor propio", cuyo significado, en el diccionario académico, es el siguiente: "Amor que alguien se profesa a sí mismo, y especialmente a su prestigio". Ejemplo: *Tal parece que Fulano cree tan sólo en el **amor propio**.* El término "autoamor" (no recogido, aún, en las páginas del DRAE, y enfatizamos el *aún* porque sólo hay que esperar un poquito), es neologismo chocante de la superación personal y la autoayuda, ámbito donde, al parecer, ignoran que existe el usual sustantivo "amor propio". Y, sin embargo, la construcción del neologismo "autoamor" no es censurable porque utiliza, correctamente, el elemento compositivo "auto-" (del griego *auto-*), que significa "propio" o "por uno mismo", unido al sustantivo "amor": literalmente, "amor propio" o "amor por uno mismo". Aunque hoy es chocante, por cursi, y por innecesario, es bastante probable que, pasado el tiempo, el sustantivo "autoamor" conviva en igualdad de circunstancias con "amor propio", porque su construcción tiene sentido de equivalencia; a menos, por supuesto, que su uso decaiga. Pero éste no es el caso del neologismo "autoduda", que constituye una redundancia atroz. Veamos por qué. El verbo transitivo "dudar" (del latín *dubitāre*) significa "tener duda sobre algo" (DRAE). Ejemplo del diccionario académico: *Después de **dudarlo** mucho, aceptó la oferta.* Como intransitivo (y transitivo), "dudar" significa, de acuerdo con el DRAE, "tener dificultad para decidirse por una cosa o por otra". Ejemplos del diccionario académico: ***Dudaba** entre quedarse en casa o ir al cine*; *No **duden** en acudir a mí.* En una tercera acepción, del uso intransitivo, significa "desconfiar o recelar de alguien o algo". Ejemplo del DRAE: *Todos **dudan** de él y de sus promesas.* El sustantivo femenino "duda" (de *dudar*) tiene tres acepciones en el diccionario académico: "Suspensión o indeterminación del ánimo entre dos juicios o dos decisiones, o bien acerca de un hecho o una noticia", "vacilación del ánimo respecto a las creencias religiosas" y "cuestión que se propone para ventilarla o resolverla". Ejemplo: *Tengo **dudas** sobre la existencia de Dios; pero ninguna acerca de que tenga interés en nosotros.* De ahí el adverbio "dudosamente" ("de manera dudosa" o "difícil o escasamente"). Ejemplo: ***Dudosamente** habrá un libro peor que el suyo.* También el adjetivo "dudoso" ("que ofrece duda", "que tiene duda", "que es poco probable, que es inseguro o eventual"). Ejemplos: *Sus argumentos son **dudosos**; Estuvo **dudoso** mucho tiempo, hasta que se decidió; Es **dudoso** que venga.* Si la "duda" se presenta como "vacilación" ("irresolución") del "ánimo", indispensable es saber qué es el "ánimo" (del latín *anĭmus*), sustantivo masculino que significa "actitud, disposición, intención, voluntad, carácter, índole, condición psíquica" y "alma o espíritu, en cuanto principio de la actividad humana"

(DRAE). Ejemplo: *Se muestra con buen **ánimo** a pesar de la enfermedad.* Dicho y comprendido todo esto, queda claro que la "duda" es propia de cada cual, incluso en el caso de que provenga de fuera, como cuando se dice que alguien le ha "sembrado la duda" a otro. Aun si la "duda" no nace espontáneamente en el ánimo, esto es, en el pensamiento, en el espíritu, de alguien, la acción de "dudar" es propia, puesto que significa, como ya vimos, "tener duda sobre algo" o "tener dificultad para decidirse por una cosa o por otra". Invariablemente, para la persona "dudosa" o "que tiene duda", el hecho de "dudar" proviene siempre de algo o de alguien, esto es, que "se despierta la duda" por alguna circunstancia. Siendo así, decir y escribir "autoduda" es sonora y prolongada rebuznancia, a pesar de que todo parece indicar que los términos "autoduda" y "autodudar" quieren entenderlos, quienes los acuñaron y los usan, en el sentido de "duda acerca de sí mismo" y "dudar de sí mismo", que es muy parecido a como entienden otros, por ejemplo, el "autosuicidio": **matarse a sí mismo con sus propias manos**. A esto sólo se le puede llamar "autorrebuznancia", pues bien puede hablarse y escribirse, con corrección, de baja, poca o nula "autoestima" (de *auto-* y *estima*), sustantivo femenino cuyo significado es "valoración generalmente positiva de sí mismo" (DRAE). Ejemplos: *Tiene una gran **autoestima**; Tiene muy baja **autoestima**.* Quienes hablan y escriben de la "autoduda" son también quienes hablan y escriben del "autoamor", pero "autoduda" no tiene sentido de equivalencia con "duda de sí mismo" o "dudar de sí mismo". El término encierra una anfibología, pues toda duda es propia, esto es, de quien la tiene, ya sea sobre su persona o sobre otra cuestión.

Esta redundancia pertenece, como ya advertimos, al ámbito de la autoayuda, pero también ha sido adoptada por escritores pretenciosos, psicólogos y pedagogos que quieren estar a la moda y se "autosuicidan" "autodudando". Está lo mismo en publicaciones impresas que en internet y, por cierto, en muchos libros, lo cual releva la "autoseguridad" de quienes la "autousan" con tanta "autoautoridad" (¡vaya que son valientes!). En la cuarta edición de la versión española del libro *Guía de películas para el despertar,* de David Hoffmeister, leemos lo siguiente:

♀ "Cuando se limpian de la mente los últimos vestigios de **autoduda**, se trasciende el mundo".

¡Uy, qué profundo! Pero más allá de esta chabacanería, lo correcto es decir y escribir:

♂ Cuando se limpia la mente de **dudas**, se trasciende.

✐ Van algunos ejemplos de esta barbaridad redundante, de gente que se asume como cultísima: "¿Qué hacer frente a la **autoduda**?" (¡consultar el diccionario!), "gánale a la **audoduda**", "la **autoduda** lleva la mayoría de las veces a vivir un proceso destructivo", "la **autoduda** refleja un proceso autodestructivo" (sí, la gente se autodestruye a causa de no consultar el diccionario), "lo he perdido todo gracias a un abismo de **autoduda**", "la **autoduda** es un proceso autodes-tructivo que aparece en personas que se juzgan muy duramente", "a veces, los momentos de **autoduda** te atacan sin previo aviso", "**autoduda** y libre albedrío", "de la **autoduda** a la seguri-dad", "para los días inevitables en los que crece la **autoduda**, tenemos exactamente la verdad interior que necesitas" (los vendedores de humo, listos siempre a desplumar incautos), "ani-marlos a que pasen por la **autoduda** y a dar pasos hacia una mayor confianza en sí mismos", "te entregas al escapismo, a la **autoduda**", "la **autoduda** es muy intensa y está haciendo que este gran sueño por el que he trabajado tanto sea demasiado estresante como para disfrutar-lo", "lo ideal es romper con el círculo de **autoduda**", "las **autodudas** se generan cuando juzga-mos a nuestras habilidades como inadecuadas", "las **autodudas**, junto con la baja tolerancia a la tensión, son las raíces de las conductas de postergación y evitación", "el TC no está para **au-todudar** frente a los poderes del Estado", "**autodudar** de tus capacidades según todas las cosas que te dijeron", "yo lo puedo **autodudar** pero los demás no". ¡Y basta!

    ☞ Google: 4 230 resultados de "autoduda"; 1 000 de "autodudas". ☒

    ☞ Google: 282 000 resultados de "autoamor". ☑

    ☞ Google: 51 500 000 resultados de "autoestima"; 9 020 000 de "amor propio"; 2 720 000 de "baja autoestima"; 604 000 de "autoestima baja"; 270 000 de "alta autoestima"; 137 000 de "poca autoestima"; 69 100 de "gran autoestima"; 51 300 de "autoestima saludable"; 19 700 de "pobre autoestima"; 16 500 de "nula autoestima". ☑☑

15. anciano, ¿anciano senil?, senil, viejo, ¿viejo senil?

Si consultamos el *Diccionario de uso del español*, de María Moliner, sabremos que el sus-tantivo femenino "senilidad" es sinónimo del sustantivo femenino "vejez", y que el adjetivo "senil" significa, literalmente, "de la vejez". En esto coincide el *Clave, Diccio-nario de uso del español actual*: "**senil**. adj. De la vejez o relacionado con ella". Sin em-bargo, mucha gente supone que, al calificar a un "anciano" de "senil", le añade algo diferente a su condición de "anciano". Esto es lo malo de la hipocresía del piadosis-mo y de la falsedad del eufemismo, propias de la lengua política, que han abolido el recto sentido de los términos "anciano" y "viejo", sustituyéndolo por un inexacto, in-forme y resbaladizo "adulto mayor". Con propiedad idiomática, deberíamos referir-nos a un hombre "senil" o a una mujer "senil", pero no a un "anciano senil" ni a una "anciana senil", pues la "ancianidad" es correspondiente, y equivalente, de la "senili-dad". Imposible es la existencia de un niño "senil" (aunque nos atraiga la ficción de F. Scott Fitzgerald, llevada al cine, *El curioso caso de Benjamin Button*), del mismo modo que no hay adolescentes ni jóvenes "seniles". El diccionario académico define del si-guiente modo el sustantivo femenino "ancianidad": "Último período de la vida ordi-naria del ser humano, cuando ya se es anciano". Ejemplo: *Lo peor de la **ancianidad** es cuando ésta llega con sus amigas enfermedad y soledad*. El adjetivo y sustantivo "anciano" (derivado del latín *ante*: "antes") se aplica a la persona "de mucha edad". Ejemplo: *En el momento de su muerte, era un **anciano** solitario*. Vayamos ahora al significado del sustantivo femenino "senilidad". Posee tres acepciones en el diccionario académico: "Condición de senil", "edad senil" y "degeneración progresiva de las facultades físicas y psíquicas". Ejemplo: *A diferencia de Pushkin y Chéjov, que murieron a los 37 y 44 años, respectivamente, Tolstói alcanzó la **senilidad***. El adjetivo "senil" (del latín *senīlis*) se aplica a lo "perteneciente o relativo a la persona de avanzada edad en la que se advierte su decadencia física". Ejemplo: *Tolstói era un hombre **senil** cuando murió en 1910, a los 82 años*. Queda claro que "senil" es un opuesto o antónimo del adjetivo "juvenil" (del latín *iuvenīlis*): "Perteneciente o relativo a la juventud" (DRAE), pues "juventud" (del latín *iuventus, iuventūtis*) es la "condición o estado de joven" que se corresponde con "energía, vigor, frescura", todo lo contrario del período "senil" y de la "senilidad" o "vejez". Ejemplo: *Raymond Radiguet era un escritor **juvenil** cuando murió en 1923, y, pese a su **juventud**, dejó una obra maestra*: El diablo en el cuerpo. Es probable que la mayoría de las personas que ignora el significado del sustantivo "senilidad" y el adjetivo "senil" confunda a éstos con el sustantivo "decrepitud" y el adjetivo "decrépito". Con propiedad, podemos afirmar que todos los "ancianos" son "seniles", pero no necesariamente todos son "decrépitos", pues el adjetivo "decrépito" (del latín *decrepĭtus*) significa "muy disminuido en sus facultades físicas a causa de la vejez" (DRAE). Ejemplo: *A sus 78 años no mostraba una condición **decrépita***. Pongámonos de acuerdo: se puede ser anciano o viejo sin evidenciar "decrepitud" ("condición o estado de decrépito"), pero no se puede llevar la "ancianidad" sin "senilidad", pues ambos sustantivos son sinónimos. De ahí que decir y escribir "anciano senil" o "viejo senil" es incurrir en redundancias. En cambio, la expresión "demencia senil" es correcta, pues se trata del síndrome que consiste en el deterioro de las capacidades psíquicas, en particular cognitivas, del anciano, y es una demencia, como su nombre lo indica, del período de la ancianidad, cuando se encuentran muy disminuidas las facultades físicas y psíquicas. Pero se equivocan quienes creen que toda "senilidad" implica "demencia", pues "senil" no es sinónimo de "demente" ("loco, falto de juicio"). Toda "senilidad" implica "ancianidad" porque, como ya advertimos, se trata de sustantivos sinónimos, y nada se agrega al calificar al "anciano" o al "viejo" de "seniles". Son redundancias dignas del paredón.

Las expresiones "anciano senil" y "viejo senil" más sus femeninos y plurales son frecuentes en el ámbito culto de la lengua, entre personas que, por pereza, jamás abren un diccionario de la lengua. En el sitio web oficial de la periodista Paola Rojas leemos el siguiente encabezado de su artículo de opinión:

♀ "El Chapo, hoy **viejo y senil**".

Cree la periodista, equivocadamente, que los adjetivos "viejo" y "senil" poseen significados diferentes; no sabe que son sinónimos. Todo parece indicar que, con el adjetivo "senil", se quiso referir, equivocadamente, a sus malestares, enfermedades y debilidades de salud. Pero lo que debió escribir, con corrección es lo siguiente:

🖎 *El Chapo*, **viejo y enfermo**.

🖉 Van unos pocos ejemplos, tomados de publicaciones impresas y de internet, de estas redundancias bastante groseras: "Trump, un **viejo senil** y desquiciado: Kim-Jong-un" (la verdad es la verdad, aunque la diga un mentiroso: Trump es un desquiciado, pero decirle "viejo senil" es redundante, y además lo dice otro desquiciado), "asesinados por un **viejo senil**", "¿quién es este **viejo senil**?", "autorrepresentaciones de Picasso en **viejo senil**", "sólo eres un **viejo senil**", "Maradona llamó **viejo senil** a *Pelé*" (algo así como si *Pelé* llamara a Maradona **drogo drogadicto**), "un **viejo senil** a cargo de su nieto idiota", "hallan un arsenal en casa de **un anciano senil**", "un **anciano senil** mató a otro" (sí, seguramente, a otro **anciano senil**), "un pobre **anciano senil** y ridículo", "El Chapo, reducido a un **anciano senil**", "todas las investigaciones actuales sobre el envejecimiento contradicen la imagen tradicional del **anciano senil**", "el número de **ancianos seniles** se duplicará para el 2030" (y el número de gente que no consulta el diccionario se duplica y multiplica a cada rato), "he estado hablando con **viejos seniles**", "una **vieja senil** que ha pasado su vida protegiendo a un escritor" (sí, a un escritor que nunca abrió un diccionario), "sólo soy una **anciana senil**", "son un montón de **viejas seniles**", etcétera.

    ☞ Google: 18 200 resultados de "viejo senil"; 12 700 de "anciano senil"; 10 700 de "ancianos seniles"; 2 480 de "viejos seniles"; 1 560 de "vieja senil"; 1 550 de "anciana senil"; 1 000 de "viejas seniles". ⌧

16. anoche, ayer a la noche, ayer en la noche, ayer noche, ayer por la noche

Es frecuente el uso, afectado, de las expresiones perifrásticas "ayer noche", "ayer a la noche", "ayer en la noche" y "ayer por la noche". Y no es que sean incorrectas, pero sorprende que, contra toda lógica de la economía del idioma, dichas frases se prefieran, especialmente entre escritores, en lugar del simple y perfecto "anoche". Es muy probable que, por influencia, deriven de las expresiones "ayer por la mañana" y "ayer por la tarde", perfectamente necesarias para precisar dos momentos determinados del día anterior. La generalización "ayer" se acota, justamente, por esta necesidad de precisión. Pero la acotación de la "noche", en relación con el día anterior, es del todo innecesaria, puesto que existe el adverbio demostrativo "anoche" (del latín *ad noctem*), con dos acepciones y dos ejemplos en el DRAE: "En la noche entre ayer y hoy. *No vino anoche*" y "la noche entre ayer y hoy (úsase normalmente precedido de preposición). *El recital de anoche nos gustó mucho*". En cuanto al adverbio demostrativo "ayer" (del latín *ad heri*), el DRAE ofrece las siguientes acepciones: "En el día que precede inmediatamente al de hoy. *Ocurrió ayer*" y "el día que antecede inmediatamente al de hoy (úsase normalmente precedido de preposición). *Todavía queda pan de ayer*".

En sentido figurado, "ayer" significa también "en el pasado". Ejemplos del DRAE: *Su cabello, ayer negro, ha encanecido*; *La moda de ayer*. Asimismo, tiene uso de sustantivo masculino, con el mismo significado de "tiempo pasado". Ejemplo: *Olvida el ayer y vive el presente*. Lo cierto es que, si bien hay necesidad de precisar, respecto del día anterior, las temporalidades matutina, cenital y vespertina mediante perífrasis (*Ayer por la mañana, Ayer al mediodía, Ayer por la tarde*), no la hay en absoluto en relación con la noche, pues, como hemos dicho, tenemos, para esto, el adverbio demostrativo "anoche" (*Anoche me costó mucho conciliar el sueño*). En el *Panhispánico* se advierte que "la expresión *ayer (por/en/a la) noche* convive con la forma sinónima *anoche*, mayoritaria en todo el ambiente hispánico". Convive, pero por afectación de escritores que deberían ir a un taller de redacción para aprender concisión y precisión del lenguaje, pues siempre será mejor decir "anoche" que "ayer noche", "ayer a la noche", "ayer en la noche" y "ayer por la noche". Invaluable lección es la que da Antón Chéjov a los que escriben o desean ser escritores: "No digan 'las lágrimas salían de sus ojos y escurrían por sus mejillas'; esto repugna. Digan, nada más, 'lloraba'".

☞ Google: 10 500 000 resultados de "ayer en la noche"; 6 890 000 de "ayer a la noche"; 6 640 000 de "ayer por la noche"; 337 000 de "ayer noche". ☑

   ☞ Google: 32 200 000 resultados de "anoche". ☑☑

17. apología, ¿apología a favor?, ¿apología en contra?, ¿apología en favor?

¿Puede haber una "apología" en contra? Por supuesto que no. El sustantivo femenino "apología" (del latín tardío *apologĭa*, y éste del griego *apología*) significa "discurso de palabra o por escrito, en defensa o alabanza de alguien o algo" (DRAE). Ejemplo: *Fulano hizo una apología vergonzosa y rastrera del presidente*. Decir y escribir "apología a favor" es redundante, pues, por definición, toda apología es favorable. Basta con decir y escribir, como lo hizo Platón, *Apología de Sócrates*, es decir, elogio de Sócrates. Ni siquiera se presta a anfibología o ambigüedad: se hace la apología de esto o de aquello, de este o de aquel, y se dice y se escribe "apología **de**" porque la preposición sirve para introducir al destinatario de la apología. Contrariamente, un autoelogio, o elogio en boca propia, no es, exactamente, una "apología", sino una idiotez. Que quede claro, entonces, que toda "apología" es favorable y hasta laudatoria; por ello resulta redundante agregar "a favor", como en el siguiente ejemplo: "**Apología a favor** de Sócrates". Si existieran "apologías en contra" de algo o de alguien, tendríamos que admitir que las hubiese "a favor", pero, como ya vimos, por definición, esto es imposible. Y, sin embargo, así como muchos dicen y escriben "apología a favor", hay otros muchos que dicen y escriben "apología en contra". Y todo porque jamás en su vida han ido al diccionario para leer la definición de "apología".

Incluso en libros académicos o literarios aparecen estas barbaridades. Justamente en un artículo académico leemos lo siguiente:

♀ "Owen Fiss, por ejemplo, hace una importante **apología a favor** del Estado activista".

Con corrección, el autor debió escribir que Owen Fiss

♂ hace una importante **apología del** Estado activista.

✍ No es mejor, por supuesto, hablar y escribir de "apologías en contra", que constituye un sinsentido, una monstruosidad semántica, y un atentado a la lógica. He aquí varios ejemplos de estas barbaridades, ya sean por redundancia o por absurdidad: "**Apología a favor** de Galilei", "**apología a favor** del crimen", "**apología a favor** de la bicicleta", "**apología a favor** de una causa política", "**apología a favor** de un candidato", "**apología en contra** de los derechos humanos", "**apología en contra** de la injusticia", "**apología en contra** del abandono de la esposa", "**apología en contra** de la lucha contra la violencia", "**apología en contra** del miedo y la oscuridad", "**apologías a favor** de ciertas artes", "**apologías a favor** de la doctrina", "**apología en favor** de la santa iglesia", "**apología en favor** de la fe", "**apologías en favor** de la botánica", "**apologías en favor** del terrorismo", etcétera.

☞ Google: 86 800 resultados de "apología a favor"; 21 400 de "apología en contra"; 14 300 de "apologías a favor"; 13 100 "apología en favor"; 1 520 de "apologías en favor"; 1 500 de "apologías en contra". ☒

18. ¿*aporafobia*?, aporofobia

El DRAE no incluye en sus páginas la mayor parte de las palabras formadas con el sufijo "-fobia", elemento compositivo que significa "aversión" o "rechazo", como en "agorafobia", "claustrofobia" y "homofobia". Entre estos términos, que no recoge el DRAE, está el sustantivo femenino "aporofobia", contribución de la filósofa española Adela Cortina para referirse a la "aversión, odio o rechazo a los pobres". Para Cortina, "era necesario poner nombre a un fenómeno que existe y es corrosivo". El término está formado a partir del griego *á-poros* ("sin recursos" o "pobre") más *phobos* o *fobos* ("aversión", "miedo", "odio", "pánico", "rechazo", "repugnancia"): literalmente, "rechazo a la gente sin recursos, al desamparado, al pobre". A decir de Cortina, "el 90% de las personas es aporofóbica", es decir, siente aversión por los pobres. Pero, como ya vimos, de acuerdo con las raíces del término, se debe decir y escribir "aporofobia" y no, por ultracorrección, "aporafobia", que no significa nada. Debido al influjo del término "agorafobia" (del griego *agorá*: "plaza pública" y *fobia*: "rechazo"): "temor a los espacios abiertos", que muchos pronuncian y escriben, incorrectamente, "agorofobia", por equivocado prurito de corrección, muchas personas del ámbito culto de la lengua transforman el correcto "aporofobia" en el desbarre "aporafobia". Aun si estuviese en el diccionario el sustantivo "aporofobia", muchos seguirían diciendo y escribiendo "aporafobia" porque, simplemente, de todos modos, no consultan el diccionario. El término que, con pertinencia y corrección, acuñó Adela Cortina es "aporofobia".

El desbarre "aporafobia" es, por supuesto, del ámbito culto y, especialmente, de los medios académico y profesional, de donde ha pasado al periodismo. En el diario español *La Voz*, de Navarra, el columnista escribe, en el cuerpo de su artículo, la correcta voz "aporofobia", pero en el titular leemos lo siguiente:

♀ "**Aporafobia**, rechazo a las personas pobres".

Como ya vimos, quien impuso tal titular disparatado, al colaborador del diario, debió escribir:

♂ **Aporofobia**: rechazo a las personas pobres.

✐ Van otros ejemplos de tal desbarre, por ultracorrección: "¿Sabes qué es la **aporafobia?**", "la **aporafobia**, concepto forjado por la filósofa Adela Cortina" (no es verdad: ya vimos que el concepto que acuñó Cortina es "aporofobia"), "el fenómeno definitorio de la sociedad occidental, más que xenofobia, es la **aporafobia**", "Congreso de **Aporafobia**", "**aporafobia**: cuando se rechaza al pobre o al emigrante", "¡mucho alimento para la **aporafobia**!", "**aporafobia**: cuando los pobres están a nuestro servicio" (claro que no: si se rechaza al pobre, no se le contrata para un servicio), "el Ayuntamiento aborda la **aporafobia**", "**aporafobia** en México", "el presidente Pedro Sánchez ha anunciado que incluirá como agravante la **aporafobia**" (los presidentes de las naciones, por lo general, no saben ni dónde tienen la cabeza, aunque no haya uno que no se sienta un sabio), "noticias de **aporafobia**", "**aporafobia**, elegida la palaba del año" (no: la palabra del año fue "aporofobia"), "pautas para ayudar en caso de **aporafobia**", "un acto de **aporafobia**", "eso es racismo y **aporafobia**", "lo que hay es **aporafobia**" (¡no, claro que no: lo que hay es aporofobia!).

☞ Google: 6 490 resultados de "aporafobia". ☒

☞ Google: 173 000 resultados de "aporofobia". ☑

19. arañas, ¿*arañas y otros insectos?*, escorpiones, ¿*escorpiones y otros insectos?*, insectos
Con un poquito de conocimiento científico se puede decir "arañas y otros artrópodos", "escorpiones y otros artrópodos", pero de ningún modo "arañas **y otros insectos**", "escorpiones **y otros insectos**", pues, contra lo que mucha gente cree, ni las "arañas" ni los "escorpiones" o "alacranes" son "insectos": son "arácnidos". Por supuesto, hay personas a quienes esto les importa menos que un cacahuate, pero para quienes deseen saberlo, la diferencia entre las "arañas" y "escorpiones" en relación con los "insectos" es muy clara y sencilla. Las arañas y los escorpiones, al igual que los insectos, son "artrópodos", pero no todos los "artrópodos" son "arañas" y "escorpiones". El adjetivo y sustantivo "artrópodo" (del griego *árthron*, "articulación", y

-*podo*, elemento compositivo que significa "pie", "pata") es definido de la siguiente manera por el DRAE: "Dicho de un animal: Del grupo de los invertebrados, de cuerpo con simetría bilateral cubierto por una cutícula y formado por una serie lineal de segmentos más o menos ostensibles, y provisto de apéndices compuestos de piezas articuladas o artejos; por ejemplo, los insectos, los crustáceos y las arañas". Hasta aquí queda claro que las arañas y los escorpiones, además de los insectos y los crustáceos, pertenecen al grupo de los "artrópodos", pero una cosa es ser primos y otra muy diferente es ser hermanos. El sustantivo masculino "insecto" (del latín *insectum*, y éste, calco del griego *éntomon*, de *entomé*, "incisión", "sección", "por las marcas en forma de incisión que presenta el cuerpo de estos animales") designa al "artrópodo de respiración traqueal, con el cuerpo dividido distintamente en cabeza, tórax y abdomen, con un par de antenas y tres de patas, y que en su mayoría tienen uno o dos pares de alas y sufren metamorfosis durante su desarrollo". Ejemplos de ellos: "abejas", "chinches", "cucarachas", "escarabajos", "hormigas", "mariposas", "moscas", "termitas". Si los lectores se encuentran una araña voladora y poseedora de un par de antenas y seis patas, sin duda es un "insecto", pero no una "araña". La razón es simple: el sustantivo femenino "araña" (del latín *aranea*) designa al "arácnido con tráqueas en forma de bolsas comunicantes con el exterior, con cefalotórax, cuatro pares de patas, y en la boca un par de uñas venenosas y otro de apéndices o palpos que en los machos sirven para la cópula" (DRAE). Si es "araña" tiene ocho patas, carece de alas y de antenas y, además, produce o segrega un hilo de seda (la "telaraña") que lo mismo le sirve para atrapar a su presa ("insectos", por ejemplo") que para construir su nido o vivienda. En cuanto al "escorpión" (o "alacrán"), el DRAE nos informa que este sustantivo masculino (del latín *scorpĭo, scorpiōnis*, y éste del griego *skorpíos*) designa al "arácnido con tráqueas en forma de bolsas y abdomen que se prolonga en una cola formada por seis segmentos y terminada en un aguijón curvo y venenoso". Ni más ni menos. Si el hablante y el escribiente del español les dicen "insectos" a la "araña" y al "escorpión", éstos pueden enfadarse muchísimo, pero lo mejor es que se burlarán de la ignorancia de quien no es capaz de distinguir entre un rábano y una zanahoria. No es que el hablante y el escribiente deban tener la paciencia para contarles las patas a las arañas y a los escorpiones (y saber que tienen ocho y no seis), sino simplemente saber, de una vez por todas, que ¡ni las arañas ni los escorpiones son insectos!, sino "arácnidos". Y el adjetivo "arácnido" (del francés *arachnides*) se aplica a un artrópodo "compuesto de cefalotórax, cuatro pares de patas, y dos pares de apéndices bucales, variables en su forma y su función, sin antenas ni ojos compuestos, y con respiración aérea" (DRAE). No se espera que hablantes y escribientes del español se pongan a verificar si unos animaluchos, que parecen "arañas" o "escorpiones", tienen dos pares de apéndices bucales y si su respiración es aérea, cosas harto difíciles porque, además de que las arañas y los escorpiones no se quedarán en quietud para esta revisión, a mucha gente que padece fobia o eventos de ansiedad ante estos animalitos ello les resultará imposible. Pero lo importante es dejarnos de tonterías: si un animalejo tiene toda la pinta de ser una araña o de ser un escorpión, no le digamos "insecto"; digámosle "araña", digámosle "escorpión" y punto. Y esto lo sabemos porque los "insectos" no son "arañas" ni "escorpiones", en tanto que las "arañas" y los "escorpiones" no son "insectos". ¡Fin de la discusión!, y al que insista en lo contrario hay que mandarlo... a consultar el diccionario.

Eso de andar confundiendo a las "arañas" y a los "escorpiones con "insectos" ya se ha vuelto una epidemia de ignorancia no sólo en el ámbito doméstico, sino en cualquier ambiente, incluidos el periodismo y la literatura. Por supuesto, es una peste en internet. En un libro que pretende ser científico leemos lo siguiente:

♀ "Un estudio de la Universidad de Carnegie Mellon, en Pittsburgh (EU) sugiere que las mujeres tienen una aversión genética hacia las **arañas y otros insectos**".

Que algo salga de una universidad no quiere decir, forzosamente, que sea científico. De las universidades salen también muchísimas vaciladas, y hay un montón de graduados especialmente en humanidades, aunque no sólo en ellas, que hacen su agosto en la charlatanería y son gurús al estilo de *¿Quién se ha llevado mi queso?* y monsergas parecidas. Lo cierto es que, en todo caso, ese estudio (¡habrá que ver qué clase de estudio!), para decirlo con corrección idiomática, aunque no necesariamente con exactitud científica,

☼ sugiere que las mujeres tienen una aversión genética hacia **las arañas y los insectos.**

🖉 He aquí algunos ejemplos de esta barbaridad que es algo así como confundir una cucaracha (insecto) con una tarántula (araña) o con un escorpión (arácnido), y conste que tanto las cucarachas como las arañas y los escorpiones pueden alcanzar grandes dimensiones (entre 15 y 30 centímetros) sin dejar de ser la primera un insecto, y los segundos, arácnidos: "alertan sobre presencia de **arañas y otros insectos** mortales" (por supuesto que "mortales", puesto que mueren si los aplastas; en todo caso, "mortíferos", pero tampoco hay que exagerar), "**arañas y otros insectos** en su casa", "plagas en tu hogar: **arañas y otros insectos**", "**arañas y otros insectos** como mascotas", "¡nunca verás **arañas y otros insectos** de nuevo!", "comemos **arañas y otros insectos**", "mantén lejos de tu hogar a las **arañas y otros insectos**", "**arañas y otros insectos** rastreros" (¿insectos rastreros?, ¡los políticos!), "contribuye a ahuyentar **arañas y otros insectos**", "prevenir que **arañas y otros insectos** entren en tu casa", "**arañas y otros insectos** en zona rural", "¿sabías que las **arañas y otros insectos** odian la menta?" (no, no lo sabía; lo que sé es que algunas personas odian consultar el diccionario), "el regalo perfecto para los que tienen fobia a las **arañas y otros insectos**", "**insectos como las arañas** y otros bichos pueden ser mascotas", "eso nos genera sentimientos de rechazo a **insectos como las arañas**", "otros **insectos, como las arañas**, son capaces de generar una reacción tóxica", "mujer usa **tarántulas, escorpiones y otros insectos** para maquillarse", "platillos preparados con **tarántulas, escorpiones y más insectos**", "alertan sobre la proliferación de **arañas, escorpiones y otros insectos**", "venta de **escorpiones y otros insectos**", "las picaduras de **insectos como los escorpiones o alacranes** no deben demorarse en su atención", "había una gran cantidad de **insectos como los escorpiones**", "todo tipo de **insectos como los escorpiones**, piojos, gusanos" (¡esto es no tener idea de nada e ir por la vida como si la información no existiera!), "probando **alacranes y otros insectos**", "recomendaciones para evitar la proliferación de **alacranes y otros insectos**", "**alacranes y otros insectos** molestos" (sí, claro, los alacranes están molestos de que les digan insectos), "una de las zonas donde es común que haya insectos **como los alacranes** son los lugares húmedos" (¿por ejemplo las axilas?), "ciertos **insectos como los alacranes** y las luciérnagas" (¡hay que darse de santos de que los alacranes no sean insectos luminosos y voladores!), "hay algunos **insectos como los alacranes** del desierto", "platillos preparados con **escorpiones, tarántulas y otros insectos**", "la actriz (Angelina Jolie) y sus hijos comen **tarántulas y otros insectos**", "sin faltar algunos **insectos como las tarántulas**". Pero (para consuelo de tontos y de tantos) hay que decir que ni siquiera el ilustre Azorín (escritor español) sabía la diferencia entre una araña y un insecto, entre un escorpión y un insecto. En un artículo de 1933, intitulado precisamente "La vida de los insectos", don José Martínez Ruiz, alias Azorín, escribió: "**Los escorpiones son insectos** que, por más que hemos hecho, no han logrado nunca inspirarnos confianza. **Otros insectos, como las arañas**, nos han causado impresión al principio; mas luego, poco a poco, nos hemos ido acostumbrando a su vista". Pobre Azorín: como ya vimos, ni las arañas ni los escorpiones son insectos. Los escorpiones, al igual que las arañas, pertenecen al orden de los artrópodos, pero ambos también a la clase de los arácnidos, lo cual quiere decir que tienen ocho patas, carecen de antenas y poseen dos pares de apéndices en la boca. ¡Por eso no son insectos! Recordemos esto y, en este tema, no la cagaremos nunca más.

☞ Google: 50 800 resultados de "arañas y otros insectos"; 22 400 de "insectos como las arañas"; 14 900 de "escorpiones y otros insectos"; 6 450 de "insectos como los escorpiones"; 3 220 de "alacranes y otros insectos"; 1 750 de "insectos como los alacranes"; 1 310 de "tarántulas y otros insectos". ☒

20. arcano, ¿*arcano misterioso*?, ¿*arcano oculto*?, ¿*arcano secreto*?, ¿*misterioso arcano*?
Escuchando la cháchara de programas o series de televisión como "Alienígenas ancestrales" y todas esas paparruchas similares que usurpan el conocimiento científico, invariablemente alguien suelta una expresión jergal como "arcano misterioso", "arcano oculto", "arcano secreto", "misterioso arcano" y otras variantes, como si hubiese "arcanos" que no fuesen ni "misteriosos" ni "ocultos" ni "secretos". El caso es que estas barbaridades redundantes de ufólogos y *alienifanáticos* saltan a cada momento de sus

bocas, y quienes gustan de tales cosas enigmáticas (muchísimas personas) no dudan, ni por un instante, que los sustantivos calificados "arcano misterioso" o "arcano secreto" son correctos, y tendrán todo lo que les resta de vida para repetirlos y difundirlos, echando más basura pleonástica y redundante en nuestra lengua que, en su lenta y ya larga evolución, ha perseguido, afanosamente, la exactitud expresiva. Es verdad que aún en el siglo xix y principios del xx algunos conocidos y hasta reconocidos escritores españoles, como Emilia Pardo Bazán, utilizaban esta redundancia, con la forma del pleonasmo hebreo, tal como la usaban, en los siglos anteriores, del xvi en adelante, grandes autores como santa Teresa de Jesús y como aparece también en la Biblia (en la versión clásica española de Casiodoro de Reyna), pero también es cierto que nuestro idioma fue dejando atrás esos usos arcaizantes, con el objetivo lógico y natural de conseguir economía lingüística y precisión expresiva. Hoy queda claro, para quienes usan la lógica y el diccionario, que no hay "arcanos" que no sean "misteriosos", "ocultos" o "secretos", pues, por definición, todos lo son. Veamos. El adjetivo y sustantivo "arcano" (del latín *arcānus*) posee tres acepciones en el diccionario académico: "Dicho especialmente de una cosa: Secreta, recóndita, reservada", "secreto muy reservado y de importancia" y "misterio, cosa oculta y muy difícil de conocer". Para variar, el DRAE omite una acepción que María Moliner sí recoge en el DUE: "Carta del tarot que hay que interpretar para adivinar el porvenir". Ejemplos: *Los **arcanos** del alma*; *En busca del **arcano** de la felicidad*; *El Mago es el **arcano** mayor en el tarot*. Sinónimos de "arcano" son, entre otros, "misterioso", "secreto", "recóndito", "reservado", "oculto", "oscuro", "impenetrable", "incógnito", "hermético" e "insondable", adjetivos que no se deben aplicar a "arcano", pues, al hacerlo, se cometen con ellos rebuznancias de prolongado eco. Ya el significado de "arcano" incluye implícitamente todas esas características muy parecidas entre sí. El sustantivo masculino "misterio" (del latín *mysterĭum*, y éste del griego *mystērion*) significa, en su acepción principal, "cosa arcana o muy recóndita, que no se puede comprender o explicar" (DRAE). Ejemplo: *Su desaparición es un **misterio***. De ahí el adjetivo "misterioso" ("que encierra o incluye en sí misterio"). Ejemplo: *Su desaparición es **misteriosa***. En cuanto al adjetivo "oculto" (del latín *occultus*), su acepción principal en el DRAE es "escondido, ignorado, que no se da a conocer ni se deja ver ni sentir". Ejemplo: *El arqueólogo Equis ha dedicado su vida a buscar la tumba **oculta** de Herodes*. Muy parecidas son las definiciones de los adjetivos "secreto" ("oculto, ignorado, escondido y separado de la vista o del conocimiento de los demás"), "recóndito" ("muy escondido, reservado y oculto"), "reservado" ("que se reserva o debe reservarse"), "oscuro" ("desconocido, mal conocido o misterioso"), "impenetrable" ("que no se pude comprender o descifrar"), "incógnito" ("no conocido"), "hermético" ("impenetrable, cerrado, aun tratándose de algo inmaterial") e "insondable" ("que no se puede averiguar, sondear o saber a fondo"). Comprendido todo

lo anterior, debemos reiterar que ninguno de estos adjetivos se puede aplicar al término "arcano" sin caer en redundancia: el "arcano" y lo "arcano" son, por definición,
todo eso que significan dichos adjetivos, y añadirle cola ("misterioso", "oculto", "oscuro", "secreto", etcétera) no lo hará más "arcano", sino sólo ridículo.

Muchas publicaciones impresas y de internet (entre ellas, libros), están llenas de
"arcanos misteriosos", "arcanos ocultos" y "arcanos secretos", lo cual delata que muchísimas personas están peleadas a muerte con el diccionario. No lo consultan jamás, ni siquiera para saber si lo que están diciendo o escribiendo tiene sentido. En
el diario español *El País* leemos lo siguiente:

♀ "los Fleshtones volvieron a demostrar que siguen conservando el **arcano misterioso** que les permite transformar, pongamos por caso, un velatorio o una sesión par-
lamentaria en una juerga descacharrante".

Ni siquiera viene a cuento el "arcano" en esta redacción; bastaba con escribir que
◌ los Fleshtones siguen conservando el **secreto**, etcétera.

🖉 Van otros ejemplos de estas rebuznancias cometidas siempre por personas que pretenden
adornarse con frases que suponen muy elevadas, ¡pero sin consultar el significado de las palabras!: "El colgado, el **arcano misterioso** del tarot", "¿qué **arcano misterioso** encierra su savia
para que dentro de nuestra cárcel se despierte la mariposa sutil de nuestra alma?", "y es que
detrás de ese **arcano misterioso**, los mercados, poco más hay que unos miles de asalariados
asustados" (¡vaya sintaxis!), "una especie de **arcano misterioso** que me parece muy atractivo",
"buscando el **arcano misterioso**", "es el destino de los pueblos un **arcano misterioso**", "ha sabido ver lo que para muchos es obvio y para otros un **arcano misterioso**", "el **misterioso arcano** que afianza de los pueblos el poder", "descubre los secretos del **Misterioso Arcano** Mayor",
"**misterioso arcano** que enseña la actitud de alguien que parece estar invertido", "desatar los lazos que con lo eterno le unen por **misterioso arcano**", "luz de **misterioso arcano**", "los **arcanos
secretos** del hitlerismo", "**arcanos secretos** de los muchos y diversos mundos del conocimiento", "el tarot sus claves y **secretos arcanos**", "**secretos arcanos** desvelados", "el **oscuro Arcano**
de los Cinco que encabeza el archimago", "aquel amor suyo fue **oscuro arcano**", "tu **arcano secreto**", "el **arcano secreto** del Mar Rojo", "el Emperador como **Arcano Oculto** o Maestro", "conoce el **arcano oculto** tras el título de la obra", "el gran **secreto arcano**", "descubierto el **secreto
arcano** por el que Palencia no quiere existir", "los **misteriosos arcanos** de la Alhambra", "el ansia de poder a través de **misteriosos arcanos**", "desentrañando **oscuros arcanos** en un libro",
"en el fondo de **oscuros arcanos**", "los **ocultos arcanos** de Monte Pío", "los **ocultos arcanos**
del bel canto", "el acceso a **arcanos ocultos** que sabían existían", "todavía se les escapaban los
grandes **arcanos ocultos**", "pertenece a los **arcanos misteriosos** de la divinidad", "los **arcanos
misteriosos** del tiempo", "vampiros: **arcano oscuro** de la literatura", "pero algún **oculto arcano**
debe existir para esta contumacia".

☞ Google: 45 000 resultados de "arcano misterioso"; 41 100 de "misterioso arcano"; 9 060 de "arcanos secretos"; 8 790 de "secretos arcanos"; 8 130 de "oscuro arcano"; 7 180 de "arcano secreto"; 6 900 de "arcano oculto"; 6 410 de "secreto arcano"; 3 780 de "misteriosos arcanos"; 2 820 de "oscuros arcanos"; 2 380 de "ocultos arcanos"; 2 170 de "arcanos ocultos"; 1 760 de "arcanos misteriosos"; 1 100 de "arcano oscuro"; 1 000 de "oculto arcano". ⊠

21. artrópodo, *¿artrópodo invertebrado?*, *¿artrópodo vertebrado?*, *¿insecto invertebrado?*, *¿insecto vertebrado?*, invertebrado, molusco, *¿molusco invertebrado?*, *¿molusco vertebrado?*, vertebrado

Si hay personas que no saben distinguir entre un insecto y un arácnido, hay otras, o tal vez las mismas, que suponen que existen "artrópodos", "insectos" y "moluscos" que poseen columna vertebral. La pregunta, para nada compleja, es la siguiente: ¿hay artrópodos, insectos y moluscos vertebrados? Los mismos, y otros más, que llaman "insectos" a las "arañas" y a los "escorpiones", creen que sí, porque hablan y escriben acerca de "artrópodos, insectos y moluscos invertebrados", a partir de lo cual se colige que necesitan hacer esta precisión para distinguir entre los "artrópodos", "insectos" y "moluscos" que tienen vértebras y los que carecen de ellas. Lo cierto es que las expresiones "artrópodo invertebrado", "insecto invertebrado" y "molusco invertebrado" son redundancias brutas, y las expresiones "artrópodo vertebrado", "insecto vertebrado" y "molusco vertebrado" son contrasentidos o sinsentidos a tal grado alarmantes que es difícil no categorizarlos como pendejismos. Veamos por qué. De acuerdo con el DRAE, el sustantivo masculino "artrópodo" (del griego *árthron*, "articulación" y *-podo*, "pie") significa: "Dicho de un animal: Del grupo de los invertebrados, de cuerpo con simetría bilateral cubierto por una cutícula y formado por una serie lineal de segmentos más o menos ostensibles, y provisto de apéndices compuestos de piezas articuladas o artejos; por ejemplo, los insectos, los crustáceos o las arañas". Ejemplo: *Los coleópteros o escarabajos son **artrópodos** que pertenecen a un orden de **insectos**.* De esta definición sacamos en claro que todos los "artrópodos" (entre los que se incluyen los "insectos", los "crustáceos" y las "arañas) pertenecen al grupo zoológico de los "invertebrados". Por ello, no hay "artrópodos" que no sean "invertebrados" y, entre ellos, los "insectos", pues el sustantivo masculino "insecto" (del latín *insectum*, y éste, calco del griego *éntomon*, de *entomé*: "incisión, sección") se aplica al "artrópodo de respiración traqueal, con el cuerpo dividido distintamente en cabeza, tórax y abdomen, con un par de antenas y tres de patas, y que en su mayoría tienen uno o dos pares de alas y sufren metamorfosis durante su desarrollo". Ejemplo: *La abeja, la cucaracha y la hormiga son **insectos**.* En el caso de los "moluscos", éstos tampoco tienen "vértebras". Son, por definición, invertebrados, aunque el sustantivo masculino "molusco" (del latín *molluscus*: "blando") sea un adjetivo y sustantivo que el DRAE define, con las patas (articuladas), de la siguiente manera: "Dicho de un metazoo: Que tiene simetría bilateral, no siempre perfecta, tegumentos blandos y cuerpo no segmentado en los adultos, y está desnudo o revestido de una concha; por ejemplo, la limaza, el caracol o la jibia". ¿Qué le falta a esta definición? Una mejor sintaxis, por supuesto, y añadir que un "molusco" ¡es un animal "invertebrado"! María Moliner, en el DUE, les pone la muestra de rigor lexicográfico a los académicos de Madrid y a sus hermanastros de América y Filipinas. Escribe Moliner: "Se aplica a los animales invertebrados que tienen cuerpo blando, no segmentado en los adultos, de simetría bilateral no siempre perfecta y generalmente cubierto con una concha; como el caracol, la babosa o la jibia". Ejemplo: *El caracol y la babosa son* **moluscos** *que se desplazan utilizando la contracción de los músculos ventrales.* Los abundantes descuidos del DRAE, con definiciones incompletas, arbitrarias o ridículas, confunden al hablante y al escribiente de nuestro idioma. (¿A qué se dedicarán los académicos cuando no están dormidos?) Nos falta por saber las definiciones de los adjetivos y sustantivos "invertebrado" y "vertebrado". Acerca del primero escribe Moliner en el DUE: "Se aplica a los animales que no tienen columna vertebral". Ejemplo: *Los gusanos son animales* **invertebrados**. Sobre el segundo, escribe: "Se aplica a los animales cordados que tienen columna vertebral, formada por vértebras óseas o cartilaginosas, en cuya parte anterior se desarrolla un cráneo donde se aloja el encéfalo y algunos órganos de los sentidos". Ejemplo: *Los mamíferos son animales* **vertebrados**. El adjetivo y sustantivo "vertebrado", proviene de "vértebra" (del latín *vertĕbra*), sustantivo femenino que significa "cada uno de los huesos articulados entre sí que forman la columna vertebral" (DUE). Ejemplo: *Padecía fuertes dolores en las* **vértebras**. De ahí el adjetivo "vertebral": "De las vértebras o de la columna vertebral" (DUE). Ejemplo: *En el accidente se lesionó la* **columna vertebral**. Explicado y comprendido lo anterior, debe quedar claro que no existen los "artrópodos", "insectos" y "moluscos" con "vértebras" o "vertebrados"; ¡no los hay en el planeta Tierra!, por lo que es un sinsentido referirnos a ellos. Los "artrópodos", "insectos" y "moluscos" son, por definición "invertebrados, y, por tanto, referirnos a ellos como "artrópodos, insectos y moluscos invertebrados" es redundar a lo bruto; y contamos por decenas de miles a quienes, en este tema, exhiben su ignorancia con los sinsentidos o con las rebuznancias, lo mismo en internet que en publicaciones impresas, incluso en ámbitos profesionales.

En un boletín de la Dirección de Comunicación Social de la UNAM leemos acerca de una investigación que lleva a cabo una postdoctorante acerca de cómo los insectos invasores afectan el entorno, y ahí nos enteramos, en voz de la investigadora (porque su declaración está entrecomillada), que la catarina arlequín es parte de los

♀ "pequeños **insectos invertebrados** con patas articuladas, como las arañas o las chinches".

Sabemos que las arañas no son insectos, sino arácnidos, y sabemos que sí lo son las chinches y las catarinas o mariquitas; sabemos también que tienen las patas articuladas, pero también debemos saber, y no se nos debe olvidar, que no hay "insectos vertebrados": ¡todos son invertebrados! y, por lo tanto, es redundante calificarlos como "invertebrados". El día que los investigadores encuentren un "insecto vertebrado", ese día cambiará para siempre el mundo de la investigación entomológica. La investigadora quiso decir, y no la ayudaron en esto los redactores y correctores del boletín de la UNAM, que el artrópodo coleóptero ("caja o estuche con alas": esto es científica y poéticamente un "coleóptero) al que ha dedicado su atención, la mariquita o catarina arlequín, pertenece a los

♻ pequeños **insectos**, y punto, pues no hay que buscarles huesos a los insectos ni patas a las culebras.

✐ Van otros ejemplos de estas rebuznancias y sinsentidos que abundan en el ámbito mismo de la ciencia: "Científicos españoles descubren una nueva especie de **insecto invertebrado**" (ya hemos dicho que la noticia sería que descubrieran un insecto vertebrado), "descarga ahora la foto de **insecto invertebrado**", "un **insecto invertebrado** de cuerpo redondo, color rojo y puntos negros", "un investigador de la Universidad de Alcalá, Vicente Ortuño, junto con miembros del Museo Natural de Valencia han descubierto en cuevas de Castellón y Tarragona un nuevo **insecto invertebrado**", "saltamontes: **insecto invertebrado**, de cuerpo alargado", "es descrita como una especie **de insecto invertebrado**", "es un **insecto invertebrado** que posee alas cubiertas de escamas", "**molusco invertebrado** protegido por una concha", "una nueva especie de **molusco invertebrado** de la familia de las babosas marinas", "la jibia es un **molusco invertebrado**" (y quien escribió esto es un molusco vertebrado), "este **molusco invertebrado** madura sexualmente a los seis, siete u ocho meses de vida" (¡ni modo que de muerte!), "el calamar gigante es un **molusco invertebrado**", "el limaco es un **molusco invertebrado** descendiente del caracol", "**insectos invertebrados** fácilmente identificables", "disfruta de la muestra gratuita de **insectos invertebrados** exóticos vivos en el Zoo de Barcelona", "pequeños **insectos invertebrados** con patas articuladas", "**insectos vertebrados** e invertebrados" (¡olé!), "tipos principales de **insectos vertebrados**", "los **insectos vertebrados** y los hongos" (más bien: cuando alguien consume cierto tipo de hongos puede ver insectos vertebrados y moluscos con chanclas), "vive en lugares esteparios, tierras cultivadas, praderas y se alimenta de pequeños **insectos vertebrados**" (¡vaya adivinanza sin respuesta!), "las arañas forman parte del grupo de **artrópodos invertebrados**", "un equipo internacional de científicos ha descubierto los restos más antiguos hasta el momento de **artrópodos invertebrados**", "los **artrópodos invertebrados** segmentados", "estos son **moluscos invertebrados** que se separaron de sus antiguos antepasados" (¡ah, chingá!), "**moluscos invertebrados** de cuerpo suave que usualmente tienen conchas o caparazones", "**artrópodo invertebrado** de pequeño tamaño", "el mosquito es un **artrópodo**

invertebrado muy numeroso en toda la Tierra", "también son unos **artrópodos vertebrados**", "los **moluscos vertebrados e invertebrados**" y, como siempre hay algo peor, "conservó elementos en gusano de **insecto vertebrado** y genomas de levadura".

☞ En Google: 125 000 resultados de "insecto invertebrado"; 70 800 de "molusco invertebrado"; 26 300 de "insectos invertebrados"; 11 400 de "insectos vertebrados"; 6 610 de "artrópodos invertebrados"; 5 140 de "moluscos invertebrados"; 2 060 de "artrópodo invertebrado"; 1 820 de "artrópodos vertebrados"; 1 530 de "moluscos vertebrados"; 1 000 de "insecto vertebrado". ⊠

22. asiduidad, asiduo, bastante, ¿bastante asiduidad?, ¿bastante asiduo?, ¿bastante frecuente?, frecuente, mucha, ¿mucha asiduidad?, mucho, muy, ¿muy asiduo?, ¿muy frecuente?, poca, ¿poca asiduidad?, poco, ¿poco asiduo?, ¿poco frecuente?

¿Puede ser poca o escasa la "asiduidad"? Veamos su significado. El sustantivo femenino "asiduidad" (del latín *assiduĭtas, assiduitātis*) significa "frecuencia, puntualidad o aplicación constante a algo" (DRAE). Ejemplo: *Asiste a los conciertos con asiduidad*. Cabe precisar que el adjetivo "constante" significa, en la cuarta acepción del DRAE, "continuamente reiterado". En cuanto al adjetivo y sustantivo "asiduo" (del latín *assiduus*), María Moliner lo define del siguiente modo: "Se aplica al que asiste o concurre con frecuencia y constancia a cierto sitio". Ejemplo: *Fulano es un asiduo de nuestra tertulia*. Precisa Moliner que "aplicado a un nombre de agente o de acción, significa que hace o se hace con frecuencia y constancia la acción de que se trata". Ejemplos: *Un asiduo colaborador del periódico, Sus asiduas visitas*. De ahí el adverbio "asiduamente": "con asiduidad", esto es, "frecuentemente", pues el adjetivo "frecuente" (del latín *frequens, frequentis*) significa "repetido a menudo". Visto lo anterior, las expresiones "bastante asiduidad", "bastante asiduo", "bastante frecuente" y "mucha asiduidad", "muy asiduo" y "muy frecuente" son, sin duda, redundantes, en tanto que "poca asiduidad", "poco asiduo" y "poco frecuente" constituyen sinsentidos. Lo que es "asiduo" es "frecuente", y lo "frecuente" es lo que se repite a menudo, de manera reiterada. En buen español, basta y sobra con decir "asiduamente", "asiduidad", "asiduo" y "frecuente". Añadir una intensidad ("bastante", "mucho") o una atenuación ("escaso", "poco") a estos términos es incurrir en disparates. Las redundancias y sinsentidos con estos términos son propios del ámbito culto de la lengua, y hasta los redactores del *Compendio ilustrado y azaroso de todo lo que quiso siempre saber sobre la lengua española* yerran con su "bastante asiduidad", como si dijéramos "bastante frecuente". Las líneas aéreas califican de "frecuentes" a los "viajeros" cuando abordan el avión con asiduidad, es decir, con frecuencia, más allá de que, incluso entre los "frecuentes", unos viajen más que otros. Pongámonos de acuerdo: lo que no es "frecuente" no puede ser "poco frecuente", sino "infrecuente" (del latín *infrĕquens, infrequentis*), adjetivo que significa "que no es frecuente" (DRAE), y lo que es "frecuente" es "asiduo", con lo cual quedan descartados los adjetivos "bastante", "mucho" y "poco" como modificadores de "asiduo" y "frecuente", cuyos significados ya contienen, por definición, su carácter de "repetición a menudo" o "continuamente reiterado".

En el diario mexicano *Excélsior* leemos el siguiente encabezado:

♀ "Salvan en el IMSS a una bebé con malformación **poco frecuente**".

Quiso informar el diario que

♂ en el IMSS salvan a una bebé con una malformación **infrecuente** o rara.

✐ Hemos visto que lo que no es frecuente es infrecuente y que lo que es frecuente y asiduo ocurre, sin duda, a menudo. He aquí algunos pocos ejemplos de estos disparates por redundancia o sinsentido: "Una patología benigna **muy frecuente**", "la obesidad es **muy frecuente**", la disfunción eréctil es **muy frecuente**", "el asma es una enfermedad **muy frecuente**", "combatir enfermedad **poco frecuente**", "asume un reto **poco frecuente**", "raza canina **poco frecuente**", "el telespectador **muy asiduo**", "es **muy asiduo** en las redes sociales", "en España se usa con **bastante asiduidad**", "es algo que ocurre con **bastante asiduidad**", "practican estas actividades con **poca asiduidad**", "la **poca asiduidad** de los fieles", "se produce con **mucha asiduidad**", "falla con **mucha asiduidad**", "un lector **poco asiduo**", "un público **poco asiduo** a los conciertos", etcétera.

☞ Google: 6 160 000 resultados de "muy frecuente"; 3 480 000 de "poco frecuente"; 37 600 de "muy asiduo"; 27 700 de "bastante asiduidad"; 26 200 de "poca asiduidad"; 21 300 de "mucha asiduidad"; 5 160 de "poco asiduo". ⊠

23. auto-, *¿autoafirmación de sí mismo?, ¿autoafirmación de uno mismo?, ¿autoafirmación personal?, ¿autobiografía de sí mismo?, ¿autobiografía de uno mismo?, ¿autobiografía personal?, ¿autoconcepto de sí misma?, ¿autoconcepto de sí mismo?, ¿autoconcepto de uno mismo?, ¿autoconcepto personal?, ¿autocontrol de sí mismo?, ¿autocontrol de uno mismo?, ¿autocontrol personal?, ¿autocontrol propio?, ¿autocrítica de sí mismo?, ¿autocrítica de uno mismo?, ¿autocrítica personal?, ¿autodefensa de uno mismo?, ¿autodefensa personal?, ¿autodominio de sí mismo?, ¿autodominio de uno mismo?, ¿autodominio personal?, ¿autoestima de sí misma?, ¿autoestima de sí mismo?, ¿autoestima de una misma?, ¿autoestima de uno mismo?, ¿autoestima personal?, ¿autoestima propia?, ¿autoevaluación de sí mismo?, ¿autoevaluación de uno mismo?, ¿autoevaluación personal?, ¿autorrealización de sí mismo?, ¿autorrealización de uno mismo?, ¿autorrealización personal?, ¿autorrealización propia?*

Millones de personas ignoran que el elemento compositivo "auto-" (del griego *auto*) significa "propio" o "por uno mismo", lo cual quiere decir que, cuando va unido, como prefijo, a un sustantivo, un adjetivo o un verbo, éstos adquieren dicho significado, como en "autobiografía" y "autoestima": literalmente, "biografía **de sí mismo**" y "estima **propia**". A causa de esta ignorancia, se añaden a estos términos compuestos con el prefijo "auto-" elementos que producen redundancias atroces, ya que repiten el significado de "auto-": los conceptos "propio", "propia", "a sí mismo", "a sí misma", "de sí mismo", "de sí mismo", "de una misma", "de uno mismo" y "personal" (del latín *personālis*), adjetivo éste que significa "propio o particular de la persona". Ejemplo: *Está aprendiendo defensa personal*, pero, de ninguna manera, *Está aprendiendo autodefensa personal*, puesto que el prefijo "auto-" contiene ya el sentido de "propio o particular de la persona". Son muchos los términos con los que se cometen estos desaguisados, pero entre los habituales, incluso en los ámbitos profesional y culto de nuestro idioma, es importante mencionar los siguientes: "autoafirmación de sí mismo", "autoafirmación de uno mismo", "autoafirmación personal", "autobiografía de sí mismo", "autobiografía de uno mismo", "autobiografía personal", "autoconcepto de sí mismo", "autoconcepto de uno mismo", "autoconcepto personal", "autocontrol de sí mismo", "autocontrol de uno mismo", "autocontrol personal", "autocontrol propio", "autocrítica de sí mismo", "autocrítica de uno mismo", "autocrítica personal", "autodefensa de uno mismo"; "autodefensa personal", "autodominio de sí mismo", "autodominio de uno mismo" "autodominio personal", "autoestima de sí misma", "autoestima de sí mismo", "autoestima de una misma", "autoestima de uno mismo"; "autoestima personal", "autoestima propia", "autoevaluación de sí mismo", "autoevaluación de uno mismo", "autoevaluación personal", "autorrealización de sí mismo", "autorrealización de uno mismo", "autorrealización personal" y "autorrealización propia". Con el fin de que los lectores tengan las definiciones precisas de los diez sustantivos compuestos con el prefijo "auto-", con los cuales se cometen frecuentes redundancias al añadirles las secuencias expresivas que repiten el significado de "auto-", los enlistamos aquí, de acuerdo con las acepciones del diccionario académico: "autoafirmación" (de *auto-* y *afirmación*), sustantivo femenino que significa "seguridad de sí mismo, defensa de la propia personalidad" (ejemplo: *Para ella la autoafirmación era importante*); "autobiografía" (de *auto-* y *biografía*), sustantivo femenino que significa [obra sobre la] "vida de una persona escrita por ella misma" (ejemplo: *Lo último que publicó fue su autobiografía*); "autoconcepto" (de *auto-* y *concepto*), sustantivo masculino que significa "opinión que una persona tiene sobre sí misma, que lleva asociado un juicio de valor" (ejemplo: *El autoconcepto no es más que la forma de percibirnos a nosotros mismos*); "autocontrol" (de *auto-* y *control*), sustantivo masculino que significa "control de los propios impulsos y reacciones" (ejemplo: *Técnicas de relajación y autocontrol*); "autocrítica" (de *auto-* y *crítica*), sustantivo femenino que significa "juicio crítico sobre obras o comportamientos propios" (ejemplo: *Es un duro crítico, pero no conoce la autocrítica*); "autodefensa" (calco del inglés *selfdefense*), sustantivo femenino que significa "defensa propia, individual o colectiva" (ejemplo: *Ejerció la autodefensa y no debe ser castigado*); "autodominio" (de *auto-* y *dominio*), que significa "dominio de sí mismo" (ejemplo: *Mostró un gran **autodominio** en el examen*); "autoestima" (de *auto-* y *estima*), sustantivo femenino que significa "valoración generalmente positiva de sí mismo" (ejemplo: *Tiene mucha **autoestima** o, quizá, demasiada*); "autoevaluación" (de *auto-* y *evaluación*), sustantivo femenino que significa "evaluación que alguien hace de sí mismo o de algún aspecto o actividad propios" (ejemplo: *En su **autoevaluación** fue bastante complaciente*), y "autorrealización" (de *auto-* y *realización*), sustantivo femenino que significa "consecución satisfactoria de las aspiraciones personales por medios propios" (ejemplo: *Hay una fuerte conexión entre autonomía y **autorrealización***).

Con estos diez términos, infinidad de personas comete brutas redundancias a causa de ignorar el significado del elemento compositivo "auto-". Las publicaciones impresas (entre ellas, diarios y libros) y las páginas de internet están llenas de estas atrocidades. En el libro español *Motivación en el aula y fracaso escolar* leemos lo siguiente:

♀ "A medida que se satisfacen en su justa medida las necesidades propias de cada momento evolutivo, la persona se irá desarrollando con un buen **autoconcepto y autoestima de sí misma**".

Doble redundancia. El enunciado debió concluir, con corrección, de la siguiente manera:

♨ la persona se desarrollará con un buen **autoconcepto** y una buena **autoestima**.

✐ Vayan unos pocos ejemplos de estas redundancias brutas (apenas uno de cada desaguisado, pues la lista es larga, y los ejemplos muy nutridos): "La regla de oro para aumentar la **autoestima de sí mismo**", "la persona tendrá una buena **autoestima de sí misma**", "cómo subir la **autoestima de uno mismo**", "la falta de **autoestima de una misma** no se compensa desacreditando a otra mujer", "la Concejalía de Deporte ha puesto en marcha un curso de **autodefensa personal**", "no hay nada más importante como la **autoevaluación de sí mismo**", "cómo mejorar de una manera realista la **autoestima personal**", "se le pide que escriba una **autobiografía de sí mismo**", "considero que es importante tener **autocontrol de sí mismo**", "decía Abraham Maslow que la **autorrealización personal** era la última de las necesidades humanas", "la depresión y la ansiedad pueden atribuirse a una baja **autoevaluación de uno mismo**", "a menudo hacía **autocrítica de sí mismo**", "tener un perfecto **autocontrol de uno mismo** te ayudará a vivir en plenitud", "cómo hacer una **autobiografía de uno mismo**", "encontró que los varones tienen un mejor **autoconcepto de sí mismos**", "esta es una guía para que puedas desarrollar una **autobiografía personal**", "la libertad es poder de **autorrealización de sí mismo**", "entrenamiento del **autoconcepto personal**", "la **autoafirmación de sí mismo** conduce al orgullo", "el crecimiento y la **autoafirmación personal**", "el **autoconcepto de uno mismo** se podría definir como una combinación de autoimagen, autoestima y el ideal de uno mismo", "¿cómo mejorar la **autoestima propia**?", "tiene un elevado **autoconcepto de sí misma**", "lo normal es hacer autocrítica de uno mismo", "no es suficiente meta la **autorrealización de uno mismo**", "formulario de **autoevaluación personal**", "potenciar la **autoafirmación de uno mismo**", "la estructura del **autoconcepto personal**", "se logra la **autodefensa de uno mismo** ante una agresión", "estrategias para estimular el **autocontrol personal**", "tener dominio de la situación y **autodominio de sí mismo**", "disposición para llevar a cabo **su propio autocontrol**", "ten una **autocrítica personal**", "avanzando en el **autocontrol y autodominio de uno mismo**", "participación igualitaria y **autodominio personal**", "el estado venía de **autoevaluarse a sí mismo**", "obtener la felicidad y la **autorrealización propia**", "esto permite al estudiante establecer un **autocontrol propio**", "autoestima a través de la **autoevaluación propia**".

☞ Google: 241 000 resultados de "autoestima de sí mismo"; 159 000 de "autoestima de sí misma"; 159 000 de "autoestima de uno mismo"; 149 000 de "autoestima de una misma"; 130 000 de "autodefensa personal"; 90 500 de "autoevaluación de sí mismo"; 88 900 de "autoestima personal"; 78 200 de "autobiografía de sí mismo"; 63 900 de "autocontrol de sí mismo"; 57 000 de "autorrealización personal"; 46 100 "autoevaluación de uno mismo"; 40 600 de "autocrítica de sí mismo"; 39 900 de "autocontrol de uno mismo"; 32 100 de "autobiografía de uno mismo", 29 500 de "autoconcepto de sí mismo"; 25 200 de "autobiografía personal"; 24 900 de "autorrealización de sí mismo"; 23 500 de "autoconcepto personal"; 21 100 "autoafirmación de sí mismo"; 21 000 de "autoafirmación personal"; 20 000 de "autoconcepto de uno mismo"; 18 600 de "autoestima propia"; 18 200 de "autoconcepto de sí misma"; 17 900 de "autocrítica de uno mismo"; 12 900 de "autorrealización de uno mismo"; 10 700 de "autoevaluación personal"; 9 960 de "autoafirmación de uno mismo"; 8 760 de "autoconcepto personal"; 7 910 de "autodefensa de uno mismo"; 7 690 de "autocontrol personal"; 6 930 de "autodominio de sí mismo"; 6 090 de "su propio autocontrol"; 5 310 de "autocrítica personal"; 3 830 de "autodominio de uno mismo"; 1 860 de "autodominio personal"; 1 430 de "autoevaluarse a sí mismo"; 1 100 de "autorrealización propia"; 1 060 de "autocontrol propio"; 1 000 de "autoevaluación propia". ☒

☞ Google: 53 400 000 resultados de "autoestima"; 7 760 000 de "autocontrol"; 5 500 000 de "autoevaluación"; 5 340 000 de "autocrítica"; 4 650 000 de "autobiografía"; 4 270 000 de "autodefensa"; 1 140 000 de "autoconcepto"; 1 090 000 de "autorrealización"; 389 000 de "autoafirmación"; 376 000 de "autodominio"; 206 000 de "autoevaluarse"; 37 400 de "autorrealizarse". ☑

24. ¿*autoexigirse*?, ¿*autolimitarse*?, exigir, exigirse, limitar, limitarse

Desde que hay individuos que "se autoconvocan", "se autopostulan", "se autojustifican" y "se autosuicidan", la gente es capaz de hacer cualquier cosa con el elemento compositivo "auto-" (del griego *auto-*) que significa "propio" o "por uno mismo". El problema es que el abuso de este prefijo lleva a la gente a construir redundancias con verbos reflexivos y pronominales que ya contienen implícitamente al sujeto. Basta con emplear el sentido lógico para advertirlo. El *Clave, diccionario de uso del español actual* nos advierte, razonablemente, que "el uso de *auto-* ante verbos con valor reflexivo es redundante, aunque está muy extendido", como en "autoanalizarse", que es innecesario si ya existe "analizarse". El *Diccionario panhispánico de dudas*, casi inservible, nos ayuda un poquito esta vez. En sus páginas leemos lo siguiente: "Hay verbos que admiten el uso conjunto del *se* reflexivo en función del complemento directo y del prefijo del sentido reflexivo *auto-*: *autocensurarse, automedicarse, autoconvencerse*, etc.; en estos casos, emplear el prefijo *auto-* es lícito si, en caso de no hacerlo, no queda claro que es el sujeto quien ejerce sobre sí mismo y voluntariamente la acción denotada por el verbo: en *Se autolesionó antes de ser capturado*, no hay duda de que el sujeto se provocó la lesión por voluntad propia, frente a *Se lesionó antes de ser capturado*, en que la lesión pudo ser fortuita. También es admisible la concurrencia del *se* reflexivo y el prefijo *auto-* cuando se busca deshacer la posible ambigüedad de sentido planteada por la confluencia formal de la construcción reflexiva con la de pasiva refleja: en *El grupo se autodenomina La Farem Petar*, queda claro que son los integrantes del grupo los que se aplican a sí mismos ese nombre, frente a *El grupo se denomina La Farem Petar*, que puede equivaler a *El grupo es denominado* [por otros] *La Farem Petar*. Fuera de estos casos, el uso conjunto del pronombre reflexivo y el prefijo *auto-* no es aconsejable y, desde luego, es inadmisible cuando el verbo sólo puede tener interpretación reflexiva: *autosuicidarse* [que es una de las peores barbaridades en nuestro idioma]. El prefijo reflexivo *auto-* es siempre incompatible con el refuerzo reflexivo tónico *a sí mismo: se autoconvenció a sí mismo*". Son muchos los verbos a los que la gente les cuelga el prefijo "auto-", y con frecuencia también el refuerzo "a sí mismo", con los cuales crea las redundancias más absurdas. Hay dos que son evidentes: "autoexigirse" y "autolimitarse". Siendo verbos reflexivos y pronominales, basta con decir y escribir "exigir**se**" y "limitar**se**", pues el pronombre personal de tercera persona (forma átona de "él") ya indica, e implica, que la acción de "exigir" y "limitar" se realiza en el propio sujeto que no es otro que "él": *Él se exige, Él se limita*. Por lo anterior, el elemento compositivo "auto-" ("por uno mismo") es innecesario en ambos verbos en sus formas reflexivas y pronominales. "Autoexigirse" y "autolimitarse" son formas tan redundantes como "autosuicidarse" y "autopostularse".

Y son propias del ámbito culto del idioma, en especial de la jerga de la psicología y la autoayuda, de donde pasaron al deporte y a la política. En el portal digital MX *Político* leemos el siguiente encabezado:

♀ "Invita Monreal a poderes de la unión a **autolimitarse** y pensar en la sociedad".

Este señor es capaz de decir y escribir cualquier cosa (no lo dudamos ni un instante). Pero el portal de noticias debió informar que Monreal

♂ invitó a los poderes de la unión a **limitarse o ponerse límites** y pensar en la sociedad. Y, en todo caso, que "**se autolimite él mismo**" (¡vaya redundancia tan atroz!) en su hablar desbocado, para ya no decir tanta tontería.

🖋 He aquí algunos ejemplos de estas barbaridades redundantes: "De los prejuicios y el arte de **autolimitarse**", "**autolimitarse** en la información: AMLO", "propone Ceaip a jóvenes a **autolimitarse** en el uso de redes sociales", "la prensa debe **autolimitarse**", "**autolimitarse** para aumentar la creatividad", "la ansiedad de **autoexigirse** demasiado", "¿es bueno o malo **autoexigirse?**", "hay que **autoexigirse** para sacar lo mejor", "**autoexigirse** demasiado al iniciar una rutina", "**se autoexige** muchísimo", "Cristiano Ronaldo **se autoexige** demasiado", "no **te autolimites** y no te estanques", "no **te autolimites**, piensa en grande", "**te autolimitas** y te frustras" y, como siempre hay algo peor, "**tú mismo te autolimitas**" y "la perfección que **él mismo se autoexige**".

☞ Google: 27 100 resultados de "autolimitarse"; 7 390 de "autoexigirse"; 6 940 de "se autoexige"; 5 820 de "no te autolimites"; 3 730 de "te autolimitas"; 2 340 de "me autoexijo"; 1 000 de "no te autoexijas". ☒

25. ¿*autoexpulsión?*, expulsar, expulsión, *¿se autoexpulsó?*, *¿se hace expulsar?*, *¿se hizo expulsar?*

En el futbol (¡tenía que ser el futbol!) leemos que "Messi y el amor propio salvan al Barcelona. El rosarino se inventa el golazo con el que el cuadro azulgrana se mantiene como invicto tras jugar con uno menos por la autoexpulsión de Roberto". Hay que ver y oír cuánta memez se dice en el futbol. Al jugador lo expulsó el árbitro, porque un jugador no tiene la autoridad para mostrarse (¿o "automostrarse"?) la tarjeta roja y abandonar la cancha. Más allá de que haya sido expulsado por protestar airadamente ante el árbitro o por agredir a un rival, por supuesto que no "se autoexpulsó". El verbo "autoexcluirse" y el sustantivo "autoexclusión" son términos legítimos en nuestro idioma, porque las personas pueden, por sí mismas, excluirse de algún ámbito o alguna acción, pero "autoexpulsión" y "autoexpulsarse" son tonterías que no caben en nuestra lengua. El tal Roberto no se "autoexpulsó", sino que fue expulsado de la cancha por el árbitro, a consecuencia de una falta cometida durante el partido. El verbo transitivo "expulsar" (del latín *expulsāre*) significa, en la tercera acepción del DRAE, "echar a una persona de un lugar". Ejemplo: *Por comportamiento impertinente fue expulsado del avión y puesto a disposición de la autoridad.* El sustantivo femenino "expulsión" (del latín *expulsio, expulsiōnis*) designa la acción y efecto de expulsar. Ejemplo: *Además de merecer la* **expulsión**, *el jugador será suspendido varios partidos por agredir a un rival.* Dado que la expulsión es un castigo o escarmiento que se impone a un infractor, no existe la "autoexpulsión" ni, por supuesto, el disparatado verbo "autoexpulsar" o "autoexpulsarse". Hay que dejarse de tonterías. Si hay un ámbito que patea el idioma, ése es el del futbol. Con "autoexpulsión" y "se autoexpulsó", los futbolíricos quieren dar a entender que la expulsión que mereció un futbolista fue por razones muy tontas o por actitudes muy idiotas. A veces esto mismo lo dan a entender con la perífrasis, no menos ridícula, "se hizo expulsar". En todo caso si un futbolista, deliberadamente, comete infracciones en el juego, con el propósito y el deseo de que el árbitro lo expulse, su equipo tendría que rescindirle el contrato y mandarlo a su casa. Pero no es esto lo que se quiere dar a entender con la expresión "se hizo expulsar", sino el comportamiento tonto o imprudente por el cual mereció la expulsión. Sea como fuere, estas expresiones son ridículas. El árbitro expulsa del partido a jugadores que cometen faltas o infracciones a las reglas del juego; si los cronistas y comentaristas del futbol juzgan que la actitud del "expulsado" fue infantil, inocente, torpe o idiota, esto no cambia nada: quien lo expulsa es el árbitro y punto. No digamos memeces. Nadie dice o escribe (hasta ahora) que una persona se "autoasaltó" o "se hizo asaltar" porque, confiadamente, inocentemente, tontamente inclusive, pasó junto a unos asaltantes que le robaron sus pertenencias. Lo asaltaron y punto; por confiado, sí, por inocente, por despistado, pero él no se asaltó, sino que lo asaltaron. Es el mismo caso del futbolista que, por supuesto, no "se autoexpulsa" ni "se hace expulsar" ni mucho menos sufre "autoexpulsión": ¡lo expulsa el árbitro y sanseacabó!

Estas tonterías son frecuentes en el periodismo impreso y audiovisual. En el diario asturiano *El Comercio* leemos esta barbaridad:

♀ "Ganarse una tarjeta por protestar o **autoexpulsarse** no es competir".

En buen español, debió escribirse:

♻ **Ser amonestado o expulsado** por protestar impide competir.

🖉 He aquí otros ejemplos de estas idioteces futbolíricas: "**Se hizo expulsar** en un minuto", "Neymar **se hizo expulsar** por un duro codazo", "Toledo **se hizo expulsar** y dejó a Estudiantes con uno menos", "Miguel Samudio **se hace expulsar** por una jugada muy inocente", "Castillejo **se hace expulsar** al 90", "Sambueza **se hace expulsar** nuevamente", "la **autoexpulsión** más tonta de Maicon", "la **autoexpulsión** absurda de Opazo", "la absurda **autoexpulsión** de Edú", "Gerrard **se autoexpulsó** a los 40 segundos", "Ortega **se autoexpulsó** en el mejor momento de Argentina", "Roberto Soldado **se autoexpulsa** por una estupidez", "el recado de Marcelo a Gareth Bale tras **autoexpulsarse**" y, como siempre hay cosas peores, "CR7 **se hizo autoexpulsar**" y "**se hizo autoexpulsar** contra el Málaga para irse al cumpleaños de su hermana y perdimos esa liga".

☞ Google: 45 200 resultados de "se hizo expulsar"; 15 400 de "se hace expulsar"; 12 900 de "se autoexpulsó"; 10 400 de "se autoexpulsa"; 8 670 de "autoexpulsión"; 5 380 de "autoexpulsado"; 5 070 de "autoexpulsarse"; 2 130 de "autoexpulsiones". ☒

26. ¿*autojustificar*?, ¿*autojustificarme*?, ¿*autojustificarse*?, justificar, justificarse

No hay ninguna razón para el uso de "autojustificarse", verbo espurio en español, pues la forma pronominal del verbo "justificar" ("justificarse") ya contiene implícitamente el sentido reflexivo: el de recibir el sujeto la acción del verbo. El verbo transitivo "justificar" (del latín *iustificāre*) tiene en el DRAE las siguientes tres acepciones principales: "Probar algo con razones convincentes, testigos o documentos", "rectificar o hacer justo algo" y "probar la inocencia de alguien en lo que se le imputa o se presume de él". Ejemplo: *Justificó muy bien su proceder.* De ahí también que sea innecesaria la forma "autojustificar". El uso pronominal "justificarse" (que lo es por contener el pronombre personal "se") significa "justificar él", por lo cual es innecesario el elemento compositivo "auto-" a modo de prefijo: partícula que, como hemos dicho, significa "propio" o "por uno mismo". Ejemplo: *Quiso justificarse, pero no tuvo argumentos*, o para decir lo mismo con una mínima variación: *Se quiso justificar, pero no tuvo argumentos.* Dicho más claramente: uno no "se autojustifica", sino simplemente "se justifica", del mismo modo que el suicida "se suicida" y no "se autosuicida". Por ello basta con decir y escribir "justificar" y "justificarse".

Los falsos verbos "autojustificar" y "autojustificarse" pertenecen al ámbito culto de la lengua, y son el resultado de la ultracorrección de personas que no suelen consultar el diccionario. No están incluidos ni en el DRAE ni el DUE, afortunadamente. Son disparates que abundan en el habla y en internet, pero también en publicaciones impresas firmadas por autores de cierto prestigio. En un libro leemos lo siguiente:

♀ "en el fondo estaría buscando una forma de **autojustificarme**".

Quizás es el mismo personaje o narrador que estaría buscando una forma de "autosuicidarse". En buen español debió escribir:

♂ en el fondo estaría buscando una forma de **justificarme**.

✐ He aquí más ejemplos de esta barrabasada que peca de redundancia y ultracorrección: "Cameron **se autojustifica** con el superpolicía de Los Ángeles en el 92", "la jefa de la agencia bancaria **se autojustifica**", "Cristina es una militante derrotada que **se autojustifica**" (pero no se autosuicidará), "el cristiano tiende a **autojustificarse**" (sí, debe ser el Cristiano Ronaldo), "la necesidad de **autojustificarse**", "ha sido un intento de **autojustificarse**", "los que **se autojustifican**", "no se rinden y no **se autojustifican**", "los taurinos **se autojustifican** para no sentirse malas personas", "**autojustificar** sus acciones criminales", "hemos de **autojustificar** nuestra existencia" y, mucho peor (porque siempre puede haber algo peor), "un proceso que **se autojustifica a sí mismo**", "un Estado que **se autojustifica a sí mismo**", "no es más que una forma de **autojustificarse a sí mismo**", "**autojustificándose a sí mismo**" y "acaba **autojustificándose a sí mismo**", que es algo así como decir y escribir "**se autosuicida a sí mismo**", "**autosuicidarse a sí mismo**" y "**autosuicidándose a sí mismo**", como en la siguiente información que transcribimos de una página argentina de internet: "Enrique Sdrech se comió una naranja en Bahía Blanca y **se autosuicidó a sí mismo**". ¡Bendito sea Dios! Qué bueno que no le dio por "autosuicidar" a otros.

☞ Google: 29 800 resultados de "autojustifica"; 28 400 de "autojustificarse"; 22 200 de "autojustificar"; 17 700 de "autojustificándose"; 12 500 de "autojustifican"; 8 060 de "se autojustifican"; 6 970 de "autojustificando"; 2 040 de "autojustificaron"; 2 030 de "autojustifique"; 1 740 de "autojustificarme"; 1 210 de "autojustifiquen". ☒

27. autor, autora, autoras, *¿autoras femeninas?*, *¿autoras mujeres?*, autores, *¿escritoras femeninas?*, *¿escritoras mujeres?*, femeninas, mujer, mujeres

¿Acaso hay "autoras masculinas" y "escritoras masculinas"? Y, peor aún: ¿"autoras varones" y "escritoras varones"? ¿Dónde están? ¿Quiénes son? Ni siquiera en los casos de Fernán Caballero y George Sand, seudónimos respectivos de la escritora española Cecilia Böhl de Faber y Ruiz de Larrea (1796-1877) y de la francesa Amantine Aurore Lucile Dupin de Dudevant (1804-1876) podemos decir o escribir que se trata de "autoras o escritoras masculinas" o de "autoras o escritoras hombres"; sus seudónimos son masculinos, pero éstos no anulan sus condiciones, características y esencias femeninas: son mujeres, aunque utilicen (por las razones que a ellas convengan) seudónimos de varones. Por ello, también, en consecuencia, es redundancia bruta decir y escribir "autoras femeninas", "escritoras femeninas", "autoras mujeres" y "escritoras mujeres", pues todas (las que escriben y publican) lo son, sin excepción. En todo caso, no todas son "autoras feministas" o "escritoras feministas". En relación con los varones, casi nadie comete la redundancia de decir y escribir "autor masculino", "escritor masculino" y "escritor hombre" ni mucho menos cae en el sinsentido de referirse a "autores o escritores femeninos". ¿Por qué, entonces, en el ámbito culto, la gente no se percata de que decir y escribir "autoras femeninas", "escritoras femeninas" y, en el colmo del desbarre, "autoras mujeres" y "escritoras mujeres", constituyen redundancias brutas? Con decir y escribir "autoras", con decir y escribir "escritoras" ya está dicho y escrito todo, que es como decir y escribir "antropólogas", "arquitectas", "bailarinas", "diseñadoras", "dramaturgas", "pintoras", "psicólogas", "sociólogas", etcétera, según sean los oficios o profesiones de las mujeres.

Son desbarres cultos, como ya advertimos, y a veces los cometen las propias mujeres en aras de la autoafirmación. Es propio del medio académico, y se ha extendido al periodismo impreso y, por supuesto, a internet. En el sitio de la Dirección General de Bibliotecas de las UNAM, en la sección Bibliografía Latinoamericana, nos enteramos de la existencia del ensayo académico, de dos autoras chilenas, con el siguiente título:

☟ "Historia, mujeres y género en Chile: La irrupción de **las autoras femeninas** en las revistas académicas".

Tan simple, y preciso, que es decir y escribir:

☝ La irrupción de **las autoras (colaboradoras, ensayistas, escritoras** o, simplemente, **mujeres**) en las revistas académicas.

🖉 Otra cosa muy distinta, por supuesto, es que la irrupción en las revistas académicas sea o haya sido de "autoras feministas" (ya que no todas lo son). Queda claro que es redundante referirse a las "autoras femeninas" y a las "escritoras femeninas" que es el principio del disparate para llegar a las redundancias inefables "autoras mujeres" y "escritoras mujeres" (¡como si hubiese "autoras hombres" y "escritoras hombres"!). Válido es, en cierto contexto, referirse a las "mujeres escritoras", por ejemplo, para diferenciarlas de las "mujeres lectoras", pero tampoco es indispensable, pues la desinencia "a", es, en general, marca de los sustantivos femeninos; por ello, es más que suficiente decir "autoras", "escritoras", "lectoras", etcétera, y más aún cuando el artículo determinado ("la", "las"), también femenino, evita cualquier tipo de ambigüedad. He aquí algunos pocos ejemplos de estas redundancias imperdonables del ámbito culto: "¿Cuántas **escritoras mujeres** conoces?" (muchas, y todas son mujeres), "reconocidas **escritoras mujeres** que marcaron un precedente importante", "hay que poner énfasis en las **escritoras mujeres**", "las **escritoras mujeres** del medio siglo", "leer a **escritoras mujeres** es encontrarse con otra voz", "lo más probable es que las **autoras mujeres** sean minoría" (también las mujeres taxistas, pero basta con decir "las taxistas"), "hoy en los colegios se lee menos a **autoras mujeres**", "se ha premiado en 33 ocasiones a hombres y sólo en 13 a **autoras mujeres**", "8 libros de **autoras femeninas** que necesitas leer", "10 libros de **autoras femeninas** que toda mujer debería leer", "**autoras femeninas** con más ventas", "una de las primeras **escritoras femeninas**", "las mejores **escritoras femeninas** de la historia", "se trata de una **autora femenina** de una de las literaturas no hegemónicas del siglo xix", "es la única **escritora femenina** vinculada al boom latinoamericano" (¡y todo porque se negó a ser "autora masculina"!).

☞ Google: 14 300 resultados de "escritoras mujeres"; 7, 960 de "autoras mujeres"; 5 880 de "autoras femeninas"; 2 450 de "escritoras femeninas"; 2 300 de "autora femenina"; 2 140 de "escritora femenina". ☒

28. ¿*autosuperarse?*, superarse, ¿*superarse a sí mismo?*

Si por los académicos madrileños fuese, ya habrían incluido en el DRAE el falso verbo "autosuperarse", puesto que incluyen "autosugestionarse" que, como ya vimos, es igualmente redundante. El uso de este falso verbo es abundante, en gran medida por el neologismo "autoayuda", sustantivo femenino del cual deriva el falso sinónimo "autosuperación", aún no admitido por el DRAE pero que seguramente muy pronto tendrá su lugar de privilegio en el mamotreto. Este falso sustantivo femenino, "autosuperación", suele emplearse como equivalente de "superación personal". También por la pésima influencia de la denominada "autoayuda" o "superación personal", se desprende la redundancia "superarse a sí mismo" con las variantes "me superé a mí mismo" y "se superó a sí mismo", sin que la Real Academia Española las desautorice, ¡y cómo habría de hacerlo si, cada vez más, la RAE *se supera a sí misma en rebuznancias y barbaridades*! Veamos por qué estas expresiones son redundantes. El verbo transitivo "superar" (del latín *superāre*) tiene tres acepciones principales en el DRAE: "Ser superior a alguien", "vencer obstáculos o dificultades" y "rebasar". En esta última acepción posee dos modalidades: "exceder de un límite" y "dejar atrás". Ejemplos: *El Barcelona* **superó** *al Madrid*; *Fulano* **superó** *todas las adversidades*; *No* **superes** *el límite de velocidad*; *Es indispensable* **superar** *los prejuicios raciales*. En su función pronominal ("superarse"), este verbo tiene el siguiente significado a tal grado preciso que no admite duda alguna: "Dicho de una persona: hacer algo mejor que en otras ocasiones" (DRAE). Ejemplo: *En su último libro, el pésimo escritor* **se superó** *y ya está en la lista de los malos*. Siendo a la vez reflexivo y pronominal, el verbo "superarse" implica que la acción del sujeto recae sobre él mismo. Por ello, son redundancias bárbaras decir y escribir **"me superé a mí mismo"** (y peor aún **"yo me superé a mí mismo"**) y **"se superó a sí mismo"** (y peor aún **"él se superó a sí mismo"**). Es suficiente con decir y escribir "me superé" y "se superó". Lo demás queda implícito. En cuanto a decir y escribir "me autosuperaré" o "se autosuperó", es prácticamente tan torpe e hilarante como decir y escribir "me autosuicidaré" o "se autosuicidó". Son barrabasadas redundantes, pues el verbo "superarse", como ya indicamos, implica que la acción del sujeto recae en él mismo. En conclusión, "autosuperarse" y "superarse a sí mismo", con sus variantes, son redundancias que debemos evitar.

Se trata de rebuznancias extendidas en todos los ámbitos de la lengua hablada y escrita. Incluso los profesionistas las utilizan con gran donaire, y si en el habla son abundantes, no lo son menos en las páginas de internet y en las publicaciones impresas. En la edición española de la *Historia de la música*, de Kurt Honolka, leemos lo siguiente referido a Mozart:

♀ "hay un terreno en el que [Mozart] **se superó a sí mismo**: en la composición operística".

Quisieron decir el traductor y el editor que

♂ en la composición operística, Mozart **se superó**.

✐ Es obvio que, si **se superó**, la acción de superarse recayó en él, pues el pronombre personal "se" es la forma átona de "él": tercera persona del singular. Añadir "a sí mismo" es gruesa redundancia. Un internauta presume lo siguiente en un foro: **"me autosuperé de nuevo a mí mismo"**. En apenas siete palabras, indudablemente se supera en el mal uso del idioma, pues no conforme con utilizar el falso verbo "autosuperar" añade "a mí mismo", pero, además, emplea el pronombre personal "me", forma átona de "yo": primera persona del singular. Incluso si dijese "me superé a mí mismo" seguiría siendo construcción redundante y bárbara, pero decir y escribir **"me autosuperé a mí mismo"** es hacer pedazos completamente el idioma. He aquí más ejemplos de estas barrabasadas redundantes: "el **superarse a sí mismo** implica una fuerza interior", "cómo **superarse a sí mismo**", "el sueño de **superarse a sí mismo**", "Paty Cantú busca **superarse a sí misma**" (¿y cuál sería la dificultad?), "Kim Kardashian quiere **superarse a sí misma**" (¿y qué se lo impide?), "Katy Perry teme no poder **superarse a sí misma**" (es que ella le pone a ella muchas dificultades), "el hombre **se supera a sí mismo** infinitamente", "Oscar Ruggeri **se supera a sí mismo**", "Mario Barco **se supera a sí mismo**", "a la cima no se llega superando a los demás sino **superándose a sí mismo**" (filosofía profundísima), "Lady Gaga siempre **superándose a sí misma**", "Tara **se supera a sí misma**", "Kim Kardashian **se supera a sí misma** con su vestido más provocador (¿y esto es difícil?), "Borges **se superó a sí mismo** con el doblete ante el Málaga" (y uno que pensaba que Borges sólo escribía libros), "Messi **se superó a sí mismo**" (cuando se tuvo enfrente se hizo dos gambetas y un túnel y luego se mostró una peineta), "una forma de sentirse mejor y **autosuperarse**", "cómo **autosuperarse**" (sin tener que autosuicidarse), "somos la gente que **se autosupera** con educación" (pues entonces que se superen consultando el diccionario), "el ser humano está queriendo siempre **autosuperarse a sí mismo**", "Nietzsche llama a cada uno a **autosuperarse a sí mismo**" (¡falso!: no hay que injuriar la inteligencia de Nietzsche) y, como siempre hay algo peor, "allí **me auto supere** (*sic*) **a mí mismo** tanto en lo académico como lo personal (*sic*)". ¡Se nota de inmediato esa "auto superación": especialmente en lo académico!

☞ Google: 383 000 resultados de "superándose a sí mismo"; 221 000 de "se supera a sí mismo"; 202 000 de "superarse a sí mismo"; 76 900 de "superarse a sí misma"; 60 700 de "se supera a sí misma"; 46 500 de "autosuperarse"; 23 600 de "superándose a sí misma"; 23 200 de "se superó a sí mismo"; 18 200 de "se superó a sí misma"; 6 690 de "él se superó a sí mismo"; 6 440 de "me superé a mí misma"; 6 310 de "se autosupera"; 3 020 de "me superé a mí mismo"; 1 180 de "se autosuperan". ☒

B

29. bajo la égida, *¿bajo la hégira?*, égida, hégira

Hay quienes se ponen muy eruditos y sabihondos al escribir y producen barbaridades tan cultas y a la vez tan ineptas que causan consternación. Más les valdría decir las cosas en buen cristiano. Es el caso de quienes, orondamente, por ignorancia o por ultra-corrección, confunden "hégira" con "égida" nada más porque no tienen la humildad de escribir, sencillamente, "amparo", "defensa" o "protección". Veamos. El sustantivo femenino "hégira" (del francés *hégire*, y éste el árabe clásico *hiǧrah*) significa, en el DRAE, "era de los musulmanes, que se cuenta desde el año 622, en que huyó Mahoma de La Meca a Medina, y que se compone de años lunares de 354 días, intercalando 11 de 355 en cada período de 30". Ejemplo: *El calendario de la hégira*. Nada tiene que ver con el sustantivo femenino "égida" (del latín *aegis, aegǐdis*, y éste del griego *aigís, aigí-dos*, derivado de *aix, aigós*: "cabra"), con tres acepciones en el DRAE: "Piel de la cabra Amaltea, adornada con la cabeza de Medusa, que es atributo con que se representa a Atenea", "escudo (arma defensiva)" y, por extensión, "protección, defensa". Ejemplos: *La égida o el escudo de los dioses; Exigen una investigación independiente bajo la égida de las Naciones Unidas*. Queda claro que muchos de los que utilizan la expresión "bajo la hégira" quieren decir y escribir, en realidad, "bajo la égida", esto es, "con el amparo de", "con la protección de", pero están peleados con el diccionario y jamás lo consultan, aunque la palabra cultísima les guste mucho para ornar su discurso. Dicen y escriben, por tanto (y por tonto) un disparate del ámbito culto o ilustrado. Esto demuestra que el mal uso del idioma no es exclusivo de las personas de bajo nivel escolar, sino que es compartido hasta por universitarios y profesionistas doctorados que confunden el culo con la cuaresma justamente porque suponen lo que sea en lugar de ir al diccionario y comprobar si lo que están diciendo o escribiendo es correcto. En su artículo "Crítica con poca hiel", Carlos Callejo Serrano advierte esto: "Muchas veces vemos estampado, por personas que deberían tener alguna cultura, la frase 'bajo la hégira del nazismo' o 'bajo la hégira de Freud'. Los que así escriben, lo que quieren decir es 'bajo la égida', y al hacerlo emplean un lenguaje figurado, porque la égida era el escudo de Minerva hecho de piel de la cabra Amaltea y bajo cuya protección se ponían los mortales para hacer lo que creían era grato a la diosa. Égida es, pues, propia o figuradamente, escudo, protección. Hégira es la huida de Mahoma a Medina, que se tomó como el origen de la era musulmana". Ultracorrección, ignorancia y barrabasada de politólogos y periodistas, "bajo la hégira" es frase hecha, contrahecha y maltrecha. Digamos que es pendejada culta, cada vez que leemos enunciados como los siguientes: **"Bajo la hégira** de un gobierno postcastrista", "establecido **bajo la hégira** del Ministerio de Ciencia y Tecnología", "un país vasco independiente **bajo la hégira** de la izquierda radical vasca", "luego vino un período de paz **bajo la hégira** de Tito", "la primera Eurocopa celebrada **bajo la hégira** de las redes sociales", "**bajo la hégira** comunista", "**bajo la hégira** de Trump", "**bajo la hégira** de Luis XVIII", "**bajo la hégira** de la Federación Mundial para la Salud Mental", "**bajo la hégira** de la Edad de Oro", etcétera. Ni siquiera puede decirse que el sustantivo "hégira" sea sinónimo de "era" o de "época", y en casi todos los casos en que se utiliza erróneamente lo que se quiere decir y escribir es "égida", cuyos sinónimos, ya mencionados, son "amparo", "defensa", "protección", "auspicio". Pero también podemos ser más humildes, menos pretenciosos, y más claros: no decir que la Copa Mundial de Futbol se realiza **bajo la égida** de la FIFA, sino que se lleva a cabo **con el auspicio, al amparo o bajo la protección** de esta institución llena de hampones y corruptelas, bajo la égida de los gobiernos que hacen negocios y corruptelas con esos hampones.

☞ Google: 31 700 resultados de "bajo la hégira". ☒

  ☞ Google: 332 000 resultados de "bajo la égida". ☑

  ☞ Google: 30 900 000 resultados de "bajo la protección"; 7 110 000 de "al amparo de"; 2 540 000 de "con el auspicio". ☑☑

30. ¿*bajo la subordinación?*, ¿*bajo subordinación?*, subordinación

Sabemos que la primera acepción del prefijo "sub-" (del latín *sub-*) significa "bajo" o "debajo de", como en los términos "**sub**marino" ("que está o se efectúa debajo de la superficie del mar") y "**sub**suelo" ("que está debajo del suelo" o "debajo de la superficie terrestre"). La segunda acepción "indica inferioridad, subordinación, acción secundaria" (DRAE), como en los términos "**sub**empleo" (inferior al empleo), "**sub**delegado" (a las órdenes del delegado y, por lo tanto, debajo de él en jerarquía), "**sub**director" (en un puesto inferior al del director y subordinado a él), "**sub**oficial" (en un puesto inferior al del oficial), etcétera. Por ello las expresiones "**bajo la sub**ordinación" y "**bajo sub**ordinación" son, sin duda, redundantes, pues el prefijo "sub-" ya indica, explícitamente, el carácter inferior o secundario ("por debajo de") del término modificado. Lo correcto es "subordinada a" y "subordinado a", o bien "con la subordinación de". Ejemplo: *Esta dirección de área está* **subordinada a** *la Dirección General,* pero, de ningún modo, *bajo la subordinación de la Dirección General,* pues el adjetivo "bajo" (del latín *bassus*), que significa "que está en lugar inferior respecto de otras [cosas] de la misma especie y naturaleza" y "que ocupa una posición inferior en una determinada escala", repite, innecesariamente, el significado del prefijo "sub-" del sustantivo femenino "**sub**ordinación" (del latín *subordinatio, subordinationis*) cuyo significado es "sujeción a la orden, mando o dominio de alguien". Ejemplo: *Las direcciones de área están **subordinadas** a la Dirección General.*

El desconocimiento del significado del prefijo "sub-" lleva a muchos hablantes y escribientes a producir las redundancias examinadas, que son abundantes en el ámbito culto o profesional de nuestro idioma. En el libro español *Compendios contables para universitarios*, su autora escribe:

♀ "estas terceras personas dependerán o estarán **bajo la subordinación** del empleador o patrono".

Sin redundancia, con corrección, debió escribir:

♂ estas terceras personas dependerán del empleador o patrono o **estarán subordinadas** a él.

✐ Van unos pocos ejemplos de estas redundancias que se cuentan por cientos de miles: "Quedan **bajo la subordinación** de jefes", "debe darse **bajo la subordinación** del patrono", "prestado **bajo la subordinación** de un patrón", "está **bajo la subordinación** del poder político", "**bajo la subordinación** del jefe de área", "**bajo la subordinación** del arquitecto", "**bajo la subordinación** jurídica", "región **bajo subordinación** republicana", "prestación de servicios **bajo subordinación**", "estar **bajo subordinación**", "ambos regímenes son **bajo subordinación**", "servicios personales **bajo subordinación**", "relaciones laborales **bajo subordinación**", etcétera.

☞ Google: 790 000 resultados de "bajo la subordinación"; 30 200 de "bajo subordinación". ☒

☞ Google: 1 070 000 resultados de "subordinada a"; 958 000 de "subordinado a"; 451 000 de "con la subordinación de". ☑

31. bien, bien mal, bien malo, mucho, muy, muy mal, muy malo

A pesar de su apariencia errónea, debido a su imagen gráfica de oxímoron, las expresiones coloquiales "bien mal" y "bien malo" son correctas. Veamos por qué. El adverbio "bien" (del latín *bene*) tiene carácter ponderativo cuando se antepone a un adjetivo o a otro adverbio, y su significado es "muy" (forma reducida de "mucho"), también de sentido adverbial. El diccionario académico ofrece tres ejemplos: *Bien tarde, Bien rico, Bien malo* o lo que es lo mismo *Muy tarde, Muy rico, Muy malo*. El *Diccionario del español usual en México* añade otros ejemplos más elaborados: *Un café **bien** caliente, Llegó **bien** temprano, Una situación **bien** desagradable*. Pertenecientes más a la lengua hablada que a la escrita, las expresiones "bien mal", "bien mala", "bien malas", "bien malo" y "bien malos" desconciertan sobre todo a los hablantes de otros idiomas que aprenden el español, pero en el caso de los hablantes nativos de nuestra lengua queda

claro que ese "bien" equivale a "muy". Por ello no resulta extraña esta aparente oposición de significados que, en realidad, no es tal. "Mal" y "malo", como sustantivos,
adjetivos y adverbios significan, por supuesto, "lo contrario al bien", pero en los usos
ya descritos la connotación no es de "bien" ni "bueno" (del latín *bonus*: positivo, útil),
sino "muy" o "mucho" o ambos, en un énfasis de mayor ponderación. Ejemplo: *Ese
vicio que tienes es **mucho muy** malo*. Expresión "duplicativa", más que redundancia o
pleonasmo, la denominó José G. Moreno de Alba, quien no la encontró criticable,
sino enfática o superlativa. Y explicó lo siguiente: "Puede alguien preguntarse por
qué *mucho* antecede a *muy*. Recuérdese que *mucho* se apocopa en *muy* ante adjetivos
y adverbios (*muy feliz, muy bien*). Hay sin embargo adverbios de cantidad que rechazan antes de sí la forma apocopada *muy* y exigen *mucho*. Véase que no se dice 'muy
más agradable' ni 'muy menos interesante', sino 'mucho más agradable' y 'mucho menos interesante'. Por la misma razón, por incluir en cierta medida el adverbio *más*,
decimos 'mucho mayor, mucho menor' (y no 'muy mayor, muy menor', a no ser que
se refiera a la edad: 'es una persona muy mayor')". Al tener el adverbio "bien" carácter ponderativo, equivalente a "muy" o "mucho", queda claro, para un hablante y escribiente nativo del español, que si *La comida estaba **bien buena*** es porque estaba
"**muy** buena" y que si, en su lecho de enferma, *La señora se puso **bien mala*** es porque
se puso "**muy** mala", es decir más enferma de lo que ya estaba. Cuando alguien dice,
al referirse a otro, *Me cae **bien mal***, no es que le caiga bien, sino todo lo contrario: le
cae "**muy** mal" o "**más que** mal"; en otras palabras, que le resulta insoportable. Visto
y dicho lo anterior, no nos arredremos ante las expresiones, aparentemente erróneas,
"bien mal", "bien mala", "bien malas", "bien malo" y "bien malos". Aunque son más
propias del habla que de la escritura, son correctas incluso si las usamos en el español escrito. Propiamente no constituyen oxímoron, pese a su representación gráfica
contradictoria, puesto que el término "bien" equivale a "muy" y no a "bueno". He
aquí algunos ejemplos de estos usos coloquiales para nada censurables: "Estoy **bien
mal**", "me encuentro **bien mal**", "estaba **bien mal** de salud", "me hallaba **bien mal** de
dinero", "es una chica **bien mala**", "eres **bien mala**", "la comida estuvo **bien mala**", "la
economía está **bien mala**", "somos animales con costumbres **bien malas**", "vivía en
condiciones **bien malas**", "es **bien malo**", "salió **bien malo**", "el servicio era **bien
malo**", "quieren ser **bien malos**", "sus chistes son **bien malos**" (es decir, malísimos),
"del susto, se pusieron **bien malos**" (se enfermaron), "buenos para cobrar pero **bien
malos** para legislar" (obviamente, nuestros diputados y senadores).

☞ Google: 2 690 000 resultados de "bien mal"; 2 150 000 de "bien buena"; 1 270 000 de "bien
bueno"; 483 000 de "bien buenas"; 287 000 de "bien buenos"; 152 000 de "bien mala"; 85 400
de "bien malo"; 52 200 de "bien malas"; 46 200 de "bien malos". ☑

32. biografía, ¿*biografía de la vida*?, ¿*biografía de una vida*?, ¿*biopic*?

¿Hay biografías que no sean de la vida? Algunas personas creen que sí, pero que la gente diga o escriba que un libro trata de las "cosas biográficas de la vida" es un disparate sin más, pues el sustantivo femenino "biografía" (del griego bizantino *biographía*) posee tres acepciones en el DRAE: "Historia de la vida de una persona", "narración de una biografía" y "género literario al que pertenecen las biografías". Ejemplo: *Stefan Zweig escribió célebres **biografías** de Fouché y María Antonieta*. De ahí el adjetivo y sustantivo "biografiado": "persona cuya vida es el objeto de una biografía" (DRAE). Ejemplo: *El **biografiado** en La novela de una vida es Balzac*. De ahí el verbo transitivo "biografiar": "escribir la biografía de alguien". Ejemplo: *Al momento de su suicidio, Zweig **biografiaba** a Montaigne*. Cuando la biografía la escribe el mismo biografiado se llama "autobiografía": relato de la vida de una persona escrito por ella misma, y no, como dice el DRAE, con solecismo, "vida de una persona escrita por ella misma", pues no es la vida lo que se escribe, sino el relato de la vida. Por todo lo anterior, decir y escribir "biografía de la vida" es una redundancia, pues "biografía" es palabra compuesta: de *bio*-, elemento que significa "vida", y -*grafía*, elemento compositivo que significa "descripción", "tratado", "escritura", "representación gráfica". Es incorrecto decir y escribir ***Biografía de la vida** de Gandhi*; lo correcto es ***Biografía** de Gandhi*, no porque él la haya escrito, sino porque él es el biografiado, aunque también Gandhi sea autor de una *Autobiografía*. Esto en cuanto a la escritura; por lo que respecta a otro lenguaje narrativo e imaginativo, el cine, en los últimos años el anglicismo *biopic* ha invadido la lengua española, pero lo correcto, en nuestro idioma, es su traducción literal "película biográfica", pues la voz inglesa *biopic* es palabra compuesta: de *bio*-, elemento compositivo que significa "vida", y *pic*, forma apocopada de *picture*, "película" o "filme" en inglés: literalmente, película biográfica. Con retorcida y redundante sintaxis, la Wikipedia ofrece la siguiente información: "Película biográfica o biopic es un género cinematográfico que consiste en la dramatización cinematográfica de la biografía de una persona o grupo de personas reales". Ya sufrimos el exceso del anglicismo como para echar más agua al cántaro: digamos y escribamos, en buen español, "película biográfica", ¡y mandemos lejos el "biopic"!, y habría que hacer lo mismo con la patochada "biopeli", que ya se abre paso como adaptación ñoña de *biopic*.

Estos disparates son propios del periodismo y, especialmente, del periodismo del ámbito de los espectáculos. En internet leemos acerca del libro:

♀ "*Breve **biografía de la vida** de Fátima*".

En buen español, sin redundancia, debe ser

♂ *Breve **biografía** de Fátima*.

🖉 He aquí otros ejemplos de estos disparates, ya sea por redundancia o por torpe anglicismo: "Abelardo, **biografía de una vida** brillante y atormentada", "**biografía de una vida** entre dragones", "apuntes para la **biografía de una vida** de hoy", "breve **biografía de una vida** a la deriva", "la **biografía de la vida**", "**biografía de la vida** hogareña de Juan y Carlos Wesley", "una **biografía de la vida** cotidiana de la escritora y su época", "**biografía de la vida** de Sor Juana", "**biografía de la vida** de Ana de San Bartolomé", "el primer tráiler de la **biopic** de Tolkien", "la **biopic** de Elton John estrenó su tráiler oficial", "liberan afiche de Stardust, la **biopic** de David Bowie", "ahora será Céline Dion la que tenga una **biopic**", "los elementos que definen una **biopic**", "realizarán una **biopic** de los Sex Pistols" y, como siempre hay cosas peores, "introducción a la **autobiografía de mi vida**" y "cómo hacer una **autobiografía de mi vida**".

☞ Google: 9 300 000 resultados de "biografía de la vida"; 1 800 000 de "biografía de una vida"; 152 000 de "la biopic"; 138 000 de "autobiografía de mi vida"; 67 400 de "una biopic"; 610 de "biopeli". ☒

33. bofetada, *¿bofetada en el rostro?*, *¿bofetada en la cara?*, bofetón, *¿bofetón en el rostro?*, *¿bofetón en la cara?*, cachetada, *¿cachetada en el rostro?*, *¿cachetada en la cara?*
Una típica redundancia española, que se ha extendido a varios países de Hispanoamérica, es "bofetada en la cara", con sus variantes "bofetada en el rostro", "bofetón en el rostro", "bofetón en la cara", "cachetada en el rostro" y "cachetada en la cara". Esto prueba que son muchas las personas que ignoran dónde tienen las "mejillas", "cachetes" o "carrillos" y, aún peor, dónde tienen el "rostro", la "cara". En el tomo primero del *Diccionario de Autoridades* (1726), leemos que el sustantivo femenino "bofetada" es "el golpe que se dá en el carrillo con la mano abierta, que aunque duela poco es grande injúria quando la da un hombre à otro. Tomó el nombre del ruido, ò sonido que hace a modo de Bof". En su última edición (2014), el DRAE afirma que el término tiene origen incierto, pero repite, en su primera acepción, la definición textual de hace ya casi tres siglos: "golpe que se da en el carrillo con la mano abierta". Ejemplo: *Por atrevido recibió una* **bofetada**. De ahí que el sustantivo masculino "bofetón" (aumentativo de "bofetada") sea una "bofetada dada con fuerza" (DRAE). Ejemplo: *Recibió el* **bofetón** *que merecía su atrevimiento*. En 1726 el *Diccionario de Autoridades* incluía también el sentido figurado que registra el DRAE, en su tercera acepción, para "bofetada": "desaire, desprecio u ofensa". Ejemplo que ya es frase hecha: *Le dio una* **bofetada** *con guante blanco*. Decir y escribir que la "bofetada", el "bofetón" y la "cachetada" se dan en el rostro o la cara es cometer bruta redundancia, pues si una "nalgada" es un golpe en la nalga o en las nalgas, una "bofetada" o un "bofetón" siempre serán golpes, con mano abierta, en los "carrillos" o "mejillas", que también se llaman "cachetes". De ahí el sinónimo "cachetada". ¿Y en dónde tenemos los "carrillos", "mejillas" o "cachetes"? ¡En la cara, obviamente! No hay otro lugar, sino el "rostro" o "cara"

("parte anterior de la cabeza humana") en el que tengamos las "mejillas" o los "cachetes" o "carrillos" ("partes carnosas de la cara, desde los pómulos hasta lo bajo de la quijada", DRAE), para colocar "bofetadas", "bofetones" o "cachetadas". Y, sin embargo, hasta escritores hay que no lo saben; no se diga periodistas y otros profesionales cuya materia prima es el idioma. Las expresiones "bofetada en la mejilla", "bofetón en la mejilla" y "cachetada en la mejilla" son también expresiones redundantes en tanto no posean un complemento de precisión. Por ejemplo, es redundancia decir, simplemente, *Le dio una bofetada en la mejilla*, pero no lo es si se precisa o acota: *Le dio una bofetada en la mejilla izquierda* o *Le dio un bofetón en la mejilla derecha*.

En 2017 las agencias noticiosas distribuyeron la siguiente información:

♀ "La ONU consideró el indulto a Fujimori como una **bofetada en la cara de las víctimas**".

Lo correcto es simplísimo:

♂ La ONU consideró el indulto a Fujimori como una **bofetada a las víctimas**.

🖋 He aquí unos poquísimos ejemplos de estas redundancias brutas, reproducidos de internet y de publicaciones impresas: "Una **bofetada en la cara** del espectador", "una **bofetada en la cara** para las familias mexicanas", "nunca se da una **bofetada en la cara**", "recibe una fuerte **bofetada en la cara**", "esto es como una **cachetada en la cara**", "esta pandemia ha sido una **cachetada en la cara** para todos", "fue una **bofetada en el rostro** para los africanos", "una **bofetada en el rostro** de los veracruzanos", "cambio **bofetadas en la cara** por palmaditas en la espalda", "recibí patadas y **cachetadas en la cara**", "la religión islámica prohíbe las **bofetadas en el rostro**", "a veces creo que doy un **bofetón en la cara** con mi obra" (dicho, orondamente, por un artista español), "un **bofetón en el rostro** del pueblo ecuatoriano", "le propina severa **cachetada en el rostro**", "dos hombres se dan **cachetadas en el rostro**" (¡ni modo que en las nalgas!), "le asestó dos **bofetones en la cara**" y, como siempre hay algo peor, "me dio una **bofetada en la cara con su pene**: Anelka". No; en realidad lo que el futbolista Vieira le dio a su compañero de equipo Anelka (ambos jugaban en el Arsenal de la Liga Inglesa) fue, literalmente, un "vergazo" en la cara, no una "bofetada"; experiencia (la del "vergazo", ya que no "penazo") que Anelka describe incluso a detalle: "era como ser golpeado por un salmón curado húmedo". ¿Bofetada? No. Únicamente si a ese "salmón curado" se le pudiera llamar "bofe".

👁 Google: 134 000 resultados de "bofetada en la cara"; 49 300 de "cachetada en la cara"; 49 200 de "bofetada en el rostro"; 42 000 de "bofetadas en la cara"; 31 600 de "cachetadas en la cara"; 15 600 de "bofetadas en el rostro"; 14 400 de "bofetón en la cara"; 10 700 de "bofetón en el rostro"; 8 150 de "cachetada en el rostro"; 4 700 de "cachetadas en el rostro"; 3 160 de "bofetones en la cara". ☒

34. borrar, ¿*borrar la sonrisa de los labios?*, cara, labios, perder, ¿*perder la sonrisa de la cara?*

Podemos darnos una idea aproximada de qué tan malo es un escritor a partir de los tópicos, lugares comunes y frases hechas que utiliza en su "creación literaria". Si hoy un narrador, de esos que ganan premios nacionales e internacionales, y venden ejemplares por decenas y centenas de miles, escribe que su personaje, que palideció, se puso "blanco como la nieve", u otro, que padecía un gran dolor, suplicaba "con lágrimas en los ojos", sería recomendable cerrar el libro y echarlo a la basura, pues es bastante probable que en las páginas que ya no leeremos haya otro personaje al que "le recorrió un frío por la espalda" y esto fue "como si le cayese un balde de agua fría" (¿y por qué no un balde de agua hirviendo que, con mucho, sería más terrible?) cuando alguien "le dio con la puerta en las narices" y un testigo "lo vio con sus propios ojos". Todas estas son formas viciosas de expresión, más en la escritura que en el habla, de escribientes cursis, afectados y de escasa o nula calidad literaria que, sin embargo, prosperan hoy, a montones, por culpa de los infralectores (los lectores se merecen a los autores que consagran). Pero esto también ya se ha ido trasladando al periodismo, y ahora es frecuente leer, ya no sólo en libros, sino en revistas y en diarios impresos, así como en internet, que a alguien "se le borró la **sonrisa de los labios**". ¡Coño, carajo, caballero!, ¿y de dónde más podría borrársele a alguien la sonrisa si no es de los labios?; ¿quizá del ombligo o de las rodillas? Nuestro idioma sufre, cada vez más, a los destructores de la lógica, la gramática y la ortografía, con la anuencia de las academias dizque de la lengua. "Borrar la **sonrisa de los labios**", "borrar la **sonrisa de la cara**", "borrarse la **sonrisa de los labios**", "borrarse la **sonrisa de la boca**", "perder la **sonrisa de la cara**", "perder la **sonrisa de la boca**" y "perder la **sonrisa de los labios**", entre otras expresiones parecidas, son redundancias tan brutas que no pueden ser sino rebuznancias. Un poeta de gran nivel, un gran escritor, puede —por licencia lírica— escribir que "Venus era tan bella que **su mirada casi sonreía**", pero se trata de esto, exactamente, de una licencia poética que nada tiene que ver con la realidad. Dicho de una persona, la "sonrisa", al igual que la "risa", es propia de la boca, de los labios, y de ninguna otra parte del cuerpo. El verbo intransitivo y pronominal "sonreír", "sonreírse" (del latín *subridēre*) significa, en su acepción principal, "reírse un poco o levemente, y sin ruido" (DRAE). Ejemplo: *Sonrió despectivamente*. Es importante la acotación "sin ruido", porque también abundan los hablantes y escribientes que confunden la "sonrisa" con la "risa" y son capaces de afirmar que *Fulano* **sonrió estruendosamente**, lo cual es una idiotez, pues la "sonrisa" no equivale ni a la "risa" ni mucho menos a la "carcajada" ("risa impetuosa y ruidosa"). Puede uno reír sin carcajearse, pues la "risa" es el "movimiento de la boca y otras partes del rostro, que demuestra alegría" y la "voz o sonido que acompaña a la risa" (DRAE), pero de nadie puede decirse que "sonríe" cuando en realidad está riendo o carcajeándose. Se trata de acciones diferentes y, en cierto sentido, de intensidades o gradaciones expresivas: quien sonríe no emite ruido alguno, porque en caso de emitirlo ya no estaría sonriendo sino riendo, y quien ríe no necesariamente se carcajea, a menos por supuesto que emita "carcajadas". Pero si ya caer en confusión al respecto delata falta de lógica, decir y escribir expresiones como "borrarse la **sonrisa de los labios**", "borrarse la **sonrisa de la boca**", "perder la **sonrisa de la cara**", "perder la **sonrisa de la boca**" y "perder la **sonrisa de los labios**", revela que quienes tales cosas dicen y escriben no suelen consultar el diccionario de la lengua y, por ello, ignoran el significado del verbo "sonreír" y el sustantivo femenino "sonrisa" (acción y efecto de sonreír). Basta con decir que a alguien "se le borró la sonrisa" para decirlo todo; añadir que "de los labios" es barbaridad rebuznante, pues la "sonrisa" es acción que se efectúa únicamente en los labios o en la boca y, más ampliamente, en la cara. Ni en las rodillas ni en las axilas ni en los pies. Un pésimo autor podría escribir, por ejemplo, con pretendida licencia poética: Sus *pies me sonreían*, pero si lo seguimos leyendo, ya no sólo habrá un bruto, sino dos.

En conclusión, no hay sonrisa que no resida en los labios y en la boca (y, por extensión, en la cara, que es donde tenemos la boca). Que las rebuznancias "perder la **sonrisa de la boca**", "borrar la **sonrisa de los labios**", "borrar la **sonrisa de la cara**", "borrarse la **sonrisa de los labios**", "borrarse la **sonrisa de la boca**" y "perder la **sonrisa de la cara**" se hayan extendido incluso al periodismo demuestra el grado de erosión en la lógica y la gramática de nuestro idioma. En el diario mexicano *El Financiero* un articulista político escribe lo siguiente a propósito de un tartufo:

♀ "Se le ha borrado la **sonrisa de la boca**".

Lo correcto, sin redundancia, es:

☝ Se le ha borrado la **sonrisa**, y sanseacabó.

✎ Pero este articulista tiene antecedentes literarios significativos y casi insignes (para algunos). En la novela *Las buenas conciencias*, del escritor mexicano Carlos Fuentes, leemos: "Esa noche, durante la cena, Balcárcel no promulgó sentencias morales. Jaime no podía borrarse la **sonrisa de los labios**". Tenemos derecho a suponer que Jaime únicamente pudo borrarse la sonrisa de las patas. Una escritora, que sigue los pasos de Carlos Fuentes, nos dice lo siguiente en una novela: "La pelirroja no podía borrarse la **sonrisa de los labios**". He aquí otros poquísimos ejemplos de estas rebuznancias que han hecho escuela, sobre todo en el ámbito de la farándula, los deportes y la novela rosa (rosa, no rusa) y que encontramos por cientos de miles en publicaciones impresas y de internet: "con un tono de buen humor y sin perder la **sonrisa de la cara**", "nuestra artista se cubre sin perder la **sonrisa de la cara**", "ser un poco más feliz y no perder la **sonrisa de la cara**", "hacen recapacitar sin perder la **sonrisa de la cara**", "hará todo por ti sin perder la sonrisa de la boca", "responde sin perder la **sonrisa de la boca**", "cuenta sin perder la **sonrisa de la boca**", "permaneció impasible sin perder la **sonrisa de los labios**", "y encima sin perder la **sonrisa de los labios**", "logró borrar la **sonrisa de los labios** de Camille", "nada será suficiente para borrar la **sonrisa de los labios** de este hombre", "se le borró la **sonrisa de la cara**", "Nicholas le borró la **sonrisa de la boca**", "a Felipe VI nunca se le borró la **sonrisa de los labios**", "quisiera borrar la **sonrisa de la cara** de ese tipo", "radiante, no puedo borrar la **sonrisa de la boca**", "a Claire se le borró la **sonrisa de la boca**", "a Ricardo Costa se le borró la **sonrisa de la boca**", etcétera.

☟ Google: 425 000 resultados de "perder la sonrisa de la cara"; 360 000 de "perder la sonrisa de la boca"; 264 000 de "perder la sonrisa de los labios"; 48 500 de "borrar la sonrisa de los labios"; 34 200 de "borró la sonrisa de la cara"; 27 800 de "borró la sonrisa de la boca"; 24 400 de "borró la sonrisa de los labios"; 23 500 de "borrar la sonrisa de la cara"; 20 200 de "borrar la sonrisa de la boca"; 14 600 de "le borró la sonrisa de la cara"; 13 500 de "se le borró la sonrisa de la cara"; 10 300 de "le borró la sonrisa de la boca"; 10 100 de "se le borró la sonrisa de la boca"; 10 000 de "se le borró la sonrisa de los labios"; 9 170 de "le borró la sonrisa de los labios"; 1 930 de "borrarse la sonrisa de la cara". ☒

35. ¿*breve nota?*, ¿*breve notita?*, ¿*extensa nota?*, ¿*extensa nota periodística?*, nota, ¿*nota extensa?*, notita, ¿*pequeña nota?*, ¿*pequeña notita?*

Si decimos y escribimos "notita", diminutivo del sustantivo femenino "nota" (del latín *nota*), se riza el rizo a tal grado que transformamos en insignificante la cosa a la cual nos referimos, pues "nota" significa, entre otras acepciones, "mensaje breve escrito" y "noticia breve de un hecho que aparece en la prensa". Ejemplos: *Llevaba unas* **notas** *manuscritas como guía de su alocución; Se enteró del hecho por una* **nota** *en el periódico*. El adjetivo "breve" (del latín *brevis*) significa "de corta extensión o duración". Ejemplo: *Ante el tiempo inmenso, la vida es* **breve**. En su calidad de sustantivo masculino, "breve" significa "texto de corta extensión publicado en columna o en bloque con otros semejantes" (DRAE). Ejemplo: *Breves de la Sociedad Mexicana de Medicina*. Sinónimos de "breve" son los adjetivos "corto" y "pequeño", entre otros. El significado del adjetivo "pequeño" es "que tiene poco tamaño o un tamaño inferior a otros de su misma clase", y, en su tercera acepción, "breve, poco extenso" (DRAE). Ejemplo del diccionario académico: *Un* **pequeño** *discurso*. Si, por definición, una "nota" es un "breve mensaje escrito", las expresiones "breve nota" y "pequeña nota" son redundantes, y peor aún las expresiones "breve notita" y "pequeña notita", pues una de las funciones del adjetivo diminutivo en nuestra lengua (del latín *diminutīvus*) es "disminuir o reducir a algo menos" (DRAE), y, utilizado como sufijo ("-ita", "-ito", "-ica", "-ico", "-illa", "-illo") en un vocablo, expresa disminución o atenuación, como en "casita" (de "casa"), "librito" (de "libro"), "platica" (de "plata"), "tintico" (de "tinto"), "gentecilla" (de "gente") y "hombrecillo" (de "hombre"). Por ello, las expresiones "breve notita" y "pequeña notita" no sólo son redundantes, sino *redundantísimas*, si pudiéramos utilizar este superlativo. En conclusión, no hay "nota" que no sea, por definición, "breve", "corta" o "pequeña", y si a esto le agregamos el diminutivo al sustantivo "nota" ("breve notita", "pequeña notita"), la hacemos más "pequeña" y más "breve"; tan pequeña, tan breve (insignificante: "muy pequeña") que es como si dijéramos y escribiéramos "pequeño textito" que, ya siendo "pequeño" un "texto" o "enunciado", es transformarlo en *textículo*. Caso contrario es el de los contrasentidos "extensa nota", "nota extensa" y, en el colmo del desconocimiento de los géneros informativos, "extensa nota periodística". El adjetivo "extenso" (del latín *extensus*) significa "que tiene extensión", y el sustantivo femenino "extensión" (del latín *extensio, extensiōnis*) significa "acción y efecto de extenderse", donde el verbo transitivo y pronominal "extender", "extenderse" (del latín *extendĕre*) significa "dilatarse, explayarse" (DUE), ocupar más espacio. Ejemplos: *Su discurso pecó de* **extenso**; *A menor* **extensión**, *menos espacio*; *Quiere* **extender** *sus propiedades ilegalmente*. Hay que utilizar la lógica, especialmente en la escritura que nos da siempre la oportunidad de repensar lo que expresamos, a diferencia del habla, que nos brinda muy poco esta oportunidad. Cuando hablamos de "nota", ya estamos diciendo que se trata de un texto breve, y si decimos "notita", por lo general y en función del contexto, no nos referimos a su extensión sino a dos posibles características: la afectiva o la peyorativa, que también son cualidades que pueden denotar el uso del sufijo diminutivo en un vocablo. Ejemplos de diminutivo afectivo: *Te he enviado una* **notita** *con todo mi amor*; *Espero que hayas recibido mi cariñosa* **notita**. Ejemplos de diminutivo desdeñoso, despectivo o peyorativo: *Lo leí en una insulsa* **notita** *y, peor aún, Publicó eso en una pinche* **notita** *que nadie leyó*. En conclusión, no tiene caso empequeñecer más la "nota" que, por definición, ya es pequeña o breve. Basta con decir y escribir "nota"; y, ya de plano, evitemos eso de "pequeña notita" que ya es rebosar la olla de las redundancias. Por otra parte, como también ya quedó demostrado, una "nota" no puede ser "extensa", puesto que, por definición, es "breve" y, tratándose de escritos periodísticos, no existe el género de "nota extensa", sino, simplemente, de la "nota", y si el escrito publicado es extenso, será un "artículo", un "reportaje" o una "entrevista", pero, definitivamente, no una "nota" ni una "noticia". Las expresiones "nota extensa" y "extensa nota" constituyen contrasentidos. Usemos el coco para una de las cosas más decisivas en nuestra vida: comprender las proporciones de las cosas.

En uno de los libros más vendidos, y supuestamente más leídos, de los "escritores más exitosos" Jack Canfield, Mark Victor Hansen, Patty Hansen e Irene Dunlap, *Sopa de pollo para el alma de los niños: Relatos de valor, esperanza y alegría*, uno de los relatos (bastante soso, por cierto) se intitula "La **pequeña nota**", y todo el tiempo se refiere, del siguiente modo, a lo que ya anuncia el título:

♀ "Me dieron esta **pequeña nota** y tienes que firmarla para que pueda entrar a clase. [...] Caminé hacia donde estaba y le enseñé la **pequeña nota**. [...] Firmó la **pequeña nota** pero me dijo que esta vez no me iba a zafar tan fácilmente y que al llegar a casa hablaría conmigo".

Era suficiente con titular el relato "La **nota**" y referirse todo el tiempo a

♂ esta **nota** y la **nota**.

✒ Van otros ejemplos de esta redundancia y de la superlativa redundancia "pequeña notita": "**Pequeña nota** de actualización sobre glosarios de la IATE", "he adherido una **pequeña nota** en el monitor de mi computadora", "en el cuarto yacía una **pequeña nota**", "**pequeña nota** para John Berger", "**pequeña nota** sobre ramo de flores", "una **pequeña nota** a 'La economía cubana: cambios y retos', de Roberto Veiga Menéndez", "Apple envía una **pequeña nota** en apoyo a sus compañeros", "una **pequeña nota** para mis vecinos", "subastan por miles de euros una **pequeña nota** de Einstein", "una **pequeña nota** de la mejor película de 2015", "la **pequeña nota** que emocionó a nuestros lectores", "**pequeña nota** crítica sobre Facebook y Wikipedia", "**breve nota** sobre la medición del ingreso", "**breve nota** sobre el informe del gobernador", "**breve nota** sobre etiquetado de alimentos", "una **breve nota** sobre la narrativa gráfica en América Latina", "**breve nota** sobre la colonialidad de los saberes hegemónicos", "**breve nota** de adiós a Colombia", "*Clarín* le dedicó una **extensa nota** a Almanza" (obviamente, no se trataba de una nota), "Beatriz escribió una **extensa nota**", "la **extensa nota** de *La Nación*", "Mark Zuckerberg ha publicado una **extensa nota** sobre el futuro de Facebook", "se hicieron mediante **extensas notas**", "le gustará saber que he tomado **extensas notas**", "realizó **extensas notas** al margen de todos los libros que leyó" (si están en los márgenes de los libros, no pueden ser extensas), "una **nota extensa** y bien detallada", "la primera **nota extensa** de su carrera", "contenido de la Biblia con las **notas extensas**", "tomar **notas extensas** ayuda a extraer mucho más de las entrevistas, pero es difícil tomar **notas extensas** y escuchar atentamente al mismo tiempo" (la lógica se impone, en ciertos casos), "dentro de la carta había una **pequeña notita**", "hecho en una **pequeña notita**", "despidiéndose sólo con una **breve notita**", "diseñamos esta **breve notita** que puedes descargar e imprimir", "desarrolló una **extensa nota periodística**", "la **extensa nota periodística** del Washington Post" y, como siempre hay cosas peores, "la **gran y extensa nota periodística**" y "una **brevísima notita de dos líneas**".

☞ Google: 1 090 000 resultados de "pequeña nota"; 1 060 000 de "breve nota"; 71 900 de "extensa nota"; 24 000 de "extensas notas"; 18 900 de "nota extensa"; 10 700 de "notas extensas"; 10 400 de "pequeña notita"; 1 000 de "breve notita"; 1000 de "extensa nota periodística". ☒

36. ¿*breve resumen?*, resumen, ¿*resumen breve?*, ¿*resumen completo?*, ¿*resumen corto?*, ¿*resumen largo?*, resumir, ¿*resumir abreviadamente?*, ¿*resumir brevemente?*

Si en la escuela nos piden, como tarea, un "resumen" de *El principito*, y entregamos veinte cuartillas, ¿en dónde está el resumen? En ningún lado, no lo hay, porque el verbo transitivo "resumir" (del latín *resumĕre*) significa "reducir a términos breves y precisos, o considerar tan solo y repetir abreviadamente lo esencial de un asunto o materia" (DRAE). Ejemplo: ***Resumió*** Cien años de soledad *de una manera inconexa.* De ahí que el sustantivo masculino "resumen" sea la "acción y efecto de resumir o resumirse" y la "exposición resumida de un asunto o materia" (DRAE). Ejemplo: *Se le pidió un **resumen**, pero no tiene idea de cómo **resumir**.* De ahí la locución adverbial "en resumen", que significa "resumiendo, recapitulando". Ejemplo: ***En resumen**, el proyecto no es viable.* También, el adverbio "resumidamente": "de manera resumida" y "brevemente, en pocas palabras" (DRAE). Ejemplo: ***Resumidamente**, su exposición fue incomprensible para todos.* El adjetivo "breve" (del latín *brevis*) significa "de corta extensión o duración" (DRAE). Ejemplo clásico: *Lo bueno, si **breve**, dos veces bueno.* Y, si lo "breve" es algo "de corta extensión o duración", debemos saber que el adjetivo "corto" (del latín *curtus*) se aplica a una cosa "que tiene menor longitud de la normal" (DRAE). Ejemplo: *Antología del cuento **corto**.* El perfecto sinónimo de "resumir" es "abreviar" (del latín tardío *abbreviāre*), verbo transitivo que significa "hacer breve, acortar, reducir a menor tiempo o espacio" (DRAE). Ejemplo: *Le pidieron que **abreviara** su aburrida exposición que aún hizo más aburrida con el soporífero PowerPoint.* Locuciones adverbiales sinónimas de "en resumen" son "en resumidas cuentas" ("en conclusión o con brevedad"), "en una palabra", "en dos palabras", "en tres palabras", "en cuatro palabras" y "en pocas palabras" ("brevemente, en un instante, con concisión"). Ejemplos: ***En resumidas cuentas**, no entendió ni madres;* ***En una palabra:** ¡aburridísimo!;* ***En cuatro palabras**, no tiene ni idea;* ***En pocas palabras**, no entendió qué fue lo que se le pidió.* Explicado y comprendido lo anterior, queda claro que "breve resumen", "resumen breve", "resumen corto", "resumir abreviadamente" y "resumir brevemente", más sus variantes, son redundancias brutas, porque no hay resumen que no sea breve o corto ni es posible resumir sin brevedad o cortedad y, en consecuencia, lo que no es breve o corto, no es resumen, y lo que no está expresado brevemente y con precisión nada tiene que ver con la acción de resumir. Y, para que se vea que las cosas siempre pueden empeorar, ya son también abundantes, y repugnantes, los sustantivos calificados "resumen completo" y "resumen largo", que atentan contra la lógica y el buen sentido, pues todo resumen, por breve o corto que sea, es "completo" y "preciso" si se trata realmente de un resumen. Y, obviamente, de acuerdo con la definición, ¡no puede ser "largo"!, pues el adjetivo "largo" (del latín *largus*) significa, de acuerdo con el DRAE: "que tiene longitud", "que tiene mucha longitud" (aunque, en tal caso, sería "muy largo") y "copioso, abundante, excesivo". Ejemplo: *Tiene el cabello **largo** y lacio*. Lo que ocurre es que no pocos gazná-piros llaman "resumen completo" o "resumen largo", tratándose de una obra dividi-da en capítulos, a la "síntesis" (del latín *synthĕsis*, y éste del griego *sýnthesis*) de cada capítulo para abarcar, linealmente, una obra. Pero tal cosa no es un "resumen", sino, precisamente, una "síntesis", pues este sustantivo femenino significa "suma y com-pendio de una materia u otra cosa" (DRAE). Ejemplo: ***Síntesis** informativa digital del Senado de la República*, que recoge y organiza, temáticamente, la información de los medios impresos y audiovisuales: lo más destacado de la política, la economía, la in-formación general, etcétera. Dicho de otra manera, es una suma o adición ("agrega-do de muchas cosas") y a la vez un "compendio" (del latín *compendium*), sustantivo masculino que el DRAE define como "breve y sumaria exposición, oral o escrita, de lo más sustancial de una materia ya expuesta latamente". Ejemplo: ***Compendio** de historia universal* (y es un volumen, el primer tomo, ¡de casi quinientas páginas!). Obviamen-te, no es un "resumen", sino una "sumaria exposición" de una materia ya expuesta en un sentido "lato" (del latín *latus*), adjetivo que significa "dilatado, extendido" (DRAE). Por ello, debe quedar claro que no es lo mismo un "resumen" que una "síntesis" y un "compendio". Una cosa es hacer el resumen de una historia (un cuento, una novela, un ensayo, un libro de viajes, una obra de teatro, una película, etcétera), y otra, muy diferente, escribir una "historia sintética". Ejemplo: ***Historia sintética** del arte colonial de México (1922)*, de Manuel Romero de Terreros, un librito de 90 páginas, que, por supuesto, no es un "resumen", sino, precisamente, una "historia sintética". En resu-midas cuentas, eso que muchos llaman "resumen completo" o "resumen largo" (con idiotez y contrasentido) es en realidad una síntesis, pues, como ya hemos dicho, todo "resumen" es "completo", si realmente es un "resumen", aunque utilice pocas pala-bras o, más bien, justamente por esto: porque, en pocas palabras, reduce a términos breves y precisos lo esencial de un asunto o materia. Lo demás es una tontería.

Aunque estas redundancias y los horrorosos contrasentidos "resumen completo" y "resumen largo" son utilizados en general, en nuestro idioma, provienen del uso culto de la lengua. Hasta los profesionistas más respetables dicen y escriben "bre-ve resumen", "resumen breve", "resumen corto", "resumir brevemente", "resumen completo" y "resumen largo" sin que se sonrojen, porque, además, no se percatan de sus yerros. Profesores, periodistas, escritores, traductores, etcétera, se dan el quién vive en esto. En el traductor virtual *Linguee* (que presume ser "el mejor traductor *on-line* del mundo) leemos los siguientes ejemplos:

♀ "A continuación se detalla un **breve resumen** de los resultados y conclusiones"; "A continuación se presenta un **breve resumen** de este análisis"; "A continuación y en el cuadro adjunto se ofrece un **breve resumen** de los resultados". Y así por el es-tilo, en dieciséis ocasiones, para traducir frases que contienen la redundancia en inglés *brief summary* y *short summary*. En defensa del traductor virtual *Linguee* puede afirmarse que lo que ofrece es la traducción literal de los ejemplos; sin embargo, sus responsables bien hubieran podido encontrar ejemplos sin redundancias.

Lo correcto es, sin duda:

⚬ A continuación, un **resumen** de los resultados y conclusiones"; "Se presenta un **resumen** de este análisis"; "Se ofrece un **resumen** de los resultados".

✎ He aquí otros ejemplos de estas redundancias y de la tontería "resumen completo" y el contrasentido "resumen largo": "Hacer un **breve resumen**", "**breve resumen** de la historia de México", "**breve resumen** de 'Historia de una escalera' de Antonio Buero Vallejo", "un **breve resumen** del paro nacional en Colombia", "**breve resumen** de *Matilda*", "**breve resumen** del documento final", "**breve resumen** de los trabajos", "un **breve resumen** de nuestra jornada", "un **breve resumen** de las normas", "**breve resumen** del trabajo realizado durante el año 2018", "El *Diario de Ana Frank*-**Resumen completo**", "Un **resumen completo** de *El Capital* de Marx" (es el título de un libro publicado en Madrid, ¡de 280 páginas!; no es un resumen: es una "exposición sumaria"), "*El Lazarillo de Tormes*-¡**Resumen completo**!", "*Don Quijote de la Mancha*-**Resumen completo**", "*La Odisea*-**Resumen completo**", "*La Celestina*: **resumen corto**", "**resumen corto** de la cultura mexica", "*El arte de la guerra*-**Resumen corto** del libro", "*El Capital* de Karl Marx **resumen corto**", "**resumen breve** de *Pedro Páramo*", "*El Señor de los Anillos* (**resumen breve**)", "*La Celestina* **resumen breve**", "voy a **resumir brevemente**" (sí, todo el mundo dice esto ante un micrófono, y se avienta cuarenta minutos de pendejadas), "en el presente ensayo intento **resumir brevemente** las características esenciales de la nueva economía institucional", "quisiera **resumir brevemente** las cuestiones planteadas por este informe" (sí, cómo no, y si no le apagan la luz, ahí se sigue por horas), "necesito un **resumen largo** de la película", "*La chica de la capa roja*-**Resumen largo**", "*El coronel no tiene quien le escriba* **resumen largo**" (¿o sea que ese coronel no tiene quien le escriba un "resumen largo"?), "**resúmenes completos** de libros", "añado unos **breves resúmenes** argumentales", "a continuación **se resumen brevemente** los compromisos propuestos", "**se resume brevemente** el proceso", "**resuma brevemente** el asunto", "**resúmenes breves** de libros", "**resumió brevemente** la historia de Harold", "esto es mucho más difícil de **resumir con brevedad**" y, como siempre hay algo peor", "tenemos, actualmente, una problemática demasiado extendida, la cual intentaré **resumir abreviadamente**" y "yo este año no podré hacer nuestro **larguísimo resumen** habitual del año". ¡Estamos perdidos!

☞ Google: 2 970 000 resultados de "breve resumen"; 1 800 000 de "resumen completo"; 725 000 de "resumen corto"; 257 000 de "resumen breve"; 67 300 de "resumir brevemente"; 37 000 de "resumen largo"; 24 800 de "resúmenes completos"; 20 300 de "breves resúmenes"; 14 500 de "se resumen brevemente"; 12 800 de "se resume brevemente"; 9 540 de "resuma brevemente"; 7 540 de "resúmenes breves"; 3 770 de "resumió brevemente"; 1 560 de "resumir con brevedad"; 500 de "resumir abreviadamente". ☒

37. ¿buen samaritano?, ¿mal samaritano?, samaritana, samaritano

Se es o no samaritano, por ello es redundante decir de alguien que es "buen samaritano" y un sinsentido afirmar que otro es "mal samaritano". Estrictamente, a quien llamamos "buen samaritano" es simplemente un "samaritano", y a quien denominamos, erróneamente, "mal samaritano", no es "samaritano" en absoluto: en todo caso sería un "falso" samaritano. Veamos por qué. El adjetivo y sustantivo "samaritano" (del latín tardío *Samaritānus*), se aplica al "natural de Samaria, región de Palestina" y a lo "perteneciente o relativo a Samaria y a los samaritanos" (DRAE). Esto, en su sentido recto. Pero, en el sentido figurado, se aplica también a la persona "que ayuda a otra desinteresadamente" (DRAE). Ejemplo: *Siempre ha sido un samaritano*. Si nos apegamos a la definición de esta acepción figurada queda claro que todo "samaritano" ayuda a otra persona desinteresadamente, y en esto consiste su virtud. Siendo así, un "samaritano" es "bueno" por definición, y no puede ser "malo", puesto que, en este último caso, estaría contradiciendo su positividad. El adjetivo "bueno", con su forma apocopada "buen" (del latín *bonus*) tiene por definición principal la siguiente: "De valor positivo, acorde con las cualidades que cabe atribuirle por su naturaleza o destino" (DRAE). Ejemplos: *La lluvia es buena para las cosechas; Un buen alimento siempre es reconfortante*. El adjetivo "malo", con su forma apocopada "mal" (del latín *malus*), tiene la siguiente acepción principal en el diccionario académico: "De valor negativo, falto de las cualidades que cabe atribuirle por su naturaleza, función o destino". Ejemplos: *La sequía es mala para las cosechas; ¡Qué mal pedo!* (suponiendo que los haya buenos). Con esta información pueden darse cuenta los lectores de que lo que se espera siempre de un "samaritano" es que sea "bueno", no sólo para hacer honor a su fama, sino para que tenga sentido el nombre o adjetivo; si es "malo", obviamente no es un "samaritano", sino un cabrón que actúa hipócritamente y finge que es un "samaritano" ("persona que ayuda a otra desinteresadamente"). No hagamos bolas el engrudo: No hay buenos ni malos "samaritanos", hay "samaritanos", todos buenos, por definición, y el que no es bueno (carente de valor positivo) no es "samaritano", y punto. La redundancia viene desde la Biblia, pero debemos saber que la famosa "redundancia hebrea" está por todas partes en dicha obra. Es una característica del estilo bíblico, enfático y pleonástico, que se respeta en las traducciones al español. Y, sin embargo, es muy probable que en la Biblia la expresión "buen samaritano" no sea redundante, como en la "Parábola del buen samaritano" del *Evangelio según san Lucas* (10:29-37), pues al hablar de "samaritano" Lucas y Jesucristo se refieren, casi es seguro, a un hombre bueno natural de Samaria.

En el ámbito culto (porque este desbarre es exclusivo del ámbito culto), casi todo el tiempo se habla y se escribe del "buen samaritano", desbarre redundante, pues de ello se colige que también los hay "malos". Esto es hablar y escribir sin lógica ni

concierto, pues, por definición, un "samaritano" (alguien que ayuda a otro desinteresadamente) siempre es "bueno", puesto que es alguien generoso, y únicamente en
el caso del hombre bueno de Samaria, que, en la parábola de Lucas, socorrió a un
prójimo desconocido, la expresión "buen samaritano" no es redundante. En el diario
mexicano *Excélsior* leemos el siguiente encabezado:

♀ "**Buen samaritano** paga hospedaje a 70 indigentes y los salva del frío".

Sin redundancia, con corrección, el diario debió informar lo siguiente:

♂ **Samaritano** paga hospedaje a 70 indigentes, etcétera.

✐ Según sea el contexto de la expresión "buen samaritano", podemos advertir si es redundante
o no. He aquí unos ejemplos tanto de la redundancia ("buen samaritano) como del contrasentido ("mal samaritano"): "**Buen samaritano** evita el secuestro de una niña de 11 años", "médico
buen samaritano que ayuda en emergencia", "la dramática muerte de Jorge, el **buen samaritano**
de Murcia", "un **buen samaritano** queda paralizado tras salvarle la vida a una niña", "**buen samaritano** salva a mujer de auto en llamas", "seamos **buenos samaritanos**", "cómo ser **buenos
samaritanos**", "**buenos samaritanos** evitan ataque sexual a una niña", "agentes fronterizos y
una **buena samaritana**", "el mundo admira a la **buena samaritana** que salvó a una niña", "**buena
samaritana** es asesinada cuando daba una limosna desde su auto", "*El mal samaritano*" (película), "parábola del **mal samaritano**" (otra tontería), "Monseñor Munilla, un **mal samaritano**"
(en todo caso, sería un falso samaritano), "**malos samaritanos**: el mito del libre mercado", "ho-
micidas y **malos samaritanos**" (no son "malos samaritanos", sino falsos samaritanos), "yo no
te enseñé a ser una **mala samaritana**", "quizá Dios existe y he sido una **mala samaritana**" (de
lo que podemos estar seguros es de que ha sido una persona que no consulta el diccionario).

☞ Google: 85 600 resultados de "buenos samaritanos"; 34 100 de "buena samaritana";
8 570 de "mal samaritano"; 1 380 de "malos samaritanos". ☒

☞ Google: 5 840 000 resultados de "samaritano"; 2 440 000 de "samaritana"; 893 000 de
"samaritanos"; 361 000 de "samaritanas"; 151 000 de "parábola del buen samaritano"; 45 400
de "ejemplo del buen samaritano"; 43 000 de "iglesia del buen samaritano"; 25 600 de "templo
del buen samaritano"; 7 810 de "buen samaritano en la Biblia"; 3 080 de "falso samaritano". ☑

38. ¿*buen tino*?, desatinar, desatino, ¿*mal tino*?, tino

De la misma familia redundante del "buen samaritano" y de la misma parentela del
contrasentido del "mal samaritano" son las expresiones "buen tino" y "mal tino", pues
lo cierto es que se tiene tino o no. La lógica nos indica que en el primer caso ("buen
tino") es redundancia bruta, en tanto que en el segundo ("mal tino") es sinsentido no
menos bárbaro. Es increíble que esto no lo sepa mucha gente en México, en un país
que suele celebrar festividades para romper piñatas con el cántico "dale, dale, dale, no
pierdas el **tino**". Cuando se tiene tino, se califica a la persona de "atinada"; cuando

no, de "desatinada". Ello debería bastar para entender que el "tino" siempre es "bueno" (de valor positivo) y no puede ser malo (de valor negativo) porque, en este caso, simple y sencillamente no es "tino", sino "desatino". Vayamos a la definición. El sustantivo masculino "tino" (de origen incierto) tiene su clave en la segunda acepción del DRAE: "Acierto y destreza para dar en el blanco u objeto a que se tira". También significa "juicio y cordura". Ejemplos: *Nunca perdió el **tino***; *Actuó con **tino*** (que es lo mismo que decir, "atinadamente"). De ahí el verbo intransitivo "atinar" (pronominal: "atinarle"): "Acertar a dar en el blanco" (DRAE). Ejemplos: *Actuó **atinadamente**; **Le atinó** a todas las preguntas*. El antónimo o contrario de "tino" es "desatino", sustantivo que significa, de acuerdo con el diccionario académico, "falta de tino, tiento o acierto" y "locura, despropósito o error". Ejemplo: *Todo lo que hace es un **desatino***. De ahí el verbo intransitivo "desatinar": "Decir o hacer desatinos" y "perder el tino, no acertar". Ejemplo: ***Desatinar** es su especialidad*. Queda claro que al sustantivo "tino" lo define su positividad y, en consecuencia, no admite un valor negativo, pues éste es el que le corresponde a "desatino". En conclusión, "buen tino" es una redundancia, y "mal tino" es un contrasentido.

Desbarres de los ámbitos culto e inculto de nuestro idioma obedecen a una ausencia de lógica y al desconocimiento, en el diccionario, de las definiciones de "tino" y "desatino". En el diario mexicano *Excélsior* leemos el siguiente encabezado:

♀ "Martha Higareda con **buen tino** para la comedia".

Lo correcto sería informar que

♂ Martha Higareda tiene **tino** en la comedia.

✎ Van algunos ejemplos de estos desbarres por redundancia o por contrasentido: "Chancla voladora se hace viral por **buen tino**", "cocinar con vino, qué **buen tino**", "el **buen tino** de Kuri logró que los futbolistas se salvaran", "con **buen tino** para exportar piñatas", "tiene Valencia **buen tino**", "emprender el 2018 con **buen tino**", "¡Qué **mal tino** para atraer clientes!", "tengo muy **mal tino**", "inician mexicanas con **mal tino** en Múnich" (no: en realidad, iniciaron sin tino), "el **mal tino** de Funes Mori", "Pumas, con **mal tino** para contratar jugadores extranjeros" (no: en realidad, los contrata desatinadamente), "sin **atinar bien**", "el único que podía **atinar bien** las notas", "no le **atinó bien**", "en ninguno le **atinó bien** el nombre", "aunque no **atinó bien**", "a estas horas es normal **atinar mal**".

☞ Google: 182 000 resultados de "buen tino"; 23 200 de "mal tino"; 3 250 de "atinar bien"; 1 210 de "atinó bien"; 1 000 de "no atinó bien"; 1 000 de "atinar mal". ☒

☞ Google: 71 300 000 resultados de "tino"; 1 040 000 de "desatino"; 610 000 de "atinar"; 308 000 de "con tino"; 87 200 de "sin tino"; 85 000 de "atinarle"; 52 600 de "desatinar"; 9 020 de "no atinar"; 5 840 de "no atinarle". ☑

C

39. caligrafía, ¿caligrafía bella?, ¿hermosa caligrafía?

Si decimos y escribimos "caligrafía bella" y "hermosa caligrafía", puede colegirse, a partir de los adjetivos calificativos, que hay lugar para su contrario: "caligrafía fea" y "horrible caligrafía". ¿Es esto posible? Ni siquiera probable. La "caligrafía" siempre es bella, y quien lo ponga en duda debe ir al diccionario, en cuyas páginas descubrirá que la acepción principal del sustantivo femenino "caligrafía" (del griego *kalligraphía*) es el "arte de escribir con letra bella y correctamente formada, según diferentes estilos". Ejemplo: *Por su estilo, la caligrafía correspondía a un manuscrito del siglo xvi.* De ahí el sustantivo "calígrafo" (del griego *kalligráphos*): "Persona que escribe a mano con letra excelente" y "persona que tiene especiales conocimientos de caligrafía" (DRAE). Ejemplo: *Su talento de calígrafo era innegable.* Es cierto que la acepción secundaria del sustantivo "caligrafía" puede abrir la posibilidad de que aquélla carezca de belleza: "Conjunto de rasgos que caracterizan la escritura de una persona, de un documento, etc.". Pero, de acuerdo con el contexto en que se sitúe, esta segunda acepción corresponde más a un ámbito de la investigación que al terreno del arte. María Moliner, en el DUE, reitera la acepción principal del DRAE: "Arte de escribir a mano con hermosa letra". Siendo así, se puede calificar de muchas maneras a la "caligrafía": barroca, estilizada, garigoleada, manierista, elegante, esbelta, perfecta, etcétera, pero hay dos calificativos que le están vedados: "bella" (con sus sinónimos) y "fea" (con sus sinónimos), pues toda "caligrafía" es bella, y no puede ser "fea", si del arte hablamos. Lo primero es una redundancia; lo segundo, un contrasentido.

Estos desbarres son abundantes en internet, pero no faltan tampoco en las publicaciones impresas. En un blog leemos:

♀ "Cómo hacer una **bonita caligrafía** para tus cartas o invitaciones".

Este adjetivo acusa redundancia. Lo correcto sería decir y escribir:

☼ Cómo hacer una **elegante o perfecta caligrafía**, etcétera.

🖉 He aquí algunos ejemplos de esta redundancia y de su contrasentido: "Tatuajes pequeños con **bonita caligrafía**", "lograr una **bonita caligrafía**", "busco a alguien con una **buena y bonita caligrafía**", "siempre me felicitaban por mi **bonita caligrafía**", "mi **hermosa caligrafía**", "son conocidos por su **hermosa caligrafía**", "cómo desarrollar una **hermosa caligrafía**", "cuaderno de **bella caligrafía**", "escritas con una **bella caligrafía**", "las 94 mejores imágenes de **caligrafía** bonita", "**preciosa caligrafía** de Tolkien", "**caligrafía hermosa**: letra cursiva", "utiliza tu **caligra-fía preciosa** en tus diseños y carteles", "las 18 mejores imágenes de **caligrafía bella**", "siempre hemos tenido una **caligrafía horrible**", "libretas bonitas para personas con **caligrafía horrible**", "las personas que tienen **fea caligrafía** piensan más rápido" (sí, claro, cómo no), "la **horrible caligrafía** de los médicos", "maldigo mi **horrible caligrafía**".

☞ Google: 74 400 resultados de "bonita caligrafía"; 49 500 de "hermosa caligrafía"; 14 600 de "bella caligrafía"; 11 600 de "caligrafía bonita"; 9 350 de "preciosa caligrafía"; 8 870 de "ca-ligrafía hermosa"; 6 950 de "caligrafía preciosa"; 2 840 de "caligrafía bella"; 1 510 de "caligrafía horrible"; 1 210 de "fea caligrafía"; 1 200 de "horrible caligrafía". ☒

40. ¿*caminaba de camino a?*, ¿*caminar de camino a?*, caminar, camino

Muchos escritores quizás aprendieron su "estilo" en internet. Pero sorprende que se publiquen libros impresos, bajo el sello de editoriales más o menos conocidas, en cuyas páginas leamos enunciados como los siguientes: "**Caminaba de camino** a la escuela", "**caminaba de camino** a la universidad", "**caminaba de camino** a mi casa", "**caminaba de camino** al trabajo", "**caminaba de camino** al hogar". Muchos libros que se publican y se leen hoy, no se leerán mañana y, por ello, algunos descuidados edi-tores no se toman la molestia de darles una decorosa redacción. Frases tan redun-dantes como las anteriores (y otras más) abundan en las páginas de internet sin que los internautas sepan siquiera qué es una redundancia. Aunque a mucha gente no le importe esto, la expresión "caminaba de camino" es casi como decir y escribir "iba yendo". Veamos por qué. El verbo transitivo "caminar" ("andar determinada distan-cia") deriva, justamente, del sustantivo masculino "camino": "tierra hollada por don-de se transita habitualmente" (DRAE). Ejemplos: *Me gusta **caminar** por las tardes*; *El **camino** era muy accidentado*. Lo malo de todo es que el propio diccionario académi-co pone el mal ejemplo, pues, como verbo intransitivo, define del siguiente modo la acepción secundaria de "caminar": "Dicho de un hombre o de un animal: **Ir andan-do** de un lugar a otro". ¿*Ir andando*? ¡Jolines y recontrajolines! El mismo DRAE define el verbo intransitivo "andar" del siguiente modo: "Dicho de un ser animado: Ir de un lugar a otro dando pasos". Ejemplo: ***Anduvo** pendejo no más de un kilómetro y se can-só*. (Y esto para no hablar del que ***Anduvo** pendejo un rato, pero luego se compuso*.) Pero el verbo intransitivo "ir" (del latín *ire*) significa, en su tercera acepción, "caminar de acá para allá" (DRAE). De tal forma, "caminar" no es "ir andando", como lo dice el dic-cionario académico con bruta redundancia, sino, simple pero precisamente, "andar", puesto que al "andar", obligadamente se dan pasos y, quien los da, va (de esto no hay duda) de un lugar a otro. Antonio Machado sabía más de gramática y, por supuesto, de la lengua española, que los académicos de Madrid y sus hermanastros de Améri-ca y Filipinas: "Caminante, son tus huellas/ el camino y nada más./ Caminante, no hay camino,/ se hace camino al andar". Por todo lo anterior, lo correcto es decir y escribir: "iba de camino a" y no "caminaba de camino a". De hecho, María Moliner, en el DUE, registra la secuencia "ir de camino", que define del siguiente modo: "Pasando por el sitio de que se trata". Y pone un perfecto ejemplo: *Un refugio para los que van de camino por aquellos sitios*. Y, de paso, por ese camino, le pone una arrastrada a la acepción secundaria que da el DRAE del verbo intransitivo "caminar". "Caminar" no es "ir andando", sino "ir con los propios medios de locomoción". Y el ejemplo de Moliner es irrefutable: *Los reptiles caminan arrastrándose*. Aunque sea el mismo DRAE el que pone el mal ejemplo, "ir andando" es tan burda redundancia como "caminar de camino a casa". Las formas correctas son "andar" e "ir de camino a casa".

En una novela destinada al público adolescente leemos lo siguiente:

♀ "Lázaro **caminaba de camino a** la universidad".

¡Ya podemos imaginar lo que aprendía Lázaro en esa universidad! Lo cierto es que el autor debió escribir, correctamente:

♂ Lázaro **iba de camino a** la universidad.

🖋 He aquí otros ejemplos de esta redundancia muy "literaria": es decir, muy de la literatura de hoy: "**Caminaba de camino a** la escuela arrastrando su mochila", "hoy **caminaba de camino a** mi casa", "un cierto día Rubio **caminaba de camino a** su hogar", "cuando **caminaba de camino a** su escuela", "una pequeña reflexión mientras **caminaba de camino a** casa", "estaba enfadado mientras **caminaba de camino a** la taberna más cercana" (¡ah, qué coraje!), "**caminaba de camino a** su casa, muy alegre como siempre", "lo seguían sus asesinos cuando **caminaba de camino a** un bar", "**caminaba de camino a** su casa viendo su teléfono", "**caminaba de camino a** casa cuando te encontré", "**caminaba de camino a** casa cuando fui interrumpido", "**caminaba de camino a** la asociación cultural", "**caminé de camino a** mi casa", "**caminé de camino a** mi escuela", "**camina de camino a** la inmobiliaria", "**caminando de camino a** la aldea", "estaba **caminando de camino a** una audición", "va **caminando de camino a** casa después de una larga jornada", "llevo un rato **caminando de camino a** casa con mis amigos", "ella estaba **caminando de camino a** su nueva casa", "empezó a **caminar de camino a** la aldea lentamente", "empezaron a hablar y a **caminar de camino a** la aldea", "tuvieron que **caminar de camino a** sus hoteles" y, como siempre hay algo peor, "cuando **iba caminando de camino a** su casa",

☞ Google: 42 700 resultados de "caminaba de camino"; 31 600 de "caminaba de camino a"; 7 210 de "caminaban de camino"; 5 160 de "caminaban de camino a". ☒

☞ Google: 123 000 resultados de "iba de camino a"; 48 800 de "iban de camino a"; 32 500 de "yendo de camino a"; 6 630 de "ibas de camino a"; 1 120 de "ir de camino a". ☑

41. cana, ¿cana blanca?, ¿cana gris?, canas, ¿canas blancas?, ¿canas grises?, cano, ca-nosa, canoso, semicano, semicanosa, semicanoso

Hay quienes aseguran que sus "canas" son grises o grisáceas. En un exceso de retóri-ca popular hay quienes afirman que algún problema o mortificación le está sacando "canas verdes". Lo cierto es que las "canas" no pueden ser sino blancas, independien-temente del color que las personas quieran darles para parecer más originales. Hay que ir a la etimología de la palabra y, para ello, debemos abandonar la pereza y abrir un diccionario. El adjetivo "cano" (también "canoso"), del latín *canus*, significa, lite-ralmente, "de color blanco" (DRAE). Ejemplos: *No era viejo, pero ya tenía el cabello* **cano**; *Era* **canoso** *desde los 40 años*. De ahí el sustantivo femenino "cana" (utilizado mucho en plural): "Cabello que se ha vuelto blanco". Ejemplo: *Mientras se peinaba descubrió su primera* **cana**; *Nunca tuvo* **canas**, *pues desde joven perdió el pelo*. De ahí la locución ver-bal coloquial "peinar canas", circunloquio lírico que quiere decir "ser ya viejo". Ejem-plo: *A sus 60 años, ya* **peinaba canas**, *pero se consolaba diciendo: ¡Arriba las* **canas** *y abajo las ganas!* Originalmente, en latín, la etimología *canus* se refería a lo "blanco brillan-te", esto es a lo "plateado". De ahí la lírica del tango *Volver*: "Volver con la frente mar-chita:/ las nieves del tiempo platearon mi sien". En conclusión, por etimología, por lógica y por definición, las "canas" son siempre "blancas"; de ahí que decir y escribir "cana blanca" y "canas blancas" sean pecados de redundancia. Las "canas verdes" sólo se aceptan como hipérboles o exageraciones de la retórica popular, y, en cuanto a las "canas grises" o "grisáceas" no son, exactamente, "canas", sino "semicanas", donde el prefijo "semi-" es elemento compositivo que significa "medio" o "casi"; de ahí que se hable de "cabello semicano" o de "barba semicana", que es como decir "medio ca-noso" o "casi canosa". El pelo "blanco" es, sin duda, canoso; el pelo gris es "semicano-so". Y no hay que darle más vueltas a esto: Las "canas" son blancas o no son "canas".

Lo que ocurre es que la mayor parte de las personas que incurre en la redundancia "cana blanca" ignora que en latín *canus* significa blanco. Si abriese el diccionario, lo sa-bría. Esta ignorancia abunda en internet, pero no es infrecuente en publicaciones impresas. En el sitio de internet *mujerhoy*, se asegura que

♀ "Salma Hayek ha querido mostrar su pelo natural con unos mechones de **ca-nas blancas**".

¡Y nosotros que las imaginábamos azules! Lo correcto es decir que

♂ Salma Hayek mostró que su cabello ya tiene **canas**.

✑ Van otros ejemplos de esta redundancia y del contrasentido "canas grises": "El viejo de las **canas blancas**", "¿qué significa soñar con **canas blancas**?" (significa que debes consultar el diccionario), "shampoo para **canas blancas**", "quiero mis **canas blancas**", "¿sabías que las **ca-nas blancas** aparecen en todos los pelos del cuerpo humano?", "¿tienes **canas blancas**, grises o una mezcla de ambos?" (¿de ambos qué?), "las **canas blancas** como las mías son muy resistentes a los tintes", "las **canas blancas**, de repente aparecidas en el cabello", "unas **canas blancas** y brillantes", "me salió una **cana blanca** en el bigote", "una **cana blanca**, plateada o grisácea", "me salió una **cana blanca** y larga en la pierna", "tiene 115 años y no muestra ni una **cana blanca**" (sí, será porque está calvo), "tengo una **cana blanca** en la nariz", "las **canas grises** son el resultado de una disminución de pigmento", "realza el brillo en las **canas grises**", "tinte para las **canas grises** y blancas" (las deja verdes), "tiñe las **canas grises**", "el cabello mojado entretejido de **canas grises**", "sólo destacaban en ella algunas **canas grises**", "mis adoradas **canas grisáceas**", "lucía mayor de la edad que tenía por las **canas grisáceas**" y, como siempre hay algo peor, "tenía el cabello tiznado de **canas oscuras**".

☞ Google: 44 600 resultados de "canas blancas"; 2 410 de "canas grises"; 1 670 de "una cana blanca". ☒

42. caramelizar, caramelo, ¿caramelo dulce?, ¿caramelo salado?, dulce, ¿dulce amargo?, golosina salada

"A nadie le amarga un dulce", dice el refrán. Por ello, no deja de ser un sinsentido hablar y escribir de "caramelo salado", oxímoron involuntario de quienes ignoran el significado del sustantivo masculino "caramelo" (del portugués *caramelo*): "Azúcar fundido y endurecido" y "golosina hecha con caramelo y aromatizada con esencias de frutas, hierbas, etc." (DRAE). Ejemplo: *Compró unos **caramelos** de naranja*. De ahí los verbos transitivos "acaramelar" y "caramelizar": "Bañar de azúcar en punto de caramelo". Ejemplo: *Caramelizó las manzanas*. En cuando al adjetivo "salado" se aplica a lo que tiene sal (y no, por cierto, como informan el DRAE y el DUE, a lo que "tiene sal excesiva", pues lo que tiene sal excesiva es "muy salado"). Ejemplo: *Prefirió un alimento **salado** a uno dulce*. Muy parecido es el oxímoron "dulce amargo", pues el adjetivo "dulce" posee dos acepciones principales en el DRAE: "Que causa cierta sensación suave y agradable al paladar, como la producida por la miel, el azúcar, etc." y "que no es agrio o salobre, comparado con otras cosas de la misma especie". Ejemplo: *El mango estaba **dulce** y fresco*. Como sustantivo, "dulce" designa al "alimento preparado con azúcar". *Comió **dulces** de nuez*. En cuanto al adjetivo "amargo", éste designa a lo que "tiene el sabor característico de la hiel, de la quinina y otros alcaloides; cuando es especialmente intenso, produce una sensación desagradable y duradera". *La cerveza estaba tibia y le supo muy amarga*. Por lo anterior, para evitar estos oxímoros y regresar a la lógica del idioma, tendríamos que referirnos a "golosina salada" y "golosina amarga", pues el sustantivo femenino "golosina" significa "manjar delicado, generalmente dulce, que sirve más para el gusto que para el sustento". En la acotación "generalmente dulce" cabe la excepción o queda sobreentendida: Si la "golosina" es "generalmente dulce", puede ser, al margen de esa generalidad, salada, agria, agridulce, amarga, ácida, etcétera. Lo que queda claro es que el "caramelo" tiene como base el azúcar u otra sustancia dulce (miel, melaza, etcétera) y, por ello, también se le llama "dulce", cuyo antónimo es "amargo". De ahí que decir "caramelo dulce" es una redundancia. En internet leemos los ingredientes para hacer "caramelo salado casero o *toffee*": "Cien gramos de azúcar blanco, una cucharada sopera de agua, cien mililitros de nata para montar, diez gramos de mantequilla y una pizca de sal". Por más que se quiera, la pizca de sal muy poco puede hacer para neutralizar o apagar el sabor dulce de los cien gramos de azúcar; de modo que hablar y escribir de "caramelo salado" es, por lo menos, una exageración. No hay tal, al menos en esta receta donde domina lo dulce y no lo salado. Diferente sería si fuere al revés: "cien gramos de sal y una pizca de azúcar". Misterio resuelto: hay quienes le llaman "caramelo salado" a un compuesto que en realidad no es salado, pues el tofi o tofe (*toffee* en inglés), de acuerdo con la Wikipedia, es "un dulce cremoso que se hace con caramelo en almíbar y se le añade mantequilla y crema de leche", y en el *Gran Larousse español-inglés, english-spanish*, *toffee* y *toffy* designan a un "caramelo masticable", en tanto que *toffee* es, también, cualquier caramelo y, como verbo, equivale a "caramelizar". Que no bromeen, por favor, con el "caramelo salado", cuyo paraíso es internet, el mismo mundo sin orillas del "dulce amargo". (Podemos decir y escribir "chocolate amargo", pero no "dulce amargo".) A éste le llaman también "salsa de caramelo salado", pero es revelador que en el sitio "Cocina y vino" publiquen la receta con el siguiente encabezado: "Salsa de **caramelo salado, ¡pero es dulce!**", y precisen: "Si bien sigue siendo dulce, se caracteriza por la presencia de sal marina que le da un perfecto toque salado equilibrador". Por supuesto, esto último es inexacto: la poca sal no consigue el equilibrio con la mucha azúcar, sino que, apenas, "le da un toque salado". Domina el sabor dulce, de tal manera que el caramelo sigue siendo dulce, como lo es por definición. Probablemente, ya no podamos hacer mucho por evitar este disparate y el del "dulce amargo", debido a la gran difusión que tienen en internet, pero, al menos, no contribuyamos a legitimarlos con el uso. Estrictamente, no existe el "caramelo salado", en tanto que el "dulce amargo" se consigue en la tienda de disparates.

☞ Google: 313 000 resultados de "caramelo salado"; 276 000 de "caramelo dulce"; 267 000 de "dulce amargo"; 48 400 de "dulces amargos"; 48 200 de "caramelos salados". ☒

☞ Google: 2 300 000 resultados de "chocolate amargo"; 138 000 de "postres salados"; 27 900 de "golosinas saladas"; 5 960 de "postre salado"; 1 230 de "golosina salada". ☑

43. cardíaca, ¿*cardíaca del corazón?*, cardíaco, ¿*cardíaco del corazón?*, ¿*cardíaca en el corazón?*, ¿*cardíaco en el corazón?*, cardio-, -cardio, corazón

Muchas redundancias brutas se cometen, y acometen, porque los hablantes y escribientes del español ignoran el significado de una determinada palabra, y no se detienen, ni por un instante, a poner en duda lo que dicen y escriben, pues, si lo hicieran, irían a las páginas del diccionario. Tal es el caso de las redundancias "cardíaco del corazón" y "cardíaco en el corazón". La mayor parte de las personas sabe qué es el "corazón", pero ignora el significado del adjetivo "cardíaco" (también "cardiaco"). Ahí reside el problema. El sustantivo masculino "corazón" (del latín *cor*) significa, en su acepción principal, "órgano de naturaleza muscular, común a todos los vertebrados y a muchos invertebrados, que actúa como impulsor de la sangre y que en el hombre [esto es, en el ser humano, y no únicamente en el varón] está situado en la cavidad torácica" (DRAE). Ejemplo: *Tiene una rara patología en el* **corazón**. De ahí el adjetivo y sustantivo "cordial" (del latín *cor, cordis*, "corazón", "esfuerzo", "ánimo"), relativo al corazón, "que tiene virtud para fortalecer el corazón" y "afectuoso, de corazón" (DRAE). Ejemplos: *Dedo* **cordial**; *Abrazos* **cordiales**. De ahí también el desusado adjetivo "cordíaco" (también "cordiaco"), del latín *cordiăcus*, que derivó en el adjetivo y sustantivo "cardíaco" (del latín *cardiăcus*, y éste del griego *kardiakós*), con dos acepciones: "perteneciente o relativo al corazón" y, aplicado a la persona, "que padece una dolencia de corazón". Ejemplo: *El paciente llegó con dolencias* **cardíacas**. De ahí el sustantivo masculino "miocardio" (de *mio-* y *-cardio*): "Parte musculosa del corazón de los vertebrados, situada entre el pericardio y el endocardio" (DRAE). Ejemplo: *Falleció de un infarto agudo al* **miocardio**. De ahí, también, múltiples derivados. Lo "cardiáceo" (adjetivo) es lo "que tiene forma de corazón"; la "cardialgia" (sustantivo femenino) es el "dolor agudo que se siente en el 'cardias' ('orificio que sirve de comunicación entre el estómago y el esófago') y oprime el corazón"; la "cardiología" (sustantivo femenino) es el "estudio del corazón y de sus funciones y enfermedades"; el "cardiólogo" (sustantivo) es el "médico especializado en las enfermedades del corazón", etcétera. El elemento compositivo "cardio-" (prefijo), y "-cardio" (sufijo), del griego *kardio*, significa "corazón". Acerca de los derivados de "cor" ("corazón", en latín), entre los cuales destacan "cordial", "cordialidad" y "cordialmente", hay que precisar que "mandar a alguien un **saludo cordial**" es saludarlo **con el corazón**; "tratar a alguien con **cordialidad**" es apreciarlo **de corazón**, y utilizar el adverbio "**cordialmente**", en forma de despedida en una carta, por ejemplo, es expresarle que se le saluda **con el corazón** o **de todo corazón**. Por ello es un desbarre redundante decir, por ejemplo: *Quiero agradecerles* **cordialmente** *de* **corazón** *su presencia*. Basta decir "cordialmente" o basta decir "de corazón". Las frecuentes redundancias "cardíaco del corazón" y "cardíaco en el corazón", se producen, como ya advertimos, por desconocer el significado del adjetivo y sustantivo "cardíaco".

Profesionistas diversos, médicos inclusive, cometen esta redundancia abundante en las páginas de internet, pero también en las publicaciones impresas, incluidas las especializadas en medicina y enfermería. Obviamente, también están en el periodismo. En el sitio de internet *Semantic Scholar* leemos el siguiente titular:

♀ "Muerte súbita **cardiaca en el corazón** estructuralmente normal".
Lo correcto, sin redundancia:
✍ Muerte súbita **en el corazón** estructuralmente normal.

✎ He aquí otros ejemplos de estas redundancias: "Disminución de la frecuencia **cardíaca en el corazón**" (si es frecuencia cardíaca no puede estar en el hígado o en los riñones, mucho menos en las patas), "taquicardia o aumento de la frecuencia **cardíaca en el corazón**", "alteración de la función **cardiaca en el corazón** remodelado", "regulación de la frecuencia **cardiaca en el corazón** de la rana", "observó protección **cardíaca en el corazón** de las ratas diabéticas", "mantener o restablecer la función **cardíaca en el corazón** enfermo", "este nuevo sistema puede localizar el origen de la excitación **cardíaca en el corazón**", "propagación del impulso **cardíaco en el corazón**", "un soplo **cardíaco en el corazón** del bebé", "reconstrucción del flujo **cardíaco en el corazón** de un paciente concreto" (¿habrá pacientes inconcretos?), "las células del músculo **cardíaco en el corazón**", "estamos investigando cómo, cuanto y a qué velocidad se produce el deterioro **cardiaco en el corazón** durante un viaje espacial", "frecuencia **cardíaca del corazón**", "sistema de conducción eléctrica **cardiaca del corazón**", "ver el efecto de las contracciones mientras monitorean la frecuencia **cardíaca del corazón**", "un ritmo **cardíaco del corazón** en descanso de 130 a 150 latidos por minuto es normal para un recién nacido", "un implante suplanta el bombeo **cardiaco del corazón**", "arritmias **cardíacas en el corazón** enfermo", "cierre de las válvulas **cardíacas en el corazón**", "hipertrofia patológica de las células **cardíacas del corazón**", "cavidades **cardiacas del corazón**" y, como siempre hay algo peor, "ruidos **cardiacos del corazón**".

☞ Google: 204 000 resultados de "cardíaca en el corazón"; 153 000 resultados de "cardíaco en el corazón"; 69 300 de "cardíaca del corazón"; 49 900 de "cardíaco del corazón"; 48 400 de "cardíacas en el corazón"; 8 310 de "cardíacas del corazón"; 7 450 de "cardíacos del corazón". ☒

44. casualidad, *¿casualidad imprevista?*, *¿casualidad repentina?*

¿Hay casualidades que no sean imprevistas o repentinas? Si atendemos a la definición del sustantivo femenino "casualidad" veremos que no. El sustantivo femenino "casualidad" tiene la siguiente definición en el diccionario académico: "Combinación de circunstancias que no se pueden prever ni evitar". Ejemplo: *Lo había estado buscando sin éxito, y se lo encontró en la calle por casualidad.* De ahí el adjetivo "casual" (del latín *casuālis*): "Que sucede por casualidad" (DRAE). Ejemplo: *Fue casual que se encontraran.* De ahí también el adverbio "causalmente": "Por casualidad, impensadamente". Ejemplo: *Se encontraron casualmente.* En cuanto al adjetivo y sustantivo "imprevisto", éste significa "no previsto", contrario del sustantivo femenino "previsión" (del latín *praevisio, praevisiōnis*): "Acción y efecto de prever" y "acción de disponer lo conveniente para atender a contingencias o necesidades previsibles" (DRAE). Ejemplo:

Tomaron las **previsiones** *que exigía el caso.* En cuanto al adjetivo "repentino" (del latín *repentīnus*), su significado es "pronto, impensado, no previsto". Ejemplo: *Sucedió de manera* **repentina**. De ahí el adverbio "repentinamente", que significa "de repente, súbitamente, sin preparación". Ejemplo: *Ocurrió* **repentinamente**. Queda claro, entonces, que toda "casualidad" es "imprevista" y "repentina"; por ello, decir y escribir "casualidad imprevista" y "casualidad repentina" es incurrir en brutas redundancias.

Se trata de desbarres redundantes del ámbito culto, propios de personas perezosas que no utilizan la lógica ni abren jamás un diccionario de la lengua española. Profesionistas muy tiesos que abofetean a los demás con sus grados académicos, y hasta escritores galardonados, se refieren campanudamente a "casualidades imprevistas" y "casualidades repentinas". En el libro *Érase una vez en La Habana* leemos lo siguiente:

♀ "que comprendieran que el descubrimiento de América no había sido una **casualidad imprevista**".

Con corrección, debió escribir el autor que

♂ el descubrimiento de América no fue una **casualidad**, y punto.

🖊 He aquí otros ejemplos de estas redundancias cultas: "El atropellarlo fue una **casualidad imprevista**", "sólo por la **casualidad imprevista** de recibir la absolución", "por una **casualidad imprevista** se confió", "la vida es una **casualidad imprevista**", "esta ocurrencia fue una **casualidad imprevista**", "ha surgido una **casualidad imprevista**", "considera este tipo de operaciones como **casualidades imprevistas**", "el maravilloso destino volvió a sorprender con sus **casualidades imprevistas**", "el resultado de **casualidades imprevistas** que siguen asombrándome", "por una de esas hermosas **casualidades imprevistas**", "soy el delirio de las **casualidades imprevistas**", "no han sido fruto de la **casualidad repentina**", "no era una **casualidad repentina**", "creo en la **casualidad repentina**".

☞ Google: 1 350 resultados de "casualidad imprevista"; 1 100 de "casualidades imprevistas"; 1 020 de "casualidad repentina". ☒

45. ¿catacumba?, ¿catacumba subterránea?, catacumbas, ¿catacumbas subterráneas?, catatumba, caverna, caverna subacuática, caverna submarina, caverna subterránea, cavernas subacuáticas, cavernas submarinas, cavernas subterráneas, cueva, ¿cueva bajo tierra?, cueva subacuática, cueva submarina, ¿cueva subterránea?, cuevas, ¿cuevas bajo tierra?, cuevas subacuáticas, cuevas submarinas, ¿cuevas subterráneas?, gruta, gruta subterránea, grutas, grutas subterráneas

Algunas redundancias se producen cuando, sin consultar el diccionario, consideramos equivalentes ciertos términos que, debido a sus matices, no son exactamente sinónimos. Tales son los casos de "catacumbas subterráneas" y "cueva subterránea", redundancias por definición, pero que, como sustantivos no calificados, pueden ser voces afines de "caverna" y "gruta". Veamos por qué. Partamos del adjetivo y sustantivo "subterráneo" (del latín *subterraneus*). En su calidad de adjetivo significa "que está debajo de tierra" (DRAE). Ejemplo: *Es una estación subterránea del metro*. En su calidad de sustantivo significa "lugar o espacio que está debajo de tierra" (DRAE). Ejemplo: *Concierto en el subterráneo*. De ahí el adverbio "subterráneamente" ("por debajo de tierra"). Ejemplo: *Hay ríos que fluyen subterráneamente*. Cabe señalar que estos términos son compuestos, pues el elemento compositivo "sub-" (del latín *sub-*) es prefijo que significa "bajo" o "debajo de" (como en "subacuático", "debajo del agua", y "submarino", "debajo del mar"); en tanto que el elemento "-terráneo" es derivado del sustantivo femenino "tierra" (del latín *terra*): "Superficie del planeta Tierra, especialmente la que no está ocupada por el mar" (DRAE). Comprendido esto, pasemos a los sustantivos "catacumbas", "caverna", "cueva" y "gruta", términos que, por definición, como ya advertimos, no son exactamente sinónimos. Por definición, el término "catacumbas" (del latín tardío *catacumbae*) es sustantivo femenino plural (el DRAE admite **únicamente** el plural) que significa "subterráneos en los cuales los primitivos cristianos, especialmente en Roma, enterraban a sus muertos y practicaban las ceremonias del culto". Ejemplo: *Las catacumbas de San Calisto, en Roma*. Dado que las "catacumbas" son "galerías subterráneas", tiene sentido que el singular, "catacumba", sea desautorizado, pues la lógica impide singularizar estos espacios subterráneos, aunque haya quienes se refieran a "**la catacumba** de San Calixto", y la edición española de un libro de Arthur Conan Doyle tenga por título *La catacumba nueva* (*The new catacomb*, en el original), porque en inglés sí existe el singular para este término. Lo cierto es que muchísima gente cree, equivocadamente, que "catacumba" es equivalente de "tumba" (del latín tardío *tumba*, y éste del griego *týmbos*, "túmulo"), sustantivo femenino que significa "lugar en el que está enterrado un cadáver" (DRAE). Es obvio que en las "catacumbas" hay "tumbas", pero, por definición, las "tumbas" no son "catacumbas", ni mucho menos "catatumbas", como dicen los más despistados", confundiendo "volteretas" mexicanas con "tumbas". Ejemplo de este horror: *La catatumba de París*. Más lógica es la existencia del grupo español musical Orquesta **Catacumbia**, que hace que hasta los muertos peguen brincos en las catacumbas. Y, si aún no existen, deberíamos crear las "**caca**tumbas", lugar ideal para enterrar, ya difuntos, por supuesto, y al ritmo de "Macumba", a los pillos, ladrones, asesinos, "exasesinos" y políticos a granel. El sustantivo femenino "caverna" (del latín *caverna*) significa "cavidad profunda, subterránea o entre rocas" (DRAE). Ejemplo: *Los hombres prehistóricos de las cavernas*. En cuanto al sustantivo femenino "cueva" (del latín vulgar *cova*), el diccionario académico lo define como "cavidad subterránea más o menos extensa, ya natural, ya construida artificialmente". Ejemplo: *La cueva de Altamira, en España, es el*

primer lugar del mundo en el que se identificó la existencia del arte rupestre del paleolítico.
Finalmente, el sustantivo femenino "gruta" (del napolitano antiguo o siciliano *grutta*,
éste del latín vulgar *crupta*, éste del latín *crypta*, y éste del griego *cripta*, derivado de
krýptein, "ocultar") significa "caverna natural o artificial" y "estancia subterránea artificial que imita más o menos los peñascos naturales" (DRAE). Ejemplo: *En el recorrido turístico entramos a una **gruta** donde había murciélagos.* Queda claro, de acuerdo con
las definiciones, que las "catacumbas" y las "cuevas" son siempre subterráneas; de
ahí que decir y escribir "catacumbas subterráneas" y "cuevas subterráneas" constitu-
yan gruesas redundancias, pues no hay "catacumbas" ni "cuevas" que no sean "subterráneas", a pesar de que María Moliner, en el DUE, discrepe del DRAE y defina "cueva"
como "cavidad en la superficie de la tierra o en el interior de ella, natural o artificial"
y nos remita a "caverna". A nuestro juicio, en esta ocasión, se equivoca Moliner. Puede admitirse, en sentido figurado, que una precaria vivienda se estigmatice, coloquialmente, como una "cueva" y que se pueda decir, también en sentido figurado,
que la Cámara de Diputados es una "cueva de ladrones" (en referencia a la cueva de
"Ali Babá y los cuarenta ladrones", cuento perteneciente al libro *Las mil y una noches*)
pero, estrictamente, las "cuevas" no están en la superficie de la tierra, sino debajo de
ella. Puede hablarse incluso de "cuevas subacuáticas" o "cuevas submarinas", pero,
para el caso, están también bajo la superficie terrestre. Por definición, no se cometen
redundancias si nos referimos a "cavernas y grutas subterráneas", pues las "cavernas" y las "grutas" pueden ser subterráneas, y también submarinas, pero, asimismo,
pueden localizarse, en la superficie de la tierra, entre rocas o peñascos. Entendido lo
anterior, y revisadas las definiciones, son formas redundantes "catacumbas subterráneas" y "cueva subterránea" más su plural, además de las variantes "cueva bajo tierra"
y "cuevas bajo tierra"; asimismo, es erróneo el singular "catacumba", pues en español
este sustantivo siempre se pluraliza en función de su significado.

Estos habituales yerros pertenecen al ámbito culto del idioma, pero se han ido ge-
neralizando. Abundan lo mismo en internet que en las publicaciones impresas. En
el sitio de noticias de *Univisión* leemos lo siguiente:

♀ "Un grupo de exploradores descubrió una red de **cuevas subterráneas** de 15,000
años de antigüedad, **debajo** de la ciudad canadiense de Montreal".

Obviamente, si las cuevas están debajo de la ciudad de Montreal son subterráneas.
Pero más allá de esta torpeza sintáctica y semántica, las cuevas siempre son subterráneas; por lo cual, el sitio noticioso de *Univisión* debió informar simple, pero precisamente que

♂ un grupo de exploradores descubrió una red de **cuevas**, de 15 000 años de antigüedad, en Montreal, Canadá. (¡Nadie imaginaría que esa red de cuevas está arriba y
no debajo de la ciudad canadiense!)

✐ Van otros pocos ejemplos de estas barbaridades: "La **catacumba** de Domitila es una de las más extensas de toda Roma", "encuentran en Egipto una **catacumba** de la Antigua Roma con restos de momias de hace 2.000 años" (será una tumba, ¡no una catacumba!, pero lo publicó en su sección de cultura el diario español *ABC*), "el Vaticano alumbra tesoros antiguos de **cata-cumba**", "**catacumba** de San Calixto", "antiguas imágenes de los apóstoles fueron halladas en una **catacumba**", "formación de las **cuevas subterráneas**", "conoce las 10 **cuevas subterráneas** más famosas del mundo", "impresionante complejo de **cuevas subterráneas**", "**cuevas subterrá-neas** de Núremberg", "**cuevas subterráneas** de San José y Peñíscola", "**cuevas subterráneas** des-piertan admiración de científicos" (más admiración despertarían si fuesen cuevas aéreas), "esta es la **cueva subterránea** más profunda del mundo", "show dentro de una **cueva subterránea** en Teotihuacán", "descubren estructuras neandertales en una **cueva subterránea** de Francia", "pin-turas rupestres de los antiguos mayas en una **cueva subterránea** de Yucatán", "extraña **cueva subterránea** que brilla en la oscuridad", "obsesivo interés por conocer la **catacumba**", "celebrar misa en la **catacumba**", "la **catacumba** perdida", "visita a una **catacumba**", "una **catacumba** de la Via Salaria fue descubierta accidentalmente", "descubren una **catacumba** con momias", "Roma: Visita guiada de las **catacumbas** subterráneas" (es bueno que lo aclaren, para que no lleven a los turistas a las catacumbas de la fuente de Trevi), "tour privado de **catacumbas subterráneas**", "las **catacumbas subterráneas** fantasmales", "paseo oscuro de la **cueva bajo tierra**", "localizan una antigua iglesia en una **cueva bajo tierra**", "vive en una **cueva bajo tierra**" (por favor, llévenlo a vi-vir a una cueva sobre tierra), "un impresionante complejo de **cuevas bajo tierra**", "paseos en **cuevas bajo tierra**", "una gran **catacumba subterránea** donde los judíos eran enterrados", "im-presionante **catacumba subterránea**", "**catatumbas** de Roma Imperial", "fueron encontrados en las **catatumbas** de Roma", "un paseo tenebroso por las **catatumbas** de París" y, como siempre hay algo peor, "descubre el encantado **laberinto bajo tierra de** las **catatumbas** de París".

☞ Google: 540 000 resultados de "catacumba"; 68 600 de "cuevas subterráneas"; 57 300 de "cueva subterránea"; 53 800 de "la catacumba"; 23 200 de "una catacumba"; 19 100 de "ca-tacumbas subterráneas"; 9 750 de "cueva bajo tierra"; 6 730 de "cuevas bajo tierra"; 1 360 de "catacumba subterránea"; 1 000 de "catatumbas de Roma"; 500 de "catatumbas de París". ☒

46. cerrar, *¿cerrar la puerta de un portazo?*, *¿dar un portazo con la puerta?*, portazo, *¿portazo contra la puerta?*, *¿portazo en la puerta?*, puerta

Hay redundancias tan brutas, que la lógica nos hace suponer que muy pocas per-sonas incurrirían en ellas, ¡hasta que la realidad nos demuestra lo contrario! Es el caso de las expresiones "cerrar la puerta de un portazo", "dar un portazo con la puer-ta", "dar un portazo en la puerta", "pegar un portazo en la puerta", "portazo contra la puerta" y sus múltiples variantes; algo así como decir "cabezazo con la cabeza" que, aunque sea cosa de no creerse, tiene algunos resultados en Google. Ejemplo: "Le doy un **cabezazo con la cabeza** pero me caigo al suelo". Las expresiones con la secuencia "cerrar la puerta de un portazo" y "portazo en la puerta" son de uso tan amplio que aparecen incluso en libros de escritores y traductores que, según se ve, nunca han consultado un diccionario. El sustantivo femenino "puerta" (del latín *porta*) tiene la siguiente acepción principal en el diccionario académico: "Vano de forma regular abierto en una pared, una cerca, una verja, etc., desde el suelo hasta una altura conveniente, para poder entrar y salir por él", y, como acepción secundaria (que es la que nos importa en este caso), "armazón de madera, hierro u otra materia, que, engoznada o puesta en el quicio y asegurada por el otro lado con llave, cerrojo u otro instrumento, sirve para impedir la entrada y salida, para cerrar o abrir un armario o un mueble". Ejemplos: *En Madrid, visitamos la **Puerta** de Alcalá; Entró a la habitación y puso el seguro a la **puerta** para que nadie lo molestara*. De ahí el sustantivo masculino "portazo": "Golpe dado por una puerta que se cierra o es cerrada violentamente" (DUE). Ejemplos de María Moliner: *Se marchó dando un **portazo**; La puerta dio un **portazo** con el viento*. Este segundo ejemplo es típicamente español, con la habitual redundancia coloquial de los españoles, pues en España, donde tienen su reino el desbarre "portazo en la puerta" y sus derivados, los pleonasmos y las redundancias son cosas de todos los días y no los consideran erróneos, sino simplemente enfáticos, aunque lo cierto es que son prolongadas rebuznancias. Es tanto como decir que "la ventana dio un ventanazo" y, peor aún, "con el viento". A partir del ejemplo de Moliner puede perfectamente construirse una expresión sin redundancia: *El viento ocasionó (o produjo) un **portazo***, y sanseacabó. Es lo correcto; del mismo modo que lo correcto es decir y escribir "cerró de un portazo", "cerró con un portazo", "pegó un portazo" y no "**cerró la puerta de un portazo**" ni "**cerró la puerta con un portazo**" ni "**pegó un portazo con la puerta**". La lógica y el sentido común se imponen.

Por supuesto, los españoles influyen también, con sus pleonasmos y redundancias, en los demás países hispanohablantes, y estos "portazos en la puerta" ya se oyen y se leen en América hasta en personas que presumen de una sólida cultura. En la traducción española de la novela *Un hombre de ley* (Madrid, Harlequin Internacional), de Judith Stacy, leemos lo siguiente:

♀ "La señora salió de la habitación y **cerró la puerta de un portazo**".

El traductor o la traductora (no se da el crédito correspondiente) tenía varias opciones para expresar esto mismo con corrección, sin redundancia, competentemente. Entre ellas, tres sencillísimas:

☼ La señora salió de la habitación **dando un portazo**; La señora salió de la habitación y **cerró con un portazo**; La señora salió de la habitación y **cerró de un portazo**.

🖉 No es nada del otro mundo; simplemente corrección idiomática, a partir del uso de la lógica, el sentido común y el significado de las palabras. He aquí otros ejemplos de estas rebuznancias dignas del patíbulo: "Kathy **cerró la puerta de un portazo**", "George regresó, **cerró la puerta de un portazo** a sus espaldas con la misma violencia", "Hasta luego —dijo, y **cerró la puerta de un portazo**", "fue directo a su dormitorio y **cerró la puerta de un portazo**", "Macy **cerró la puerta de un portazo** y vio unos estantes los que había varias cajas grandes", "Josiah ni siquiera esperó a que llegase al final de las escaleras para **cerrar la puerta de un portazo** a su espalda", "Panicacci volvió a **cerrar la puerta de un portazo**", "en estos casos lo conveniente es **cerrar la puerta de un portazo**", "este adolescente consiguió lo que se merecía después de **cerrar la puerta de un portazo** en las narices de su padre reiteradas veces", "sólo escuché el **portazo en la puerta**", "arribó casi una hora después sólo para recibir casi un **portazo en la puerta** de la propietaria", "consiguió escapar hacia otra habitación **cerrando la puerta de un portazo**", "**cerrando la puerta de un portazo** tras ellos", "salió corriendo tras su hermano **cerrando la puerta de un portazo**", "**cerré la puerta de un portazo** y busqué a tientas el pestillo", "volví dentro y **cerré la puerta de un portazo**", "escuchando cómo se aleja **dando un portazo en la puerta**", "salió de ese lugar **dando un portazo en la puerta**", "la casa tembló cuando **dio un portazo en la puerta**", "**dio un portazo en la puerta** y empezó a hablar", "de pronto se oían voces y **portazos en la puerta**", "unos **portazos en la puerta** me sacan de mis pensamientos", "la **puerta dio un portazo al cerrarse**", "en ese mismo instante, la **puerta dio un portazo**", "entró y **cerró la puerta dando un portazo**", "Álex tomó aire, entró y **cerró la puerta dando un portazo**", "rugió antes de **dar un portazo con la puerta**", "no pudo evitar gruñir y **dar un portazo con la puerta** de la habitación", "trató de **cerrar la puerta dando un portazo**", "lo más seguro es **cerrar la puerta dando un portazo**", "puedes **pegar un portazo en la puerta** e irte muy digno de la conversación", "se escucha a Severiano **pegar un portazo en la puerta** de la casa", "escuché como si hubiera dado un **portazo contra la puerta**", "Luna se dio la vuelta y **pegó un portazo con la puerta**", "me despertaste cuando entraste anoche y **diste un portazo con la puerta** de la entrada", "fue como **dar un portazo con la puerta** de una casa", "le había provocado la herida al aplastarle la mano **de un portazo con la puerta** de la entrada". ¡Y basta!

☞ Google: 52 700 resultados de "cerró la puerta de un portazo"; 51 200 de "cerrar la puerta de un portazo"; 31 800 de "portazo en la puerta"; 31 400 de "cerrando la puerta de un portazo"; 19 500 de "cerré la puerta de un portazo"; 8 010 de "dando un portazo en la puerta"; 7 350 de "dio un portazo en la puerta"; 5 190 de "portazos en la puerta"; 1 890 de "la puerta dio un portazo"; 1 610 de "cerró la puerta dando un portazo"; 1 580 de dar un portazo con la puerta"; 1 310 de "cerrar la puerta dando un portazo"; 1 000 de "pegar un portazo en la puerta"; 1 000 de "portazo contra la puerta". ☒

47. clímax, ¿clímax máximo?, máximo, ¿máximo clímax?

A los psicólogos y a otros profesionistas les ha dado por referirse al "clímax máximo" o al "máximo clímax". Les hace falta consultar el diccionario, y usar la lógica, materia que, probablemente, reprobaron en la preparatoria, pues el sustantivo masculino "clímax" (del latín tardío *climax*, y éste del griego *klîmax*: "escala", "punto culminante") significa "punto más alto o culminación de un proceso". Incluso, en retórica, "clímax" es el "término más alto del clímax", lo cual quiere decir que más allá del "clímax" lo que empieza es el descenso o la declinación. Obviamente, la principal razón de esto es que el "clímax" es de muy corta duración. Ejemplos: *Los amantes alcanzaron el clímax*; *La obra alcanzó su clímax*. Dicho de otro modo: más allá del clímax no hay clímax, y por ello decir y escribir "clímax máximo" y "máximo clímax" son rebuznancias dignas del paredón, pues el adjetivo "máximo" (del latín *maxĭmus*) significa "más grande que cualquier otro en su especie" y, en su calidad de sustantivo, "límite superior o extremo a que puede llegar algo" (DRAE), es decir, lo más alto, lo más elevado. Ejemplo: *Dio su **máximo** esfuerzo*; *Alcanzó lo **máximo***. Queda claro que no hay "clímax" mínimo ni "clímax" intermedio; todo "clímax" es el punto más alto o culminante al que se puede llegar o que se puede alcanzar. Muchos menos son los que hablan y escriben de "clímax mínimo", lo que, por supuesto, no es un "clímax", sino un sinsentido.

Por supuesto, estos disparates redundantes, más su ridículo contrasentido, son eminentemente cultos y, en especial, del ámbito universitario. Está en los diarios impresos y en internet, pero aparece con frecuencia en libros y ensayos de profesionistas muy destacados que tampoco abren un diccionario ni en defensa propia. En un libro (*La Identidad Cero*) leemos lo siguiente:

♀ "el **clímax máximo** en el movimiento de la expansión universal".

Lo correcto es, simplemente,

♂ el **clímax** en el movimiento de la expansión universal.

✎ Van algunos ejemplos de estos yerros cultísimos: "En el **clímax máximo** de su grandeza", "lograr que una mujer alcance el **clímax máximo**", "llegó a su **clímax máximo** en los sótanos de Louvre", "las batallas alcanzan su **clímax máximo**", "ese momento donde todo revienta y se llega al **clímax máximo**", "en el **clímax máximo** del desprestigio de la clase política", "luego del **máximo clímax** viene la calma", "el drama social alcanza su **máximo clímax**", "es un momento de **máximo clímax**", "puede terminar en el **máximo clímax**", "la saga *Misión imposible* llega a su **clímax más alto**", "una búsqueda constante en alcanzar el **clímax más alto**", "estas últimas semanas han sido su clímax **más alto**" y, como siempre hay algo peor, "que sepa cómo llevarte al **clímax mínimo**" y "no se llega ni a un **clímax mínimo**" (¡pues no, porque eso no es clímax!).

☞ Google: 37 900 resultados de "clímax máximo"; 11 000 de "máximo clímax"; 5 210 de "clímax más alto". ☒

48. colaborar, ¿*colaborar conjuntamente*? ¿*colaborar juntos*?, ¿*conjuntamente con*?

Si dos o más personas "colaboran" es obvio que "laboran" (trabajan) "juntas", es decir, que lo hacen "**con**juntamente". Por ello, las expresiones "colaborar **con**juntamente" y "**co**laborar juntos" son disparatadas redundancias, aunque todos los días las usen no sólo los políticos, sino también los académicos y profesionistas en las universidades. El prefijo "co-" (también "con-") es un elemento compositivo que expresa "participación o cooperación", como en "coheredero", "condiscípulo", "conllevar", "consocio", "cooperar", "corresponsable", entre otros; y, por supuesto, "colaborar", "colaborador", "colaboradora", etcétera. Literalmente, como hemos dicho, "**co**laborar" es "trabajar juntos", pues el verbo transitivo "laborar" (del latín *laborāre*) significa "labrar", en tanto que "labrar", también transitivo y que comparte la misma raíz de "laborar", significa, en la quinta acepción del DRAE, "trabajar en un oficio". Ejemplo: *Trabajar cansa*. De ahí el verbo intransitivo "colaborar" (del latín *collaborāre*): "Trabajar con otra u otras personas en la realización de una obra" (DRAE). Ejemplo: *Todos los alumnos **co**laboraron para mejorar su salón de clases*. Quien "**co**labora" es el "**co**laborador", adjetivo que significa "compañero en la realización de una obra". Pero si ya el prefijo "co-" (o "con-") es la marca explícita en un determinado vocablo para significar que se trabaja en compañía o con la participación de otra u otras personas, agregar a ello el adjetivo "junto" (del latín *iuntus*) es desbarrar en la peor redundancia, pues este adjetivo significa, usado generalmente en plural, "que obra o que es juntamente con otra persona a la vez o al mismo tiempo que ella" (DRAE). Es correcto decir y escribir: *Juntos, los alumnos **trabajaron** para mejorar su salón de clases*, pero es incorrecto decir y escribir: *Todos los alumnos **colaboraron juntos** para mejorar su salón de clases*. Igual de redundante es la añadidura del adverbio "conjuntamente", que significa "de manera conjunta", esto es "unido o contiguo a otra u otras personas o cosas", de tal forma que integran un "conjunto" (del latín *coniuctus*): "agregado de varias personas o cosas". Por lo tanto, es también una bárbara redundancia decir y escribir *Todos los alumnos **colaboraron conjuntamente** para mejorar su salón de clases*, pues si "**co**laboraron" es obvio que lo hicieron "de manera **con**junta", es decir "**con**juntamente" o en "**con**junto". Por cierto, con el adverbio "conjuntamente" y la preposición "por" se forma la locución preposicional "conjuntamente por", del todo correcta, como en el siguiente ejemplo: *El ciclo de cine está **organizado conjuntamente** por el Ayuntamiento y la Filmoteca*. (Otra forma de decirlo es que *El ciclo de cine está **coorganizado** por el Ayuntamiento y la Filmoteca*, pues "coorganizar" es sinónimo de "organizar conjuntamente".) La redundancia se produce al agregar a "**con**juntamente" la preposición "con" (del latín *cum*) que, en su sexta acepción significa "juntamente y en compañía" (DRAE), para producir el engendro "conjuntamente con". Ésta es muletilla del ámbito académico y profesional, no muy consecuente con la lógica, puesto que no se repara que si es "**con**juntamente" esto equivale a "juntamente con" y a "junto con", ya que no otra cosa es "**con**juntamente", y llega a extremos horripilantes como en el siguiente ejemplo: *Fulano y Mengano **colaboraron conjuntamente con** otros **compañeros***, cuando lo correcto es decir y escribir: *Fulano y Mengano trabajaron **junto con** otros investigado-res*. Lo correcto no es "conjuntamente con", sino "juntamente con" o "junto con". En una consulta que hace un corrector colombiano, con respecto a esta locución, al De-partamento de "Español al día", de la Real Academia Española, se le responde que "la locución **conjuntamente con** es correcta", y le ofrecen el siguiente ejemplo: *Vamos a estudiar la poesía renacentista española **conjuntamente con** la italiana*. Éste es el tipo de desbarres que divulga y oficializa la RAE. Lo correcto es decir y escribir: *Vamos a es-tudiar la poesía renacentista española **juntamente con** la italiana* o *Vamos a estudiar la poesía renacentista española **junto con** la italiana*. Preguntarles por la corrección de re-dundancias y pleonasmos a los españoles (los reyes de la baraja en la redundancia y el pleonasmo) es como pedirles a los borrachos que nos aconsejen acerca de la so-briedad. En fin, Borges seguirá teniendo razón: "El español es un idioma arduo, en especial para los españoles".

Estos desbarres redundantes pertenecen al ámbito culto de la lengua. El mundo está lleno de profesionistas y de académicos que "colaboran conjuntamente" y "cola-boran juntos", haciéndolo "conjuntamente con", porque están reñidos con la lógica. Por supuesto, estos desbarres han pasado a internet y se han multiplicado "así como Cristo multiplicó los penes" (Nicolás Maduro *dixit*). En el diario mexicano *El Univer-sal* leemos lo siguiente:

♀ "México y Estados Unidos coincidieron en la necesidad de **colaborar juntos**".

Lo correcto es informar que

♂ México y Estados Unidos acordaron estrategias de **colaboración**.

✍ He aquí unos pocos ejemplos de estos desbarres que poca gente advierte: "Trabaja **con-juntamente con** una compañía de prótesis", "conferencia **conjuntamente con** el Centro de Educación Infantil", "la Contraloría General **conjuntamente con** los vecinos", "que revise **con-juntamente con** Movilidad el proyecto", "**conjuntamente con** asociaciones universitarias", "tra-baja **conjuntamente con** agencias de publicidad", "sector empresarial trabajará **conjuntamente con** AMLO", "quizás podamos **colaborar juntos**", "Maluma y Madona volverán a **colaborar jun-tos** de nuevo", "hombre y mujer deben **colaborar juntos**", "no somos capaces de **colaborar juntos**", "**Colaboremos Juntos**" (nombre de una asociación), "Quiere que **colaboremos jun-tos** en un nuevo proyecto", "**colaboremos juntos** para construir un México distinto", "seguir **colaborando juntos**", "trabajadores de oficina **colaborando juntos**", "**colaborar conjuntamen-te** con nuestra comunidad", "acuerdan **colaborar conjuntamente** para fomentar el turismo de negocios", "estudian **colaborar conjuntamente**", Rosalía y Beyoncé podrían **colaborar juntas**", "aprender, empoderarse y **colaborar juntas**", "ambas áreas **colaboran conjuntamente** en el di-seño", "**colaboran conjuntamente** para fomentar el ahorro", "médicos cubanos y estadouni-denses **colaboran juntos**", "**colaboran juntos** en las oficina", "**colaborando conjuntamente** en proyectos de diseño", "**colaborando conjuntamente** en la limpieza de playas", "empresas y ONG **colaboran juntas**", "estábamos **colaborando juntas** en distintos casos".

☞ Google: 11 200 000 resultados de "conjuntamente con"; 134 000 de "colaborar juntos"; 44 000 de "colaboremos juntos"; 38 300 de "colaborando juntos"; 34 100 de "colaborar conjuntamente"; 30 300 de "colaborar juntas"; 29 400 de "colaboran conjuntamente"; 28 000 de "colaboran juntos"; 10 400 de "colaborando conjuntamente"; 4 160 de colaboran juntas"; 3 630 de "colaborando juntas". ☒

49. comicios, ¿*comicios electorales?*, ¿*comisios?*, ¿*comisios electorales?*, electorales

¿Hay comicios que no sean electorales? La respuesta es no. El sustantivo masculino plural "comicios" (del latín *comitium*) posee la siguiente acepción en el DRAE: "Elecciones para designar cargos políticos". Ejemplo: *Se llevaron a cabo los* **comicios** *en México y los ganó la izquierda*. Una segunda acepción, de carácter histórico, es del todo específica: "Junta que tenían los romanos para tratar de los negocios públicos, y, por extensión, otras reuniones". Cuando hoy hablamos y escribimos de "comicios" nos referimos exclusivamente al significado "elecciones": "comicios" y "elecciones" son sinónimos y, siendo así, decir y escribir "comicios electorales" es una gruesa redundancia que delata que se desconoce los significados del sustantivo "comicios" y del adjetivo "electoral", pues este último posee dos acepciones en el diccionario académico: "Perteneciente o relativo a la dignidad o a la cualidad de elector" y "perteneciente o relativo a los electores o a las elecciones". Ejemplo: *La jornada* **electoral** *en México transcurrió en calma*. El sustantivo plural "elecciones" (del latín *electio, electiōnis*) significa "emisión de votos para designar cargos políticos o de otra naturaleza". Ejemplo: *Se llevaron a cabo las* **elecciones** *en México y las ganó la alianza de partidos de izquierda*. Por todo lo anterior, decir y escribir "comicios electorales" es redundante, tanto como decir y escribir "cadáver del muerto" "cadáver del difunto". Basta con decir "comicios", basta con decir "elecciones" o, si se quiere una perífrasis periodística, "jornada electoral". Con el sustantivo "comicios" se da también otro desbarre, pero no por redundancia, sino por falta ortográfica, lo que produce el desatino "comisios", que a veces se presenta hasta en encabezados de diarios impresos, y no se diga en internet.

La redundancia "comicios electorales" es del ámbito culto de la lengua, en tanto que el barbarismo "comisios" pertenece al ambiente inculto del español. En el portal de internet del diario mexicano *Reporte Índigo* leemos el siguiente encabezado:

♀ "Presidente del INE informa que están listos los **comicios electorales** en seis estados del país". Y para que veamos que se trata de un hábito, la publicación insiste en el sumario: "Lorenzo Córdova llamó a los diversos actores políticos a mantenerse, todos, en el marco de la legalidad y la civilidad para los **comicios electorales**".

Sin embargo, si escuchamos lo que realmente dijo el funcionario (el video está dentro de la misma nota informativa de *Reporte Índigo*), comprobaremos que, para referirse a los "comicios", usa los sinónimos "elecciones", "jornada electoral" y "proceso [electoral]", que es lo mismo que debieron escribir en el encabezado y el sumario en lugar de la redundancia "comicios electorales":

◌ **comicios, elecciones, jornada electoral o proceso electoral.**

✐ He aquí otros ejemplos de esta redundancia culta y del barbarismo "comisios" del ámbito inculto en nuestro idioma: "Conoce la forma en que se han desarrollado los **comicios electorales** en México", "Asegura partido Morena triunfo de **comicios electorales**", "Israel: inician **comicios electorales** para nuevo Parlamento", "violencia no empañará los **comicios electorales**", "análisis de los **comicios electorales** 2018", "diputados buscan que **comicios electorales** sean más ágiles", "auditará IPN resultado de **comicios electorales**", "reacciones tras los **comicios electorales**", "transparencia e integridad dan certeza a los **comisios**", "sigue atención sobre los próximos **comisios**", "**comisios** en Sinaloa" y, como siempre hay algo peor, "resultados de **comisios electorales** 2019" y "partidos políticos enfrentarán unos **comisios electorales** muy complejos" (sí, sobre todo, cuando se enfrenten a las páginas del diccionario).

☞ Google: 534 000 resultados de "comicios electorales"; 21 500 de "comisios"; 10 100 de "comisios electorales". ☒

50. competer, competir
Pueden las autoridades ser, a la vez, "competentes" e "incompetentes", "responsables" e "irresponsables". Veamos por qué. Son "autoridades competentes" porque algo en particular les "compete" o es "de su competencia", pero al mismo tiempo pueden ser, y de hecho lo son en muchísimas ocasiones, "autoridades incompetentes", no por dejar de hacer lo que "les compete", sino por hacerlo muy mal o con las patas. Lo que ocurre es que el sustantivo femenino "competencia", cuyo sinónimo es "incumbencia", significa "atribución que legitima a un juez o a otra autoridad u órgano para el conocimiento o resolución de un asunto" (DRAE), pero también significa "pericia, aptitud, idoneidad para hacer algo o intervenir en un asunto determinado" (DRAE). De ahí el verbo intransitivo y defectivo "competer" (del latín *competĕre*: "concordar, corresponder"), que se usa únicamente en infinitivo, en gerundio, en participio y en tercera persona y que, dicho de una cosa, significa "pertenecer, tocar o incumbir a alguien". Ejemplo: *Ese tema le compete a la administración pública federal.* No hay que confundir el verbo "competer" con el también intransitivo "competir", cuya etimología es exactamente la misma y que hace mucho tiempo llegó a ser su sinónimo, pero ya está en desuso. Dicho de dos o más personas, "competir" significa "contender entre sí, aspirando unas y otras con empeño a una misma cosa" (DRAE). Ejemplo: *Todos*

*pueden **competir** para ese puesto.* De ahí el sustantivo femenino "competición" ("competencia o rivalidad de quienes se disputan una misma cosa o la pretenden") y de ahí también la palabra homógrafa "competencia", sustantivo femenino que, para el caso de "competir", significa "disputa o contienda entre dos o más personas sobre algo". Por todo lo anterior, alguien "competente" es aquel a quien le corresponde hacer algo de acuerdo con su "competencia", es decir, porque ello le incumbe, porque es de su "incumbencia"; y aunque también puede ser aquel que tiene "competencia", esto es "pericia, aptitud, idoneidad, habilidad", se dan los casos, y muchos, en los que las personas a las que les "compete" un asunto, resultan unos redomados "incompetentes", ya que el asunto que es de su "incumbencia", o propio de su jurisdicción, lo atienden sin aptitud, sin idoneidad, sin pericia, sin habilidad, en resumidas cuentas, con las patas. En cuanto al adjetivo y sustantivo "responsable" ocurre algo parecido. "Responsable" (del latín medieval *responsabilis*: "que requiere respuesta", y éste del latín *responsāre*: "responder) posee dos acepciones que pueden ser complementarias, pero no necesariamente equivalentes: "Obligado a responder de algo o por alguien" y "dicho de una persona: que pone cuidado y atención en lo que hace o decide". Ejemplos: *El poder judicial es **responsable** de ese tema; Fulano es siempre **responsable** en sus tareas.* Siendo así, ser "competente" y ser "responsable" poseen equivalencia o sinonimia, pues el sustantivo femenino "responsabilidad" significa la "cualidad de responsable" (de quien hace las cosas a conciencia y con suma atención), pero también el "cargo u obligación moral que resulta para alguien del posible yerro en cosa o asunto determinado". Si, por ejemplo, a una autoridad le "compete" algo, es "responsable" de ello. Pero también puede ser "irresponsable", adjetivo y sustantivo que tiene dos acepciones muy diferentes: "Dicho de una persona: a quien no se le puede exigir responsabilidad" y "dicho de una persona: que adopta decisiones importantes sin la debida meditación". Ejemplo: *Al poder judicial no se le puede exigir **responsabilidad** en ese tema; Fulano actúa siempre de modo **irresponsable**.* No es lo mismo carecer de responsabilidad y de competencia en un determinado asunto que no nos incumbe, que ser irresponsables e incompetentes incluso en asuntos que son de nuestra responsabilidad y competencia. De ahí que las "autoridades responsables" puedan ser al mismo tiempo "autoridades irresponsables". Primero porque en un determinado asunto están obligadas a "responder", y segundo porque, a pesar de esta obligación, proceden con falta de cuidado y ausencia de previsión o meditación. En otras palabras, hacen las cosas al chingadazo, lo que ocasiona que el asunto salga mal y ni siquiera respondan por el daño; esto es, "no se hacen responsables" pese a que el asunto es de su "responsabilidad". El idioma posee un sentido lógico. Lo que necesitamos es saber utilizarlo con entera precisión para expresarnos con exactitud. El conocimiento de nuestra lengua es apasionante, y nunca terminamos de aprender de él porque, en general, nos conformamos con darnos pobremente a entender y, muchas veces, añadiendo la desfachatada frase "tú me entiendes, ¿verdad?", como si nuestro interlocutor tuviera obligación de descifrar los códigos secretos de nuestra irresponsabilidad, nuestra ignorancia y nuestra gran pereza. Competencia al hablar y al escribir es lo que necesitamos, es decir, aptitud y pericia, y el buen uso de la lengua es algo que nos compete o nos incumbe a todos, dado que es nuestro medio de comunicación y expresión. Seamos competentes, y también responsables, es decir, pongamos atención y cuidado en el idioma. Sólo así podremos hacernos entender, al tiempo que distinguimos los diferentes sentidos de las palabras homógrafas.

☞ Google: 10 400 000 resultados de "es de su competencia"; 1 530 000 de "le compete"; 431 000 de "no le compete"; 392 000 de "les compete"; 246 000 de "me compete"; 197 000 de "competer"; 103 000 de "no les compete". ☑

51. complejo, *¿complejo de Edipo con su madre?*, Edipo, madre

El sustantivo masculino "complejo" (del latín *complexus*) tiene, entre otras acepciones, la siguiente: "En psicología, conjunto de tendencias independientes de la voluntad del individuo y a veces inconscientes, que condicionan su conducta" (DUE). Ejemplo: *Fulano tiene* **complejo de inferioridad.** De ahí el adjetivo participio, también usado como sustantivo, "acomplejado": que padece complejos psíquicos. Ejemplo: *Fulano de Tal es un* **acomplejado.** Entre los múltiples "complejos" identificados, descritos y diagnosticados por la teoría psicoanalítica freudiana, se pueden mencionar el "complejo de castración", el "complejo de inferioridad" y el "complejo de Edipo". Aunque de acuerdo con Sigmund Freud, tal como lo documenta Claudio Alarco von Perfall en su *Diccionario práctico para el conocimiento sexual*, "el *complejo de Edipo* es una estructura emocional ambivalente que consiste en el amor *incestuoso* del niño por el progenitor del sexo contrario, y los sentimientos de celos y envidia hacia el progenitor del mismo sexo", a partir de que Carl Gustav Jung, colaborador y discípulo de Freud, definió en 1912 el "complejo de Electra" (exclusivamente para nombrar, en la teoría psicoanalítica, el deseo de posesión infantil de la niña hacia el padre), el denominado "complejo de Edipo" dejó de ser ambivalente para aplicarse en particular a la relación del deseo inconsciente de posesión del hijo hacia la madre, tal como lo define María Moliner en el DUE: "En la teoría psicoanalítica, el que se manifiesta en los niños varones por un sentimiento de rivalidad hacia el padre, por amor a la madre". Ejemplo: *Los hombres que sufren* **complejo de Edipo** *buscan en la esposa a una segunda madre.* Moliner define también el "complejo de Electra". Precisa: "En la teoría psicoanalítica, en las niñas, atracción hacia el padre y hostilidad hacia la madre". Ejemplo: *Las mujeres con* **complejo de Electra,** *a la hora de buscar pareja, eligen a alguien que se parezca a su padre.* Más allá de que la teoría psicoanalítica pueda ser tomada en serio o no (hay personas inteligentísimas, como George Steiner, que no la toman en serio en absoluto), estas denominaciones adquieren sentido por sus referentes simbólicos en la mitología griega. En el caso de Edipo, rey de Tebas, éste, según la leyenda griega, asesinó a su padre (Layo) sin saber que era su padre, y se casó con la viuda (Yocasta), sin saber que se casaba con su madre. En el caso de Electra, ésta era hija del rey de Micenas, Agamenón, y de Clitemnestra, y asesinó a su madre en venganza por la muerte de su padre a manos de Egisto, sobrino y amante de Clitemnestra. Por todo lo anterior, una de las peores definiciones del mamotreto de la Real Academia Española es el que corresponde al concepto "complejo de Edipo". Leemos lo siguiente en el DRAE: "Fase en el desarrollo psíquico y sexual durante la cual los niños sienten amor por el progenitor del sexo contrario y celos por el del mismo sexo". Y se añade ahí mismo: "complejo de Electra. Refiriéndose a las niñas, **complejo de Edipo**". Entre todas las definiciones de este concepto, el DRAE eligió la más vieja (el "concepto primitivo", lo llaman los psicoanalistas) para desinformar y confundir, más que para guiar, a los hispanohablantes. Y eso que, ¡desde 1934!, en el *Diccionario de psicología* coordinado y editado por Howard C. Warren, de la Universidad de Princeton, el "complejo de Edipo" se define del siguiente modo: "Deseo (por lo general inconsciente) del hijo por la madre y hostilidad hacia el padre o afán de destruirlo". En una segunda acepción, que es la que tiene hoy prevalencia (porque es general, porque no sólo se refiere a la etapa de la primera infancia), el *Diccionario de psicología* de Warren dice lo que no informan ni el DRAE ni el DUE: "Adhesión erótica excesiva del hijo a la madre". Ejemplo: *Fulano de Tal (y aquí el nombre no precisamente de un niño, sino de un maduro o viejo neurótico) padece un terrible **complejo de Edipo***. Ahí mismo leemos la siguiente explicación esclarecedora: "Según los psicoanalistas, este complejo constituye la situación familiar normal en la infancia, que desaparece más tarde de la consciencia, pero sigue desempeñando inconscientemente un papel importante en la vida de individuos normales, neuróticos y psicopáticos". Es decir, en un peor extremo, se vuelve un síndrome neurótico o una psicopatología en los adultos obviamente varones. Sus sinónimos son "fijación en la madre" y "complejo materno", y su paralelo es el "complejo de Electra". ¿Así o más claro? El DRAE, que se afana y se ufana en "amigovios" y "papichulos", no se ocupa en absoluto del concepto actual y más utilizado del "complejo de Edipo": no el que corresponde al de las edades tempranas, sino el que se refiere al padecimiento adulto. Y, además de todo, confunde a los hispanohablantes que, con su venia, cometen la redundancia de decir y escribir "complejo de Edipo con su madre" (¡por favor, pues ni modo que son su tía o con su perro!). El "complejo de Edipo" es siempre con la madre.

Esta redundancia del ámbito culto de la lengua ha comenzado a extenderse a los demás ámbitos, lo mismo en el habla que en publicaciones impresas y, por supuesto, en internet. En el periódico argentino *La Voz*, en un reportaje sobre las series más exitosas sobre asesinos seriales leemos que cierto personaje, obviamente varón, tiene

   ♀ "serios problemas de **complejo de Edipo con su madre**".

¡Por supuesto que con ella! En buen español, sin redundancia, debió escribir la redactora que ese personaje tiene

   ♂ "serios problemas de **complejo de Edipo**", y punto.

   🖉 He aquí otros ejemplos de esta barbaridad redundante que, en gran medida, se origina en la torpeza de la Real Academia Española: "Romeo con **complejo de Edipo con su madre**", "y su **complejo de Edipo con su madre**", "Quique sufre **complejo de Edipo con su madre**", "Bill y su **complejo de Edipo con su madre**", "sufrió de **complejo de Edipo con su madre**", "queda resaltado el **complejo de Edipo con su madre**", "esa especie de **complejo de Edipo con su madre**", "bohemio y dipsómano, sufrió del **complejo de Edipo con su madre**", "tienen **complejo de Edipo con su madre**", "creció sin padre y tuvo un gran **complejo de Edipo con su madre**", "es algo pervertido y tiene un **complejo de Edipo con su madre**", "el **complejo de Edipo con la madre**", "tiene una suerte de **complejo de Edipo con la madre**", "soy yo o tiene un **complejo de Edipo con la madre**", "y llega a la conclusión de que si sigue con su **complejo de Edipo con la madre** va a ser castrado", "ronda los 40 y hasta el día de hoy tiene una suerte de **complejo de Edipo con la madre**", "nunca resolvió su **complejo de Edipo con su mamá**", etcétera. Y, por cierto, casi nadie dice o escribe "complejo de Electra con su padre", lo cual hace más evidente la burrada del DRAE.

   ☞ Google: 10 200 resultados de "complejo de Edipo con su madre"; 6 050 de "complejo de Edipo con la madre"; 1 000 de "complejo de Edipo con su mamá". ☒

52. compromiso, compromisos, ¿*compromisos asumidos con anterioridad?*, ¿*compromisos contraídos con anterioridad?*, ¿*compromisos contraídos previamente?*

Hay quienes, para no acudir a alguna actividad o invitación, se justifican o excusan con las expresiones "compromisos asumidos con anterioridad", "compromisos contraídos con anterioridad" y "compromisos contraídos previamente". ¿Pero tiene sentido esto? Es obvio que, de acuerdo con la lógica, nadie puede excusarse aduciendo "compromisos asumidos o contraídos con posterioridad"; por ello, existe una redundancia evidente en las expresiones "compromisos asumidos con anterioridad", "compromisos contraídos con anterioridad" y "compromisos contraídos previamente" en el caso de la fórmula para declinar una invitación. Veamos por qué. El sustantivo masculino "compromiso" (del latín *compromissum*) tiene dos acepciones principales en el DRAE: "Obligación contraída" y "palabra dada". Ejemplo: *Hice un **compromiso** con ustedes y cumpliré mi palabra*. De ahí el verbo transitivo y pronominal "comprometer", "comprometerse" (del latín *compromittĕre*), con las siguientes acepciones específicas en el DRAE: "Adjudicar a alguien una obligación o hacerlo responsable de algo" y "contraer un compromiso". Ejemplos: *Lo* **comprometieron** *a pagar su deuda*; *Se com-* **prometió** *a entregar el trabajo el jueves*. En cuanto al verbo transitivo "asumir" (del latín *assuměre*), significa "hacerse cargo, responsabilizarse de algo, aceptarlo" (DRAE). Ejemplo: *Ése es un compromiso que debe* **asumir**. De ahí el participio "asumido" ("que asume"). Ejemplo: *Puedo asegurarles que este compromiso lo he* **asumido**. Por otra parte, el verbo transitivo "contraer" (del latín *contrahěre*), que se conjuga exactamente como "traer", significa, en la quinta acepción del DRAE, "asumir una obligación o un compromiso". Ejemplo: **Contrajo** *nupcias*, es decir, se casó, cumplió con su compromiso matrimonial. De ahí el participio "contraído" (que se usa también en los tiempos compuestos del pretérito): "que contrajo". Ejemplo: *Regresó al trabajo una semana después de haber* **contraído** *nupcias*. Resulta claro que los "compromisos" se "pactan" antes de realizarse o consumarse, pues el verbo transitivo "pactar" significa "acordar algo entre dos o más personas o entidades, obligándose mutuamente a su observación". Ejemplo: **Pactaron** *una entrevista el último día del mes*. En conclusión, si hay un "compromiso" hay un "pacto", hay un "acuerdo" y, lógicamente, la obligación de cumplirlo. Ante una invitación que se "declina", esto es que se rechaza cortésmente, sería ridículo, además de grosero, justificar tal declinación aduciendo "compromisos asumidos con posterioridad", "compromisos contraídos con posterioridad" o "compromisos contraídos posteriormente". Esto sólo indicaría que quien rechaza la invitación, o el compromiso, prefirió otro que le era más conveniente o grato, lo cual no es para nada un rechazo cortés, sino grosero. Desde luego, los compromisos aceptan ser calificados de anteriores y posteriores en relación con los tiempos en los que se pactan y en el cumplimiento que se les da si de lo que se trata es de desahogarlos por turno o por prioridad; pero en el caso de las invitaciones que se declinan, los compromisos que se arguyen siempre serán anteriores a la invitación que se rechaza. La lengua, pese a su posibilidad de equívoco, es por lo general muy precisa, y por ello toda redundancia, si no es enfática o retóricamente necesaria, resulta ridícula en su afán de andarse por las ramas. Lo cierto es que las erróneas frases "compromisos asumidos con anterioridad", "compromisos contraídos con anterioridad" y "compromisos contraídos previamente" han hecho escuela y son muy utilizadas como justificación y, las más de las veces, como pretexto.

En el libro español *Buenos modales, buenos negocios*, leemos lo siguiente:

♀ "¿Cuántas veces se encontró con el terrible dilema de decir "no" sin las palabras adecuadas a mano? Si se trata de la declinación de una invitación que debe hacer por escrito, se expresa literalmente: 'No puedo asistir por **compromisos contraídos con anterioridad**'. Esta frase mágica lo libra de cualquier compromiso que no desee aceptar (o expresa una realidad: sólo usted sabe si de verdad ya tenía otro compromiso).

Se remite a la etiqueta más tradicional que pueda imaginar y la gente educada la reconoce de inmediato".

En realidad, no es la "gente educada" la que reconoce de inmediato esta "etiqueta tradicional", sino la gente hipócrita que, al igual que el "declinante", sabe muy bien que, lo más probable, es que se trate de un pretexto. Pero, para el caso, no hay que darle demasiadas vueltas a la hipocresía; basta con decir y escribir:

☼ No puedo asistir, debido a que tengo otros **compromisos**. (¡Coño, carajo, caballero, que sean compromisos "contraídos con anterioridad", se sobreentiende! ¡Ni modo que se hayan pactado con posterioridad a la enfadosa invitación que uno no quiere aceptar!)

✐ Estas formas bárbaras de la cortesía y de la hipocresía hacen que se pierda de vista la lógica del idioma. ¡Todo compromiso se hace con anterioridad a otro al que nos invitan después! ¡Ni modo que no! Y todos sabemos lo que significa "antes" ("prioridad de tiempo") y lo que significa "después" ("más tarde, con posterioridad"). Dejémonos de ridiculeces y utilicemos el idioma con propiedad, más allá de las recomendaciones de "etiqueta" que nos recomiendan los españoles y que han hecho estragos en la lógica del idioma. He aquí algunos pocos ejemplos de estas barbaridades redundantes e hipócritas, todos ellos tomados de publicaciones impresas y de internet: "por los **compromisos asumidos con anterioridad**", "debido a otros **compromisos asumidos con anterioridad**", "arguyó **compromisos asumidos con anterioridad**", "tengo **compromisos contraídos con anterioridad**", "informó que tenía **compromisos contraídos con anterioridad**", "debido a **compromisos contraídos con anterioridad**", "tenía un **compromiso asumido con anterioridad**", "fue un **compromiso asumido con anterioridad**", "tengo un **compromiso contraído con anterioridad**", "debido a otro **compromiso contraído con anterioridad**", "tienen sus agendas y otros **compromisos asumidos previamente**", "según su disponibilidad de agenda y **compromisos contraídos previamente**".

☞ Google: 37 600 resultados de "compromisos asumidos con anterioridad"; 22 500 de "compromisos contraídos con anterioridad"; 7 070 de "compromiso asumido con anterioridad"; 5 870 de "compromiso contraído con anterioridad"; 1 870 de "compromisos asumidos previamente"; 1 810 de "compromisos contraídos previamente". ☒

53. común, comunicar, comunicarse, ¿*comunicarse con la gente?*, ¿*comunicarse con los demás?*

Cuando alguien "se comunica" lo hace, invariablemente "con la gente", "con los demás" o "con los otros", pues, de no ser así, no habría "comunicación". Veamos por qué. El verbo transitivo "comunicar" y su forma pronominal "comunicarse" (del latín *communicāre*) tienen las siguientes tres acepciones: "Hacer a una persona partícipe de lo que se tiene", "descubrir, manifestar o hacer saber a alguien algo" y "conversar, tratar con alguien de palabra o por escrito" (DRAE). Ejemplo: **Comunicó** *las razones de su renuncia*; *Saber* **comunicarse** *es indispensable*. De ahí el sustantivo femenino "comunicación" (del latín *communicatio, communicatiōnis*), cuya acepción secundaria es la siguiente: "trato, correspondencia entre dos o más personas" (DRAE). Ejemplos: *Se* **co-municó** *inmediatamente con su padre*; *Existe una excelente* **comunicación** *entre ellos*. Queda entendido, entonces, que, para que exista "comunicación", debe haber siempre dos o más personas, pues una de las acepciones del sustantivo "común" ("el común") se aplica a la "comunidad o generalidad de personas" (DRAE). Tiene sentido especificar, o particularizar, que alguien se comunica con alguien o le comunica algo a alguien, pero tratándose de lo general, en la forma pronominal del verbo, es redundante decir y escribir "comunicarse con los demás" y "comunicarse con los otros", pues basta simplemente con decir y escribir "comunicarse". La razón es obvia: sin los demás, sin los otros, no habría comunicación. Octavio Paz lo dice, extraordinariamente, en su poema *Piedra de sol*: "para que pueda ser he de ser otro,/ salir de mí, buscarme entre los otros,/ los otros que no son si yo no existo,/ los otros que me dan plena existencia". Sin "los otros", no hay posibilidad de "comunicación". Ejemplos: *Aprende a* **comunicarte**; *No sabe* **comunicarse**. Si transformamos estos ejemplos en *Aprende a* **co-municarte con los demás** y *No sabe* **comunicarse con los otros**, cometemos gruesas redundancias. De acuerdo con las definiciones del verbo "comunicar" y los sustantivos "común" y "comunicación" es imposible "comunicarse" si no es con otro o con otros. Y si no es para particularizar (comunicarse con los hijos, los padres, los hermanos, los compañeros, los amigos, etcétera), el uso del pronominal general modificado por los términos "demás", "gente" y "otros" cae en el vicio de la redundancia. Así leemos rebuznancias como las siguientes: "Mejora tu **comunicación con los demás**", "No sé **comunicarme con los demás**", "Aprende a **comunicarte con la gente**", "No tengas miedo a **comunicarte con los otros**". Tan fácil que es decir y escribir correctamente: *Mejora tu* **comunicación**, *No sé* **comunicarme**, *Aprende a* **comunicarte** y *No tengas miedo a* **comunicarte**.

☞ Google: 7 490 000 resultados de "comunicarse con los demás"; 5 510 000 de "comunicarse con la gente"; 4 570 000 de "comunicarse con los otros"; 273 000 de "comunicarme con la gente"; 179 000 de "comunicarme con los demás". ☒

54. condolencia, condolencias, ¿condolencias a los fallecidos?, ¿condolencias a los muertos?, fallecido, muerto, pésame, ¿pésame a los fallecidos?, ¿pésame a los muertos?
Los políticos han hecho escuela en esto de dar, emitir, expresar, transmitir, etcétera, sus "condolencias" a los difuntos, a los fallecidos, a los muertos, y con ello han deformado a generaciones de simpatizantes que han de creer que los muertos escuchan

y agradecen dichas expresiones. Lo cierto es que las "condolencias" se presentan o se ofrecen a los deudos, a los familiares de los fallecidos, pues son ellos quienes necesitan de consuelo ante la muerte de un ser querido. Los políticos no saben (porque no han leído a Séneca, a Montaigne, a Pascal) que la muerte es un asunto exclusivo de los vivos; esto, que es de sentido común y de lógica elemental, no les entra en la cabeza. ¿Quiénes, si no los vivos, pueden aceptar y agradecer las "condolencias", el "pésame"? Ya que los políticos carecen de lecturas filosóficas, confiemos en que alguna vez abran al menos un diccionario de la lengua española. Quienes así lo hagan podrán saber que el sustantivo femenino "condolencia", cuyo sinónimo es "pésame", significa "participación en el pesar ajeno" (DRAE), y el "pesar ajeno" es el de los vivos, porque son ellos, a diferencia de los muertos, quienes pueden experimentar pesares. Los muertos, muertos están y ya no sienten ni perciben nada. Ejemplo: *Expresaron sus **condolencias**, a la familia, por la muerte de la gobernadora.* De ahí el verbo pronominal "condolerse", cuyo sinónimo es "compadecerse": "sentir lástima". Ejemplo: *Se condolió por la muerte del padre de su amigo.* En el DUE, María Moliner es más precisa en sus tres acepciones del sustantivo "condolencia": "Acción de condolerse", "sentimiento del que se conduele" y "expresión con que alguien muestra su participación en el sentimiento de otro, particularmente por la muerte de alguien; en lenguaje formulario puede hacerse con la misma palabra: *Le expreso mi sincera **condolencia***". En cuanto al sustantivo masculino "pésame", el DRAE lo define como "expresión con que se hace saber a alguien el sentimiento que se tiene de su pena o aflicción". Ejemplo: *Le dio el **pésame** al amigo por la muerte de su padre.* Queda claro, aunque lo ignoren los políticos, que ni las condolencias ni el pésame se les dan a los muertos, sino a los "deudos" o "parientes", pues el sustantivo "deudo" significa, en su primera acepción, "pariente" o "que tiene relación de parentesco". Ejemplo: *Expresó sus **condolencias** a los **deudos**.* Aunque parezca increíble, muchísimas personas piensan que el "pésame" se da a los cadáveres, a los difuntos, a los muertos. No es así. El "pésame", por el fallecimiento de alguien, se expresa a los deudos, a los familiares. Insistimos: la muerte es sólo asunto de los vivos, y son únicamente los vivos (las personas que tienen vida) los que pueden recibir pésames y condolencias. En agosto de 2011, antes de ser presidente del país, el gobernador del Estado de México y candidato a la presidencia por el PRI, Enrique Peña Nieto, dijo, mayestático, en relación con un incendio provocado en un casino de Monterrey (existe el video en la red): "Y **expresar nuestras más sentidas condolencias a las personas que lamentablemente perdieran la vida** ante este hecho de barbarie".

Muertos de la risa, muchos dijeron que ningún presidente de México podría superar ese traspié peñanietista. La realidad no es tan optimista, porque, ocho años después, el presidente del país, Andrés Manuel López Obrador, con más admiradores y votantes y de quien se ríen menos los mexicanos porque sus treinta millones de incondicionales le justifican y le perdonan todo, dijo lo suyo, el 3 de agosto de 2019 (existe video en la red), en relación con una balacera en un supermercado de El Paso, Texas, donde fueron asesinadas más de veinte personas, entre ellas ocho de origen mexicano:

♀ "Mis condolencias a los estadunidenses que perdieron la vida, a los mexicanos que perdieron la vida. Es muy lamentable este hecho".

Luego de tal desbarre siguió con dos minutos de cantinfleadas y, acto seguido, se le prendió el foco y dijo lo que debió decir, con corrección, desde un principio: "De nuevo mis condolencias a familiares y amigos de las víctimas". Y añadió un tuit correctivo:

♻ "Envío mis condolencias a los familiares de las víctimas, tanto estadounidenses como mexicanos".

✑ Por supuesto, no son los únicos casos. El ex presidente y el presidente de México tienen nutrida competencia. En una información de TV Azteca se asegura que Alfredo del Mazo Maza, gobernador del Estado de México, "expresó su solidaridad con las familias de los heridos y condolencias a quienes perdieron la vida". Y también en Asia hace aire. Leemos acerca de "el líder japonés que viajó todo el camino a Pearl Harbor para dar el pésame a los muertos de guerra". Van más ejemplos: "Mi más sentido pésame a los fallecidos", "nuestro más sentido pésame a los fallecidos", "quiso transmitir el pésame a los fallecidos", "dio su pésame a los fallecidos", "nuestras condolencias a quienes murieron", "ofreció sus condolencias a quienes murieron", "ofrecemos nuestras más profundas condolencias a quienes murieron", "la Secretaría de Relaciones Exteriores expresó sus más profundas condolencias a quienes fallecieron" (los fallecidos las escucharon y las agradecieron), "expreso mis condolencias a quienes fallecieron", "se espera que en unos momentos el dirigente nacional de ese partido emita sus condolencias a quienes fallecieron", "mis condolencias a quienes fallecieron en aquel fatídico atentado terrorista", "presento mis sinceras condolencias a quienes fallecieron", "envió un mensaje de condolencias a quienes fallecieron", "expresarle las condolencias a quienes fallecieron", "envió sus condolencias a los fallecidos", "Putin expresa sus condolencias a los fallecidos", "Xi expresó sus más sentidas condolencias a los fallecidos", "mis condolencias a los fallecidos y pido a Dios salud y bendiciones para la recuperación de los heridos", "presentó sus condolencias a los muertos en la tragedia" y, como siempre hay algo peor, "la parte china expresa condolencias a los muertos del atentado y simpatías a los heridos y familiares de los fallecidos".

☞ Google: 112 000 resultados de "condolencias a los fallecidos"; 109 000 de "condolencias a los muertos"; 66 600 de "pésame a los muertos"; 62 300 de "pésame a los fallecidos"; 1 770 de "condolencias a quienes fallecieron"; 1 670 de "condolencias a quienes murieron". ☒

☞ Google: 1 440 000 resultados de "condolencias a la familia"; 651 000 de "condolencias a los familiares"; 24 200 de "condolencias a los deudos"; 19 200 de "pésame por los fallecidos"; 15 500 de "pésame a los deudos". ☑

55. confiar, ¿confío en mí mismo?, ¿no confío en mí mismo?, mí, mismo

En las expresiones "confío en mí mismo" y "no confío en mí mismo" puede argumentarse carácter enfático, pero lo cierto es que son pleonásticas y, por lo mismo, redundantes. Basta con decir y escribir "confío en mí" o "no confío en mí", tanto para el sujeto masculino como para el femenino. Veamos por qué. El pronombre personal "mí" (no confundir con el adjetivo posesivo "mi"), del latín *mihi* (dativo de *ego*: "yo"), es la forma tónica de "yo", primera persona del singular, lo mismo masculino que femenino. Ejemplo: *Vino a mí suplicando que lo ayudara*. El adjetivo "mismo" (del latín vulgar *metipsĭmus*, combinación del elemento enfático -*met*, que se añadía a los pronombres personales, y un superlativo de *ipse*: "el mismo") significa "idéntico, no otro". Precisa el diccionario académico que "se usa, por pleonasmo, añadido a los pronombres personales y a algunos adverbios para dar más energía a lo que se dice", como en los siguientes ejemplos del DRAE: *Yo mismo lo haré*, *Ella misma se condena*, *Hoy mismo lo veré*, *Aquí mismo te espero*. Queda claro que el énfasis pleonástico, que heredamos del latín, da más fuerza a lo que decimos, en el sentido de credibilidad o fiabilidad. Basta con decir "lo haré", pero si lo precedemos del "yo mismo", el énfasis aporta a la expresión una mayor carga de seguridad en lo que se promete; basta con decir "hoy lo veré", pero si se intercalara el adjetivo "mismo", esto produce un énfasis de confianza (y celeridad) en la persona que recibe la promesa. Son formas pleonásticas aceptadas, que sólo rizan el rizo cuando, en su afán mayor de énfasis, producen cosas como las siguientes: *Hoy mismo lo veré yo mismo* o *Yo mismo lo haré hoy mismo*. No hay que exagerar sobre lo ya exagerado. Esta sobreexageración es lo que se da en muchas expresiones con la secuencia "mí mismo", como en *Me dije a mí mismo* y *Me dije a mí misma*. Aquí el "mí mismo" y el "mí misma" sobran sin ninguna duda, pues no hace falta dar ningún énfasis a la expresión. Basta con decir, por ejemplo, *Me dije que esto iba a salir mal*, y punto. Peores son los casos de las expresiones "confío en mí mismo", "confío en mí misma", "no confío en mí mismo" y "no confío en mí misma", pues suficiente es decir y escribir "confío en mí" o "no confío en mí", como en los siguientes ejemplos: *Confío en mí para este trabajo*, *No confío en mí para esta empresa*. Y el énfasis de la exageración al infinito se produce si a la secuencia "confío en mí mismo" se le agrega el "yo".

Es amplio el uso vicioso de la forma pleonástica, del todo innecesaria, con la secuencia "mí mismo", pues al sujeto ("yo") le es indiferente el énfasis para dar mayor energía o credibilidad a la expresión. Como hemos visto, el énfasis, de fiabilidad, es útil para un sujeto a quien se promete algo, pero no para el propio hablante. El lenguaje de la superación personal y la autoayuda le han hecho creer a la gente que se puede desdoblar para referirse al "yo" como si se tratara de otra persona. Un entrenador de futbol, en España, declara lo siguiente al periódico *Mediterráneo*, que lo pone como titular:

♀ **"Yo confío en mí mismo**, muchísimo más que antes".

Más pleonástico no puede ser. Pero es suficiente decir y escribir:

☝ **"Confío en mí** muchísimo más que antes".

✎ He aquí otros ejemplos (unos pocos), entre los cientos de miles que encontramos en libros, diarios y revistas, en soporte impreso, y no se diga en internet: "Confío en mi equipo y **confío en mí mismo**", "creo y **confío en mí mismo** que es más que suficiente", "**yo** sólo **confío en mí mismo**" (arrogantazo), "soy un luchador, **confío en mí mismo**", "**confío en mí mismo**, puedo hacer una buena carrera", "no soy arrogante, sólo **confío en mí mismo**" (y eso que no es arrogante, ¡qué tal si lo fuera!), "**confío en mí mismo**, tengo ganas de meter gol", "ahora sólo **confío en mí misma**", "cuando **confío en mí misma**, al final sale todo" (¿"sale todo"?, ¡vaya frase metafísica!), "**confío en mí misma** para mejorar mi autoestima", "soy una buena actriz y **confío en mí misma**", "cuando **confío en mí misma** dejo de sabotear el impacto que el otro me produce y puedo adentrarme sin miedo en la emoción" (¿alguien entendió algo?), "**no confío en mí mismo**, siempre tengo miedo", "me siento inseguro, **no confío en mí mismo**", "estoy poniendo mi confianza en ti porque **no confío en mí mismo**", "si **no confío en mí mismo** es porque no me conozco como debiera" (y cuando se conozca mejor, confiará menos en su persona), "**no confío en mí mismo** como líder" (¡vaya: al fin un sincerote!), "lo peor de todo es que **no confío en mí misma**", "¿cómo confiar en los otros si **no confío en mí misma?**" (es que los otros sí son de confianza), "no me valoro, **no confío en mí misma**", "**no confío en mí misma** cuando lo tengo cerca", etcétera.

☞ Google: 280 000 resultados de "confío en mí mismo"; 217 000 de "confío en mí misma"; 36 900 de "no confío en mí mismo"; 31 400 de "no confío en mí misma". ☒

☞ Google: 8 630 000 resultados de "confío en mí". ☑

56. constelación, constelado, ¿*constelado de estrellas?*, estelar, estrella, estrellas

¿"Constelado de estrellas"? No, en todo caso, "tachonado de estrellas". Del mismo modo que "constelación de estrellas" y "constelación estelar" son dos gruesas redundancias, "constelado de estrellas", por lógica, es otra redundancia de la misma familia. El sustantivo femenino "constelación" (del latín *constellatio, constellatiōnis*) tiene la siguiente definición en el DRAE: "Conjunto de estrellas que, mediante trazos imaginarios, forman un dibujo que evoca una figura determinada". Ejemplo: *La constelación de Orión*. Siendo así, "constelación de estrellas" y "constelación estelar" son redundancias evidentes, lo mismo que "constelado de estrellas", pues el adjetivo "constelado" (del latín *constellātus*) no significa otra cosa que "estrellado, lleno de estrellas" (DRAE). Ejemplos: *Un cielo constelado, Un cielo estrellado*. De ahí que decir y escribir "constelado de estrellas" es como decir y escribir "estrellado de estrellas". ¡Vaya disparate! Lo correcto es "tachonado de estrellas", porque el verbo transitivo "tachonar", en su segunda acepción, significa, tanto en sentido recto como figurado, "cubrir una superficie casi por completo"; de ahí el adjetivo participio "tachonado" que, por costumbre de ineptitud, no define el DRAE, pero sí el DUE: "Salpicado de cierta cosa como con tachas o tachones; se emplea particularmente en la expresión 'tachonado de estrellas'". Ejemplo: *Contemplamos un hermoso cielo* **tachonado de estrellas**.

La expresión redundante "constelado de estrellas" es del ámbito culto, pero se ha extendido a todos los ambientes de nuestra lengua, hablada y escrita. En publicaciones impresas y en internet se ha vuelto de uso frecuente. En una traducción española de las *Obras escogidas* del poeta bengalí Rabindranath Tagore leemos la siguiente aberración redundante:

 ♀ "¡Qué hermoso es tu brazalete **constelado de estrellas**!".

Los traductores y los correctores tienen la obligación de ir al diccionario, pero, en este caso, no lo hicieron. Lo correcto es:

 ♂ ¡Qué hermoso es tu brazalete **tachonado de estrellas**!

✍ Van otros ejemplos de este desbarre redundante, tomados casi todos ellos de libros: "Un cielo negro **constelado de estrellas**", "el cielo estaba **constelado de estrellas**", "ese hermoso cielo azul, todo **constelado de estrellas**" (de una traducción española de *El conde de Montecristo*, de Alexandre Dumas), "cielo nocturno **constelado de estrellas**", "él veía el Nilo celestial cada noche en el cielo **constelado de estrellas**", "los antiguos mexicanos asociaban el cielo nocturno **constelado de estrellas** con el pelaje moteado del felino", "mi vestido de bodas con larga cola y velo **constelado de estrellas**", "recogiendo la falda de su vestido **constelado de estrellas**", "la oscuridad hace deslizar su **constelado de estrellas**", "un techo azul profundo **constelado de estrellas**", "bajo un techo **constelado de estrellas**", "bajo un firmamento **constelado de estrellas**", "con nuestros dos veces iris **constelados de estrellas**", "**constelados de estrellas** plateadas", "escaparates **constelados de estrellas** falsas", etcétera.

 ☞ Google: 523 000 resultados de "constelación de estrellas"; 421 000 de "constelaciones de estrellas"; 10 800 de "constelaciones estelares"; 8 240 de "constelado de estrellas"; 6 680 de "constelación estelar"; 2 000 de "constelados de estrellas". ☒

 ☞ Google: 9 810 000 resultados de "constelación"; 8 130 000 de "constelaciones"; 4 090 000 de "lleno de estrellas"; 3 980 000 de "cielo estrellado"; 112 000 de "constelados"; 78 500 de "constelado"; 72 300 de "constelada"; 45 300 de "tachonado de estrellas"; 26 600 de "consteladas"; 15 700 de "cielo tachonado"; 3 490 de "cielo constelado". ☑

57. conveniencia, conveniente, convenir, conviene, *¿conviene más?, ¿conviene menos?, ¿más conveniente?, ¿menos conveniente?*

¿Se puede decir y escribir, sin que ello no sea una torpeza, que algo es "más conveniente" o que "conviene más"? La lógica nos indica que no. Veamos por qué. El sustantivo femenino "conveniencia" (del latín *convenientia*) significa "utilidad, prove-cho". Ejemplo: *Estimó la conveniencia de mantenerse en aquel trabajo bien remunerado.* Resulta obvio que el antónimo o contrario del sustantivo "conveniencia" es "inconve-niencia" (del latín *inconvenientia*) cuyo significado es "incomodidad, desconvenien-cia, perjuicio". Ejemplo: *Consideró una inconveniencia renunciar a aquel trabajo tan bien remunerado.* De ahí el adjetivo "conveniente" (del latín *conveniens, convenientis*), cuya acepción principal en el diccionario académico es la siguiente: "Útil, oportuno, pro-vechoso", y cuyo antónimo natural, el adjetivo "inconveniente" (del latín *inconveniens, inconvenientis*), tiene como significado exactamente lo opuesto: "no conveniente" y "daño y perjuicio que resulta de hacer algo". Ejemplos: *Estimó conveniente mantener-se en aquel trabajo; Consideró que era inconveniente renunciar.* Siendo así, una cosa es "conveniente" o no lo es, en el entendido de que, no siéndolo, sólo puede ser "in-conveniente" o "perjudicial". De ahí que decir y escribir "conviene más", "conviene menos" o "más conveniente" y "menos conveniente" sean pecados de incoherencia y atentados contra la lógica. Así como nada es "más mejor", nada puede ser tampo-co "más conveniente" (ni tampoco "menos conveniente"). La razón es simple: des-pués de lo "mejor" ("superior a otra cosa") no hay nada que lo exceda, y, en el caso de lo "conveniente" ("útil, provechoso"), si no es esto, únicamente puede ser lo con-trario: "inconveniente", cuyo significado correcto no es menos útil o menos prove-choso, sino, no conveniente y, por tanto, dañoso o perjudicial. En síntesis, lo que no conviene, no conviene, y punto, pues la cuarta acepción del verbo intransitivo "conve-nir" (del latín *convenīre*) es la siguiente: "Importar, ser a propósito, ser conveniente" (DRAE) o, mejor aún, "ser bueno o útil para algo o alguien, ser conveniente" (DUE). Y he aquí los ejemplos de María Moliner: *Me conviene quedarme en casa hoy; Este hom-bre no te conviene para ese trabajo; Esa mujer no le conviene a ese muchacho; A este biz-cocho le conviene el fuego lento.*

Queda claro que las expresiones "conviene más", "conviene menos", "más conve-niente" y "menos conveniente" son erróneas, aunque frecuentes, incluso en perso-nas de alta escolarización o lo que se da en llamar, generalmente con inexactitud, *educación superior*. En el diario argentino *La Nación*, leemos el siguiente titular de la opinión de un analista financiero:

♀ "El tipo de cambio **más conveniente**".

Supone el analista que si hay un tipo de cambio "más conveniente" es porque ha-brá otro "menos conveniente". Pero no es así. Con corrección lógica e idiomática el diario argentino y su analista debieron informar sobre

♂ el tipo de cambio **conveniente**, y punto; pues, como ya vimos, lo que no es con-veniente es inconveniente.

✐ He aquí más ejemplos de estas barrabasadas del ámbito culto de la lengua que comete y acomete un gran número de hablantes y escribientes del español que jamás se asoma al diccionario: "sería lo **más conveniente**", "comprar o rentar, ¿qué es **más conveniente?**", "ayuda con forma de pago **más conveniente**", "¿qué sistema operativo es **más conveniente** para tu computadora?", "la opción **menos conveniente**", "es el alimento **menos conveniente**", "el transporte terrestre es el **menos conveniente**", "**conviene más** alquilar que adquirir una vivienda a crédito", "¿quién le **conviene más** a México?", "¿qué crédito te **conviene más?**", "tasa de interés fija o variable, ¿cuál me **conviene más?**", "estudiar Matemática Computacional **conviene más** que Computación o Ciencia de Datos", "te **conviene más** de amigo que de enemigo", "10 autos que **conviene más** comprar nuevos", "a la sociedad cada vez le **conviene menos** que el hombre sueñe", "por esa razón me **conviene menos**", "le **conviene menos** el autocultivo", etcétera.

☞ Google: 20 900 000 resultados de "más conveniente"; 1 330 000 de "conviene más"; 178 000 de "menos conveniente"; 8 970 de "conviene menos". ☒

58. convivencia, ¿*convivencia en comunidad?*, convivir, ¿*convivir en comunidad?*

Entre los sinónimos del verbo "**con**vivir" están "**co**existir" y "**co**habitar". Como puede ver el lector, ambos comparten el prefijo "co-" o "con-" (también "com-", ante "b" o "p"), del latín *cum-*, "elemento prefijo que expresa participación o cooperación" (DUE), como en "**co**autor", "**co**heredero", "**co**partícipe", "**con**socio", "**con**llevar", "**com**poner", "**com**padre" y "**com**binar". Dado que este elemento compositivo significa reunión o asociación, esto es actividad en común, acción en comunidad ("que pertenece o se extiende a varios"), se comete redundancia cuando al verbo compuesto por este prefijo se le añade un complemento que reitera ese mismo sentido de agregación. Tal es el caso de la expresión "convivir en comunidad", cuya forma correcta es "vivir en comunidad", puesto que "**con**vivir" ya contiene la idea de hacerlo en común. Es el mismo caso de "convivencia en comunidad", pues el sustantivo femenino "convivencia" se aplica a la "acción de convivir". Cuando decimos que "convivimos" estamos diciendo, exactamente, que "vivimos en comunidad", pues el sustantivo femenino "comunidad" (del latín *communĭtas, communĭtātis*, y éste, calco del griego *koinótēs*) significa, en su acepción principal, "cualidad de común (que pertenece o se extiende a varios)". El verbo transitivo e intransitivo "vivir" (del latín *vivĕre*) significa "habitar o morar en un lugar o país" (DRAE). Ejemplo: *Vive con su familia en Barcelona*. Y si alguien vive con su familia, esto indica que "**con**vive" en ella. La "**con**vivencia" exige que ésta se dé "con otros" o "junto a otros", dentro de un ámbito de socialización, pues el verbo intransitivo "socializar" significa "hacer vida de relación social" (DRAE). Ejemplo del diccionario académico: *Para los niños es indispensable **socializar***. Dicho todo lo anterior, evitemos las torpes redundancias "convivencia en comunidad", "convivir en comunidad" y sus variantes. *Se vive en comunidad*. Es lo correcto.

Estas redundancias son frecuentes en el habla y en la escritura de políticos y funcionarios, pero también de antropólogos, sociólogos y periodistas. En una página de internet leemos un artículo intitulado:

♀ "Claves para una **convivencia** pacífica **en comunidad**".

Lo correcto es:

♂ Claves para una **convivencia** pacífica.

✍ Podemos hablar y escribir de "convivencia entre vecinos", "convivir con los hijos", "convivir con los padres", "convivir con los amigos", "convivir en el salón de clases", etcétera, porque especificamos con quién y en qué ámbito llevamos a cabo la convivencia, pero no hay manera de "**con**vivir" si no es en comunidad o en alguna forma determinada de comunidad: por ejemplo, la "familia" (del latín *familia*), sustantivo femenino que designa al "grupo de personas emparentadas entre sí que viven juntas". Es correcto decir y escribir *Problemas de **convivencia entre vecinos***; lo incorrecto es: *Problemas de **convivencia en comunidad** entre vecinos*. He aquí otros pocos ejemplos de estas redundancias: "La **convivencia en comunidad**", "preparación a la **convivencia en comunidad**", "consejos para una mejor **convivencia en comunidad**", "especies que toleran la **convivencia en comunidad**", "la **convivencia en comunidad** es la base del progreso", "hábitos de conducta para **convivir en comunidad**", "educar para **convivir en comunidad**", "normas para **convivir en comunidad**", "las barreras sociales se diluyen y la gente **convive en comunidad**", "normas de conducta con las que **se convive en comunidad**", "es enriquecedor estar **conviviendo en comunidad**", "para seguir **conviviendo en comunidad** sin transgredir las leyes", "los que **convivimos en comunidad**", etcétera.

☞ Google: 176 000 resultados de "convivencia en comunidad"; 82 600 de "convivir en comunidad"; 21 900 de "convive en comunidad"; 15 500 de "conviviendo en comunidad"; 3 140 de "convivimos en comunidad". ☒

☞ Google: 1 590 000 resultados de "vivir en comunidad"; 974 000 de "vive en comunidad"; 316 000 de "viven en comunidad"; 162 000 de "vivimos en comunidad"; 151 000 de "viviendo en comunidad"; 125 000 de "se vive en comunidad". ☑

59. ¿*CU*?, C. U.

En el DRAE el sustantivo femenino "sigla" (del latín *sigla*: "cifras, abreviaturas") se define como "abreviación gráfica formada por el conjunto de letras iniciales de una expresión compleja". Ejemplos del diccionario académico: ONU por *Organización de las Naciones Unidas*; IPC por *índice de precios al consumo*. En la *Ortografía de la lengua española*, de la RAE, se establece que "se llama *sigla* tanto al signo lingüístico formado con las letras iniciales de los términos que integran una expresión compleja como a cada una de esas letras iniciales, de ahí que pueda decirse, por ejemplo, que la Organización de las Naciones Unidas es conocida por 'su sigla' o por 'sus siglas' ONU".

Informa también la RAE que las siglas pueden estar formadas lo mismo "por una secuencia de letras impronunciable en español", como CNT (Confederación Nacional
del Trabajo) o FMI (Fondo Monetario Internacional), y que tratándose de secuencias
de letras "que pueden ser leídas como cualquier otra palabra española", se denominan *acrónimos*, como en OTI (Organización de Telecomunicaciones Iberoamerica-
nas) y COI (Comité Olímpico Internacional). Otro dato importante que ofrece la RAE
es el siguiente: "Las siglas se forman por la yuxtaposición de las iniciales de las palabras con significado léxico (normalmente sustantivos y adjetivos, aunque no solo)
que integran una expresión compleja: UNAM (por *Universidad Nacional Autónoma de
México*), ONG (*organización no gubernamental*). Aunque lo usual es que se prescinda
de las palabras gramaticales (artículos, preposiciones y conjunciones), algunas siglas
las tienen en cuenta bien porque son especialmente significativas (MSF por *Médicos
Sin Fronteras*), bien porque su inclusión facilita la pronunciación de la sigla (*Conacyt
por Consejo Nacional de Ciencia y Tecnología*)". Pero en relación con el último ejemplo
cabe decir que a quienes fundaron y constituyeron el Conacyt en 1970, en México,
les faltó algo de sentido común, pues bien pudieron optar por las siglas **Conacite**
(**Co**nsejo **Na**cional de **Ci**encia y **Te**cnología), mucho más lógicas (sin hacer uso de la
conjunción copulativa "y", rarísima en cualquier sigla o acrónimo), que cinco años
después serían utilizadas por dos empresas productoras de cine en México: **Co**rpo-
ración **Na**cional **Ci**nematográfica de los **T**rabajadores y el **E**stado (**Conacite** Uno y
Conacite Dos). En cuanto a la lectura que hacemos de las siglas y acrónimos, la *Ortografía de la lengua española*, de la RAE, establece lo siguiente: "A diferencia de las
abreviaturas [aún hoy, en España, hay quienes usan las abreviaturas anacrónicas de
genuflexión Q. B. S. M. y Q. B. S. P.: "que besa sus manos" y "que besa sus pies"], las
siglas no se leen reponiendo la expresión a la que remplazan, sino aplicando uno de
los siguientes procedimientos: *a*) Las siglas que presentan secuencias de letras difíciles de articular o directamente impronunciables se leen deletreándolas, es decir,
nombrando cada una de las letras que las forman: FM [éfe-éme] (por *frecuencia modu-
lada*), GPS [jé-pé-ése] (del inglés *Global Positioning System*). *b*) Cuando la secuencia de
letras de que consta una sigla se ajusta a los patrones silábicos del español, esta se lee
como cualquier otra palabra: RAE [rrá.e] (por *Real Academia Española*), OPEP [o.pép]
(por *Organización de Países Exportadores de Petróleo*). Como ya se ha dicho, estas siglas pronunciables como palabras se llaman específicamente *acrónimos*. *c*) En los casos en los que la sigla presenta un segmento pronunciable junto a otro que no lo es,
se combinan ambos métodos, esto es, se lee secuencialmente el segmento pronunciable y se deletrea el que no lo es: PSOE [pé-sóe] (por *Partido Socialista Obrero Español*)". Siendo todo esto tan claro, y tan preciso, ¿cómo deberíamos leer en México CU
(Ciudad Universitaria): por deletreo o por silabeo? Resulta obvio que, aunque

digamos *cé-ú* ("cé" + "ú"), se trata de un convencionalismo anómalo, pues, si fuese el caso, estaríamos ante un acrónimo y no ante una secuencia de letras impronunciable en español. Estrictamente tendríamos que leer *kú* y no *cé-ú*. Por supuesto, el convencionalismo nos obliga a lo segundo cada vez que vemos escrita la secuencia cu. La lógica del idioma nos exigiría que pronunciáramos *kú*, no sólo porque la representación gráfica así nos lo dicta, sino también porque en México tenemos otras siglas que son acrónimos, ya que se componen con la secuencia de las letras "c" y "u", y no las pronunciamos, jamás, por separado ("c" + "u"), sino integradas en una sílaba de acuerdo con las reglas de pronunciación de la representación gráfica. Para el Centro Universitario Cultural, representado con la sigla cuc, no pronunciamos *cé-ú-cé* ("c" + "u" + "c"), sino *kúk*; para el Centro Universitario México, representado con la sigla cum, no pronunciamos *cé-ú-*éme ("c" + "u" + "m"), sino *kúm*; para el Centro Universitario de Teatro, representado con la sigla cut, no pronunciamos *cé-ú-té* ("c" + "u" + "t"), sino *kút*. Esto revela que el uso de la lengua puede tener yerros de origen, opuestos a la razón gramatical y a la lógica, que asimilan los nativos o naturales en su respectivo país, en su región o en su estado, pero que resultan incomprensibles o muy difíciles de entender para los extranjeros y, en el caso al que nos referimos, hasta para los mexicanos no familiarizados con tal convencionalismo. Hubo un tiempo en que, razonablemente o no, las siglas que no contenían vocal se puntuaban. Por ejemplo, I. P. N. (Instituto Politécnico Nacional). Luego las normas establecieron simplificaciones muy razonables: se eliminó la puntuación (aunque aún hoy hay quienes la conservan, equivocadamente) y, también, se sustantivaron algunas siglas y acrónimos. Ejemplos: IPN, **Pemex** (**Pe**tróleos **Mex**icanos), **Unesco** (Organización de las Nacionales Unidas para la Educación, la Ciencia y la Cultura). Las siglas que, además, son acrónimos facilitan mucho la lectura silábica justamente porque se componen también de vocales: una de éstas es ADN (**á**cido **d**esoxirribo**n**ucleico), que no se puede leer sino como *á-dé-éne* ("a" + "d" + "n") o, con falla de ortoepía, *a-de-ne*. Únicamente un niño que esté aprendiendo a escribir y un extranjero que no sepa nada de México leerán *pé-*érre-*í*, en lugar de *prí* ante el acrónimo PRI (**P**artido **R**evolucionario **I**nstitucional). ¿Por qué, entonces, deberíamos leer *cé-ú* ante la secuencia cu? No tiene lógica. Y no la tiene porque, de acuerdo con su pronunciación, del todo anómala, la abreviatura de "Ciudad Universitaria" no es ni sigla ni acrónimo, sino una abreviación común cuyas reglas son diferentes. En la *Ortografía de la lengua española* de la RAE leemos: "Una abreviatura es la representación gráfica reducida de una palabra o grupo de palabras, obtenida por eliminación de algunas de las letras y sílabas de su escritura completa. Las abreviaturas se cierran con un punto o, algunas veces, con una barra inclinada: *pág.* por *página*, *c/* por *calle*". México, en donde leemos *cé-ú* en lugar de *kú* ante el falso acrónimo cu, es uno de los principales países que ha lexicalizado "lic" (con significación de "abogado" o simplemente de "graduado universitario"), aunque este sustantivo provenga de la abreviatura "lic.", mínimo grado profesional, cuya lectura se realiza "reponiendo la expresión a la que remplaza": en este caso, "licenciado", tal como "dr." se lee reponiendo la expresión "doctor". Pero si también en México, y en otros países hispanohablantes, entre las abreviaturas que, por excepción, se escriben tradicionalmente con mayúsculas está c. p., que corresponde a "código postal", quizás en parte por la influencia de la otra abreviatura idéntica c. p., que corresponde a "contador público", es importante que la Universidad Nacional Autónoma de México, la unam, la universidad pública más importante del país, utilice correctamente la abreviatura c. u. (que no es sigla ni acrónimo) con el modelo de c. p., pues ésta sería la única manera lógica de leer cé-ú en lugar de kú. La otra solución es no abreviar nunca y poner siempre **Ciudad Universitaria**, especialmente ahora que cunde el mal ejemplo y que, ridículamente, la ciudad de México pasó a llamarse **Ciudad de México** abreviándose en la impronunciable secuencia de letras cdmx, que más que sigla es horrible logotipo de marca comercial. Si queremos pronunciar cé-ú debemos abreviar c. u. y no cu, pues esta última abreviatura sólo puede pronunciarse como kú.

☞ Google: 22 400 000 resultados de "en cdmx"; 12 900 000 resultados de "en la cdmx"; 2 530 000 de "en cu"; 981 000 de "en la cu". ☒

☞ Google: 30 600 000 resultados de "en Ciudad de México"; 1 010 000 de "en Ciudad Universitaria". ☑

60. culmen, culminar, ¿*culminar la cumbre?*, cumbre
El verbo transitivo "culminar" (del latín tardío *culmināre*: "levantar, elevar") significa "dar fin o cima a una tarea". Ejemplo: *Culminó sus estudios de doctorado*. Con carácter de intransitivo, el verbo "culminar" significa "dicho de una cosa: llegar al grado más elevado, significativo o extremado que pueda tener" (drae). Ejemplo: *El arte renacentista culmina en Leonardo, Rafael y Miguel Ángel*. De ahí el adjetivo "culminante": "Dicho de una cosa: principal o más importante de algo", y el sustantivo femenino "culminación": "Acción y efecto de culminar" (drae). Ejemplos: *El arte de Miguel Ángel es uno de los momentos culminantes del Renacimiento*; *La culminación del Renacimiento está en las obras de Leonardo, Rafael y Miguel Ángel*. De ahí también el sustantivo masculino "culmen" (del latín *culmen, culmĭnis*): literalmente, "cumbre" o "mayor elevación de algo". Ejemplo del diccionario académico: *Su poesía es el culmen de la belleza*. Por lo anterior, "cumbre" y "culmen" son sinónimos, de los cuales provienen el verbo "culminar" y los demás derivados. Por ello, en la entrada del sustantivo femenino "cumbre" (del latín *culmen, culmĭnis*), el diccionario académico ofrece

las siguientes dos acepciones: "Cima o parte superior de un monte" y "mayor elevación de algo o máximo grado a que puede llegar". Ejemplos: *Alcanzó la* **cumbre** *del Everest*; *Está en la* **cumbre** *de su carrera*. Y, con el carácter de adjetivo, el término "cumbre" se aplica a una cosa "que tiene la máxima perfección o importancia en su género" (DRAE). Ejemplos del diccionario académico: *Obra* **cumbre**; *Período* **cumbre**. Ya sea como adjetivo o como sustantivo, una cuarta acepción del término "cumbre", en el DRAE, se aplica "especialmente a una reunión: compuesta por los máximos dignatarios nacionales o internacionales para tratar asuntos de especial importancia". Ejemplos: *Conferencia* **Cumbre** *sobre el Calentamiento Global*; **Cumbre** *Iberoamericana sobre los Derechos Humanos*. Visto y comprendido todo lo anterior, resulta obvio que "culminar la cumbre" es una redundancia bruta: algo así como decir "culminar la culminación". Lo correcto es no utilizar el verbo "culminar" al referirnos al sustantivo o adjetivo "cumbre". Habiendo tantos sinónimos, adecuados, lo correcto es decir y escribir: "acabar la cumbre", "cerrar la cumbre", "concluir la cumbre", "finalizar la cumbre", "terminar la cumbre", etcétera.

La gruesa redundancia "culminar la cumbre" pertenece al ámbito culto e informado de nuestra lengua, entre personas que, sin embargo, no consultan el diccionario y, por lo tanto (y por lo tonto), ignoran que "culminar" deriva de "culmen" y "cumbre". El periodismo impreso y digital está lleno de esta expresión. En el diario colombiano *El País* leemos que

♀ "Al **culminar la cumbre**, los presidentes suscribirán el 'Pacto de Leticia por la Amazonía'".

Para evitar tan bruta redundancia, tan fácil que es decir y escribir:

♂ Al **acabar la cumbre**, los presidentes, etcétera.

🖊 He aquí otros ejemplos de esta redundancia: "La expedición del trineo de viento logra **culminar la cumbre**", "obtener una certificación al **culminar la cumbre**", "consiguieron **culminar la cumbre** anual", "antes de **culminar la Cumbre** de los Pueblos", "tras **culminar la Cumbre** del G20", "**culmina la Cumbre** de la Alianza del Pacífico", "este martes **culmina la Cumbre**", "culmina la cumbre en el Vaticano", "**culmina la cumbre** G7", "**culminó la Cumbre** del G20 en Buenos Aires", "**culminó la Cumbre** Jazz Festival", "este fin de semana **culminará la Cumbre** Mundial de Líderes", "**culminará la Cumbre** de UNASUR", y, como siempre hay algo peor, "en febrero de 1976 logró **culminar la cumbre de esta elevación**".

☞ Google: 66 800 resultados de "culminar la cumbre"; 63 600 de "culmina la cumbre"; 44 700 de "culminó la cumbre"; 7 300 de "culminará la cumbre". ☒

D

61. daño, daños, daños y perjuicios, *¿daños y prejuicios?*, perjuicio, prejuicio

"¿Daños y prejuicios?" En muy pocos casos se trata de una errata. Por lo general, es una barrabasada. No son "daños y **pre**juicios", sino "daños y **per**juicios". Incluso una serie televisiva estadounidense que, en inglés, se llama *Damages*, en español se tradujo como *Daños y perjuicios*, pero son muchísimos los españoles y los hispanoamericanos que dicen y escriben, refiriéndose a dicha serie, *Daños y prejuicios*. El desplazamiento de la "r" después de la "e" cambia el significado del sustantivo "**per**juicio" convirtiéndolo en "**pre**juicio", sustantivo también existente en español, pero con un sentido diferente. Por lo demás, la expresión "daños y perjuicios" (casi siempre utilizada en plural), perteneciente al ámbito legal, y que se ha vuelto un lugar común del todo aceptado, es una evidente redundancia, pues "dañar" y "perjudicar" son verbos sinónimos. El verbo transitivo "dañar" (del latín *damnāre*: "condenar") significa "causar detrimento, perjuicio, menoscabo, dolor o molestia" (DRAE). Ejemplo: *Lo acusó de **dañar** su reputación*. De ahí el sustantivo masculino "daño" (del latín *damnum*): "efecto de dañar" y "delito consistente en causar daños de manera deliberada en la propiedad ajena". Ejemplo: *Fue acusado por **daños** a terceros*. El diccionario académico recoge la expresión "daños y perjuicios" y la define como "compensación que se exige a quien ha causado un daño, para reparar este". Ejemplo: *Fue condenado por **daños y perjuicios***. Lo que ocurre es que el verbo transitivo "perjudicar" (del latín *praeiudicāre*) tiene prácticamente el mismo significado de "dañar": "Ocasionar daño o menoscabo material o moral" (DRAE). *Lo acusó de **perjudicar** su imagen*. Como podemos ver, el único matiz añadido es el aspecto "moral", pero el sustantivo masculino, derivado de este verbo, "perjuicio" (del latín *praeiudicium*), no se distingue realmente del sustantivo "daño", pues la definición del DRAE es la siguiente, de acuerdo con sus tres acepciones: "Efecto de perjudicar", "detrimento patrimonial que debe ser indemnizado por quien lo causa" e "indemnización que se ha de pagar por un perjuicio". Ejemplo: *Lo condenaron por **perjuicios***. Por lo anterior, aunque sea del todo aceptada por el uso, la expresión "daños y **per**juicios" es redundante. Bastaría con decir "daños", bastaría con decir "perjuicios". Por otra parte, la deformación "daños y **pre**juicios" es, como ya advertimos, una barrabasada, pues el sustantivo masculino "prejuicio", aunque tenga la misma etimología latina *praeiudicium*, significa, literalmente, "juicio previo" o "decisión prematura", con las siguientes acepciones en el diccionario académico:

"Acción y efecto de prejuzgar" y "opinión previa y tenaz, por lo general desfavorable, acerca de algo que se conoce mal". Ejemplo: *Sorprende que el escritor Fulano tenga tantos **prejuicios** mojigatos*. Es obvio que todo "**pre**juicio" lleva a un "**per**juicio", pero también es evidente que no todos los "**per**juicios" derivan de "**pre**juicios". Por ello, el verbo transitivo "perjudicar" no es sinónimo del verbo transitivo "prejuzgar", aunque compartan la etimología latina *praeiudicāre*, pues el significado de éste es "juzgar una cosa o a una persona antes del tiempo oportuno o sin tener de ellas cabal conocimiento" (DRAE). Ejemplo del diccionario académico: *No **prejuzgues** hechos que no conoces*. Siendo así, todo acto de "prejuzgar" lleva casi siempre a "perjudicar" (algo o a alguien), pero no toda acción "perjudicial" ("que perjudica o puede perjudicar") proviene siempre de la acción de "prejuzgar". Por cierto, existe también el verbo "prejuiciar", utilizado en algunos países de América, cuyo significado es, de acuerdo con el DRAE, "predisponer a una persona en contra de alguien o de algo". Es verbo que no recoge el DUE, pero tampoco el *Panhispánico*.

Es abundante la barrabasada "daños y **pre**juicios" en lugar de la redundancia aceptada "daños y **per**juicios", especialmente en el periodismo impreso y en internet. En el diario español *El Mundo* leemos el siguiente titular:

☞ "*Daños y **Prejuicios***: de la cancelación a la emisión de otras dos temporadas".

Quiso informar el diario que

☉ habrá dos temporadas más de la serie *Daños y **perjuicios***.

✎ He aquí unos pocos ejemplos de este barbarismo: "Daños y **prejuicios** por no darnos un piso apalabrado y pagado", "responsable de daños y **prejuicios**", "estipulan pagarle el triple por concepto de daños y **prejuicios**", "Katy Perry recibirá millonaria indemnización por daños y **prejuicios**", "vigente demanda contra Tyrone Rohena por daños y **prejuicios**", "Ted Danson y Gleen Close, juntos en Daños y **Prejuicios**", "se estrena la cuarta temporada de Daños y **Prejuicios**", "indemnización de daños y **prejuicios** por vulneración de derechos", "gobierno regional demanda por daños y **prejuicios**", "minera presenta demanda por daños y **prejuicios**", "reclamará por daños y **prejuicios** a Repsol", "la justicia rechaza una demanda por daños y **prejuicios** a un reconocido programa de TV" (la justicia hace bien en rechazar la demanda: quien demandó no debería ser tan prejuicioso), "¿puedo ganar dinero por daños y **prejuicios** en contra de la compañía?" (depende qué tan prejuiciosos sean en esa compañía), "daños y **prejuicios** del sedentarismo" (¡vaya, hasta prejuicios hay por el solo hecho de estar sentado!), "acusan a Telcel por daños y **prejuicios** a usuarios", "Perú exige mil millones de dólares a Odebrecht por daños y **prejuicios**", etcétera.

☛ Google: 94 500 resultados de "daños y prejuicios". ☒

☛ Google: 12 200 000 resultados de "daños y perjuicios". ☑

62. de baja estofa, *¿de baja estopa?*, estofa, estopa

El disparate "de baja estopa" es uno de los más risibles en nuestro idioma. Veamos. El sustantivo femenino "estopa" (del latín *stuppa*) tiene la siguiente acepción en el diccionario académico: "Parte basta o gruesa del lino o del cáñamo, que queda en el rastrillo cuando se peina y rastrilla". Mucho mejor es la definición de María Moliner: "Parte basta del lino o del cáñamo que queda al peinarlos y que se emplea para cuerdas, para telas bastas y otros usos". La "estopa", entonces, es un sobrante que, en "masa de hilo grueso y burdo [...] constituye un material absorbente usado en limpieza y para aplicar aceites y barnices en carpintería" (DEUM). Ejemplo (del *Diccionario del español usual en México*): *Compra* **estopa** *y gasolina para limpiar el motor.* En cambio, el sustantivo femenino "estofa" (del francés antiguo *stofe*) es prácticamente lo contrario de "estopa", pues significa "tela o tejido de labores, por lo común de seda" y, en un sentido más amplio, significa "calidad, clase" (DRAE). De ahí la expresión despectiva "de baja estofa", es decir "de poca clase", "de mala calidad", aplicada, en sentido figurado, especialmente a personas consideradas despreciables por sus acciones y actitudes. Ejemplo: *Ese cabrón es un individuo de* **baja estofa**, que se convierte en disparate cuando, por homofonía, el sustantivo "estofa" se trueca en "estopa": *Ese cabrón es un individuo de* **baja estopa**. En realidad, la "estopa" siempre es "baja", puesto que se trata de un sobrante, de una rebaba, de un desperdicio: lo burdo y basto que es el residuo del lino o el cáñamo ya rastrillados, peinados, refinados. La "estopa", en consecuencia, y a diferencia de la seda y el lino, carece de "clase" o de "calidad", lo que tiene es rudeza y ordinariez. Por tanto, decir y escribir "de **baja estopa**" es redundancia cómica e involuntaria. Lo correcto es "de **baja estofa**": de poca clase, soez, de baja condición, sin refinamiento, sin calidad, sin elegancia.

La gente que no consulta el diccionario nada sabe de esta diferencia y, por ello, cae en el error de confundir la "estofa" con la "estopa". El disparate no sólo está en el habla y en internet, sino también en la escritura y en publicaciones impresas de gente que se las quiere dar de refinada sin sospechar que está exhibiendo el cobre con su "**baja estopa**". En un discurso que puede escucharse y verse en la página de internet de Europa Press, el impresentable y analfabeto funcional Mariano Rajoy, ex presidente del Gobierno de España, afirmó, orondo, orgulloso y tonante:

♀ "Yo creo que lo que hemos vivido, al menos en algunas ocasiones, fue un *reality show* de **baja estopa**".

Y como éste fue el clímax de su discurso, se soltaron los aplausos. Pero lo que este gran jumento quiso decir es que aquello había sido, por momentos,

♂ un *reality show* de **baja estofa**.

✎ Es obvio que este solípedo asnal jamás abre un diccionario. He aquí algunos ejemplos (tomados de publicaciones impresas y de internet) de gente que, como Rajoy, confunde la "estopa" con la "estofa", algo así como confundir el culo con la cuaresma: "gente de **baja estopa**", "un pelele de **baja estopa**", "califica de **baja estopa** el turismo gay", "innovación de **baja estopa**", "delincuencia de **baja estopa**", "eso era populismo de **baja estopa**", "reporterismo gráfico de **baja estopa**", "encuentro de gentes de **baja estopa**", "politiqueros de **baja estopa**", "política bastarda, de **baja estopa**", "gangsters de **baja estopa**", "best-seller de **baja estopa**", "intrigante de baja estopa", "populismo de baja estopa", etcétera.

☞ Google: 7 350 resultados de "baja estopa"; 6 440 de "de baja estopa". ☒
☞ Google: 99 700 resultados de "baja estofa"; 83 500 de "de baja estofa". ☑

63. *de imprevisto, de imprevistos,* de improviso, *de improvisto,* gastar, gasto imprevisto, *gastos de imprevisto,* gastos de imprevistos, *gastos de improvistos,* gastos imprevistos, imprevisto, imprevistos, improviso, improvisos, improvisto, improvistos, llegar, *¿llegar de imprevisto?,* llegar de improviso, *¿llegar de improvisto?,* presentar, presentarse, *¿presentarse de imprevisto?,* presentarse de improviso, *¿presentarse de improvisto?*
Confunden muchas personas la locución adverbial "de improviso" ("de manera imprevista o sin avisar", DRAE) con la secuencia "de imprevisto", que no posee calidad de locución adverbial, a pesar de que el adjetivo y sustantivo "imprevisto" signifique "no previsto", esto es, "no visto con anticipación". Ejemplos correctos: *Llegó de improviso; Nos presentamos de improviso.* Ejemplos incorrectos: *Llegó de imprevisto; Nos presentamos de imprevisto.* El adjetivo "improviso" (del latín *improvīsus*) significa "que no se prevé o previene" (DRAE); de ahí el verbo transitivo "improvisar": "Hacer algo de pronto, sin estudio ni preparación" (DRAE). Ejemplo: *Improvisó una justificación por su retraso.* De ahí también el sustantivo femenino "improvisación" ("acción y efecto de improvisar"). Ejemplo: *Su improvisación fue desastrosa.* Y aunque el adjetivo y sustantivo "imprevisto" es sinónimo del adjetivo "improvisto" ("no previsto"), no hay, en nuestra lengua, la locución adverbial "de imprevisto", sino la locución adverbial, poco utilizada ya, "a la improvista": "Sin prevención ni previsión" (DRAE). Ejemplo: *Descuidada, sí, desigual, porque componía a la improvista* (Alfonso Reyes, *El paisaje en la poesía mexicana del siglo XIX*). Queda claro que la locución adverbial "a la improvista" no significa otra cosa que "con improvisación". Las raíces de las locuciones adverbiales "de improviso" y "a la improvista" hay que buscarlas en los verbos transitivos "prevenir" y "prever". El primero, del latín *praevenīre*, significa "preparar, aparejar y disponer con anticipación lo necesario para un fin" y "prever, ver, conocer de antemano o con anticipación un daño o perjuicio" (DRAE); el segundo, del latín *praevidēre*, significa "ver con anticipación", "conocer, conjeturar por algunas señales o indicios lo que ha de suceder" y "disponer o preparar medios contra futuras contingencias" (DRAE),

y su participio, irregular, es "previsto". Ejemplos: *Prevenir es mejor que remediar; Hay que prever las consecuencias de nuestros actos*. Puede argüirse que, siendo sinónimos, los adjetivos "imprevisto" e "improviso", da lo mismo decir "**llegar de imprevisto**" que "**llegar de improviso**", "**presentarse de imprevisto**" que "**presentarse de improviso**". Pero no da lo mismo. Como ya vimos, "de improviso" es una locución adverbial y, por tanto, una expresión singular, fija, inmutable, equivalente al adverbio "repentinamente"; en cambio, no lo es "de imprevisto" que, con sujetos en plural, exige la pluralización. Así, no es lo mismo decir *Nos presentamos de improviso* (esto es, "repentinamente") que *Nos presentamos de imprevisto*; en este caso habría que decir y escribir, para que la expresión adquiera algún sentido, *Nos presentamos de imprevistos*. Y es obvio que una expresión así posee fallas lógicas y gramaticales que resultan evidentes. La torpeza de esta ultracorrección españolísima, que ya se les pegó a los mexicanos y a otros hispanohablantes, queda exhibida al referirse, con uso bárbaro, a "**gasto de imprevisto**" y "**gastos de imprevisto**", en lugar de las expresiones correctas "**gasto imprevisto**", "**gastos imprevistos**" y "**gastos de imprevistos**". Ejemplo incorrecto en una revista: "**Gastos de imprevisto**: el coco de los mexicanos" (no, no son "**gastos de imprevisto**", sino "**gastos imprevistos**" o "**gastos de imprevistos**"). Ejemplos correctos en internet: "Los **gastos imprevistos** son aquellos egresos que no alcanzan a ser presupuestados" y "Reduce **gastos de imprevistos**". Para comprender y utilizar el idioma hay que utilizar la lógica. Dígase y escríbase "de improviso" y no "de imprevisto" (y tampoco "de improvisto"), que es ultracorrección de gente, incluso preparada, que jamás consulta el diccionario.

Esta ultracorrección conduce a transformar una correcta locución adverbial en una frase con escaso sentido lógico y con grandes defectos gramaticales. Abunda en internet, pero también está muy difundida en las publicaciones impresas, incluidos diarios y libros. En el diario español *El Independiente* leemos el siguiente titular:

♀ "Felipe VI se reúne **de imprevisto** con Raúl Castro antes de marcharse de Cuba".
Quiso informar el diario, con corrección:

☊ Felipe VI se reúne **de improviso** con Raúl Castro antes de marcharse de Cuba.

🖉 Van otros ejemplos de esta ultracorrección tan española, y ya también tan hispanoamericana: "Aparecer **de imprevisto**", "frena **de imprevisto** y vehículo la choca", "tuvo un viaje **de imprevisto**" (lo correcto es que tuvo un viaje imprevisto), "Julian Assange desaparece de Twitter **de imprevisto**", "da frenón **de imprevisto**", "el opositor venezolano Daniel Ceballos fue llevado **de imprevisto** a la cárcel", "**de imprevisto** las cosas salen mejor", "aparecer **de improvisto**", "el cráter se formó **de improvisto**", "Fernando Andina, a Holanda **de improvisto**", "igual que Trump, AMLO llega a boda **de improvisto**", "Michael Bay abandona **de improvisto** el escenario", "las cosas honestas salen así, **de improvisto**", "el Papa visita **de improvisto** dos hospitales en Roma",

"cuando mi jefe **llega de imprevisto**", "el futuro **llega de imprevisto**", Taylor Swift **llega de impre-**
visto", "un viajero **llega de imprevisto**", "un conquistador que **llega de imprevisto**", "un fondo
para emergencias y **gastos de imprevisto**", "al final siempre habrán **gastos de imprevisto**", "su
sueño de jugar con Tigres **le llegó de imprevisto**", "el primer crucero de la temporada **llegó de**
imprevisto", "que tu viaje no sea un **gasto de imprevisto**", "el **gasto de imprevisto** solo puede ser
utilizado con previa autorización", "¡acaba de **llegar de imprevisto!**", "no puedes **llegar de impre-**
visto y arruinarlo todo", "**llegué de imprevisto** y me fue bien", "**llegué de imprevisto** a la puerta
de una sala grande" (literatura, obviamente), "**llegaron de imprevisto** para alegrar a su familia",
"múltiples visitantes que **llegaron de imprevisto**", "busca estereotipos que puedan **presentar-**
se de imprevisto", "otras eventualidades que podrían **presentarse de imprevisto**", "**llegamos de**
imprevisto a una oficina", "**llegamos de imprevisto**, no le avisamos a nadie" (el gobernador de Tabasco Adán Augusto López), "**se presentó de imprevisto** una patrulla", "**llegando de imprevisto**
a una de sus reuniones" y, como siempre hay algo peor, "no es lo mismo un cambio consciente, buscado y trabajado, que algo que **llega de improviso sin avisar**".

☞ Google: 362 000 resultados de "de imprevisto"; 185 000 de "de improvisto"; 24 100 de
"llega de imprevisto"; 18 500 de "gastos de imprevisto"; 11 100 de "llegó de imprevisto"; 5 190
de "gasto de imprevisto"; 3 550 de "llegar de imprevisto"; 3 450 de "llegué de imprevisto";
2 660 de "llegaron de imprevisto"; 2 220 de "presentarse de imprevisto"; 1 130 de "llegamos
de imprevisto"; 900 de "se presentó de imprevisto"; 800 de "llegando de imprevisto". ☒

☞ Google: 1 790 000 resultados de "de improviso"; 1 150 000 de "gasto improvisto"; 298 000
de "gastos imprevistos"; 70 500 de "llega de improviso"; 63 800 de "llegar de improviso"; 32 700 de
"llegó de improviso"; 30 900 de "se presenta de improviso"; 28 600 de "llegan de improviso";
25 500 de "llegaron de improviso"; 24 300 de "se presentó de improviso"; 23 700 de "presentarse de improviso"; 16 400 de "llegué de improviso"; 11 300 de "se presentan de improviso";
11 100 de "llegando de improviso"; 7 850 de "llegamos de improviso"; 5 000 de "se presentaron
de improviso"; 2 960 de "presentándose de improviso"; 1 750 de "a la improvista". ☑

64. decurso, ¿*decurso del tiempo?*, tiempo

La expresión "decurso del tiempo" contiene redundancia, y pertenece al ámbito culto. Ignoran quienes la utilizan que el sustantivo masculino "decurso" (del latín *de-*
cursus: corriente) significa, de manera literal, "sucesión o continuación del tiempo"
(DRAE). Ejemplo: *Esto lo podemos ver en el **decurso** de la historia.* Si, por definición, el
sustantivo "decurso" ya incluye el concepto "tiempo" (sustantivo masculino, que proviene del latín *tempus* y que significa "duración de las cosas sujetas a mudanza"), es
grosera redundancia decir y escribir "decurso del tiempo", pues todo "decurso" tiene
implícito el "tiempo".

Es redundancia culta muy usada por escritores, historiadores, periodistas y otros
profesionistas que no suelen consultar el diccionario. La encontramos lo mismo en

publicaciones impresas (libros, periódicos y revistas) que en internet. En el libro *Acercamiento a lo literario: guía de lectura*, las autoras explican algunas estrofas de Jorge Manrique del siguiente modo:

♀ "el presente es un instante que nos aboca a la muerte y el futuro no es más que pasado en el **decurso del tiempo** veloz".

El libro es español (está publicado por la Universidad de Murcia). Un buen editor hubiese podido ayudar a las autoras para que, correctamente, dijeran lo que quieren decir:

♂ "el presente es un instante que nos aboca a la muerte y el futuro no es más que pasado en el **decurso** veloz" (o bien "en el veloz paso del tiempo" y nos olvidamos del pedante "decurso").

✎ He aquí otros ejemplos de este disparate redundante, todos ellos tomados de libros impresos: "el **decurso del tiempo** como fenómeno jurídico", "esas formas no conocen el **decurso del tiempo**", "en el **decurso del tiempo** cósmico y humano", "el **decurso del tiempo** como hecho jurídico", "la lucha religiosa en el **decurso del tiempo**", "aun así las cosas cambian en el **decurso del tiempo**", "con independencia del **decurso del tiempo** vacío y homogéneo", "su permanencia a través del **decurso del tiempo**", "dividido por el **decurso del tiempo**", "su nombre ha sido olvidado ya por el **decurso del tiempo**", etcétera.

☞ En Google: 52 900 resultados de "decurso del tiempo"; 44 600 de "el decurso del tiempo"; 33 800 de "en el decurso del tiempo". ☒

65. debe haber, *¿deben haber?*, puede haber, *¿pueden haber?*, suele haber, *¿suelen haber?*, va a haber, *¿van a haber?*

Con el infinitivo "haber", como verbo auxiliar, y los verbos "deber", "poder", "ir" y "soler", conjugados en ciertos tiempos, se dan las formas perifrásticas "debe haber", "debería haber", "puede haber", "podría haber", "suele haber", "solía haber" y "va a haber", entre otras. Es frecuente que hablantes y escribientes del español, en estas perífrasis, pluralicen, erróneamente, el verbo conjugado, según sea el caso, y produzcan los disparates "deben haber", "deberían haber", "pueden haber", "podrían haber", "suelen haber", "solían haber", "habían habido" y "van a haber". Lo correcto es decir y escribir, por ejemplo, *Puede haber problemas*; lo incorrecto es *Pueden haber problemas*. La explicación es harto sencilla: el sustantivo "problemas", en este ejemplo, no es el sujeto del enunciado, sino el complemento directo. Se trata de una oración impersonal con sujeto ausente. Diferente, y correcto, es, en cambio, decir y escribir *Debieron haber calculado muy mal los tiempos*, pues en esta oración, el sujeto de "debieron haber" es un sujeto tácito que corresponde al plural "ellos", "ellas", "aquellos", "aquellas", etcétera. Basta con formular la pregunta *¿quiénes debieron haber calculado* *mal los tiempos?*, para conocer el sujeto. La respuesta es "ellos", "ellas", etcétera. Incorrecto es decir y escribir *Van a haber nevadas en este invierno*; lo correcto es ***Va a haber nevadas en este invierno***. Correcto es decir y escribir ***Suele** haber inconvenientes*; incorrecto, *Suelen haber inconvenientes*. Incorrecto es decir y escribir *Deberían haber más personas en la sala*; correcto, ***Debería** haber más personas en la sala*. Correcto es decir y escribir *Los daños en Notre Dame **podrían haber** sido menores si no se hubiesen mojado los arcos de piedra, Los políticos **podrían haber** aprendido a hablar y a escribir si se hubieran aplicado en la lectura de buenos libros*. La razón es sencilla: en la primera oración el sujeto de "podrían haber" es el plural "los daños"; en la segunda, el sujeto de "podrían haber" es el plural "los políticos". El mal uso de las formas perifrásticas con el infinitivo "haber", como verbo auxiliar, más los verbos conjugados "deber", "poder", "ir" y "soler", ya es una epidemia en nuestro idioma, en todos los ámbitos, ya que no es exclusivo del uso inculto. Profesionistas, académicos, escritores, periodistas, funcionarios, políticos, presidentes de las naciones, etcétera, se dan vuelo con estos desbarres.

Del presidente mexicano Andrés Manuel López Obrador se puede afirmar que no sólo habla con faltas de ortoepía y ortofonía (es decir, que pronuncia incorrectamente: *autoridá, honestidá, integridá, legalidá, seguridá, verdá*, etcétera), sino que también escribe ¡y habla! con faltas de ortografía. ¡Ni Vicente Fox ni Peña Nieto lo superan en esto, y ello es decir mucho! Y se da el quién vive con el venezolano Nicolás Maduro. El 17 de abril de 2019 dijo, en su matutino y tedioso monólogo autorreferencial:

🜨 "Si él considera que no es así, pues, este, hay instancias, este, **pueden haber amparos**".

Lo que quiso decir, en buen español, es que

☞ **puede haber** amparos.

✐ He aquí unos pocos ejemplos de estos disparates tan abundantes: "En la vida siempre **van a haber** problemas", "si se hacen los indiferentes **van a haber** problemas sociales", "**van a haber** problemas para circular", "en los próximos meses no **van a haber** problemas cambiarios", "seguro **van a haber** problemas", "mañana **van a haber** lluvias", "en cada piso de palcos **van a haber** policías", "**pueden haber** problemas mañana", "**pueden haber** problemas mecánicos", "**pueden haber** problemas de visualización", "no **suelen haber** problemas de transferencia", "en todos los matrimonios **suelen haber** problemas", "**deben haber** recursos para atender estos eventos", "**deben haber** recursos disponibles", "**podrían haber** problemas con el desarrollo", "**podrían haber** problemas de pago", "no **deberían haber** personas en lista", "hasta ahora no **habían habido** problemas".

☞ Google: 55 300 resultados de "van a haber problemas"; 28 100 de "pueden haber problemas"; 26 000 de "habían habido"; 25 800 de "suelen haber problemas"; 14 900 de "deben haber recursos"; 14 100 de "podrían haber problemas"; 3 200 de "deberían haber personas"; 2 550 de "van a haber lluvias"; 1 550 de "van a haber policías"; 1 000 de "habían habido problemas". ☒

66. debut, debutar, ¿debutar por primera vez?

El sustantivo masculino "debut" (del francés *début*) posee dos acepciones en el DRAE: "Presentación o primera actuación en público de una compañía teatral o de un artista" y "primera actuación de alguien en una actividad cualquiera". Ejemplos: *Esa noche hizo su **debut** en el Teatro Principal; Tuvo su **debut** en primera división a los 17 años.* De ahí el verbo intransitivo "debutar" (del francés *débuter*), con dos acepciones en el diccionario académico: "Dicho de una compañía teatral o de un artista: Presentarse por primera vez ante el público" y "dicho de una persona en cualquier otra actividad: presentarse por primera vez ante el público". Ejemplos: *Esa noche **debutó** en el Teatro Principal; **Debutó** en primera división a los 17 años.* De ahí también el adjetivo "debutante": "que debuta". Ejemplo: *Fue un **debutante** con gran éxito.* Sabido todo lo anterior, resulta claro que hablar o escribir de "debutar por primera vez" es una bruta redundancia. Nadie "debuta" más que una sola vez: no hay segundo "debut" ni tercer "debut". El "debut" es y será siempre la primera actuación o la presentación primera ante el público, en un medio o en una actividad cualquiera o bien en un determinado escenario. Puede darse el caso de que una persona "debute" en dos o más ámbitos distintos; por ejemplo, *En 1977, **debutó** en la Liga Española y, cinco años después, en la Copa del Mundo.* Se entiende perfectamente que, en 1977, un futbolista equis jugó por primera vez en la Liga Española; y que, en 1982, jugó, también por primera vez, en una Copa Mundial. Lo imperdonable es decir y escribir "debutó por primera vez".

Esta redundancia bruta pertenece a los ámbitos del deporte y los espectáculos en general. En la edición en español de la revista *Entrepeneur* leemos lo siguiente:

♀ "The Beatles, la banda inglesa icono del rock, **debutó por primera vez** en la radio hace más de 50 años con la canción 'Love me do'".

Como ya advertimos, nadie debuta por segunda vez o por tercera vez. Únicamente se debuta porque sólo hay un debut. Por ello, la revista debió informar que

☼ The Beatles **debutó** en la radio hace más de 50 años, etcétera.

✐ Quiere esto decir que la primera canción de la banda The Beatles sonó en la radio hace más de 50 años. He aquí más ejemplos de esta redundancia bruta: "**Debutó por primera vez** con la camiseta del Rayo Vallecano", "**debutó por primera vez** en la televisión mexicana", "el VAR **debutó por primera vez** en la historia", "la serie **debutó por primera vez** en 1989", "**debutó por primera vez** en un escenario a los siete años", "**debutar por primera vez** en la Carrera Panamericana", "vienen desde México a **debutar por primera vez** en Chile", "podría **debutar por primera vez** en los Juegos Olímpicos", "chico **debutando por primera vez**", "**debutando por primera vez** en las Grandes Ligas", "**debutan** en un Mundial **por primera vez**", "**debutaron por primera vez** en el mundo artístico", "me acuerdo que cuando tenía 14 años **debuté por primera vez** como modelo" y, como siempre hay algo peor, "como si **volviera a debutar por primera vez**".

☞ Google: 27 100 resultados de "debutó por primera vez"; 15 600 de "debutar por primera vez"; 14 000 de "debutando por primera vez"; 13 200 de "debutan por primera vez"; 7 000 de "debutaron por primera vez"; 2 190 de "debuté por primera vez". ☒

67. dejémonos, ¿*dejémosnos*?, vámonos, ¿*vamosnos*?, vayámonos, ¿*vayámosnos*?, unámonos, ¿*unámosnos*?

Muchas personas no lo saben, pero en los verbos conjugados en la primera persona del plural del presente de subjuntivo ("alegremos", "dejemos", "pongamos", "sentemos", "unamos", "vayamos", etcétera) y en la primera persona del plural del presente de indicativo del verbo ir ("vamos") se pierde, por norma gramatical, la terminación "-s" cuando se le añade el pronombre "nos" (enclítico) con valor de imperativo y, especialmente, exhortativo. De tal forma, por regla, lo correcto es decir y escribir "alegrémonos", "dejémonos", "pongámonos", "sentémonos", "unámonos", "vámonos" y "vayámonos", y no "alegrémosnos", "dejémosnos", "pongámosnos", "sentémosnos", "unamosnos", "vámosnos" y "vayámosnos" que son formas incorrectas y, además, horripilantes. Ejemplos: *Alegrémonos de estar vivos*; *Dejémonos de chingaderas*; *Pongámonos serios*; *Sentémonos a discutirlo*; *Unámonos para conseguirlo*; *Vámonos al carajo*, *Vayámonos mucho a la chingada*. Cabe advertir que, por el contrario, como lo establece también la gramática de la RAE, el morfema de persona y número de la primera persona del plural (-*mos*) de los verbos conjugados en presente de subjuntivo no pierde la terminación "-s" con otros pronombres enclíticos, sean por casos "la", "las", "le", "les", "los", como en "alegrémosla", "dejémoslas", "pongámosle", "sentémosles", "unámoslos" y "vayámosle". Ejemplos: *Alegrémosla* en su cumpleaños; *Dejémoslas solas*; *Pongámosle Juan al niño*; *Sentémosles lejos*; *Unámoslos* más; *Vayámosle dando al mole*. Característica común de estas formas de conjugación con pronombre enclítico es su acentuación esdrújula: con tilde en la antepenúltima sílaba.

Si bien la mayor parte de los hablantes y escribientes del español no tiene problemas con estas últimas conjugaciones con pronombre enclítico, en cambio sí los tiene con casi todos los verbos con el pronombre enclítico "nos" en la primera persona del plural del presente de subjuntivo. Este desbarre, por prurito de ultracorrección, es frecuente en los más diversos ámbitos del habla y la escritura. Abunda lo mismo en internet que en publicaciones impresas. En el portal electrónico Fundación para la Libertad (Bilbao, España), leemos el siguiente titular de un artículo de Guy Sorman:

♀ "**Dejémosnos** guiar por la emoción".

Quisieron decir y escribir los redactores y editores:

⚬ **Dejémonos** guiar por la emoción.

✎ Más ejemplos de estos desbarres muy frecuentes, todos ellos tomados de internet y de publicaciones impresas: "**vámosnos** todos al campo", "**vámosnos** de viaje", "**vámosnos** de caza", "**vámosnos** los dos", "**vámosnos** antes de que salga el sol", "**dejémosnos** de rodeos", "**dejémosnos** visitar", "**dejémosnos** de lirismos", "**dejémosnos** de minucias", "**dejémosnos** transformar", "**unámosnos** en contra del halloween", "**unámosnos** contra los ataques capitalistas", "**unámosnos** hermanos católicos en la fe", "**unámosnos** en oración", "**unamosnos** a ellos", "**sentémosnos** en el comedor", "**sentémosnos** a dialogar", "**sentémosnos** y hablemos", "**vayámosnos** de aquí", "**vayámosnos** a ser felices", "**alegrémosnos** con la fiesta", "**alegrémosnos** amigos míos", "**veámosnos** en el espejo sirio", "**veámosnos** más seguido", etcétera.

☞ Google: 45 800 resultados de "vámosnos"; 11 500 de "dejémosnos"; 5 980 de "unámosnos"; 2 290 de "sentemosnos"; 1 740 de "vayámosnos"; 1 100 de "alegrémosnos", 1 080 de "veámosnos". ☒

☞ Google: 5 080 000 resultados de "vámonos"; 525 000 de "dejémonos"; 376 000 de "unámonos"; 168 000 de "alegrémonos"; 129 000 de "vayámonos"; 105 000 de "sentémonos"; 58 200 de "veámonos". ☑

68. demencia, ¿*demencia cerebral?*, demente, dementes

El sustantivo femenino "demencia" (del latín *dementia*) posee dos acepciones en el diccionario académico: "Locura, trastorno de la razón" y, en medicina, "deterioro progresivo de las facultades mentales que causa graves trastornos de conducta". Ejemplos: *Esa persona sufre* **demencia**; *Pese a su edad senil, no presenta signos de* **demencia**. Ahora bien: ¿puede hablarse de "demencia cerebral" sin incurrir en una terrible rebuznancia? La respuesta es no. Si la "demencia" es equivalente de la "locura", esto es de un trastorno de la razón o de un deterioro de las facultades mentales, queda claro que todo ello ocurre en el "cerebro" (del latín *cerebrum*), sustantivo masculino que el DRAE define de la siguiente manera: "Uno de los centros nerviosos constitutivos del encéfalo, existente en todos los vertebrados y situado en la parte anterior y superior de la cavidad craneal". Ejemplo: *Una grave lesión en el* **cerebro** *afectó sus facultades mentales*. Si la "demencia" es trastorno de la razón, y la "razón" (del latín *ratio, ratiōnis*) es sustantivo femenino que significa "facultad de discurrir" y "acto de discurrir el entendimiento", ¿en dónde, si no en el cerebro, ocurre el "discurrir" (del latín *discurrĕre*), esto es la facultad de "inventar o idear algo" y "pensar o imaginar algo"? ¿Qué es el "pensar" (del latín *pensāre*) si no la facultad de "formar o combinar ideas o juicios en la mente", y en dónde está la "mente" (del latín *mens, mentis*), la "potencia intelectual" si no en el cerebro? Después de esta argumentación no debe quedar duda de que la expresión "demencia cerebral" es tan redundantemente torpe como "hemorragia de sangre". Por otra parte, no le crean a nadie que les diga que padece "demencia estomacal" o "demencia genital"; si cree realmente eso, lo que padece es, simplemente, "demencia". ¡Y en el cerebro, obviamente! En sentido figurado, tiene más sentido hablar y escribir de "diarrea mental" (coloquialismo aceptado ya por el DRAE) que de "demencia cerebral", pues la "diarrea mental" ocurre, como es lógico, en el cerebro, y es el discurrir líquido y frecuente, sin ton ni son, nada más para cagarla con incontinencia.

La demencial redundancia "demencia cerebral" ya se abre camino entre la gente que no consulta jamás un diccionario, independientemente de su condición social y su nivel profesional. Por el momento, su reino está en internet, pero no es extraño verla en publicaciones impresas (incluidos libros). En el libro español (sí, español; ¿de qué nos asombramos?) *Técnicas de comunicación con personas dependientes en instituciones,* leemos que

☞ "La enfermedad de Alzheimer es un tipo de **demencia cerebral** primaria".

¿Es que hay otras demencias que no sean cerebrales? ¿Por ejemplo, la esquizofrenia es demencia intestinal? No bromeemos ni hagamos el ridículo por ignorancia pancreática o biliar. Lo correcto es decir y escribir que

☞ La enfermedad de Alzheimer es un tipo de **demencia**, y punto.

✎ He aquí otros ejemplos de esta rebuznancia que busca su lugar entre las tonterías con las que a diario echamos a perder la lógica del idioma: "Comer hongos disminuye la **demencia cerebral**", "asocian a la diabetes con distintos tipos de **demencia cerebral**", "¿**demencia cerebral** precoz?", "sería de gran utilidad para tratar a personas que sufren cualquier tipo de **demencia cerebral**", "test para averiguar la **demencia cerebral** precoz", "tienen familiares con **demencia cerebral**" (¿en la Cámara de Diputados o el Senado de la República?), "la investigación arrojó que para 2050 la cantidad de personas que vivan con **demencia cerebral** se va a triplicar" (sobre todo entre quienes jamás consultan el diccionario), "enfocado a la **demencia del cerebro**", "puedes ayudar a prevenir y atenuar la **demencia cerebral** o la pérdida de memoria" (sí: por ejemplo, si pierdes la memoria de la cabeza, te queda la memoria de los pies).

☞ Google: 3 360 resultados de "demencia cerebral". ☒

69. dentadura, *¿dentadura de la boca?, ¿dentadura de su boca?,* diente, dientes, *¿dientes de la boca?, ¿dientes de su boca?*

Es verdad que el sustantivo "diente" posee diversas acepciones, además de nombrar a cada una de las piezas que conforman la "dentadura" que, alojada en la boca del ser humano y de muchos animales, sirve, sobre todo, para desgarrar o masticar los alimentos antes de deglutirlos. Sin embargo, con los sustantivos "dentadura" y "dientes" podemos formar horribles redundancias si les añadimos la innecesaria expresión "de la boca", ya que, en general, los contextos en que se utilizan dichos sustantivos nunca permiten la ambigüedad. Veamos por qué. El sustantivo masculino "diente" (del latín *dens, dentis*) significa, en su acepción principal, "cuerpo duro que, engastado en las mandíbulas del hombre y de muchos animales, queda descubierto en parte, para servir como órgano de masticación o de defensa" (DRAE). Ejemplo: *Al morder un trozo de turrón se le rompió un **diente***. Sería idiota "precisar" que "se le rompió un **diente de la boca**", pues en el contexto del ejemplo está el verbo transitivo "morder" (del latín *mordēre*), que significa "clavar los dientes en algo" (DRAE). Ejemplo: ***Mordió** el turrón sin saber que era muy duro*. Todo ello, a pesar de que las acepciones secundarias del sustantivo "diente" no se refieren a las piezas que el ser humano y muchos animales poseen en las mandíbulas. Helas aquí: "Cada una de las puntas que a los lados de una escotadura tienen en el pico ciertos pájaros", "adaraja o cada uno de los dentellones que se forman en la interrupción lateral de un muro para su trabazón al proseguirlo", "cada una de las puntas o resaltos que presentan algunas cosas y en especial ciertos instrumentos o herramientas. *Diente de sierra, de rueda, de peine*", "cada uno de los picos que quedan en los bordes de los sellos de correos y en el de ciertos documentos que están unidos a la matriz, cuando se los separa por el trepado" (DRAE). Además, están los usos más específicos, con sentido figurado, como "diente de ajo" ("cada una de las partes en que se divide la cabeza del ajo"), "diente de lobo" ("especie de clavo grande"), "diente de perro" ("formón o escoplo hendido o dividido en dos puntas, que usan los escultores"), y otros más. Lo cierto es que, cuando hablamos y escribimos de "diente" y de "dientes", en su acepción principal, los contextos nos remiten invariablemente al sustantivo femenino "dentadura": "conjunto de dientes, muelas y colmillos que tiene en la boca una persona o un animal" (DRAE). Ejemplo: *Tenía la **dentadura** más cariada que se haya visto*. Aunque existan objetos "dentados" (adjetivo: del latín *dentātus*), esto es, "que tienen dientes, o puntas parecidos a ellos" (DRAE), el sentido siempre es figurado. Ejemplo: *Un cuchillo **dentado** es ideal para rebanar el pan*. Es obvio que la "dentadura" está en la boca y es obvio, también, que ese "conjunto de dientes, muelas y colmillos", propio de los seres humanos y de muchos animales, no está en otro lugar que no sea la boca. Por ello es redundante decir y escribir "dentadura de la boca" y "dientes de la boca". No hay otra parte de nuestro organismo donde tengamos "dentadura" y "dientes". Aunque en la literatura clásica, como en el *Quijote*, de Cervantes, el español de antaño se haya hecho con redundancias (ejemplo: "en toda la vida me han sacado **diente ni muela de la boca**", dice don Quijote a Sancho, en el capítulo XVIII de la primera parte de su inmortal novela), hay que evitar expresiones como las siguientes: *Mordió un trozo de turrón y se le cayó un **diente de la boca** o La **dentadura de su boca** era la más cariada que se haya visto*. Los seres humanos usan, además, dentaduras y dientes postizos, que sustituyen a las piezas dentales (o a un conjunto de ellas) ya irreparables o perdidas, y aun así, salvo para precisar que se trata de "prótesis dentales", "implantes dentales", "dientes postizos" o "dentaduras postizas", es innecesario, por redundante, añadir el sustantivo femenino "boca" (del latín *bucca*) a dichas expresiones ("prótesis dentales **de la boca**", "implantes dentales **en la boca**", "dientes postizos **de la boca**", "dentaduras postizas **en la boca**"), pues el sustantivo "boca" designa a la "cavidad en la cual están colocados la lengua y los dientes" (DRAE). Ejemplo: *Se fue de bruces y se rompió la boca*.

Podríamos suponer que son muy pocas las personas que cometen estas brutas redundancias, pero las evidencias muestran todo lo contrario, y nos dejan con la boca abierta. Son millones los hablantes y escribientes que cometen estas rebuznancias, no únicamente en internet, sino también en publicaciones impresas. En el sitio de internet *Dientes 10.com* que, como el nombre lo indica, está especializado en odontología, leemos lo siguiente:

♀ "El objetivo de todos los **dientes de la boca** es el buen funcionamiento para digerir cada uno de los alimentos que llevamos a la **boca**, siendo masticados de la mejor manera posible".

La sintaxis es desastrosa, pero las redundancias tan torpes hacen palidecer todo lo demás. Con corrección básica, los redactores debieron escribir lo siguiente:

☝ El objetivo de los **dientes** es funcionar bien, a fin de masticar de la mejor manera los alimentos que habremos de digerir.

✎ Van aquí unos poquísimos ejemplos de estas redundancias que se cuentan por millones: "Dentistas en India extrajeron más de 500 **dientes de la boca** de un niño", "frenos para los **dientes de la boca**", "prótesis dental: se puede instalar cuando faltan todos los **dientes de la boca**", "a partir de los 3 años los niños suelen tener todos los **dientes de la boca**", "sueño que se me caen todos los **dientes de la boca**, ¿qué significa?" (significa que debes consultar el diccionario), "cómo limpiar superficies de los **dientes de la boca**", "se le caían los **dientes de la boca**", "cada **diente de la boca** desempeña una función específica", "el Dr. Max Lucas dijo que sacó el **diente de la boca** de un paciente que se quejaba de fuerte dolor dental" (doble redundancia), "¿qué hacemos si se pierde un **diente de la boca** por traumatismo?", "contestaba algunas preguntas a los medios de comunicación, cuando de repente se ve cómo le salió un **diente de la boca**" (¡qué novedad!; la noticia sería que el diente le hubiese salido de la oreja), "Reinold Voll descubrió en 1950 que cada **diente de la boca** tiene una relación con un meridiano acupuntural específico", "han experimentado la pérdida de alguno de los **dientes de su boca**", "ella conservaba aún más de 9 **dientes de su boca** y los portaba con orgullo", "las muelas del juicio son las últimas **muelas de la boca**", "cuando el paciente ha perdido todos los **dientes y muelas de la boca** los repone mediante una prótesis completa", "blanqueó cada **diente de su boca**", "los grandes **dientes y colmillos de la boca**", "¿duele mucho cuando te sacan una **muela** de la boca?", "dentista tratando en la **dentadura de la boca** del paciente", "quitar el **colmillo de la boca** puede tener efectos negativos", "contemplamos los **colmillos de su boca**", "alguien se rompió todas las **muelas de su boca**", "observé que la mitad de la **dentadura de su boca** estaba desaparecida" (literatura de altos vuelos), "le quitaron un **colmillo de su boca**", "te muestra una sonrisa enorme con la que te enseña hasta la última **muela de su boca**". ¡Y basta!

☞ Google: 3 570 000 resultados de "dientes de la boca"; 874 000 de "diente de la boca"; 324 000 de "dientes de su boca"; 112 000 de "muelas de la boca"; 111 000 de "diente de su boca"; 102 000 de "colmillos de la boca"; 80 700 de "muela de la boca"; 66 000 de "dentadura de la boca"; 45 000 de "colmillo de la boca"; 42 900 de "colmillos de su boca"; 25 800 de "muelas de su boca"; 17 200 de "dentadura de su boca"; 16 000 de "colmillo de su boca"; 14 700 de "muela de su boca". ☒

☞ Google: 101 000 000 de resultados de "dientes"; 46 700 000 de "diente"; 12 100 000 de "muela"; 7 540 000 de "muelas"; 5 240 000 de "dentadura"; 2 100 000 de "dentaduras". ☑

70. desenlace, ¿*desenlace definitivo?*, ¿*desenlace final?*

El verbo transitivo y pronominal, "desenlazar", "desenlazarse", posee tres acepciones en el diccionario académico: "Desatar los lazos, desasir y soltar lo que está atado con ellos", "dar solución a un asunto o una dificultad" y "resolver la trama de una obra dramática, narrativa o cinematográfica, hasta llegar a su final". De ahí el sustantivo masculino "desenlace", que se aplica a la "acción y efecto de desenlazar" (DRAE), pero que es, sobre todo, lo que María Moliner precisa en el DUE: "Final de un suceso, de una narración, o de una obra de teatro, en que se resuelve su trama". Ejemplos: *La discusión tuvo un **desenlace** sangriento*; *El **desenlace** de la novela no fue feliz*. En 2008 una persona de buena fe, confiada en la sapiencia del buscador urgente de dudas Fundéu BBVA, hizo la siguiente consulta: "Querría saber si es redundante el uso de la expresión 'desenlace final'". La torpe respuesta que recibió es la siguiente: "No es necesariamente redundante, pues podría haber en el mismo ámbito unos 'desenlaces parciales' o 'provisionales'". ¡Vaya forma de desorientar a los dudosos! Por supuesto que la expresión "desenlace final" es siempre redundante, pues todo "desenlace" es "final" por definición, tal como en ello coinciden el DRAE y el DUE: "dar solución a un asunto", "resolver la trama [...] hasta llegar a su final" y "final de un suceso [de una obra] en que se resuelve su trama". El "desenlace" siempre es "final" (y, además, "definitivo") porque "resuelve" la trama, pues el verbo transitivo "resolver" (del latín *resolvĕre*, de *re-*: "re", y *solvĕre*: "soltar", "desatar") tiene como acepción principal "solucionar un problema, una duda, una dificultad o algo que los entraña" (DRAE). Ejemplo del DRAE: *El detective **resolvió** el caso*. Si pensamos en este ejemplo, basta con preguntarnos: ¿Qué hizo el detective? Y la respuesta es sencilla: Resolvió el caso, lo desató, lo desanudó: le dio "desenlace". La española Fundéu BBVA ("asesorada por la

Real Academia Española"; así lo presume en su página oficial) no tiene ni idea de lo que aconseja a la hora de "resolver" dudas de los hablantes y escribientes; sobre todo cuando de redundancias se trata. Es tan redundante el español de España que esa peregrina institución de la agencia EFE se la pasa conduciendo a los dudosos hacia el barranco de mayores redundancias. No hay "desenlaces" "parciales" o "provisionales": por definición, cada "desenlace" es, categóricamente, una resolución y, por lo tanto, un final. ¿Definitivo? ¡Por supuesto! ¿Cuál es el "desenlace" de la novela *Crónica de una muerte anunciada*, de Gabriel García Márquez? El asesinato de Santiago Nazar, quien muere en la cocina de su casa, luego de que los hermanos Vicario lo apuñalan en la entrada de su domicilio. El hecho se anuncia desde las primeras líneas de la obra, pero el "desenlace" se produce al final de la novela, aunque el lector ya sepa lo que va a ocurrir. El adjetivo "definitivo" (del latín *definitīvus*) significa "que decide, resuelve o concluye" (DRAE). Ejemplo: *Publicó la versión definitiva de su obra*. El adjetivo "final" (del latín *finālis*) significa "que remata, cierra o perfecciona algo", y, como sustantivo, "término y remate de algo". Ejemplos: *Le puso el broche final*; *Todo tiene su final, nada dura para siempre*. Tanto "definitivo" como "final" son conceptos que ya están implícitos en el sustantivo "desenlace".

Las expresiones "desenlace definitivo" y "desenlace final" (más las tonterías "desenlace parcial" y "desenlace provisional") son, por supuesto, redundancias cultas de quienes, en caso de consultar el diccionario, no leen correctamente lo que ahí se dice con entera claridad. En el diario *El Heraldo de México* leemos lo siguiente:

♀ "La intensa rivalidad sostenida en 2017 tendrá su **desenlace final** durante la última carrera del campeonato".

En buen español, sin redundancias, el diario debió informar que

☁ la rivalidad mantenida en 2017 tendrá su **desenlace** en la última carrera del campeonato.

✐ Van más ejemplos (unos pocos, realmente) de estas redundancias cultas pero barbáricas: "Triste y lamentable **desenlace final** del rescate del pequeño Julen", "toda historia empieza y acaba, como la propia vida, con su **desenlace final**" (por supuesto que no: la vida no empieza con su desenlace, sino con el nacimiento), "George R. R. Martin decidió el **desenlace final** de la serie", "el **desenlace final** de la historia es objeto de debate", "se aproxima el **desenlace final** del culebrón", "desvela su espeluznante versión del Joker antes del **desenlace definitivo**", "podría estar planteado su **desenlace definitivo** con el final de la tercera temporada", "sólo resta un capítulo para el **desenlace definitivo**", "adicionalmente existen **desenlaces finales**", "nos adentraremos en el **desenlace provisional**, que no **final**, de esta historia", "las huelgas que tuvieron un **desenlace parcial**" y, como siempre hay algo peor, "ése es el **desenlace final y definitivo**" y "tener esas capacidades para un **desenlace definitivo y final**".

☞ Google: 317 000 resultados de "desenlace final"; 26 900 de "desenlace definitivo"; 2 440 de "desenlaces finales"; 1 630 de "desenlace final y definitivo", 1 070 de "desenlace provisional"; 701 de "desenlace parcial"; 265 de "desenlaces parciales". ☒

71. desfigurada, desfigurado, ¿desfigurado de la cara?, ¿desfigurado del rostro?, desfigurar, ¿desfigurar el rostro?, ¿desfigurar la cara?, rostro

Cuando alguien dice o escribe que una determinada persona, a consecuencia de un accidente, quedó "desfigurada", resulta redundante añadir "de la cara" o "del rostro", pues el verbo transitivo y pronominal "desfigurar", "desfigurarse" (del latín *defigurāre*) significa, en su acepción principal, "desemejar, afear, ajar la composición, orden y hermosura del semblante y de las facciones" (DRAE). Ejemplo: *La víctima quedó **desfigurada***. De ahí los sustantivos "desfiguración" y "desfiguramiento": "Acción y efecto de desfigurar o desfigurarse" (DRAE). Ejemplo: *Su **desfiguración** fue consecuencia de un choque automovilístico*. Existe redundancia si se dice o se escribe que *La víctima quedó **desfigurada del rostro*** y *Su **desfiguración de la cara** fue consecuencia de un choque automovilístico*, pues, como ya vimos, el verbo "desfigurar" se aplica a la descomposición o desorden del semblante y las facciones. ¿Y qué son el "semblante" y las "facciones"? Muy simple: el sustantivo masculino "semblante" (del catalán *semblant*, y éste del latín *simĭlans*, *simĭlantis*, participio activo de *similāre*: "semejar") tiene dos acepciones principales: "Representación de algún estado de ánimo en el rostro" y "cara o rostro humano" (DRAE). Ejemplo: *Por su **semblante** se podía observar que estaba encabronado*. En cuanto al sustantivo femenino "facción" (del latín *factio*, *factiōnis*), una de sus acepciones se refiere a "cada una de las partes del rostro humano" (DRAE), y se utiliza sobre todo en plural. Ejemplo: *Era un hombre de **facciones** muy severas*. Explicado lo anterior, queda claro que, por definición, el transitivo "desfigurar" y el pronominal "desfigurarse" se aplican a la cara o al rostro, y que si bien es correcto decir y escribir, por la necesidad de un apoyo léxico, "cara desfigurada" y "rostro desfigurado", sin que con ello se cometa redundancia, es impropio y redundante decir y escribir "desfigurado de la cara" y "desfigurado del rostro", puesto que ya con decir "desfigurada" o "desfigurado" se ha dicho todo. Ejemplos: *Quedaron desfiguradas*, *Quedó desfigurado*. Obviamente de la cara, obviamente del rostro. ¿De dónde más? He aquí otro ejemplo: *El impacto contra el parabrisas lo **desfiguró***. ¡No hace falta decir "del rostro" o "de la cara"! Y lo mismo es en el caso del uso pronominal. Ejemplo: *Al golpearse con el parabrisas, Fulano **se desfiguró***. Agregar "del rostro" o "de la cara" es caer en redundancia. En cuanto a "cara desfigurada" y "rostro desfigurado", no existe pecado de redundancia en tales expresiones, pues, como dijimos, en estos casos se precisa de un apoyo léxico al decir y escribir, por ejemplo: *Vio su **cara desfigurada** ante el espejo*; *Su **rostro desfigurado** le recordó el accidente automovilístico*.

De acuerdo con el contexto, podemos caer o no en redundancia. En la revista *Que... México* leemos lo siguiente:

🔎 "Wade poseerá súper poderes inexplicables que, sin embargo, **lo desfiguran del rostro**".

Sin redundancia, es suficiente con decir que tal personaje de Marvel

✍ tiene inexplicables superpoderes que **lo desfiguran**, y punto.

✐ He aquí otros ejemplos de estas redundancias: "**Se desfiguró el rostro** con botox", "su novio **le desfiguró el rostro** con ácido" (no; su novio la desfiguró con ácido), "**le desfiguró el rostro** con un hierro" (muy sencillo: lo desfiguró con un hierro), "**se desfiguró el rostro** con tantas cirugías" (lo correcto: con tantas cirugías, se desfiguró), "un tumor **le desfiguró el rostro**" (no; un tumor lo desfiguró), "**se desfiguró la cara** para siempre" (se desfiguró para siempre, y punto), "sujeto **desfiguró la cara** de una joven que no quiso salir con él" (lo correcto: sujeto desfiguró a una joven que no quiso salir con él), "quedó **desfigurado de la cara**" (simplemente, quedó desfigurado), "Liz Gallardo quedó **desfigurada de la cara**" (Liz Gallardo quedó desfigurada, y punto), "un año de cárcel por **desfigurar el rostro** a una modelo" (simplemente, un año de cárcel por desfigurar a una modelo), "le confundieron con otro y **le desfiguraron la cara** a golpes" (no; lo confundieron con otro y lo desfiguraron a golpes).

☞ Google: 42 800 resultados de "desfiguró el rostro"; 23 700 de "le desfiguró el rostro"; 23 100 de "desfiguró la cara"; 21 200 de "desfigurar la cara"; 18 000 de "le desfiguró la cara"; 17 700 de "desfigurado de la cara"; 13 000 de "desfigurar el rostro"; 8 840 de "desfigurada de la cara"; 2 340 de "desfigurado del rostro"; 2 290 de "desfigurados de la cara"; 1 320 de "desfiguradas de la cara"; 1 000 de "desfigurada del rostro". ☒

☞ Google: 156 000 resultados de "rostro desfigurado"; 73 700 de "cara desfigurada"; 30 800 de "la desfiguró"; 29 200 de "quedó desfigurado"; 27 300 de "rostros desfigurados"; 16 400 de "quedó desfigurada"; 13 600 de "la desfiguraron"; 11 600 de "lo desfiguró"; 8 160 de "caras desfiguradas"; 7 270 de "lo desfiguraron"; 4 410 de "me desfiguró"; 4 210 de "desfigurado en un accidente"; 2 130 de "desfigurada en un accidente"; 1 990 de "quedaron desfigurados"; 1 380 de "me desfiguraron"; 1 130 de "facciones desfiguradas". ☑

72. destellar, destello, *destello de luz?, ¿destello lumínico?, ¿destello luminoso?, ¿destellos de luces?, ¿destellos de luz?,* luces, lumínico, luminoso, luz

"Destello lumínico", "destello luminoso", "destello de luz", "destellos de luces" y "destellos de luz" son cinco redundancias frecuentes incluso en escritores y científicos, y no se diga en hablantes y escribientes comunes del español. En el caso de los primeros necesitan urgentemente unas clases primarias de gramática y ortografía o, al menos, un elemental taller de lectura y redacción con algo de lógica, aunque ya sean ganadores de los más importantes premios nacionales e internacionales de letras. En el caso de los segundos, esos científicos no menos destacados que los escritores, necesitan tener un buen diccionario a la mano, y esto es facilísimo puesto que nunca sueltan sus dispositivos digitales: sólo sería cosa de ir a la palabra e informarse. Veamos por qué. El verbo intransitivo (que se usa también como transitivo) "destellar" o "destellear" (del latín *destillāre*: "gotear") significa "despedir destellos o emitir rayos, chispazos o ráfagas de luz, generalmente intensos y de breve duración" (DRAE). Ejemplo: *En el cielo oscuro **destellaban** las estrellas*. De ahí el sustantivo masculino "destello": acción de destellar y "resplandor vivo y efímero, ráfaga de luz que se enciende y amengua o apaga casi instantáneamente" (DRAE). Ejemplo: *El cielo, oscuro, estaba lleno de **destellos***. Todos los destellos son de luz, incluso en el sentido figurado, cuando equivalen a vislumbres o conjeturas. Ejemplo: *Entre tanta incertidumbre, de pronto tuvo un **destello***. Comparten etimología (*destillāre*: "gotear") los verbos "destellar" y "destilar": en este último la acción posee un sentido recto: caer el líquido gota a gota, luego de evaporarse; en el primero estamos ante un sentido figurado: gotear la luz o mostrarse la luz gota a gota. Visto lo anterior, siempre será redundancia bruta hablar y escribir de "destellos lumínicos", "destellos luminosos", "destellos de luz" y "destellos de luces", pues todos los "destellos", por definición, conllevan la acción de la "luz" por "goteo" que no es otra cosa que "centellear" (de *centella*), verbo intransitivo que significa "despedir destellos vivos y rápidos de manera intermitente". Ejemplo: *En esa madrugada pálida aún **centelleaban** algunas estrellas*. En conclusión, no deben agregarse al sustantivo "destello" los adjetivos "lumínico" ("perteneciente o relativo a la luz") y "luminoso" ("que despide luz") ni el sustantivo femenino "luz" (del latín *lux, lucis*), cuyas principales acepciones son "agente físico que hace visibles los objetos" y "claridad que irradian los cuerpos en combustión, ignición o incandescencia". No hay destellos que no sean luminosos o de luz, incluso en sentido figurado. Por tanto, decir y escribir "destello lumínico", "destello luminoso", "destello de luz", "destellos de luces" y "destellos de luz" es incurrir en gruesas redundancias.

Estos desbarres se encuentran por cientos de miles en todos los ámbitos de nuestra lengua, ¡debido a la mala costumbre de no abrir jamás el diccionario! En el portal digital de la BBC (Noticias del Mundo) leemos lo mismo en un encabezado que en el cuerpo de la información lo siguiente:

♀ "¿Qué son los misteriosos **destellos de luz** que aparecieron en el cielo de México durante el terremoto?".

El redactor científico de la BBC le hace falta, urgentemente, un diccionario, para simplemente preguntar, con corrección, sin redundancia:

♂ **¿Qué son los misteriosos destellos** que aparecieron en el cielo de México?, etcétera.

🖉 Van unos pocos ejemplos de estos desbarres, reproducidos lo mismo de publicaciones impresas que de internet: "Los **destellos de luz**, que parecen relámpagos, también son más frecuentes con la edad", "los 72 misteriosos **destellos de luz** en el espacio que intrigan", "Inauguran espectáculo '**Destellos de Luz**' en el Cosmovitral" (¿será porque ya encontraron, las autoridades mexiquenses, destellos sin luz?), "**destellos de luz** iluminan la vida", "**destellos de luz** y de color", "el misterioso **destello de luz** que sorprendió a Escocia", "un **destello de luz** que proviene de Titán" (¿y cómo descubrieron el destello?; ¡por la luz!), "gran **destello de luz** desconcierta a ciudadanos de New York", "piloto capta 'espeluznante' **destello de luz** en el Pacífico" (el Pacífico ha de ser un bar muy concurrido), "un **destello de luz** en el universo", "**destellos de luces** en los ojos", "extraños **destellos de luces** en el cielo", "**destellos luminosos** para el cabello", "**destellos luminosos** durante el sismo en México", "**destellos lumínicos** avistados en México y Guatemala" (y si no fueran lumínicos ¡nadie los hubiera visto!), "se espera seguir cosechando este tipo de **destellos lumínicos**" (¡ah, chingá!, ahora resulta que hasta los cosechan).

   ☞ Google: 1 500 000 resultados de "destellos de luz"; 775 000 de "destello de luz"; 181 000 de "destellos de luces"; 61 900 de "destellos luminosos"; 21 600 de "destello luminoso"; 4 650 de "destellos lumínicos"; 2 100 de "destello lumínico". ☒

   ☞ Google: 9 210 000 resultados de "destellos"; 6 810 000 de "destello". ☑

73. diálogo, ¿diálogo mutuo?, ¿diálogo recíproco?, ¿mutuo diálogo?, ¿recíproco diálogo?

El sustantivo masculino "diálogo" (del latín *dialŏgus*, y éste del griego *diálogos*) significa "plática entre dos o más personas, que alternativamente manifiestan sus ideas o afectos" y "discusión o trato en busca de avenencia" (DRAE). Ejemplos: *Después de la conferencia, el **diálogo** con el público fue muy interesante; La ONU llama a los dos gobiernos, en conflicto, a un **diálogo***. El verbo intransitivo "dialogar" significa "hablar en diálogo" (DRAE). Ejemplo: *Llama la ONU a los dos gobiernos a **dialogar***. Lo contrario de "diálogo" es "monólogo" (del griego *monológos*), sustantivo masculino que significa "soliloquio" (del latín *soliloquium*), sustantivo masculino cuyo significado es "reflexión interior o en voz alta a solas" (DRAE). Ejemplos: *No busca un **diálogo**, insiste en su **monólogo**; Su **soliloquio** lo único que revela es narcisismo*. De ahí el verbo intransitivo "monologar": "hablar en voz alta consigo mismo o con un interlocutor ausente o imaginario" (DRAE). Ejemplo: *No le interesa **dialogar**, lo único que quiere es **monologar***. Queda claro que para "dialogar" o para mantener un "diálogo" se necesitan dos o más personas o interlocutores, pues el sustantivo "interlocutor" (de *inter-* y el latín *locūtor, locutōris*, "hablante") se refiere a "cada una de las personas que toman parte en un diálogo" (DRAE). Ejemplo: *Se niega a ser **interlocutor** y prefiere mantener su **monólogo***. Los políticos, que muchas veces hablan nada más porque tienen boca, inventaron, orondos, las expresiones "diálogo mutuo" y "diálogo recíproco" (con sus variantes "mutuo diálogo" y "recíproco diálogo"), que son redundancias delatoras de su desconocimiento del significado del sustantivo "diálogo", pues no hay forma de que haya "diálogo" si no es "mutuo" ni "recíproco", y esto lo sabemos con sólo utilizar la lógica, pero veamos lo que dice el diccionario. El adjetivo y sustantivo "mutuo" (del latín *mutuus*) significa "dicho de una cosa: que recíprocamente se hace entre dos o más personas, animales o cosas" (DRAE). Ejemplo: *Su animadversión es mutua*. De ahí el adverbio "mutuamente" ("de manera mutua"). Ejemplo: *Mutuamente, se mandaron a la chingada*. El sinónimo natural de "mutuo" es "recíproco" (del latín *reciprŏcus*), adjetivo que significa "igual en la correspondencia de uno a otro" (DRAE). Ejemplo: *Su animadversión es recíproca*. De ahí el sustantivo femenino "reciprocidad" (del latín *reciprocĭtas, reciprocitatis*): "correspondencia mutua de una persona o cosa con otra" (DRAE). Ejemplo: *Existe reciprocidad en su animadversión*. También, el adverbio "recíprocamente" ("de manera recíproca"). Ejemplo: *Recíprocamente, se mandaron a la chingada*. Examinado y comprendido lo anterior, no hay duda de que todo "diálogo" es "mutuo" o "recíproco" y que, por lo tanto, y por lo tonto, "diálogo mutuo", "diálogo recíproco", "mutuo diálogo" y "recíproco diálogo", palabros políticos en boga, constituyen sonoras y larguísimas rebuznancias.

Las publicaciones impresas están llenas de estos "diálogos mutuos" y "diálogos recíprocos", con sus variantes, especialmente en el tema político, y lo mismo ocurre en internet. En el diario costarricense *La Nación* leemos el siguiente titular:

♀ "Cuba dispuesta a **diálogo recíproco** con EE. UU. sobre intercambio de presos".

Por supuesto, como ya vimos, no hay diálogo que no sea recíproco o mutuo, porque, de lo contrario, no habría diálogo. Lo correcto, sin redundancia:

☋ Cuba está dispuesta al **diálogo** con Estados Unidos, etcétera.

✎ He aquí otros ejemplos de estas redundancias brutas del ámbito político, social y comercial: "Benedicto XVI a favor de un **diálogo recíproco** entre musulmanes y católicos", "pluralismo de las fuerzas políticas y sociales y su **diálogo recíproco**", "encuentros de formación y **diálogo recíproco**", "en lugar de un **diálogo recíproco**, el PRI propone crear un Padrón de Necesidades", "dando así un nuevo paso en el **diálogo recíproco**", "**diálogo recíproco** e integrador", "la experiencia de un **diálogo recíproco** supone interlocutores con disposición", "un **diálogo recíproco** con Moscú contribuirá a una solución del conflicto", "iniciar un **diálogo recíproco** y no politizar el problema" (esto de no politizar el problema siempre lo dicen los políticos, que lo son porque se dedican precisamente a la política y que no quieren entender que son ellos los que constituyen el mayor problema político), "este proceso incluye un **diálogo recíproco** entre grupos sociales", "entrar en un **diálogo mutuo**", "**diálogo mutuo**, la receta de España para la paz en Siria", "el nuevo embajador israelí en España aboga por profundizar el **diálogo mutuo**", "esto debería ser un proceso que comenzase con el **diálogo mutuo** y escuchándose", "su **mutuo diálogo** surge como exigencia", "interactuar y vincularse en **mutuo diálogo**", "este **recíproco**

diálogo será fuente de riqueza y de juventud", "un **recíproco diálogo** en la que ambas realida-des han aportado luz propia", "podemos **dialogar mutuamente**", "integrarse y **dialogar recípro-camente**" y, como siempre hay algo peor, "España tiene mucho que decir, que aportar y que aprender en un **diálogo mutuo y recíproco** de intercambios comerciales" (lo que España tiene que aprender es a abandonar las redundancias y pleonasmos) e "invitando a estas mujeres a un **diálogo recíproco y mutuo unas con otras**".

☞ Google: 19 100 resultados de "diálogo recíproco"; 16 900 de "diálogo mutuo"; 5 110 de "mutuo diálogo"; 5 000 de "recíproco diálogo". ☒

74. diminutivos de sustantivos femeninos terminados en "o"

Dado que, en español, la desinencia "a" marca el género femenino en los sustanti-vos, son realmente pocos y, en consecuencia, excepcionales, los nombres comunes femeninos terminados en "o", marca ésta del género masculino, como en "**la** taza", "**la** cuchara", "**el** vaso", "**el** plato". Entre estos pocos nombres de uso amplio sobre-sale "mano" ("**la** mano"); otros son de carácter erudito, como "libido" ("**la** libido"), y hay algunos que son realmente acortamientos mediante el procedimiento de apoco-par: "foto" ("**la** foto") por "**foto**grafía" y "moto" ("**la** moto") por "**moto**cicleta". En el caso de "modelo" (persona que se ocupa de exhibir diseños de moda, y persona que posa para un dibujante, un pintor o un escultor), este sustantivo es invariable para el masculino y el femenino: "**el** modelo", "**la** modelo". La duda en estos sustantivos se produce al derivar sus diminutivos. En algunos países hispanohablantes, como Ar-gentina y Colombia, el diminutivo de "mano" es "man**ito**", en tanto que en México y en España es "man**ita**". Hay razones gramaticales y ortográficas que avalan el uso en "o" y que demuestran que el uso en "a" es una anomalía. En la mayor parte de los sustantivos, el género no entraña duda alguna cuando de ellos se derivan sus dimi-nutivos, como en "mes**ita**", de "mes**a**" y "plat**ito**", de "plat**o**". La divergencia que se da en el caso de "man**ita**" y "man**ito**" parte, como ya dijimos, de una anomalía (la de modificar la vocal de la palabra de origen) que en España y en México se tornó for-ma "correcta" a pesar de su irregularidad. A tal grado llama la atención este caso que el *Diccionario panhispánico de dudas* le concede una entrada en sus páginas. Ahí lee-mos lo siguiente: "**mano**. Parte del cuerpo que comprende desde la muñeca hasta la punta de los dedos. Es femenino: *la mano*. Para el diminutivo son válidas las formas *manito* y *manita*. Lo habitual en la formación de los diminutivos de nombres que aca-ban en -*a* o en -*o* es que el sufijo conserve la misma vocal final del sustantivo, inde-pendientemente de cuál sea el género gramatical de este: *la casa* > *la casita, el mapa* > *el mapita, el cuadro* > *el cuadrito, la moto* > *la motito*. En el caso de *mano*, excepcio-nalmente, se han generado ambas formas; así, *manito*, que mantiene la -*o* final del sustantivo, es la forma habitual en la mayor parte de América; y *manita*, que se ha generado atendiendo al género gramatical del sustantivo *mano*, y no a su vocal final, es la forma que se usa habitualmente en España y en México. Menos frecuente es el diminutivo *manecita*, también correcto". Ejemplos: **Las manitos** *arriba*; *El niño se despidió levantando* **la manita**. El error, en todo caso, es modificar el género de la palabra y decir, como lo suelen hacer algunos cantantes sudamericanos cuando arengan a su público: *¡Eh, venga,* **los manitos** *arriba!* El sustantivo "mano" y sus diminutivos "manito" o "manita" siempre serán femeninos, nunca masculinos. Por otra parte, no debemos confundir el diminutivo "manito", derivado de "mano", con el diminutivo coloquial "manito", mexicanismo que no deriva de "mano", sino de "her**mano**" y más específicamente de "her**manito**", en su acortamiento mediante el procedimiento de la aféresis, y que, además, tiene su correspondiente femenino: "mana", "manita", acortamientos de "her**mana**" y "her**manita**"; ambos son tratamiento de confianza entre personas conocidas o amigas, sin que necesariamente exista lazo de consanguinidad fraternal. Ejemplos: *¡Qué gusto verte,* **mano**!; *¡Qué gusto verte,* **manito**!; *¿Cómo estás,* **mana**?; *¿Cómo estás,* **manita**? Siguiendo el modelo de conservación de la vocal final del sustantivo de origen, para la formación de los diminutivos, lo correcto es "**la** fo**tito**" y "**las** fo**titos**" y "**la** mo**tito**" y "**las** mo**titos**", y no "**la** fo**tita**" ni "**las** fo**titas**" ni mucho menos "**la** mo**tita**" ni "**las** mo**titas**" porque, además, en los últimos dos casos se trata de los diminutivos de "mota" y "motas". Hay palabras cuyo diminutivo es prácticamente inusual: pocos dirían "**la** libi**dito**", pero, si así fuera, éste es el correcto diminutivo de "**la** libi**do**". En cuanto a "modelo", no existe duda de que, según se aplique a un hombre o a una mujer, los diminutivos correctos son "**el** mode**lito**" y "**la** mode**lito**". A la inversa, hay que señalar también que existen unos pocos sustantivos masculinos terminados en "a" (marca del femenino en nuestro idioma), cuya formación de diminutivos sigue la regla ya señalada de conservar la vocal final del sustantivo de origen: son los casos de "**el** cu**rita**", diminutivo de "**el** cu**ra**" (sacerdote) y "**el** poe**tita**", diminutivo de "**el** poe**ta**", pero no "**el** cu**rito**" ni "**el** poe**tito**". Hay también un caso excepcional, por anomalía: se trata de "pa**pito**" y "papa**cito**", diminutivos de "papá", cuyos femeninos son "ma**mita**" y "mama**cita**", diminutivos de "mamá". Como puede observarse, en la terminación de los diminutivos de "papá" se ha cambiado la "a" por "o". Pero parece obvio que si el sustantivo "papa" (sumo pontífice romano) aceptase un diminutivo, éste no sería "**el** pa**pito**", sino "**el** pa**pita**", a pesar de que ambos términos ("papá" y "papa") tengan la misma etimología: del latín tardío *papa*: "padre".

☞ Google: 9 410 resultados de "las fotitas"; 7 310 de "la fotita"; 4 730 de "poetito"; 1 000 de "poetitos". ☒

☞ Google: 1 030 000 resultados de "manita arriba"; 753 000 de "la manita"; 624 000 de "las manitas"; 563 000 de "manito arriba"; 394 000 de "la manito"; 212 000 de "las manitos";

80 400 de "manitos arriba"; 54 800 de "manitas arriba"; 6 510 de "las manitos arriba"; 4 970 de "las manitas arriba". ☑

75. doblar, ¿doblar a muerto?, repicar, ¿repicar las campanas a muerto?, ¿repique fúnebre?
"Doblar a muerto" es redundancia, y "repicar las campanas a muerto" es contrasentido". Veamos por qué. Como intransitivo, el verbo "doblar" (del latín *duplāre*) significa
"tocar a muerto" (DRAE). En el DUE María Moliner es más precisa: "Tocar las campanas a muerto". Como ejemplo, recordemos el famoso verso de John Donne del que
Ernest Hemingway tomó una parte para el título de una de sus más famosas novelas:
"Nunca preguntes por quién **doblan** las campanas; **doblan** por ti". Cuando las "campanas doblan" su tañido es largo, lento y acompasado, con lo que se busca un sonido
sobrecogedor; el toque lento, que se repite muchas veces, es conocido también como
"tañido fúnebre". El adjetivo "fúnebre" (del latín *funěbris*) significa "perteneciente o
relativo a los difuntos" y "muy triste, luctuoso, funesto". Ejemplo: *Ayer tuvieron lugar
las honras fúnebres.* Este tañer lento expresa tristeza, pesar, por la muerte de alguien
y es una especie de lamento. Contrario al "doblar" de las campanas es su "repicar"
o "repiquetear", verbos transitivos e intransitivos que significan "dicho de las campanas o de otros instrumentos: tañer o sonar repetidamente y con cierto compás en
señal de fiesta o regocijo" y "dicho de las campanas u otro instrumento sonoro: repicar con mucha viveza". Ejemplos: *Las campanas **repicaron** en señal de júbilo; El **repiquetear** de las campanas anunció la fiesta patronal del pueblo.* Incluso gente del ámbito
culto de la lengua confunde el "doblar" con el "repicar" y el "repiquetear" de las campanas. Debe quedar claro que las campanas jamás se usan a repique para llamar a
una misa de difuntos, sino que, en tal caso, su tañido, que no es de viveza, sino de
tristeza, se denomina "doblar" y, siendo así, enfatizar que las "campanas doblan **a
muerto**" es incurrir en redundancia. Para referirnos al tañido de la campana o de las
campanas en relación con los oficios de difuntos, lo correcto es simplemente decir y
escribir que "dobla" o "doblan", aunque podemos decirlo y escribirlo de otros modos:
"toca o tocan a muerto" y "tañe o tañen a muerto", pues en estas últimas expresiones
no existe redundancia. *Tañer las campanas a muerto* equivale a decir y a escribir *Doblar las campanas*, pero si a esta última expresión le añadimos "a muerto", cometè-
mos, como hemos dicho, una burda redundancia. En la página española de internet
del *Almanaque* creado por El Organillero-Cantante, leemos el siguiente comentario
del todo puntual, que disipa cualquier duda: "Para anunciar un óbito [del latín *obĭtus*:
'fallecimiento de una persona'], las campanas tocan a muerto o doblan. Es frecuente
el empleo de la expresión *doblar a muerto*, pero resulta redundante". Y nos remite a
unos versos de Tirso de Molina, de su comedia *La beata enamorada, Marta la Piadosa*:
"¡Qué diferente motivo/ da llanto a tu desconcierto!/ Todo, hermana, se me alcanza,/

no dan tus ojos tributo/ a muertos, ni son de luto/ lágrimas con esperanza,/ porque ellas mismas publican,/ por más que lo has encubierto,/ **que doblando por un muerto,/ por otro vivo repican**".

Hasta narradores y poetas actuales de cierto nivel literario ignoran esto, porque jamás se asoman al diccionario ni leen a los grandes escritores del pasado. En el español *El Tiempo, Diario de Cuenca*, un columnista rememora a José Saramago, pero, en su homenaje, cita equivocadamente (¡y con redundancia!) el famoso verso de John Donne que le atribuye a Hemingway; así:

♀ "Parafraseando a Ernest Hemingway, Premio Nobel de Literatura 1954: Cuando escuches **doblar a muerto** no preguntes por quién doblan las campanas. Doblan por ti".

Ya sabemos que eso no lo dijo ni lo escribió Hemingway, sino que tan sólo lo transcribió a manera de epígrafe en su novela *Por quién doblan las campanas*. Sabemos que el verso es del gran poeta inglés John Donne (1572-1631), y sabemos, además, que en el original no hay redundancia y que, por lo mismo, la traducción correcta es la siguiente:

☙ "Nunca preguntes por quién **doblan** las campanas; **doblan** por ti".

✐ He aquí otros ejemplos de esta redundancia y de su contrasentido: "El monago Benito se agarró a la soga campanera para **doblar a muerto**", "que corra hacia la campana para hacerla **doblar a muerto**", "dentro de muy poco las campanas comenzarán a **doblar a muerto**", "a los pocos minutos han comenzado a **doblar a muerto** las campanas de la Basílica de San Pedro, como manda el ritual", "en el caserío la campana de la ermita cercana comienza a **doblar a muerto**", "no hacen falta campanas para **doblar a muerto**", "las autoridades decidieron que las campanas ya no debían **doblar a muerto**", "las campanas de las iglesias del mundo, desde Jerusalén a Santiago de Compostela, **doblan a muerto**", "las campanas de San Pedro **doblan a muerto**", "las campanas **doblan a muerto** por España", "campanas de las iglesias de Rivas con **repique fúnebre**" (si es "repique" no es "fúnebre"), "ningún **repique fúnebre** se eleva", "el **repique fúnebre** de las campanas", "entre el **repique a muerto de las campanas**", "el **repique a muerto** tendría que estar sonando", etcétera.

☞ Google: 3 330 resultados de "doblar a muerto"; 2 820 de "doblan a muerto"; 1 100 de "campanas doblan a muerto"; 1 000 de "repique fúnebre". ☒

☞ Google: 159 000 resultados de "por quién doblan las campanas"; 29 800 resultados de "repicar las campanas"; 27 100 de "doblar las campanas"; 16 500 de "tocar a muerto"; 3 650 de "tañido fúnebre". ☑

76. duda, dudas, ¿dudas en la cabeza?, ¿dudas en mi cabeza?, ¿mil dudas en mi cabeza?

¿En dónde, si no en la cabeza, se alojan las dudas? ¿Tal vez en las axilas? ¿En las rodillas quizá? Seguramente, no en las nalgas. Mucha gente suele decir que tiene mil

dudas en la cabeza, y todo porque no ha consultado el diccionario para leer el significado del término "duda". Una duda es una vacilación o irresolución antes de decidir
algo o decidirse por algo o alguien. Y toda vacilación o irresolución se da en el ánimo, producto del ejercicio intelectual o del juicio, esto es del pensamiento. El DRAE
define el sustantivo femenino "duda" de la siguiente manera: "Suspensión o indeterminación del ánimo entre dos juicios o dos decisiones, o bien acerca de un hecho o
una noticia". Ejemplo: **Dudó** *muchas veces si debía hacerlo*. El verbo transitivo e intransitivo "dudar" (del latín *dubitāre*) significa "no estar seguro de cierta cosa o decidido
por una cosa" (DUE). María Moliner ofrece los siguientes ejemplos: **Dudo** *si llegará a*
tiempo; **Duda** *si comprarse ese abrigo*; **Dudo** *si me dijo que había escrito o que iba a escri-*
bir. Resulta claro que toda "duda" es una indeterminación o falta de resolución acerca de algo y que, siendo así, no hay "duda" que no nazca en la cabeza, es decir en el
cerebro, en el coco, lugar donde se genera el juicio y se desarrolla el pensamiento.
Ejemplo: *Luego de* **pensarlo mucho**, *decidí que mudarme de ciudad no es conveniente*. En
este ejemplo, la expresión "pensarlo mucho" denota que se ha "dudado". La conocida
frase "tener mil dudas en la cabeza" es lugar común de pésimos escritores, para pésimos lectores. El día que las dudas no se tengan en la cabeza, sino en los pies, este
lugar común será un prodigio de estilo literario. Pero, por el momento, mientras las
dudas se susciten en el cerebro, ese lugar común será siempre una monstruosa rebuznancia. En uno de esos libros que se venden mucho hoy y que son devorados por
lectores que se merecen a sus admirados autores leemos lo siguiente:

♀ "Con mil **dudas en la cabeza** la seguí por el sendero que cada vez más, me daba
la impresión que cambiaba levemente de color mientras caminábamos".

Si a eso le quieren llamar "estilo hiperbólico", podemos aceptar la exageración,
aunque no la horrible sintaxis, y no se perdería ni siquiera el repulsivo lugar común,
si el autor escribe:

☝ Con **mil dudas**, la seguí por el sendero, etcétera.

✎ He aquí otros pocos ejemplos de esta ruidosa rebuznancia, todos ellos tomados de diarios, revistas y, especialmente, de "obras literarias" de "palpitante actualidad": "Si traes mil
dudas en la cabeza, ¡estos tips te ayudarán a resolverlas!", "tengo un millón de **dudas en la ca-**
beza", "tengo muchas **dudas en la cabeza**", "¿qué ocurre realmente para tener tantas **dudas**
en la cabeza?" (ocurre que hay que pasar una buena cantidad de ellas a los pies), "estoy con
mil **dudas en la cabeza**", "no hay **dudas en la cabeza** de Simone Zaza", "metiéndoles **dudas en**
la cabeza", "ella tiene muchas **dudas en la cabeza**", "hay varias **dudas en la cabeza** del entrenador", "le bullían muchas **dudas en la cabeza**" (¡éste sí es estilo literario del más alto nivel!),
"sembraron **dudas en la cabeza**" (sí, como si sembraran piojos), "se había marchado dejándo-
la sola, con mil **dudas en la cabeza**", "con mil **dudas en la cabeza** y otras tantas en el corazón"

(¡olé!), "un simple mensaje puede ayudar mucho cuando tienes mil **dudas en la cabeza**", "seguramente ya tienes mil **dudas en la cabeza**", "nadie merece ir a dormir con mil **dudas en la cabeza**", "me he levantado con mil **dudas en la cabeza**" (debe ser el mismo que se fue a dormir con ellas), "fui bastante asustada y con mil **dudas en la cabeza**", "sigo con mil **dudas en la cabeza**" y, como siempre hay algo peor, "voy a mi casa con muchas **dudas en mi cabeza**", "me dejó con un millón de **dudas en mi cabeza**" y "yo tengo fe aunque tenga mil **dudas en mi cabeza**" (¡eso sí que es fe!).

☞ Google: 1 040 000 resultados de "dudas en la cabeza"; 123 000 de "dudas en mi cabeza"; 51 400 de "muchas dudas en la cabeza"; 23 700 de "mil dudas en la cabeza"; 3 720 de "mil dudas en mi cabeza"; 2 570 de "con muchas dudas en mi cabeza"; 1 510 de "con mil dudas en la cabeza". ☒

77. durar, ¿*durar en el tiempo?*, tiempo

¿Se puede durar en algo que no sea el tiempo? En realidad, se trata de una redundancia o algunos dirán que de un pleonasmo si le encuentran un sentido poético o deliberadamente enfático. Lo cierto es que basta con decir y escribir "durar" y sanseacabó, pues el verbo intransitivo "durar" (del latín *durāre*) tiene dos acepciones en el DRAE que llevan implícitas la noción de tiempo: "Continuar siendo, obrando, sirviendo, etc." y "subsistir, permanecer". Ejemplo: *La vida en la Tierra podría* **durar** *cientos de millones de años*. De ahí el sustantivo femenino "duración": acción y efecto de durar y "tiempo que dura algo o que transcurre entre el comienzo y el fin de un proceso" (DRAE). Ejemplo: *La* **duración** *de la vida en la Tierra podría ser de cientos de millones de años*. De ahí también el adjetivo "duradero": "que dura o puede durar mucho". Ejemplo: *La vida en la Tierra es* **duradera**. Los verbos "subsistir" y "permanecer" de la segunda acepción del DRAE nos dan la prueba fehaciente de por qué "durar en el tiempo" es una fórmula redundante o pleonástica, según se vea. El verbo intransitivo "subsistir" (del latín *subsistĕre*) significa lo siguiente en su acepción principal: "Dicho de una cosa: permanecer, durar, conservarse" (DRAE). Ejemplo: *La vida en la Tierra* **subsistirá** *millones de años; podría incluso* **durar** *cientos de millones de años*. Parecido es el caso del verbo intransitivo "permanecer" (del latín *permanēre*), que significa lo siguiente en su primera acepción: "Mantenerse sin mutación en un mismo lugar, estado o calidad" (DRAE). Ejemplo: *La vida en la Tierra* **permanecerá** *por millones de años; podría incluso* **durar** *cientos de millones de años*.

La frase "durar en el tiempo" es redundancia culta y remilgada, utilizada por personas a las que se les nota la afectación al hablar y al escribir. Se dura en el tiempo, es obvio, y, por tanto, no tiene sentido reiterarlo. Es abundante en publicaciones impresas y en internet. Incluso escritores más o menos conocidos la emplean o la han empleado. Un destacado diseñador de luminarias afirma:

♀ "Nuestras lámparas están hechas para **durar en el tiempo**".
Le hubiera bastado con decir:
♂ Nuestras lámparas están hechas para **durar**, ¡y punto!

✒ En el libro *Vender el alma: El oficio de librero*, de Romano Montroni, leemos: "Una librería es una empresa comercial, esto es, una institución económica apta para **durar en el tiempo**". ¿Redundancia o pleonasmo? Ya sabemos que, de cualquier forma, un pleonasmo es una redundancia que tiene muy buena fama o que va bien vestida. ¿Y si sólo se dijera que una librería es una institución apta para **durar**? ¿Qué perdería la afirmación? Podría también decirse, con entera propiedad, que una librería es una institución **duradera**. Sea como fuere, "durar en el tiempo" es expresión redundante y pleonástica. He aquí otros ejemplos: "una alianza que no **duró en el tiempo**", "de todas sus amantes, esta fue la que más **duró en el tiempo**", "el llamado boom de la literatura latinoamericana **duró en el tiempo**", "el apelativo **duró en el tiempo**", "un amor que **duró en el tiempo**", "se forjó entre los dos una gran amistad que **duró en el tiempo**", "se creó una gran relación que **duró en el tiempo**", "su ambición es la de **durar en el tiempo**", "un bienestar que pueda **durar en el tiempo**", "mi capacidad de perseverar, de **durar en el tiempo**", "un clima de confianza mutua planteada para **durar en el tiempo**", "su poesía está hecha para **durar en el tiempo**", "el proceso de paz debe tener solidez para **durar en el tiempo**", "estas operaciones deben **durar en el tiempo**", "que **dure en el tiempo** y se proyecte por toda la vida", "nunca debemos minimizar una actitud que **dure en el tiempo**", "será mejor basarte en algo que **dure en el tiempo**".

☞ Google: 889 000 resultados de "dura en el tiempo"; 176 000 de "duran en el tiempo"; 137 000 de "durar en el tiempo"; 76 700 de "que dure en el tiempo"; 21 500 de "durando en el tiempo"; 21 200 de "duraron en el tiempo"; 20 400 de "que duren en el tiempo". ⊠

E

78. edema, edema cerebral, enema, ¿*enema cerebral*?, ¿*enema en el cerebro*?

Si a alguien le "lavan el coco", sería posible hablar y escribir, irónica o sarcásticamente, acerca de un "enema cerebral", pues el sustantivo masculino "enema" (del latín tardío *enĕma* y éste del griego *énema*) posee tres acepciones en la segunda definición del DRAE, todas ellas del ámbito médico: "Líquido que se introduce en el cuerpo por el ano con un instrumento adecuado para impelerlo, y sirve por lo común para limpiar y descargar el intestino", "operación de introducir un enema", "utensilio con que se introduce un enema". Ejemplo: *Luego de un estreñimiento de varios días, le aplicaron un enema.* Su equivalente es "lavado intestinal". Por ignorancia y por descuido fonético, muchos hablantes y escribientes confunden el "enema" con el "edema" que es como confundir el culo con la cuaresma, pues el sustantivo masculino "edema" (del latín científico *oedema* y éste del griego *oídēma*), también del ámbito médico, posee la siguiente definición académica: "Hinchazón blanda de una parte del cuerpo que cede a la presión y es ocasionada por la serosidad infiltrada en el tejido celular". De ahí el adjetivo "edematoso": "perteneciente o relativo al edema". Ejemplos: *Fue sometido a una cirugía muy delicada a causa de un edema cerebral; Sufrió un evento pulmonar edematoso.*

Por falsa homofonía y, especialmente, por pereza para consultar el diccionario de la lengua española, muchas personas cultas o al menos de alta escolarización suelen confundir un "enema" con un "edema" y de esta confusión derivan un "**enema cerebral**" confundiendo así el coco con el culo. No se trata de un desbarre inculto, sino de una barbaridad del ámbito culto de la lengua. Hay incluso escritores y traductores que no saben diferenciar una cosa de otra. En el libro *Guardianes de la intimidad*, de Dave Eggers, leemos lo siguiente:

♀ "Le preocupa no dormirse, estar demasiado cansada al día siguiente, que el insomnio debilite su sistema y acabe por sucumbir al **enema cerebral** que, sabe, espera al acecho".

Quisieron escribir el autor, el traductor y el editor que, a ese personaje de novela tan chapucera,

♂ le preocupa sucumbir al **edema cerebral**, etcétera.

✐ Y no se crea que este libro está publicado por Juan de las Pitas. Es un superventas que, en español, aparece bajo el sello de Random House Mondadori, y el traductor que no consulta el diccionario es Cruz Rodríguez Juiz. Pero tampoco quien "cuidó" la edición tiene un diccionario en casa, y por lo visto le da mucha pereza consultarlo en internet. Otro traductor español, en este caso traductora (Edith Zilli), de un libro de Stephen King (*Eso*, Plaza y Janés), también cree que no hay diferencia entre el culo y el cerebro, y por ello hace meditar lo siguiente a un personaje: "Si esto es la senda del recuerdo —piensa Eddie—, la cambiaría por un gran **enema cerebral**". He aquí más ejemplos de esta enorme burrada, que no otra cosa es tal desbarre: "Un familiar tiene un **enema cerebral**", "los tienen prácticamente sedados para el manejo del **enema cerebral**", "presentaba **enema cerebral** y neumonía", "encefalopatía con **enema cerebral** agudo", "le provocaron un **enema cerebral**", "el mal de altura puede provocar un **enema pulmonar**", "según la autopsia falleció a causa de un **enema pulmonar**", "la evidencia de la examinación indica un severo **enema pulmonar**", "con una complicación renal y **enema pulmonar**", etcétera.

☞ Google: 2 840 resultados de "enema en el cerebro"; 1 600 de "enema cerebral"; 1 120 de "enema pulmonar". ☒

☞ Google: 859 000 resultados de "edema pulmonar"; 535 000 de "edema cerebral"; 37 400 de "edema en el cerebro"; 18 400 de "edema en el pulmón". ☑

79. ejemplar, libro, número, tomo, volumen

Cada vez son más los periodistas que hablan de "ejemplar" cuando quieren referirse a un libro o al número de una revista. No tienen ni idea. En el colofón de un libro queda muy claro qué es un ejemplar. Ejemplo: *Se tiraron 100 000 **ejemplares**, que fueron encuadernados en los talleres de Encuadernadora Moderna*, etcétera. Esto significa que un "libro" (del latín *liber, libri*: "conjunto de muchas hojas de papel u otro material semejante que, encuadernadas, forman un volumen") puede tener quinientos, mil, dos mil, diez mil, cien mil, doscientos mil o más "ejemplares", pues el sustantivo masculino "ejemplar" significa, en la tercera acepción del DRAE, "escrito, impreso, dibujo, grabado, reproducción, etc., sacado de un mismo original o modelo". Y el DRAE pone dos ejemplos: *De este libro se han tirado 1000 **ejemplares**, Ayer compré dos **ejemplares** de aquella estampa*. En algunas ediciones especiales los ejemplares suelen ir numerados, preferentemente en el colofón, y, en tal caso, el lector sabe qué número de "ejemplar" de un "libro" ha adquirido. Ejemplo: *Se tiraron 500 **ejemplares numerados** y firmados por el autor*. Por ello, cuando en un acto cultural se da a conocer al público una obra literaria impresa, lo que se presenta es un "libro", no un "ejemplar", pues lo normal es que haya algunos o muchos ejemplares de ese libro en la presentación, para que sean adquiridos por los interesados. Ejemplo: *Se presentó el nuevo **libro** de Pérez-Reverte, que ha tenido un tiraje inicial de 30 000 **ejemplares***. Lo que se presenta es el libro, la obra, no un ejemplar de ese libro, de esa obra. De la misma manera, si lo que se presenta es una revista, se debe decir o escribir, con propiedad, por ejemplo, que *Se presentó el **número** inicial de la revista Equis*, ya que es una inexactitud decir o escribir que se presentó el primer "ejemplar" de la revista, pues del número 1 de esa revista bien pudieron tirarse o imprimirse 10 000 o 50 000 "ejemplares". Tampoco el sustantivo masculino "tomo" (del latín *tomus*, y éste del griego *tómos*: "sección") es sinónimo de "libro", pues un "libro", esto es, una obra impresa, puede constituirse de más de un volumen. Ejemplo: En busca del tiempo perdido, *de Marcel Proust, es una obra en siete* **tomos**. Por otra parte, cada "volumen" ("cuerpo material del libro encuadernado"), en el caso de una revista mensual, abarca doce números, seis si es bimestral y cuatro si es trimestral. Queda muy claro que el sustantivo "ejemplar" no es sinónimo del sustantivo "libro", como tampoco lo es "número" en el caso del sustantivo "volumen". En cuanto al sustantivo "tomo", ya vimos que una obra literaria o científica puede constar de más de uno. Así, *A la sombra de las muchachas en flor* es el segundo tomo, o el tomo dos, de *En busca del tiempo perdido*, de Marcel Proust, que, como sabemos, consta de siete.

En un despacho de la agencia Notimex publicado en las páginas de *La Jornada Maya*, leemos que

♀ "Como parte de las actividades de la 38 Feria Internacional del Libro en el Palacio de Minería, se presentó el **ejemplar** 100 *años de caricatura en El Universal*".

¡Pues no! Lo que se presentó no fue "el ejemplar", sino

♂ el **libro** 100 *años de caricatura en El Universal.*

🖉 He aquí otros ejemplos de este disparate periodístico a tal grado frecuente que ya ha hecho escuela con muchas secuelas (porque se cuela por todos lados): "Se presenta el **ejemplar** *El Ayuntamiento de Málaga (1919-2019)*", "se presenta el **ejemplar** *Teatro escogido*, de Óscar Liera", "se presentó el **ejemplar** del cómic", "se presentó el **ejemplar** *Crónica de una tragedia*", "se presentó el **ejemplar** *El automóvil en la historia de España*", "se presentó el **ejemplar** de la revista *Estado*", "se presentó el **ejemplar** *Pintar los muros*", "se presentó el **ejemplar** *Vivan los años, relatos de un largo camino en la geriatría*", "se presentó el **ejemplar** más reciente de la revista *Castálida*", "se presentó el **ejemplar** *Ernesto Che Guevara, un hombre hecho leyenda*", "presentan el **ejemplar** *El viaje del jaguar*", "presentan el **ejemplar** de la revista *Somos* dedicada al Enmascarado de Plata", "autoridades municipales presentaron el **ejemplar** *Crónicas de Córdoba*", ¡y basta!

☞ Google: 99 700 resultados de "se presenta el ejemplar"; 43 200 de "presentó el ejemplar"; 33 200 de "presentan el ejemplar"; 17 700 de "presentaron el ejemplar". ⊠

80. ejemplo, ¿*ejemplo paradigmático*?, paradigma, ¿*paradigma ejemplar*?

¿Hay ejemplos que no sean paradigmáticos?, ¿hay paradigmas que no sean ejemplares? Son preguntas que pueden responderse muy fácilmente si abrimos el diccionario y consultamos los sustantivos "ejemplo" y "paradigma". Hagámoslo. En el diccionario académico el sustantivo masculino "ejemplo" (del latín *exemplum*) posee tres acepciones: "Caso o hecho sucedido en otro tiempo, que se propone, o bien para que se imite y siga, si es bueno y honesto, o para que se evite si es malo", "acción o conducta que puede inclinar a otros a que la imiten" y "hecho, texto o cláusula que se cita para comprobar, ilustrar o autorizar un aserto, doctrina u opinión". Ejemplos: *La historia nos pone siempre el **ejemplo***; *Su forma de conducirse es un **ejemplo** para todos*; *Citaré dos **ejemplos** para ilustrar el caso*. De ahí el sustantivo "ejemplar" (del latín *exemplar, exemplāris*): "que sirve de ejemplo". Ejemplos: *Tuvo una vida **ejemplar***; *Recibió un castigo **ejemplar***. También el adverbio "ejemplarmente": "de manera ejemplar", con dos ejemplos en el DRAE: *Desempeñó **ejemplarmente** su función; Serán castigados **ejemplarmente***. En cuanto al sustantivo masculino "paradigma" (del latín tardío *paradigma*, y éste del griego *parádeigma*), su acepción principal es "ejemplo o ejemplar" (DRAE). Ejemplo: *Se trata de un **paradigma** de nuestra época*. De ahí el adjetivo "paradigmático": "perteneciente o relativo al paradigma". Ejemplo: *Se trata de un caso **paradigmático***. Visto y comprendido lo anterior, las expresiones "ejemplo paradigmático" y "paradigma ejemplar" son, sin duda, redundantes. Basta decir y escribir "ejemplo", basta decir y escribir "paradigma"; unir ambos términos es poner, en una misma expresión, dos sinónimos consecutivos.

Estas redundancias pertenecen al ámbito culto y profesional de nuestra lengua y abundan, especialmente, en el sector académico que, aunque ya sea el colmo, también suele estar reñido con los diccionarios. Una investigación de un penalista de la Universidad de la Rioja lleva por título:

♀ "El delito de tenencia de armas prohibidas como **ejemplo paradigmático** de la paulatina administrativización [¡vaya palabro!] del Derecho penal".

El autor debió escribir, sin redundancia:

♂ El delito de tenencia de armas prohibidas como **paradigma** (o como **ejemplo**), etcétera (y en este etcétera no hay que incluir, por supuesto, el horroroso palabro "administrativización").

✎ Van otros ejemplos de estas redundancias universitarias que no existirían si los académicos, investigadores y estudiantes consultaran el diccionario: "Un **ejemplo paradigmático** de las consecuencias sociales", "un **ejemplo paradigmático** de manipulación histórica", "un **ejemplo paradigmático** de innovación tecnológica", "**ejemplo paradigmático** de certificación forestal", "un **ejemplo paradigmático** de evolución funcional y estructural", "**ejemplos paradigmáticos** en español", "siete **ejemplos paradigmáticos** de rehabilitación urbana", "análisis de **ejemplos paradigmáticos** en la Argentina", "Colombia como **paradigma ejemplar**", "inconmensurabilidad, vinculada a la noción de **paradigma ejemplar**", "el artista conforma su obra con las ideas y **paradigmas ejemplares**" y, como siempre hay algo peor, "los **paradigmas ejemplares** se constituyen en el fundamento del aprendizaje científico".

☞ Google: 221 000 resultados de "ejemplo paradigmático"; 58 500 de "ejemplos paradig-máticos"; 2 140 de "paradigma ejemplar"; 1 000 de "paradigmas ejemplares". ☒

81. ¿el día de ayer?, ¿el día de ayer por la noche?, ¿el día de hoy?, ¿el día de mañana?
"El día de hoy" es "hoy". Así de sencillo, así de preciso. ¿Para qué tanto brinco es-tando el suelo del idioma tan parejo? Basta con decir "hoy" (del latín *hodie*), adver-bio demostrativo que significa "en este día" (DRAE), y ya todo está dicho. Ejemplo del diccionario académico: *Hoy lloverá.* Si toda lengua, por naturaleza, tiende a la econo-mía, la expresión perifrástica "el día de hoy" es contraria a este patrón de evolución idiomática y no aporta nada a lo expresado de manera sintética. Es más: se ha vuelto muletilla o latiguillo de oratoria y escritura rebuscadas, ampulosas y grandilocuen-tes que el periodismo ya imita a la menor provocación. Si un reportero escribe, por ejemplo, **El día de hoy** el **primer mandatario** *afirmó esto y lo otro*, estamos ante una in-volución de la economía y la precisión lingüísticas, pues, con naturalidad, el reporte-ro hubiera podido redactar: *El* **presidente** *afirmó* **hoy** *esto y lo otro*, y sanseacabó. Es el mismo caso de "el día de ayer", perífrasis innecesaria si tenemos el adverbio demos-trativo "ayer" (del latín *ad heri*): "en el día que precede inmediatamente al de hoy" (DRAE). Ejemplo del diccionario académico: *Ocurrió* **ayer**. ¿Qué sentido tiene estirar la expresión, tan precisa, tan adecuada, para decir o escribir *Ocurrió* **el día de ayer**? La oratoria altisonante y la escritura rimbombante rizan el rizo hasta la náusea. Por ello, un periodista, en lugar de escribir *El* **presidente** *realizó* **ayer** *una gira de trabajo en* **Baja California**, nos suelta esta afectada perífrasis: *El* **día de ayer el jefe del Ejecutivo fe-deral** *efectuó una gira de trabajo en* **el estado de Baja California**. Ya también se oye y se ve, cada vez más, "el día de mañana", en lugar del preciso "mañana" (del latín vulgar *maneāna*), adverbio demostrativo que significa "en el día que sigue inmediatamen-te al de hoy" (DRAE). Ejemplo del diccionario académico: *Llegan* **mañana**. ¿Qué caso tiene deformar esta precisión sintética mediante la perífrasis *Llegan* **el día de maña-na**? Dice el reportero: *El* **día de mañana el primer mandatario del país** *llegará* **al estado de Coahuila** *para realizar una gira de trabajo*. La economía y la precisión del idioma le exigirían algo como esto: *El* **presidente** *llegará* **mañana** *a Coahuila para una gira de trabajo.* Hay formas perifrásticas afectadas que llegan a la ridiculez, *al colmo del col-mo*, para decirlo redundantemente. Leemos lo siguiente en un portal electrónico de noticias: "**El día de ayer por la noche** se vivió una jornada violenta en la Ciudad de Méxi-co". ¡Seis palabras de más! para evitar decir, con precisión, "anoche" (del latín *ad noc-tem*), adverbio demostrativo que significa "en la noche entre ayer y hoy" (DRAE). Tan fácil que es escribir: **Anoche** *la ciudad de México vivió una jornada violenta*, y punto. Todo ello a pesar de lo que diga la blandengue y despistada Academia Mexicana de la Lengua que, a través de su Comisión de Consultas, asegura, en su portal de internet,

que "la expresión *el día de hoy* es correcta; se trata de un sintagma nominal conformado por un determinante (*el*) + un sustantivo común (*día*) + una preposición (*de*) + un sustantivo (*hoy*)". Sí, ¡y eso qué! Gramaticalmente, la expresión puede explicarse, pero es una payasada, lo mismo que la "explicación" gramatical. En la AML deben utilizarla muchísimo los afectados académicos, pues, según la institución, "tal construcción suele emplearse, sobre todo, en el lenguaje formal o cuidado". ¿"Lenguaje formal o cuidado"? Esto último es para partirse de risa. No es "lenguaje formal o cuidado", sino lenguaje grandilocuente y ridículo, frecuente en los horóscopos.

Estas formas perifrásticas tan afectadas ya son una epidemia en nuestro idioma, sobre todo en el periodismo. Pero ¡vaya que es "lenguaje formal y cuidado" si lo usan en Univisión para los horóscopos! Ahí leemos:

☞ "Apóyate en tus intuiciones y corazonadas **en el día de hoy** que tienes a la Luna en la fase del plenilunio".

Sin payasadas, así se trate del horóscopo (tal vez asesorado por la AML para conseguir un "lenguaje formal o cuidado"), lo correcto, sencillo y preciso es decir y escribir:

☞ **Hoy**, que tienes a la Luna en la fase del plenilunio, apóyate en tus intuiciones y corazonadas.

✎ He aquí algunos pocos ejemplos de estas formas ridículas que se cuentan por decenas de millones (con el beneplácito de la AML): "Estas son las marchas que se esperan **el día de hoy** en la Ciudad de México", "***En el día de hoy***" (novela del español Jesús Torbado), "marchas que afectarán vialidad en CDMX **el día de hoy**", "no podrás alcanzar a cumplir tus objetivos para las presentaciones **de el día de hoy** aunque des todo lo que tienes: Mhoni Vidente", "tu afirmación para **el día de hoy**: Walter Mercado", "¿qué te depara tu horóscopo **el día de hoy**?", "horóscopo **de hoy**: los problemas económicos se acrecentarán **el día de hoy**", "te decimos el precio del dólar para **el día de hoy**", "se descartan las probabilidades lluvia para **el día de hoy**, "a este precio se encuentra el dólar **el día de hoy**", "**el día de hoy** deberás decidir algo que te va suponer muchos nervios", "actos vandálicos se registraron **el día de ayer**", "dos accidentes automovilísticos se registraron **el día de ayer**", "ya han sido liberados 300 migrantes detenidos **el día de ayer**", "los hechos ocurrieron **el día de ayer por la noche** en un banco de Tijuana", "**el día de ayer por la noche** murió el comentarista deportivo", "**el día de ayer por la noche** dejó de existir nuestro querido colega y amigo", "hasta **el día de ayer por la noche** no había reporte de muertos", "***El día de mañana***" (serie de televisión), "taxistas alistan marcha en CDMX **el día de mañana**", "México enfrentará a su similar de Argentina **el día de mañana** en Ciudad Juárez", "**el día de mañana** la gobernadora Claudia Pavlovich entregará su cuarto informe de gobierno". ¡Y a todo esto la Academia Mexicana de la Lengua lo denomina "lenguaje formal y cuidado!". Ha de ser porque los integrantes de su Comisión de Consultas redactan los horóscopos de los distinguidos académicos Walter Mercado y Mhoni Vidente.

☞ Google: 96 100 000 resultados de "el día de hoy"; 20 000 000 de "el día de ayer"; 13 300 000 de "el día de mañana"; 2 980 000 de "el día de ayer por la noche". ☒

82. ¿*embergadura?*, ¿*enbergadura?*, envergadura, envergar, estatura

Contrario a lo que muchos suponen, con nulo conocimiento del idioma, el verbo transitivo "envergar", del vocabulario marinero, significa "sujetar o atar las velas a las vergas" (DRAE); a las vergas de la embarcación, cabe aclarar, y no a las vergas de los hermanos Pinzón o de otros marineros, pues el sustantivo femenino "verga" (del latín *virga*) significa, literalmente, "vara", y aunque por antonomasia se usa para designar, coloquialmente, al "pene" (del latín *penis*), "miembro masculino de la copulación en el hombre y en los animales superiores, que constituye también el último tramo del aparato urinario" (DUE), refiriéndose a una embarcación de vela, "verga" es la "percha labrada convenientemente, a la cual se asegura el grátil de una vela". (Y no hay que confundir "verga" con "palo mayor" o "mástil mayor", que es el palo vertical principal y no el de percha.) De ahí el sustantivo femenino "envergadura", con cinco acepciones en el diccionario académico: "Distancia entre los extremos de las alas de un avión", "distancia de los brazos humanos completamente extendidos en cruz", "importancia, amplitud, alcance", "ancho de una vela contado en el grátil" (el "grátil" es la extremidad u orilla de la vela, por donde se une o sujeta al palo o a la verga) y "distancia entre las puntas de las alas de las aves cuando aquellas están completamente abiertas". Ejemplos: *La envergadura del DC-10 es de 50.39 metros*; *Mo Bamba, jugador de baloncesto nacido en Harlem, mide 2.13 metros de altura y tiene una envergadura de 2.38 metros*; *No fue tarea fácil realizar una empresa de tal envergadura*; *El cóndor andino alcanza una envergadura de 3.5 metros*. Por alguna extrañísima razón, no dilucidada hasta ahora, a los comentaristas, cronistas, locutores y reporteros del deporte, y en especial del futbol, les encanta la palabra "envergadura". Se llenan la boca con ella, a la menor oportunidad: la dicen y la repiten, la escriben y la vuelven a escribir. "La **envergadura** del jugador Equis", "es un futbolista de gran **envergadura**", "es un defensa de mucha **envergadura**", etcétera. Tienen una peligrosa obsesión por la palabra, aunque no sepan su significado, pues confunden (¡pobrecitos!) "corpulencia" y gran "estatura" con "envergadura". Hace más de tres décadas, con su sabiduría y buen humor, Fernando Lázaro Carreter escribió: "Tengo la sospecha tranquila —no siempre han de ser vehementes las sospechas— de que nuestro idioma avanza hacia el V Centenario gracias, sobre todo, a los empujones que le da una multitud de cronistas deportivos". Y refiere: "Desvío notable es el que está padeciendo *envergadura* en la jerigonza de muchos periodistas deportivos. Cuando un jugador de fútbol posee una notable corpulencia, dicen que es de gran *envergadura*. Dislate áureo, puesto que todos, menos ellos, sabemos que esa palabra, de origen marinero (ancho de la vela por donde se fija a su verga), designa la distancia entre las puntas de las alas abiertas de un ave; y, por extensión entre los extremos de las alas de un avión y de los brazos humanos. Por lo cual, al ponderar la *envergadura* de un futbolista, se está aludiendo a la desmesura de sus brazos, exceso que, salvo para agarrar al contrario, no parece cualidad pertinente en un juego cuya clave son las piernas, y en que el reglamento declara incompatibles las extremidades superiores y el balón". En otro momento de su excelente libro *El dardo en la palabra*, Lázaro Carreter escribe: "Durante la victoriosa irrupción de nuestro equipo nacional de fútbol en la Copa del Mundo, un locutor de TVE se quejaba de la *envergadura* del jugador irlandés (ya será menos) Cascarino (esto, sí), queriendo aludir, claro es, a su descollante estatura, pero diciendo, de hecho, que tenía formato de cuadrumano, pues no otra cosa significa envergadura: 'Distancia entre las puntas de los dedos, con los brazos extendidos'". Refiere Lázaro Carreter que otro cronista futbolírico exclamó: "¡Parece mentira que, con su escasa *envergadura*, Baquero salte tanto!". A lo que el gran lexicógrafo responde, sarcástico, con otra exclamación cuya ironía no entendería, por supuesto, el cronista: "¡Qué haría si tuviera los brazos más largos!". Queda claro que el sustantivo "envergadura" no es sinónimo ni de "corpulencia" (del latín *corpulentia*), "grandeza o magnitud de un cuerpo natural o artificial" ni de "estatura" (del latín *statūra*), "altura, medida de una persona desde los pies a la cabeza" (DRAE). La "envergadura" es lo que es, ya definido y ejemplificado, y si no es a eso a lo que alguien quiere referirse, en el futbol, bien le vale sacarse de la boca palabra tan peligrosa que sólo es válida aplicada al portero. Pero, además, como todas las malas cosas siempre pueden convertirse en peores, hay tontos al cuadrado o a la tercera potencia que, en lugar de "envergadura", escriben "embergadura" y "enbergadura". Éstos bien merecen ser colgados, boca abajo, en lo más alto del mástil mayor o, al menos, de la percha o verga superior, con un cuaderno y un bolígrafo en las manos, y bajarlos hasta que terminen de escribir mil veces la frase "no debo escribir embergadura ni enbergadura". Dura lección (más dura que la verga), pero, después de ella, el colgado no volverá a escribir "envergadura" con "b".

Confundir "corpulencia" y gran "estatura" con "envergadura" es desatino propio, como ya señalamos, del ámbito deportivo, pero de pronto escapa de él y contamina otros ambientes. Internet y los medios audiovisuales, en general, están llenos de ansiosos fanáticos de la "envergadura", pero el periodismo escrito no se queda atrás o no se quiere quedar atrás en esto, y se entrega a la "envergadura", que no lo es, con mucho entusiasmo. En cuanto a las peorías "embergadura" y "enbergadura", son tantos los que encallan en ellas que es cosa de no creerse. El diario español *La Voz de Galicia* informa a sus lectores que

⚲ "en el centro del campo, la plaza por la derecha será para Traver, un **futbolista de gran envergadura** y recursos para hacer daño arriba, pero que no da la talla en defensa".

Sabemos que la jerga futbolística puede ser el peor lunfardo de nuestro idioma, y de hecho lo es, sobre todo en las últimas décadas. Pero ¿para qué demonios puede servirle a un futbolista su "gran envergadura" si no se trata del portero? ¡Sólo para dar vueltas como veleta, a ver si noquea a quienes se le acerquen! Obviamente, no es gran "envergadura" lo que posee el tal Traver, sino

◕ **gran estatura**, pues mide 1.87 metros.

✎ Van otros ejemplos de estas burradas mayores del idioma español, cortesía el ámbito deportivo y, especialmente, del futbol: "Un defensa **de gran envergadura** muy bueno en el juego aéreo" (¡pero es futbol, no baloncesto!), "hoy presentamos a Dani, defensa **de gran envergadura**, líder de la defensa y un seguro atrás" (su envergadura le puede servir mucho para taclear, ¡pero no es futbol americano!), "Jeffrey Bruma es un defensa **de gran envergadura**, ya que mide cerca de 1.90 metros" (pero, desgraciadamente, se dedica al futbol y no al balonmano), "en punta es un jugador **de gran envergadura**", "jugador **de gran envergadura** y poder intimidatorio" (si se acerca a los rivales moviendo los brazos como aspas de molino, ¡por supuesto que su poder es intimidatorio!), "Max es un jugador **de gran envergadura**", "jugador **de gran envergadura**, que aporta seguridad", "un jugador **de gran envergadura** (188 centímetros de altura le contemplan)", "no es un jugador **de gran envergadura** pero sí un jugador que lo deja todo", "se trata de un jugador **de gran envergadura** (mide 1.90 metros)", "jugador **de gran envergadura**, con 1.89 centímetros de altura" (¡o sea que su estatura no llega a los dos centímetros: un tlaconete!), "jugador **de gran envergadura** gracias a sus 186 centímetros de altura", "jugadores **de gran envergadura** y buen juego aéreo", "jugadores de **gran envergadura física**" (y nula envergadura mental), "los defensas del Valencia anotaron muy pocos goles pese a ser jugadores **de gran envergadura**" (sí, porque los goles con la mano no cuentan), "nos topamos con futbolistas **de gran envergadura**", "arropado por futbolistas **de gran envergadura**", "dispone de futbolistas **de gran envergadura**", "futbolistas **de gran envergadura** y potencia", "un futbolista **de gran envergadura** y que va muy bien", "es un futbolista **de gran envergadura**, puesto que mide 1.91 metros", "posee buenas cualidades físicas, pese a no ser un futbolista **de gran envergadura**", "un futbolista **de gran envergadura** con su 1.92 metros de estatura", "futbolista **de gran envergadura** que, sin embargo, no destaca en juego aéreo" (¡pues claro que no: la envergadura no le sirve para pegarle al balón: es futbol, no balonmano!), "una defensa **de mucha envergadura**", "es un defensa **de mucha envergadura**, 1.93", "es un atacante **de gran envergadura** que maneja con precisión ambas piernas" (¿y entonces para que usa su gran envergadura?), "atacante **de gran envergadura** y siempre útil al equipo" (sí, a la hora de repartir puñetazos), "es un atacante **de gran envergadura** (1.86 de altura)", "tiene jugadores **de gran envergadura** y con enorme potencial", "Gales, con jugadores **de mucha envergadura**", "es un jugador **de mucha envergadura**, muy alto, que se mueve muy bien" (ideal, entonces, para películas porno), "jugador **de mucha envergadura**, que sabe utilizar muy bien su cuerpo" (otro candidato para esas películas), "es un jugador **de poca envergadura**, pero posee pegada, recorrido y buen manejo de la pelota" (lo incluimos también como candidato a ese tipo de películas), "jugador **de poca envergadura física**, pero con una entrega a toda prueba" y, como siempre hay cosas peores, "proyecto **hidraulico de embergadura**", "proyectos **de gran embergadura**", "trabajos de mayor **embergadura**", "obras **de gran embergadura**", "esto otorga una cierta **enbergadura** al encuentro", "la competencia **ciclistica** de mayor **enbergadura**", "se puede observar como va **cojiendo** una **enbergadura** considerable" y "considerando la **enbergadura** del rival".

☞ Google: 226 000 resultados de "defensa de gran envergadura"; 43 000 de "jugador de gran envergadura"; 30 400 de "jugadores de gran envergadura"; 4 090 de "futbolistas de gran envergadura"; 2 990 de "futbolista de gran envergadura"; 2 900 de "defensa de mucha envergadura"; 1 640 de "atacante de gran envergadura"; 1 470 de "jugadores de mucha envergadura"; 1 120 de "jugador de mucha envergadura"; 900 de "jugador de poca envergadura". ☒

☞ Google: 183 000 resultados de "embergadura"; 6 600 de "enbergadura"; 1 840 de "embergaduras". ☒☒

83. ensayo, ensayo general, ¿ensayo previo?

¿Hay ensayos que no sean previos? Mucha gente cree que sí, pero, por definición, todo ensayo es previo, es decir, anterior a la representación de una obra de teatro u otro tipo de espectáculo público. Veamos por qué. El verbo transitivo "ensayar" tiene las siguientes acepciones en el DRAE: "Probar, reconocer algo antes de usarlo; adiestrar; preparar el montaje y ejecución de un espectáculo antes de ofrecerlo al público; hacer la prueba de cualquier tipo de actuación, antes de realizarla". Ejemplo: *Tuvieron que **ensayar** denodadamente ante la expectativa de un público experto.* De ahí el sustantivo masculino "ensayo" (del latín tardío *exagium*: "acto de pesar"): "acción y efecto de ensayar". Ejemplo: *Los **ensayos** de la obra fueron extenuantes.* La clave en la definición del verbo "ensayar" y el sustantivo "ensayo" está en el adverbio "antes", que denota prioridad de tiempo y lugar: "antes de usarlo", "antes de ofrecerlo al público", "antes de realizarla". Si tomamos en cuenta que este adverbio es sinónimo de "previamente", adverbio que denota anticipación o antelación, veremos que en la expresión "ensayo previo" existe una indudable redundancia. El adjetivo "previo" (del latín *praevius*) significa "anticipado, que va delante o que sucede primero" (DRAE). Ejemplo: *El ambiente **previo** a la función fue muy tenso.* En conclusión, no hay ensayo (si lo es) que ocurra después o posteriormente, y en este sentido todo ensayo es previo y es innecesario, por redundante, enfatizarlo. Si por "ensayo previo" se quiere dar a entender el montaje y la ejecución del espectáculo en vísperas de ofrecerlo al público, lo que se debe decir y escribir es "ensayo general", definido por el DRAE del siguiente modo: "Representación completa de una obra teatral o musical antes de su estreno". Ejemplo: *Los actores primerizos estuvieron muy nerviosos en el **ensayo general** de la obra.* Evitemos de una buena vez la expresión "ensayo previo". Es un vicio redundante. Lo correcto es "ensayo general", puesto que, por definición, todo "ensayo" es "previo".

Este desbarre redundante pertenece al ámbito culto de la lengua y, como es obvio, abunda en el medio teatral y de espectáculos (lo mismo en publicaciones impresas que en internet), pero ya se ha extendido a todo el idioma en temas deportivos, políticos, educativos, etcétera, y quienes lo usan con más alegría y desparpajo son los futbolíricos. En *El Periódico de Aragón* leemos el siguiente encabezado:

♀ "Más de 29 000 personas pasaron por el recinto en el **ensayo previo**".

Quiso informar el diario español que

◊ más de 29 000 personas acudieron al **ensayo general**.

🖉 He aquí otros ejemplos de esta redundancia que mucha gente utiliza si darse por enterada: "**ensayo previo** a la apertura de los Juegos Olímpicos", "**ensayo previo** a espectáculo aéreo", "Chivas empata en su último **ensayo previo** a Supercopa MX", "Rusia, un rival de alto calibre para un **ensayo previo**", "fuerzas armadas realizan último **ensayo previo** al desfile de Independencia", "España derrota a Bosnia en **ensayo previo** a la Eurocopa", "Japón supera a una desdibujada Costa Rica en un **ensayo previo** a la Copa del Mundo", "la selección ultima detalles de cara al último **ensayo previo** a la Eurocopa", "Beyoncé comparte imágenes de su **ensayo previo** al show del Super Bowl" y, como siempre hay algo peor, "Francia venció a Camerún en su **penúltimo ensayo previo** a la Euro".

☞ Google: 177 000 resultados de "ensayos previos"; 164 000 de "ensayo previo"; 13 500 de "dos ensayos previos". ☒

☞ Google: 987 000 resultados de "ensayo general"; 96 000 de "ensayos generales". ☑

84. erradicar, ¿*erradicar de raíz?*, ¿*erradicar totalmente?*, radicalmente, raíz

El verbo transitivo "erradicar" (del latín *eradicāre*) significa, literalmente, "arrancar de raíz" (DRAE), lo mismo en el sentido recto que en el figurado. Ejemplos: *Erradicó toda la maleza de su huerto*; *Prometió* **erradicar** *la corrupción en el gobierno*. De ahí el sustantivo femenino "erradicación" (del latín *eradicatio, eradicatiōnis*): "acción de erradicar" (DRAE). Ejemplo: *Su propósito es la* **erradicación** *de la delincuencia*. Dado que "erradicar" significa "arrancar de raíz" o bien "cortar de raíz", añadir al verbo el adverbio "totalmente" es una tontería, pues dicho adverbio significa "enteramente, del todo" (DRAE), y queda claro que es innecesario, puesto que "erradicación" significa, literalmente, "arrancar de raíz", esto es, "totalmente". No hay forma de "erradicar" algo que no sea "cortándolo de raíz" y, si esto no ocurre, simple y sencillamente no hay "erradicación". Por ello, también, más bruta es aún la redundancia "erradicar de raíz". Como sabemos, el sustantivo femenino "raíz" (del latín *radix, radīcis*) es, en su acepción principal, el "órgano de las plantas que crece en dirección inversa a la del tallo, carece de hojas [no siempre, por cierto] e, introducido en tierra o en otros cuerpos, absorbe de estos o de aquella las materias necesarias para el crecimiento y desarrollo del vegetal y le sirve de sostén" (DRAE). Ejemplo: *Hay ciertas plantas y árboles que poseen **raíces aéreas***. Pero, en un sentido general, el sustantivo "raíz" significa "causa u origen de algo" (DRAE). Ejemplo: *La desigualdad social es una **raíz** de la violencia*. Cuando se habla o se escribe de "erradicar" ha de saberse que lo que se arranca o corta se hace con todo y raíz, desde la raíz, incluida la raíz, es decir, "totalmente". ¿Cuál es el órgano mediante el cual se alimentan los árboles y las plantas (y también, por cierto, los dientes)? La raíz, sin duda. Por eso, lo que "se arranca de raíz" se elimina; esto es, "se erradica". No hay modo de "erradicar parcialmente", pues esto (aunque transgreda las leyes de la lógica y de la semántica) sería como arrancar o cortar la maleza dejando en el subsuelo su raíz ¡para que la maleza retoñe! En conclusión, la expresión "erradicar totalmente" es redundancia bruta, en tanto que "erradicar de raíz" es pendejismo, pues el verbo transitivo y pronominal "radicar", "radicarse" (del latín *radicāre*) significa "echar raíces, arraigar" (ejemplo: ***Radica** en este pueblo, aunque nació en otro*), en tanto que "erradicar", *e + rradicar* significa, literalmente, perder las raíces por eliminación, pues el prefijo "e-" (del latín *e-*) significa, de manera literal, en su primera acepción, "fuera de", esto es, "eliminar", como en "emascular": *e + mascular*, "capar" (DRAE), "extirpar los órganos de reproducción masculinos" (DUE), castrar, cortar de raíz la "masculinidad"; esto es, exactamente, "emascular". Por todo lo anterior, no hay forma de "erradicar" que no sea "totalmente", y, por ello, decir y escribir "erradicar de raíz" y "erradicar totalmente" son redundancias dignas de horca y garrote.

Se trata de rebuznancias frecuentes en boca de políticos y también de universitarios, sean políticos o no; todo ello como consecuencia, no hay que dejar de insistir, de la fobia que le tienen al diccionario. En el diario español *El Mundo*, Ana del Barrio entrevista al periodista Cristian Campos, autor del libro *La anomalía catalana*. La entrevistadora pregunta: "¿El nacionalismo quiere que desaparezca el [idioma] español?" La respuesta del autor del libro es la siguiente:

♀ "Sí, es el objetivo. No lo van a decir explícitamente, pero quieren **erradicarlo de raíz**".

Debió responder, con corrección:

☝ No lo van a decir explícitamente, pero quieren **erradicarlo**, y sanseacabó.

✏ Van otros ejemplos de estas rebuznancias que es muy fácil de evitar con una consulta al diccionario: "La idea es **erradicar de raíz** la corrupción" (tenía razón Nikito Nipongo: a cualquier cosa le llaman idea), "la mediocridad es un virus que hay que **erradicar de raíz**", "Morena se suma a la lucha colectiva por **erradicar de raíz** el fenómeno de la violencia política" (que en Morena comiencen por comprarse un diccionario), "narcotráfico y corrupción se deben **erradicar** de raíz", "35 hábitos espirituales tóxicos que debes **erradicar de raíz**", "se busca **erradicar de raíz** el problema" (pero el problema es que no saben ni dónde está la raíz), "**erradicar de raíz** este grave problema de salud pública", "en marcha un gran esfuerzo a gran escala para **erradicar totalmente** el paludismo", "esta región fue la primera en comprometerse no sólo a disminuir sino **erradicar totalmente** el hambre", "el obispo de Astorga confía en **erradicar totalmente** los abusos", "intensifican acciones para **erradicar totalmente** la fiebre aftosa", "¿se podrá algún día **erradicar totalmente** el trabajo infantil?", "el problema de la prostitución en Peñaranda de Bracamonte está **totalmente erradicado**", "se pretende que el trabajo infantil sea **totalmente erradicado**", "este tipo de discriminación debe ser **totalmente erradicado**", "la viruela y la peste bovina son las dos únicas enfermedades que han sido **totalmente erradicadas**", "el diputado confirmó que los centros nocturnos donde actúan mujeres desnudas o semidesnudas serán **totalmente erradicados**" (¡ajá, cómo no!; ¡qué buenos chistes cuenta el diputado!), "la peste nunca será **totalmente erradicada**", "en Chile la poliomielitis está **totalmente erradicada**", "Dios la **erradica totalmente**", "la Revolución Socialista **erradica totalmente** la discriminación" (cuéntenme también una de vaqueros), "con el tratamiento adecuado **se erradica totalmente**", "la práctica de las ejecuciones extrajudiciales no **se ha erradicado totalmente**", "la lepra no **se ha erradicado totalmente**", "no **se erradicó totalmente** la pobreza", "se va **erradicando totalmente** la corrupción" (¿se va y totalmente?; ¡qué piruetas hacen los políticos!) y, como siempre hay algo peor, "el objetivo central que perseguía era **erradicar radicalmente** el proceso inflacionario".

☞ Google: 49 900 resultados de "erradicar de raíz"; 46 500 de "erradicar totalmente"; 10 700 de "totalmente erradicado"; 10 500 de "totalmente erradicada"; 9 890 de "erradica totalmente"; 7 690 de "erradicado totalmente"; 3 990 de "totalmente erradicadas"; 3 900 de "totalmente erradicados"; 1 480 de "erradicó totalmente"; 1 230 de "erradicando totalmente"; 1 210 de "erradicando de raíz. ☒

85. escapar, ¿escapar con vida?, ¿no escapar con vida?, vida

Hay expresiones de espeluznante insensatez gramatical y nulo sentido de la lógica, y lo que más asombra es que sean lugares comunes utilizados hasta por escritores que ganan premios y becas internacionales. "Escapar con vida" es una de ellas. ¿Se puede escapar si no es con vida? O, mejor aún: ¿se puede escapar sin vida? Estas preguntas son forzosas ante disparates tan descomunales como "escapar con vida" y "no escapar con vida". Veamos. El verbo intransitivo y pronominal "escapar", "escaparse" (del latín *ex-*, "es" y *cappa*, "capa") tiene dos acepciones principales: "Salir de un encierro o un peligro" y "huir" (DRAE). Ejemplos: *El narcotraficante escapó de la prisión; La víctima logró escapar de sus secuestradores*. De ahí el sustantivo masculino "escape": "Acción de escapar o escaparse, especialmente de una situación de peligro" (DRAE). Ejemplo: *En la prisión, los custodios se dieron cuenta, muy tarde, de su escape*. Queda claro que quien "escapa" (de un encierro o de una situación de peligro) lo hace, obviamente, con vida, esto es "vivo" (del latín *vivus*), adjetivo cuyo significado es "que tiene vida", pues, justamente, la locución adjetival "con vida" significa "vivo". Ejemplo del diccionario académico: *Lo rescataron con vida*. Este ejemplo es perfecto para demostrar los grandes dislates que hay en las expresiones "escapar con vida" y "no escapar con vida". Supongamos que alguien sufre un accidente en la montaña, y los rescatistas llegan hasta el punto donde se encuentra, pero lo hallan muerto. Lo bajan de cualquier manera, pero lo que recuperan es un cadáver. En otras palabras, **lo encuentran sin vida**. Otros tendrán mejor suerte y serán rescatados antes de fallecer, y por ello se dirá que **fueron rescatados con vida**. Esto que se puede decir con el verbo transitivo "rescatar" (del latín *recaptāre*: "recoger"), que significa "recobrar" o "recuperar", no se puede decir con el verbo intransitivo y pronominal "escapar", "escaparse", pues es claro que quien escapa lo hace **con vida**; ¡ni modo que no! Hay que usar la lógica: quien no **escapa con vida**, simplemente **no escapa**. Por ello, el mayor extremo de este disparate está en la primera persona del pretérito: "escapé con vida", ¡pues claro, por supuesto que con vida!, de otro modo no lo estaría diciendo. ¡Hay que ser brutos, de veras, para decir semejante cosa! Los varios sinónimos del verbo "escapar" refuerzan este sentido: "eludir", "evadirse", "fugarse", "librarse", "salir", "huir". Todos son verbos activos (que expresan lo que el sujeto hace o es). Para eludir, evadirse, fugarse, librarse, salir o huir se necesita, ¡obligadamente!, estar vivo. Por ello es pendejismo decir y escribir "escapar con vida" y, peor aún, "no escapar con vida", pues quien escapa puede hacerlo porque está vivo, y quien muere, en el intento de escapar, sencillamente no escapó. Hay que explicar esto con manzanitas para que lo entiendan, incluso los escritores que llenan sus novelas de este espeluznante lugar común que es una de las mayores torpezas cometidas cuando no se emplea la lógica ni se tiene noción de la semántica.

Es vicio de periodistas y escritores, esto es del ámbito culto de la lengua escrita. En la página de internet de *europapress* leemos el siguiente titular:

♀ "El gobernador de Nínive **escapa con vida** al tercer atentado contra él en lo que va del mes".

¡Coño, carajo, caballero, si el gobernador escapó es porque se salvó de la muerte! Se puede informar que escapó ileso o con heridas, pero si no es así, lo correcto es decir que

♂ **escapó** de un tercer atentado en lo que va del mes, o, mejor aún, **se salvó** por los pelos.

✍ He aquí otros pocos ejemplos de este pendejismo que seduce a periodistas y escritores: "10 formas de **escapar con vida** de Corea del Norte" (y si escapas con muerte, de todos modos te chingaste), "técnicas para **escapar con vida** de un secuestro" (¿quién puede decir que escapó

cuando se lanzó desde un décimo piso y cayó en la banqueta?), "lo malo es que las probabilidades de **escapar con vida** del atentado no son muy elevadas" (el consuelo es que se puede
escapar sin vida), "tampoco le bastaría con atravesar el puente y **escapar con vida**", "no veía
cómo podría **escapar con vida**", "asesino de Las Vegas había planeado **escapar con vida** tras la
masacre", "la cristiana que pudo **escapar con vida** de las garras del Estado Islámico", "motota-
xista logró **escapar con vida** luego de recibir dos balazos por parte de pandilleros", "tienes pocos segundos para **escapar con vida**", "tres presos que lograron **escapar con vida** de la cárcel
de máxima seguridad de Alcatraz, en California", "¿Hitler **escapó con vida** a la Argentina?" (a
lo mejor escapó muerto, luego revivió y hoy es Macri), "Oleg Gordievsky, el espía que **escapó
con vida** de la KGB", "la hermana de Antoine Griezmann **escapó con vida** de la sala Bataclan",
"**escapó con vida** de un trágico accidente", "mujer **escapa con vida** de deslizamiento de lodo",
"me asomo por el borde para ver si **escapa con vida**" (Vida es el nombre de su mujer, y el que
escapa con ella es su vecino), "una de las víctimas **se escapa con vida**", "el presidente **escapa
con vida** a un ataque", "tuvieron que abandonar su hogar, apenas **escapando con vida**", "evitando a la justicia y **escapando con vida**", "pudo **escapar con vida** de milagro", "no pudo **escapar con vida** a otro atentado", "apenas pude **escapar con vida**" (o sea que estuvo a un pelo de
escapar con muerte), "apenas **escapé con vida**", "esa no fue la primera vez que **me escapé con
vida**", "a duras penas **escapé con vida**", "**no escapó con vida** ni un solo francés", "una perse-
cución de la que **no escapó con vida**", "la mayoría **no escapó con vida**" (¿quiere decir esto que
la mayoría escapó sin vida?, ¡qué forma más chingona de escapar! Nuestros escritores actuales son unos genios).

☞ Google: 115 000 resultados de "escapar con vida"; 30 700 de "escapó con vida"; 18 200 de
"escapa con vida"; 9 590 de "escapando con vida"; 7 150 de "pudo escapar con vida"; 3 590
de "no pudo escapar con vida"; 2 800 de "escapé con vida"; 1 870 de "escapamos con vida";
1 490 de "no escapó con vida"; 1 000 de "pude escapar con vida". ⌧

86. ¿escuchar, leer, ver, visitar antes de morir?

Les ha dado a algunas empresas editoriales por publicar libros con títulos efectistas,
desde el punto de vista publicitario, pero más bien idiotas en términos semánticos. Entre estos libros están los siguientes: *1001 discos que hay que escuchar antes de morir, 1001
libros que hay que leer antes de morir, 1001 películas que hay que ver antes de morir, 1001 pinturas que hay que ver antes de morir, 1001 lugares que hay que visitar antes de morir.* Son
libros escritos originalmente en inglés con la torpe fórmula coloquial *Before You
Die* ("antes de morir", "antes de que mueras", "antes de tu muerte"). La gran industria editorial del consumismo cada vez exhibe más tontería, ¡y hasta se vanagloria de
ella!, porque da por sentado que se está dirigiendo a tontos que agotarán, sin chistar,
su mercancía. Pongámonos de acuerdo en cuestiones de lógica. ¿Puede alguien "escuchar", "leer", "ver", "visitar", etcétera, "después de morir"? Como la respuesta es

no, habría que preguntar quién fue el primer "creativo" que utilizó la fórmula *Before You Die* para aplicarla, en este contexto, a los verbos activos. Y preguntarnos, también, por qué, en español, nos comportamos, al traducir, con más que vergonzosa y risible sumisión. Al igual que en español decimos y escribimos "antes de su muerte", la expresión inglesa *Before You Die* tiene sentido, por ejemplo, en el siguiente enunciado: *Los últimos años de su vida fueron muy penosos, y,* ***unos días antes de su muerte****, falleció también su esposa.* En esta frase no hay pendejismo, pero sí lo hay si escribimos: ***Antes de morir dijo****: "¡Púdranse en el infierno!"*. Por supuesto que tuvo que decirlo "antes de morir", ya que después no podría decir nada. ¿Qué es lo correcto? Muy simple, muy sencillo, muy básico: ***En su agonía dijo****: "¡Púdranse en el infierno!"*, o bien, *En su lecho de muerte,* ***sus últimas palabras fueron****: "¡Púdranse en el infierno!"*. Después de morir (*After You Die*) no se puede decir ni hacer nada, cuando mucho descomponerse el cadáver en caso de que no lo hayan cremado. Por ello, los títulos adecuados, en buen español, de esos libros idiotamente intitulados en inglés, deben ser simplemente: *1001 discos que hay que escuchar, 1001 libros que hay que leer, 1001 películas que hay que ver, 1001 pinturas que hay que ver* y *1001 lugares que hay que visitar*. Deberíamos prohibirnos ser tan brutos, para evitar traducir al español, literalmente, las tonterías del inglés coloquial que, coloquialmente, también en nuestro idioma, son atentados contra la lógica y la semántica. Y, sin embargo, esta forma disparatada "antes de morir" (*Before You Die*) está entre las predilectas de muchos escritores contemporáneos que ganan premios y reconocimientos internacionales, pero que deberían regresar al parvulario.

Es expresión coloquial, pero en el ámbito culto la usan personas que, aunque tengan la más alta escolarización, jamás utilizan la lógica ni el diccionario. En el diario español *El Heraldo*, de Aragón, las ambiciones no son tan desmesuradas que sobrepasen el millar; ahí recomiendan:

☞ "Siete libros **que hay que leer antes de morir**".

Uno podría excusarse y decir que prefiere leerlos después de morir (ya que, al cabo, tendrá muchísimo tiempo para no hacer nada), pero lo que realmente quieren expresar los redactores y editores de ese titular ridículo es lo siguiente:

☞ Siete libros **indispensables**, o siete libros **que hay que leer**, o siete libros **que no hay que perderse**, siete libros **que no debemos ignorar**, etcétera.

✎ He aquí otros ejemplos de este larguísimo rebuzno: "15 libros que tienes que **leer antes de morir**", "25 libros que tienes que **leer antes de morir**", "30 libros que tienes que **leer antes de morir**", "100 libros que debes **leer antes de morir**", "le recomendamos 10 libros que debe **leer antes de morir**", "estos son los 100 libros que deberías **leer antes de morir**", "los 25 best-sellers que tendrías que **leer antes de morir**" (¡mejor morir antes que leerlos!), "Día del Libro: lista de lo debes **leer antes de morir**", "los 30 libros imprescindibles que hay que **leer antes de morir**", "250 películas que tienes que **ver antes de morir**", "las 50 películas que hay que **ver antes de morir**", "105 mejores thrillers de suspense que tienes que **ver antes de morir**", "5 obras que debes **ver antes de morir**", "18 fotos que debes **ver antes de morir**", "las 10 obras de arte que tienes que **ver antes de morir**", "69 impresionantes lugares que debes **visitar antes de morir**", "50 destinos económicos que debes **visitar antes de morir**", "20 lugares que hay que **visitar antes de morir**", "los 200 discos que tienes que **escuchar antes de morir**", "101 canciones que te recomiendo **escuchar antes de morir**", "álbumes de jazz que debes **escuchar antes de morir**" (y el moribundo, a pesar de estar escupiendo sangre, simplemente no se podía morir, aunque quería morirse, nada más porque le faltaba escuchar tres álbumes de los cincuenta de la lista; en medio de sus estertores pensaba: "Ya sólo faltan tres y luego estiro la pata").

☞ Google: 1 390 000 resultados de "leer antes de morir"; 614 000 de "ver antes de morir"; 184 000 de "visitar antes de morir"; 74 700 de "escuchar antes de morir". ☒

87. esfuerzo, esfuerzo común, *¿esfuerzo común de todos?*

La acepción principal del adjetivo "común" (del latín *commūnis*) es "dicho de una cosa: que no siendo privativamente de nadie, pertenece o se extiende a varios" (DRAE). Ejemplos del diccionario académico: *Bienes* **comunes**; *Pastos* **comunes**. En su calidad de sustantivo, se aplica a "todo el pueblo de cualquier ciudad, villa o lugar", así como a la "comunidad, generalidad de personas" (DRAE). Ejemplo: *El* **común** *está en desacuerdo con las disposiciones de la autoridad*. De ahí la locución adverbial "en común", cuyo significado es "en comunidad, entre dos o más personas, conjuntamente" (DRAE). Ejemplo: *Trabajaron* **en común** *para alcanzar la meta*. Dado que "lo común" es lo que corresponde a varios o a todos, decir y escribir "esfuerzo común de todos" es una grandísima redundancia; lo correcto es, simplemente y con exactitud: *Esfuerzo* **común**, y punto, pues en este "esfuerzo común" participan todos los que se empeñan en una actividad, en una acción, en una idea, etcétera. Simple y llanamente, "común de todos" es tan redundante como decir y escribir "mío de mí". Así de ridículo.

Aunque pudiera pensarse que esta redundancia pertenece al ámbito general del idioma, en realidad se trata de una barrabasada del ambiente culto de nuestra lengua: habitual en universidades, en el periodismo de opinión y, para no ser menos, en la boca y los discursos escritos de los políticos. En el sitio de archivo digital de la Presidencia de la República Oriental del Uruguay, leemos que

♀ "el presidente Tabaré Vázquez agradeció apoyo de la gente y el **esfuerzo común de todos los uruguayos**".

Sin redundancia, lo correcto es:

♂ el presidente Tabaré Vázquez agradeció el apoyo de la gente y el **esfuerzo común de los uruguayos**.

✐ Van más ejemplos de esta barbaridad: "El futuro es cosa del **esfuerzo común de todos**", "mediante el **esfuerzo común de todos**", "gracias al **esfuerzo común de todos** los pueblos", "el **esfuerzo común de todos** los partidos", "con el **esfuerzo común de todos** los organismos", "necesitará el **esfuerzo común de todos**", "mediante el **esfuerzo común de todos** los Estados", "exige un **esfuerzo común de todos** los participantes", "requiere del **esfuerzo común de todos** los sectores", "este éxito ha sido posible gracias a los **esfuerzos comunes de todos**", "para garantizar los **esfuerzos comunes de todos**", "con los **esfuerzos comunes de todos** los socios", "gracias a los **esfuerzos comunes de todos**", etcétera.

☞ Google: 55 900 resultados de "esfuerzo común de todos"; 7 840 de "esfuerzos comunes de todos". ☒

88. esparadrapo, *¿esparatrapo?*, trapo

Quién sabe por qué extraño motivo el *Diccionario de mexicanismos* de la AML no incluyó en sus páginas el barbarismo "esparatrapo". La única explicación es que ¡se les pasó a sus investigadores y redactores!, pues para llenar de barbarismos sus páginas se pintaron solos. Lo cierto es que, por ultracorrección inculta, muchos hablantes y escribientes se refieren al "esparatrapo" cuando a lo que quieren referirse es al "esparadrapo" (del bajo latín *sparadrapum*), sustantivo masculino que significa "tira de tela o de papel, una de cuyas caras está cubierta de un emplasto adherente, que se usa para sujetar los vendajes, y excepcionalmente como apósito directo o como revulsivo" (DRAE). Ejemplo: *Un esparadrapo conviene que sea hipoalergénico, con buen poder adhesivo, e impermeable.* Se le conoce también como "cinta adhesiva". Es verdad que Corominas, en su *Breve diccionario etimológico de la lengua castellana*, especula que la desinencia *drappo* (del italiano antiguo), "paño, tela", lleva irremediablemente a "trapo", aunque "trapo" se diga hoy en italiano *brano* y no *drappo* (que es "paño" o "chal"), al igual que, en francés, *drap* es "paño o sábana", en tanto que "trapo" se escribe *chiffon*, que también significa "andrajo" y hasta "pedazo de papel". Sea como fuere, el "esparadrapo", hoy, no es necesariamente un trapo ni una tira de tela, y la definición misma del DRAE delata que los académicos todavía no saben que hay "esparadrapos" de plástico y no sólo de tela y de papel. Hay que mandarlos a que se den una vuelta a una farmacia o a una tienda departamental. Les hace falta calle.

Un dúo musical español, de Zaragoza, se llama "Esparatrapo". Pero, peor aún, en el libro español *Dermatología y cirugía*, de Leandro Martínez Roca, leemos lo siguiente:

♀ "Aplicar todas las noches la cantidad de un grano de arroz de ajo machacado dejando sobre la dureza, tapar con **esparatrapo**. Todas las noches y usando el mismo **esparatrapo** se añade la misma cantidad de ajo machacado".

Quiso escribir el autor:

♂ **esparadrapo**.

✐ Otros pocos ejemplos de esta ultracorrección inculta: "El veterinario me dijo hoy que mejor no poner **esparatrapo**", "se les puede poner **esparatrapo** hipoalergénico", "dejarla al aire no poner **esparatrapo** ni gasa", "te puedes poner **esparatrapo** en las muñecas", "tendré que ponerte **esparatrapo**", "yo voy a usar **esparatrapo**", "hemos de usar **esparatrapo**", "suelen utilizar **esparatrapo**", "le puse **esparatrapo**", "esta mañana temprano compré **esparatrapo**", "el mejor **esparatrapo**", "**esparatrapo** de tela blanco", "el **esparatrapo** de tela para mí es mejor", "ella insistía en llamarlo **esparatrapo** cada vez que le curaba algo", "le mandaron a quitar **esparatrapo**".

☞ Google: 37 500 resultados de "esparatrapo"; 1 290 de "esparatrapos". ☒

☞ Google: 1 590 000 resultados de "esparadrapo"; 418 000 de "esparadrapos". ☑

89. ¿*especial hincapié?*, ¿*especial incapié?*, hincapié, ¿*incapié?*

La expresión "especial hincapié" es una redundancia, en tanto que el vocablo "incapié" es una barrabasada, un barbarismo, sin significado alguno en nuestra lengua. Veamos por qué. El sustantivo masculino "hincapié" se refiere a la "acción de hincar o afirmar el pie para sostenerse o para hacer fuerza" (DRAE). No tiene que ver con "arrodillarse", que es el significado de la forma pronominal "hincarse": "ponerse de rodillas". El verbo transitivo "hincar" (de *fincar*) tiene las siguiente dos acepciones: "Introducir o clavar algo en otra cosa" y "apoyar algo en otra cosa como para clavarlo" (DRAE). Por ello, la locución verbal coloquial "hacer alguien hincapié" significa "insistir en algo que se afirma, se propone o se encarga" (DRAE). Ejemplo del DUE: *Hizo hincapié en que saliésemos antes de amanecer.* Queda claro que "hacer hincapié" es una insistencia sobre algo específico o especial: de ahí la insistencia. Una de las acepciones del adjetivo "especial" (del latín *speciālis*) es "muy adecuado o propio para algún efecto" (DRAE). De ahí el adverbio "especialmente": "de manera especial". Ejemplo: *Aconsejó especialmente que saliésemos antes del amanecer.* En cuanto al adjetivo "específico" (del latín tardío *specificus*), una de sus acepciones es "concreto, preciso, determinado" (DRAE). De ahí el adverbio "específicamente": "de manera específica". Ejemplo: *Específicamente insistió en que saliésemos antes del amanecer.* Dicho y entendido lo anterior, queda claro que "especial hincapié" es expresión redundante, pues cuando alguien "hace hincapié en algo" lo hace, siempre, especialmente. Por ello, basta con decir "haciendo hincapié", "hacer hincapié", "haré hincapié", "hizo hincapié", etcétera. El adjetivo "especial" es innecesario. Por otra parte, el vocablo "incapié" carece de significado en nuestra lengua". Es un barbarismo de quienes no saben que "hincar" se escribe con hache inicial, y que "incapié" podría ser, si acaso, el pie de un inca o bien un inca de pie, sólo por decir dos idioteces a tono con semejante palabreja.

La expresión redundante "especial hincapié" es propia del ámbito culto del idioma, y el barbarismo "incapié" es muy utilizado entre personas que se creen cultas pero que están reñidas a muerte con el diccionario. En un despacho noticioso de la agencia AFP, publicado en el sitio virtual de la revista *Expansión*, leemos lo siguiente:

♀ "El presidente Bolsonaro dijo que buscará abrir el país al comercio internacional, e **hizo especial hincapié** en la lucha contra la corrupción".

Este sujeto impresentable es capaz de decir y hacer cualquier cosa espantable, pero, en todo caso, el redactor de la agencia AFP debió escribir que Bolsonaro, cínicamente,

♂ **hizo hincapié** en la lucha contra la corrupción, y punto.

🖉 He aquí algunos ejemplos de la redundancia y el barbarismo, que agravan las cosas cuando se juntan: "Conviene **hacer especial hincapié**", "deberemos **hacer especial hincapié**", "los actos del Día Internacional de la Mujer **harán especial hincapié** en la educación de igualdad", "en el periodo de urbanización **hacemos especial hincapié** en el medio ambiente", "vamos **a hacer especial hincapié** en el problema", "auditorías **hacen especial hincapié** en irregularidades", "**especial hincapié** en reducir el ruido provocado por el tráfico", "**hará especial hincapié** en la investigación", "molesta **hacer incapié** siempre en lo mismo", "**hace incapié** en la lucha contra el racismo", "muy interesante que se **haga incapié** en autores no tan conocidos" (por algo esos autores no son tan conocidos: porque escriben "incapié" en lugar de "hincapié"), "no **hacer incapié** en las estructuras sino en los conceptos generales", "vuelve a **hacer incapié** en la situación", "**haciendo especial incapié**", "**hace especial incapié** en la finalización del plazo", "**se ha hecho especial incapié** en el instrumento de medida", "quisimos terminar **haciendo especial incapié** en la situación", ¡y basta!

☞ Google: 1 790 000 resultados de "especial hincapié"; 264 000 de "incapié"; 43 600 de "especial incapié". ☒

90. ¿*estar convencido que?*, ¿*estar seguro que?*

Estar convencido o estar seguro es, literalmente, "no tener duda". Por ello, a la pregunta ¿**de qué** estamos convencidos o **de qué** estamos seguros?, la respuesta obvia es "**de** esto o **de** aquello"; de ahí que sean erróneas, por incurrir en solecismo, las construcciones "convencido que" y "seguro que", frente a las correctas "convencido **de** que" y "seguro **de** que". Ejemplos: *Estoy convencido **de** que Fulano es un informal*; *Estoy segura **de** que Mengana no vendrá*. En nuestro idioma se denomina "queísmo" al "uso, normativamente censurado, de la conjunción *que*, en lugar de la secuencia *de que*, como expresión introductora de ciertos complementos oracionales; por ejemplo, *Me da la sensación **que** no han venido* en lugar de *Me da la sensación **de que** no han venido*" (DRAE). El primer enunciado es incorrecto e ilustra muy bien en qué consiste este vicio del idioma llamado "queísmo". En el *Diccionario panhispánico de dudas* leemos lo siguiente en relación con la construcción "estar seguro": "La persona o cosa sobre la que no se tiene duda se expresa mediante un complemento introducido por *de*", y pone un ejemplo literario: *Estoy segura **de** que la oirán* (Heberto Padilla). Concluye: "En el habla esmerada [y mucho más en la escritura, aunque esto no lo diga el *Panhispá-nico*], no debe suprimirse la preposición". El buscador urgente de dudas de la Fundéu bbva, con mucha cautela, con inexplicable timidez y casi disculpándose, explica: "Con la construcción *estar seguro*, el complemento que expresa la persona o cosa sobre la que no se tienen dudas va precedido de la preposición *de*, por lo que se recomienda evitar la expresión *estar seguro que*. Sin embargo, no es raro encontrar en los medios frases como *El cantante **está seguro que** su hija vale mucho*, ***Están seguros que** hay mucha gente dispuesta a participar en esta experiencia única* o *La actriz **estaba segura que** se entenderían sobre las tablas, y así ha sido*. Según la *Nueva gramática de la lengua española*, a pesar de que la variante sin *de* está extendida en todo el ámbito hispanohablante, se trata de un caso de *queísmo* y es preferible optar por la forma con preposición: *estar seguro **de que***. Así, en los ejemplos anteriores lo adecuado habría sido escribir *El cantante **está seguro de que** su hija vale mucho*, ***Están seguros de que** hay mucha gente dispuesta a participar en esta experiencia única* y *La actriz **estaba segura de que** se entenderían sobre las tablas, y así ha sido*". No es que, como dice la Fundéu bbva, "se recomiende" evitar las formas erróneas ni que "sea preferible optar por la forma con preposición"; no, lo que hay que decir, con entera claridad, es que las formas incorrectas *deben evitarse*, pues hasta el diccionario académico, que suele ser muy manga ancha, es terminante al respecto de dichos usos, acerca de los cuales afirma que son "normativamente censurados". Es verdad también que, a la inversa, el "dequeísmo" es otro uso vicioso del idioma, pero en los casos de "estar convencido **de que**" y "estar seguro **de que**" no se trata de afectaciones "dequeístas", sino de perfectas construcciones gramaticales, pues, de acuerdo con el drae, el sustantivo masculino "dequeísmo" se aplica al "uso, normativamente censurado, de la secuencia *de que* para introducir una oración subordinada que no admite ese régimen verbal; por ejemplo, *Le dije **de que** viniera* en lugar de *Le dije **que** viniera*". Pariente de este dequeísmo es el afectado uso tartamudo del "es de que", con el que mucha gente introduce enunciados que no necesitan, en absoluto, ese latiguillo, como en el siguiente ejemplo que no debemos seguir: *Es de que no me fue posible llegar ese día*. La lógica del idioma exige mandar al demonio el "es de que", completito, y que lo ampare su madre, pues basta con decir y escribir *No me fue posible llegar ese día*. En una de sus conferencias matutinas, el presidente de México respondió lo siguiente a una pregunta de uno de sus tantos periodistas de utilería: "Yo lo que considero **es de que debe de hacerse** valer la legalidad". Pasar por la universidad y hablar así es como no haber pasado por ella. Lo correcto: *Considero **que** se debe hacer valer la legalidad* o *Considero **que debe** hacerse valer la legalidad*. En conclusión, aunque, lo mismo en el habla que en la escritura, se utilicen muchísimo las construcciones queístas "estar convencido que" y "estar seguro que", éstas son incorrectas, pues la preposición ("de"), que introduce el complemento, es indispensable: "Estar convencido **de que**" y "estar seguro **de que**", con sus conjugaciones y variantes, son las formas correctas; las otras deben recibir el nombre de incorrecciones y barbaridades del idioma, aunque incluso lleguen a superar, en el uso, a las formas correctas.

Es bien sabido que la lengua la hace el uso, pero en este caso conviven, casi a la par, el buen uso y la incorrección. No seamos complacientes ni diplomáticos (esto es, hipócritas) con quienes tuercen y retuercen el idioma. Debemos estar seguros, y convencidos, **de que** también el uso correcto del idioma puede emularse, para oponerlo a quienes influyen en todo momento con incorrecciones. En una entrevista en CNN, los intérpretes y traductores hacen decir lo siguiente a Mark Zuckerberg, director ejecutivo de Facebook:

♀ "**Estoy seguro que** alguien intenta interferir en las elecciones de mitad de periodo".

Lo que Zuckerberg dijo en inglés (*I'm sure that*) debió traducirse, con corrección, del siguiente modo:

♂ **Estoy seguro de que** alguien intenta interferir en las elecciones, etcétera.

✎ He aquí algunos ejemplos de las formas incorrectas de esta construcción gramatical que millones de personas consideran correctas: "**Estoy seguro que** ganaré", "**estoy seguro que** mañana Argentina va a ir por todo", "**estoy seguro que** vamos a dar muchas alegrías", "Peña: **Estoy seguro que** 2018 será un gran año para México" (¡y así nos fue!), "**estoy segura que** te va a ir bien", "**estoy segura que** volvería", "**estoy segura que** no va a pasar nada", "¿cómo puedo **estar seguro que** no es una estafa?", "México debe **estar seguro que** el mercado de gas LP sea competitivo", "**estaba segura que** eras el amor de mi vida", "**estaba segura que** su memoria no le fallaría" (por eso no consultaba el diccionario), "**estaba segura que** habían estado a unos metros de un dragón" (hay que preguntarle de cuál fuma), "**estoy convencido que** normalistas fueron incinerados: Peña Nieto" (a este pobre hombre, ni cómo ayudarlo), "Anaya: **Estoy convencido que** le voy a ganar a López Obrador" (¡otro caso!), "José Antonio Meade: **Estoy convencido que** las familias mexicanas están primero" (obviamente, los políticos mexicanos reciben, en sus inicios, escolarización mexicana), "**estoy convencido que** ganamos", "**estoy convencida que** somos lo que damos" (si damos dinero, somos dinero, entonces), "**estoy convencida que** los docentes son el corazón de la educación" (una educación con males cardíacos), "**estoy convencida que** eres mío", "Colón **estaba convencido que** la tierra era redonda", "**estaba convencido que** tenía que hacer cine", "**estaba convencido que** había sido por culpa suya", "**estaba convencida que** había sido cierto", "**estaba convencida** que le pesaría", "**estaba convencida que** venía a matarme", "Angelina Jolie: **Estaba convencida que** no me embarazaría" (¡hasta que de pronto se encontró "embarazadísima"!, dirían los cursirridículos).

☞ Google: 12 300 000 resultados de "estoy seguro que"; 6 970 000 de "estoy segura que"; 2 360 000 de "estar seguro que"; 1 190 000 de "estoy convencido que"; 427 000 de "estaba seguro que"; 301 000 de "estar seguros que"; 262 000 de "estoy convencida que"; 203 000 de "estaba segura que"; 179 000 de "estar segura que"; 144 000 de "estaba convencido que"; 58 800 de "estar convencidas que"; 58 000 de "estar convencido que"; 36 800 de "estaba convencida que"; 30 300 de "estaban seguros que"; 30 200 de "estaban convencidos que"; 21 800 de "estar convencidos que"; 12 300 de "estar convencida que"; 8 770 de "estar seguras que". ☒

☞ Google: 16 600 000 resultados de "estoy seguro de que"; 6 370 000 de "estoy segura de que"; 5 620 000 de "estar seguro de que"; 2 700 000 de "estoy convencido de que"; 754 000 de "estaba seguro de que"; 503 000 de "estaba convencido de que"; 453 000 de "estoy convencida de que"; 428 000 de "estaba segura de que"; 326 000 de "estar segura de que"; 257 000 de "estar convencidas de que"; 257 000 de "estar convencido de que"; 221 000 de "estaban convencidas de que"; 221 000 de "estaban convencidos de que"; 201 000 de "estaba convencida de que"; 126 000 de "estaban seguros de que"; 107 000 de "estar convencidos de que"; 55 400 de "estar convencida de que"; 10 900 de "estaban seguras de que". ☑

91. estrangular, ¿estrangular con sus propias manos?

Es cierto que se puede "estrangular" a alguien con los pies o con las piernas o con los muslos y, por supuesto, también con los brazos: especialmente los luchadores o, en general, las personas fornidas o muy musculosas pueden hacerlo, pues el verbo transitivo "estrangular" (del latín *strangulāre*) significa "ahogar a una persona o a un animal oprimiéndole el cuello hasta impedir la respiración" (DRAE). Se usa también como pronominal: "estrangularse". Ejemplos: *Fue sorprendido cuando **estrangulaba** a su vecino*; *Estaba tan lleno de furia que hubiera podido **estrangularse*** (frase cursi nada más para ejemplificar, pues sólo hay un caso consignado en la historia, o mejor dicho en la leyenda, de alguien que se suicidó estrangulándose: Metrocles, filósofo griego de la escuela cínica). Para el efecto de "estrangular" a alguien se puede utilizar algún objeto, por ejemplo, un lazo, un cable, un rodillo, un trozo de madera, una barra de hierro, etcétera; sin embargo, lo habitual, o lo común, es usar las manos y los brazos o, en menor medida, las rodillas, los muslos y los pies, pero, quizá nunca las nalgas (no hay en Google registro alguno de "lo estranguló con las nalgas" ni mucho menos "con sus propias nalgas"). De ahí el adjetivo y sustantivo "estrangulador" ("que estrangula"). Ejemplo: *El **estrangulador** de Boston*. Aunque en algunos países de América se utiliza el verbo transitivo "ahorcar" como equívoco sinónimo de "estrangular" ("ahogar hasta impedir la respiración"), es necesario señalar un matiz: el verbo "ahorcar", proviene de "horca" y significa "colgar a una persona o a un animal por el cuello hasta darle muerte" (DRAE). Ejemplo: *Ahorcó al perro del vecino porque se cagaba en su jardín*. Esto quiere decir que colgó al animal por el cuello hasta darle muerte, pues el sustantivo femenino "horca" (del latín *furca*) tiene dos acepciones principales en el diccionario académico: "Estructura compuesta por uno o dos palos verticales sujetos al suelo y otro horizontal, del cual se cuelga por el cuello a un condenado a muerte para ejecutar la pena" y "palo con dos puntas y otro que atravesaba, entre los cuales metían antiguamente el cuello del condenado y lo paseaban en esta forma por las calles". Ejemplo: *Su antepasado murió en la horca.* De ahí el sustantivo femenino "horqueta", sinónimo de "horca" y que significa "palo con púas del labrador" y "parte del árbol donde se juntan formando ángulo agudo el tronco y una rama medianamente gruesa" (DRAE). Por otra parte, si sobre la rama de un árbol, lo suficientemente resistente, se desliza una cuerda y de ella se cuelga, hasta la muerte, a una persona o a un animal, lo correcto es decir y escribir que "fue ahorcado", pero no que "fue estrangulado", aunque tanto el "ahorcado" como el "estrangulado" mueran por "ahogamiento", acción y efecto de "ahogar" o "ahogarse" (del latín *adfocāre*, derivado de *suffocāre*: "sofocar"), verbo transitivo y pronominal que significa "quitar la vida a una persona o a un animal, impidiéndole la respiración" (DRAE). Ejemplo: *Le apretó el cuello hasta ahogarlo.* Un "ahorcado" es alguien que "pende", que "cuelga", atado del cuello, y que, por su propio peso muere ahogado, impedido de respirar; un "estrangulado", en cambio, muere también por falta de respiración porque alguien, mediante las manos o con el uso de algún objeto le oprime la garganta hasta ahogarlo. Tal es la diferencia entre un "ahorcado" y un "estrangulado". Entre los muchos lugares comunes de la literatura y el periodismo está el siguiente: "**lo estranguló con sus propias manos**". Con lógica y con buen uso de la lengua es suficiente decir y escribir "lo estranguló", más aún si el contexto no sugiere en ningún momento que haya utilizado otras partes del cuerpo que no fuesen las manos para llevar a cabo esta reprobable acción. ¿Pero a cuento de qué mencionar las "manos" y, por si fuera poco, añadir que son las "propias" del estrangulador? Es una barbaridad pleonástica de pésimos escritores y de reporteros de nota roja, no más adelantados que los escritores pésimos. Difícilmente algún estrangulador requerirá de otras manos, que no sean las suyas, para estrangular a alguien. Esto sólo podría suceder en las películas de Juan Orol en alguna escena como la siguiente: un loco mata a otro loco y luego le amputa las manos, y con esas manos, aún chorreantes de sangre, estrangula a otro orate, aunque, de todos modos, para llevar a cabo la acción necesite apretar **¡con sus propias manos!** las manos amputadas con las que estrangula. Todo resulta muy idiota, porque es una torpeza bruta decir y escribir "**lo estranguló con sus propias manos**": ¡ni modo que con las ajenas! Esta barrabasada redundante pertenece a la familia pleonástica de "**lo vi con mis propios ojos**", otra jalada digna del paredón.

Como advertimos, es pleonasmo y, por tanto, redundancia bien vestida, de presunta retórica elegante que defienden hasta algunas personas razonables o inteligentes nada más porque han leído la expresión, múltiples veces, en libros de autores a los que aprecian, estiman o admiran. Pero lo cierto es que no por ello deja de ser una jalada. En el diario español ABC, en la sección internacional, leemos el siguiente sumario de una nota internacional correspondiente a una mujer ucraniana que asesinó a su marido:

♀ **"Lo estranguló con sus propias manos y después agarró un hacha para cortarle la cabeza".**

Aquí hay más de un sinsentido, pues lo extraño hubiese sido que primero le cortara la cabeza con el hacha y que después lo haya estrangulado, pero, sin vaciladas, correctamente, sin redundancias brutas, el diario ABC debió informar a los españoles, tan afectos a los pleonasmos y redundancias, que

♂ **lo estranguló** y le cortó la cabeza con un hacha (esto último obviamente "después"; ¡ni modo que antes!).

🖉 Aquí tenemos otros ejemplos de esta pleonástica tontería, reproducidos lo mismo de internet que de publicaciones impresas (incluidos libros): "Un corredor **estranguló con sus propias manos** a un puma" (debió de ser a algún cachorrito, porque a un puma adulto no lo estrangula nadie), "luego **la estranguló con sus propias manos**" (aquí cabría preguntar: ¿con las propias manos de quién?), "el precoz niño **las estranguló con sus propias manos**", "se le acercó por detrás y **lo estranguló con sus propias manos**", "el rey Witiza **lo estranguló con sus propias manos**", "María dijo que **estranguló con sus propias manos** a su esposo", "desnudó a la chica y **la estranguló con sus propias manos**", "confesó a la policía que **las estranguló con sus propias manos**", "le iba **a estrangular con sus propias manos**" (seguramente porque no tuvo a mano unas manos ajenas), "el jefe los iba a **estrangular con sus propias manos**", "me confesó en una ocasión que sería capaz de **estrangular con sus propias manos** al primer soldado alemán con que se encontrara", "Percy era capaz de **estrangular con sus propias manos**", "fue condenada a 130 años de prisión por **estrangular con sus propias manos** a sus dos hijos", "el mismísimo Tarantino quiso **estrangular con sus propias manos** a la actriz", "la había intentado **estrangular con sus propias manos**", "abuela en Georgia **estrangula con sus propias manos** a un gato montés rabioso", "un hombre recio e inmisericorde que **estrangula con sus propias manos** a sus amantes varones", "**la estrangula con sus propias manos** sin que la víctima ofrezca resistencia", "**le estrangularé con mis propias manos**", "yo **lo estrangulé con mis propias manos**" (dijo el manco).

☞ Google: 2 890 resultados de "estranguló con sus propias manos"; 2 000 de "estrangular con sus propias manos"; 1 640 de "estrangula con sus propias manos"; 1 200 de "la estranguló con sus propias manos"; 1 000 de "estrangularé con mis propias manos"; 1 000 de "lo estranguló con sus propias manos". ☒

92. estupenda, estupendamente, ¿estupendamente bien?, ¿estupendamente mal?, estupendo

¿Se puede estar estupendamente mal o estupendamente de la chingada? La lógica nos dice que no. O se está estupendamente, lo cual implica que muy bien, o se está mal o muy mal, y entonces no se puede estar estupendamente, aunque haya gente que sea capaz de decir y escribir que se encuentra "estupendamente mal". Como sustantivo masculino, "bien" (del adverbio latino *bene*) significa "aquello que en sí mismo tiene el complemento de la perfección en su propio género" (DRAE); como adverbio tiene dos acepciones en el diccionario académico que son las que nos interesan para el caso: "Con buena salud, sano" (ejemplos del propio DRAE: *Juan **no se encuentra bien**;* —*¿Cómo está usted?* —***Bien.***) y "según se apetece o requiere, felizmente, de manera propia o adecuada para algún fin" (ejemplo: *Estaré **bien** para las competencias*). En cuanto al adjetivo "estupendo" (del latín *stupendus*), además de "admirable, asombroso, pasmoso", como primera acepción, significa también "muy bueno" (DRAE). Ejemplo: *Pasamos unas vacaciones **estupendas**.* De ahí el adverbio "estupendamente": "de manera estupenda". Ejemplo: *Me siento **estupendamente**.* Si lo que está "bien" es "bueno" ("de valor positivo") y lo que está "mal" es "malo" ("de valor negativo"), decir y escribir "estupendamente bien" es una bruta redundancia, en tanto que decir y escribir "estupendamente mal" es un ridículo contrasentido. Quien está o se siente "estupendamente", está no sólo "bien", sino "muy bien", y quien está "mal" (de salud, de ánimo, etcétera) es imposible que esté "estupendamente". Hay que usar la lógica y el sentido común o, por lo menos, el diccionario.

La expresión "estupendamente bien" es redundancia del ámbito culto o, por lo menos, de alta escolarización, en tanto que el contrasentido "estupendamente mal" es de gente que no tiene idea de nada. Un despacho noticioso de la agencia española EFE, fechado en Montevideo el 24 de agosto de 2019, tiene el siguiente titular:

♀ "El presidente uruguayo [Tabaré Vázquez] dice sentirse '**estupendamente bien**' al salir del hospital".

¡Pobre hombre! Lo cierto es que parece que todos los presidentes de América Latina van a la misma escuela de jumentos. Debió decir este señor que

◊ se siente **estupendamente**, y punto.

✍ Nadie esperaba, por supuesto, que dijera que se siente "estupendamente mal", a pesar de tener un tumor maligno en un pulmón. Acostumbrados a mentir, los políticos son capaces de decir que se sienten maravillosamente, si con ello mantienen el poder. He aquí varios ejemplos de esta bruta redundancia, y algunos del contrasentido ya mencionado: "La economía mexicana está **estupendamente bien**" (sobre todo la economía mexicana), "Esperanza Aguirre: Me parece **estupendamente bien** que Gallardón cobre 8.500 euros brutos", "hoy me siento **estupendamente bien** y con riesgo de estar mejor" (¿con riesgo?; éste es bruto en serio); "me siento **estupendamente bien** y cada día mejor", "Díaz lo va a hacer **estupendamente bien**", "se come **estupendamente bien**", "Álvaro Vargas Llosa: Mi padre está **estupendamente bien**", "**tan estupendamente bien**", "se recupera de su operación **estupendamente bien**", "Sabina: Se vive **estupendamente bien** sin Gobierno", "todo esto está **estupendamente bien**", "puede salir **horrendamente bien** o **estupendamente mal**" (¡vaya sabio!), "como siempre, todo anda **estupendamente mal**", "el coro les sale **estupendamente mal**", "he intentado cantarla pero me sale **estupendamente mal**", "nos lo estamos pasando **estupendamente mal**", "te lo vas a pasar **estupendamente mal**", ¡y basta ya de tanta tontería!

☞ Google: 132 000 resultados de "estupendamente bien"; 21 000 de "sentirse estupendamente bien"; 1 000 de "estupendamente mal". ☒

☞ Google: 2 880 000 resultados de "estupendamente". ☑

93. ¿ex asesino?, ¿exasesino?

"Asesino" es quien "asesina". Y después de haber "asesinado", esto es de haber cometido "asesinato", ¿cómo puede alguien dejar de ser lo que es: "asesino", para convertirse en "ex asesino"? Esta barbaridad, "ex asesino" y, peor aún, "exasesino", este atentado contra la lógica y contra el idioma, ha saltado de pronto en los medios impresos y electrónicos como una forma de exonerar a quienes han asesinado y, ahora, arrepentidos o no, se desligan o pretenden desligarse de su culpa y, muy especialmente, de su responsabilidad moral. Incluso terroristas, hombres y mujeres, que hoy viven como vecinos modélicos y como dulces abuelos que cuidan a sus nietos y juegan con ellos; pero que, en su juventud, pusieron una bomba en un restaurante que ocasionó la muerte de decenas de personas, incluidos niños; se dicen y se creen "ex asesinos", porque, desde entonces, ya no han asesinado a nadie más. ¡Vaya atentado contra la lógica! De acuerdo con el diccionario académico, el adjetivo "asesino" (del árabe *haššāšīn*) significa "que asesina", y pone los siguientes ejemplos: *Gente, mano asesina*; *Puñal asesino*. De ahí el sustantivo "asesinato": "acción y efecto de asesinar". Ejemplo: *Cometió un asesinato por el que nunca lo castigaron*. De ahí también el verbo transitivo "asesinar", que el DRAE define con redomada torpeza: "Matar a alguien con alevosía, ensañamiento o por una recompensa", y que María Moliner, en el DUE, recompone certeramente: "Matar a alguien cuando ello constituye un delito". Esta precisión de Moliner viene al caso, pues, por ejemplo, un soldado que defiende a su patria y mata al extranjero invasor no es exactamente un "asesino", sino un "combatiente" ("cada uno de los soldados que componen un ejército") e incluso un héroe nacional. Por lo que respecta a la idiota definición del DRAE, es necesario señalar que, para que exista un "asesinato", no es exigencia que haya "alevosía o ensañamiento" ni que se haga necesariamente "por una recompensa". ¡De veras que son brutos en la RAE! Un "asesino" es el individuo que le quita la vida a alguien o que causa la muerte de alguien "premeditadamente o con otras circunstancias agravantes", como lo precisa el diccionario *Clave*. Ejemplos: *Asesinó a su padre para quedarse con la herencia*; *Asesinaron a sus vecinos para robarles las joyas*; *Los terroristas pusieron una bomba en el auto* y *asesinaron* a veinte personas. Sea como fuere, y más allá de las torpezas del diccionario académico, no hay "asesinos" que pasen a ser "ex asesinos": no existe esta comunidad, aunque la integren millones de arrepentidos, o de cínicos caraduras que se refugian en el último reducto de los canallas (la patria, el pueblo) luego de haber "asesinado". La explicación es sencilla: Aunque haya personas que asuman el "asesinato" como un oficio (les llaman "sicarios" o "matones", por ejemplo), la "tarea" de "asesinar" no está en la tabla de profesiones (ni siquiera en la categoría de "verdugo": "persona encargada de ejecutar la pena de muerte, de carácter legal"); no es un trabajo, es una miseria moral. Quien premedita y ejecuta el "homicidio" (del latín *homicidium*) como una "tarea" (con el argumento que sea) adquiere la condición de "asesino", y aun si no fuese castigado o si recibiera perdón, no por ello dejaría de ser "asesino". Digámoslo claramente: se jubilan los "profesores" (dejan de dar clase), los "futbolistas" (dejan de jugar profesionalmente al futbol), los "toreros" (se cortan la coleta y dejan de torear), los "boxeadores" (dejan de boxear), los "policías" (se van a su casa a disfrutar su retiro), y en el mundo hay "ex profesores", "ex futbolistas", "ex toreros", "ex boxeadores" y "ex policías", pero no "ex asesinos" por el hecho de ya no "asesinar" más. Pongámoslo del siguiente modo: el "asesino" de John Lennon, por ejemplo, siempre será "asesino", aunque no "asesine" a nadie más. La lógica del idioma se impone: si un hombre engendra un hijo, es decir le da la vida, a partir de ese momento se convierte en "padre", y será siempre esto incluso si comete "filicidio" con premeditación y alevosía: en todo caso será un "padre asesino", pero nunca un "ex padre". Quien "asesina" (no importa si fue a uno o a cientos o a miles) nunca deja de ser un "asesino". Si después de "asesinar" a uno, a dos, a tres, a cien, a mil, a miles, un "asesino" ya no lo hace más, por cualquier motivo, esto no lo convierte en un "ex asesino". Preguntémosle a la historia, que también tiene lógica y memoria: si Hitler hubiese estado en prisión, incomunicado e imposibilitado de "asesinar" a nadie más que no fuese él mismo, después de los cientos de miles o millones de seres humanos que mandó matar, ¿por este hecho de cesar en sus "asesinatos" tendría que calificársele, con supina idiotez, de "ex asesino" o, peor aún, de "exasesino"? Nunca. ¡Ni torciendo el idioma un "asesino" deja de ser lo que es! Hoy en España y en otros países de lengua española ya ha comenzado a reptar esta palabreja, especialmente utilizada para calificar a los terroristas que han dejado las pistolas y las bombas, y ahora desean confundirse entre la multitud como si sus acciones no hubiesen tenido consecuencias. Una inteligente mujer española le mandó el siguiente tuit a un "ex terrorista" (que así se dice de quien ya abandonó el "terrorismo"): "La palabra **exasesino** no existe. La lengua es muy sabia, señor Otegi". En efecto, no existe; la que existe es: "asesino". En su libro *Ni se les ocurra disparar*, Javier Marías pone también orden en el idioma y en la lógica. Escribe: "De haber podido ser juzgados y condenados en nuestro tiempo,

Hitler o Stalin, Pol Pot o Pinochet, Ceaucescu o Franco habrían vuelto a la vida normal al cabo de tres decenios. Por así decir, se habrían reincorporado a nosotros con
sus cuentas saldadas, legalmente 'limpios' aunque no moralmente: no existe tal cosa
como un 'ex-asesino', por mucho que la prensa idiota esté a punto de crear esa figura,
habiendo ya creado las casi igual de ridículas de 'ex-golpista' y 'ex-dictador'".

Pueden las publicaciones impresas y electrónicas, en complicidad con los "asesinos", seguir matando el idioma y pretendiendo dinamitar la lógica. Lo que nunca podrán es borrar la realidad. Incluso escritores y traductores, y ya no sólo periodistas,
se dan vuelo con esto. En una novela española, *La sacudida* (2016), el autor escribe
lo siguiente:

♀ "Es el peligro de casarse con un **exasesino**, exterrorista, exmuñeco de trapo y
exmarioneta".

Ya no debe sorprendernos que la gente lea estas cosas y que, además, le gusten,
pero, independientemente del mal gusto literario, lo que el autor debió escribir, con
corrección idiomática y con lógica, es esto:

♦ Es el peligro de casarse con un **asesino**, etcétera.

🖉 Son abundantes los casos de quienes se casan con asesinos sin saber que lo son, y con ex
terroristas, sin saber que fueron terroristas. El terrorismo quizá se pueda abandonar, pero la
condición humana del "asesino", ésta no lo abandona nunca: no es como cambiar de piel o de
religión. He aquí algunos ejemplos de esta idiotez que se abre paso, reptando, en nuestro idioma (todos ellos tomados de publicaciones impresas y de internet): "está convencida de que un
ex asesino en serie sigue por ahí", "de **ex asesino** a sueldo a predicador", "el **ex asesino** nazi", "el
médico tornó a gritar el nombre del **ex asesino**", "es un **ex-asesino** a sueldo buscando venganza", "es un **ex-asesino** a sueldo de la mafia rusa", "el **ex asesino** soviético se vuelve loco", "recrea
la vida de un **ex asesino** que lee novelas", "amante de **ex asesino**", "la **ex asesina** de la CIA", "la
bella **ex asesina** a sueldo", "**ex asesina** y heroína involuntaria", "una atractiva **ex asesina** con un
pasado complicado" (idiotez y cursilería de una serie televisiva escrita por un autor que bien
podría ganar el Premio Planeta), "la ahora **ex-asesina**", "había descubierto a tres **ex asesinos**",
"cientos de **ex asesinos** nazis", "entrevistas con **ex asesinos**", "un **exasesino** de la CIA", "Ministro de Justicia desmiente a **exasesino** Santrich", "en la piel de un **exasesino** a sueldo", etcétera.

☞ Google: 19 400 resultados de "ex asesino"; 7 810 de "ex asesina"; 2 040 de "ex asesinos"; 1 650 de "exasesino". ☒

94. excelentísimo, *¿muy excelentísimo?, ¿optimísimo?, ¿peorsísimo?, ¿perfectísimo?* y superlativos con contrasentido o redundancia (más, menos, muy)

Si son superlativos, ¿qué puede agregarse a ellos? Nada. Pero hay quienes lo hacen,
como en "más graciosísimo", "menos paupérrimo", "muy riquísimo". Ya Andrés Bello, en su *Gramática de la lengua castellana* (1847), advertía lo siguiente: "Lo que debe

evitarse como vulgaridad es la construcción de *muy* con la desinencia superlativa, diciendo *v. gr.*, *muy grandísimo*; ni ganaría mucho esta frase poniendo en lugar de *muy* alguno de los adverbios o complementos de igual fuerza, como en *grandemente doctísimo, por extremo hermosísima*. Tampoco se juntan los superlativos de inflexión con el adverbio más: nadie dice *más grandísimo, más utilísima*. Pero *mínimo, íntimo* e *ínfimo* se usan como si no fuesen superlativos, pues se dice corrientemente *a muy ínfimo precio, lo más mínimo, mi más íntimo amigo, la más ínfima clase"*. Bello lo sabía, hace casi dos siglos; mucha gente no lo sabe hoy. El adjetivo y sustantivo "superlativo" (del latín *superlatīvus*) significa "muy grande o desmesurado" (DRAE). Y el diccionario académico nos ofrece un ejemplo: *Ambición **superlativa***. Gramaticalmente, se aplica al "adjetivo o adverbio en grado superlativo": de "grande", "grandísimo"; "de pobre", "pobrísimo" y "paupérrimo"; de "rico", "riquísimo"; de "amargo", "amarguísimo"; de "lento", "lentísimo"; de "rápido", "rapidísimo"; de "cerca", "cerquísima"; de "lejos", "lejísimos"; de "pequeño", "pequeñísimo", cuyos equivalentes son "muy grande", "muy pobre", "muy rico", "muy amargo", "muy lento", "muy rápido", "muy cerca", "muy lejos" y "muy pequeño". Si el sentido de los adjetivos y adverbios en grado superlativo es absoluto, resulta un disparate redundante o del sinsentido antecederlos de los adverbios "más" (superioridad), "menos" (inferioridad) y "muy" (grado alto). El sentido absoluto de un adjetivo o de un adverbio superlativo es imposible modificarlo con elementos de atenuación o potenciación. Se cae en el ridículo y, por supuesto, en el contrasentido o la redundancia. Ni siquiera es válido el uso comparativo, pues no puede haber algo peor ni mejor que el superlativo mismo, como en los siguientes ejemplos disparatados, tomados de publicaciones en internet: *El desastre de Venezuela lleva 20 años y es en la actualidad un país **mucho más paupérrimo** que Honduras; Por lo visto, tú estás **más amargadísimo** que yo*. Reiterémoslo: un adjetivo o un adverbio superlativo conlleva un sentido absoluto (terminante, categórico, entero, total, completo) y, por tanto, nada se puede agregar o sustraer a él. Una excepción, plenamente aceptada, en el tratamiento de la diplomacia y de las formas afectadas del anacronismo, con fines de remarcar la subordinación, y especialmente la genuflexión, ante alguien de poder, es el famoso "excelentísimo", derivado del adjetivo "excelente" (de *excellens, excellentis*): "que sobresale por sus óptimas cualidades" (DRAE). Ejemplo: *Este vino es excelente*. Pero, si lo "excelente" es "óptimo" (del latín *optĭmus*), esto quiere decir *que no puede ser mejor*, pues, justamente, la definición del DRAE lo precisa: "sumamente bueno, que no puede ser mejor". Por ello, aunque el DRAE no incluya definiciones de "superlativos" en sus páginas, se ve obligado a hacerlo en el caso de "excelentísimo" (del superlativo de *excelente*): "Tratamiento de respeto y cortesía que, antepuesto a *señor* o *señora*, se aplica a la persona a quien corresponde el de excelencia". Ejemplo: *El **Excelentísimo** Señor Don Torcuato Lucas de la Polla Floja* (véase que las mayúsculas también son de rigor.) Así, en las jerarquías cortesanas y en las diplomáticas, todos son "excelentísimos" y muchas veces "plenipotenciarios" ("con plenos poderes"), formas arcaicas de decir al común que, ante los "excelentísimos", hay que prosternarse ("arrodillarse o inclinarse con respeto"). Algunos, no conformes con esto, se sacan de la chistera el "Muy Excelentísimo", que es ya, de plano, ponerse de tapete para que el "Muy Excelentísimo" se limpie las muy excelentísimas patas. No puede haber nada más clasista que esto y, por lo mismo, el tratamiento de "excelentísimo" no es de "cortesía", como afirma el DRAE, sino de sujeción o dominio, esto es de "subordinación", tal como se subordinan los académicos de la lengua de los países americanos, que simplemente son "señores dones" o "señoras doñas", ante los que se reúnen en Madrid, los académicos de la RAE, que son (¿cómo no habría de ser?) "excelentísimos señores dones" y "excelentísimas señoras doñas", incluidos los difuntos que, ya sea con sus huesos en el panteón o con sus cenizas en urnas, siguen siendo cadáveres "excelentísimos". A estas comicidades conduce el ilógico, pero aceptado, superlativo "excelentísimo", pese a que queda claro que a lo ya "excelente" no puede agregarse nada más, justamente por "óptimo". ¿Diríamos que algo o alguien es "optimísimo"? La lógica nos lo prohíbe, pues si algo o alguien es "óptimo", no puede ser mejor, tal como lo acepta la misma RAE. Por tanto, el incorrecto superlativo "optimísimo" es tan disparatado como el aceptado superlativo "excelentísimo". Pero, además, entre sus múltiples incongruencias y contradicciones, la Real Academia Española, en su página de internet *#RAEconsultas*, le responde a un usuario que "el superlativo de 'perfecto' es 'perfectísimo'", lo que el usuario, con entera lógica, pone en duda, con el siguiente argumento: "Lo perfecto es por definición un límite. ¿Cómo puede haber algo 'más perfecto que lo perfecto'"? Manteniéndose en sus trece, los cabezones y caraduras informantes de *#RAEconsultas* replican: "El adjetivo 'perfecto' puede usarse en superlativo con intención enfática o expresiva", y se parapetan en un ejemplo del escritor español Gonzalo Torrente Ballester (como si fuera máxima autoridad del idioma): "Nunca tampoco su especial y **perfectísimo** modo de amar ha llegado a los **extremos de perfección** a que ahora llega". ¡Ah, claro, pero, por casualidad, Torrente Ballester fue miembro de la Real Academia Española y de la Real Academia Gallega! Entonces, si es uso español es correcto y, por tanto, "perfectísimo"; pero, como ya sospechaba el usuario que consultó a la RAE, "perfectísimo" es superlativo que, por razones lógicas, no se debe derivar del adjetivo "perfecto" (del latín *perfectus*), cuyas principales acepciones son las siguientes: "Que tiene el mayor grado posible de bondad o excelencia en su línea" y "que posee el grado máximo de una determinada cualidad o defecto" (DRAE). Ejemplos: *Es una novela **perfecta**; Es un **perfecto** pendejo*. Nada hay superior, esto es, superlativo, después de lo "perfecto", porque lo "perfecto" es el culmen, el grado máximo, el mayor grado posible. Que los españoles no puedan vivir sin sus pleonasmos y redundancias, no quiere decir esto que sean formas correctas del idioma. ¿"Perfectísimo" con intención enfática y expresiva? Que no nos quieran tomar el pelo; sería como "peorsísimo", falso superlativo de "peor" ("más malo", "contrario a lo bueno"), ahí donde "peor" es, al igual que perfecto, un límite, un colmo o término de algo.

Dicho de otro modo, hay superlativos que, por razones lógicas y del sentido común, son incorrecciones del habla y de la escritura (como "optimísimo", "peorsísimo" y "perfectísimo"), y, en todos los demás casos, debe partirse del principio que indica que después de un superlativo no hay nada más que decir, puesto que ya se ha dicho todo. Por ello, se incurre en contrasentido o en redundancia antecederlo de adverbios de atenuación o potenciación (más, menos, muy). Las páginas de internet están llenas de estos disparates. Un internauta escribe:

♀ "Prometo mejorar los siguientes y subirlos **más rapidísimamente**".

Lo correcto:

♂ Prometo mejorar los siguientes y subirlos **más rápidamente**.

✐ Van otros ejemplos de estas redundancias o sinsentidos: "Es **perfectísimo** pernoctar ahí", "México ante Nigeria: **perfectísimo**: 'El Piojo'", "es **perfectísimo** en toda la naturaleza", "este maquillaje es **perfectísimo**", "fin de semana **perfectísimo**", "en **perfectísimo** estado", "lo hemos hecho **perfectísimamente bien**" (redundancia sobre la redundancia), "el castellano del *Quijote* es **perfectísimamente** inteligible para cualquiera", "yo conozco **perfectísimamente** a Mila", "**infinitamente perfecto** y **perfectísimamente hermoso**" (Marcelino Menéndez y Pelayo), "el atún, **muy riquísimo**", "**muy riquísimo**, todo con un gran sazón", "**muy riquísimo** todo", "pan **más riquísimo**", "de verdad que está **más riquísimo**", "hoy será el día **más riquísimo**", "tu coloreado ha sido **optimísimo**", "un **optimísimo** instrumento de disolución", "en **optimísimo** estado", "la pobreza y el INEGI. ¿Quién será el **más paupérrimo**?", "en el poblado **más paupérrimo** de África", "el **más paupérrimo** de nuestros congéneres", "yo tuve un error **muy grandísimo**", "quiero pedirte un **muy grandísimo** favor", "el juegazo **más grandísimo** del mundo", "hoy voy a correr **muy rapidísimo**", "**Muy Excelentísimo** Señor", "logré un objetivo así sea el **más pequeñísimo**", "ahora podrás solucionar tus inquietudes **más rapidísimo**", "¡y queda **muy lejísimos** de aquí!" y, como siempre hay algo peor, "entre más tiempo pasa, **más peorsísimo** hace las cosas".

☞ Google: 260 000 resultados de "perfectísimo"; 26 700 de "perfectísimamente"; 17 400 de "muy riquísimo"; 14 700 de "más riquísimo"; 8 620 de "optimísimo"; 7 780 de "más paupérrimo"; 3 340 de "muy grandísimo"; 2 180 de "más grandísimo"; 1 880 de "muy rapidísimo"; 1 320 de "muy excelentísimo"; 1 100 de "más pequeñísimo"; 1 050 de "más rapidísimo"; 1 000 de "muy lejísimos"; 600 de "peorsísimo". ☒

☞ Google: 263 000 000 de resultados de "más rápido"; 159 000 000 de "más grande"; 60 200 000 de "más cerca"; 49 000 000 de "mucho más grande"; 41 400 000 de "muy cerca";

33 600 000 de "mucho más rápido"; 29 400 000 de "muy grande"; 22 600 000 de "muy rá-pido"; 19 400 000 de "mucho más cerca"; 16 200 000 de "muy rico"; 15 400 000 de "muy le-jos"; 12 500 000 de "mucho más pequeño"; 11 600 000 de "riquísimo"; 11 300 000 de "mucho más lejos"; 10 700 000 de "más rico"; 9 260 000 de "muy pequeño"; 7 590 000 de "más rápi-damente"; 6 090 000 de "más lento"; 3 890 000 de "mucho más lento"; 3 710 000 de "mucho más rico"; 3 650 000 de "muy lento"; 3 090 000 de "más pobre"; 2 910 000 de "rapidísimo"; 2 520 000 de "grandísimo"; 2 310 000 de "excelentísimo"; 1 100 000 de "muy lentamente"; 996 000 de "más lentamente"; 471 000 de "pequeñísimo"; 467 000 de "paupérrimo"; 412 000 de "más amargo"; 365 000 de "mucho más lentamente"; 236 000 de "lentísimo"; 196 000 de "muy amargo"; 194 000 de "menos rápido"; 182 000 de "mucho más amargo"; 179 000 de "le-jísimos"; 103 000 de "menos rico"; 90 100 de "cerquísima"; 75 100 de "pobrísimo"; 69 400 de "menos pobre"; 56 400 de "menos amargo"; 36 200 de "rapidísimamente"; 30 500 de "menos lento"; 16 100 de "amarguísimo". ☑

95. exigencia, ¿exigencia imperiosa?, exigir, ¿exigir imperiosamente?

Toda exigencia es imperiosa. No hay una que no lo sea. Basta consultar el diccionario de la lengua española para saberlo. El verbo transitivo "exigir" (del latín *exigĕre*) signi-fica "pedir imperiosamente algo a lo que se tiene derecho" (DRAE). Ejemplo: *Exigió la devolución de su dinero*. De ahí el sustantivo femenino "exigencia" (del latín *exigentia*), con dos acepciones en el diccionario académico: "Acción y efecto de exigir" y "preten-sión caprichosa o desmedida". Ejemplos: *Su exigencia molestó a muchos*; *Sus exigencias son imposibles de cumplir*. Si partimos de la definición, el carácter "imperioso" ya está contenido en el término "exigencia", pues el adjetivo "imperioso" (del latín *imperiōsus*) tiene las siguientes acepciones: "Que manda o se comporta con autoritarismo osten-sible" y "dicho de una orden: que se da de manera autoritaria" (DRAE). Ejemplo: *Tenía un temperamento imperioso*; *Su orden fue imperiosa*. Por supuesto, una orden puede ser imperiosa o no: hay órdenes o mandatos que admiten incluso la cortesía o la suavidad en la instrucción, pero, en el caso de las exigencias, éstas son siempre autoritarias. No hay modo de que no lo sean, puesto que "exigir", como ya vimos, es "pedir **imperiosa-mente** algo". De ahí que la construcción "exigencia imperiosa" sea, a todas luces, una redundancia. Quizás en ella tenga mucho que ver la torpeza con que el DRAE define el adjetivo y sustantivo "exigente" (del latín *exĭgens, exigentis*): "Que exige mucho". ¡Por supuesto que no! El que "exige **mucho**" o lo que "exige **mucho**" es "**muy exigente**", pues el adjetivo indefinido "mucho", con su forma reducida "muy", implica intensidad o se aplica a lo "que excede a lo ordinario, regular o preciso". Ejemplo: *Era muy exigente y colérico*. De tal forma, el significado del adjetivo y sustantivo "exigente" es, con ente-ra propiedad, "que exige", y punto: no "mucho", ni "poco" por supuesto", sino simple-mente, pero también precisamente, "que exige". Cada vez que digamos y escribamos "exigencia imperiosa", acordémonos de que no hay exigencias sutiles, amables, corteses (que sí aceptan los sustantivos "instrucción", "mandato", "orden"), puesto que, por definición, todas son autoritarias, esto es "imperiosas". En cuanto al adjetivo "exigente", no hay que confundir, como lo hacen los académicos de Madrid, al que "exige" con el que "exige mucho": quien "exige" es "exigente", quien "exige mucho" es "muy exigente". Que los académicos españoles y sus hermanastros de América y Filipinas no tengan la mínima noción de la lógica no nos obliga a repetir sus tonterías. La redundancia "exigencia imperiosa" pertenece al español culto, lo que revela que muchos profesionistas están peleados con el diccionario, de la que deriva la archirredundancia "exigir imperiosamente", cuando lo correcto es "pedir imperiosamente", esto es "solicitar autoritariamente". En el fondo, estas formas redundantes son afectaciones de estilo, especialmente en la escritura; son casi anacronismos de un énfasis pedestre.

Vienen de muy lejos en el uso pleonástico y redundante de la escritura, y han llegado a nuestros días con su tufo de papel húmedo sin orear. José Carlos Mariátegui, en sus *Siete ensayos de interpretación de la realidad peruana*, se equivoca al escribir lo siguiente:

♀ "En el fondo de la literatura colonialista, no existe sino una orden perentoria, una **exigencia imperiosa** del impulso vital de una clase, de una 'casta'".

Una "orden perentoria" es la que debe cumplirse urgentemente o con apremio, pero una "exigencia imperiosa" es un error de estilo, pues, como ya vimos, no hay exigencia que no sea imperiosa. Mariátegui debió simplemente escribir:

♂ una **exigencia** del impulso vital, etcétera.

🖉 No deja de ser significativo que el también escritor peruano Mario Vargas Llosa tropiece con la misma piedra. En su novela *El sueño del celta* escribe: "Hablaba un francés atropellado por una **exigencia imperiosa**". He aquí otros ejemplos de estas redundancias cultísimas: "La defensa de la autonomía sigue y seguirá siendo una **exigencia imperiosa** de la Universidad Nacional", "**exigencia imperiosa** para el público", "la **exigencia imperiosa** de solidaridad internacional", "las apremiantes o **imperiosas exigencias** de la campaña", "**imperiosas exigencias** de la civilización", "con sus **imperiosas exigencias**", "**exigencias imperiosas** de actualización", "**exigencias imperiosas** de esta mujer", "**exigencias imperiosas** de una moda", "se refiere a la **imperiosa exigencia**", "esta **imperiosa exigencia** verista", "contribuye a que surja aquella **imperiosa exigencia**", "ante la **imperiosa exigencia**", "**exige imperiosamente** una respuesta", "nos **exige imperiosamente** que la salvemos", "**exige imperiosamente** el bien público", "**exigir imperiosamente** la obediencia", "**exigir imperiosamente** el cumplimiento", "**exigiendo imperiosamente** su conservación", "**exigiendo imperiosamente** la adaptación", "**exigió imperiosamente** que se casara", "el juez **exigió imperiosamente** que se expresara con claridad", "le **exigí imperiosamente** que me dijese cuanto hubiese de cierto sobre el particular".

☞ Google: 12 000 resultados de "exige imperiosamente"; 7 330 de "exigencia imperiosa"; 6 010 de "imperiosas exigencias"; 5 400 de "exigencias imperiosas"; 5 320 de "imperiosa exigencia"; 1 020 de "exigir imperiosamente"; 1 000 de "exigiendo imperiosamente". ⊠

96. *¿exigir el requerimiento?*, pedir el requerimiento, requerimiento, requerir

El verbo transitivo "requerir" (del latín *requirĕre*: "reclamar, exigir") significa "intimar, avisar o hacer saber algo con autoridad pública" (DRAE). Ejemplo: *Le requirieron sus documentos.* De ahí el sustantivo masculino "requerimiento" ("acción y efecto de requerir") con los siguientes significados: "Acto judicial por el que se intima que se haga o se deje de ejecutar algo" y "aviso, manifestación o pregunta que se hace, generalmente bajo fe notarial, a alguien exigiendo o interesando de él que exprese o declare su actitud o su respuesta" (DRAE). Ejemplo: *Recibió un **requerimiento** para que se presente de inmediato ante la autoridad.* Dado que el sustantivo "requerimiento" ya incluye en su definición el concepto de "exigencia" ("acción y efecto de exigir") y la acción de "exigir", esto es "pedir imperiosamente algo", queda claro que la expresión "exigir el requerimiento" es redundante, pues tanto al "requerir" como al hacer un "requerimiento", "se intima" o "se intimida", de donde "intimar" (del latín *intimāre*) es verbo transitivo que significa "requerir, exigir el cumplimiento de algo, especialmente con autoridad o fuerza para obligar a hacerlo" (DRAE). Ejemplo: *Lo intimaron a cumplir con sus obligaciones fiscales.* Siendo así, el "requerimiento" no "se exige", sino que "se formula" o "se hace". El verbo transitivo "formular" (de *fórmula*) posee, en el diccionario académico, dos acepciones adecuadas para el caso: "Enunciar en términos claros y precisos una proposición, una queja, una denuncia, etc." y "expresar, manifestar". Ejemplo: *Le **formularon** un requerimiento y le dieron un plazo de tres días para desahogarlo.* En cuanto al verbo transitivo "hacer" (del latín *facĕre*), en infinitivo, seguido "por un nombre verbal de acción, 'hacer' más el nombre equivalen al verbo correspondiente" (DUE), como en "hacer gestiones" ("gestionar"), "hacer la comunión" ("comulgar"), "hacer un requerimiento" ("requerir"). Para evitar la redundancia de la expresión "exigir el requerimiento", en caso de no optar por "requerir", lo lógico es decir y escribir "formular el requerimiento", "formular un requerimiento", "hacer el requerimiento" y "hacer un requerimiento". Sin embargo, son muchísimas las personas que, por ignorancia de los significados de los verbos "exigir" y "requerir" y de los sustantivos "exigencia" y "requerimiento", se dan vuelo con "exigir el requerimiento".

Es redundancia del ámbito profesional, especialmente administrativo y jurídico. Abunda en internet, pero también publicaciones impresas. En el libro español *Comentarios a la ley de propiedad intelectual*, leemos lo siguiente:

♀ "**Exigir el requerimiento** en este caso es realmente fastidioso y falto de realismo".

Lo correcto es:

♣ **Hacer el requerimiento** en este caso, etcétera.

✎ Otros ejemplos de esta redundancia profesional: "En términos legales no estábamos obligados a **exigir el requerimiento**", "el juzgado puede **exigir el requerimiento** de pago", "**exigir el requerimiento** fiscal", "se debe **exigir el requerimiento** previo", "el Principal puede no **exigir el requerimiento**", "la asistencia social puede no **exigir el requerimiento**", "**exigiendo el requerimiento** del deudor", "viene **exigiendo el requerimiento**", "**exigiendo el requerimiento** extrajudicial".

☞ Google: 178 000 resultados de "exigir el requerimiento"; 17 900 de "exigiendo el requerimiento"; 8 270 de "no exigir el requerimiento". ☒

☞ Google: 405 000 resultados de "hacer el requerimiento"; 202 000 de "hizo el requerimiento"; 90 200 de "formular el requerimiento"; 58 500 de "formuló el requerimiento"; 26 500 de "hicieron el requerimiento"; 12 000 de "hice el requerimiento"; 2 160 de "formularon el requerimiento". ☑

97. éxito, lograr, logro, ¿logro positivo?, ¿mal éxito?, malogrado, malograr, malogro

El sustantivo masculino "éxito" (del latín *exĭtus*: "salida") posee dos acepciones en el diccionario académico: "Resultado feliz de un negocio, actuación, etc." y "buena aceptación que tiene alguien o algo". Ejemplo: *Su presentación fue todo un éxito*. Pero el DRAE, en su tercera acepción, acota que dicho sustantivo puede significar "fin o terminación de un negocio o asunto", aunque, con este sentido, aclara, es "poco usado". María Moliner, casi siempre sensata y razonable, se equivoca al privilegiar esta última acepción en el DUE al definir "éxito", al inicio de la entrada, en los siguientes términos: "Resultado, bueno o malo, de una empresa, una acción o un suceso", con dos ejemplos: *Ha terminado los exámenes con **buen éxito*** y *Tiene **mal éxito** en todo lo que emprende*. Se trata de disparates, y no precisamente poco usados, pero disparates al fin, sobre todo, en España, reino de la redundancia y el contrasentido. Todo ello a pesar de que, inmediatamente, en esa misma entrada del DUE, Moliner precise: "Corrientemente, se emplea sin ningún adjetivo y significa 'resultado favorable'", y, además, ponga dos ejemplos: *Tuvieron **éxito** sus gestiones* y *El **éxito** le acompaña por donde va*. También añade un ejemplo de carácter informal, según lo define: *Es una chica de **mucho éxito***, o, dicho de otra manera, *Tiene **mucho éxito** con los chicos*. Con este sentido, "éxito" (ejemplo del DUE: *Esa moda no ha tenido **éxito***) es sinónimo de "aceptación", sustantivo femenino que significa "acción de aceptar" y "circunstancia de tener una cosa buena acogida entre la gente" (DUE). Ejemplos de Moliner: *Este nuevo modelo ha tenido general **aceptación***, *La moda del talle largo no ha tenido **aceptación***. Lo cierto es que, contra lo que expone y supone Moliner en el DUE, el "éxito" siempre tiene, hoy y desde hace ya bastante tiempo, un sentido positivo, y puede atenuarse ("escaso éxi-to", "poco éxito"), potenciarse ("gran éxito", "mucho éxito", "tremendo éxito") e incluso anularse ("ningún éxito", "nulo éxito", "sin éxito"), pero no contradecirse. Lo mismo pasa con el adjetivo "exitoso": Se puede ser "poco exitoso" (atenuación), "muy exito-so" (potenciación) o "nada exitoso" (anulación), pero esto indica que **se es o no se es** "exitoso", adjetivo cuyo significado exacto es "que tiene éxito", no "malo", por cierto, porque "tener mal éxito" es un sinsentido que sólo puede equivaler a "no tener éxi-to", es decir, a "fracasar". Dicho y precisado esto queda claro que, contra lo que creía Moliner, la expresión "buen éxito" es redundante, en tanto que la expresión "mal éxi-to" constituye un contrasentido. En *El dardo en la palabra*, Fernando Lázaro Carreter escribe lo incontestable: "Refiriéndose a un equipo de fútbol, el locutor afirmó que 'hasta ahora sólo ha cosechado *malos éxitos*'. Pase lo de cosechar: también se siembran fracasos. Pero eso de los éxitos malos produce estupor. Si, como dice el *Diccionario*, y todos o casi todos creemos, éxito significa: 'resultado feliz de un negocio, actua-ción, etc.', ¿cómo hay malos éxitos?". No sin ironía, en su libro *Mil palabras*, Gabriel Zaid explica: "Que se perdiera la adjetivación de *éxito* es un hecho lingüístico que re-fleja un cambio cultural. El único desenlace aceptable en la cultura del progreso es el positivo. No cabe el *éxito infeliz*". Y nos recuerda que, "según Corominas, *éxito* era simplemente el desenlace de una acción, y por eso Leandro Fernández de Moratín (siglo xviii) pudo hablar de un *éxito infeliz*. Señala también que en Argentina se ha-bla de *buen éxito*. Estos usos implican que *éxito* era neutral, no necesariamente bue-no o malo, y por eso había que adjetivarlo". En ese momento de la lengua (el del siglo xviii o antes) se quedó María Moliner en relación con el sustantivo "éxito", y ya vere-mos, aquí mismo, que también en ese momento, o antes, se estancó la Real Acade-mia Española en relación con el sustantivo "logro". Lo cierto es que, tal como concluye Zaid, "el uso simple de *éxito* como desenlace positivo acabó imponiéndose, y ahora es ante todo lo contrario de *fracaso*". En su *Breve diccionario etimológico de la lengua es-pañola*, Guido Gómez de Silva elimina cualquier duda al respecto: "**éxito**. 'resultado feliz, logro de algo que se deseaba': latín *exitus*: 'resultado, conclusión', de *exitus*: 'ac-ción de salir; salida', de *exitus*, participio pasivo de *exire*: 'salir'". Hoy no hay razón para aceptar, en nuestro idioma, que un "resultado" o una "salida" puedan ser "ma-los" y llamarse "éxitos". Eso será en inglés, como en la expresión extrema *last exit* ("última salida", y, en sentido figurado, "morir"), pero no en español. En inglés la voz *exit* únicamente se traduce como "salida" (buena o mala, por cierto, e incluso de emergencia), pero nuestro "éxito", "logro", "triunfo" o "consecución" equivalen, en inglés, no a *exit*, sino a *success*, *hit* y *achievement*. Nuestro "éxito" actualmente (aun-que tenga la misma etimología latina que en inglés) no es sinónimo de "salida" (bue-na o mala), sino de "logro", sustantivo masculino que, al igual que "éxito", se presta a confusión, en gran medida por el anacronismo o ya de plano la caducidad de las definiciones académicas. Veamos y digamos por qué. Hay en el DRAE términos cuyas definiciones no se han modificado en décadas, y algunas en siglos, y que no responden al uso que actualmente tienen entre los hablantes y escribientes del español. Pero como la Real Academia Española está más ocupada en zarandajas que en asuntos serios, no se da por enterada. Tal es el caso del sustantivo masculino "logro" (del latín *lucrum*: literalmente, "lucro"), cuyas acepciones en el DRAE son medievales para no decir que antediluvianas: "Acción y efecto de lograr", "ganancia, lucro" y "ganancia y lucro excesivo", todas ellas de carácter estigmatizador o negativo. De ahí el sustantivo "logrero": "Persona que da dinero a logro" (esto es, agiotista o prestamista que cobra intereses generalmente altos), "persona que compra o guarda y retiene los frutos para venderlos después a precio excesivo" (esto es, acaparador, especulador) y "persona que procura lucrarse por cualquier medio". Pero, con excepción del uso más o menos frecuente de "logrero", en el ámbito popular de la lengua, en el caso del sustantivo "logro", las acepciones secundarias son prácticamente desusadas, a tal grado que el *Clave, diccionario de uso del español actual* no las recoge en sus páginas, y en cambio incluye las únicas dos acepciones que tienen sentido de actualidad: "**logro**. s. m. 1. Obtención de lo que se desea o pretende: *El **logro** de nuestros propósitos no es tan fácil como parece*. 2. Éxito o realización perfecta: *La organización del festival fue todo un **logro**". Sólo entendiendo así el sustantivo "logro", tiene sentido la acepción principal que el propio DRAE ofrece para el verbo transitivo "lograr" (del latín *lucrāri*: "ganar"): "Conseguir o alcanzar lo que se intenta o desea" y, en su uso pronominal ("lograrse"): "Dicho de una cosa: Llegar a su perfección". El *Clave* ofrece dos ejemplos para estas acepciones: *Por fin **logró** disfrutar de unas buenas vacaciones, ¡A ver si hay suerte y **se nos logra** lo que queremos!* María Moliner, en el DUE, equipara el sustantivo masculino "logro" con el sustantivo femenino "consecución": "acción de conseguir", en donde el verbo transitivo "conseguir" (del latín *consĕqui*) significa "llegar a tener algo que se desea", y pone un ejemplo: *He **conseguido** un permiso especial*. Entendido así, un "logro" es siempre, como lo define el *Clave*, una "realización perfecta", es decir, un "triunfo" (del latín *triumphus*), sustantivo masculino que el DRAE define como "acción y efecto de triunfar (quedar victorioso)" y como "éxito en cualquier empeño". Ejemplo: *El **triunfo** de nuestro propósito no es tan fácil como parece*. En conclusión, el sentido actual con el que se utiliza el sustantivo "logro" siempre tiene carácter positivo, nunca negativo (aunque provenga de una etimología, *lucrum*, 'lucro', de sentido negativo), lo mismo que en los casos del sustantivo "éxito", el adjetivo "exitoso" y el adverbio "exitosamente" ("de manera exitosa"). A tal grado el sentido actual de "logro" es positivo que, en nuestro idioma, existen también sus antónimos, éstos sí bien definidos por el DRAE: "malogramiento", sustantivo masculino que significa "acción de malograrse" (ejemplo: *No tuvo **éxito** en su empeño: fue un **malogramiento***); "malograr" (de *mal* y *lograr*), verbo transitivo que significa "perder, no aprovechar algo, como la ocasión, el tiempo, etc." (ejemplo: ***Malogró** su oportunidad*), y en su uso pronominal, "malograrse": "dicho de lo que se pretendía o esperaba conseguir: no llegar al término deseado" y "dicho de una persona o de una cosa: no llegar a su natural desarrollo o perfeccionamiento" (ejemplos: *Se **malogró** la cosecha; Se **malogró** en su carrera*). También recoge el DRAE el sustantivo masculino "malogro": "efecto de malograrse". Ejemplo: *Un **malogro** lo llevó a abandonar para siempre sus ambiciones*. La Real Academia Española no revisa su mamotreto ni siquiera para ser coherente en sus definiciones de términos hermanos o emparentados, ocupada como está en incluir las tonterías más peregrinas del espectáculo, la moda y los deportes. Esto lleva a que la gente también utilice erróneamente el término "logro", en especial con redundancia; por ejemplo, "logro positivo". Es claro que todo "logro" es positivo, en la utilización actual de este sustantivo, y no en la definición medieval del DRAE. No existe algo así como un "logro negativo" que no sea, rectamente, "malogro", pues "logro" equivale a éxito, ganancia, triunfo, victoria, en tanto que "malogro", como ya vimos, significa "efecto de malograrse", que es lo contrario del "éxito". En definitiva, un "logro" siempre es bueno, nunca "malo", pues el malo no es un "logro", sino un "malogro", es decir, un "fracaso" (de *fracasar*), sustantivo masculino que significa "malogro, resultado adverso de una empresa o negocio" (DRAE). Ejemplo: *Su participación terminó en **fracaso***. En cuanto al verbo intransitivo "fracasar" (del italiano *fracassare*), el diccionario académico lo define del siguiente modo: "Dicho de una pretensión o de un proyecto: frustrarse, malograrse". Ejemplo: ***Fracasó** en su carrera*. De ahí el adjetivo y sustantivo "fracasado" (del participio de *fracasar*): "Dicho de una persona: desacreditada a causa de los fracasos padecidos en sus intentos o aspiraciones" (DRAE). Ejemplo: *Es un escritor **fracasado***.

En cada nueva edición de su mamotreto, la Real Academia de la Lengua y la Asociación de Academias de la Lengua Española, alborozadas, anuncian que han incluido cientos de entradas y que han trabajado hasta la extenuación para entregar un diccionario útil y actualizado, pero lo cierto es que cada nueva edición es peor. Agregan tontería y media, dejan de incluir cosas importantes y no raen las costras de acedas definiciones que ya no representan los verdaderos significados de los términos. Las redundancias, contrasentidos y demás disparates ahora examinados nos demuestran a qué grado contribuyen las propias academias de la lengua a maltratar, y a malograr, el buen uso del español. El estupendo escritor mexicano Jorge Ibargüengoitia dijo lo siguiente en una entrevista (y su entrevistador no lo ayudó a corregirse):

♀ "Fui dramaturgo **con muy mal éxito**".

Aunque lo haya dicho Jorge Ibargüengoitia, es un error. Debió decir (ayudado por el entrevistador):

⚮ Fui dramaturgo **con muy poco éxito** o **con ningún éxito.**

🖊 Van otros ejemplos de estos disparates por redundancia o contrasentido, avalados, de algún modo, por las academias de la lengua: "La sabiduría te da el **buen éxito**", "el **buen éxito** disculpa la temeridad", "el **buen éxito** está en tu boca", "continúa con **buen éxito** la nueva música de Camila", "**buen éxito** para los conductores", "la clave del **buen éxito**", "causas del **buen éxito** de la conquista española", "Sindicato Petrolero arrancó con **buen éxito**", "hay un secreto del **buen éxito**", "probabilidad de **buen éxito**", "**buen logro** de la Asociación de Comercio", "**buen logro** automotriz", "la arepa con roast beef es un **buen logro**", "**buen logro** deportivo tuvo delegación de patinaje", "**buen logro**: el gobierno ahorró 10% más" (sí, y ese 10% ya está en el bolsillo de los gobernantes), "causas del **mal éxito**" (entre ellas, no consultar el diccionario ni usar la lógica), "extrañan muchos el **mal éxito**", "conformarse con el **buen o mal éxito**", "la Escuela de Natación de Barberà logra **buenos éxitos**", "seguimos cosechando **buenos éxitos**", "los auditores europeos tildan de '**logro positivo**' el fondo fiduciario de al UE" (¡y, por si fuera poco, "tildan"!, es decir, "denigran"), "es un **logro positivo**, dijo Pfeiffer", "cuando la ira desaparece, entonces hay paz. La paz no es un **logro positivo**. Cuando el odio desaparece hay amor. El amor no es un **logro positivo**" (el tal Osho, el Ogro Positivo, lavando cerebros negativos), "matrimonios igualitarios en San Luis Potosí, un **logro positivo** para la sociedad", "el gobierno de AMLO intentó después enmarcar el acuerdo como un **logro positivo** para México", "ser el mayor consumidor de agua embotellada en el mundo, no es un **logro positivo** para México", "creación de pensamientos de **logro positivo**", "cuando un equipo tiene un **logro negativo**" (sí, claro, debe ser un logro que lo goleen), "orientación al **logro negativo**", "**malos éxitos** ingleses", "los **malos éxitos** de un matrimonio", "película con **malos éxitos** de taquilla", etcétera.

☞ Google: 402 000 resultados de "buen éxito"; 136 000 de "buen logro"; 52 200 de "mal éxito"; 37 000 de "buenos éxitos"; 15 600 de "logro positivo"; 1 730 de "logro negativo"; 1 250 de malos éxitos". ☒

☞ Google: 296 000 000 de resultados de "éxito"; 193 000 000 de "lograr"; 58 100 000 de "logro"; 54 000 000 de "con éxito"; 49 400 000 de "fracaso"; 47 100 000 de "exitosa"; 37 000 000 de "exitoso"; 19 300 000 de "exitosos"; 14 600 000 de "gran éxito"; 13 900 000 de "exitosas"; 10 800 000 de "fracasos"; 6 800 000 de "fracasado"; 6 290 000 de "mucho éxito"; 5 560 000 de "fracasar"; 4 670 000 de "sin éxito"; 1 600 000 de "fracasados"; 1 520 000 de "malogrado"; 1 210 000 de "fracasada"; 1 210 000 de "malograr"; 587 000 de "malograda"; 583 000 de "muy exitoso"; 501 000 de "muy exitosa"; 487 000 de "fracasadas"; 295 000 de "malogrados"; 278 000 de "malogro"; 220 000 de "ningún éxito"; 214 000 de "tremendo éxito"; 207 000 de "malogradas"; 169 000 de "escaso éxito"; 163 000 de "muy exitosos"; 160 000 de "muy exitosas"; 28 600 de "poco exitoso"; 27 200 de "nulo éxito"; 13 000 de "nada exitoso". ☑

98. éxito arrollador, *¿éxito devastador?*

El sustantivo masculino "éxito" (del latín *exĭtus*, salida) tiene dos acepciones principales: "Resultado feliz de un negocio, actuación, etc." y "buena aceptación que tiene alguien o algo" (DRAE). Ejemplos: *La actividad se llevó a cabo con éxito; El artista cosechó el mayor de los éxitos.* Si "éxito" tiene un sentido siempre positivo, el adjetivo "devastador", en cambio, tiene un sentido siempre negativo, pues deriva del verbo transitivo "devastar" (del latín *devastāre*), cuyo significado más amplio es "destruir" y, en un sentido preciso, destruir un territorio o reducir algo a pedazos o a cenizas. Ejemplo: *El paso del huracán sobre la ciudad fue devastador.* Algunos hablantes y escribientes suelen confundir el adjetivo "devastador" con el también adjetivo "arrollador", del verbo transitivo "arrollar" que sí tiene al menos un sentido positivo: vencer, superar, dominar. Es por ello una tontería decir y escribir "éxito devastador", en lugar de "éxito arrollador", como suelen hacerlo los analfabetos de la farándula y los de la televisión en particular. "Éxito devastador" podría considerarse un oxímoron, figura retórica que consiste en la "combinación, en una misma estructura sintáctica, de dos palabras o expresiones de significado opuesto que originan un nuevo sentido" (DRAE), como en "docta ignorancia" o en "silencio ensordecedor". Sin embargo, en prácticamente todos los ejemplos que podemos escuchar y leer de la infortunada combinación "éxito devastador" parece más claro que se trata de un pendejismo más que de un oxímoron. ¡Qué van a saber de figuras retóricas quienes suelen usar estos contrasentidos en el ámbito de la farándula televisiva!

Por ejemplo, en un portal electrónico dedicado al cine, cierto cinéfilo (o simplemente peliculero) se deshace en elogios hacia la película *Terminator 2* y asegura que "esta obra maestra" (son sus palabras), obtuvo

♀ "un **éxito devastador** en las taquillas".

Si fue un "éxito devastador", lo habrá sido por el reblandecimiento de sesos de quienes se agolparon en las taquillas para ver ese bodrio. Lo que quiso decir el cinéfilo o peliculero internauta es que *Terminator 2* cosechó

◊ un **éxito arrollador** en las taquillas.

✐ Es decir, un éxito que "arrolla" (vence, domina o supera), pero de ningún modo "devastador" (que destruye), porque en este caso ya no sería éxito. He aquí otros ejemplos de esta burrada: "**éxito devastador** de *Transformers: La venganza de los caídos*", "Ke$ha, con elementos necesarios para labrarse un **éxito devastador**", "su **devastador éxito** lo tiene en la cumbre de la música", "El Rey León obtiene un **éxito devastador**", "el **éxito devastador** de Apple", "la serie es sobre una invasión alienígena que tuvo un **éxito devastador**", "**éxito devastador** a nivel mundial", "consiguió el **éxito devastador** que querían los Beatles", "gracias al **éxito devastador** de su primer álbum", "ya tuvieron un **éxito devastador** recientemente", "está evidentemente orgulloso del **éxito devastador** de sus estudiantes", "lograron un sinnúmero de **éxitos devastadores**", "triunfó en Latinoamérica logrando **éxitos devastadores**", "muchas de sus composiciones se convirtieron en un total éxito, **éxitos devastadore**s de la radio", "escuchando los mejores **éxitos devastadores** de una banda ochentera".

☞ Google: 2 100 resultados de "éxito devastador". ☒
☞ Google: 194 000 resultados de "éxito arrollador". ☑

99. expropiación, expropiaciones, expropiar, ¿expropiar propiedades?, ¿propiedad expropiada?, propiedades, ¿propiedades expropiadas?

El verbo transitivo "expropiar" (de *ex-* y *propio*) tiene la siguiente definición en el DRAE: "Dicho de la Administración: Privar a una persona de la titularidad de un bien o de un derecho, dándole a cambio una indemnización. Se efectúa por motivos de utilidad pública o interés social previstos en las leyes". Ejemplo: *Lázaro Cárdenas, en México,* **expropió** *y estatizó, en 1938, las compañías petroleras que estaban en manos de extranjeros*. Como bien queda señalado en el DRAE, a una "expropiación" ("acción y efecto de expropiar" y "cosa expropiada") corresponde una "reparación" o "indemnización" ("acción y efecto de indemnizar" y "cosa o cantidad con que se indemniza"), puesto que esto significa el verbo transitivo "indemnizar": "resarcir de un daño o perjuicio, generalmente mediante compensación económica". Hay gente bruta que cree que, si un particular se apropia indebidamente de un bien, esto es "expropiarlo". Por supuesto que no. Los particulares no tienen la facultad de la "expropiación"; la tienen, únicamente, las administraciones públicas. En el caso de los particulares, apropiarse de un bien ajeno sólo puede calificarse de robo, no de "expropiación", pues "robar", en su segunda acepción en el DRAE, es "tomar para sí lo ajeno, o hurtar de cualquier modo lo que sea". La acción de "expropiar", en consecuencia, y por definición, únicamente puede ejercerla la administración federal, estatal o municipal, si para ello está facultada ("por motivos de utilidad pública o interés social previstos en las leyes"), y no concluye sino hasta que se haya cumplido, con pleno acuerdo de las partes involucradas, el resarcimiento del daño o perjuicio, es decir la "indemnización". Incluso militantes de partidos políticos o simpatizantes de grupos de poder suelen salir con la burrada de que hay que "expropiar" esto o aquello, sin tener ni la más remota idea de la definición del verbo "expropiar". Llaman en realidad a robar, esto es a privar de su derecho legítimo de un bien a las personas con las que no coinciden o simpatizan. Otra burrada que se desprende de esto mismo es decir y escribir las expresiones redundantes "**expropiar propiedades**" y "**propiedades expropiadas**". Si, como ya vimos, el verbo "expropiar" proviene del prefijo latino *ex-* que indica privación (como en "**exangüe**": "sin sangre, desangrado") y el adjetivo "propio" ("que pertenece de manera exclusiva a alguien") al que modifica, resulta más que obvio que lo que se "expropia" es justamente una "propiedad" (del latín *propriedad*), sustantivo femenino que posee las siguiente acepciones principales en el diccionario académico: "Derecho o facultad de poseer alguien algo y disponer de ello dentro de los límites legales" y "cosa que es objeto del dominio, sobre todo si es inmueble o raíz".

Los mismos bárbaros que suponen, desde su ideología fantasiosa (de "izquierda", obviamente), que un robo equivale a una "expropiación", creen también que "expropiar propiedades" y "propiedades expropiadas" son limpias expresiones en nuestro idioma; no se percatan de que lo que están diciendo o escribiendo son burradas redundantes. Y éstas no son barbaridades del ámbito inculto o desescolarizado. Gente que escribe en periódicos y que publica libros, que fue a la universidad o que da clases en ella, dice y escribe estas torpezas sin mostrar pena alguna. Internet y las publicaciones impresas dan cuenta de estas tonterías. En un documento que circula en internet ("La Reforma Agraria, condición del desarrollo") leemos lo siguiente:

♀ "Nuestra reforma está dirigida principalmente a **expropiar propiedades** que no cumplan la función social".

Quiso decir y escribir el funcionario, redactor de este engendro, que dicha reforma ☖ está dirigida principalmente a **expropiar bienes o empresas o compañías**, etcétera, que no cumplan con una función social.

✐ He aquí más ejemplos de esta barbaridad redundante que equivale a decir que alguien **se pegó un balazo con una bala (en el pie)**: "Exxon demanda a Cuba por **propiedades expropiadas**", "demandas de **propiedades expropiadas**", "pago de las **propiedades expropiadas**", "sustitución de la **propiedad expropiada**", "el titular de la **propiedad expropiada**", "compensación justa por la **propiedad expropiada**", "no voy a **expropiar propiedades** de opositores, asegura López Obrador" (¡ay!, muchas gracias, señor; ¡es usted tan magnánimo, que lo amamos!), "proyecto israelí busca **expropiar propiedades** cristianas", "AMLO nunca habló sobre **expropiar propiedades**", "ciudades pueden **expropiar propiedades** para desarrollo económico", "Hamburgo podría **expropiar propiedades** vacías", "candidato panista dispuesto a **expropiar propiedades** en Monterrey", "Evo Morales niega que vaya a **expropiar propiedades**", "las nuevas disposiciones fiscales facultan a los municipios a **expropiar propiedades**", "**expropiar una propiedad**", "¿cuál es el procedimiento para **expropiar una propiedad**", "no pueden **expropiar una propiedad** privada", "prohíbe a las autoridades **expropiar una propiedad**", "el Estado tiene la potestad de **expropiar una propiedad**".

☞ Google: 13 600 resultados de "propiedades expropiadas"; 13 500 de "propiedad expropiada"; 7 150 de "expropiar propiedades"; 3 350 de "expropiar una propiedad". ☒

☞ Google: 62 100 resultados de "expropiar empresas"; 56 000 de "bienes expropiados"; 33 600 de "expropiar terrenos"; 21 000 de "expropiar bienes"; 15 100 de "expropiar viviendas"; 2 200 de "expropiar compañías". ☑

100. extinguida, extinguido, extinguir, extinguirse, extinta, extinto

El verbo transitivo y pronominal "extinguir", "extinguirse" (del latín *exstinguĕre*, "apagar": "hacer que cese el fuego o la luz", "hacer que cesen o se acaben del todo ciertas cosas que desaparecen gradualmente", "dicho de un plazo o de un derecho: acabarse, vencer", DRAE) tiene dos participios: uno, regular: "extinguido", y otro, irregular: "extinto". La Real Academia Española ha creado una confusión entre los hablantes y escribientes, pues, en el DRAE, define "extinto" (del latín *exstinctus*) como adjetivo que significa "muerto, fallecido", y añade que se usa también como sustantivo. María Moliner, en el DUE, dice lo cierto: "**extinto.** Participio irregular usado sólo como adjetivo: *Un volcán* **extinto**. Argentina y Chile: Aplicado a personas: muerto, difunto". En su *Diccionario de usos y dudas del español actual*, José Martínez de Sousa coincide con Moliner y pone en evidencia la inexactitud del DRAE: "**extinguir.** Hacer que desaparezca gradualmente una cosa. Participio pasivo: *extinguido* (regular) y *extinto* (irregular). Este se emplea solo como adjetivo, no para formar los tiempos compuestos por medio del auxiliar *haber*". Dicho de otra manera: La diferencia entre "extinguido" y "extinto" no radica en que éste se aplique únicamente a las personas muertas o fallecidas, puesto que, como lo ejemplifica Moliner, se puede aplicar a cosas, como es el caso de un volcán; la diferencia está en la forma de uso que, primeramente, le confiere a "extinto" exclusividad de adjetivo ("volcán extinto", "especie extinta", "lengua extinta", "cultura extinta", etcétera) y, en segundo lugar, excluye al participio irregular de las conjugaciones en los tiempos compuestos que se forman con el verbo auxiliar "haber". Ejemplo: *Los dinosaurios* **se habían extinguido** *al final del período Cretácico*, pero no *Los dinosaurios* **se habían extinto** *al final del período Cretácico*. La acepción exclusiva que el DRAE ofrece para el participio irregular "extinto", en el sentido de "muerto" o "fallecido" (sin precisar, por cierto, si se aplica exclusivamente a una persona) es confusa, además de inexacta. Tan es así que el "aparato para extinguir incendios" se llama lo mismo "extinguidor" que "extintor" y, por si fuera poco, el DRAE lo define en la entrada "extintor". En conclusión, se puede hablar y escribir de "una especie **extinta**", pero también de "una especie **extinguida**": ambas formas son correctas en su calidad de adjetivos, del mismo modo que lo correcto es decir que *El fuego* **fue extinguido**, pero no que *El fuego* **fue extinto**, pues este participio irregular no forma compuestos con el verbo auxiliar "haber". Quienes necean afirmando que el participio irregular "extinto" únicamente debe ser utilizado para referirse a personas muertas o fallecidas, se dejan llevar por la torpeza del DRAE, pues un volcán, una especie, una lengua, una cultura, una raza, una escritura, etcétera, obviamente no son personas o individuos y, sin embargo, aceptan el participio "extinto" si de lo que se trata es de haberse extinguido.

La desorientación que produce el DRAE en hablantes y escribientes es la causante de esta forma disparatada que es frecuente en internet, pero ya también en publicaciones impresas. En el diario mexicano *Reforma* leemos que

♀ "hasta 2016, casi el 10 por ciento de todos los mamíferos domesticados empleados en la ganadería y agricultura se **habían extinto**".

No. Lo correcto es que dicho porcentaje de mamíferos domesticados

♂ se **habían extinguido**.

🖉 Van otros ejemplos de esta barrabasada, en gran medida ocasionada por la inexactitud del DRAE: "Yo pensé que se **habían extinto**", "dos plantas que se creía que se **habían extinto**", "sabía que los ángeles se **habían extinto**", "los jefes se **habían extinto** hace tiempo", "en el país se **habían extinto** 34 especies", "¿quién dijo que los dinosaurios se **habían extinto**?", "el incendio en el templo más sagrado del Tíbet **fue extinto**", "el lobo mexicano **fue extinto**", "incendio **fue extinto** por bomberos voluntarios", "esta ave no valorada se **había extinto**", "especie que ya se **había extinto**", "**fueron extintos** debido a la caza", "los pueblos indígenas **fueron extintos**", "estos rinocerontes **fueron extintos** en Vietnam", etcétera.

☞ Google: 5 760 resultados de "se habían extinto"; 5 020 de "fue extinto"; 4 670 de "se había extinto"; 3 730 de "fueron extintos". ☒

☞ Google: 95 500 resultados de "se había extinguido"; 84 100 de "fue extinguido"; 46 700 de "se habían extinguido"; 16 900 de "fueron extinguidos". ☑

101. exultante, ¿*exultante de alegría*?, ¿*exultante de felicidad*?, ¿*exultante de gozo*?, ¿*exultante de satisfacción*?, exultar, felicidad, gozo, satisfacción

¿Se puede estar "exultante de pena" o "exultante de tristeza"? Hay quienes creen que sí porque se esmeran en enfatizar que están "exultantes de alegría" o "exultantes de gozo". Pero lo primero es un contrasentido y lo segundo es una redundancia bruta. Veamos por qué. El verbo intransitivo "exultar" (del latín *exsultāre*) significa, de acuerdo con el diccionario académico, "mostrar alegría, gozo o satisfacción". Ejemplo: *Exultaba de una manera contagiosa*. De ahí el sustantivo femenino "exultación" (del latín *exsultatio, exsultatiōnis*): "acción y efecto de exultar". Ejemplo: *Su exultación era contagiosa*. De ahí también el adjetivo "exultante" (del antiguo participio activo de *exultar*), cuyo significado es "que muestra gran alegría o satisfacción" (DRAE). Ejemplo: *Estaba exultante*. Dicho y comprendido lo anterior, queda claro que los términos "alegría" ("sentimiento grato"), "felicidad" ("estado de satisfacción espiritual y física"), "gozo" ("sentimiento de complacencia") y "satisfacción" ("cumplimiento del deseo o del gusto"), entre otros similares, son innecesarios como acompañamientos enfáticos del adjetivo "exultante", pues, por definición, la "exultación" y lo "exultante" siempre son alegres, felices, gozosos y satisfactorios, o, dicho de mejor manera, la alegría, la felicidad, el gozo y la satisfacción son las razones de ser de la "exultación" y de lo "exultante". No se puede estar "exultante" si se padece una "pena" ("sentimiento grande de tristeza") o se tiene un "sufrimiento" ("padecimiento, dolor"). Por ello, las expresiones "exultante de alegría", "exultante de felicidad", "exultante de gozo" y "exultante de satisfacción" son rebuznancias cultas y, con frecuencia, literarias, de quienes ignoran los significados del verbo "exultar", el sustantivo "exultación" y el adjetivo "exultante". Si, cuando escriben ciertos cultos y literatos, tuvieran un diccionario de la lengua a la mano, y lo utilizaran, no cometerían estos disparates que, en un profesional de la escritura, resultan escandalosos.

En el libro español *Matrimonio: Comunidad de vida y amor* leemos lo siguiente:

♀ "El hombre la reconoce al instante, **exultante de alegría**, como un ser adecuado para él".

Sin redundancia, en buen español, lo correcto es:

♂ **exultante**, el hombre la reconoce de inmediato como un ser adecuado para él.

✐ He aquí otros ejemplos de estas barrabasadas imperdonables, porque para evitarlas está la consulta de los diccionarios: "**Exultante de alegría** tras el triunfo", "Larry está **exultante de alegría**", "veo a la gente **exultante de alegría**", "exclama **exultante de alegría**", "María, **exultante de alegría**", "me dice ahora **exultante de alegría**", "estaban **exultantes de alegría**", "alzando las manos **exultantes de alegría**", "se mostraron **exultantes de alegría**", "le explicó, **exultante de felicidad**", "el muchacho estaba tan **exultante de felicidad**", "Kevin sonrió **exultante de felicidad**", "el niño está **exultante de gozo**", "con el alma **exultante de gozo**", "Félix pareció **exultante de gozo** al verla", "en una experiencia **exultante de placer**", "ríe nerviosa pero **exultante de placer**", "estaban **exultantes de felicidad**", "se le nota **exultante de satisfacción**", "estaban cansados, pero **exultantes de gozo**", "**exultantes de placer** perdidos entre la multitud", "llegamos **exultantes de satisfacción**" y, como siempre hay algo peor, "estos personajes denotan una carga **exultante de inquietud**".

☞ Google: 17 100 resultados de "exultante de alegría"; 16 300 de "exultantes de alegría"; 14 400 de "exultante de felicidad"; 4 740 de "exultante de gozo"; 4 170 de "exultante de placer"; 2 810 de "exultantes de felicidad"; 2 700 de "exultante de satisfacción"; 1 620 de "exultantes de gozo"; 1 030 de "exultantes de placer"; 1 020 de "exultantes de satisfacción". ☒

F

102. ¿*fake news?*, falsa noticia, noticia, noticia falsa, noticias falsas

¿Por qué usar, en nuestro idioma, el anglicismo crudo *fake news*, si su traducción literal en español es "noticia falsa" o "falsa noticia"? No importa que el término *fake news* haya surgido en internet y en inglés, la lengua franca de internet. En nuestro idioma se dice y se escribe "noticia falsa", y no necesitamos para nada el anglicismo *fake news*. La voz inglesa *fake* (que se pronuncia *féik*) es sustantivo cuya traducción al español es "falsificación", y, en su calidad de adjetivo, "falso". La voz inglesa *news* (pronunciada *niús*) se traduce en nuestro idioma como "noticia". En español, el sustantivo femenino "noticia" (del latín *notitia*) significa "información sobre algo que se considera interesante divulgar", además de "hecho divulgado" (DRAE). Ejemplo: *La **noticia** causó consternación*. En cuanto al adjetivo "falso" (del latín *falsus*), significa "fingido o simulado" e "incierto y contrario a la verdad". Ejemplo: *Lo divulgado en el periódico resultó falso*. Si podemos decir y escribir *Se trató de una **noticia falsa***, ¿por qué demonios decir y escribir *Se trató de una **fake news?*** Conque muy gringos, ¿verdad?, ¡y mucho inglés! Pero no seamos mamilas (adjetivo coloquial y eufemismo, dice el DM de la AML, que significa "mamón", esto es "engreído"): ¡bien que podemos decir y escribir "noticia falsa" en lugar de *fake news*! Hagámoslo, entonces, y evitemos el ridículo. Además, desde mucho antes de que, en internet, se pusiera de moda la expresión *fake news*, en español ya usábamos los términos equivalentes "bulo", "infundio" y "patraña". El sustantivo masculino "bulo" es exacto sinónimo de la expresión inglesa *fake news*, pues significa "noticia falsa propalada con algún fin". Ejemplo: *El **bulo** viral de El País y sus dos portadas de Cataluña*. En cuanto al sustantivo masculino "infundio", el DRAE lo define como "mentira, patraña o noticia falsa, generalmente tendenciosa". Ejemplo: *Bruselas tacha de **infundio** que la Unión Europea prepare el rescate de España*. Finalmente, el sustantivo femenino "patraña" significa "invención urdida con propósito de engañar" (¡exactamente el mismo significado de la expresión inglesa *fake news*). Ejemplo: *La **patraña** del "golpismo" contra AMLO*.

El anglicismo crudo *fake news* se ha extendido en todos los ambientes de nuestro idioma, pero quienes especialmente lo pusieron a girar en español fueron los profesionistas, y siguen siendo también ellos los que no se lo quitan de la boca ni de la escritura. En el diario español *El País* leemos el siguiente titular:

⚘ "Trump y las **fake news** atacan de nuevo".

En realidad, la noticia es que

⚬ Trump llama **noticias falsas** a las informaciones que no le convienen.

✐ Van otros ejemplos de este anglicismo que utilizamos con sumisión en nuestro idioma: "Nueva política para evitar la proliferación de **fake news** en Instagram", "los creadores de **fake news** utilizan montajes", "la desinformación de las **fake news** escala hasta a la ONU", "otro ejemplo de **fake news** que mueve conciencias", "las cinco principales muestras de **fake news**", "proponen sistema informático para detección de **fake news**", "la ciencia confirma que las **fake news** se extienden más", "las **fake news** son cada vez más comunes", "los 10 aspectos fundamentales para evitar las **fake news**", "nunca debe de optar por el silencio ante una **fake news**", "tras una **fake news** puede haber muchas intenciones" (¡brujos!), "la principal característica de una **fake news** es que está redactada de una manera tal que el lector la toma como cierta" (¡ah, qué gran descubrimiento!), "el poder de la **fake news**", "la **fake news** de la semana", "es **fake news** que haya habido registro masivo de Ovidios en Sinaloa", "la era de Donald Trump y las **fake news**", "Aeroméxico no respondió a Belinda, fue **fake news**" (¡por supuesto, porque Aeroméxico no le responde a nadie!) y, como siempre hay algo peor, "últimas noticias de **fake news**".

☞ Google: 1 820 000 resultados de "de fake news"; 865 000 de "las fake news"; 255 000 de "una fake news"; 189 000 de "la fake news"; 46 800 de "es fake news"; 15 700 de "Trump y las fake news"; 14 800 de "fake news en Estados Unidos"; 3 680 de "fue fake news". ☒

☞ Google: 7 300 000 resultados de "bulo"; 4 480 000 de "noticias falsas"; 3 360 000 de "bulos"; 880 000 de "patrañas"; 648 000 de "patraña"; 623 000 de "falsas noticias"; 458 000 de "noticia falsa"; 163 000 de "falsa noticia"; 127 000 de "infundios"; 96 800 de "infundio". ☑

103. falaz, ¿*falaz mentira*?, falsa, ¿*falsa mentira*?, falsas, ¿*falsas mentiras*?, falso, mentira, ¿*mentira falaz*?, ¿*mentira falsa*?, ¿*mentiras falsas*?, ¿*mentiras totalmente falsas*?
Puede haber falsas ideas, falsas esperanzas, falsas expectativas, falsas noticias y hasta personas falsas, pero las mentiras no admiten ser calificadas de falsas o de falaces, porque por definición todas lo son, y únicamente como licencia poética se puede admitir que la gran literatura está hecha de "mentiras verdaderas". Veamos por qué. El sustantivo femenino "mentira" (de *mentir*) tiene seis acepciones en el diccionario académico. He aquí las tres primeras: "Expresión o manifestación contraria a lo que se sabe, se piensa o se siente", "cosa que no es verdad" y "acción de mentir". Ejemplos: *No se trata de una inexactitud, sino de una **mentira**; Muchos libros de historia están llenos de **mentiras**; Lo que estás diciendo es una **mentira***. Queda claro que una mentira es lo contrario de una verdad, que es su antónimo natural, pues una de las acepciones del sustantivo femenino "verdad" (del latín *verĭtas, veritātis*) es "cualidad de veraz", de donde "veraz" (del latín *verax, verācis*) es adjetivo que significa "que dice, usa o profesa siempre la verdad" (DRAE). Ejemplos: *La **verdad** es la **verdad**, aunque la diga un mentiroso; Lo*

que ha dicho es veraz en todas sus partes. De ahí "verdadero", adjetivo cuyo significado es "que contiene verdad" y "que dice siempre verdad". Ejemplo: *Lo que dijo es verdadero, aunque sea difícil de creer.* Antónimo o contrario del adjetivo "verdadero" es el adjetivo y sustantivo "falso" (del latín *falsus*), que el diccionario académico define del siguiente modo: "Fingido o simulado", "incierto y contrario a la verdad", y "dicho de una persona: que miente o que no manifiesta lo que realmente piensa o siente". Ejemplos: *Siempre anda con su sonrisa falsa*; *Sus argumentos son tan falsos como su sonrisa*; *Es un individuo falso.* De ahí "falsedad" (del latín *falsĭtas, falsitātis*), sustantivo femenino que significa "falta de verdad o autenticidad" (DRAE). Ejemplo: *Todo cuanto dice es una falsedad.* Por todo lo anterior, la "mentira" contiene "falsedad" o es, en sí misma, "falsedad"; y, siendo así, son brutas redundancias decir y escribir las expresiones "mentira falsa", "mentiras falsas", y, peor aún, "mentiras totalmente falsas", además de sus variantes. Sinónimo de "falso" es el adjetivo "falaz" (del latín *fallax, fallācis*), cuyo significado en el DRAE es "embustero, falso". Ejemplos: *Todo cuanto dice es falaz*; *Sus argumentos son falaces.* De ahí el sustantivo femenino "falacia" (del latín *fallacia*), con dos acepciones en el DRAE: "Engaño, fraude o mentira con que se intenta dañar a alguien" y "hábito de emplear falsedades en daño ajeno". Ejemplo: *El informe presidencial estuvo lleno de falacias.* Decir y escribir "falaz mentira" y "mentira falaz" es algo así como hablar y escribir de "falsos infundios", "infundios infundados", "infundios sin base alguna" e "infundios sin fundamento"; esto es, caer en pendejismos redundantes a causa de ignorar el significado de las palabras. Y conste que gente cultísima desbarra con estas cosas con la mayor naturalidad. Sabiendo, y comprendiendo, todo lo anterior, queda claro que las expresiones "falaz mentira" y "mentira falaz" son redundancias brutas, pues no hay mentiras que sean "verdaderas" o que contengan "verdad", salvo aquellas que, como ya advertimos, con licencia poética y sublimidad, corresponden a las ficciones del gran arte literario, y decimos del gran arte literario porque muchas ficciones de la peor literatura son simplemente mentiras revolcadas sobre algún pobre argumento literario que pretenden pasar por maravillosas fantasías.

Estas redundancias atroces son frecuentes en el periodismo impreso y en internet, pero no resulta extraño escucharlas en el habla y leerlas hasta en libros de alguna calidad editorial, ya que no literaria. Pertenecen al ámbito culto y, especialmente, podemos oírlas y leerlas en expresiones de abogados, políticos, politólogos, sociólogos y otros profesionistas, y han sido adoptadas por periodistas y hasta por escritores. En el diario mexicano *Excélsior* leemos lo siguiente:

♀ "Ahora sabemos que esto no es totalmente verdad o, en mejores palabras, una vil y **falaz mentira**".

Que la mentira sea calificada como "vil" ("despreciable") puede admitirse en un sentido enfático, aunque bastante previsible y cursi (algo así como "crimen horrendo"); pues, en general, toda mentira es vil, pero calificarla de "falaz" es rebuznar en serio y con gran eco. Basta decir:

    👌 una despreciable **mentira**.

✐ He aquí otros ejemplos de estas rebuznancias cultas y cultísimas: "Las **falsas mentiras** de Aznar y Bush", "100 **falsas mentiras** sobre las lenguas", "cómo se crean las **falsas mentiras**", "evitemos las **falsas mentiras**", "una verdad que sólo emergerá a plena luz tras multitud de **falsas mentiras**", "prefiero una verdad que duela a una **mentira falsa**", "otra **mentira falsa** de la izquierda", "una **mentira falsa** siempre tiene efectos", "**mentira falsa y engañosa**" (esto es algo así como "infundios infundados sin fundamento"), "estamos curiosamente ante una **mentira falsa**", "la verdad de las **mentiras falsas**", "la policía española implanta el primer sistema capaz de detectar **mentiras falsas**" (¡interesantísimo!), "**falsa mentira**, verdad apenas oculta", "la ingenua verdad y la **falsa mentira**", "la **falaz mentira**, hoy luego de 3 años de gobierno macrista", "ante la **falaz mentira** del nieto de Trujillo", "la **falaz mentira** del régimen sobre las medicinas", "la superproducción es una **falaz mentira**", "bajo la **falaz mentira** del derecho a decidir", "es una sucia y **falaz mentira**", "la **falaz mentira** y manipulación de los medios de comunicación", "estos principios son una **falaz mentira**", "otra **falaz mentira** sobre lo que dice el fallo judicial", "todo eso es una **falaz mentira**", "décadas de tergiversaciones y **mentiras falaces**", "andan por ahí diciendo puras **mentiras falaces**", "todos ocultan sus fracasos con **mentiras falaces**", "**mentiras falaces** que se asumen como verdades", "la **mentira falaz** de Esquerra Republicana", "sin embargo, todo es **mentira falaz**", "lo dicho por los productores es una **mentira falaz**" y, como siempre hay algo peor, "una **falaz mentira tramposa**".

    ☞ Google: 220 000 resultados de "falsas mentiras"; 68 100 de "mentira falsa"; 18 500 de "mentiras falsas"; 10 100 de "falsa mentira"; 4 430 de "falaz mentira"; 3 410 de "mentiras falaces"; 3 190 de "mentiras falaces"; 1 150 de "mentira falaz"; 1 000 de "mentiras totalmente falsas". ☒

104. fechas pochas

Si la "xenofobia" (aversión a lo extranjero y a los extranjeros) es mala en todos sus niveles, la "xenofilia" (admiración o amor a todo lo extranjero y a los extranjeros) puede ser patológica, especialmente cuando conduce al menosprecio de lo propio. (Por cierto, el incongruente DRAE no incluye en sus páginas el término "xenofilia", antónimo de "xenofobia".) La particular sintaxis del inglés torna locos a los pochos, anglicistas y anglófilos. Por ello si en inglés se escribe *September 11, 2001*, los pochos escriben dizque en español: "Septiembre 11, 2001". No. La sintaxis en español es distinta a la sintaxis inglesa. Lo correcto en español es "11 de septiembre de 2001". Es necesario acabar de una vez por todas con este calco bárbaro. No les pediríamos a los hablantes y escribientes del inglés que digan y escriban "11 of september of 2001", porque ello sería una idiotez en su idioma, pero, para los hablantes y escribientes del español, "September 11, 2001" debe traducirse, siempre, como "11 de septiembre de 2001". Quienes viajan mucho a Gran Bretaña y a los Estados Unidos de América y usan el inglés como lengua franca en diversos países de Europa, Asia, África y Oceanía (por lo general son empresarios, representantes de empresas, políticos, académicos, profesionistas de los más diversos campos y, para no dejar, escritores y artistas), regresan a sus países de origen, ya olvidados de los frijoles y hasta de su idioma materno, y comienzan a escribir el español de acuerdo con la gramática inglesa, y fechan sus escritos del siguiente modo: "Octubre 17, 2019". La correcta sintaxis española exige que digamos y escribamos: "17 de [preposición obligada] octubre [el nombre del mes en minúsculas, como corresponde a todo sustantivo común] de [preposición obligada] 2019". Se nos puede olvidar que somos, por ejemplo, mexicanos. No importa: más temprano que tarde nos delataremos y nadie creerá que somos lores (loros, sí). En cuanto a que se nos olvide nuestro idioma materno o nuestra lengua madre, esto es de no creerse: más bien, los pochos, anglicistas y anglófilos desdeñan el español que consideran estigma y quieren hacerse pasar por más ingleses que los ingleses y más gringos que los gringos. De todos modos, en esos países tan racistas, aunque se pongan de cabeza para darles gusto a los supremacistas blancos, siempre serán unos malos imitadores que son capaces de negar sus orígenes para ser aceptados, aunque los delaten mil y un detalles para ser solamente *beaners*. Las cosas, como son.

El periodismo ha hecho eco de las fechas pochas, dándose vuelo con ellas. En el diario colombiano *El Espectador* leemos el siguiente titular:

♀ "**Septiembre 11** de 2001: el día que el mundo cambió".

Lo correcto, en español, es:

♂ **11 de septiembre** de 2001: el día que el mundo cambió.

∥ Unos ejemplos más de estas fechas pochas: "**Enero 1** de 2009", "**Febrero 24** de 1821", "**Marzo 14** de 2010", "**Abril 25** de 1999", "**Mayo 8** de 1954", "**Junio 2** de 2015", "**Julio 26** de 1953", "**Agosto 21** de 2018", "**Septiembre 16** de 2018", "**Octubre 2** de 1968", "**Noviembre 19** de 2016", "**Diciembre 1** de 2015".

☞ Google: 253 000 resultados de "Agosto 21 de 2018"; 183 000 de "Diciembre 1 de 2015"; 143 000 de "Enero 1 de 2009"; 133 000 de "Junio 2 de 2015"; 69 900 de "Septiembre 16 de 2018"; 45, 200 de "Noviembre 19 de 2016"; 39 300 de "Marzo 14 de 2010"; 24 200 de "Octubre 2 de 1968"; 17 400 de "Abril 25 de 1999", 9 710 de "Mayo 8 de 1954"; 8 080 de "Julio 26 de 1953"; 3 510 de "Febrero 24 de 1821". ☒

☞ Google: 36 100 000 resultados de "21 de agosto de 2918"; 20 700 000 de "1 de diciembre de 2015"; 19 100 000 de 16 de septiembre de 2018"; 17 700 000 de "2 de junio de 2015"; 15 900 000 de 19 de noviembre de 2016"; 11 200 000 de "1 de enero de 2009"; 10 400 000 de

"14 de marzo de 2010"; 7 960 000 de "25 de abril de 1999"; 2 430 000 de "2 de octubre de 1968"; 479 000 de "26 de julio de 1953"; 387 000 de "8 de mayo de 1954"; 192 000 de "24 de febrero de 1821". ☑

105. firma, ¿*firma de propia mano*?, firmado, ¿*firmado de propia mano*?, ¿*firmado de su propia mano*?, firmar

Aunque suelan usarse, especialmente en los ámbitos legales y notariales, con afán de precisión, las expresiones "firma de propia mano", "firmado de propia mano" y "firmado de su propia mano", éstas son redundantes. Veamos por qué. El sustantivo femenino "firma" tiene la siguiente acepción principal, en el diccionario académico: "Nombre y apellidos escritos por una persona de su propia mano en un documento, con o sin rúbrica, para darle autenticidad o mostrar la aprobación de su contenido". Ejemplo: *Puso su firma en el documento*. Que lo hizo de propia mano o por propia mano, se da por sobreentendido. El verbo transitivo "firmar", del latín *firmāre*: "afirmar", "dar fuerza") significa, en su principal acepción, "dicho de una persona: Poner su firma" (DRAE). Ejemplo: *Firmó el documento*. Aunque la "firma" puede equivaler a la "rúbrica", no necesariamente son sinónimos. El sustantivo femenino "rúbrica" (del latín *rubrīca*, derivado de *ruber*: "rojo") significa "rasgo o conjunto de rasgos, realizados siempre de la misma manera, que suele ponerse en la firma después del nombre y que a veces la sustituye" (DRAE). Ejemplo: *Su rúbrica, en el documento, presentaba variantes y no fue aceptada*. De ahí el verbo transitivo "rubricar" (del latín tardío *rubricāre*: "enrojecer"), que, en el diccionario académico, tiene la siguiente acepción principal: "Dicho de una persona: Poner su rúbrica, vaya o no precedida de su nombre". Ejemplo: *Rubricó el documento con varios trazos garigoleados de imposible lectura*. Sea como fuere, con firma o con rúbrica, firmar o rubricar es algo que la persona realiza con su mano o con una mano (ya sea la izquierda o la derecha); que firme con ambas manos es posible, pero sería un tanto extraño. El sustantivo femenino "mano" (del latín *manus*) significa, en su acepción principal, "parte del cuerpo humano unida a la extremidad del antebrazo y que comprende desde la muñeca inclusive hasta la punta de los dedos" (DRAE). *Es zurdo y se fracturó la mano izquierda; por ello no pudo firmar el documento*. Es verdad que hay documentos que se pueden firmar por *interposita persona* (locución latina que se traduce, literalmente, "persona interpuesta"), y que el DRAE define, para el ámbito del derecho, en la "persona que, aparentando obrar por cuenta propia, interviene en un acto jurídico por encargo y en provecho de otro"; pero, en general, cuando se dice o se escribe que alguien firma o rubrica un documento lo hace "de propia mano", tal y como lo establece la definición. Por ello, no dejan de ser redundancias decir y escribir "firma de propia mano", "firmado de propia mano" y "firmado de su propia mano". Es un énfasis vicioso del ámbito del derecho, ya casi imposible de revertir por el uso, pero, si sabemos que ese énfasis es redundante, evitémoslo, que al cabo nada nos cuesta. Puede aducirse que la expresión es válida sobre todo hoy que existe la denominada "firma electrónica" o "firma digital", pero este argumento carece de peso, pues la "firma electrónica" o "firma digital" es la "información cifrada que identifica al autor de un documento electrónico" (DRAE) y, por ello mismo, siempre se precisan estos términos para distinguirlos de la "firma" que, por excelencia, es manuscrita. No hay que confundir una cosa con otra: peras con manzanas, culo con cuaresma.

Como advertimos, este tipo de redundancias es propio de los ámbitos legales y notariales. En el libro español *El mensaje curativo del alma* leemos lo siguiente:

♀ "El cierre de cualquier contrato, es decir el reconocimiento consciente de unos principios mediante la **firma de propia mano**, cumple los criterios de un ritual".

Tan fácil que es decir y escribir:

♂ El cierre de cualquier contrato, es decir el reconocimiento consciente mediante la **firma**, cumple los criterios de un ritual.

🖉 He aquí otros ejemplos de estas redundancias que, con la mayor naturalidad, utilizan los profesionistas de leyes: "El modo ordinario de suscribir los documentos es el de extender la **firma de propia mano**", "la **firma de propia mano** sólo es necesaria donde la ley la requiera", "la **firma de propia mano** del Führer", "con la **firma de propia mano** del testador", "el que escribe y **firma de propia mano**", "hacerse con la **firma de propia mano**", "uno **firma de propia mano** su sentencia de muerte", "falta la **firma de propia mano**", "fechado y **firmado de su propia mano**", "en un documento **firmado de su propia mano**", "llevar un libro **firmado de su propia mano**", "el alcalde ha **firmado de su propia mano**", "aprovechó para mandar un agradecimiento **firmado de su propia mano**", "la orden **firmada de su propia mano**", "una cédula suya **firmada de su propia mano**", "la pintura, **firmada de su propia mano**", "hemos **firmado de propia mano**", "he **firmado de propia mano**", "un Guayasamín **firmado de propia mano**" (lo que sería extraño es que fuese un Guayasamín firmado por José Luis Cuevas), "está declarada y **firmada de propia mano**", "la cual fue **firmada de propia mano** del señor" (lo extraordinario sería que estuviese firmada de impropia mano del señor), ¡y basta!

☞ Google: 9 820 resultados de "firma de propia mano"; 9 090 de "firmado de su propia mano"; 5 540 de "firmada de su propia mano"; 3 370 de "firmado de propia mano"; 2 210 de "firmada de propia mano". ☒

106. flor, ¿*flor de azahar?*, flores, ¿*flores de azahar?*

El sustantivo masculino "azahar" (del árabe hispánico *azzahár*, y éste del árabe clásico *zahr*: "flores"), significa "flor blanca, y, por antonomasia, la del naranjo, limonero y cidro" (DRAE). Ejemplo: *Los azahares del limonero perfumaban la tarde.* Por lo anterior, las expresiones "flor de azahar", "flores de azahar" y, peor aún, "azahares blancos", "flor blanca de azahar" y "flores blancas de azahar" son evidentes redundancias. Basta con decir y escribir "azahar" y "azahares", puesto que sobran el sustantivo "flor" y el adjetivo "blanco". En este sentido, es correcta la frase *Corona de azahares*, pero incorrecta *Corona de flores de azahar* y, peor aún, *Corona de flores de azahares blancos*. El desconocimiento del significado de las palabras, y no se diga de sus etimologías, lleva a los hablantes y escribientes del español a producir redundancias y pleonasmos a granel. Esto tendría solución si la gente frecuentara el diccionario, pero, en general, no lo hace, y este desdén por el conocimiento es lo que está llevando a nuestro idioma a una de sus peores épocas de degradación con las circunstancias agravantes, y agraviantes, del anglicismo y la anglofilia. El sustantivo femenino "flor" (del latín *flos, floris*) significa, en su primera acepción, en el diccionario académico, "brote de muchas plantas, formado por hojas de colores, del que se formará el fruto". Ejemplos: *Los cerezos estaban en flor*; *Las flores del manzano atrajeron a las abejas*. Dado que el sustantivo masculino "azahar" (con su plural "azahares") significa, por sí mismo, "flor blanca" y, especialmente la de los cítricos o del género *Citrus* (limoneros, mandarinos, naranjos, toronjos), decir y escribir "flor de azahar" y "flores de azahar" es prácticamente decir y escribir "flor de flor blanca" y "flores de flores blancas", horrorosas redundancias. Y, como siempre hay algo peor, decir y escribir "flor blanca de azahar" y "flores blancas de azahar", es producir barbaridades como las siguientes, en equivalencia literal: "flor blanca de flor blanca" y "flores blancas de flores blancas", ¡pues no hay "azahares" rojos ni rosas, etcétera: ¡los "azahares" siempre son blancos! Estos desbarres se cometen en todos los ámbitos de nuestro idioma, incluidos los profesionales o de alta escolarización, ya que no necesariamente de elevada educación o gran cultura.

En tanto las personas sigan prescindiendo del diccionario y les tenga sin cuidado el significado de las palabras, seguirán cometiendo mil y una barrabasadas. La *Wikipedia* que es, hoy, la única fuente de consulta de la mayor parte de la gente, difunde la siguiente jalada desde la primera línea en su entrada "azahar":

♀ "Azahar o **flor de azahar** es el nombre de las flores blancas del naranjo, del limonero y del cidro".

¡Por supuesto que no! Lo correcto es (sin redundancia y con concordancia):

♂ **Azahar** es el nombre de la **flor blanca** que producen el naranjo, el limonero, el cidro y otros cítricos.

🖉 Van algunos pocos ejemplos de estas barbaridades que son producto del desprecio por el conocimiento: "La **flor de azahar** y sus propiedades medicinales", "embriágate con el aroma de la **flor de azahar** esta primavera", "propiedades y usos de la **flor de azahar**", "olvida el insomnio con la **flor de azahar**", "refrescante colonia para el cuerpo **Flor de Azahar**", "Pastelería La **Flor de Azahar**", "nostalgia de la **flor de azahar**", "las novias portan **flores de azahar** para simbolizar su pureza", "no todas las **flores de azahar** son convertidas en frutas", "las **flores de azahar** deben ser recolectadas cuando sus botones aún no han abierto", "las flores del naranjo o **flores de azahar** combaten los espasmos estomacales" (no; las "flores del naranjo" se llaman "azahares"), "identifican el origen del efecto sedante de las **flores de azahar**", "propiedades de las **flores de azahar** de los naranjos", "identifican el origen del efecto sedante de las **flores de azahar**", "los perfumistas llaman neroli al aceite esencial que se produce al destilar al vapor las **flores de azahar**" y, como siempre hay algo peor, "pasaban bodas en landós engalanados de **azahares blancos** en las manillas de las portezuelas", "**flores blancas de azahar** que perfuman a Sevilla", "árbol con **flores de azahar blanco**" y "pensé en esa **flor blanca de azahar**" (seguramente quienes escribieron esto suponen que hay "azahares" que se llaman "flores de azahar" y que pueden ser de variados colores).

☞ Google: 1 410 000 resultados de "flor de azahar"; 307 000 de "flores de azahar"; 13 500 de "azahares blancos"; 7 040 de "flores blancas de azahar"; 5 090 de "azahar blanco"; 2 290 de "flor blanca de azahar". ☒

☞ Google: 9 150 000 resultados de "azahar"; 1 020 000 de "azahares"; 773 000 de "agua de azahar"; 45 100 de "té de azahar"; 7 550 de "té de azahares". ☑

107. fobia, fobias

El DRAE define del siguiente modo el sustantivo femenino "fobia" (del griego -*phobía*, "temor"): "Aversión exagerada a alguien o algo" y "temor angustioso e incontrolable ante ciertos actos, ideas, objetos o situaciones, que se sabe absurdo y se aproxima a la obsesión". Ejemplo: *Fulano tiene fobia a los insectos*. Hay algo que no dice el DRAE y que debería decir: toda fobia es un miedo irracional, un "temor patológico", como bien lo denomina María Moliner en el DUE. Estrictamente, es una enfermedad. Además de ser un sustantivo, en su calidad de sufijo, "-fobia" es elemento compositivo que significa aversión, asco, rechazo, repugnancia, miedo, temor, y, antecedido del nombre común o erudito (o bien de la contracción del nombre con que se designa a la fobia), sirve para construir sustantivos compuestos que distinguen los específicos y abundantes temores irracionales, pero el diccionario académico incluye apenas unos pocos en sus páginas, como "agorafobia", "hidrofobia" y "xenofobia", entre otros, y está muy bien que registre "homofobia" ("aversión hacia la homosexualidad y hacia las personas homosexuales"), pero está muy mal que no consignen su antónimo "heterofobia" (aversión a las personas del sexo opuesto). Pensarán los académicos de Madrid que estos nombres compuestos son menos importantes que "amigovio" y "papichulo". No pueden argumentar el poco uso o la limitada utilización de estos sustantivos compuestos, pues estas formas no pertenecen exclusivamente a los ámbitos técnico y médico; si hacemos una búsqueda en Google de cada una de las diversas fobias, nos daremos cuenta del gran número de sus resultados. Al parecer, los académicos de Madrid y sus hermanastros de América y Filipinas le tienen fobia a definir las fobias, es decir, padecen "fobofobia". Los hablantes y escribientes del español quedarían muy agradecidos si el mamotreto incluyese al menos los nombres de las fobias más comunes entre las muchas que padecemos los seres humanos. De la exhaustiva lista de la *Wikilengua* citamos las siguientes para el servicio de los hispanohablantes: "acluofobia", "ligofobia", "escotofobia" y "nictofobia" (aversión a la oscuridad), "acrofobia" y "altofobia" (aversión a las alturas), "aerofobia" (aversión a volar en avión), "afenfosfobia", "hefefobia" y "quiraptofobia" (aversión a ser tocado), "agrizoofobia" (aversión a los animales salvajes), "androfobia" (aversión a los varones), "antropofobia" (aversión a la gente), "aporofobia" (aversión a los pobres), "aracnofobia o aracnefobia" (aversión a las arañas), "astrafobia" y "brontofobia" (aversión a los truenos y a los relámpagos), "ataxofobia" (aversión al desorden), "atelofobia" (aversión a la imperfección), "atiquifobia" (aversión al fracaso), "autofobia" (aversión de sí mismo o a estar solo), "bacteriofobia" (aversión a las bacterias), "batofobia" (aversión a la profundidad y a estar cerca de edificios altos), "bibliofobia" (aversión a los libros), "cacofobia" (aversión a la fealdad), "caliginefobia" y "venustrafobia" (aversión a las mujeres bellas), "catagelofobia" (aversión al ridículo), "catoptrofobia" (aversión a los espejos), "cinofobia" (aversión a los perros), "coimetrofobia" (aversión a los cementerios), "coitofobia" (aversión a mantener relaciones sexuales), "colpofobia" y "eurotofobia" (aversión a los genitales femeninos), "coprofobia" y "escatofobia" (miedo a los excrementos, heces o a la defecación), "corofobia" (aversión a bailar), "coulrofobia" (aversión a los payasos y a los mimos), "cremnofobia" (aversión a los precipicios), "deipnofobia" (aversión a las cenas y a las conversaciones en las cenas), "demofobia" y "oclofobia" (aversión a las multitudes), "dentofobia" (aversión a los dentistas), "deuterofobia" (aversión a los lunes), "dismorfofobia" (aversión a los defectos físicos), "elurofobia" (aversión a los gatos), "entomofobia" e "insectofobia" (aversión a los insectos), "equinofobia" (aversión a los caballos), "erotofobia" y "genofobia" (aversión al sexo y a hablar de él), "escolequifobia" (aversión a los gusanos), "espermatofobia" y "espermofobia" (aversión al semen y a los gérmenes), "esquiofobia" (aversión a las sombras), "farmacofobia" (aversión a tomar medicamentos), "gamofobia" (aversión al matrimonio), "ginefobia" (aversión a las mujeres), "glosofobia" (aversión a hablar en público), "hedonofobia" (aversión a sentir placer), "hemofobia" (aversión a la sangre), "herpetofobia" (aversión a los reptiles), "heterofobia" (aversión al sexo opuesto), "hidrofobofobia" (temor a la rabia), "hilofobia" (aversión a los bosques), "hobofobia" (aversión a los vagabundos), "ictiofobia" (aversión a los peces y al pescado), "malaxofobia" (aversión al juego amoroso), "melanofobia" (aversión al color negro), "menofobia" (aversión a la menstruación), "micofobia" (aversión a las setas y los hongos), "microbiofobia" (aversión a los microbios), "mirmecofobia" (aversión a las hormigas), "mixofobia" (aversión a mezclarse con gente diferente), "mnemofobia" (aversión a los recuerdos), "musofobia" (aversión a los ratones), "neofobia" (temor a lo nuevo), "noctifobia" (aversión a la noche), "nosocomefobia" (aversión a los hospitales), "nosofobia" (temor a enfermar), "obesofobia" (rechazo y aversión a las personas obesas y a la gordura), "ornitofobia" (aversión a los pájaros), "pogonofobia" (aversión a las barbas), "pornofobia" (aversión a la pornografía), "rutilofobia" (aversión a la gente pelirroja), "tanatofobia" (temor enfermizo a morir), "triscaidecafobia" (miedo al número 13), "tropofobia" (aversión a cambiar de hogar), "turofobia" (aversión al queso), "vicafobia" (temor enfermizo a la brujería) y "zoofobia" (aversión a los animales).

☞ Google: 523 000 resultados de "aracnofobia"; 182 000 de "zoofobia"; 169 000 de "aporofobia"; 130 000 de "aerofobia"; 128 000 de "acrofobia"; 107 000 de "pogonofobia"; 87 000 de "dismorfofobia"; 84 000 de "coulrofobia"; 81 600 de "heterofobia"; 77 000 de "obesofobia"; 76 400 de "venustrafobia"; 66 100 de "menofobia"; 65 300 de "coprofobia"; 64 600 de "nosocomefobia"; 64 200 de "mirmecofobia"; 58 800 de "microbiofobia"; 41 800 de "androfobia"; 38 000 de "entomofobia"; 37 400 de "nictofobia"; 37 000 de "malaxofobia"; 36 000 de "triscaidecafobia"; 33 400 de "zoofobia"; 30 400 de "antropofobia"; 27 000 de "dentofobia"; 23 300 de "ornitofobia"; 29 700 de "glosofobia"; 22 800 de "cinofobia"; 21 700 de "musofobia"; 20 300 de "brontofobia"; 18 900 de "demofobia"; 18 500 de "ginefobia"; 17 900 de "hemofobia"; 14 600 de "nosofobia"; 13 700 de "caliginefobia"; 12 700 de "fobofobia"; 11 900 de "coitofobia"; 11 200 de "ginefobia"; 11 000 de "musofobia"; 6 540 de "caliginefobia"; 6 060 de "turofobia"; 3 410 de "pornofobia". ☑

108. frecuentar, ¿*frecuentar mucho*?, ¿*frecuentar poco*?, frecuente, ¿*muy frecuente*?, ¿*muy poco frecuente*?, ¿*poco frecuente*?

Las expresiones "muy frecuente", "muy poco frecuente" y "poco frecuente" son a tal grado habituales, en el habla y en la escritura, que casi nunca reparamos en el hecho de que la primera es redundante y las otras expresan un sinsentido. Veamos por qué. El verbo transitivo "frecuentar" (del latín *frequentāre*) significa "repetir un acto a menudo" (DRAE). Ejemplo: *Fulano frecuenta las librerías*, esto es que, a menudo, acude a ellas. Y, sin embargo, solemos decir y escribir, quitados de la pena: *Fulano frecuenta mucho las librerías* o *Fulano frecuenta muy poco las librerías* y *Fulano frecuenta poco las librerías*. Aunque lo digamos y lo escuchemos a menudo, aunque lo escribamos y lo leamos frecuentemente, se trata, en el primer caso, de una redundancia, y, en los otros, de evidentes absurdos. Si alguien "frecuenta" las librerías o las cantinas o los templos, estamos diciendo, con ello, que acude a esos sitios "a menudo". Por tanto, "frecuentar mucho" es disparate redundante, y "frecuentar muy poco" y "frecuentar poco" son contrasentidos, pues "a menudo" es locución adverbial que significa "muchas veces, frecuentemente y con continuación" (DRAE). Ejemplo: *Fulano visita las librerías **a menudo***. O se frecuenta o no se frecuenta. Por eso el "mucho" y el "poco" salen sobrando. Es el mismo caso del adjetivo "frecuente" (del latín *frequens, frequentis*), cuyos significados son "repetido a menudo" y "usual, común". Ejemplo: *Es **frecuente** encontrar a Fulano en las librerías*. Y de la misma familia es el adverbio "frecuentemente", que significa "con frecuencia". Ejemplo: *Frecuentemente se ve a Fulano en las librerías y también en las cantinas*. Es tan habitual, en el habla y en la escritura, ponerle cola a "frecuentar", "frecuente" y "frecuentemente" que la redundancia y el sinsentido que logramos con ello resultan inadvertidos. Nos parece correcto decir y escribir "frecuentar mucho", "frecuentar poco", "muy frecuente", "poco frecuente" y, peor aún, "casi no frecuenta", "mucho muy frecuente", "muy poco frecuente" y "frecuenta poquísimo", entre otros desbarres de la misma calaña. Son barbaridades que, prácticamente, el mal uso generalizado ha legitimado, pero que van contra las definiciones mismas del verbo "frecuentar", el adjetivo "frecuente" y el adverbio "frecuentemente". En resumen, o se frecuenta o no, o es frecuente o no, o se realiza frecuentemente o no, pero el adjetivo indefinido "mucho" sale sobrando, y el adjetivo indefinido "poco" lo único que consigue es oponerse, absurdamente, al sentido recto del término "frecuente" que, como ya vimos, significa "a menudo", "muchas veces y con continuación". Para decirlo pronto, a menudo la cagamos con expresiones como "frecuentar mucho", "frecuentar poco", "muy frecuente", "poco frecuente", "muy frecuentemente", "poco frecuentemente", "casi no frecuenta", "mucho muy frecuente", "muy poco frecuente" y "frecuenta poquísimo". Debemos saber, además, que el antónimo del adjetivo "frecuente" es "infrecuente", esto es "no frecuente", y el contrario del adverbio "frecuentemente" es "infrecuentemente". Evitemos estos desbarres que abundan hasta en los ámbitos más cultos. Son vicios del idioma que podemos eliminar de nuestro uso. Paradójicamente, el único derivado de "frecuente" que no está en falta es el superlativo "frecuentísimo", en realidad de énfasis retórico.

Todos hemos tropezado o seguimos tropezando con estas piedras, y lo hacemos porque el hábito se impone y porque, además, por pereza o arrogancia, no consultamos el diccionario. Los libros de escritores famosos y multipremiados están ahítos de estas expresiones desafortunadas. En su novela *Delirio* (Premio Alfaguara de Novela 2004), la escritora colombiana Laura Restrepo escribe lo siguiente:

♀ "Y es realmente un milagro porque Agustina **frecuenta poquísimo** a la familia".

¿Frecuenta poquísimo? ¡Es la cúspide del sinsentido!, que sólo podría ser superada por "frecuenta nadita", que nadie se ha atrevido a enunciar. Podrá argumentar la autora que esto no lo dice ella, sino uno de sus personajes, pero lo cierto es que

Marguerite Duras y Marguerite Yourcenar no permitirían que sus personajes dijeran cosas como ésa. Lo correcto, hasta para los personajes, es que

👌 Agustina **no frecuenta** a la familia, y punto.

🖉 Van unos pocos ejemplos de estos yerros: "La acidez de estómago es **muy frecuente**", "una petición formal **muy frecuente**", "una patología **muy frecuente** en mujeres", "una infección **muy frecuente**", "un problema **muy frecuente**", "Fundación **Poco Frecuente**", "enfermedad **poco frecuente**", "una causa **poco frecuente**", "un cáncer de piel **poco frecuente** pero muy agresivo", "asume un reto **poco frecuente**", "el amor es un milagro **muy poco frecuente**", "una complicación **muy poco frecuente**", "una imagen **muy poco frecuente**", "personas con tendencia a **frecuentar poco** la cama", "buscó amparo en la bebida y empezó a **frecuentar poco** el hogar", "**frecuentar poco** el panfleto y el libelo", "es **mucho muy frecuente** este tipo de intermitencias", "cosa **mucho muy frecuente** en los apellidos", "el uso de la motocicleta es **mucho muy frecuente**", "a nadie se le ocurre **frecuentar mucho** el trayecto en esa época", "antes no la podía **frecuentar mucho**", "ella empezó a **frecuentar mucho** su estudio", "mujer que **frecuenta mucho** los templos", "ahora **frecuenta mucho** a su ex esposo", "**frecuenta mucho** este foro", "**frecuenta poco** el parque", "**frecuenta poco** la música clásica y el jazz", "él **frecuenta poco** mi ambiente", "asegura que **casi no frecuenta** las redes sociales", "ya **casi no frecuenta** lugares públicos", "ella **casi no frecuenta** esos lares" y, como siempre hay algo peor, "**suele frecuentar mucho** este hotel", "**suele frecuentar mucho** un bar", "ella **suele frecuentar mucho** el lugar" y "ella y su marido **suelen frecuentar mucho** ese camino", con doble redundancia, pues el verbo intransitivo "soler" (del latín *solēre*) significa lo siguiente, en su segunda acepción: "Dicho de un hecho o de una cosa: Ser frecuente".

☞ Google: 4 030 000 resultados de "muy frecuente"; 3 000 000 de "poco frecuente"; 720 000 de "muy poco frecuente"; 19 400 de "frecuentar poco"; 14 000 de "mucho muy frecuente"; 12 100 de "frecuentar mucho"; 10 100 de "frecuenta mucho"; 2 920 de "frecuenta poco"; 2 840 de "casi no frecuenta". ☒

109. frío, ¿frío gélido?, ¿frío glacial?, ¿frío helado?, gélido, glacial, helado

Aunque el DRAE admite la expresión "calor canicular" y lo define como "calor excesivo y sofocante", no incluye en sus páginas las expresiones "frío gélido", "frío glacial" y "frío helado" que están construidas con el mismo procedimiento de "calor canicular": un sustantivo ("calor", del latín *calor, calōris*: "sensación que se experimenta ante una elevada temperatura") modificado por un adjetivo de la misma familia ("canicular", del latín *caniculāris*: "perteneciente o relativo a la canícula"). ¿Y cómo define el DRAE, en su primera acepción, el sustantivo femenino "canícula" (del latín *canicŭla*)? Así: "Período del año en que es más fuerte el calor". Ejemplo: *En el pueblo nos sofocábamos durante la canícula.* Lo que tendríamos que saber es que un sustantivo modificado por un adjetivo de su misma familia nos lleva, irremediablemente, a cometer una redundancia. Es el caso, por ejemplo, de "álbum blanco", pues el sustantivo masculino "álbum" (del latín *album*: "encerado blanco") significa "libro en blanco", en tanto que el adjetivo "blanco" (del germánico *blank*) significa, "dicho de un color: semejante a la nieve o la leche" (DRAE). Es como si dijéramos "día diurno", "tarde vespertina" y "noche nocturna". Por ello, la expresión "calor canicular", seguramente del ámbito coloquial, equivale a decir y escribir "calor muy caluroso" o "calor muy cálido" o "muy caliente". ¿Cómo decirlo y escribirlo de mejor modo? Así: "clima canicular" o, mejor aún, "calor sofocante". Lo mismo ocurre con las expresiones "frío gélido", "frío glacial" y "frío helado", no admitidas en el DRAE, como ya advertimos, pero utilizadas por muchísimos hablantes y escribientes del español. Aunque exista diferencia de gradación entre lo "frío" y lo "gélido", no resulta afortunada la expresión "frío gélido", porque, literalmente, lo que estamos diciendo con tal expresión es, redundantemente, "frío muy frío". Lo correcto es "clima gélido" y, en consecuencia, para lo mismo, "clima glacial", "clima helado", para referirnos a temperaturas por debajo de cero grados. Examinemos los detalles. El adjetivo "frío" (del latín *frigĭdus*) significa, de acuerdo con el diccionario académico, "que tiene una temperatura inferior a la ordinaria o conveniente". Ejemplo: *Soplaba un aire frío*. Como sustantivo se aplica a la "sensación que se experimenta ante un notorio descenso de temperatura" y, en general, a la "temperatura baja" (DRAE). Ejemplos del diccionario académico: *Sintió frío a la caída de la tarde*; *Llega una ola de frío de Siberia*. En cuanto al adjetivo "gélido" (del latín *gelĭdus*), su significado es "muy frío". Ejemplo: *Hacía un clima gélido*. También se usa en sentido figurado, con algo de cursilería y mucho de lugar común (propio de escritores afectados). Ejemplo del DRAE: *Me dirigió una mirada gélida*. Sinónimos de "gélido" son los adjetivos "glacial" (del latín *glaciālis*) que significa "de temperatura muy fría", y "helado" (participio de *helar*), que significa "muy frío o de temperatura inferior a la ordinaria" (DRAE). Ejemplos: *Padecíamos un clima glacial*; *En ese clima helado, sin ropa apropiada, no sobreviviríamos más de tres días*. También tienen sus sentidos figurados que son lugares comunes de mucho "lujo" entre los escritores chambones de hoy (y algunos de ayer). Ejemplos: *Un silencio glacial*; *Una mirada helada*. Cuando leemos, en una novela, la frase *Un silencio glacial se apoderó de la concurrencia al tiempo que Fulano me paralizó con una mirada helada*, podemos estar seguros de que su autor no sabe qué es un "lugar común": "idea corriente y muy repetida", "tópico, vulgaridad", de acuerdo con la definición de María Moliner en el DUE. Argumentado y comprendido todo lo anterior, queda claro que "frío gélido", "frío glacial" y "frío helado" son redundancias de intensidad que equivalen, como ya dijimos, a "frío muy frío". Lo correcto es "clima gélido", "clima glacial" y "clima helado", pues el sustantivo masculino "clima" (del latín tardío *clima*) significa "conjunto de condiciones atmosféricas que caracterizan una región" (DRAE). Ejemplos: *El clima caluroso de las regiones tropicales*; *El clima glacial de Siberia*; *El clima helado del Ártico*.

Aunque las expresiones redundantes "frío gélido", "frío glacial" y "frío helado" aparezcan con frecuencia en la escritura en publicaciones impresas y electrónicas, ya hemos expuesto las suficientes razones para evitarlas. Incluso la expresión no censurada por la RAE "calor canicular" (muy española) es preferible evitarla. En el diario español *El País* leemos el siguiente titular:

♀ "La nieve irá dando paso a un **frío gélido**".

Podemos traducir esto como que la nieve irá dando paso a "un frío muy frío". Pero, en realidad, lo que el diario debió informar es que

☖ La nieve irá dando paso a un **clima gélido**.

✐ He aquí algunos pocos ejemplos de estas redundancias de intensidad: "**Frío helado** y nieve abrazan noreste de EE.UU.", "vas a sufrir el **frío helado** en un mundo sin ley", "prevén clima de **frío helado** en varios estados", "**frío helado** y soledad", "entrenando en Estonia bajo el **frío helado**", "es el **frío helado** de una insoportable inercia histórica" (¡olé!), "Aranjuez no escapó tampoco al **frío glacial**", "una ola de **frío glacial** pone en alerta el medio oeste de Estados Unidos", "cómo vivir con un **frío glacial**", "un **frío glacial** se cierne sobre Europa", "ola de **frío glacial** azota Estados Unidos", "**frío gélido** con mínimas de 10 grados bajo cero", "**frío gélido** de miércoles a sábado", "inusual **frío gélido** para esta época del año", "el **frío gélido** desbanca a la nieve" (sí, a la nieve que estaba sentadita en una banca del parque), "estuvo encadenado por 4 años bajo el **frío gélido**" (¡no exageren, por Dios!).

☞ Google: 135 000 resultados de "frío helado"; 108 000 de "frío glacial"; 43 100 de "frío gélido". ☒

☞ Google: 173 000 resultados de "clima helado"; 42 300 de "clima gélido"; 9 880 de "clima glacial". ☑

110. frutas, hortalizas, verduras

Muchas personas no saben distinguir entre las "frutas" y las "verduras". La razón de esto es muy simple: prefieren suponer lo que sea en lugar de ir a las páginas del diccionario. En cuanto al término "fruta", tenemos que ir de lo general a lo particular, y lo general es el sustantivo masculino "fruto" (del latín *fructus*): "producto de las plantas, que, aparte de la utilidad que puede tener, sirve para desarrollar y proteger la semilla" (DRAE). Ejemplo: *El fruto del limonero es el limón.* En cuanto a lo particular, tenemos el sustantivo femenino "fruta" (del latín tardío *fructa*, plural de *fructum*: "fruto"), cuya acepción principal es la siguiente: "Fruto comestible de ciertas plantas cultivadas; p. ej., la pera, la guinda, la fresa, etc.". Ejemplo: *La manzana es una fruta que puede adquirirse en cualquier temporada.* Queda claro, entonces, que todas las "frutas" son "frutos", pero no todos los "frutos" son "frutas". Para que un "fruto" sea "fruta" es indispensable que se cumpla, por lo menos, una de estas dos condiciones: 1, que sea comestible, y 2, que sea cultivado. Puede ser comestible y silvestre, pero lo habitual es que los "frutos" comestibles sean cultivados. Hay fresas silvestres, perfectamente comestibles, pero la mayor parte de las fresas que consumimos son cultivadas. Entre las "frutas" más conocidas, y de mayor demanda, están el aguacate, el albaricoque o chabacano, el arándano, la cereza, la ciruela, el durazno, la frambuesa, la granada, la guayaba, el higo, el kiwi, el lichi, la lima, el limón, el mamey, la mandarina, el mango, la manzana, el melón, la naranja, el níspero, la papaya, el pepino, la pera, la piña, la pitahaya, el plátano, la sandía, el tamarindo, la toronja, la uva y el zapote. Por lo que respecta al término "verdura", también es necesario ir de lo general a lo particular, y lo general es el término "hortaliza". El sustantivo femenino "hortaliza" (de *hortal*: "huerto") significa "planta comestible que se cultiva en las huertas". Ejemplo: *La zanahoria y la espinaca son **hortalizas** de gran demanda*. En cuanto a lo particular, el término es "verdura", pues este sustantivo femenino tiene la siguiente definición en el diccionario académico: "Hortaliza, especialmente la de hojas verdes". Ejemplo: *La col, la espinaca y la lechuga son **verduras** muy utilizadas en ensaladas*. Queda claro, entonces, que todas las "verduras" son "hortalizas", pero que no todas las "hortalizas" son "verduras", pues no lo son el ajo, la cebolla, el jitomate, el nabo, la papa, el rábano, la remolacha y la zanahoria (todas, "hortalizas"), entre otras, aunque en el caso de las raíces o tubérculos lo que asome a la superficie sea, casi siempre, la "verdura" (hojas verdes y, a veces, moradas, como en el caso de la remolacha) que, sin embargo, no siempre se usa como alimento. Son "verduras", además de las ya mencionadas, la acelga, la alcachofa, el apio, el brócoli, el chícharo o guisante, el cilantro, la coliflor, el espárrago, el haba, el perejil, el puerro y ciertos chiles, guindillas o pimientos, pero no así la berenjena ni la mandioca que son "hortalizas" que hay que añadir a las ya mencionadas. Y cabe precisar, por si quedara alguna duda, que las "hortalizas" y las "verduras" no incluyen a las "frutas" ni a los "cereales" (arroz, avena, cebada, centeno, maíz, trigo, etcétera), pues estos últimos pertenecen a las gramíneas, de las cuales se consumen los granos o las harinas y fórmulas destiladas o fermentadas hechas a partir de estos granos. El sustantivo masculino "vegetal" (del latín medieval *vegetalis*), con el que muchas veces se sustituyen los sustantivos "hortalizas" y "verduras", usado casi siempre en plural ("vegetales"), resulta bastante impropio porque es incluso un término más general que todos los anteriores, puesto que su sinónimo es "planta", aunque en algunos países hispanohablantes se utilice con el sentido de "hortalizas en general". En conclusión, digámoslo claramente: no pueden ser "verduras" las "hortalizas" que no son "verdes"; son "verduras" —por su verdor— y, además, no cometamos el grandísimo error de llamar "verdura" al "aguacate", pues éste es un "fruto" y, más específicamente, una "fruta", del mismo modo que lo son el limón, la mandarina, la manzana, el melón, la naranja, la pera, la piña, etcétera, pero también, y esto puede sorprender más, el pepino, que aunque suele considerarse "hortaliza", botánicamente es un "fruto" y, por su cultivo, una "fruta", como el melón y la sandía. Suponiendo que, en México, por deformación del uso, a las "hortalizas" se les diga "verduras", en general, esto ni siquiera está recogido en el guango *Diccionario de mexicanismos* de la AML, que lo único que consigna en la entrada "verdura" son los supuestos sinónimos "verdad" y "pene"; en el primer caso es comprensible el juego de palabras ("**verd**ad" = "**verd**ura"), pero en el segundo no se entiende nada por la torpeza de los redactores: "verdura" no equivale a "pene", sino a "verga" ("**verg**a" = "**verd**ura"), lo cual muestra, una vez más, que, "la pura verdura", el DM de la AML "vale verdura".

Por lo demás, la confusión, cuando se habla y se escribe sobre estos productos vegetales ("hortalizas" y "verduras"), es propia de quienes nunca consultan un buen diccionario de la lengua española. En México, hay un famoso eslogan del todo errado (que preferentemente se impone como leyenda en los envases de alimentos chatarra): "Come frutas y **verduras**". Está muy bien la recomendación, pero resulta obvio que, en este eslogan, se comete el error de equiparar "verduras" con "hortalizas". Lo correcto es "Come frutas y **hortalizas**" (puesto que las "verduras" están incluidas en las "hortalizas"). Sin embargo, hay cosas peores: la empresa Herdez vende un producto envasado al que denomina:

♀ "Jugo de 8 **Verduras** Original".

Pero sus ingredientes son "jugos reconstituidos de tomate, zanahoria, lechuga, apio, espinacas, betabel, berros y perejil". Ni el tomate ni la zanahoria son "verduras". Por ello, el producto tendría que llamarse, inequívocamente,

♂ Jugo de 8 **hortalizas**.

🖋 He aquí algunos ejemplos que reflejan esta confusión: la de no saber distinguir entre las "verduras" en particular y las "hortalizas" en general: "7 **verduras** que te ayudarán a bajar la pancita: lechuga romana, espinacas, apio, repollo, brócoli, perejil, zanahorias" (la zanahoria no es una **verdura**, es una **hortaliza**), "estas son las 7 **verduras** que no pueden faltar en un buen puchero: papas, calabaza, zanahoria, boniato, maíz, cebolla, apio, puerro, perejil y repollo (en primer lugar, no son siete, sino únicamente las cuatro últimas; en segundo lugar, las seis primeras no son **verduras**, sino **hortalizas**), "7 **verduras** de estación que pueden comer en verano: zanahoria, cebolla, berenjena, pimiento rojo, tomate, pepino, lechuga" (¡ninguna es **verdura**!), "mis 7 **verduras** favoritas para el verano: pimientos morrones, setas, calabacines, aguacates, judías verdes, lechugas, tomates" (las setas son hongos, el aguacate es una fruta, y el tomate, aunque botánicamente es una fruta, se considera una **hortaliza**), "10 **verduras** imprescindibles en la cesta de tu compra: tomate, espárrago, pimiento, cebolla, calabacín, brócoli, lechuga, zanahoria, berenjena, guisantes" (cuatro no son **verduras**) y, como siempre hay algo peor, "las **verduras rojas** tienen beneficios para la salud", "lo que debes saber de las **verduras rojas**" (lo primero que debes saber es que, sin son rojas, no se llaman "verduras", con excepción de las coles y lechugas, algunas de las cuales más que rojas son moradas), "tomates y otras **verduras rojas**" y "las **verduras verdes** refuerzan nuestras defensas" (¡en cambio, las "verduras azules", no!).

☞ Google: 275 000 resultados de "comer frutas y verduras"; 189 000 de "como frutas y verduras"; 154 000 de "verduras verdes"; 86 700 de "come frutas y verduras"; 26 700 de "verduras como el tomate"; 22 200 de "verduras como la zanahoria"; 17 200 de "verduras como la berenjena"; 12 200 de "verduras como la papa"; 11 100 de "verduras rojas"; 8 980 de "jugo de 8 verduras Herdez". ☒

☞ Google: 531 000 resultados de "hortalizas y verduras"; 66 000 de "frutas, hortalizas y verduras"; 38 400 de "como frutas y hortalizas"; 28 600 de "verduras como la acelga"; 22 400 de "comer frutas y hortalizas"; 20 700 de "verduras como la lechuga"; 12 400 de "verduras como la espinaca"; 10 600 de "verduras y otras hortalizas"; 2 710 de "come frutas y hortalizas". ☑

G

III. gol, gol agónico, ¿gol agónico de último minuto?

Entre las muchas "imágenes" y "metáforas" delirantes del futbol, quizá ninguna tan metafísica como la del "gol agónico". Con ella se pretende dar a entender que, casi para finalizar el partido (en el último momento o dentro de los últimos minutos del tiempo regular o en los minutos del tiempo añadido, llamado también "de compensación", "de reposición" o "de alargue"), alguien metió un "gol", al cual llaman "agónico" porque fue anotado "en la agonía del encuentro". ¡Excesos de las pasiones "futbolíricas"! A ese gol que se anota en las postrimerías del partido se le debería llamar, con propiedad, "gol de último momento" o "gol en los minutos finales del partido". De acuerdo con el DRAE, el sustantivo femenino "agonía" (del latín tardío *agonĭa*, y éste del griego *agōnía*: "lucha, combate, angustia") posee cinco acepciones: "Angustia y congoja del moribundo; estado que precede a la muerte", "pena o aflicción extrema", "angustia o congoja provocadas por conflictos espirituales", "ansia o deseo vehemente" y "lucha, contienda". Ejemplo: *En su agonía, el enfermo trataba de decir algo.* Si tomamos en cuenta que la etimología de "agonía" conlleva el sentido de combate, contienda o lucha, es necesario señalar que un partido de futbol no es otra cosa que una contienda ("**partido**: en ciertos deportes, encuentro que enfrenta a dos jugadores o a dos equipos", DRAE), y, siendo así, cualquier gol sería "agónico" o "propio de una contienda". Pero no es esto lo que quieren dar a entender los futbolíricos, sino, como ya vimos, que el "gol agónico" es el que se produce "en la agonía del partido", es decir en la parte última del mismo, con la idea (metafóricos que son) de que un juego de futbol tiene nacimiento (cuando el árbitro pita el inicio), desarrollo (entre el primer minuto y el 90) y muerte (cuando el árbitro pita el final), pero, antes de la muerte, los futbolíricos identifican la "agonía del partido": piensan ellos que ésta se da desde el minuto 85 del juego hasta el tiempo que agregue el árbitro después del 90 y antes de que se lleve el silbato a la boca y pite el fin de la contienda. ¡Ni a Píndaro se le hubiese ocurrido! De acuerdo con el DRAE, el adjetivo "agónico" (del latín tardío *agonĭcus*, y éste del griego *agōnikós*: literalmente, "del certamen") posee cuatro acepciones: "Que se halla en la agonía de la muerte", "propio de la agonía del moribundo", "que lucha" y "perteneciente o relativo a la lucha". Ejemplos: *En sus estertores agónicos, el enfermo ya no pudo articular palabra.* Observe el lector que los sentidos figurados que el diccionario de la lengua española ofrece para "agonía" son "pena o aflicción extremada", "angustia o congojas provocadas por conflictos espirituales" y "ansia o deseo vehemente", y en sus páginas no hay sentido figurado para el adjetivo "agónico", pues la acepción "perteneciente o relativo a la lucha" se apega, exactamente, de manera literal, a la etimología grecolatina. Un "incendio" no "agoniza": se va apagando hasta que se extingue; asimismo, una partida de ajedrez, tampoco: a menos que los ajedrelíricos digan que la agonía es el jaque, que precede a la muerte que es el jaque mate. Pero, por otra parte, si la raíz de "agonía" es "combate", "contienda", "lucha", todo partido de futbol, en sentido metafórico, es una agonía, y a veces una agonía muy aburrida de noventa minutos o más. Por esta sola razón es una ridiculez hablar y escribir de "goles agónicos", pues todos lo serían, incluidos aquellos anotados en los primeros segundos del partido. Por supuesto, jamás conseguiremos que los cronistas y narradores del futbol renuncien a sus "goles agónicos" y a sus demás metáforas ridículas, del mismo modo que no aceptarán, en buen cristiano, que un futbolista que se resbaló, se aventó de panza al césped o fue derribado, "está en el suelo": ¡antes mudos que renunciar a la ridiculez de decir y escribir que "perdió la vertical o la verticalidad"!

La ridiculez del "gol agónico" abunda en la prensa deportiva de todo el mundo hispanohablante, pero peor aún es la rebuznancia "gol agónico de último minuto" o "gol agónico en las postrimerías del partido". Si es "agónico" el gol, porque fue marcado casi al terminar el partido, es redundancia bruta decir y escribir "gol agónico de último minuto" o "gol agónico al final del partido". En el portal electrónico de ESPN *Deportes* leemos el siguiente poema:

♀ "Con un **gol agónico de último minuto**, Costa Rica sacó hoy aquí un aflictivo empate 2-2 ante Honduras".

¿Se puede ser más ridículo? Sí, en el futbol todo es posible. Eso del "aflictivo empate" es una joya. Cualquier cosa, con tal de no decir, en buen cristiano, lo siguiente:

♂ Con un **gol de último minuto**, Costa Rica empató a 2 con Honduras, y punto.

🖉 Van unos pocos ejemplos de esta abundante ridiculez futbolírica y de su peor manifestación redundante que nació en Sudamérica y que, con celeridad, se ha ido apoderando del mundo hispanohablante con la proverbial capacidad imitativa de los cronistas y redactores deportivos: "Giménez da el triunfo a Uruguay con **gol agónico**", "Panamá clasificó a Rusia con un **gol agónico**", "Marcos Rojo fue el delantero soñado y su **gol agónico** la jugada del partido", "así fue el **gol agónico** de Mario Mandzukic", "**gol agónico** y ascenso a Primera", "los gritos del **gol agónico** de Rojo ante Nigeria", "el insólito **gol agónico** que le anotaron al Hebei de Pellegrini", "**gol agónico** de Talleres para el triunfo ante Tristán Suárez", "con un **gol agónico**, Bélgica le dio vuelta el partido a Japón", "con un **gol agónico**, Argentina clasifica", "desazón nipona tras **gol agónico** de Bélgica", "Alemania le ganó a Suecia con **gol agónico** en el minuto 94" (si, en este enunciado, eliminamos la expresión "con gol agónico", toda la información está dicha), "**gol agónico** deja firme al Levante", "los **goles más agónicos** y más gritados", "los **goles** más gritados y **agónicos** de Boca Juniors", "los **goles agónicos** del Mundial", "el VAR, los penaltis y los **goles agónicos**", "los **goles agónicos** de la Selección de Colombia", "los **goles agónicos**, una constante en Rusia", "el **agónico autogol** de Marcelo Díaz en derrota de Pumas", "Irán derrotó a Marruecos con **agónico autogol**", "**agónico autogol** dio victoria a los amazónicos" y, como siempre hay algo peor, "Colombia celebra en un **gol agónico de último minuto**", "un **gol agónico de último minuto** le dio la primera victoria", "con **gol agónico de último minuto** Costa Rica le arrebató el empate a Suiza", "**goles agónicos en el último minuto**" y "**goles agónicos de último minuto** en el fútbol", "le ganó a Nigeria con un **gol agónico al final del partido**", "Mina anotó el **gol agónico al final del partido**", "fue el artífice de un **gol agónico en las postrimerías del partido**" (todo lo cual es prueba de que, para los futbolíricos, puede haber "goles agónicos" de primer minuto o en el primer minuto lo mismo que al final del partido).

☞ Google: 234 000 resultados de "gol agónico"; 19 300 de "goles agónicos"; 3 560 de "autogol agónico"; 2 430 de "gol agónico de último minuto"; 2 300 de "agónico autogol"; 1 980 de "agónicos goles"; 1 000 de "goles agónicos de último minuto". ☒

☞ Google: 251 000 resultados de "gol de último minuto"; 142 000 de "gol en los minutos finales"; 121 000 de "gol de último momento"; 103 000 de "goles de último minuto"; 25 800 de "goles en tiempo de compensación"; 19 900 de "gol en el alargue"; 18 500 de "gol en tiempo de compensación"; 8 220 de "autogol de último minuto"; 7 440 de "gol en tiempo de reposición"; 2 040 de "autogol en los minutos finales"; 1 560 de "autogol en tiempo de compensación". ☑

112. ¿*gran multitud?*, grande, multitud, ¿*multitud grande?*, ¿*multitud pequeña?*, pequeña, ¿*pequeña multitud?*

¿Hay multitudes pequeñas? No pocos hablantes y escribientes del español creen que sí, puesto que hablan y escriben, también, de "grandes multitudes" y de "multitudes grandes" que oponen a esas que denominan "pequeñas". Pero están en un error: la "multitud" es, por definición, grande, y, en consecuencia, no hay "multitudes pequeñas". Lo que sí hay es "enormes multitudes" e "ingentes multitudes", porque, por definición, los adjetivos "enorme" e "ingente" poseen significados de intensidad y gradación mayores que la del adjetivo "grande". Veamos. El sustantivo femenino "multitud" (del latín *multitūdo*) significa, en la acepción principal del diccionario académico, "número grande de personas o cosas". Ejemplo: *Una **multitud** vociferante acompañaba al candidato.* De ahí el adjetivo "multitudinario": "que forma multitud" y "propio o característico de las multitudes" (DRAE). Ejemplo: *El apoyo **multitudinario** que se dio al candidato fue consecuencia de sus muchas promesas.* El adjetivo "grande", con su apócope "gran" (del latín *grandis*) significa, en su primera acepción, "que supera en tamaño, importancia, dotes, intensidad, etc., a lo común y regular". Ejemplo: *Fue una **gran** concentración de partidarios que vitorearon todo el tiempo al candidato*. Queda claro, entonces, que una "multitud" siempre es "grande", en el sentido de "numerosa" (del latín *numerōsus*), adjetivo cuyo significado es "que incluye gran número o muchedumbre de personas o cosas" (DRAE). Ejemplo: *Fue una concentración **numerosa** de partidarios vociferantes*. En cuanto al sustantivo femenino "muchedumbre", éste tiene la misma etimología del sustantivo "multitud", que es su sinónimo (del latín *multitūdo, multitudĭnis*), y significa "abundancia y multitud de personas o cosas" (DRAE). Ejemplo: *Una **muchedumbre** vociferante acompañó al candidato*. Una "multitud" no puede ser "pequeña" porque el adjetivo "pequeño" significa "que tiene poco tamaño o un tamaño inferior a otros de su misma clase" y "breve o poco intenso" (DRAE). Ejemplo: *Un **pequeño** grupo de acarreados, acompañó, sin entusiasmo, al candidato*. Dicho y comprendido lo anterior, es imposible que haya "multitudes pequeñas" (denominarlas así constituye un contrasentido), porque, por definición, todas son "grandes", pero, por lo mismo, decir y escribir "gran multitud" y "multitud grande" es incurrir en brutas redundancias. En cambio, no es redundante la expresión "enorme multitud", porque el adjetivo "enorme" (del latín *enormis*) significa "mucho más grande de lo normal" (DRAE). Ejemplo: *Una **enorme multitud** acompañaba al candidato*. De ahí el sustantivo femenino "enormidad" (del latín *enormĭtas, enormitātis*), cuyo significado es "tamaño excesivo o desmedido" (DRAE). Ejemplo: *Verdaderamente era una **enormidad** de partidarios*. Sinónimo de "enorme" es el adjetivo "ingente" (del latín *ingens, ingentis*): "muy grande" (DRAE), en donde "muy" (apócope del antiguo *muito*, y éste del latín *multum*), forma reducida de "mucho", es adverbio que "antepuesto a adjetivos y adverbios no comparativos, y a ciertos sintagmas preposicionales, indica grado alto de la propiedad mencionada" (DRAE). Ejemplo: ***Muy** inteligente*, esto es "inteligente" en grado sumo, sólo superado por el "inteligentísimo": el que está dotado de una "inteligencia superlativa" que ya no es posible superar en términos de "inteligencia". Por ello, son correctas las expresiones "ingente multitud" y "multitud ingente", pues el adjetivo "ingente" posee una intensidad mayor ("muy", "mucho") respecto de lo "grande", en igual circunstancia que lo "enorme": "mucho más grandes de lo normal". Conclusión: "gran multitud" es redundancia, "pequeña multitud" es contrasentido, pero "enorme multitud" e "ingente multitud" son formas correctas, plenamente avaladas por la lógica.

Y, sin embargo, entre hablantes y escribientes del ámbito culto del español, se cuentan por cientos de miles las formas redundantes y por decenas de miles los contrasentidos, lo mismo en internet que en publicaciones impresas. En el portal electrónico de la Secretaría de Cultura del Gobierno de México, leemos el siguiente encabezado de una nota informativa:

♀ "Una **gran multitud** disfrutó de Carmina Burana en el Complejo Cultural Los Pinos".

Si quien puso este encabezado consultara el diccionario, simplemente hubiera escrito:

♂ Una **multitud** disfrutó, etcétera. Y si lo que pretendía era lucirse de lo lindo y apantallar, debido a los 2,500 asistentes "que disfrutaron de las cantatas recuperadas por Carl Orff", hubiese optado en escribir con corrección, aunque exageradamente, que **una ingente multitud** o una **enorme multitud** disfrutó de *Carmina Burana* en el Complejo Cultural Los Pinos, y acotamos que exageradamente, porque **ingente multitud** y **enorme multitud** pueden aplicarse, sin mentir, a las decenas de miles de fanáticos que abarrotan los estadios y no a los 2,500 que fueron a Los Pinos.

✐ He aquí algunos ejemplos de las redundancias señaladas más sus respectivos contrasentidos: "Una **gran multitud** se manifiesta en Hamburgo", "ante una **gran multitud** alcalde da el Grito de Independencia", "una **gran multitud** de residentes bolivianos", "una **gran multitud** inunda calles de Chile", "una **gran multitud** para otra edición del Maratón del Abogado", "una **gran multitud** de aves", "ante una **gran multitud** Barbosa Huerta inicia campaña" (sin comentarios), "Ferrari celebra sus 90 años de historia ante una **gran multitud**", "**gran multitud** de personas en un centro comercial", "**grandes multitudes** lo seguían", "cómo controlar las **grandes multitudes**", "el año de las **grandes multitudes**", "**grandes multitudes** de visitantes", "una **pequeña multitud** de gansos", "reunió una **pequeña multitud**", "tarde de covers con una **pequeña multitud**", "solo había una **multitud pequeña** reunida", "una **multitud pequeña** de casitas y tejados", "vuvuzelas en medio de una **multitud pequeña**", "**multitud grande** de gorriones", "**multitud grande** de pájaros salvajes", "reglas para grupos en **multitudes grandes**", "dirigir el flujo de **multitudes grandes**", "**pequeñas multitudes** de personas en la calle", "**pequeñas multitudes** de abstemios y vegetarianos" y, como siempre hay algo peor, "ahora hablo por todo el país a **multitudes grandes y pequeñas**, y hasta conduzco un programa de televisión".

☞ Google: 836 000 resultados de "gran multitud"; 198 000 de "grandes multitudes; 56 000 de "pequeña multitud"; 26 200 de "multitud pequeña"; 18 700 de "multitud grande"; 6 480 de "multitudes grandes"; 4 040 de "pequeñas multitudes". ☒

☞ Google: 86 700 resultados de "enorme multitud"; 19 200 de "ingente multitud"; 18 600 de "multitud enorme"; 16 000 de "enormes multitudes"; 2 940 de "multitud ingente"; 2 560 de "multitudes enormes"; 1 740 de "ingentes multitudes". ☑

113. ¿gran pellizco?, ¿gran pizca?, ¿gran puñado?, ¿pequeña pizca?, ¿pequeño pellizco?, ¿pequeño puñado?, ¿pizca pequeña?, ¿puñado grande?, ¿puñado pequeño?
Así como no pocos hablantes y escribientes del español creen que hay "multitudes pequeñas", que oponen a otras que denominan "grandes", a pesar de que, como ya

vimos, el sustantivo femenino "multitud" (del latín *multitūdo*) significa "número grande de personas o cosas", inversamente, abundan (y tal vez sean los mismos) los que creen que hay "pellizcos grandes", "pizcas grandes" y "puñados grandes", que oponen a los "pellizcos pequeños", las "pizcas pequeñas" y los "puñados pequeños". Obviamente, también se equivocan, por mucho que haya diferencias en el tamaño de los dedos y las manos de las personas. Veamos por qué. El verbo transitivo "pizcar" (de origen onomatopéyico) significa "tomar una porción mínima o muy pequeña de algo". Su sinónimo es "pellizcar" (del latín *vellicicare*, con influjo de *pellis*, "piel"), cuya acepción principal es "asir con el dedo pulgar y cualquiera de los otros una pequeña porción de piel y carne, apretándola de suerte que cause dolor" y "tomar o quitar una pequeña cantidad de algo" (DRAE). Ejemplos: *Pizcó la sal con el pulgar y el índice*; *Pellizcó a su hermano en un brazo*; *Apenas si pellizcó la comida*. En el tomo quinto (1737) del *Diccionario de Autoridades* únicamente se registra el significado de "asir con los dedos pulgar e índice la piel y carne, apretándolos y retorciéndolos, de suerte que causa dolor". Por ello, al "pizcar" la sal, la pimienta, el azúcar, la canela, el azafrán, el orégano y otros ingredientes molidos, granulados, machacados, deshebrados o en polvo, generalmente se utilizan los dedos pulgar e índice. De ahí los sustantivos masculinos "pizco" ("porción mínima que se toma de algo") y "pellizco" ("acción y efecto de pellizcar" y "porción pequeña de algo, que se toma o se quita"). Ejemplos: *Le puso un pizco de sal*; *Le dio un pellizco a su hermano*; *Les hizo un pellizco a los ahorros*. De ahí también el sustantivo femenino "pizca": "porción mínima o muy pequeña de algo" (DRAE). Ejemplo: *Al final añadió una pizca de pimienta molida*. Existe, asimismo, la locución pronominal "ni pizca" que significa "nada" o que se usa siempre con sentido negativo: Ejemplos: *No tiene ni pizca de vergüenza*; *Sus libros no tienen ni pizca de literatura*. Queda claro, por todo lo anterior, que el "pellizco", la "pizca" y el "pizco" son, por definición, mínimos o pequeños, ínfimos, ¡y no pueden ser "grandes"!, pues el adjetivo "grande" (del latín *grandis*) significa "que supera en tamaño, importancia, dotes, intensidad, etc., a lo común y regular", en tanto que el adjetivo "pequeño" (antónimo de "grande") significa "que tiene poco tamaño o un tamaño inferior a otros de su misma clase" (DRAE). Siendo así, las expresiones "gran pellizco" y "gran pizca" son contrasentidos, en tanto que "pequeña pizca", "pequeño pellizco" y "pizca pequeña" son brutas redundancias. Sólo con sentido retórico, esto es, por licencia poética, un "pellizco" en la piel puede ser grande, refiriéndose a la intensidad del dolor o bien, en sentido metafórico, ser una cantidad significativa de dinero que se "pellizca" a un gran premio de la lotería o de otro juego parecido. Ejemplos: *Se subió tan descuidadamente la cremallera del pantalón que se pegó un **tremendo pellizco** que lo hizo brincar del dolor*; *No me gané el premio mayor, pero le di un **gran pellizco***. Se trata, como ya advertimos, de licencias poéticas o usos retóricos, que inmediatamente se reconocen por su contexto. Parecidas a las expresiones "gran pellizco", "gran pizca", "pequeña pizca", "pequeño pellizco" y "pizca pequeña" son las expresiones "gran puñado", "pequeño puñado", "puñado grande" y "puñado pequeño", pues el sustantivo masculino "puñado" (de *puño*) significa "porción de cosas sueltas que se puede contener en el puño" y "poca cantidad de algo de lo que debe o suele haber bastante" (DRAE). Ejemplos: *Tomó un **puñado** de tierra y lo arrojó sobre el féretro; En el mitin del candidato había tan sólo un **puñado** de personas despistadas.* Ya en el *Diccionario de Autoridades* (tomo v, 1737) se definía el "puñado" como la "porción de alguna cosa menuda, que se puede llevar o tomar en la mano, cerrado el puño", todo lo cual indica que, por definición, un "puñado" equivale a una porción más grande que la "pizca", ya que en ésta se emplean exclusivamente dos dedos, en tanto que en aquél se usa la mano cerrada (el "puño") dentro de la cual cabe lo poco o escaso de algo que ahí puede contenerse (y si es de arena, por ejemplo, será siempre mínimo, aunque la mano sea grande). En sentido figurado, siempre se referirá a algo mínimo, escaso o exiguo. En conclusión, las expresiones "gran puñado" y "puñado grande" constituyen contrasentidos, y "pequeño puñado" y "puñado pequeño" son brutas redundancias. Existe únicamente un uso, por licencia poética, esto es, en el ámbito de la retórica, en que el "puñado" puede ser "grande" sin caer en la redundancia, como cuando se refiere a la glotonería o al hambre. Ejemplo: *Se llevaba la comida a la boca a **grandes puñados**.* En un sentido retórico esos "grandes puñados" constituyen imágenes de la "gula" ("exceso en la comida o bebida y apetito desordenado de comer y beber", DRAE) y de la gran necesidad de alimento. Pero ésta es la excepción. Y, por cierto, aunque la gente crea lo contrario, un "gran puñado" no equivale a lo que cabe en las dos manos juntas y recogidas a modo de "cuenco" (o "concavidad"): esto no es un "puñado" ni tampoco dos "puñados", pues para que algo sea "puñado", como cantidad, en su sentido recto, debe equivaler a lo que hay encerrado en el "puño", esto es, en la mano cerrada, que siempre es mucho menos que lo que cabe en el cuenco de una mano.

Muchísimas personas utilizan, ya sea como redundancias o como contrasentidos, estas expresiones, y ello se debe a que ignoran los significados de los sustantivos "pellizco", "pizca", "pizco" y "puñado". Tales usos incorrectos están en casi todos los ámbitos de nuestro idioma. En un libro de cocina (*La dieta cetogénica de 30 días*) leemos lo siguiente, en la receta de los "rollos de carne y aguacate":

♀ "Una **pequeña pizca** de sal y una **pequeña pizca** de pimienta".

Esas "pequeñas pizcas de sal y de pimienta" únicamente podrían ser grandes en los dedos pulgar e índice de Gulliver en la isla de Liliput, y desde el punto de vista de los liliputienses; es decir, con mucha imaginación, con gran fantasía. En nuestro mundo, el real, basta con decir y escribir:

⚭ Una **pizca** de sal y una **pizca** de pimienta, pues la "pizca" nunca podrá ser ni más grande ni más pequeña que lo que cualquier persona puede tomar (de la sal y la pimienta, en este caso) al apretar o "pellizcar" dichos ingredientes con las puntas de dos dedos de una mano, generalmente, el pulgar y el índice.

✐ Van unos pocos ejemplos de estos contrasentidos y redundancias: "Una **pequeña pizca** de sabiduría", "una **pequeña pizca** de motivación", "una **pequeña pizca** de felicidad", "una **pequeña pizca** de cultura", "una **pequeña pizca** de amor", "a cada época la salva un **pequeño puñado** de hombres", "**pequeño puñado** de avellanas", "**pequeño puñado** de germen de trébol", "un **pequeño puñado** de brotes de trigo", "el **pequeño puñado** de países que rechazan el futuro" (¡vaya idiotez!), "**puñado grande** de pasas", "un **puñado grande** de cilantro", "un **puñado grande** perejil", "un **puñado grande** de granos de café", "un **gran puñado** de todo lo bueno", "un **gran puñado** de dólares" (un puñado de dólares sólo es imaginable en monedas), "un **gran puñado** de lentejas", "será como un **pequeño pellizco**", "recibió un **pequeño pellizco** en el trasero", "una **pizca grande** de sal de mar", "una **pizca grande** de pimentón", "recibe un **gran pellizco**", "un **gran pellizco** transmite ira", "un **puñado pequeño** de tornillos", "un **puñado pequeño** de hojas de menta", "**pequeñas pizcas** de sustancias tóxicas", "unas **pequeñas pizcas** de canela", "cinco **puñados grandes** de lentejas", "dos **puñados grandes** de frambuesas", "una **gran pizca** de miedo", "una **gran pizca** de perejil", "una **pizca pequeña** de sal", "una **pizca pequeña** de azúcar", "lanzaba al brasero **grandes puñados** de perfumes narcóticos" (literatura de altos vuelos, por supuesto), "dejen caer **grandes puñados** de trigo", "un **breve puñado** de hombres", "un **exiguo puñado** de habichuelas".

☞ Google: 75 000 resultados de "pequeña pizca"; 65 900 de "pequeño puñado"; 49 000 de "puñado grande"; 48 900 de "gran puñado"; 32 500 de "pequeño pellizco"; 31 400 de "pizca grande"; 24 700 de "gran pellizco"; 15 100 de "puñado pequeño"; 13 300 de "pequeñas pizcas"; 13 300 de "puñados grandes"; 11 700 de "gran pizca"; 11 300 de "pizca pequeña"; 11 100 de "grandes puñados"; 1 710 de "breve puñado"; 1 000 de "exiguo puñado". ⊠

114. guiñar, guiñar el ojo, guiñar los ojos, guiñar un ojo, ¿_guiño de ojo_?, ¿_guiños de ojos_?
De acuerdo con el DRAE el verbo transitivo "guiñar" (voz expresiva del románico occidental, quizás del latín tardío _cinnus_: "señal que se hace con los ojos") tiene dos acepciones: "Cerrar un ojo momentáneamente quedando el otro abierto, a veces con disimulo por vía de señal o advertencia" y "entornar los párpados ligeramente, por efecto de la luz o por mala visión". En su uso pronominal ("guiñarse"), significa "hacerse guiños o señas con los ojos". Ejemplo: _Cada vez que nuestras miradas se encontraban, me **guiñaba un ojo**, para hacerse el simpático._ De ahí el sustantivo femenino "guiñada" ("guiño") y el sustantivo masculino "guiño": "acción de guiñar (cerrar un ojo momentáneamente)" y "mensaje implícito". Ejemplos: _Me hizo **guiños** todo el_

tiempo, pero no me di por aludida; La declaración del presidente de Corea del Sur es un guiño de buena voluntad para el de Corea del Norte. María Moliner, en el DUE, ofrece definiciones más precisas. Del verbo "guiñar" dice lo siguiente: "Cerrar y abrir rápidamente un ojo una o más veces, por lo general para hacer disimuladamente una seña a alguien". En cuanto al sustantivo "guiño", en su sentido figurado, su definición es más amplia y exacta que la que ofrece el tacaño DRAE: "Mensaje implícito que una persona envía a otra para establecer cierta complicidad o ganarse su voluntad". Y pone el siguiente ejemplo: *El director hace un guiño en su película a los espectadores más jóvenes.* Con frecuencia, en este sentido figurado, el sustantivo "guiño" se acompaña del verbo "lanzar" ("arrojar"), igualmente figurado. Ejemplo: *Neymar lanzó un guiño al Real Madrid.* Una de las características más notables del sentido recto del verbo "guiñar" es que exige la redundancia para completar la acción: "guiñar los ojos", "guiñar un ojo", "guiñando los ojos", cosa que no ocurre con el sustantivo "guiño". Incluso María Moliner incurre en estas redundancias en el DUE: al definir "guiño" ("acción de **guiñar los ojos**") y al explicar el sentido de la expresión "hacer un guiño [o hacer guiños] a alguien" ("hacerle señas **guiñando los ojos**"). Esto indica que, especialmente, al aplicar el verbo "guiñar" el hablante y escribiente tiene la necesidad de contar con el apoyo del sustantivo "ojo" (como objeto directo de la oración), aunque, por definición, este término esté implícito en "guiñar" y en "guiño". Lo ortodoxo sería decir y escribir que alguien "le guiñó" a otra persona, del mismo modo que decimos que "le hizo un guiño", pero la expresión se percibe incompleta, como realmente lo es. Queda claro, entonces, que el sustantivo "guiño" no requiere, y más bien rechaza, el añadido explicativo "de ojo", porque "guiño de ojo" y "guiños de ojos" resultan expresiones redundantes, a diferencia del verbo "guiñar" que exige siempre la redundancia para que el enunciado cobre sentido. Es innecesario decir y escribir: *Le hizo un guiño de ojo,* pues basta con decir y escribir *Le hizo un guiño,* sobreentendido que "con los ojos", "de ojo" o "de ojos", pero es indispensable decir y escribir *Fulano le guiñó un ojo* o *Mengano le guiñó el ojo,* porque sin los complementos "un ojo" y "el ojo" los enunciados resultan incompletos. Es una de las pocas redundancias virtuosas que se han ido imponiendo con el uso y que es imposible evitar, mucho menos censurar. La expresión sin redundancia siempre resulta confusa e incompleta. La única forma de evitar la redundancia (incluso si no se sabe que se trata de una redundancia), es decir y escribir "hacer un guiño", "hacerle guiños" que "guiñar los ojos" y "guiñarle el ojo", porque en el caso del sustantivo "guiño" cuando se acompaña a éste del sustantivo "ojo" la redundancia resulta afectada, chocante y, por supuesto, nada virtuosa, como en "le hizo un **guiño de ojo**" o "le hizo un **guiño con el ojo**". Sea como fuere, debe saberse que tanto el verbo "guiñar" como el sustantivo "guiño" llevan implícitos, por definición, el sustantivo "ojo", y no se puede "guiñar" otra cosa que no sean los ojos, a diferencia, por ejemplo, del verbo "fruncir" que significa "arrugar" pero no únicamente el "ceño" (la frente y las cejas), sino también la boca y la nariz y, con malsonancia, pero también con verdad, el ano, el culo. Asimismo, un "guiño", al ser exclusivo de los ojos, no es sinónimo de "mohín" ("mueca o gesto"), pues un "mohín" se puede hacer con la boca, con la nariz o con todo el rostro (incluidos los ojos), pero nunca será equivalente de un "guiño". He aquí algunos ejemplos de esta redundancia incensurable y más bien indispensable, utilizada por los más patentes escritores de nuestra lengua: "Le guiñó un ojo y poniendo un dedo sobre los labios le pidió que guardara silencio" (Adolfo Bioy Casares), "Mademoiselle Doudou miró al viejo y le guiñó un ojo" (Julio Cortázar), "Le guiñó un ojo y sonrió" (Miguel Delibes), "Miró a Octavio, que le guiñó un ojo" (José Donoso), "Los ojos le brillaron y se alisó los pliegues de la falda cuando el cantinero pelirrojo surgió detrás de la barra, le guiñó un ojo y le preguntó" (Carlos Fuentes), "Y le guiñó un ojo, en un gesto que era al mismo tiempo una comprensión cordial y un pavoroso compromiso de complicidad" (Gabriel García Márquez), "Se mesó la barba satisfecho, bordeó la mesa para dar una palmada afectuosa en el hombro izquierdo de Norma, le guiñó un ojo. Luego se fue" (Vicente Leñero), "La enfermera le guiñó un ojo, dándole a entender que la comprendía perfectamente" (Juan Marsé), "Al salir, desde la puerta, le guiñó un ojo" (Mario Vargas Llosa), "Tito le guiñó un ojo a Martín" (Ernesto Sabato).

☞ Google: 54 600 resultados de "guiño de ojos"; 22 400 de "el guiño de ojos"; 10 800 de "hacer un guiño de ojos"; 10 600 de "hace un guiño de ojos"; 7 750 de "el guiño de un ojo"; 5 400 de "hace un guiño de ojo". ☒

☞ Google: 761 000 resultados de "hace un guiño"; 476 000 de "hacer un guiño"; 207 000 de "hizo un guiño"; 127 000 de "le hace un guiño"; 63 500 de "lanzó un guiño"; 53 200 de "hacerle un guiño"; 38 400 de "lanzar un guiño". ☑

☞ Google: 316 000 resultados de "guiñó un ojo"; 289 000 de "guiñándole un ojo"; 211 000 de "guiñó el ojo"; 186 000 de "guiñando un ojo"; 101 000 de "guiñar el ojo"; 94 000 de "guiñando el ojo"; 84 600 de "le guiñó el ojo"; 81 700 de "guiñándole el ojo"; 64 000 de "guiñar un ojo"; 28 300 de "le guiñé el ojo"; 10 600 de "guiñar los ojos". ☑

H

115. haber, hacer, has, ¿has de cuenta?, haz, ¿haz de saber?

Muchas son las dificultades que tienen las personas para distinguir las formas verbales "has" y "haz", la primera correspondiente al verbo "haber", y la segunda, al verbo "hacer". Y si tomamos en cuenta que a mucha gente le da lo mismo una cosa que otra, estamos ante una enfermedad del idioma cada vez más grave, producto de la pereza, la dejadez y el desprecio por el conocimiento. Vamos de mal en peor. Una cosa es cierta: no es lo mismo "haber" que "hacer". El verbo "haber" (del latín *habēre*), además de ser transitivo, es auxiliar "para conjugar otros verbos en los tiempos compuestos" (DRAE). Ejemplo del diccionario académico: *Yo he amado*; *Tú habrás leído*. También se usa con infinitivo, en una perífrasis "que denota deber, conveniencia o necesidad de realizar lo expresado por dicho infinitivo" (DRAE). Ejemplos del diccionario académico: *He de salir tempreno*; *Habré de conformarme*. El presente de indicativo de este verbo se conjuga del siguiente modo: *yo he, tú has, él ha, nosotros hemos, ustedes han, ellos han*. De ahí la perífrasis **"has de saber"** que equivale a **"tienes que saber"** o, mejor aún, **"debes saber"**. Ejemplo: *Has de saber que hiciste mal*, cuyos equivalentes son las expresiones *Tienes que saber que hiciste mal* y *Debes saber que hiciste mal*. El error está en escribir **"haz de saber"**, que no es la segunda persona del verbo "haber", sino del verbo "hacer", con lo cual la expresión pierde todo sentido. El verbo transitivo "hacer" (del latín *facĕre*) tiene tres acepciones principales en el DRAE: "Producir algo, darle el primer ser", "fabricar, formar algo dándole la forma (*sic*), norma y trazo que debe tener" y "ejecutar, poner por obra una acción o trabajo". Ejemplos: *Hizo el cielo y las nubes*; *Es un güevón que no sabe hacer nada*. La forma imperativa del verbo "hacer" es "haz", correspondiente al pronombre "tú", es decir *haz* tú. Ejemplos: *Haz el bien y no mires a quién*; *¡Haz lo que tengas que hacer y no molestes!* De ahí la perífrasis **"haz de cuenta"**, que deriva de la forma **"hacer o hacerse de cuenta"**, con el sentido de "imaginar", "suponer" o "fingir". Ejemplo del *Panhispánico*, tomado de la novela *Palinuro de México*, de Fernando del Paso: "Pero si no quiere, **haga de cuenta** que no dije nada"; dicho de otro modo, *Imagine que no dije nada* o *Finja que no escuchó nada*. Por ello, la expresión "haz de cuenta", sólo es válida con este sentido. Ejemplo: *Te insistí en que vinieras, pero **haz de cuenta** que no hubo tal insistencia*. En otras palabras, *Imagina que no insistí*. Pero el "haz de cuenta" no únicamente es un desbarre cuando el verbo "hacer" (con el sentido de "fingir" o "suponer") modifica su significado con una "s" advenediza en lugar de una "z" ("has", de "haber", por "haz", de "hacer") y entonces se dice y escribe, erróneamente, *Has de cuenta que es domingo*, sino también cuando esta perífrasis verbal no se utiliza con el sentido de "suponer", "fingir" o "imaginar", sino de referir un hecho que, por tener un sentido directo, no es necesario suponer. Ejemplo: *Haz de cuenta que es muy difícil para mí salir de casa a esa hora*. Tal expresión es absurda, porque lo que se quiere decir y escribir es *Ten en cuenta que es muy difícil para mí salir de casa a esa hora*. En este ejemplo no hay que suponer ni imaginar nada, sino "tener en cuenta", locución verbal que equivale a "considerar" (del latín *considerāre*): "pensar sobre algo analizándolo con atención" (DRAE). Ejemplo: *Considera que es muy difícil para mí salir de casa a esa hora*. He aquí otros dos ejemplos correctos: 1) *Si tanto te molesta mi presencia, haz de cuenta que no me conoces*. En otras palabras: *Finge que no me conoces*. Pero es incorrecto decir y escribir: *Haz de cuenta que me cansa mucho rogarte*. ¿Para qué imaginarlo, para qué suponerlo? Es un hecho que no admite suposición, sino consideración: *Considera (esto es, piensa) que me cansa mucho rogarte*. 2) *Si estás tan cansado, tómate el lunes; haz de cuenta que es domingo*. Dicho de otro modo: *Imagina que es domingo, aunque sea lunes*. Pero es incorrecto decir y escribir: *Haz de cuenta que los lunes me encuentro cansadísimo*. ¿Y para qué carajo suponerlo si es un hecho verificable? Basta decir, con recto sentido: *Los lunes me encuentro cansadísimo*, y punto, o bien *Considera (o ten en cuenta) que los lunes me encuentro cansadísimo*.

Tanto "has de cuenta" como "haz de saber" son barbaridades que se cometen por cientos de miles, lo mismo en publicaciones impresas que en internet, en el periodismo y hasta en la literatura. En 2016, en la sección cultural del diario nicaragüense *La Prensa*, se publica el poema "Consejos para la mujer fuerte", de Gioconda Belli, un poema militante en el que leemos el siguiente verso:

♀ "**Haz de saber** que eres un campo magnético".

¿Así lo escribió la autora? Suponemos que sí, porque a una escritora que ha obtenido el Premio Biblioteca Breve, en España, ya nadie le modificará sus textos, y porque en todas las reproducciones impresas y de internet aparece con la misma falta de ortografía. Lo cierto es que la también miembro (o "miembra", según el lenguaje de inclusión) de la Academia Nicaragüense de la Lengua debió escribir, con corrección, lo siguiente:

♂ **Has de saber** que eres un campo magnético. O, dicho de otro modo, **Tienes que saber** o **debes saber**, etcétera.

✎ He aquí algunos pocos ejemplos que ilustran muy bien en los casos de "haz de saber" y "has de cuenta", la negligencia de hablantes y escribientes del español, una negligencia que ya se ha vuelto pandemia: "**Haz de saber**" (canción), "**haz de saber** que este amor es tan grande como el mundo", "lo **haz de saber**", "**haz de saber** que las mujeres somos fuego, aire, agua y tierra", "**haz de saber** que la Iglesia de Dios va a ser perseguida", "**haz de saber**, igualmente, que publicar una revista mensual no es tarea fácil" (especialmente para aquellos que no distinguen entre los verbos "haber" y "hacer"), "como **haz de saber**", "**haz de saber** que fortaleceré tu alma", "**haz de saber** que deseo ser tú en ese momento", "lo **haz de saber** muy bien", "**haz de saber** que tu corazón es un espejo", "**has de cuenta** que no lo tienes", "**has de cuenta** que no lo dejaron", "**has de cuenta** que tú y Claudia están atados con una cuerda", "**has de cuenta** que tienes novia", "**has de cuenta** que para ti nunca he existido", "**has de cuenta** que hoy yo no estoy aquí", "**has de cuenta** que te peleas con tu vecina", "**has de cuenta** que no fuiste", "**has de cuenta** que para ti estoy muerto" (sí, para el idioma).

☞ Google: 598 000 resultados de "haz de saber"; 222 000 de "has de cuenta". ☒

☞ Google: 17 800 000 resultados de "ten en cuenta"; 2 600 000 de "has de saber"; 199 000 de "haz de cuenta". ☑

116. hablar, ¿hablar diferentes idiomas?, ¿hablar distintos idiomas?, ¿hablar dos lenguas diferentes?, ¿hablar en dos idiomas diferentes?, ¿hablar en dos lenguas diferentes?, ¿hablar en idiomas distintos?,¿hablar en tres idiomas diferentes?, ¿idiomas iguales?

¿Por qué nos sorprendemos cuando alguien nos asegura que una persona habla en dos o tres idiomas diferentes? ¡Porque lo sorprendente sería que hablase en dos o tres idiomas iguales! No hay que ser necios: el adjetivo y sustantivo "políglota" o "poliglota" (del latín moderno *polyglottus*, y éste del griego *polýglõttos*) se aplica a la persona "versada en varias lenguas" (DRAE). Ejemplo: *El escritor inglés John Milton fue un* **políglota**. Quien habla y escribe en dos idiomas es una persona "bilingüe" (del latín *bilinguis*), adjetivo y sustantivo que significa "que habla dos lenguas" (DRAE). Ejemplo: *Fulano es* **bilingüe***: habla español e inglés.* A la persona "que habla tres lenguas" se le aplica el adjetivo y sustantivo "trilingüe" (del latín *trilinguis*). Ejemplo: *Fulano es* **trilingüe***: habla español, inglés y pendejadas* (sabroso chiste por el que doy crédito a mi querido y nunca olvidado maestro Hugo Gutiérrez Vega). El verbo intransitivo "hablar" (del latín *fabulāri*) significa "emitir palabras". Ejemplo: *Fulano* **habla***, nada más, porque tiene boca.* El sustantivo masculino "idioma" (del latín tardío *idiōma*, y éste del griego *idíõma*) significa, en la primera acepción del diccionario académico, "lengua de un pueblo o nación, o común a varios". Ejemplo: *El* **idioma** *común de muchos países de América es el español.* Sinónimo del sustantivo "idioma" es el sustantivo femenino "lengua" (del latín *lingua*), cuya acepción en el diccionario académico es la siguiente: "Sistema de comunicación verbal y casi siempre escrito, propio de una comunidad humana". Ejemplo: *Shakespeare es el mayor genio literario en la* **lengua** *inglesa.* En cuanto al adjetivo "diferente" (del latín *differens, diferentis*), su significado es "diverso, distinto". Ejemplo: *Tiene diez ediciones* **diferentes** *del Quijote.* Queda claro, en este ejemplo, que las ediciones son "distintas", pues el adjetivo "distinto" (del latín *distinctus*, participio pasivo de *distinguěre*: "distinguir") significa "que no es lo mismo, que tiene realidad o existencia diferente de aquello otro de que se trata" (DRAE). Ejemplo: *Hasta los gemelos pueden ser **distintos***. Explicado y entendido esto nadie, en sus cabales, se atrevería a decir que el francés y el inglés son idiomas iguales o que el portugués y el español son lenguas iguales. Por supuesto, cada lengua, cada idioma, con sus características propias (la voz griega *idíōma* deriva de *ídios*: "privado, particular, propio") es diferente. Incluso aquellas lenguas que provienen de una misma raíz, como el italiano y el español (cuyo tronco común es el latín) son distintas una de otra, aunque posean algún parecido. Queda claro que la persona versada en idiomas habla o escribe, ¡obviamente!, lenguas "diferentes". ¡Ni modo que "iguales"! De hecho, no hay lenguas "iguales". ¡Todas son diferentes entre sí! Por tanto, y por tonto, incurren en barrabasadas quienes dicen y escriben las expresiones "hablar diferentes idiomas", "hablar distintos idiomas", "hablar en dos idiomas diferentes", "hablar en idiomas distintos", "hablar en tres idiomas diferentes", etcétera. Si un políglota hablase en treinta idiomas "iguales" no sería un políglota; sería un lunático, puesto que no hay idiomas "iguales". Lo correcto es decir y escribir: "es bilingüe", "es trilingüe", "habla cuatro idiomas", "es políglota", "habla varios idiomas", "habla un chingo de idiomas", etcétera. ¿Distintos?, ¿diferentes? ¡Por supuesto! ¡Todos lo son!

Estas barrabasadas redundantes o, mejor dicho, delirantes, no pertenecen únicamente al ámbito inculto del español. Personas con altos estudios y con los más altos grados son, también, afectas a ellas. Están lo mismo en internet que en publicaciones impresas (incluidos libros). En la página de *Facebook* del programa mexicano de televisión *Netas Divinas* leemos lo siguiente:

♀ "**Hablar diferentes idiomas** le ayudó a Paola Rojas a obtener su primer empleo en la radio".

Quisieron decir que

♂ **hablar varios idiomas** le ayudó a Paola Rojas a obtener su primer empleo en la radio.

🖉 Van otros ejemplos de este desbarre redundante y esperpéntico o grotesco: "La importancia de **hablar diferentes idiomas**", "tu público puede **hablar diferentes idiomas**", "aprende **hablar diferentes idiomas** en una sola app", "es interesante poder aprender **hablar diferentes idiomas**" (y no saber escribir en español), "**hablar diferentes idiomas** puede llevarte a recibir ofertas laborales", "muchos deseamos poder **hablar diferentes idiomas** de manera fluida y fácil", "**hablar diferentes idiomas** con fluidez te abrirá las fronteras de otros países", "**hablar distintos idiomas** te aleja del alzhéimer", "confirmado: el alcohol ayuda a **hablar distintos idiomas**" (confirmado: los borrachos no saben lo que dicen), "¿alguna vez te has preguntado cuáles son los

beneficios de saber **hablar distintos idiomas?**", "**hablar distintos idiomas** aporta diferentes es-
quemas culturales", "desde que comenzó a **hablar distintos idiomas** se convirtió en objeto de
burlas en su escuela y en su barrio" (es que siempre andaba borracho), "mujer **habla diferentes idiomas**", "**habla diferentes idiomas** y actúa", "me gusta mucho conocer a gente de otros
países y **hablar idiomas diferentes**", "**hablar idiomas diferentes** fortalece y cambia ciertas áreas
del cerebro", "la importancia de **hablar idiomas distintos**", "debemos **hablar en idiomas distintos**", "estudios han mostrado que la habilidad de **hablar en dos idiomas diferentes** disminuye
el riesgo de demencia", "este traductor te ayuda a **hablar en tres idiomas diferentes**", "ser bilingüe es **hablar dos idiomas diferentes** completamente perfecto", "la gente de mi continente
también **habla lenguas diferentes**", "realidad desigual en tres **idiomas iguales**", "el niño bilingüe será aquel que será capaz de entender **y hablar dos lenguas diferentes**", (¡claro!, porque si
sólo es capaz de entender y hablar dos "lenguas iguales" sería un niño monolingüe), "es capaz
de **hablar en cuatro idiomas diferentes**", ¡y basta!

☞ Google: 7 810 resultados de "hablar diferentes idiomas"; 6 900 de "hablar distintos idiomas"; 6 450 de "habla diferentes idiomas"; 3 670 de "hablar idiomas diferentes"; 3 660 de
"hablar idiomas distintos"; 3 330 de "hablar en idiomas distintos"; 3 290 de "hablar en dos
idiomas diferentes"; 1 250 de "habla lenguas diferentes"; 1 150 de "hablar en tres idiomas diferentes"; 1 140 de "hablar dos idiomas diferentes"; 1 100 de "idiomas iguales"; 1 010 de "hablar
dos lenguas diferentes"; 1 000 de "hablar en cuatro idiomas diferentes";. ☒

☞ Google: 119 000 resultados de "habla varios idiomas"; 56 300 de "hablar dos idiomas";
39 800 de "hablar varios idiomas"; 10 800 de "hablar tres idiomas"; 9 430 de "hablar dos lenguas"; 8 160 de "hablar muchos idiomas"; 7 440 de "hablar varias lenguas"; 7 230 de "dominar varios idiomas"; 5 600 de "habla varias lenguas"; 4 630 de "hablar cuatro idiomas"; 3 750
de "dominar dos idiomas"; 3 420 de "hable varios idiomas"; 2 480 de "idiomas parecidos". ☑

117. ¿*heat*?, ¿*heat eliminatorio*?, ¿*hit eliminatorio*?

En el ámbito deportivo y, especialmente, en el atletismo, suelen usar los comentaristas, con mucha naturalidad, y hasta con donaire, las expresiones "heat" y "heat eliminatorio". En el primer caso es un anglicismo innecesario, pues la traducción para la
acepción deportiva de la voz inglesa *heat* ("calor") es "eliminatoria", "prueba clasificatoria" o "serie clasificatoria"; por ello, en el segundo caso ("heat eliminatorio"), el error
es aún más grave, pues se trata de un anglicismo (*heat*) que, al juntarse con su traducción española ("eliminatoria"), produce una muy gruesa redundancia: algo así como
decir "*heat heat*" o "eliminatoria eliminatoria". Si existe en español el equivalente, ¿por
qué demonios utilizar el anglicismo? Debe decirse y escribirse, en nuestra lengua, *Primera **prueba clasificatoria*** o *Primera **eliminatoria***, pero no *Primer **heat*** ni *Primer **heat eliminatorio***. Dejémonos de anglicismos y pochismos que alcanzan grados de patología
lingüística, pues como afirma Charlie Geer, profesor de inglés en España, "algunos

anglicismos me parecen fuera de lugar, un insulto al español, como pedos verbales". Por cierto, no hay que confundir las voces inglesas *heat* y *hit*, que algunos pronuncian, en ambos casos: "*jít*"; en el primer caso, como ya vimos, es voz que se traduce como "eliminatoria"; en el segundo, como "acierto" o "éxito". No es extraño que, entre los cronistas y especialistas deportivos del periodismo impreso, abunden los "hits eliminatorios". Hay deportes que, en español, han adoptado y adaptado voces inglesas que ya forman parte de nuestro idioma: "basquetbol", "basquetbolista", "basquetbolístico"; "beisbol", "beisbolero", "beisbolista", "beisbolístico"; "box", "boxeador", "boxear", "boxeo; "futbol", "futbolero", "futbolista", "futbolístico", cuyas traducciones textuales equivalentes tienen un uso más limitado, por ejemplo "pelota base" (que es una barbaridad) o "baloncesto" y "balompié" (propiamente de la jerga intelectual y no del habla común). Todos sabemos qué es un "gol" (del inglés *goal*: "meta"), pero podemos decir "tanto", más minoritario; y al "tanto" o "punto" del "basquetbol" le decimos "enceste" o "canasta" (del inglés *basket*: "canasta", "cesta", "cesto"); y decimos y escribimos "nocaut" (del inglés *knock-out*: "fuera de combate") cuando un boxeador ha sido "noqueado": "dejado fuera de combate"; y al "tanto" del beisbol le decimos "carrera", pero no hace falta escribir *home run*, en inglés, porque en español tenemos su adaptación gráfica "jonrón", y también "cuadrangular" que, en el beisbol es la "jugada estelar del bateador cuando éste "golpea la pelota enviándola fuera del campo, lo que le permite recorrer todas las bases [que son cuatro] y anotar una carrera" (DRAE). Decimos y aceptamos que un bateador ha sido "ponchado" (del inglés *to punch*), cuando el "pícher" lo ha eliminado luego de que el "ampáyer" ha determinado que recibió tres lanzamientos buenos de pelota sin que aquél bateara, o bien haciendo el movimiento del bate para golpear la pelota pero sin conseguirlo. Los términos propios de estos deportes muy populares, que provienen del inglés, se han adoptado y adaptado en nuestra lengua cuando no existe un equivalente. Y también pueden "traducirse", legítimamente, como en "juego de pelota", que así se denomina al "beisbol" en prácticamente todos los países del Caribe. Estos deportes también nos han traído al "réferi" (del inglés *referee*), aunque ya teníamos al "árbitro" (del latín *arbĭter, arbitri*), persona que aplica el reglamento en las competiciones, y también al "ampáyer" (del inglés *umpire*), que es el árbitro en un partido de beisbol. Asimismo, en el beisbol podemos decir *innings*, para referirnos a los nueve episodios que dura un juego de beisbol, y *extra innings* cuando el juego se alarga más allá del noveno episodio y los equipos están empatados, pero podemos decir también, en español, "entradas" y "entradas extras" o "entradas adicionales"; y tenemos las adaptaciones "picheo" y "pícher" (del inglés *pitcher*), lanzamiento de la pelota y lanzador de la pelota, pero no tenemos ninguna adaptación para la voz inglesa *strike* que es el lanzamiento acertado del "pícher" y que pronunciamos, aproximadamente, "*estráik*" o "*estréik*". Si España fuese potencia mundial de beisbol, la Real Academia Española ya hubiese aplicado la norma y aceptado "estraik" o "estreik", pero como, en este deporte, España no pinta para nada será difícil tener esa adaptación lógica. El *Diccionario panhispánico de dudas* registra ya la adaptación gráfica "jit" (del inglés *hit*) para referirnos, en el beisbol, al "tiro que no es interceptado por la defensa del equipo contrario y permite al bateador alcanzar una base" (más bien, alcanzar una o más bases, pues puede ser un "jit" doble y hasta triple), y para la voz inglesa *sparring* (oponente de boxeo en los entrenamientos), el *Panhispánico* propone la adaptación lógica "esparrin" que, probablemente, en la próxima edición del DRAE, la Real Academia Española incorporará luego de haberle pasado la bolita a ese pobre recipiente en el que la señora de Madrid echa sus sobras. Por otra parte, aunque el "tenis" (del inglés *tennis*, acortamiento de *lawn-tennis*) sea un deporte menos popular que los ya mencionados, este sustantivo tiene su adaptación gráfica, lo mismo que "set" (del inglés *set*), una de cuyas acepciones es la siguiente: "En el tenis y otros deportes, parte o manga de un partido, con tanteo independiente" (DRAE). Hay cronistas y comentaristas de este deporte que se llenan la boca con la expresión *match point*, únicamente para mostrar que saben inglés y que les fascina, aunque bien podrían decir, en español, "punto de partido" o "punto para partido"; asimismo, en inglés, la voz *ace* (pronunciación aproximada: "eis" o "eish") se traduce como "as" (número uno, sobresaliente, el mejor), y un "punto as" es aquel "que se obtiene directamente en el servicio o saque sin que el oponente toque con su raqueta la bola". Por ello, cuando un cronista que está narrando en español se refiere al servicio *eish*, hay que decirle que no sea mamila: que hable en español y que diga que Federer o Nadal consiguieron un "servicio perfecto", así las cosas tampoco se prestarían a confusión: que digan, claramente, en español, que fue un "servicio perfecto" y no en inglés, mal pronunciado, que fue un "servicio *ass*", esto es un "servicio con el culo".

Volviendo a las barbaridades "heat" y "heat eliminatorio", en el diario *El Sol de México* leemos que

♀ "Mexicano Juan Carlos Cabrera superó en su **heat eliminatorio** al salvadoreño Roberto López".

No, por supuesto. En correcto español,

♂ el mexicano Juan Carlos Cabrera superó en la **prueba clasificatoria** al salvadoreño Roberto López.

🖉 Van aquí algunos ejemplos de estas torpezas idiomáticas de quienes usan mal el inglés y peor el español y que, como es de suponerse, no consultan jamás diccionario alguno: "contento de haber pasado el primer **heat**", "eliminada en el primer **heat** de los 400m con vallas", "Cali Muñoz gana primer **heat**", "será el encargado de surfear en el primer **heat** del día", "nadará en el segundo **heat** de los 100 metros", "quedó quinta en su **heat** de 100 metros mariposa", "sexto en segundo **heat** de 200 metros", "lideró el segundo **heat** ayer", "segundo en su **heat** de 1,500 libres", "Bolt gana el primer **heat eliminatorio**", "gana el primer lugar en su **heat elimina-torio** de natación", "ganó su **heat eliminatorio** en Mundial de Atletismo", "fue séptimo en **heat eliminatorio**", "siguen **heats eliminatorios** en remos", "queda eliminada en los **heats eliminato-rios**", "nadadores mexicanos no superan **heats eliminatorios**" y, peor aún: "tercer y último **hit eliminatorio**", "Usain Bolt gana su primer **hit eliminatorio** en Londres", "quedó último en su **hit eliminatorio**", "dan inicio los **hits eliminatorios**", "participa en los **hits eliminatorios**", "tras superar los **hits eliminatorios** subió a lo más alto del podio", etcétera.

☞ Google: 34 800 resultados de "primer heat"; 15 500 de "segundo heat"; 12 400 de "heat eliminatorio"; 7 460 de "hit eliminatorio"; 7 210 de "tercer heat"; 3 730 de "heats eliminato-rios"; 2 750 de "hits eliminatorios"; 2 210 de "el heat eliminatorio". ☒

☞ Google: 11 800 000 resultados de "eliminatorias"; 5 710 000 de "eliminatoria"; 44 100 de "prueba clasificatoria"; 38 600 de "pruebas clasificatorias"; 28 200 de "series clasificatorias"; 24 200 de "serie clasificatoria". ☑

118. hechos, ¿*hechos prácticos?*, práctica, práctico, prácticos

¿Hay hechos que no sean prácticos, es decir, que sean, simplemente, teóricos? Por supuesto que no. Porque el sustantivo masculino "hecho" (del participio de *hacer*, y del latín *factus*) significa "acción u obra" y "cosa que sucede" (DRAE). Ejemplos: *Dejé-monos de palabras y vayamos a los **hechos**; Los **hechos** ocurrieron el sábado por la noche*. Si los sinónimos del sustantivo "hecho" son "acción" y "obra", veamos sus significa-dos. El sustantivo femenino "acción" (del latín *actio, actiōnis*) posee dos acepciones principales en el diccionario académico: "Ejercicio de la posibilidad de hacer" y "re-sultado de hacer". Ejemplos: *Dejémonos de palabras y vayamos a las **acciones**; Las **accio-nes** no fueron bien planeadas y el operativo fracasó*. En cuanto al sustantivo femenino "obra" (del latín *opĕra*), su acepción principal en el DRAE es "cosa hecha o producida por un agente". Ejemplos: *Dejémonos de palabras y vayamos a las **obras**; Las **obras** fraca-san ahí donde no hay planeación*. Por otra parte, el adjetivo "práctico" (del latín tardío *practĭcus*: "activo", "que actúa", y éste del griego *praktikós*), significa "perteneciente o relativo a la práctica" (DRAE). Ejemplo: *El conocimiento **práctico** es más sólido que el teó-rico*. Antónimo o contrario del adjetivo "práctico" es el adjetivo "teórico" (del latín tar-dío *theorĭcus*, y éste del griego *theōrikós*): "Perteneciente o relativo a la teoría" y "que conoce las cosas o las considera tan solo especulativamente" (DRAE). Ejemplo: *Quere-mos ver lo **práctico**, no escuchar lo **teórico***. De ahí el sustantivo femenino "teoría" (del griego *theōría*), cuya acepción principal en el diccionario académico es "conocimien-to especulativo considerado con independencia de toda aplicación". Ejemplo: *¡Basta de **teoría**, queremos ver la **práctica***! Dicho y comprendido lo anterior, queda claro que todo "hecho" es "práctico" y que toda "práctica" implica una "acción", una "obra". Por lo tanto, no existen los "hechos teóricos", ¡todos son "prácticos"! y, en consecuencia, es una redundancia bruta decir y escribir "hechos prácticos".

Esta expresión redundante pertenece al ámbito de la alta escolarización. Sociólogos, economistas, historiadores, politólogos, etcétera, hablan y escriben de "hechos prácticos", lo mismo en publicaciones impresas que en internet. En el medio universitario los "hechos prácticos" son muy mentados, lo cual revela que los profesionistas y aspirantes a profesionistas no consultan el diccionario ni por equivocación. En el diario mexicano *La Jornada* un comentarista político escribe lo siguiente:

♀ "Infortunadamente, las buenas ideas no son suficientes por ellas mismas para convertirse en **hechos prácticos**".

Lo correcto, sin redundancia:

♂ Las buenas ideas no se convierten necesariamente en **acciones** o en **hechos**.

✍ He aquí algunos ejemplos de estas redundancias cultas: "comprobación de sus aciertos por los **hechos prácticos**", "Washington en una escalada retórica y de **hechos prácticos**" (¡todo estaría bien si sólo fueran "hechos teóricos"!), "cada año hemos depositado grandes esperanzas en que todas las palabras se traducirían en **hechos prácticos**", "estas conquistas deben traducirse en **hechos prácticos**", "algunos **hechos prácticos** y positivos", "convertir los lineamientos en **hechos prácticos**", "desarrollar tus habilidades y potenciarlas con **hechos prácticos**", "Cuba dice que los **hechos prácticos** de Obama determinarán la nueva etapa", "pero se comprende menos a la hora de traducir las palabras en **hechos prácticos**", "ratificaba en los **hechos prácticos** la verdad", "análisis sobre **hechos prácticos** y experiencias significativas", "sus asertos por los **hechos prácticos**", "las promesas se convertirán en **hechos prácticos** para muchos", "la quinta libertad en Canarias será un **hecho práctico**", "se convierte en conocimiento para el **hecho práctico**", "necesario para que la administración electrónica sea un **hecho práctico** y beneficioso", "es un **hecho práctico** que desafía circunstancias nocivas", ¡y basta!

☞ Google: 62 300 resultados de "hechos prácticos"; 28 600 de "hecho práctico". ☒

119. hija, ¿*hija mujer?*, hijas, ¿*hijas mujeres?*, hijo, hijos

Dice bien Gabriel Zaid en su libro *Mil palabras*: "De los afanes feministas han salido muchas cosas buenas y algunas lamentables". Una de éstas tiene que ver con el énfasis innecesario, de ciertos giros del denominado "lenguaje de género", que produce redundancias atroces. Tal es el caso de las expresiones "hija mujer" e "hijas mujeres", pues, gramatical, lingüística y semánticamente, si son "hijas" (sustantivo femenino plural) son "mujeres" (adjetivo y sustantivo femenino plural), y lo mismo ocurre con el singular: decir y escribir "hija mujer" es, a tal grado absurdo, como dar por sentado que existen los conceptos "hija varón" e "hijo mujer", sinsentidos o contrasentidos que ni siquiera pueden justificarse con las formas del "lenguaje incluyente" y de

la "ideología de género". La economía y la lógica del español, entre otras lenguas, exigen que, para evitar redundancias y anfibologías, un término baste o sea suficiente,
para nombrar lo que se desea, con base en su definición. ¿Cómo podría ser de otro
modo? El problema es que la lógica es lo primero que se pierde cuando se extravía el
sentido común. Veamos por qué. El sustantivo "hijo", cuyo femenino es "hija" (del
latín *filius*), significa, en su acepción principal, "persona o animal respecto de sus padres" (DRAE). Ejemplos: *Laura es* **hija** *de Gabriela y Luis*; *Pedro es* **hijo** *de Carlos*; *Estela
y Jorge son* **hijos** *de Emilia*; *Ese cachorro es* **hijo** *de perros con pedigrí*. En cuanto al sustantivo femenino "mujer" (del latín *mulier, mulĭēris*), su acepción principal es "persona
del sexo femenino" (DRAE). Ejemplo: *Tienen cuatro* **hijos**: *tres* **varones** *y una* **mujer**. El
antónimo directo de "mujer" no es, como muchos creen, "hombre", sino "varón",
porque el sustantivo masculino "hombre" (del latín *homo, homĭnis*) significa, en su
primera acepción, "ser animado racional, varón o mujer" (DRAE). Ejemplo: *La historia
del* **hombre** *(o del* **ser humano***) comenzó con la aparición del* Homo sapiens *hace 300 000
años*. Sólo en la acepción secundaria, el sustantivo masculino "hombre" significa "varón" (del latín *varo, varōnis*), sustantivo que designa a la "persona del sexo masculino". Ejemplo: *Entre sus hermanos sólo uno es* **varón**. Por lo tanto, cuando se dice o se
escribe que *Neil Armstrong es el primer* **hombre** *que pisó la Luna*, no necesariamente el
término "hombre" significa "varón" (aunque Armstrong haya sido varón), sino "ser humano". Para evitar ambigüedades tendríamos que decir y escribir que *Neil Armstrong
es el primer* **ser humano** *que pisó la Luna* (a pesar de que, hasta el momento, ninguna
astronauta haya emulado a Armstrong). La redundancia atroz "hija mujer" tiene influencia, sin duda, de la expresión "hijo varón" que sólo en algunos casos es redundante, pues, en general, cumple el propósito de evitar ambigüedades. Ejemplo: *¿Tiene
hijos la familia? Sí, un* **hijo varón**. Estrictamente bastaría con decir y escribir: *¿Tiene hijos la familia? Sí, un* **varón**. Pero, en otras construcciones es necesaria la expresión
"hijo varón" para distinguirlo de los otros "hijos", entre los cuales hay mujeres. Ejemplo: *Las madres suelen ser más consentidoras con los* **hijos varones**. Si de este ejemplo eliminamos el sustantivo plural "varones", se producen, al menos, dos anfibologías: *Las
madres suelen ser más consentidoras con los* **hijos**. La primera interpretación anfibológi-
ca es que "los padres" (masculino plural opuesto a "las madres") son menos consen-
tidores con los hijos. La segunda ambigüedad está justamente en el término "hijos":
plural que abarca también a "la hija" o a "las "hijas" si las hubiera (y puede haberlas)
en dicho enunciado. Por ello, la forma enfática "hijo varón", con su plural "hijos varones", se propone romper la ambigüedad del sexo de la persona o las personas,
puesto que la acepción general del sustantivo "hijo" es, como ya vimos, "persona o
animal respecto de sus padres" y, sobre todo en plural, los "hijos" pueden estar constituidos lo mismo por personas del sexo masculino que femenino. Pero este énfasis

sólo es necesario (y no siempre) en el género masculino, pues, como también ha observado Gabriel Zaid, "usar una palabra masculina [en este caso "hijos"] para incluir ambos géneros puede parecer sexista, pero es a costa del género masculino, que pierde la exclusividad retenida por el femenino". Dicho de otro modo: el término "hijos", como genérico, incluye lo mismo varones que mujeres, pero el término "hijas" excluye, automáticamente, a los varones. Por ello decir y escribir "hijo varón" puede ser pertinente, pero nunca lo será, ni lógica ni gramaticalmente, "hija mujer". Visto y comprendido lo anterior son formas redundantes, inexcusables, lo mismo "hija mujer" que "hijas mujeres", producto de una ultracorrección sexista inversa. El suelo del idioma es muy parejo, en su lógica y en su economía, como para andar pegando tanto brinco. Ningún padre dice *Tengo **un hijo*** si lo que tiene es una hija; dirá: *Tengo **una hija***. Por ello mismo, ¿qué necesidad hay de decir y escribir las redundancias "hija mujer" o "hijas mujeres"? Y cuando un padre o una madre diga *Tengo **un hijo***, seremos muy burros si le preguntamos: *¿Niña o niño; mujer o varón?* ¡Coño, carajo, caballero, no estás oyendo, sin posibilidad de confusión, que tiene "un hijo"! Y si tiene varios ("niñas" y "niños", "mujeres" y "varones"), nos dirá, sin redundancia, que tiene tres "niñas" y dos "niños", tres "mujeres" y dos "varones". ¿Qué le pasa a la gente que de lo primero que se contagia es de la tontería de los demás? Lo que le pasa es que tiene un enorme desprecio por el conocimiento, un gran desdén por la lógica y, casi siempre, una evidente carencia de sentido común.

Esta confusión no proviene del ámbito inculto de la lengua, sino de los ambientes cultos y, sobre todo, altamente escolarizados en donde casi nunca abren un diccionario. Y lo peor es que los individuos de ese ambiente influyen en muchísimas personas que los imitan porque suponen que gente tan estudiada no puede estar equivocada. Los periodistas, por ejemplo, les creen, y se dan vuelo ya con las "hijas mujeres" lo mismo en publicaciones impresas que en internet. En el diario mexicano *La Unión de Morelos* leemos el siguiente encabezado:

♀ "Si tienes **hijas mujeres** gastarás más que si tuvieras niños".

¡Vaya disparate por donde quiera que se le vea! Lo correcto:

☝ Si tienes **hijas** tendrás más gastos que si tienes **hijos**.

🖉 Van otros ejemplos de estas redundancias que se cuentan por cientos de miles: "Los sentimientos de sus **hijas mujeres**", "los padres que tienen **hijas mujeres** gastan 30% más", "celebro la existencia de mis dos **hijas mujeres**", "lo maravilloso de tener dos **hijas mujeres**", "los hombres que tienen **hijas mujeres** experimentan cambios positivos", "las parejas más guapas tienen **hijas mujeres**", "los papás con **hijas mujeres** están más presentes y atentos en sus interacciones personales", "mis dos **hijas mujeres** no se pueden parecer más", "tener **hijas mujeres** es una bendición", "cuando nuestra abuela tuvo **hijas mujeres**", "las **hijas mujeres** lesbianas y la relación con su núcleo familiar" (si son "hijas" son "mujeres", si son "lesbianas" son "mujeres"; ¿a alguien no le queda claro esto?), "es terrible tener una **hija mujer** en este país", "la **hija mujer** que no tengo", "el daño que le causa un papá infiel a su **hija mujer**", "**hija mujer** que muere sin descendencia", y, como siempre hay algo peor, "yo soy **hija mujer** e hija única".

☞ Google: 505 000 resultados de "hijas mujeres"; 249 000 de "hija mujer". ☒

☞ Google: 1 500 000 000 de resultados de "mujer"; 896 000 000 de "mujeres"; 283 000 000 de "hija"; 53 800 000 de "hijas"; 31 400 000 de "varón"; 28 900 000 de "varones"; 891 000 de "hijos varones"; 827 000 de "hijo varón". ☑

120. homenaje, ¿*homenaje póstumo al fallecido*?, ¿*homenaje póstumo a los fallecidos*?
Rebuznancias muy sonadas son las expresiones "homenaje póstumo al fallecido", "homenaje póstumo a los fallecidos" y sus variantes, pues el adjetivo "póstumo" (del latín *postŭmus*) significa lo siguiente, en la tercera acepción del DRAE: "Dicho de un acto, especialmente de un homenaje: Que se realiza después de la muerte de la persona a quien va dirigido". Ejemplo: *Homenaje **póstumo** a Aretha Franklin*. Dado que un homenaje se puede realizar en vida de la persona a quien va dirigido, en el caso de Aretha Franklin, ésta recibió homenajes en vida antes del 16 de agosto de 2018, fecha de su fallecimiento; después de esta fecha, todos los homenajes a ella dirigidos son "póstumos". No podría ser de otro modo, pues el verbo intransitivo "fallecer" significa "morir" o "llegar al término de la vida"; de ahí que el adjetivo participio "fallecido" sea sinónimo de "muerto" ("que está sin vida"). El sustantivo masculino "homenaje" (del occitano *homenatge*) significa "acto o serie de actos que se celebran en honor de alguien o de algo" (DRAE). Ejemplo: *Rinden **homenaje** a los héroes de la Independencia*. Y, en este ejemplo, ni siquiera es necesario acotar que se trata de un "homenaje póstumo", dado que es bien sabido que los héroes de la Independencia murieron hace mucho tiempo, lo cual indica también que es una torpeza abusar del adjetivo "póstumo" al calificar al sustantivo "homenaje": se emplea, con corrección, inmediatamente después de la muerte del homenajeado y cuando ha transcurrido un corto tiempo (algunos días) después de su fallecimiento, pero es una ridiculez y una idiotez decir o escribir, por ejemplo, en 2019, que se rinde un *Homenaje **póstumo** a Frank Sinatra*; basta con decir y escribir *Homenaje a Frank Sinatra*, pues este cantante y actor murió en 1998, ¡hace más de veinte años!, y ni modo que el homenaje no sea póstumo. Pero si eso es ridículo e idiota, peor es aún decir y escribir las ya mencionadas expresiones "homenaje póstumo al fallecido", "homenaje póstumo a la fallecida", "homenaje póstumo a las fallecidas" y "homenaje póstumo a los fallecidos", pues resulta obvio que si el homenaje es póstumo va dirigido a quien ya falleció, a quien ya colgó los tenis, a quien ya chupó faros; de otro modo, aunque esté muy enfermo y se lo esté llevando la chingada, mientras esta señora no se lo haya

cargado del todo, el homenaje que se le realice al individuo no podrá calificarse de "póstumo", y así como un vivo no recibe distinciones "póstumas", en sentido inverso, un muerto únicamente puede recibir homenajes póstumos y honras fúnebres. Además, para que esto quede muy claro, hay que insistir en que si el distinguido o notable fallecido (¡debería serlo para merecer un homenaje!) ya se peló de este mundo desde hace mucho tiempo o, para decirlo más elegantemente, desde hace un chingo de años, es una idiotez calificar de "póstumo" su homenaje. Si murió hace mucho, el homenaje es "póstumo". ¡Ni modo que no! Habrá quizá que poner un aviso muy visible en todos lados para que a nadie le quepa duda sobre este asunto: "Si quieren homenajes póstumos, ¡primero muéranse!".

Y es que especialmente en el periodismo, ya sea impreso o audiovisual, muchos profesionistas no entienden esta elemental diferencia entre un muerto y un vivo, entre un "homenaje póstumo" y un "homenaje en vida". Las páginas de internet y de las publicaciones impresas están llenas de estas rebuznancias. En el diario mexicano *El Siglo de Torreón* leemos el siguiente sumario:

♀ "El gobierno de Cuba dedicó un **homenaje póstumo al fallecido** líder sudafricano Nelson Mandela".

Si Nelson Mandela no hubiese fallecido, nadie le hubiese dedicado un homenaje póstumo. Tuvo que fallecer para que ello ocurriera, cosa que no hace falta decir cuando se precisa que se trata de un "homenaje póstumo" (que únicamente se puede rendir a un difunto). Para evitar esta rebuznancia hay dos formas perfectas de informar que, desafortunadamente, no utilizaron los redactores de dicho diario:

♂ El gobierno cubano dedicó un **homenaje póstumo** al líder sudafricano Nelson Mandela. O bien: El gobierno cubano dedicó un **homenaje al fallecido** líder sudafricano Nelson Mandela.

✎ He aquí unos poquísimos ejemplos de estas groseras barbaridades redundantes que abundan en el periodismo: "Congreso rinde **homenaje póstumo al fallecido** ministro", "preside un **homenaje póstumo al fallecido** alcalde", "Poder Judicial rinde hoy un **homenaje póstumo al fallecido** juez", "Nicaragua rinde **homenaje póstumo al fallecido** presidente de la Asamblea Nacional", "rendirán **homenaje póstumo al fallecido** Alberto Rojas *El Caballo*", "**homenaje póstumo al fallecido** ciclista", "rindieron un **homenaje póstumo al fallecido** secretario general", "se llevó a cabo un **homenaje póstumo al fallecido** ex gobernador", "hacen fila para rendir **homenaje póstumo al fallecido** líder cubano Fidel Castro", "el Instituto de Posgrado en Derecho realizó ayer un **homenaje póstumo al fallecido** jurista", "**homenaje póstumo a la fallecida** comunicadora", "**homenaje póstumo a la fallecida** artista británica", "**homenaje póstumo a la fallecida** líder independentista", "**homenaje póstumo a la fallecida** dirigente", "**homenaje póstumo a los fallecidos** de la tragedia", "se realizó un **homenaje póstumo a los fallecidos** presidentes", "**homenaje póstumo a los fallecidos** en el terremoto", "**homenaje póstumo a los fallecidos** en el accidente aéreo", "que rindan **homenaje póstumo a los fallecidos**", "**homenaje póstumo a policías fallecidos** en cumplimiento del deber", "**homenaje póstumo a los militares fallecidos**" y, como siempre hay algo peor, "**homenaje póstumo a quienes murieron**".

☞ Google: 19 700 resultados de "homenaje póstumo a los fallecidos"; 8 550 de "homenaje póstumo al fallecido"; 3 740 de "homenaje póstumo a la fallecida". ☒

121. ¿*homogénero*?, ¿*homogéneros*?, homosexual, homosexuales

Los mismos y las mismas (así hablan y escriben hoy hasta las personas inteligentes que ceden ante el chantaje de la corrección política) que confunden "género" con "sexo" (no saben que "género" tienen las palabras, y "sexo" tenemos las personas) y que dicen y escriben "transgénero" en lugar del correcto "transexual", últimamente pretenden acuñar el disparate "homogénero" en lugar del correcto adjetivo y sustantivo "homosexual" que es válido lo mismo para hombres que para mujeres: "**el** homosexual", "**la** homosexual". Supondrán que cuando uno dice "sin **género** de dudas" (esto es, sin ninguna duda), está uno diciendo "sin **sexo** de dudas". Hay que ser muy cabezones para ello. A veces las discusiones entre los mismos (y las mismas) "homogéneros" (¿y "homogéneras"?) resultan divertidísimas, en internet especialmente; pero sobre todo son muy ilustrativas cuando un homosexual o una lesbiana tienen cultura, lógica y gran conocimiento de lo que dicen y escriben, y tratan de hacer entrar en razón a otros homosexuales que, probablemente, nunca han abierto un diccionario. Entre tuiteos y retuiteos, Kodama, de Córdoba, España (que se define "radfem y lesbiana"; "radfem" es abreviatura de "feminista radical"), pone en su sitio a más de uno y a más de una, porque ella sí sabe la diferencia que existe entre "género" y "sexo", incluso cuando el concepto de "género" rompe con la ortodoxia gramatical y pasa a definir ciertos aspectos que corresponden al cliché o a la imagen estereotipada entre los homosexuales, ya sean hombres o mujeres. Frente a los empecinados y empecinadas en llamar "homogénero" al y a la "homosexual" (al rato hablarán de "homosexualas" y no de "lesbianas"), Kodama refuta a otras lesbianas y a algunos homosexuales que ignoran la diferencia entre "sexo" y "género". Por principio les dice: "Las orientaciones sexuales van de sexo, no de género". A una insistente lesbiana que firma como "Almohada001" y que habla de las "transgénero", Kodama le dice: "Una mujer trans no es de sexo femenino, por dios. Confunden sexo con género. Sexo = biología. Género = conjunto de estereotipos machistas que se le supone a una mujer. A mí no me atrae un estereotipo machista, a mí me atraen las mujeres, se pongan o no vestidos". A otro, que firma como Gadiel y que insiste en "las mujeres trans, como **hembras del sexo femenino**" (así lo dice, por Dios santo que no invento nada), Kodama le hace la siguiente refutación: "No, una transmujer no es una hembra humana. A las lesbianas nos atrae nuestro mismo sexo, es decir, las hembras, no alguien que lleve vestido, maquillaje y tacones. Eso no es ser mujer. Estoy harta de explicarlo". Pero como Gadiel tozudamente continúa en sus trece (porque, probablemente, es "hombre con vestido", es decir travesti), Kodama tiene que ser más explícita: "A las lesbianas nos atraen las hembras humanas, no los hombres con vestidos. Si a una lesbiana le gusta un pene, tiene de lesbiana lo que yo de cura". Gadiel no se da por vencido en su obstinación, y entonces Hannya, otra lesbiana, que concuerda con Kodama, interviene y le explica al necio: "Lesbiana = tía a la que le gustan las tías con coño. Creo que no es muy difícil de entender. Ni tías con polla ni tíos con coño, ni ladrillos con seis aberturas". Kodama refuerza su lógica (irrefutable): "Homosexual significa que te atrae tu mismo sexo. El problema del 'género' es que es un constructo social y cultural, y por tanto sujeto a cambio y abolible". Pocas veces una mujer homosexual, esto es una lesbiana, ha explicado tan claramente estos conceptos no sólo a los heterosexuales, sino también, y especialmente, a quienes integran la denominada comunidad LGTBTTTI (más las siglas que se acumulen la próxima semana), en la que hay no pocas personas (como en todos los demás ámbitos) que están peleadas con la lógica. Ya de plano encabronada, ante tanta necedad y ausencia de lógica de varios y varias de sus interlocutores e interlocutoras, Kodama les da una última explicación con manzanitas: "Nos sentimos atraídas por PERSONAS con unos genitales concretos", para luego dar la puntilla: "Las lesbianas somos homosexuales, no homogénero. El género os lo metéis por el culo. Gracias y buenas noches".

Esto de confundir "sexo" con "género" ya se ha vuelto una epidemia en nuestro idioma. Ni siquiera en las universidades saben distinguir esto. Pero si ya "transgénero" es una barbaridad, en lugar de "transexual", "homogénero" es lo más torpe que se le puede ocurrir a alguien ante la existencia del adjetivo y sustantivo "homosexual" ("se aplica a las personas que satisfacen su sensualidad sexual con la de su mismo sexo", dice María Moliner en el DUE) con el que todos (y todas) podemos entendernos. Hay quienes hablan y escriben de:

♀ "Campaña sobre el amor igualitario y **homogénero**".

¡No, por Dios!, lo correcto en español es

☿ Campaña sobre el amor igualitario y **homosexual**.

✎ Por lo demás, quién sabe qué sea eso del "amor igualitario" y cómo se pueda medir (¿50% y 50% por cada uno de los amantes amorosos?). A los homosexuales a veces se les olvida (o nunca lo han leído) lo que dijo un gran poeta (homosexual, si viene al caso) que define el amor lo mismo para los homosexuales que para los heterosexuales: "Libertad no conozco sino la libertad de estar preso en alguien/ cuyo nombre no puedo oír sin escalofrío;/ alguien por quien me olvido de esta existencia mezquina,/ por quien el día y la noche son para mí lo que quiera,/ y mi cuerpo y espíritu flotan en su cuerpo y espíritu": Luis Cernuda. No hay en esto ni un gramo de cursilería. Pero, en fin, lo cierto es que el término "homogénero" con el que ahora algunos y algunas quieren fregar el idioma, es incluso peor que "transgénero", si tomamos en cuenta que "transexual" es un adjetivo y sustantivo relativamente reciente, a diferencia de "homosexual", que es un adjetivo y sustantivo de muy larga historia en nuestro idioma. Si no es errata por "homogéneo" ("perteneciente o relativo a un mismo género, poseedor de iguales caracteres" y "formado por elementos iguales"), el término "homogénero" es el colmo del lenguaje "con perspectiva de género". He aquí algunos ejemplos de esta barrabasada: "Gays y lesbianas somos **homogéneros**. En los estudios *queer* actuales se empieza a hablar de **homogénero**" (¡ah, qué actualizado!), "**homogénero** y gays", "**homogénero**: da igual, todos amamos", "**homogénero** es ver el amor como un sentimiento igualitario", "grupo que está en contra de los matrimonios **homogénero**", "en mi opinión, el empleo de la palabra **homogénero** será cada vez mayor en los estudios académicos, relegando a la palabra homosexual" (no lo dudamos: en las universidades cada vez hay más personas que carecen de lógica y no consultan jamás el diccionario; y, como alguna vez dijo Brian Eno: "es completamente posible graduarse en la universidad y no tener ni puta idea de nada"), "ese ser único, **homogénero** y sin matices", "**homogénero**: persona a la que le atraen otras de distinto género al suyo, independientemente de cuál sea su sexo y el de las otras" (esto está escrito en galimatías, no en español), "homosexualidad, **homogénero**, homoafecto" (¡ah, chingá!), "utilizo el concepto de **homogénero** para resaltar el carácter cultural del comportamiento" (¡vaya, vaya!). Por fortuna, también hay personas cultas e inteligentes en Twitter. En otro debate sobre la homosexualidad, un despistado escribe: "El sexo y el género es lo mismo", a lo cual el tuitero Warban le responde: "Un hombre gay es un hombre homosexual. No un hombre **homogénero**. Lo mismo con las lesbianas. Confundís género y sexo muy fácilmente".

   ☞ Google: 2 480 resultados de "homogénero". ☒
   ☞ Google: 57 800 000 resultados de "homosexual". ☑

122. hubiera, ¿hubiera podido ser posible?, ¿no hubiera podido ser posible?, ¿no puede ser posible?, ¿puede ser posible?

"¿Hubiera podido ser posible?" Mejor: "Hubiera podido ser", y mucho mejor: "Hubiera sido posible". "¿No hubiera podido ser posible?" Siempre serán mejores las formas: "No hubiera podido ser" y "no hubiera sido posible". "¿No puede ser posible?" Basta con decir y escribir "¡no puede ser!" o "¡no es posible!" (expresiones de contrariedad, al lamentar algo cuyo fracaso nos parece sorprendente). "¿Puede ser posible?" Basta con decir y escribir "puede ser" o "es posible", y punto. ¿Para qué tantas vueltas? Nuestra lengua está enferma de perífrasis viciosas que no aportan nada a la precisión de lo que se desea expresar y que, por el contrario, rayan en la redundancia bruta.

"Hubiera podido ser posible", "no hubiera podido ser posible", "no puede ser posible" y "puede ser posible" son cuatro de ellas, entre otras variantes de la misma familia de dislates. Veamos. "Hubiera" (o "hubiese") corresponde a la primera y a la tercera persona del singular del pretérito imperfecto o copretérito de subjuntivo del verbo auxiliar "haber" (del latín *habēre*), que se usa "para conjugar otros verbos en los tiempos compuestos" (DRAE). Ejemplos del diccionario académico: *Yo **he** amado*; *Tú **habrás** leído*. Con el verbo transitivo "poder" (del latín *potēre*), cuyo significado es "tener expedita la facultad o potencia de hacer algo" (DRAE), se puede decir y escribir, por ejemplo, *Yo **hubiera podido***, en tanto su forma sea personal. Pero el verbo "haber" es también impersonal en la expresión ***Hubiera podido ser***, cuyo sujeto ausente es "esto", "eso" o "aquello": *Aquello **hubiera podido ser**, pero se malogró*. Cuando la expresión "hubiera podido ser" se remata con el adjetivo "posible" se cae en una redundancia bruta, similar a la expresada en los enunciados "no hubiera podido ser posible", "no puede ser posible" y "puede ser posible", pues el adjetivo "posible" (del latín *possibĭlis*) significa "que puede ser o suceder" y "que se puede ejecutar" (DRAE). Ejemplos: ***Hubiera sido posible**, pero, desafortunadamente, se malogró*; ***No hubiera sido posible** sin la participación de ustedes*; ***¡No es posible!**; perdimos en el último minuto*; ***Es posible**, aunque lo dudo*. El verbo "poder" y el adjetivo "posible" son parientes y comparten parentesco, también, con el adjetivo femenino "potencia" (del latín *potentia*): "Capacidad para ejecutar algo o producir un efecto" (DRAE). Alfredo Le Pera nos pone la muestra de cómo se usa, con perfección lírica, corrección gramatical e innegable lógica, la secuencia "haber sido" en su forma personal: "Si arrastré por este mundo **la vergüenza de haber sido** y **el dolor de ya no ser**" (tango "Cuesta abajo", 1934). La "potencia" es "haber sido"; la "impotencia" es "ya no ser". En su uso impersonal las secuencias "hubiera podido ser", "no hubiera podido ser", "no puede ser" y "puede ser" son perfectas para expresar lo que se desea, sin necesidad del énfasis redundante que le añade el adjetivo "posible". Las formas redundantes nacieron en el ambiente coloquial de nuestro idioma, pero han pasado a la escritura, incluso culta y periodística, hasta infestarla.

Su reino es internet, pero ya abunda en publicaciones impresas, incluidos libros. Cuando el cineasta Alfonso Cuarón ganó los premios de mejor director y mejor película (por *Roma*), agradeció de la siguiente manera:

♀ "Este filme **no hubiera podido ser posible** sin los colores específicos que me hicieron quien soy".

Sin redundancia, bien pudo decir:

� Este filme **no hubiera sido posible** sin los colores, etcétera.

✎ Van otros ejemplos de estas redundancias perifrásticas, que se cuentan por millones: "Cómo **puede ser posible**", "todo **puede ser posible**", "acabar la malaria **puede ser posible**", "la prevención de adicciones **puede ser posible**", "lo imposible **puede ser posible**" (filosofía de altos vuelos), "volar a bajo costo sí **puede ser posible**", "algo así **puede ser posible**", "ya **no puede ser posible**", "**no puede ser posible**, esto se repite cada vez más", "esto **no puede ser posible**", "**no puede ser posible** que siga existiendo este tipo de gente", "**no puede ser posible** que me ponga de tan mal humor", "**no puede ser posible** tanta belleza", "ello sólo **hubiera podido ser posible** de no haberse producido la competencia desleal", "ese mundo **hubiera podido ser posible**", "algo que en un personaje de verdad **hubiera podido ser posible**", ¿qué éxtasis **hubiera podido ser posible?**, "ninguno de estos crecimientos **hubiera podido ser posible** sin una visión centrada en la formación", "sin los cuales **no hubiera podido ser posible**", "esto simplemente **no hubiera podido ser posible**", "este tipo de relación madre e hija **no hubiera podido ser posible**", "la revolución sexual **no hubiera podido ser posible** sin los anticonceptivos", "sin ustedes lógicamente esto **no hubiera podido ser posible**" (y todavía se atreve a invocar la lógica), "este rescate **no hubiera podido ser posible** sin estos cuatro policías", ¡y basta!

☞ Google: 8 530 000 resultados de "puede ser posible"; 6 450 000 de "no puede ser posible"; 3 230 000 de "ya no puede ser posible"; 66 700 de "hubiera podido ser posible"; 48 700 de "no hubiera podido ser posible"; ☒

☞ Google: 328 000 000 de resultados de "puede ser"; 223 000 000 de "es posible"; 198 000 000 de "no es posible"; 116 000 000 de "no puede ser"; 3 870 000 de "hubiera sido posible"; 2 840 000 de "no hubiera sido posible"; 445 000 de "hubiera podido ser"; 211 000 de "no hubiera podido ser". ☑

123. humidificador, humidificadores, ¿*humificador*?, ¿*humificadores*?

Ni el *Diccionario de mexicanismos*, de la AML, que incluye en sus páginas tantos desatinos y vocablos de uso insignificante (a los que llama, abusivamente, "mexicanismos"), tiene un rinconcito para el término "humificador" (plural: "humificadores"). Y, para que el DM desprecie este término, algún milagro debió ocurrir, puesto que sus redactores incluyeron en la hache los vocablos "hújule" (con sólo 68 resultados en Google) y "humadera": barbarismo éste (¡incorrección hasta para el aguado *Diccionario panhispánico de dudas*!), y término con falta ortográfica, aquél ("hújule", con una hache advenediza que se sacaron de la manga, o de otra parte de la vestimenta, los especialistas de la Academia Mexicana de la Lengua). En el caso de "humificador" y su plural, estamos ante una ultracorrección, mediante la cual se transforma la "humedad" en "humo". Lo correcto es "humi**di**ficador", sustantivo masculino que designa al "dispositivo para aumentar la humedad del aire" (DRAE). Ejemplo: *Compró un* **humidificador** *para el cuarto de los niños*. Dicho sustantivo deriva del verbo transitivo "humi**di**ficar": "transmitir humedad al ambiente" (DRAE). Ejemplo: *Fue necesario hu-* **midificar** *el cuarto del bebé*. Tanto el verbo "humi**di**ficar" como el sustantivo "humi**di**ficador" provienen del sustantivo "humedad" y del adjetivo "húmedo". El sustantivo femenino "humedad" (haplología del latín tardío *humidĭtas, humiditātis*) posee las siguientes acepciones principales en el DRAE: "Cualidad de húmedo" y "agua de que está impregnado un cuerpo o que, vaporizada, se mezcla con el aire". Ejemplo: *Había poca humedad en el ambiente*. El adjetivo "húmedo" (del latín *humĭdus*) tiene dos acepciones en el diccionario académico: "Impregnado de agua o de otro líquido" y "dicho de un territorio o un clima: que se caracteriza por la abundancia de lluvias y el aire cargado de vapor de agua". Ejemplos: *Había un calor húmedo todo el día*; *La selva húmeda del trópico bullía de vida*. Pero la etimología del sustantivo "humedad" no es la misma que la del sustantivo masculino "humo" (del latín *fumus*): "Mezcla visible de gases producida por la combustión de una sustancia, generalmente compuesta de carbono, y que arrastra partículas en suspensión" y "vapor que exhala cualquier cosa que fermenta" (DRAE). Ejemplos: *Los incendios de los pastizales llenaron de humo el pueblo*; *Agobiado por los humos del alcohol*. De ahí el verbo intransitivo "fumar" (del latín *fumāre*: "humear", "arrojar humo"): aspirar y despedir el humo del tabaco, el opio, la marihuana y otras sustancias "fumables", esto es, "que se pueden fumar" (y conste que algunos se fuman hasta la bosta del caballo). De ahí también, como hemos dicho, el verbo intransitivo "humear" ("echar de sí humo") y el adjetivo "humeante" ("que humea, que echa humo"). Ejemplos: *Humeaban los pastizales consumidos por las llamas*; *La columna humeante alcanzó varios metros*. De ahí los sustantivos femeninos "humarada" y "humareda" (¡pero no "humadera"!): "abundancia de humo" (DRAE). Ejemplo: *La humareda se veía a kilómetros de distancia*. Dicho y comprendido lo anterior, queda claro que el término "humidificador" nada tiene que ver con "humo", sino con "humedad", y que el disparate, por ultracorrección, "humificador", es producto de quienes creen que el "dispositivo para aumentar la humedad del aire" despide "humo" en el ambiente y no "vapor" producido por la ebullición del agua. El objetivo del "humidificador" es "humidificar" ("transmitir humedad al ambiente") y hasta puede decirse que "humedecer" ("causar humedad") en el ambiente, ¡pero no llenarlo de "humo"!, aunque el vapor que despide el "humidificador" parezca "humo" y pueda, en un sentido general, esto es, sin precisión lingüística, llamarse "humo". Puede decirse y escribirte, por ejemplo, *La sopa humeaba en el plato*, y es correcto, porque la definición secundaria de "humear" es "dicho de una cosa: arrojar vaho o vapor" (DRAE), pero, en realidad, para ser precisos, "vaporea" o "vaporiza", pues los verbos transitivos "vaporear" y "vaporizar" significan "convertir un líquido en vapor, por la acción del calor". De ahí que al "humidificador" se le pueda llamar también "vaporizador": "aparato que sirve para vaporizar" (DRAE). Ejemplo: *Puso en su recámara un pequeño vaporizador*. Existe también el sustantivo masculino "nebulizador", que designa al "aparato para nebulizar" (DRAE). Ejemplo: *Fue necesario comprarle a su hijo pequeño un nebulizador*. Pero el "nebulizador" no es equivalente del "humidificador" o "vaporizador", pues el verbo transitivo "nebulizar" (del latín *nebŭla*, "nube", "niebla" e -*izar*) significa, en otra definición torpe del DRAE, "transformar un líquido en partículas finísimas que forman una especie de nubecilla" (en realidad no: si el líquido se transforma en "partículas finísimas", y hay que tomar en cuenta que una "partícula" es una "parte pequeña de materia", lo que forma es una "nubecilla" y no una "especie de nubecilla"). Ejemplo: *Fue necesario **nebulizar** el medicamento*. Y es que los hacedores del DRAE son tan torpes y tacaños que no se toman la molestia de describir en dos breves líneas el "nebulizador" (usan tres palabras para no decir nada en concreto). Por enésima vez, María Moliner, en el DUE, les hace el trabajo y, con perfecta síntesis, define y describe el "nebulizador": "Aparato que pulveriza en forma de nube ciertas sustancias, en particular algunas medicinas para el tratamiento del aparato respiratorio". Aclarado lo anterior, definitivamente, el dispositivo para producir y despedir "humo" no se llama "humificador", sino "ahumador" (sustantivo masculino que, por cierto, ¡no recoge el DRAE!); que, de acuerdo con la *Wikipedia*, "es un invento de Moses Quinby en 1875". Se utiliza en la apicultura y "su función es lograr el control sobre las abejas, que ante la presencia de humo se retiran, suponiendo que se trata de un incendio". El dispositivo es descrito del siguiente modo: "Los **ahumadores** constan de un fuelle con el cual se insufla aire al interior de la cámara de combustión, en la cual el apicultor quema aserrín de madera, pasto seco, hojas secas u otra sustancia inocua. También se comercializan sin fuelle manual que ha sido sustituido por un ventilador eléctrico que se activa con un pulsador". Asimismo, se le llama "ahumador" al horno o dispositivo de gas, eléctrico o que funciona con carbón, que se utiliza para "ahumar" los alimentos, especialmente las carnes sometidas a la cocción del fuego directo o indirecto dentro del "ahumador", en el cual se quema cierto tipo de madera aromática que es lo que les da el olor y sabor "ahumado". (Lo dicho y repetido: a las academias de la lengua española les interesan más los "amigovios" y los "papichulos" que las cosas menos banales.) Otro aparato que se utiliza para producir y despedir humo se llama "turíbulo", "incensario" o "botafumeiro" (del gallego *botafumeiro*), y se usa en las ceremonias solemnes del ritual católico, especialmente en las procesiones y en la misa. El galleguismo es perfectamente descriptivo: el "botafumeiro", despide, bota humo. La diferencia con un ahumador es que éste se utiliza con un fin práctico (ahuyentar a las abejas para poder recolectar la miel en las colmenas, o bien darles un sabor ahumado a los alimentos durante su cocción), en tanto que el turíbulo, incensario o botafumeiro se usa con un fin solemne, y el humo que despide procede de la quema de ciertas gomorresinas aromáticas (incienso y mirra, especialmente), que se dirige o envía, reverencialmente, hacia ciertas partes del templo e incluso hacia los fieles en algunos momentos de la liturgia. Además, el errado término "humificador" no podría aplicarse a ningún dispositivo como si fuese derivado del sustantivo "humo", pues en español tenemos el sustantivo femenino "humificación" (del inglés *humification*), que se define como el "proceso que da lugar a la formación del humus en los horizontes superficiales del suelo". (DRAE). ¿Y qué es el "humus" (sustantivo masculino, del latín *humus*: "tierra" "suelo")? El mismo diccionario académico nos lo dice: "Conjunto de los compuestos orgánicos presentes en la capa superficial del suelo, procedentes de la descomposición de animales y vegetales". Ejemplo: *La tierra rica en **humus** es ideal para la agricultura*. En tal sentido, un "humificador" tendría que ser un dispositivo para producir "compost" o "composta" (sustantivos provenientes del francés *compost*, y éste del latín *composĭtus*: "compuesto") y que el DRAE define (en "compost" y no en la variante castellana "composta", con una sintaxis espantosa: "Humus obtenido artificialmente por descomposición bioquímica en caliente de residuos orgánicos" (más bien: humus obtenido artificialmente, a partir de residuos orgánicos, por descomposición bioquímica en caliente). Ejemplo: *Aprovecha los desperdicios y haz **composta** en casa*. Desde luego, ese dispositivo (casero o industrial) existe y se llama "compostera", "compostero", "compostador" o "compostadora", términos de los cuales, por supuesto, nada dice el DRAE, ocupados como están los académicos madrileños de la RAE, y los miembros de las academias hermanas de la lengua española, en "amigovios" y "papichulos". En conclusión, "humificador" y su plural son ultracorrecciones por "humidificador" y su plural: nada tienen que ver con "humedad" ¡y ni siquiera con "humo" ni con "humus"! y sí mucho con la ignorancia de quienes jamás consultan el diccionario, entre los cuales se cuentan, por lo visto, hasta los propios académicos de la lengua.

Es amplia la difusión de estas barbaridades, incluso entre quienes fabrican y comercializan los "humidificadores" a los que suelen llamar "humificadores". Por supuesto, el reino de los "humificadores" está en internet, ese universo paralelo (y, muchas veces, para lelos) que contribuye, en no poca medida, a destruir el idioma. En la revista electrónica *Feminity* leemos el siguiente titular que repite la barrabasada "humificadores" a lo largo del cuerpo de la nota:

♀ "Para que sirven los **humificadores** y como hacer uno casero".

La ortografía no existe y la sintaxis es horrorosa. Pero en esta revista quisieron decir y escribir lo siguiente:

☝ Para qué sirven los **humidificadores** y cómo elaborar uno casero.

🖉 He aquí algunos ejemplos de esta ultracorrección: "**Humificador** XL con luz LED", "**humificador** de aire de vapor frío con pantalla Led", "**humificador** de escritorio en forma de cactus", "**humificador** casero", "enfriador y **humificador** de aire", "calefactor eléctrico de cuarzo Heat Wave con **humificador**", "**humificador** ultrasónico", "un **humificador** de escritorio para reducir las molestias del ojo", "**humificador** de vapor frío con esencias", "compra **humificador** en

Amazon", "**humificador** de ambiente", "el **humificador** se compone de un depósito de agua que se evapora a una temperatura determinada y este vapor de agua pasa al ambiente", "**humificador** para exteriores", "**humificador** de cigarros", "desde que le puse el **humificador** a mi hija de 14 meses que sufría de asma y mocos ha sido como un milagro, duerme del tirón y yo también", "los 7 mejores **humificadores** para bebés", "guía para comprar **humificadores**", "**humificadores** de aromaterapia", "aromas para **humificadores** por ultrasonidos", "purificadores y **humificadores**", "**humificadores** y difusores de aromas", "**humificadores** y nebulizadores" y, como siempre hay algo peor, "**humificadores** y **deshumificadores**".

☞ Google: 802 000 resultados de "humificador"; 232 000 de "humificadores". ☒

☞ Google: 47 200 resultados de "humificación". ☑

☞ Google: 6 360 000 resultados de "humidificador"; 3 220 000 de "humidificadores"; 145 000 de "humidificar"; 43 600 de "humidificadoras"; 35 900 de "humidificadora". ☑

☞ Google: 9 540 000 resultados de "vaporizador"; 3 390 000 de "vaporizadores; 656 000 de "vaporizar"; 21 100 de "vaporear". ☑

☞ Google: 6 100 000 resultados de "nebulizador"; 2 320 000 de "nebulizadores"; 241 000 de "nebulizar". ☑

☞ Google: 938 000 resultados de "ahumador"; 658 000 de "ahumadores"; 655 000 de "ahumar"; 76 600 de "ahumadora"; 18 100 de "ahumadoras". ☑

☞ Google: 920 000 resultados de "incensario"; 806 000 de "botafumeiro"; 116 000 de "turíbulo". ☑

124. hurtar, hurto, ¿*hurto ilegal?*, ¿*hurto ilícito?*, ¿*hurtos ilícitos?*, robar, robo, ¿*robo ilegal?*, ¿*robos ilegales?*, ¿*robo ilícito?*, ¿*robos ilícitos?*

Hay quienes creen que existen "hurtos legales", "hurtos lícitos", "robos legales" y "robos lícitos", dado que los distinguen de los "hurtos ilegales", "hurtos ilícitos", "robos ilegales" y "robos ilícitos". Parece broma, pero no lo es. No se descarta que algunas personas supongan que los hurtos legales y lícitos y los robos legales y lícitos los cometen los gobernantes, en tanto que los ilegales e ilícitos sean propios de quienes no trabajan en el gobierno. Pero les tenemos noticias. Por definición, todos los "hurtos y los "robos" son "ilegales" o "ilícitos", pues el sustantivo masculino "robo" es, además de la acción y efecto de robar" y de la "cosa robada", el "delito que se comete apoderándose con ánimo de lucro de una cosa mueble ajena, empleándose violencia o intimidación sobre las personas, o fuerza en las cosas" (DRAE). Mejor es la definición del *Clave*: "Apropiación de algo ajeno contra la voluntad del poseedor, especialmente si se hace utilizando la violencia o la fuerza". Y el *Clave* pone el ejemplo perfecto: *El robo es un delito más grave que el hurto*. Y hay razón para este ejemplo, porque el DRAE define el sustantivo masculino "hurto" (del latín *furtum*) como la "acción de hurtar" y "cosa hurtada", pero también como el "delito consistente en tomar con ánimo de lucro cosas muebles ajenas contra la voluntad de su dueño, sin que concurran las circunstancias que caracterizan el delito de robo". Ejemplo: *En su trabajo, en la tienda, a veces cometía el **hurto** de pequeñas mercancías*. Dicho de otro modo, no es lo mismo "hurtar" que "robar", aunque en ambos casos se cometan delitos, pues el verbo transitivo "hurtar" (de *hurto*) significa, de acuerdo con el DRAE, "tomar o retener bienes ajenos contra la voluntad de su dueño, sin intimidación en las personas ni fuerza en las cosas". Ejemplo: *En la tienda, donde trabajaba, **hurtaba** pequeñeces, para que no se notara su delito*. En cambio, el verbo transitivo "robar" (del latín vulgar *raubare*, y éste del germánico *raubôn*, "saquear", "arrebatar") significa "quitar o tomar para sí con violencia o con fuerza lo ajeno" o bien "tomar para sí lo ajeno, o hurtar de cualquier modo que sea". Ejemplo: *Amenazó con un cuchillo al dueño de la tienda y **le robó** todo el dinero que tenía en la caja*. Sin embargo, aunque "robar" y "hurtar" tengan sus diferencias conceptuales y sus grados de gravedad, tanto el "robo" como el "hurto" son, obviamente, "ilegales" e "ilícitos", puesto que ambos son "delitos". El sustantivo masculino "delito" (de *delicto*) significa, en su acepción principal, "culpa, quebrantamiento de la ley", además de "acción u omisión voluntaria o imprudente penada por la ley". Ejemplo: *El **robo** a mano armada es uno de los delitos frecuentes en México*. En cuanto al adjetivo "ilegal", se aplica a lo "contrario a la ley", y es sinónimo del adjetivo y sustantivo "ilícito" (del latín *illicĭtus*): "no permitido legal o moralmente" y "delito o quebrantamiento de la ley" (DRAE). Ejemplos: *Lo que hace es **ilegal**; Fue acusado de un acto **ilícito**; Cometió un **ilícito** grave*. Queda claro que lo "ilegal" y lo "ilícito" (como el "robo" y el "hurto", entre otros delitos) se caracterizan por el quebrantamiento de la "ley" (del latín *lex, legis*), sustantivo femenino que significa "precepto dictado por la autoridad competente, en que se manda o prohíbe algo en consonancia con la justicia y para el bien de los gobernados" (DRAE). Ejemplo clásico de los políticos que se llenan la boca con esto (¡sin morderse la lengua, porque son muy hábiles para esconderla!): *¡Nadie por encima de la ley!* Por todo lo anterior, no hay duda de que todo "hurto y todo "robo" son "ilegales" e "ilícitos", aunque muchas personas no lo sepan.

Estas redundancias brutas son propias del periodismo y del ámbito legal, pero ya las podemos encontrar en otros ambientes, lo mismo en las publicaciones impresas que en internet. En la revista mexicana *Proceso*, en el artículo "¿Y los huachicoleros de 'cuello blanco'?", leemos lo siguiente:

♀ "desde 2003 el gobierno de Vicente Fox creó una 'coordinación' institucional para frenar el **robo ilegal** de combustible".

Fox tiene su fama y no precisamente de persona culta, pero, con absoluta seguridad, la comisión institucional que creó no fue para "frenar el **robo ilegal** de combustible", sino, para (dicho y escrito correctamente)

☝ frenar el **robo** de combustible.

🖉 He aquí otros ejemplos de estas redundancias de los ámbitos periodístico y legal que es facilísimo evitar con la simple consulta del diccionario: "**Robo ilegal** de bienes arqueológicos en el país", "Corea del Norte denuncia el **robo ilegal** de su carguero por EE.UU. y exige su devolución", "en Puebla se han presentado de dos a tres denuncias diarias por **robo ilegal** a los ductos de Petróleos Mexicanos (PEMEX)", "la PGR abrió 2 mil 960 carpetas de investigación sobre el **robo ilegal** de hidrocarburos", "es considerado piratería y **robo ilegal** de propiedad intelectual del autor", "la Unión Europea se ha convertido en un cómplice del **robo ilegal** de los recursos naturales del pueblo saharaui", "existe un alto índice de **robo ilegal** de medicamentos", "combate al **robo ilegal** de gasolinas", "**robo ilegal** de la energía", "el **robo ilegal** de tierras" (pero si quien te roba las tierras es el gobierno, ¡el robo es legal!), "la tala y el **robo ilegal** de madera", "combatir el **hurto ilegal** de piezas vehiculares", "**hurto ilegal** de datos personales", "**hurto ilegal** agravado", "han venido participando en el **robo ilícito** de combustible", "**robo ilícito** del agua de los ejidos de Arteaga", "encabezaban el **robo ilícito** desde el interior", "no va a poder viajar por problemas con la documentación y por **robo ilícito** de dinero." (¡qué burro, hubiera puesto en orden sus papeles, y hubiera robado dinero lícitamente!), "los **robos ilegales** de agua en el entorno del parque nacional", "hubo 813 **robos ilegales** a los ductos de la paraestatal", "cuando el opresor triunfa en sus **robos ilegales** y depredaciones", "abren juicio oral contra los dos últimos exalcaldes de Almonte por **robos ilegales** de agua en Doñana", "el **robo ilegal** de combustible se ve reflejado en el filme", "típicamente se le conoce como **robo ilegal** de combustible" (sí, claro, típicamente, por quienes jamás consultan el diccionario), "explosiones asociadas al **robo ilegal** de combustible", "detienen a un probablemente implicado en **robo ilegal** de combustible", "el **robo ilegal** de combustible ha generado una ola de violencia en nuestro país" (y una ola de ignorancia en el periodismo), "a finales de diciembre, el mandatario decidió enfrentar el 'huachicoleo', o el **robo ilegal** de gasolina".

☞ Google: 15 200 resultados de "robo ilegal"; 2 760 de "hurto ilegal"; 1 750 de "robo ilícito"; 1 410 de "robos ilegales"; 1 000 de "robo ilegal de combustible". ☒

I

125. idéntica, idénticamente, ¿*idénticamente diferente?*, ¿*idénticamente diferentes?*,
¿*idénticamente igual?*, ¿*idénticamente iguales?*, idéntico, idénticos, igual, iguales
Hay quienes creen que hay personas y cosas "idénticamente iguales" y, también,
"idénticamente diferentes". Todo esto es ridículo porque, en el primer caso, se trata de una redundancia bruta, y en el segundo de un contrasentido no menos torpe.
Aunque en su acepción secundaria el obtuso DRAE admita que el adjetivo "idéntico"
(del latín medieval *identicus*) significa "muy parecido" (lo "muy parecido" es "muy
parecido" y punto), la acepción principal despeja toda duda: "Que es igual que otro
con que se compara". Ejemplos: *Son gemelos* **idénticos**; *Estos grabados son* **idénticos**. De
ahí el adverbio "idénticamente": "De manera idéntica" (DRAE). Ejemplo: *Se comportó*
idénticamente *que su padre*. En cuanto al adjetivo y adverbio "igual" (del latín *aequālis*)
su significado es "que tiene las mismas características que otra persona o cosa en algún aspecto o en todos" (DRAE). Ejemplo: *Se comportó* **igual** *que su padre*. Por lo que
respecta al adjetivo "diferente" (del latín *differens, differentis*), su significado es "diverso, distinto" (DRAE). Ejemplos: *Son gemelos, pero* **diferentes**; *Estas imágenes tienen mucho parecido, pero son* **diferentes**. De ahí el adverbio "diferente" (y "diferentemente"),
cuyo significado es "de manera diferente" (DRAE). Ejemplo: *Te parecerá igual, pero yo
lo veo* **diferente**. Dicho y comprendido lo anterior (y quien no lo comprenda es porque
no usa la lógica, y carece de sentido común), las expresiones "idénticamente diferente"
e "idénticamente diferentes" constituyen sinsentidos, en tanto que las expresiones
"idénticamente igual" e "idénticamente iguales" son rebuznancias sin más.

Pertenecen, unas veces, al uso afectado del lenguaje matemático y administrativo,
otras, al uso coloquial de la lengua; pero ya han invadido no sólo el habla sino también la escritura de los ámbitos cultos y profesionales del español, lo mismo en internet que en publicaciones impresas. En un sitio de internet, precisamente, leemos
la siguiente pregunta de "Ciencias Sociales" (suponemos que de "Lógica") que se formula a alumnos de primaria (¡es un caso de la mayor idiotez!):

🐝 "Introducimos **dos objetos identicamente iguales, uno de madera y otro metali-
co**, en un recipiente lleno de agua hasta el borde. Al sumergirlos se derramara parte
del liquido. ¿Cual de los dos objetos derramara mas agua?".

La horrible sintaxis y la ausencia de tildes (faltas ortográficas) nos revelan la miseria de la enseñanza. ¿Cómo quieren que los alumnos comprendan algo con tal

pobreza de exposición? Y lo peor es que los "dos objetos idénticamente iguales", a los que quieren referirse, no son idénticos ni son iguales, ¡pues uno es de madera y el otro es de metal!, en consecuencia ¡son diferentes! En buen español, para que los pobres niños no se idioticen y aprendan algo coherente, la pregunta debió formularse del siguiente modo:

☼ Si introducimos, **por separado, dos objetos de igual tamaño** (uno de madera, y otro, metálico) en un recipiente lleno de agua, ¿cuál de los dos derramará más líquido?

✎ ¡Vaya paupérrima educación que reciben los niños, no sólo en México, sino en todos los países hispanohablantes! La ausencia de lógica y la carencia de sentido expositivo, además del pésimo uso del idioma, hacen de la educación primaria (y de la de otros niveles) una experiencia indecible. He aquí otros ejemplos de estas rebuznancias y sinsentidos: "¿Qué significa el símbolo **idénticamente igual**?", "el valor del exceso de demanda es **idénticamente igual** a cero", "es **idénticamente igual** a su oferta total", "el activo total es **idénticamente igual** a la suma del pasivo y el patrimonio neto", "la balanza de pagos es **idénticamente igual** a cero", "dicha probabilidad es **idénticamente igual** a uno", "¿puedo crear con mi cuenta varios blogs **idénticamente iguales**?", "la diferencia da dos polinomios **idénticamente iguales**", "causas **idénticamente iguales** producen necesariamente efectos **idénticamente iguales** también" (¡oh, cuánta sabiduría!), "trillizos **idénticamente iguales** y con la misma huella dactilar", "jamás se presenta el caso de dos cosas **idénticamente iguales**", "no hay dos personas que sean **idénticamente iguales** en sus valores, creencias y expectativas culturales", "no existen en el mundo dos personas **idénticamente iguales** ni siquiera en la familia" (¡bueno, ni siquiera en el panteón!), "Agustín y Gustavo, **mortalmente parecidos, idénticamente iguales**, a punto de cumplir los odiosos treinta" (¡literatura de altos vuelos!: de esa que gana premios a granel), "las imágenes que aparecen no son **idénticamente iguales**", "gemelos **idénticamente diferentes**", "somos **idénticamente diferentes**" (e igualmente brutos), "las personas son **idénticamente diferentes**", "los memes y las locuras son términos **idénticamente diferentes**" (en cambio, la memez y la locura son cosas muy parecidas), "nuestro amor es **idénticamente diferente**", "este cálculo resulta **idénticamente diferente** de cero" y, como siempre hay algo peor, "era **idénticamente diferente** a todo lo que la rodeaba". Dicen que lo dijo Einstein, pero aun si no lo dijo es cierto: "Dos cosas son infinitas: la estupidez humana y el universo, y no estoy seguro de lo segundo".

☞ Google: 29 800 de "idénticamente igual"; 4 660 de "idénticamente iguales"; 1 310 de "idénticamente diferentes"; 1 000 de "idénticamente diferente". ☒

126. *¿idiosincracia propia?*, idiosincrasia, *¿idiosincrasia propia?*, *¿mi propia idiosincrasia?*, propia, *¿propia idiosincracia?*, propio
Hay que insistir en lo siguiente: si la gente consultara el diccionario no diría ni escribiría tantos despropósitos. ¿Cuántas personas que dicen el sustantivo "idiosincrasia"

lo han consultado en el diccionario? No todas, por supuesto, porque hay muchas que escriben "idiosincracia" (282 000 registros en el buscador de Google) con una "c" advenediza, por influencia del sustantivo "democracia". Y en cuanto a quienes escriben correctamente la grafía, pero en expresiones como "idiosincrasia propia" o "mi propia idiosincrasia", existe motivo suficiente para sospechar que jamás consultaron la definición en el diccionario, pues el sustantivo femenino "idiosincrasia" (del griego *idiosynkrasía*: "temperamento particular") posee la siguiente definición en el DRAE: "Rasgos, temperamento, carácter, etc., distintivos y propios de un individuo o de una colectividad". Ejemplo: *Comparto la idiosincrasia de mi pueblo*. Si es "idiosin crasia", por definición, es "propia", "particular", "distintiva". Por ello, calificarla de "propia" (de *proprio*), adjetivo cuyo significado es "que pertenece de manera exclusiva a alguien" y "característico, peculiar de cada persona o cosa" (DRAE), es rizar el rizo. Tanto las redundancias sin falta ortográfica como las formas redundantes con el añadido del error ortográfico se cuentan por decenas de miles y las cometen y acometen incluso personas de alta formación académica que disertan de esto y lo otro en diarios, revistas, libros y en las páginas de internet. Comentaristas políticos muy versados en su ciencia inexacta abominan, por lo que se ve, y por lo que se lee, del diccionario de la lengua española.

El periodismo de opinión y los libros de ciencias sociales están ahítos de estos desbarres redundantes, con falta ortográfica o sin ella. A propósito del libro *El papel y el prócer*, publicado en Montevideo, Uruguay, en el sitio de internet *RettaLibros.com*, se describe dicho producto del siguiente modo:

♀ "Novela de corte humorístico, que permite apreciar la **idiosincracia propia** del uruguayo promedio".

¡Cuánta barbaridad dicha en una sola línea! Sin falta de ortografía, y sin redundancia, confiemos en que "el uruguayo promedio" sepa decir y escribir lo acertado:

♂ Novela humorística que permite apreciar la **idiosincrasia** de los uruguayos.

✐ He aquí otros ejemplos de estas barbaridades redundantes, con yerro ortográfico o sin él: "La **idiosincracia propia** de nuestro país", "un centro con **idiosincracia propia**", "el populismo latinoamericano posee una **idiosincracia propia**", "respetando la **idiosincracia propia** de la población", "desconociendo la **idiosincracia propia** de los poblados rurales", "hay cierta tendencia al conservadurismo por **idiosincracia propia**", "un festival con **idiosincracia propia** y fuerte personalidad", "Nietzsche veía un síntoma de salud en la **idiosincracia propia**" (¡no difamen a Nietzsche, por favor!), "María Elena Velasco fue la única actriz cómica con **idiosincracia propia** del cine mexicano", "reivindicar la **idiosincracia propia**", "la **idiosincracia propia** de la sociedad", "sólo con la razón serás capaz de construir una **idiosincracia propia**, y no prestada" (¡ahora resulta que hay "idiosincrasias prestadas"!), "pero tenemos una **idiosincracia propia**" (y no prestada, ¡¡jolines!), "Montellano exhibe **idiosincrasia propia**" (¡y todo porque no sabía que podía pedirla prestada!), "lo que es la **idiosincrasia propia** de los pueblos" (¿lo que es?), "el mayor obstáculo es combatir todos los días **nuestra propia idiosincracia**" (no sería obstáculo si se tuviera que combatir la **idiosincrasia prestada**), "cada mercado tiene su **propia idiosincracia**", "la **propia idiosincracia** de los profesores" (sobre todo la de los que enseñan ortografía), "tengo que tomar **mi propia idiosincracia**" (¿y por qué no la pides prestada?), "habían desequilibrado mi estabilidad interior y **mi propia idiosincracia**", "aprendí a peinar **mi propia idiosincracia**" (¡qué hallazgo literario, por Dios!), "la bolsa forma parte de **mi propia idiosincracia**" y, como siempre hay algo peor, "ahora hablo por mí mismo, teniendo en cuenta **mi propia idiosincrasia personal** y con ganas de teorizar" (¡felicidades, bato!).

☞ Google: 55 500 resultados de "idiosincracia propia"; 35 300 de "idiosincrasia propia"; 6 150 de "propia idiosincracia"; 5 450 de "mi propia idiosincrasia". ☒

127. impedimento, impedimento para acudir, impedimento para asistir, impedimento para ir, ¿impedimento para no acudir?, ¿impedimento para no asistir?, ¿impedimento para no ir?

¿Qué se quiere dar a entender cuando se dice o se escribe que "se tiene un **impedimento para no acudir**" o "un **impedimento para no asistir**"? Se quiere dar a entender lo contrario de lo que se dice o escribe, esto es, que "se tiene un **impedimento para acudir**", que "se tiene un **impedimento para asistir**". Estamos ante una construcción de tipo "paradojal" o "paradójico": del sustantivo femenino "paradoja" (del latín *paradoxa*, y éste del griego *parádoxa*), "hecho o expresión aparentemente contrarios a la lógica". Aparentemente. Algo **impide acudir**, algo **impide asistir**. Hay que hacer uso de la lógica que es el principio del sentido común, a fin de no cometer estos sinsentidos. El sustantivo masculino "impedimento" (del latín *impedimentum*) significa "obstáculo, embarazo o estorbo para algo" (DRAE). Ejemplos: *Un **impedimento** evitó que cumpliera con la cita*; *No tuvo ningún **impedimento** para cumplir con la cita*. Mejor aún es la definición de María Moliner: "Cosa que impide o dificulta algo"; y pone el siguiente ejemplo: *Conseguida la licencia, no habrá ningún **impedimento** para el viaje*. De ahí el verbo transitivo "impedir" (del latín *impedīre*), definido de la siguiente manera por el diccionario académico: "Estorbar o imposibilitar la ejecución de algo". Ejemplo: *Un problema **le impidió** cumplir con la cita*. En cuanto al verbo intransitivo "acudir", el DRAE ofrece la siguiente definición: "Dicho de una persona: Ir al sitio adonde le conviene o es llamada". Ejemplo: *Acudió puntualmente a la cita*. De ahí el sustantivo masculino "acudimiento": "acción de acudir". Ejemplo: *No encontró problema para su puntual **acudimiento***. Analizando todo lo anterior queda claro que, si un problema o un obstáculo impidió cumplir la acción de "acudir", debe decirse y escribirse que *Se presentó un **impedimento para acudir***, pero de ningún modo que *Se presentó*

un impedimento para no acudir, pues el "impedimento" **evita acudir**, pero no **evita no acudir**. Parecido al caso de "acudir" es el del verbo intransitivo "asistir" (del latín *assistĕre*): "Concurrir a una casa o reunión, tertulia, curso, acto público, etc." y "estar o hallarse presente" (DRAE). Ejemplo: ***Asistió** puntualmente a la reunión*. En el supuesto de que algún obstáculo hubiese impedido esa asistencia, lo correcto será decir y escribir que *Un **impedimento evitó que asistiera***, pero de ningún modo que *Un **impedimento evitó que no asistiera***, que es justamente lo contrario de lo que realmente se quiere comunicar. Es el mismo caso del verbo intransitivo "ir" (del latín *ire*) en el sentido de "dirigirse", pues la primera acepción del verbo "ir" es "moverse hacia un sitio que se expresa" (DUE). Ejemplo: ***Ningún impedimento evitó que fuese a votar***, pero no ***Ningún impedimento evitó que no fuese a votar***.

Estas redundancias son del ámbito culto y profesional. Así se las gastan quienes tienen muchos diplomas y credenciales pero que jamás consultan un diccionario ni, por lo visto, cursaron y aprobaron la materia de lógica en la escuela media superior. En una información sobre un tema taurino, en el diario mexicano *El Heraldo de México* leemos lo siguiente:

☟ "Su lugar es detrás de burladero de matadores, y ahí han caído toros, y lo han lesionado en las manos, pero eso no es **impedimento para no asistir** desde temprano al sorteo, y luego la corrida".

Quiere decir y escribir el redactor, refiriéndose al taurófilo, que, pese a todos los inconvenientes,

☝ éstos no han sido **impedimento para asistir** desde temprano, etcétera.

✎ Si se quiere decir esto mismo con otras palabras, "los inconvenientes **no le han impedido asistir**", pues es ir contra la lógica decir y escribir que "esos inconvenientes **no le han impedido no asistir**". Es cuestión de recto razonamiento. He aquí otros ejemplos de estos sinsentidos: "Si las condiciones económicas fueron el **impedimento para no ir** a votar, se deberá presentar certificación que acredite esta situación" (prosa burocrática universal), "que nada sea **impedimento para no ir** a nuestro próximo campamento", "pero eso no es **impedimento para no ir**", "¿cuál es tu mayor **impedimento para no ir** al gimnasio?", "es el principal **impedimento para no ir** más seguido", "los argumentos judiciales no son **impedimento para no asistir**", "pero eso no me fue **impedimento para no asistir**", "salvo si tuviese legítimo **impedimento para no asistir**", "sus actividades de comisión no son **impedimento para no asistir**", "pensar en algún **impedimento para no acudir**", "tuvieron alguna otra forma de **impedimento para no acudir**", "que no sea un **impedimento para no acudir** a consulta", "alegó diversos **impedimentos para no ir**", "le ponía toda clase de **impedimentos para no ir**", "nos ha puesto mil **impedimentos para no ir**", etcétera.

☞ Google: 31 700 resultados de "impedimento para no ir"; 14 600 de "impedimento para no asistir"; 8 270 de "impedimento para no acudir"; 7 670 de "impedimentos para no ir". ☒

☞ Google: 314 000 resultados de "impedimento para ir"; 105 000 de "impedimento para asistir"; 59 200 de "impedimento para acudir"; 59 000 de "impedimentos para ir"; 27 300 de "impedimentos para asistir"; 13 700 de "impedimentos para acudir". ☑

128. inequidad, inicuo, iniquidad

Los sustantivos femeninos "inequidad" e "iniquidad" son gemelos, pero no idénticos. El sustantivo femenino "inequidad" (de *in-* y *equidad*) significa "desigualdad o falta de equidad" (DRAE), pues el prefijo "in-" (del latín *in-*) indica negación o privación, de tal forma que, como elemento compositivo, modifica a un término convirtiéndolo en su contrario. Ejemplo: *En un país de pocos ricos y muchos pobres hay una gran **inequidad***, es decir, no hay "equidad" y sí una "gran desigualdad". En cambio, el también sustantivo femenino "iniquidad" (del latín *iniquĭtas, iniquitātis*) significa "maldad" o "injusticia grande". Ejemplo: *Padeció la **iniquidad** y la insania de sus captores*, esto es "la maldad y la vesania". Como consecuencia de no consultar jamás el diccionario, muchos hablantes y escribientes del ámbito culto y profesional de la lengua dicen y escriben "iniquidad" cuando lo que quieren y deben decir y escribir es "inequidad". Esto se puede observar, particularmente, en los contextos en que aparece el sustantivo "iniquidad" y en los que la lógica exige el sustantivo "inequidad". Es cierto que, desde la raíz y el significado remoto de estos términos, la "inequidad" tiene mucho de "maldad" y de "injusticia grande", esto es, de "iniquidad", pero hoy, en función del uso, el sustantivo "inequidad" ha dejado de ser un sinónimo directo de "iniquidad", siéndolo, mucho más, del sustantivo femenino "igualdad". Los términos "inequidad" e "iniquidad", además, son cercanos en homofonía, pero más aún para aquellos que, a las faltas de ortografía, que a cada rato cometen, les agregan las de ortoepía y ortología. El adjetivo "inicuo" (del latín *inīquus*) admite ambos sentidos, pues la primera acepción, en el DRAE, es "contrario a la equidad", y la segunda, "malvado, injusto". De ahí que el adverbio "inicuamente" signifique "con iniquidad" (DRAE). Pero esto sólo funciona en los casos de "inicuo" e "inicuamente", pero no en los de "inequidad", "inequitativamente" e "inequitativo", pues, como ya vimos, el sustantivo femenino "inequidad" es antónimo derivado del sustantivo femenino "equidad" (del latín *aequĭtas, aequitātis*) con las siguiente cinco acepciones en el diccionario académico: "Igualdad de ánimo", "bondadosa templanza habitual, propensión a dejarse guiar, o a fallar, por el sentimiento del deber o de la conciencia, más bien que por las prescripciones rigurosas de la justicia o por el texto terminante de la ley", "justicia natural, por oposición a la letra de la ley positiva", "moderación en el precio de las cosas o en las condiciones de los contratos" y "disposición de ánimo que mueve a dar a cada uno lo que merece". Ejemplo: *La **equidad** es el principio de la justicia*. De ahí el adjetivo "equitativo" (del latín *aequĭtas, aequitātis*: "igualdad"): "que tiene equidad" (DRAE). Ejemplo: *Ser **equitativo** es ser justo*. De ahí también el adverbio "equitativamente": "de manera equitativa". Ejemplo: *La aspiración es tener una sociedad que funcione **equitativamente***. Aunque mucho se discute la diferencia entre los significados de "equidad" e "igualdad", que la hay, así sea tenue, no debemos olvidar que la etimología de "equitativo" (*aequĭtas, aequitātis*) se traduce como "igualdad", sustantivo éste, del latín *aequālis*, con los siguientes significados en el diccionario académico: "Que tiene las mismas características que otra persona o cosa en algún aspecto o en todos", "muy parecido o semejante", "del mismo valor y aprecio" y "de la misma clase o condición". Ejemplo: *La **igualdad** es el principio de la justicia y lo debe ser también de la ley*. De ahí el adjetivo "igualitario": "que entraña igualdad o tiende a ella" y "que propugna la igualdad social" (DRAE). Ejemplo: *Nuestra aspiración es una sociedad **igualitaria***. De ahí también el sustantivo "igualitarismo": "tendencia política que propugna la desaparición o atenuación de las diferencias sociales" (DRAE). *El **igualitarismo** es una doctrina que promete la **igualdad***. Lo cierto es que la "igualdad", en su sentido estricto ("que tiene las mismas características" y "de la misma clase o condición"), es no sólo improbable sino imposible en tanto exista una sociedad jerarquizada y dividida en estratos. Tener todos los mismos derechos, como seres humanos, puede interpretarse como "igualdad", pero ser diferentes en el monto de los ingresos, según sean los conocimientos y el trabajo desempeñado, tiene que interpretarse como "equidad". La "igualdad", en un sentido edénico, idílico o paradisíaco (todos felices con la misma riqueza, y no todos inconformes con la misma pobreza; sin diferencias sociales, sin jerarquías, sin estamentos, sin ley, con excepción una sola prohibición divina) es una utopía, y, como toda utopía, es el no lugar, lo irrealizable. Por ello, lo significativo de la "equidad" es lo que señala María Moliner en el DUE: "Cualidad de un trato en que ninguna de las partes sale injustamente mejorada en perjuicio de otra", siendo la "igualdad", también en palabras de Moliner, la "circunstancia de ser tratadas de la misma manera las personas de todas las categorías sociales"; esto es, ser iguales, por ejemplo, ante la justicia (pero, sobre todo, ante la ley), el gobernador y el encargado de hacer la limpieza de la oficina del gobernador, cosa que sabemos que no ocurre. En fin, lo importante es saber que el uso ha determinado que el sustantivo "inequidad" se utilice para referirnos a la "desigualdad", en tanto que el sustantivo "iniquidad" sea de uso exclusivo para referirnos a la "maldad", aunque, dentro de la desigualdad y la inequidad, estén presentes, en mayor o menor grado, la injusticia y la maldad. Utilicemos, entonces, los términos según convengan en sus contextos.

Justamente, por los contextos, podemos saber que alguien (la mayor parte de las veces) utiliza el término "iniquidad" (maldad) cuando debió utilizar "inequidad" (desigualdad). Es desbarre culto, cultísimo, de quienes creen saber tanto que suponen que la consulta del diccionario no es para ellos. En el diario argentino *La Nación* leemos el siguiente titular:

♀ "Aumentan la exclusión y la **iniquidad** social". Y, en el cuerpo de la información se explica que "En la Argentina hay un aumento de la exclusión social, de la **iniquidad** o desigualdad y del lucro".

Como podemos observar en este ejemplo, el sustantivo "iniquidad" se utiliza como equivalente del sustantivo "desigualdad" ("la iniquidad o desigualdad"). Pero lo que quiso informar el diario, con mayor precisión es lo siguiente:

☝ Aumentan la inclusión y la **inequidad** social. En la Argentina crecen la exclusión social, la **inequidad** o desigualdad y el lucro.

✎ Van otros ejemplos de esta imprecisión culta: "**Iniquidad** y pobreza en Medellín", "temas sociales incluyendo salud, **iniquidad** y pobreza", "problemas de **iniquidad** y pobreza en la región", "en América Latina lo que asusta más es el problema de **iniquidad** y pobreza", "sigue habiendo **iniquidad** y pobreza", "la **iniquidad** de género en el deporte", "la **iniquidad** de género se refleja en las condiciones de dependencia, subordinación, exclusión y discriminación", "la **iniquidad** de género en el ámbito de la salud", "se hace más grande la desigualdad y la **iniquidad** social", "las **iniquidades** sociales y el acceso a la salud", "las enfermedades no transmisibles y la **iniquidad social**", "muchas familias en Colombia viven en condiciones de desigualdad e **iniquidad**", "altos niveles de desigualdad e **iniquidad** generados por la globalización", "**iniquidad** y desigualdad: las reformas de la salud", "una perspectiva economicista puede generar **iniquidad** y desigualdad", "educación, pobreza e **iniquidad**", "disminuir las brechas de pobreza e **iniquidad** social", "niveles crecientes de **iniquidad** y exclusión", etcétera.

☞ Google: 10 800 resultados de "iniquidad y pobreza"; 10 600 de "iniquidad de género"; 8 550 de "iniquidad social"; 3 960 de "desigualdad e iniquidad"; 2 580 de "iniquidad y desigualdad"; 2 470 de "pobreza e iniquidad"; 2 180 de "iniquidad y exclusión". ☒

☞ Google: 206 000 resultados de "inequidad social"; 185 000 de "inequidad de género"; 147 000 de "inequidad de la mujer"; 62 400 de "pobreza e inequidad"; 47 000 de "inequidad y pobreza"; 45 500 de "inequidad y exclusión"; 43 100 de "inequidad y desigualdad"; 35 800 de "desigualdad e inequidad"; 16 600 de "inequidad entre hombres y mujeres"; 12 300 de "inequidad laboral". ☑

129. ¿*influencer*?, influéncer, influyente, influyentes, influyentismo, influyentismos
De acuerdo con el *Diccionario de Inbound Marketing* (en línea), "un *influencer* es una persona que cuenta con cierta credibilidad sobre un tema concreto, y por su presencia e influencia en redes sociales puede llegar a convertirse en un prescriptor interesante para una marca". Resulta claro que la voz inglesa *influencer*, que ha infestado ya todos los idiomas, será imposible de evitar como préstamo en español, en gran

medida porque tiene un significado muy preciso, además de exclusivo del ámbito de internet. Aunque aún no esté registrado en el DRAE, pronto lo estará, pues no tiene equivalencia exacta con nuestro adjetivo "influyente" (del antiguo participio activo de *influir*: "dicho de una persona o de una cosa: ejercer predominio, o fuerza moral"), que posee dos acepciones: "que influye" y "que goza de mucha influencia". Ejemplo: *Borges fue muy **influyente** entre los escritores de su época*. (Y lo fue por su predominio estético.) Pero, al incluirlo, el diccionario académico deberá castellanizarlo con la tilde de rigor que exige una palabra llana o grave terminada en una consonante distinta de "n" o "s": así: "influéncer", para el singular, e "influéncers", para el plural". Ejemplos: *Un **influéncer** mexicano; Los **influéncers** en España*. Las formas "influidor" (de "influir") e "influenciador" (de "influenciar"), tampoco recogidas por el DRAE, pero propuestas por el buscador urgente de dudas de la Fundéu BBVA, aunque correctas derivaciones españolas, utilizadas ya no sólo en España sino también en otros países hispanohablantes, no siempre se refieren al significado muy preciso del ámbito de internet, sino a quienes poseen una influencia en general. De cualquier forma, son propuestas sensatas para traducir al español el anglicismo *influencer*. El DRAE registra en sus páginas el adjetivo "influyente" (del antiguo participio activo de *influir*): "que influye" y "que goza de mucha influencia", pero no recoge las formas sustantivas "influyente" e "influyentismo", mexicanismos que significan, en el primer caso, persona que ostenta poder económico, político o social, y presume de protección especial de autoridades y gente poderosa, con el fin de obtener beneficios y tratamiento preferentes, contraviniendo las normas y disposiciones generales, y, en el segundo caso, obstinada ostentación de poder económico, político o social, con supuesta protección especial de autoridades y gente poderosa, a fin de beneficiarse y exigir tratamiento preferente, sin prestar atención ni respetar las normas y disposiciones generales. Ejemplos: *Se dijo muy **influyente** y mandó a la chingada a los policías; El **influyentismo** es parte de la corrupción en México*. Asombrosamente (aunque en este caso ya no debemos asombrarnos de nada), el *Diccionario de mexicanismos*, de la Academia Mexicana de la Lengua, que fatiga el vocabulario de nuestro país para encontrar e incluir en sus páginas tontería y media (como "¡íngasú!", "¡ínguesú!" e "ingeniebrio", sin decir nada de sus orígenes y exactos significados: los dos primeros terminajos equivalen a la interjección despectiva "¡chingue a su madre!", en tanto que el segundo significa "ebrio o borracho con título de ingeniero") ¡no incluye los mexicanismos "influyente" e "influyentismo"; en cambio, prestos estuvieron los redactores de ese repertorio de barbaridades a incluir la locución verbal "inflar las bolas", todo ello a pesar de que, en Google, para esta expresión, hay 8 500 resultados y la mayoría nada tiene que ver con "molestar o fastidiar a alguien hasta el hartazgo" (DM), sino con la acción en sentido recto de "hinchar algo con aire o con gas" (DRAE) y, particularmente, un balón, una pelota, etcétera. Ese insignificante dizque "mexicanismo" que recoge el DM, de la AML, no es otro que el supranacional malsonante "hinchar las bolas" (18 400 resultados en Google), con su variante mayoritaria "hinchar las pelotas" (30 000 resultados en Google), cuyo significado es "fastidiar", "molestar", "enfadar". Ejemplos: ¡Deja de estar *hinchando las bolas!*; ¡Estoy harto de que me estén *hinchando las pelotas!* Pero "inflar las bolas" e "inflar las pelotas" (3 920 resultados en Google) son, más que locuciones verbales para expresar fastidio o enfado, expresiones con sentido recto y no con sentido figurado. En fin, de lo que hablamos es de un libraco perlífero, para decirlo con palabras de Raúl Prieto. Lo cierto es que tanto el neologismo universal "influéncer" (con su plural "influéncers"), como los mexicanismos "influyente" (en el sentido de ventajoso y atrabiliario con ostentación de su presunto poder económico, político o social) e "influyentismo" están correctamente utilizados en nuestro idioma, más allá de que, en el caso de la voz inglesa *influencer*, ésta deba castellanizarse con la tilde de rigor que corresponde a una palabra llana o grave ("influéncer"), y más allá, también, de que un "influéncer", una "influéncer", un "influyente" y una "influyente" puedan ser todos, y cada uno, individuos cuya credibilidad puede perfectamente ponerse en duda, pues muchos de ellos son vendedores de humo, en tanto que otros tantos son mitómanos. Los llamados "influéncers" influyen, sin duda, en muchos internautas consumistas, y en cuanto a los "influyentes" mexicanos, que practican el "influyentismo", son lacras sociales, producto de la corrupción y la impunidad, con las que hay que terminar de una vez por todas. Van aquí algunos ejemplos del adecuado uso de estos términos (con la salvedad, como ya dijimos, de que la tilde es exigencia en las palabras llanas o graves terminadas en consonante distinta de "n" o "s", o en su defecto usar el término en cursivas para destacar que se trata de un extranjerismo): "El negocio de ser un *influencer* en México", "cómo ser un *influencer*", "la *influencer* María Pombo se casa" (que se case y que se divorcie cuantas veces quiera), "Neiva Mara, la *influencer* con el culo más famoso de Instagram" (esto da una muy buena idea de lo que se privilegia en internet), "la *influencer* de moda más seguida", "el gran fraude de los *influencers*", "la plataforma más utilizada por los *influencers*", "las joyas que arrasan entre las *influencers*", "los *influencers* llegan a la universidad" (¿y cuál es la noticia?; ¡las universidades están llenas de vendedores de humo!), "los vestidores de las *influencers*", "el papel de los *influencers*", "contra el **influyentismo**", "en México impera el **influyentismo**", "**influyentismo** y prepotencia", "la cara perversa del **influyentismo**" (¿acaso tiene otra cara que no sea perversa?), "no vale el **influyentismo**" (típica frase de político mexicano que practica el **influyentismo**), "gobierno de Sinaloa ofrece evitar **influyentismos**" (léase lo contrario), "ni privilegios ni **influyentismos**", "advierte con spot que se acabaron los **influyentismos**", "sin **influyentismos** al aplicar la ley", "se está trabajando para eliminar **influyentismos**" (sí, cómo no), "golpean a sus empleados y dicen ser **influyentes**", "no se les puede castigar porque dicen ser **influyentes**", "quienes pretenden despojarlo de sus tierras dicen ser **influyentes**", "profesora se dice muy **influyente** y protegida por su Sindicato Magisterial", "esta señora se dice muy **influyente** y amiguísima del presidente municipal", "el principal acusado se dice muy **influyente**", "la señora se dice muy **influyente** por tener apoyo del PRI" (¡pues ya se le acabó el **influyentismo**!), "se dice muy **influyente** y hace lo que quiere", "atracador se dice **influyente**", "ebrio charolea y se dice **influyente**", "se dice **influyente** y no respeta los espacios públicos", "detienen a falsificadora que se dice **influyente**", "se dice **influyente** tras atropellar a una persona", "se pone bravo y dice ser muy **influyente**", "dice ser muy **influyente** y poderoso", "como es licenciado dice ser muy **influyente**" (pobre tipejo: para eso fue a la universidad), etcétera.

☞ Google: 1 080 000 resultados de "la *influencer*"; 937 000 de "los *influencers*"; 877 000 de "un *influencer*"; 608 000 de "las influencers"; 608 000 de "una *influencer*"; 321 000 de "el *influencer*". ☑

☞ Google: 2 630 000 resultados de "influenciadores"; 1 450 000 de "influenciador"; 942 000 de "influenciadora"; 773 000 de "influenciadoras"; 208 000 de "influyentismo"; 4 420 de "influyentismos"; 3 630 de "dijo ser influyente"; 3 070 de "influidor"; 2 560 de "se dice muy influyente"; 2 360 de "dice ser muy influyente"; 2 190 de "dicen ser influyentes"; 2 140 de "se dice influyente"; 1 800 de "se dijo muy influyente"; 1 680 de "influidores"; 1 320 de "dijo ser muy influyente"; 1 360 de "dice ser influyente"; 1 000 de "influidora"; 1 000 de "se dijo influyente"; 298 de "influéncer"; 205 de "influéncers". ☑☑

130. injerencia, ¿*injerencia ilegítima?*, ¿*injerencia ilícita?*, ¿*injerencia indebida?*

Si decimos o escribimos la expresión "injerencia ilegítima", se tiene que colegir que existe un tipo de "injerencia legítima", y si usamos la expresión "injerencia ilícita", debe suponerse que existen las "injerencias" de carácter lícito. Lo mismo ocurre si decimos o escribimos "injerencia indebida", expresión mediante la cual damos a entender que puede haber, o que de hecho hay, "injerencias" carentes de estigma: "debidas", es decir, "como corresponde o es lícito" (DRAE). Pero esto se debe al hecho de no consultar el diccionario. No hay "injerencias" de sentido positivo; todas poseen negatividad. Veamos. El sustantivo femenino "injerencia" es la acción y efecto de "injerirse" (del latín *inserĕre*), verbo pronominal cuyo significado es "entremeterse, introducirse en una dependencia o negocio" (DRAE). Su sentido es, evidentemente, peyorativo, y esto lo refuerza el DUE de María Moliner: "**injerencia**. Intervención oficiosa en algún sitio o asunto", con el siguiente ejemplo: *La injerencia en los asuntos de otros países*. Para el pronominal "injerirse", Moliner remite al lector al verbo sinónimo "entrometerse", y define al primero de la siguiente manera: "Intervenir en una cosa oficiosamente o sin haber sido invitado a ello". Otro sinónimo es "inmiscuirse": "intervenir en un asunto ajeno sin ser invitado a ello". La "injerencia" es cosa de "metiches", y siempre, por supuesto, es "indebida". Por ello, es pecado de redundancia decir y escribir "injerencia ilegítima", "injerencia ilícita" e "injerencia indebida", pues, no las hay "legítimas", "lícitas" y "pertinentes". Debe entenderse el adjetivo "oficioso" (del latín *officiōsus*) en su sentido peyorativo, tal como lo explica la autora del DUE: "Se aplica a la persona que da consejos o se entromete en asuntos de otra sin que su intervención sea solicitada o deseada, o excediéndose en ella". Ejemplo: *Muy **oficioso**, el cabrón me consejó que mejor ni presentara la denuncia, ya que no procedería*. Para no darle más vueltas al asunto, queda claro que ninguna "injerencia" es prudente, pertinente, positiva o buena, y que, por el carácter negativo de la definición misma, calificarla de "ilegítima", "ilícita" e "indebida" es añadir algo del todo innecesario. Lo que ocurre es que la gente (incluida mucha con los más altos títulos profesionales) ya no consulta el diccionario ni por equivocación.

Se trata de redundancias brutas de carácter culto y profesional, cuyo reino está en internet y sus principados en las publicaciones impresas. En el segundo capítulo de la Ley Federal del Trabajo, en México, se establece en el artículo 357 que

♀ "cualquier **injerencia indebida** será sancionada en los términos que disponga la Ley".

Lo gracioso es que ahí mismo, en el artículo 357, se explica lo siguiente: "Se consideran actos de **injerencia** las acciones o medidas tendientes a fomentar la constitución de organizaciones de trabajadores dominadas por un patrón o una organización de patrones, o a apoyar de cualquier forma a organizaciones de trabajadores con objeto de colocarlas bajo su control. Las prestaciones pactadas en la contratación colectiva no serán consideradas como actos de **injerencia**". Pueden ver y comprender los lectores que lo correcto en la primera frase citada es lo siguiente:

♂ Cualquier **injerencia** será sancionada en los términos que disponga la ley.

🖉 Van otros ejemplos de estas redundancias cultas no sólo propias de abogados, sino también se politólogos, sociólogos, historiadores, diplomáticos y, por supuesto, periodistas: "La FIFA suspende a la Federación de Pakistán por **injerencia indebida** de terceros", "las autoridades deberían abstenerse de toda **injerencia indebida** en el ejercicio del derecho de las organizaciones de trabajadores", "denuncian una **injerencia indebida** del senador Alejandro Peña Villa" (no la denunciarían estos inocentes si hubiese sido una "injerencia debida"), "advierte sobre **injerencias indebidas** en el proceso", "**injerencias indebidas** en la voluntad administrativa", "garantías de nuestra vida privada frente a **injerencias indebidas**", "blinda INE a consejos locales de **injerencias indebidas**", "**injerencias indebidas** del poder político afectan seriamente la independencia del poder judicial", "el derecho del niño a preservar su identidad sin **injerencias ilícitas**", "relaciones familiares de conformidad con la ley sin **injerencias ilícitas**", "derecho a la protección de su intimidad contra **injerencias ilegítimas**", "denunciará las **injerencias ilegítimas** del Estado", "presunta **injerencia ilícita** del conglomerado asesor británico", "censura la **injerencia ilegítima** de la Iglesia" y, como siempre hay algo peor, "hay que desterrar de la competencia electoral cualquier influencia o **injerencia indebida o ilegal** de servidores públicos" y "no sólo es un abuso del derecho, sino una **intromisión o injerencia indebida e ilegal** a la intimidad".

☞ Google: 29 200 resultados de "injerencia indebida"; 12 600 de "injerencias indebidas"; 8 770 de "injerencias ilícitas"; 4 200 de "injerencias ilegítimas"; 3 730 de "injerencia ilícita"; 3 530 de "injerencia ilegítima". ☒

131. insistencia, *¿insistencia reiterada?, ¿insistencia repetida?,* **insistir,** *¿insistir reiteradamente?, ¿insistir repetidamente?,* **reiterar,** *¿reiterar insistentemente? ¿reiterar lo mismo?,* **repetir,** *¿repetir insistentemente?, ¿repetir lo mismo?, ¿repetir lo mismo una y otra vez?, ¿repetir reiteradamente?,* **volver,** *¿volver a reiterar lo mismo?, ¿volver a repetir lo mismo?, ¿volver a repetir lo mismo una y otra vez?, ¿volver a repetir una y otra vez lo mismo?*
Las expresiones "insistencia reiterada", "insistencia repetida", "insistir reiteradamente" e "insistir repetidamente" son redundancias tan evidentes que cuesta trabajo entender que las cometan, en el habla y en la escritura, profesionistas reconocidos por su experiencia cultural. Ello sólo es comprensible por la falta de uso del diccionario. Veamos por qué. El sustantivo femenino "insistencia" es la "acción de insistir o repetir", y el verbo intransitivo "insistir" (del latín *insistĕre*) significa, de acuerdo con el DRAE, "instar reiteradamente" y "repetir o hacer hincapié en algo". Ejemplos: *Mostró su insistencia en el tema; Durante la reunión no dejó de insistir en su propuesta.* De ahí el adjetivo "insistente" ("que insiste") y el adverbio "insistentemente" ("con insistencia"). Ejemplos: *Fue insistente en el tema; Habló de su propuesta insistentemente.* En cuanto al verbo transitivo "reiterar" (del latín *reiterāre*) significa "volver a decir o hacer algo" (DRAE). Ejemplo: *Durante la reunión reiteró su propuesta hasta el cansancio.* De ahí el sustantivo femenino "reiteración" (del latín *reiteratio, reiterationis*): "acción y efecto de reiterar" (DRAE). Ejemplo: *Su reiteración fastidió a todos.* De ahí también los adjetivos "reiterado", participio de *reiterar* ("que se hace o sucede con reiteración") y "reiterativo" ("que tiene la propiedad de reiterarse" y "que denota reiteración"). Ejemplos: *Su argumento reiterado no le sirvió para nada; En la reunión, fue reiterativo con esa pendejada.* También el adverbio "reiteradamente": "de manera reiterada". Ejemplo: *Estuvo jodiendo con esa pendejada reiteradamente, hasta que todo el mundo lo mandó a la mierda.* Queda claro que las expresiones "insistencia reiterada" e "insistir reiteradamente", más sus variantes, son redundancias brutas, como lo son también "insistencia repetida" e "insistir repetidamente", más sus variantes, pues el verbo "repetir" (del

latín *repetĕre*) significa, de acuerdo con el diccionario académico, "volver a hacer lo que se había hecho, o decir lo que se había dicho". Ejemplo: **Repitió**, *hasta la saciedad, su pobre argumento*. De ahí el sustantivo femenino "repetición" (del latín *repetitio, repetitiōnis*): "acción y efecto de repetirse". Ejemplo: *Padecimos todos la **repetición** de su pobre argumento*. De ahí también el adjetivo "repetitivo" ("que repite o que contiene repeticiones") y el adverbio "repetidamente" ("con repetición, varias veces"). Ejemplo: *Fue **repetitivo** hasta que alguien le pidió que se callara; Se vanaglorió de su idea **repetidamente***. Falta decir lo más obvio: que en nuestro idioma el prefijo "re-" (del latín *re-*) significa "repetición", como en los verbos "**re**acondicionar", "**re**construir", "**re**novar", "**re**poner", etcétera, y que el sinónimo natural de "repetir" es "iterar" (del latín *iterāre*); de ahí el adjetivo "iterativo" (del latín *iteratĭbus*): "que se repite", "que indica repetición". Ejemplo del diccionario académico: *El prefijo **re-** puede aportar valor **iterativo***. De ahí también el sustantivo femenino "iteración" (no confundir con inte**r**acción), del latín *iteratio, iteratiōnis*: "acción y efecto de iterar", esto es, "repetir", y el adjetivo "iterable" (del latín *iterabĭlis*): "capaz de repetirse" (DRAE). Por ello, si al verbo "iterar" y a sus derivados se le antepone el prefijo "re-", esto potencia la acción de "volver a decir o hacer algo", y es innecesario agregar los términos "insistentemente", "una y otra vez", "muchas veces", etcétera, pues este sentido ya está explícito en el prefijo. Dicho y comprendido lo anterior, queda claro que, al igual que con el verbo "reiterar", con el verbo "repetir" se forman redundancias brutas cuando se une al verbo "insistir" que, estrictamente, es sinónimo de ambos. Por ello son también redundancias brutas las expresiones "repetir insistentemente", "repetir una y otra vez" y, el colmo, "repetir reiteradamente" y "reiterar repetidamente". Pero esto no es todo: son asimismo redundantes las expresiones "reiterar lo mismo", "repetir lo mismo" y, peor aún, "volver a reiterar lo mismo" y "volver a repetir lo mismo", pues si algo se reitera o se repite no puede ser sino lo mismo, ya que el adjetivo "mismo" (del latín vulgar *metipsĭmus*) significa "idéntico, no otro" (DRAE). Ejemplo: *Dijo, una y otra vez, **lo mismo***, pero no, por cierto (en los más profundos abismos de las redundancias) *Volvió a reiterar y a repetir, una y otra vez lo mismo, insistentemente*. Quienes digan y escriban esta porquería tendrían que merecer el abandono en una isla desierta. Y conste que los hay.

Son vicios redundantes que ni siquiera se examinan; de ahí que casi nadie se percate de cometerlos, lo mismo en el ámbito culto que en el ambiente inculto de nuestro idioma, ya sea en internet o en publicaciones impresas. En *Instagram*, alguien que se las da de sabio consejero, recrimina a otro del siguiente modo:

♀ "Mejora tu argumento en lugar de **repetir lo mismo insistentemente**".

Si alguien repite, obviamente insiste, por supuesto, en lo mismo. Por ello, en correcto español, sin redundancias, bastaba con decir y escribir:

♂ Mejora tu argumento en lugar de **insistir en lo mismo**.

✐ He aquí otros ejemplos de estas redundancias dignas del patíbulo: "Cuando la mujer se cansa de **repetir lo mismo**", "por qué a los borrachos les encanta **repetir lo mismo**" (¿porque son los mismos borrachos?), "**repetir lo mismo** o crear la diferencia", "Errejón acusa a los cinco del bloqueo de **repetir lo mismo**" (será porque los está invitando a repetir lo distinto), "el viejo truco de **repetir lo mismo**", "volvemos no para **repetir lo mismo**" (sino para lo mismo repetir), "no quiero **volver a repetir lo mismo**", "es muy tedioso **volver a repetir lo mismo**", "deja de **insistir** y de **volver a repetir lo mismo**", "es innecesario **reiterar lo mismo**", "no se cansan de **reiterar lo mismo**", "tampoco siento necesario **repetir lo mismo una y otra vez**", "he visto a la gente **repetir lo mismo una y otra vez**", "fue detenido por **repetir insistentemente** la palabra 'bomba'", "el abuelo empezó a **repetir insistentemente** una frase", "tenía que **volver a repetir una y otra vez lo mismo**", "eso es **volver a repetir una y otra vez lo mismo**", "**volver a repetir lo mismo una y otra vez** ya no tiene sentido" (¿y cuándo lo ha tenido?), "no para de **insistir** y de **volver a repetir lo mismo una y otra vez**", "sería **volver a reiterar lo mismo**", "procede **volver a reiterar lo mismo**", "en noviembre **volvieron a insistir reiteradamente**", "**insistir reiteradamente** en la reclamación", "**insistencia reiterada** sobre este tema", "una mano le molestó el hombro con **insistencia repetida**", "qué necesidad tenía de **reiterar lo mismo una y otra vez**", "un método que consiste en **insistir repetidamente** en una idea", "no será necesario **repetir reiteradamente** un esquema", "parte de la tragedia del ser humano es **repetir reiteradamente** lo que ha ocurrido en el pasado" (no, la tragedia para el idioma es escribir tal rebuznancia), "se empezó a **reiterar insistentemente**", "es menester **reiterar repetidamente**" y, como siempre hay algo peor, "**vuelvo a reiterar lo mismo una y otra vez**".

☞ Google: 719 000 resultados de "repetir lo mismo"; 207 000 de "volver a repetir lo mismo"; 55 500 de "reiterar lo mismo"; 37 000 de "repetir lo mismo una y otra vez"; 23 100 de "repetir insistentemente"; 14 900 de "volver a repetir una y otra vez lo mismo"; 13 500 de "volver a repetir lo mismo una y otra vez"; 8 330 de "volver a reiterar lo mismo"; 4 380 de "insistir reiteradamente"; 2 970 de "insistencia reiterada"; 2 450 de "insistencia repetida"; 2 370 de "reiterar lo mismo una y otra vez"; 2 260 de "insistir repetidamente"; 2 200 de "repetir reiteradamente"; 1 000 de "reiterar insistentemente"; 600 de "reiterar repetidamente". ☒

132. intentar, ¿intentar de?, ¿intentar de no?, tratar, tratar de, tratar de no

Se puede decir y escribir, correctamente, "**trata de no reír**" y "**tratar de no reír**", pero resulta de lo más chabacano decir y escribir "**intenta de no reír**" e "**intentar de no reír**". No sólo es un asunto de corrección, sino de elegancia y eufonía en el idioma. "Intentar" (del latín *intentāre*: "dirigir hacia") es verbo transitivo con tres acepciones en el DRAE: "Tener ánimo de hacer algo", "preparar, iniciar la ejecución de algo" y "procurar o pretender". Esta última acepción es la que corresponde al ejemplo *Intenta no reír con estas imágenes*, que, equivocadamente, mucha gente transforma en *Intenta de no reír con estas imágenes*. El verbo "tratar" (del latín *tractāre*) puede ser lo mismo transitivo que intransitivo y pronominal. Y es intransitivo en la penúltima acepción del DRAE: "Procurar el logro de algún fin". Ejemplo del diccionario académico: *Yo **trato de** vivir bien*. Con este sentido, equiparable a "intentar", el verbo "tratar" debe llevar siempre la preposición "de" para introducir el complemento directo, tal como lo explica el *Diccionario panhispánico de dudas*: "**intentar**: Procurar [algo]. El complemento directo no debe ir introducido por la preposición *de* (dequeísmo)"; "**tratar (se)**: Cuando significa 'intentar' es intransitivo y va seguido de un infinitivo o una subordinada en subjuntivo precedidos de la preposición *de*". En conclusión, la secuencia "intentar de" y sus variantes de conjugación son erróneas, pues la preposición "de" es únicamente admisible con el verbo intransitivo "tratar": ***Tratar de no llorar***, pero no ***Tratar no llorar***; e ***Intentar no llorar***, pero no ***Intentar de no llorar***. La forma viciosa del verbo "intentar" más la preposición "de" se ha extendido en el habla y en la escritura producto del amplio uso que tiene en internet. Pero no sólo ahí: hasta en los diarios impresos se cuela esta chabacanería.

En internet leemos la siguiente frase que nos invita a ver una serie de fotografías de cierta actriz:

♀ "**Intenta de no** asustarte cuando veas como parece hoy Penélope García".

En buen español, se quiso decir y escribir lo siguiente:

♂ **Intenta no** asustarte (o **trata de no** asustarte) cuando veas las fotos recientes de Penélope García.

✒ He aquí unos pocos ejemplos de este muy extendido desbarre con el que afeamos la sintaxis: "Podemos **intentar de no** causar más ningún daño", "voy a **intentar de no** extrañar la primavera", "vamos a **intentar de no** llegar al extremo", "se limitó a **intentar de no** cometer errores", "**intentar de no** tener sobrepeso", "**intenta de no** reírte con esto", "**intenta de no** utilizar la contraseña de tu cuenta", "**intenta de no** encariñarte con este gato", "**intenta de no** platicar tus planes", "**intenta de no** agregar palabras claves incorrectas", "**intenta de no** hacer deudas", "**intenta de** relajarte un poco", "**intenta de** tranquilizarte", "siempre **intenta de** sonreír", "**intenta de** dormir 8 horas todas las noches", "**intenta de** distraerte tú también", etcétera.

☞ Google: 187 000 resultados de "intentar de no"; 173 000 de "intenta de no"; 2 700 de "intenta de no asustarte"; 2 740 de "intenta de sonreír". ☒

☞ Google: 309 000 000 de resultados de "tratar de"; 96 000 000 de "trata de no". ☑

133. inventar, ¿*inventar un engaño?*, ¿*inventar una mentira?*, invento, mentira

El verbo transitivo "inventar" (de *invento*) posee en el diccionario académico dos acepciones positivas y dos negativas. Las primeras: "Hallar o descubrir algo nuevo o no conocido" y "dicho de un poeta o de un artista: hallar, imaginar, crear su obra". Ejemplos: *Edison **inventó** la bombilla eléctrica*; ***Inventar** una historia como las de Stevenson* *no es cosa fácil*. Las segundas, de carácter negativo: "Fingir hechos falsos" y "levantar embustes". Ejemplos: ***Inventó** todo eso para confundir a la policía; Se la pasa **inventando** cosas para perjudicar a los demás*. Queda claro que, con estas dos últimas acepciones, el verbo "inventar" produce redundancias si lo juntamos con los sustantivos "engaño" y "mentira", pues el sustantivo masculino "engaño", además de significar "acción y efecto de engañar", significa "falta de verdad en lo que se dice, hace, cree, piensa o discurre" (DRAE). Ejemplo: *Todo fue un **engaño** para confundir a la policía*, y, en el caso del sustantivo femenino "mentira" (de *mentir*), sus principales acepciones son las siguientes: "Expresión o manifestación contraria a lo que se sabe, se piensa o se siente" y "cosa que no es verdad". Ejemplo: *Todo fue una **mentira** para confundir a la policía*. Por ello, tanto "inventar un engaño" como "inventar una mentira", con sus variantes de conjugación, son expresiones redundantes, pues "inventar" es sinónimo de "engañar" y de "mentir". Es correcto decir y escribir ***Inventó un trabalenguas***, pero incorrecto, por redundante, ***Inventó una mentira***. Estas redundancias tienen su reino en internet, pero no son escasas en publicaciones impresas.

Las podemos hallar incluso en el periodismo y en el lenguaje de los políticos. En el sitio virtual de *Europa press*, leemos el siguiente titular:

☞ "PP acusa a la edil de Ganemos de '**inventar una mentira tras otra** para ocultar sus corruptelas'".

Hace bien *Europa press* en entrecomillar la frase para que se sepa que fue el portavoz del Partido Popular en el Ayuntamiento de Santander, César Díaz, y no el redactor de la información, la persona afecta a las redundancias, pues afirma, además, que su adversaria política acusa al angelical Partido Popular (PP) con "absolutas falsedades". Si son "falsedades", agregar, con énfasis vicioso, que son "absolutas" es no añadir nada significativo, pues una "falsedad" (del latín *falsĭtas, falsitātis*) es, simple, pero exactamente, "falta de verdad o autenticidad" (DRAE). El político debió acusar a su adversaria, sencilla, pero precisamente, de

☞ **decir una mentira tras otra** para ocultar sus corruptelas. (Y es que así se las gastan los políticos en todo el mundo. Es suficiente con escuchar a uno para tener la esencia de todos.)

✎ Van otros ejemplos de estas redundancias: "**Inventar una mentira monumental** y sostenerla durante décadas" (cuando alguien escribe "mentira monumental" ya podemos imaginar su arsenal de lugares comunes), "¡**inventar una mentira** sobre una persona es tan triste!" (lo feliz sería inventar una verdad), "no es fácil **inventar una mentira** de la nada" (¿no es fácil?, ¿quién dice que no es fácil?), "no trates de **inventar una mentira** más", "a fin de **inventar una mentira** cualquiera", "cuando uno **inventa una mentira** necesita procesarla", "**inventa una mentira** para su propio beneficio", "**inventa una mentira** tras otra para tapar su falta de ética", "**se inventó** una mentira creíble", "su pareja **le inventó una mentira** para casarse con ella", "yo **me inven-té una mentira** y acudí a esa cita", "yo **inventé una mentira** para no quedar mal", "Luzbel deci-dió **inventar un engaño**", "no seas capaz de **inventar un engaño**", "tendremos que **inventar un engaño** caritativo", "**inventó un engaño literario**" (¡por si no fuera suficiente la "invención lite-raria"!), "**inventó un engaño** para poder captar sus imágenes", "y para acostarse con ella **inven-ta un engaño monumental**" (¿habrá que hacerle un monumento por su engaño o por haberse acostado con ella?), "el estudiante **inventa un engaño** para disimular otro", "**inventamos una mentira** para echarle la culpa a alguien", etcétera.

☞ Google: 34 400 resultados de "inventar una mentira"; 23 000 de "inventa una mentira"; 18 800 de "inventó una mentira"; 14 000 de "inventé una mentira"; 11 000 de "inventar un enga-ño"; 8 700 de "inventó un engaño"; 6 550 de "inventa un engaño"; 5 110 de "inventamos una mentira". ⊠

J

134. jugadora, ¿jugadora de futbol femenil?, ¿jugadora de futbol femenino?, jugadoras, ¿jugadoras de futbol femenil?, ¿jugadoras de futbol femenino?

Si son "jugadoras de futbol" son, sin duda, mujeres, y si se habla o escribe de "futbol femenino", queda claro que quienes practican este deporte son "jugadoras", esto es, "mujeres" y no "varones". De ahí que él énfasis que se pone en las expresiones "jugadoras de futbol femenil" y "jugadoras de futbol femenino" lo único que consigue es una bruta redundancia, pues aun en el caso de que alguna mujer juegue en un equipo integrado mayoritariamente por varones, esto no la convierte en "jugadora de futbol masculino", sino, simple y sencillamente, en "jugadora de futbol" dentro de una liga varonil de este deporte. El adjetivo "femenil" (del latín tardío *feminīlis*) significa, literalmente, "femenino" (del latín *feminīnus*), adjetivo sinónimo o equivalente del primero, cuyo significado es "perteneciente o relativo a la mujer". Ejemplos: *El futbol femenil profesional ha tenido, en los últimos años, un gran desarrollo; El futbol femenino cada vez tiene más visibilidad.* Obviamente, "femenil" y "femenino" son adjetivos antónimos o contrarios de los adjetivos "varonil" ("perteneciente o relativo al varón") y "masculino" ("propio del varón" y "perteneciente o relativo al varón"). Ejemplo: *En el boxeo y en el toreo han incursionado con éxito las mujeres, aunque estas actividades antes eran exclusivamente masculinas.* Lo que ocurre es que, durante muchísimo tiempo, únicamente existían las ligas de futbol profesional de varones y, sin embargo, las asociaciones de este deporte no enfatizaban que se tratara "de futbol varonil", sino simplemente "de futbol". Pero ahora que existen los equipos femeniles, las ligas y asociaciones de futbol femeninas, ni siquiera es indispensable adjetivar el futbol que practican, sino sólo en casos de prestarse a ambigüedad. Por ejemplo, *Asociación de Clubes de Futbol **Femenino***, pero no *Asociación de **Jugadoras** de Futbol Femenino*, pues, en este caso, si son "jugadoras", obviamente son "mujeres", y el adjetivo "femenino" está de más. Es suficientemente claro decir y escribir *Asociación de Jugadoras de Futbol.* Las expresiones "jugadora de futbol femenil" y "jugadora de futbol femenino" ponen un énfasis vicioso que es influencia del denominado lenguaje de género, pero con un alto costo para el idioma: caer en redundancias absurdas, pues, en español, los adjetivos y la mayor parte de los sustantivos tienen la desinencia "a" como marca del femenino; en consecuencia, "jugador" se utiliza para el masculino y se aplica al varón, y "jugadora", se usa para el femenino y se aplica, exclusivamente, a la mujer. En el caso del plural, "jugadores", puede corresponder sólo a los varones si, justamente, el equipo y la liga son varoniles, pero, genéricamente (desde el punto de vista gramatical) puede abarcar también a las mujeres, tratándose de una referencia en general o de agrupaciones mixtas: varones y mujeres. Pero en el caso de que los equipos y las ligas sean únicamente integrados por mujeres, es suficiente decir y escribir "jugadoras" y con ello queda precisado que son "mujeres" (niñas, adolescentes, jóvenes, maduras, ancianas inclusive) que practican o profesan un determinado juego (en este caso, el futbol), seguramente, ¡y por obvias razones!, en una liga femenil. Cabe advertir que la definición del adjetivo y sustantivo "jugador, jugadora", en el DRAE, es una idiotez. He aquí sus tres acepciones: "Que juega", "que tiene el vicio de jugar" y "que tiene especial habilidad y es muy diestro en el juego". María Moliner les pone la muestra, en claridad y precisión, a los holgazanes del DRAE. Así define, en el DUE, el adjetivo y sustantivo "jugador, jugadora": "Se aplica al que toma parte en un juego, forma parte de un equipo deportivo, etc., o al que tiene como vicio el jugar a juegos de azar". En sentido general, "jugador" es todo aquel "que juega", pero no es lo mismo el "jugador profesional" (de cualquier deporte o entretenimiento) que el niño que juega, ni mucho menos que el adicto a los juegos de azar en los casinos, donde, por cierto, también hay tahúres ("profesionales", de algún modo) que despluman a los ingenuos y a los pendejos. No le demos más vueltas a este asunto. Son "jugadoras" las personas del sexo femenino que juegan. Ejemplo: *Luisa es **jugadora** de futbol profesional*, pero también, y sin ninguna posibilidad de ambigüedad, *Luisa es **futbolista***, precisamente porque no existen los "futbolistos", pues el sustantivo "futbolista" se emplea lo mismo para el masculino que para el femenino: "jugador de futbol", "jugadora de futbol". Por lo tanto, podemos decir y escribir *Luis es **jugador** de futbol profesional*, pero también, y sin posibilidad de error, *Luis es **futbolista***. No hace falta agregar "de futbol femenino" o "femenil" ni "de futbol masculino" o "varonil". Los excesos del denominado lenguaje de género están llevando a duplicaciones que, como en estos casos, conducen a redundancias descabelladas.

Son redundancias extremas que se han enquistado en el idioma más por capricho que por virtud, y no ayudan absolutamente en nada a la reivindicación de la mujer. Ya se han creado incluso asociaciones de **jugadoras de futbol femenil o femenino**, como si pudiera haber asociaciones de **jugadores de futbol femenil o femenino**. La lógica se da frentazos contra esta terquedad, lo mismo en internet que en publicaciones impresas. En todas las informaciones provenientes de la FIFA (Fédération Internationale de Football Association), que reproducen los medios, se habla y se escribe del

♀ "Premio 'The Best' a **mejor jugadora de fútbol femenino**".

¡Coño, carajo, caballero, como si a este premio pudiesen aspirar Lionel Messi y Cristiano Ronaldo! Si es un premio a "**la** mejor **jugadora** de futbol", debe obtenerlo una mujer que juega, profesionalmente, al futbol, y es innecesario agregar el adjetivo "femenino". Por ello, lo correcto es decir y escribir que

♂ el premio *The Best*, que concede la FIFA, se entrega a **la mejor jugadora de futbol profesional**, y punto.

✎ He aquí otros ejemplos de estas redundancias tercas, peleadas completamente con la lógica y con la consulta de la gramática y el diccionario: "Quién es la **jugadora de fútbol femenino** Megan Rapinoe", "en su selección juega la mejor **jugadora de fútbol femenino**", "Maitane López, **jugadora de fútbol femenino**", "las 12 nominadas al premio 'The Best' a mejor **jugadora de fútbol femenino**", "hinchas furiosos con la actitud de **jugadora de fútbol femenino**", "**una jugadora de fútbol femenino** fue acosada por un hincha", "Trump arremete contra Megan Rapinoe, **jugadora de futbol femenino**", "las **jugadoras de fútbol femenino** que arrasan en las redes", "el mensaje de apoyo de Griezmann a las **jugadoras de fútbol femenino** en huelga", "Asociación Nacional de **Jugadoras de Fútbol Femenino**", "Asamblea Nacional de **Jugadoras de Fútbol Femenino**", "en México las **jugadoras de fútbol femenil** asumen el liderazgo", "**jugadoras de futbol femenil** Sub-17", "el presidente municipal entregó reconocimientos a dos **jugadoras de futbol femenil**", "características de las **jugadoras de futbol femenil**", "en México, las **jugadoras de futbol femenil** no perciben un salario fijo", "Lieke Martens es sin duda una de las mejores **jugadoras de futbol femenil** del mundo", "siempre quise ser una **jugadora de fútbol femenil**", "asesinan a **jugadora de fútbol femenil**", "la **jugadora de fútbol femenil**, Sofía Huerta, fue acosada por un aficionado mientras se tomaban una fotografía", "**jugadora de futbol femenil** entrena embarazada". ¡Y basta!

☞ Google: 259 000 resultados de "jugadora de futbol femenino"; 223 000 de "jugadoras de futbol femenino"; 19 400 de "jugadoras de futbol "femenil"; 12 700 de "jugadora de futbol femenil". ☒

☞ Google: 6 590 000 resultados de "jugadora"; 5 590 000 de "jugadoras"; 772 000 de "jugadoras de futbol"; 213 000 de "jugadora de futbol". ☑

K

135. kakistocracia

El DRAE incluye en sus páginas muchísimos anglicismos chapuceros, que no necesitamos porque tenemos equivalentes castizos en nuestra lengua, a los que les da la categoría de vocablos legitimados por su santa autoridad y su santísima voluntad, pero no admite el sustantivo femenino "kakistocracia", calco del inglés *kakistocracy* (con 209 000 resultados en Google) que está compuesto del griego *kakistos* ("peor") y *kratos* ("gobierno, mandato"), literalmente, como lo define el *Wikcionario*, "gobierno encabezado por las peores personas, o las menos capacitadas, de un país". Ejemplo: *Casi todas las naciones han pasado por períodos de* **kakistocracia**. Incluso ya existe una adaptación gráfica en nuestro idioma, "caquistocracia", aunque sea minoritaria en relación con el calco del inglés; sin embargo, a la Real Academia Española le parece mucho mejor reflejar y definir en sus páginas a los "amigovios" y a los "papichulos" que a la "caquistocracia" o "kakistocracia". La siguiente es una historia divertidísima a causa de la memez que exhibe la famosa RAE en su sitio virtual. El 29 de mayo de 2019, un lector escribió a *RAEinforma* y preguntó por el significado de este término (escrito "kakistocracia") que aparece en obras de filosofía y psicología, pero que no encontraba en el DRAE. Y #RAEconsultas le respondió: "La voz 'caquistocracia' designa el gobierno ejercido por los peores o menos capaces". Enterado de la respuesta, otro lector preguntó lo obvio: "¿Y por qué no está en el diccionario?". Dos días después, #RAEconsultas reaccionó en su orgullo herido con el siguiente argumento: "El 'DLE' [léase *Diccionario de la lengua española* de la RAE] no es in (*sic*) inventario cerrado y exhaustivo del léxico, y la ausencia de una voz no significa necesariamente que se desaconseje. Las palabras de uso restringido a un ámbito determinado y con poca presencia en la lengua general no suelen tener entrada" [nosotros agregaríamos: ni salida]. Pero ésta es, justamente, una salida por peteneras ("desviar el discurso con una incongruencia, frecuentemente para no pronunciarse en una cuestión comprometida", DRAE), pues el mamotreto de la Real Academia Española está plagado de "palabras de uso restringido y con poca presencia en la lengua general". Es un hervidero de jaladas. Vayámonos a las entradas de la letra "k", nada más para no ser abusivos. No se incluye "kakistocracia" y ni siquiera "caquistocracia" (grafía sugerida por #RAEconsultas), con miles de resultados en el buscador de Google, pero, en cambio, se incluye "kodzito" (con sólo 56 resultados no repetidos en Google), mexicanismo (y, más bien, localismo de Yucatán, o yucatequismo) que el DRAE define así: "Tortilla de maíz en la que se envuelve un relleno". ¡Ah, qué a toda madre! Imaginen los lectores: extiendo la tortilla, le pongo mermelada, la envuelvo ¡y ya tengo un codzito!; esto, de acuerdo con el DRAE. Pero, según el *Diccionario de mexicanismos*, de la AML, "kodzito" es sustantivo masculino que "en Yucatán [designa a la] tortilla de maíz enrollada [¡y frita!, ¡frita, por Dios!; esto es, cocida en grasa o aceite hirviendo], que puede estar rellena de algún alimento, bañada en una salsa espesa de jitomate". Y hasta pone un ejemplo el malhadado DM: *Sírveme cuatro kodzitos*. Sí, cómo no, ahora mismo se los servimos: ¡salen, para la mesa seis, donde están sentados los especialistas de la Academia Mexicana de la Lengua, cuatro tortillas de maíz enrolladas, sin freír, rellenas de cajeta y bañadas en salsa espesa de jitomate! ¡Ahí tienen sus kodzitos, señoras y señores! Pero que vayan los lexicógrafos del DM a contarle eso a su abuelita, pero no a las abuelitas y bisabuelitas yucatecas (las mías lo eran), quienes saben perfectamente que los "codzitos" o "kodzitos" tradicionales son tortillas enrolladas, fritas, crujientes, rellenas de aire y no "de algún alimento", y lo que las hace especiales es la salsa en que se les baña y el queso que se les espolvorea. Son tacos fritos rellenos de nada (la "nada" de Sartre), pero sabrosísimos, surgidos de la creatividad y la necesidad (filosofía existencialista), ahí donde hay escaso alimento, pero no faltan las tortillas, el queso, el chile habanero, el jitomate, la cebolla, el ajo, la sal, la pimienta y el aceite, y estos ingredientes son todos los que componen un platillo de kodzitos o codzitos. ¡Hasta en esto son chambones los redactores del DM! ¡No saben definir un mexicanismo y, además, llaman "mexicanismo" a cualquier palabra de uso restringido que se les atraviesa en su camino! ¿Qué podríamos esperar, entonces, del DRAE? En México, los tacos fritos rellenos de algún alimento se llaman "flautas" o simplemente tacos fritos, pero no "kodzitos".

✎ Después de todo esto, que en el DRAE no se recoja el término "kakistocracia" o su adaptación "caquistocracia" no debe sorprendernos; a pesar de que se utiliza en el ámbito culto de la lengua en obras y escritos de política, derecho, historia, sociología, psicología, filosofía, etcétera, en donde, por cierto, no es habitual encontrar los términos "amigovio" y "papichulo". He aquí algunos pocos ejemplos del adecuado uso del término: "No hay alternativas, estamos condenados a ser una **kakistocracia**", "**kakistocracia**: el gobierno de los peores", "hay que evitar la **kakistocracia**", "la lista de elementos que acreditan la existencia de una **kakistocracia** mexicana es larga", "la palabra del día es **kakistocracia** y aunque quizá no la conocías puede que su significado te resulte familiar", "política, elecciones y **kakistocracia** en México", "la **kakistocracia** de Trump", "**kakistocracia** tropical", "plutocracia y **kakistocracia**, sistemas de gobierno de los últimos 100 años", "entre **kakistocracia** y buen gobierno", "terminar con la **kakistocracia** mexicana", "Honduras: historia de una **kakistocracia**", "**kakistocracia**: los canallas en la administración pública", "periodistas de la **kakistocracia**", "se ha formalizado la **kakistocracia** en el Perú", "de la democracia a la **caquistocracia**", "la resistencia al gobierno de la **caquisto-cracia** en el 2018", "¡es la **caquistocracia**, estúpido!", "son los campeones de la **caquistocracia**", "**caquistocracia**: el otro rostro de la democracia en México", "la **caquistocracia** cleptocrática", "lo que Bovero denomina '**caquistocracia**' es una de esas expresiones de lo que parece demo-cracia sin serlo", "**caquistocracia** en Guatemala", etcétera.

☞ Google: 27 800 resultados de "kakistocracia"; 5 040 de "caquistocracia". ☑

L

136. ¿la futbolista femenina?, ¿las futbolistas femeninas?

Parecidas a las expresiones redundantes "jugadora de futbol femenil" y "jugadora de futbol femenino", con sus respectivos plurales, son las expresiones "**la** futbolista femenina" y "**las** futbolistas femeninas", pues el artículo determinado "el", "la" (del latín *ille, illa illud*: "aquel") determina, precisamente, el género del sustantivo o el sintagma al que modifica. Tal es la acepción principal de "el" y "la" ("los" y "las" en plural) en el diccionario académico: "Antepuesto a un sustantivo o a un sintagma nominal forma una expresión definida de referente consabido". Ejemplos del DRAE: *Espérenme en **el restaurante***; ***La familia** se llevaba bastante bien.* La concordancia de género y número, en nuestro idioma, es indispensable para la exacta comprensión de lo que se enuncia. Así como es un disparate decir y escribir "**el** futbolista **femenina**", lo es también decir y escribir "**la** futbolista **masculino**". Si queda claro, y no puede ser de otro modo, que el adjetivo "femenino" (del latín *feminῑnus*) se aplica exclusivamente a lo que es propio de la mujer y a lo "perteneciente o relativo a la mujer" (DRAE), el artículo "la" ("las" en plural) que determina al sustantivo "futbolista" ("**la** futbolista", "**las** futbolistas") hace innecesario el añadido "femenina" para el singular y "femeninas" para el plural. Basta con decir "**la** futbolista" y "**las** futbolistas" para expresar, con claridad y precisión, que se trata de "mujeres" (que pueden ser niñas, adolescentes, jóvenes, maduras y ancianas inclusive). Añadir el adjetivo "femenina" ("femeninas" en plural) es cometer atroces redundancias que sólo se explican por las duplicaciones viciosas del denominado lenguaje de género. Si es varón es "**el** futbolista", si es mujer es "**la** futbolista", y si son varones son "**los** futbolistas", y si son mujeres son "**las** futbolistas". ¿Es tan difícil comprender esto? No lo parece, pero la terquedad de la ideología de género conduce a elaborar formas artificiosas e innecesarias en el idioma y prefiere torcer el sentido lógico y recto, con las redundancias, que optar por la precisión. Evitemos estas barrabasadas. Todavía estamos a tiempo de regresar a las formas precisas.

El reino de estas formas redundantemente caprichosas está en internet. Pero ya hay evidencias también, de sus estropicios, en las publicaciones impresas; principalmente en las secciones deportivas de los diarios y revistas. En el sitio virtual de CNN en español leemos lo siguiente:

♀ "**Las futbolistas femeninas** son más visibles y poderosas que nunca".

¡Ni modo que sean "**las** futbolistas masculinas"! Lo correcto es, sin redundancia, y sin demagogia:

⚬ **Las futbolistas** son más visibles que nunca.

🖉 Van otros ejemplos de estas redundancias: "Nivel de talento entre **las futbolistas femeninas**", "los sueldos de **las futbolistas femeninas**", "**las futbolistas femeninas** sufren de estas lesiones hasta diez veces más que los hombres", "**las futbolistas femeninas** de nivel profesional", "el trabajo de **las futbolistas femeninas** durante mucho tiempo no fue remunerado", "**las futbolistas femeninas** cumplen su parte", "Colombia muestra su apoyo a **las futbolistas femeninas**", "**las futbolistas femeninas** no ganaban mucho dinero", "Marta, **la futbolista femenina** más famosa de todos los tiempos", "**la futbolista femenina** más exitosa de chile", "Día de **la Futbolista Femenina**" (¡esto ya es el colmo!), "**la futbolista femenina** estadounidense del año", "las implicaciones de ser **una futbolista femenina** en una cultura machista", "**una futbolista femenina** ha comenzado una campaña", "**las mejores futbolistas femeninas**: síguelas en el Mundial", "Alex Morgan, una de **las mejores futbolistas femeninas** del mundo", "**las futbolistas femeninas** mejor pagadas", etcétera.

☞ Google: 3 500 resultados de "las futbolistas femeninas"; 1 440 de "la futbolista femenina"; 1 000 de "una futbolista femenina"; 900 de "las mejores futbolistas femeninas"; 600 de "las futbolistas femeninas mejor pagadas". ☒

☞ Google: 692 000 resultados de "la futbolista"; 542 000 de "las futbolistas"; 217 000 de "una futbolista"; 207 000 de "la mejor futbolista"; 111 000 de "las mejores futbolistas". ☑

137. lapso, ¿*lapso de tiempo*?, período, ¿*período de tiempo*?, plazo, ¿*plazo de tiempo*?, transcurso, ¿*transcurso de tiempo*?

La Academia Mexicana de la Lengua, por medio de su comisión de consultas, admite, cantinflescamente, que la expresión "lapso de tiempo" **es** y **no es** redundante. Explica o trata de explicar: "De acuerdo con el *Diccionario de la lengua española*, de la Real Academia Española, la voz *lapso*, en su primera acepción, puede referirse o no a *tiempo*, por lo que no es necesariamente redundante decir *lapso de tiempo*. Sin embargo, puesto que *lapso* se usa con mucha frecuencia referido al *tiempo*, bastará con decir únicamente *lapso*, si en el contexto en que se usa esta voz queda claro que se habla de *tiempo*". ¡Pero por supuesto que es redundante decir y escribir "lapso de tiempo"! Veamos por qué. El sustantivo masculino "lapso" (del latín *lapsus*: "deslizamiento, caída") posee tres acepciones en el DRAE: "Paso o transcurso", "tiempo entre dos límites" y "caída en una culpa o error". Como podemos ver, es falso lo que afirma la AML cuando dice que, de acuerdo con el DRAE, "la voz *lapso*, en su primera acepción, puede referirse o no a *tiempo*". Dios sabe de qué modo, y con qué ojos, leen allá en la AML, pero si la primera acepción, como ya vimos, es "paso o transcurso", sería bueno que esa comisión de consultas de la AML fuese a ver, ahí mismo en el DRAE, qué es "transcurso"; si lo hiciese, sabría entonces que el sustantivo masculino "transcurso" (del latín *transcursus*) significa, ni más ni menos, "paso o carrera del tiempo". De ahí el verbo intransitivo "transcurrir" (del latín *transcurrĕre*): "Dicho generalmente del tiempo: Pasar, correr". ¿Y cuál es el significado del sustantivo masculino "tiempo" (del latín *tempus*)? La siguiente: "Duración de las cosas sujetas a mudanza" (DRAE). Ejemplo: *Eso lo verás con el paso del tiempo.* Resulta obvio que tanto "lapso de tiempo" como "transcurso de tiempo" (y "transcurso del tiempo") son redundancias viciosas, jamás virtuosas; esto a pesar de que la redundante y viciosa RAE incluya, con absurdidad, en su mamotreto, el sustantivo "lapso de tiempo" nada más para definirlo como "lapso" ("tiempo entre dos límites"). Si decimos y escribimos *En ese **lapso de tiempo**, en ese **transcurso de tiempo**, Francisco Franco influyó incluso en el idioma*, estamos cometiendo atroces rebuznancias, pues tanto el "lapso" como el "transcurso" son "de tiempo", y no pueden ser de otra cosa. Lo correcto es: *En ese **lapso**, en ese **transcurso** de la dictadura en España, Franco influyó incluso en el idioma*. En conclusión, es falso que el sustantivo "lapso", en su primera acepción, no se refiera necesariamente al tiempo: al contrario, ¡se refiere explícitamente al tiempo!, al "pasar", al "correr" del tiempo, que es lo mismo que "transcurrir"; de ahí que "transcurso de tiempo" y "transcurso del tiempo" sean también gruesas rebuznancias. Que en el DRAE se incluya "lapso de tiempo" únicamente indica que ese mamotreto requiere de un procedimiento higiénico extremo: raerlo hasta quitar de sus páginas todas las tonterías y cochambres que ha ido acumulando a lo largo de los siglos, pues en cada nueva edición se le agregan más barbaridades. Parecido es el caso de "período de tiempo", con el cual cantinflea la española Fundéu BBVA, para luego rematar dogmáticamente: "**período de tiempo** / **lapso de tiempo**. Ambas expresiones son redundantes, pero se pueden escribir [¡claro que *se pueden* escribir: miren: yo las estoy escribiendo!]. *Lapso de tiempo* incluso se encuentra recogida por la Academia" (¡y esto qué!: como ya dijimos, también se encuentran recogidas por la Academia otras múltiples tonterías). Pero veamos por qué "período de tiempo" es igualmente redundante. El sustantivo masculino "período" (también se admite "periodo") proviene del latín *periŏdus*, y éste del griego *períodos*, y tiene ocho acepciones en el DRAE, de las cuales bastan las cinco primeras para demostrar que todas ellas llevan implícito el sustantivo "tiempo": "Tiempo que algo tarda en volver al estado o posición que tenía al principio", "espacio de tiempo que incluye toda la duración de algo", "menstruo de las mujeres y de las hembras de ciertos animales", "ciclo de tiempo: *Período juliano, de Metón*" y "tiempo que tarda un fenómeno periódico en recorrer todas sus fases, como el que emplea un péndulo en su movimiento de vaivén, la Tierra en su movimiento alrededor del Sol, etc.". Visto lo cual, ¡no hay "período" sin "tiempo"! De ahí que decir "período de tiempo" sea redundante. Burrada es decir y escribir: *En ese **período de tiempo** Franco se cagó en España*. Lo correcto (y certero) es: *En ese **período**, Franco se cagó en España*. El sustantivo "tiempo" está de más, sale sobrando, al igual que en "plazo de tiempo", pues basta decir y escribir "plazo", ya que el carácter temporal queda implícito o sobreentendido. Pero esta redundancia la cometen millones de personas, incluidas aquellas que pretenden corregir el habla y la escritura de los hispanohablantes desde un organismo creado para el caso. Así, esta barbaridad redundante es utilizada sin pena alguna por los redactores de ese bote de cascajo denominado *Diccionario panhispánico de dudas*, que es "de dudas" porque alimenta y refuerza muchas de ellas, pero resuelve muy pocas. En la entrada correspondiente a la locución "contra reloj" dicen los autores de ese despropósito encuadernado: "Es frecuente su empleo metafórico con el sentido de 'con suma urgencia o con un **plazo de tiempo** perentorio'". ¡Qué bonito: "con un **plazo de tiempo**"! Será porque quizá los haya (los "plazos") que no sean de tiempo. Los sinónimos de esta rebuznancia son "lapso de tiempo" y "periodo de tiempo", y sus parientes cercanos son "transcurso de tiempo" y "transcurso del tiempo". ¿Cómo define el mamotreto de la RAE el sustantivo masculino "plazo" (del latín *placĭtum*: "convenido")? De la siguiente manera: "Término o tiempo señalado para algo". Ejemplo: *No hay **plazo** que no se cumpla*. Sería una tontería decir y escribir *No hay **plazo de tiempo** que no se cumpla*, pues el "plazo" siempre es de "tiempo", como lo demuestran las locuciones adverbiales y adjetivales "a corto **plazo**" ("dentro de un período relativamente breve"), "a mediano o medio **plazo**" ("dentro de un período ni muy largo ni muy breve") y "a largo **plazo**" ("dentro de un período relativamente extenso"). ¿Puede haber duda, después de esto, que el "plazo" siempre es de "tiempo"? ¡Ninguna! Incluso en los casos de las locuciones "a plazo fijo" y "correr el plazo", que significan, la primera, "sin poder retirar un depósito bancario hasta que se haya cumplido el **plazo** estipulado" (DRAE), y la segunda "correr el término" (DRAE). Si alguien, sabiendo esto, dice y escribe "plazo de tiempo" es que está incapacitado para entender lo que lee. En conclusión, tanto "lapso de tiempo" como "período de tiempo", "plazo de tiempo" y "transcurso de tiempo" (o "transcurso del tiempo") son redundancias viciosas, aunque millones de personas las utilicen con la mayor naturalidad que les da la ignorancia y la falta de uso de la lógica que, por lo demás, alientan las academias de la lengua.

Son redundancias que se cometen en todos los ámbitos, cultos e incultos, y nadie les presta atención porque muchísima gente ignora qué es lo que dice y lo que escribe. En el periodismo y en la literatura son de uso frecuente. Alguien que quiere presumir su profundidad emocional e intelectual, en internet, cita, como hallazgo filosófico, un "pensamiento" de un tal Jeff Bridges (actor estadounidense):

♀ "Estamos aquí por un **período de tiempo** tan corto".

¡Vaya descubrimiento! Se rompió la cabeza para darse cuenta de ello. Pero lo que dijo este señor (que tampoco es Nezahualcóyotl ni Pessoa), debió traducirse correctamente en español como sigue:

⚭ Estamos aquí por un **tiempo** muy corto, o bien Estamos aquí por un **período** muy corto.

✎ Claro que se necesita ser muy lelo para impresionarse con semejante "frase célebre", más bien de Perogrullo. He aquí unos poquísimos ejemplos de estas redundancias que se cuentan por decenas de millones: "Ejemplos de **período de tiempo** en español", "definir el **período de tiempo**", "corto **período de tiempo**", "**período de tiempo** indeterminado", "especificación de un **período de tiempo**", "**período de tiempo** para recibir retiros", "**período de tiempo** preestablecido", "cómo volver a hacer ejercicio después de un largo **período de tiempo**", "información del **período de tiempo**", "definir **períodos de tiempo**", "puedo desplazarme entre **períodos de tiempo**", "cálculos de **períodos de tiempo**", "**plazo de tiempo** ajustado", "**plazo de tiempo** reducido", "tengo un **plazo de tiempo** determinado", "**plazo de tiempo** para el desarrollo", "rehabilitaciones con un limitado **plazo de tiempo**", "**plazo de tiempo** hasta vencimiento", "**plazos de tiempo** para reportar", "confianza en los **plazos de tiempo** fijados", "**plazos de tiempo** para audiencias", "diferencia de **transcurso de tiempo**", "condicionada a un determinado **transcurso de tiempo**", "eventos en el **transcurso de tiempo**", "en este **transcurso de tiempo**", "con el **transcurso del tiempo**", "fenomenología del **transcurso del tiempo**", "adquirir la propiedad por el **transcurso del tiempo**", "artes en el **transcurso del tiempo**", "*Lapso de tiempo*" (título de una película), "por un **lapso de tiempo**", "en ese **lapso de tiempo**", "definición de **lapso de tiempo**", "video muestra **lapso de tiempo** de la tormenta", "**lapso de tiempo** de imágenes de la Tierra", "manejo y **lapso de tiempo** alrededor del escénico mundo abierto" (¡esto sí que es profundo!), "construcción en un **lapso de tiempo**", etcétera.

☞ Google: 44 800 000 resultados de "período de tiempo"; 16 600 000 de "períodos de tiempo"; 14 800 000 de "plazo de tiempo"; 6 820 000 de "transcurso de tiempo"; 6 520 000 de "lapso de tiempo"; 5 250 000 de "transcurso del tiempo"; 2 920 000 de "plazos de tiempo". ☒

☞ Google: 288 000 000 de resultados de "plazo"; 267 000 000 de "período"; 62 000 000 de "plazos"; 31 000 000 de "períodos"; 23 300 000 de "transcurso"; 21 100 000 de "lapso". ☑

138. lapsus, ¿*lapsus de tiempo*?

Si ya "lapso de tiempo" es una barbaridad redundante, peor es todavía "lapsus de tiempo", pues, aunque los sustantivos masculinos "lapso" y "lapsus" tengan la misma etimología, el primero, como ya vimos, significa "paso o transcurso", "tiempo entre dos límites" y "caída en una culpa o error", en tanto que el segundo únicamente tiene una significación muy precisa: "falta o equivocación cometida por descuido".

Ejemplo: *Tuve un* **lapsus** *y no mencioné en mi discurso la presencia del subdirector*. Así como el "lapso" es de tiempo, igualmente el "lapsus" siempre es una falta o equivocación que se comete por descuido. Dos locuciones latinas especifican un igual número de lapsus: *lapsus calami* ("error mecánico que se comete al escribir") y *lapsus linguae* (error que se comete al hablar). El DRAE dice, sobre este último, una grandísima pendejada: **"error involuntario** que se comete al hablar". ¡Como si hubiese **"errores voluntarios"**! Más que brutos, hay que ser muy inmorales para, "voluntariamente", cometer un "error", porque, si algo que está mal se realiza voluntariamente, no se trata de un "error", sino de una acción dolosa, de un "fraude": "acción contraria a la verdad y a la rectitud, que perjudica a la persona contra quien se comete" (DRAE). ¡Todos los errores son involuntarios! Pero esto los académicos de Madrid no lo saben, porque ni siquiera leen el diccionario que escriben con las patas. El sustantivo masculino "error" (del latín *error, erróris*), según leemos en el DRAE, significa "concepto equivocado o juicio falso", "acción desacertada o equivocada" y "cosa hecha erradamente". Es obvio que nadie comete un "error" por espontánea voluntad, porque, como ya vimos, la acción desacertada hecha con todo propósito no se llama error sino "dolo" (del latín *dolus*), sustantivo masculino que significa "engaño, fraude, simulación" (DRAE), dado que entraña la voluntad deliberada de cometer una falta o un delito a sabiendas del daño que producirá. Pobrecitos los académicos de Madrid si de veras creen que hay "errores involuntarios" que, obviamente, se oponen a los "errores voluntarios"; será, tal vez, porque, cuando ellos la cagan, lo hacen voluntariamente. O esto puede inferirse cuando califican el "error" de "involuntario". Más allá de esto, lo cierto es que "lapsus de tiempo" es expresión tan desacertada como "error involuntario", pues un "lapsus" es una falta o equivocación producto del descuido y nada tiene que ver con el sustantivo "tiempo". Muy probablemente, los mismos que dicen y escriben "lapso de tiempo", "período de tiempo", "plazo de tiempo" y "transcurso de tiempo", dicen y escriben también "lapsus de tiempo". Por supuesto, con ello cometen no sólo un *lapsus calami*, sino también un *lapsus linguae*. Si ya es una tontería decir y escribir *En ese* **lapso de tiempo** *logré mis objetivos*, doble tontería es decir y escribir *En ese* **lapsus de tiempo** *logré mis objetivos*.

Es frecuente en internet y no es extraño en publicaciones impresas. En una novela (*El tiempo de los olvidados*), su autor escribe:

♀ "En esos **lapsus de tiempo**, normalmente, compartían droga".

Ojalá hubieran compartido la consulta del diccionario con el autor. En realidad, el escritor quiso decir que,

♂ normalmente, en esos **lapsos**, compartían droga (incluso con el escritor).

✎ Resulta extraño que a esta novela no le hayan dado ningún premio prestigiado, de esos que conceden en España, por ejemplo, pues así escriben muchos de los que obtienen dichos galardones. He aquí unos pocos ejemplos de esta barbaridad culta: "Este **lapsus de tiempo** tendría sus ventajas y desventajas", "son pequeños **lapsus de tiempo** en los que nos despistamos", "famosos **lapsus de tiempo**" (y, además, ¡famosos!), "confiar con la yuxtaposición de un **lapsus de tiempo**" (la erudición asombra), "crea originales vídeos con **lapsus de tiempo**" (muy originales han de ser), "esos **lapsus de tiempo** son necesarios" (sí, cómo no, para los analfabetos culturales), "este **lapsus de tiempo** ofrece una oportunidad cada vez más exigua" (¡qué lástima!), "durante un **lapsus de tiempo** concreto" (será porque los hay inconcretos), "hay **lapsus de tiempo**; también momentos que permanecen borrosos en la memoria", "se debe producir un **lapsus de tiempo**" (productivos estáis), "el **lapsus de tiempo** se resuelve restando 6 horas" (el *lapsus calami* y el *lapsus linguae* se resuelven consultando el diccionario), "aprovechó un **lapsus de tiempo** para emprender una fuga el domingo pasado" (seguramente aprovechó para fugarse el momento en que el guardia en un lapsus le dijo "puedes irte" cuando lo que quería decirle era "estás arrestado") y, como siempre hay algo peor, "este **lapsus de tiempo** duró poco y volví a leer" (debe ser un lector habilísimo).

☞ Google: 64 700 resultados de "lapsus de tiempo". ☒

139. ¿*lecturar?*, leer

¿Puede alguien andar por este mundo ancho y ajeno, orondamente, diciendo y escribiendo "lecturar" en vez de "leer"? Sí, puede, y ya nada debe sorprendernos. Hay millones, cientos de miles y decenas de miles de evidencias que muestran el grado de descomposición del español que han ocasionado los anglicistas patológicos, los anglófilos y pochos, entre ellos los que dicen y escriben "accesar", en vez de "acceder"; "aperturar", en vez de "abrir" y "coberturar", en vez de "cubrir". Pero han llegado ya al extremo de "lecturar" en vez de "leer". Sabio en el idioma, Fernando Lázaro Carreter tenía el suficiente conocimiento para profetizar (augurar, predecir, pronosticar) lo que hoy es una realidad horrorosa en nuestro idioma. En uno de sus espléndidos artículos ("En detrimento"), que luego recogió en su libro *El dardo en la palabra*, examinó y presagió: "Aún menos complacencia merece otro verbo de vitalidad nauseabunda, *aperturar*, primero en el lenguaje bancario, y ya en el administrativo y oficial. Empezó por el *aperturar* una cuenta corriente, formando ese verbo sobre el sustantivo *apertura*, que funciona perfectamente en la *apertura* de una cuenta. Pero no se entiende por qué ha parecido necesario a banqueros y bancarios sustituir el limpio verbo *abrir* por ese horrorcillo. 'Aperturado' el camino, nada impide que *lecturar* sustituya a *leer*, *baraturar* a *abaratar* y *licenciaturarse* a *licenciarse*, pongamos, en Derecho". Si ya "se accesa" y ya "se cobertura", en lugar de "acceder" y de "cubrir"; si ya "se apertura", en lugar de "abrir", lo único más idiota que nos faltaba era "lecturar" en vez de "leer" (del latín *legĕre*): "Pasar la vista por lo escrito o impreso comprendiendo la significación de los caracteres empleados" y "comprender el sentido de cualquier tipo de representación gráfica" (DRAE). Ejemplo: *Leer no sirve para nada: es un vicio, una felicidad.* Aparentemente, el horroroso "lecturar" está derivado del sustantivo femenino "lectura" (del bajo latín *lectura*), que significa "acción de leer" y "obra o cosa leída" (DRAE). Ejemplos: *Se entregó a la **lectura** sin miramientos; Cien años de soledad es la **lectura** que todos los políticos dicen que están haciendo.* Pero también algo tiene que ver la influencia del inglés, pues la voz inglesa *lecturer* puede traducirse como "conferenciante" (persona que diserta en público sobre algo). La cabeza desordenada de algunos cultos y semicultos que no consultan el diccionario los llevó a inventarse el verbo "lecturar" que suponen más *elegante* que el castizo "leer". Y el engendro se ha ido abriendo camino en la espesura de nuestro idioma a causa de la tontería de estas personas. Especialmente en Sudamérica tiene muchos partidarios, y ya lo adoptan los demás esnobs de otros países, entre ellos España y México, y todos ellos han de creer que si existe el verbo transitivo "escriturar" ("hacer constar con escritura pública y en forma legal un otorgamiento, contrato, acuerdo, etc."), ¿por qué no habría de existir el verbo "lecturar" en vez de "leer" (aunque "escriturar" y "escribir" no sean equivalentes)?

El falso verbo "lecturar" ya es tumoral en nuestro idioma y nos deja con la boca "aperturada". En el decano de la prensa nacional de Bolivia, *El Diario*, el columnista Gabriel Astorga, a quien hay que felicitar porque tiene el valor de admitir su equivocación, explica:

♀ "Admito que lo que escribí en el título de mi columna es un barbarismo, pues no existe el verbo **lecturar**, es una aberración del habla cotidiana".

Y procede a corregirse, para, con ello, ayudar a corregir a los demás:

☙ "El verbo adecuado que se debe conjugar para esta acción es **leer**".

🖉 Son pocas las personas dispuestas a admitir que se equivocan al utilizar el idioma (y, por supuesto, todos nos equivocamos: unos más, otros menos), pero quien se equivoca y rectifica es alguien a quien le importa su idioma. He aquí algunos ejemplos de quienes se equivocan y nunca rectifican: "¿Cómo **lecturar** ticket para pagos?", "¿cómo **lecturar** un chip?", "¿cómo **lecturar** la primera línea del computador?", "listado de palabras que riman con **lecturar**", "pantalla LCD Escáner de Códigos de Vehículos para **Lecturar**", "**lecturar** dibujos", "lámpara LED de 2ª generación para **lecturar**", "ha estado implementando el Proyecto **Lecturando**", "mida los ángulos horizontales **lecturando** un punto conocido", "saludos a todos quienes están **lecturando** por este medio", "**lecturando** los medidores de energía eléctrica", "esperemos que los cívicos estén **lecturando**", "**lecturando** lo mejor de la selva", "viajó al extranjero, **lecturando** en Francia, Alemania, Suiza y Holanda", "entendiendo al consumidor no sólo escuchando sino **lecturando** su cerebro", "**lecturando** la palabra de Dios después de haber sido sanada", "por el momento vamos a seguir **lecturando**" y, como siempre hay algo peor, "voy **lecturando** un libro referido al tema, es fascinante".

   ☞ Google: 136 000 resultados de "lecturar"; 2 360 de "lecturando". ☒

   ☞ Google: 816 000 000 de resultados de "leer"; 136 000 000 de "leyendo". ☑

140. linchado, *¿linchado hasta morir?*, linchamiento, *¿linchamiento colectivo?*, *¿lincha-miento masivo?*, *¿linchamiento mortal?*, *¿linchamiento multitudinario?*, *¿linchamiento y asesinato?*, linchar, *¿multitud lincha?*

El sustantivo masculino "linchamiento" tiene, en el DRAE, el siguiente significado, tan preciso como en cualquier otro diccionario de la lengua española: "acción de lin-char". De ahí el verbo transitivo "linchar" (de Charles Lynch, juez de Virginia en el siglo XVIII), que significa "ejecutar sin proceso y tumultuariamente a un sospecho-so o a un reo". Ejemplos: *La policía no pudo evitar el **linchamiento**; **Lincharon** a dos sos-pechosos de robo en Veracruz.* En consecuencia, si es "linchamiento" es tumultuario, masivo o colectivo, y si se lincha a alguien, lo hace invariablemente una multitud que, también invariablemente, da muerte a la persona o a las personas que sufren la agresión. Por ello, es una bruta redundancia decir y escribir "linchamiento colec-tivo", "linchamiento masivo", "linchamiento multitudinario", "linchamiento en gru-po", etcétera, del mismo modo que es rebuznancia decir y escribir "linchado hasta la muerte", "linchado hasta morir", "linchado y asesinado", etcétera, pues todos los lin-chamientos son cometidos por grupos de personas, y todos, también, desembocan en la ejecución de la persona o las personas que sufren esta violencia colectiva. Decir y escribir, asimismo, que "una multitud lincha o linchó" resulta redundante, pues el linchamiento siempre es en multitud. Se puede decir y escribir que "habitantes" o "personas" de alguna comunidad "lincharon" a un sospechoso o a presuntos delin-cuentes: se sobreentiende que fue en grupo o en multitud, pues las definiciones del verbo "linchar" y del sustantivo "linchamiento" son muy precisas al respecto.

Estas formas redundantes son propias de quienes nunca consultan el diccionario. De hacerlo, sabrían el exacto significado de los términos que utilizan sin conocimien-to alguno. En el periodismo impreso y en las páginas de internet son abundantes es-tas redundancias. En el diario argentino *La Nación* leemos el siguiente titular:

   ♀ "**Una multitud linchó** a un israelí que mató a cuatro árabes".

Lo correcto es lo que informa el diario en el cuerpo de la nota periodística:

   ♂ **Residentes** de un poblado **linchan** a un soldado judío que asesinó a cuatro árabes.

🖉 He aquí otros ejemplos de estas redundancias brutas: "**Una multitud linchó** a tres personas acusadas de robar niños", "**una multitud linchó** y quemó vivos a dos hombres", "**una multitud linchó** y ahorcó al abusador de una nena", "**una multitud lincha** a tres personas en Ecuador", "**multitud lincha** a supuesto delincuente", "**multitud lincha** a presunto ladrón", "**multitud lincha** a palos a presunto asaltante", "fueron blanco de **linchamientos colectivos**", "se convocó a participar en **linchamientos colectivos**", "**linchamiento y asesinato** en Coacalco", "salvaje **linchamiento y asesinato** de un joven", "tensa calma tras **linchamiento masivo**", "reportan **linchamiento masivo** de venezolanos en Colombia", "fue un **linchamiento colectivo**" (como si los hubiera individuales), "esto no justifica que se haga **linchamiento en grupo**" (¿únicamente individual?), "**linchado hasta la muerte** por haber asesinado a un niño", "dos muertos y dos heridos graves en un **linchamiento multitudinario**" y, como siempre hay algo peor, "doce personas fallecidas en siete actos de **linchamiento tumultuario**".

☞ Google: 28 600 resultados de "multitud linchó"; 9 990 de "multitud lincha"; 7 750 de "linchamientos colectivos", 4 550 de "una multitud linchó"; 4 100 de "linchamiento y asesinato"; 3 470 de "linchamiento masivo"; 3 390 de "linchado y asesinado"; 3 350 de "linchamiento colectivo"; 2 880 de "una multitud lincha"; 2 380 de "linchamiento en grupo"; 2 080 de "linchamientos en grupo"; 2 020 de "linchamientos mortales"; 1 920 de "linchado hasta la muerte"; 1 320 de "linchados y asesinados"; 1 270 de "linchado hasta morir"; 1 270 de "linchamiento mortal"; 1 230 de "linchamientos masivos"; 1 120 de "linchamiento multitudinario". ☒

141. llena, lleno, ¿*lleno completamente?*, ¿*lleno completo?*, ¿*lleno hasta el tope?*, ¿*medio lleno?*, ¿*medio vacío?*

Las redundancias "lleno completo" y "completamente lleno" se avienen muy bien a la falta de precisión en la definición del DRAE. El adjetivo y sustantivo "lleno" (del latín *plenus*) posee esta imprecisa definición principal en el diccionario académico: "Ocupado hasta el límite o por gran cantidad de personas o cosas". Si algo está "ocupado hasta el límite", ¿a cuento de qué viene la disyunción "o por gran cantidad de personas o cosas"? No, definitivamente no es así. Algo "lleno" es lo que está a "plenitud", pues el adjetivo "pleno" es el sinónimo exacto de "lleno" y significa "completo". De ahí que "completamente lleno", "lleno completamente" y "lleno completo" sean expresiones tautológicas. La correcta definición del adjetivo "lleno" está en el DUE, de María Moliner: "Aplicado a un recipiente o continente cualquiera: ocupado completamente por el contenido". Ejemplo: *Un vaso **lleno** de vino*. Significa también "con las plazas o sitios ocupados". Ejemplo: *El patio de butacas está **lleno***. Si algo ya está "lleno", está "completo". Ahora bien, las expresiones irónicas "medio lleno" y "medio vacío" no son otra cosa que licencias poéticas, pues estrictamente nada puede estar "medio lleno" ni "medio vacío", sino, en todo caso, "ocupado a la mitad". Ejemplo: *Es el típico caso del vaso **medio lleno** o **medio vacío***. En cuanto a la expresión enfática coloquial "lleno hasta el tope" (con sus variantes "lleno hasta el borde", "lleno hasta el culo", "lleno hasta el techo", "lleno hasta la bandera", "lleno hasta los topes", "lleno hasta las cachas", "lleno hasta las lámparas", etcétera), significa, estrictamente, "sobreocupado" o con "sobrecupo" (términos éstos no incluidos en el DRAE, pero del todo correctos), y se aplica a una plaza, un estadio o un ámbito público cualquiera cuando a los asientos con los que cuenta (ya ocupados), se añaden personas de pie (en los pasillos o andadores), lo cual no está permitido por motivos de seguridad. Ejemplo: *El estadio estaba* **lleno hasta la bandera**. Esto quiere decir que estaba **sobreocupado**. Explicado todo lo anterior, lo que es incorrecto, por redundante, es decir y escribir "completamente lleno", "lleno completamente" y "lleno completo" pues, como ya vimos, la raíz latina de "lleno" es *plenus*, que significa "pleno", o sea "completo". De ahí, las expresiones tautológicas "completamente lleno", "lleno completamente" y "lleno completo" equivalen literalmente a "lleno lleno" o "completo completo".

Estas expresiones redundantes son habituales en los ámbitos deportivos y de espectáculos. Abundan en internet, pero también en las publicaciones impresas, especialmente en el periodismo. En el diario mexicano *Noreste*, del estado de Veracruz, leemos el siguiente encabezado:

♀ "**Lleno completo** en concierto de Iraida Noriega en Xalapa".

Por supuesto, no existen los "llenos incompletos". Bastaba con informar que

☝ hubo **lleno** en el concierto de Iraida Noriega en Xalapa.

🖊 He aquí otros ejemplos de estas redundancias: "Albergue **completamente lleno**", "parque acuático **completamente lleno**", "el Foro Sol **completamente lleno**", "México **completamente lleno** de corrupción e impunidad", "el Mesón de los Templarios estaba **completamente lleno**", "el trolebús iba **completamente lleno**", "**lleno completo** ayer en la inauguración", "**lleno completo**, excelente espectáculo", "no hubo **lleno completo** en el Zócalo" (simplemente no hubo lleno), "**lleno completo** en las Jornadas", "**lleno completo** durante la presentación de mi libro" (esto es peor que la vanidad, es ingenuidad pura), "**lleno completo** en el comienzo del curso", "la isla está **completamente llena** de basura", "con una sala **completamente llena**", "habitación **completamente llena** de armas", "álbum Mundial Panini 2014 **lleno completamente**", "**lleno completamente** de vida", "me lleno **completamente** de alegría", "el Estadio Nacional no **se llenó completamente**", "me **llenó completamente** de felicidad", "el teatro de Alcobendas **se llenó completamente**", "nada **me llena completamente**", "la energía **te llena completamente**", "estoy **llena completamente** de amor", "gradas del aeropuerto de Juárez **completamente llenas**", "racha de **llenos completos**", "el musical *Peter Pan* consigue dos **llenos completos**", "álbumes de futbol **llenos completamente**", "los restaurantes y bares de la zona han estado **llenos completamente**" y, como siempre hay algo peor, "está **completamente lleno hasta los topes**".

☞ Google: 353 000 resultados de "completamente lleno"; 149 000 de "lleno completo"; 165 000 de "completamente llena"; 99 100 de "lleno completamente"; 48 700 de "completamente llenos"; 43 000 de "llena completamente"; 23 500 de "completamente llenas"; 20 800 de "llenó completamente"; 6 870 de "llenos completos"; 2 670 de "llenos completamente". ☒

142. loco, ¿*loco demente*?, locos, ¿*locos dementes*?, locura, ¿*locura demencial*?

Como hemos visto, uno de los motivos frecuentes para cometer redundancias es ignorar los significados de los términos que usamos todos los días, y que nunca se nos ocurre consultar en el diccionario. Redundancias tan brutas como "demencial locura", "loco demente", "locos dementes" y "locura demencial" demuestran a qué grado el diccionario ha dejado de utilizarse. El sustantivo femenino "demencia" (del latín *dementia*) significa "locura, trastorno de la razón" (DRAE). Ejemplo: *Padece* **demencia** *senil*. De ahí los adjetivos "demenciado" ("que padece demencia") y "demencial" ("perteneciente o relativo a la demencia") y el adjetivo y sustantivo "demente" (del latín *demens, dementis*): "Loco, falto de juicio" y "que padece demencia" (DRAE). Ejemplos: *En el hospital crearon una unidad de* **demenciados**; *Su comportamiento es* **demencial**; *Esas actitudes son las de un* **demente**. Es cierto que el adjetivo "demencial" tiene, hasta cierto punto, un sentido figurado ("caótico, absurdo, incomprensible"), que puede atribuirse a una persona que no necesariamente, desde el punto de vista clínico, está "demente", pero cuyas acciones y actitudes lo revelan como un "demenciado". "Dementes" o no, hay quienes obran con "demencia", esto es, "demencialmente" y, al menos en ese actuar, se comportan como "locos", como personas "faltas de juicio", que, para el caso, es lo mismo. El adjetivo "loco" (probablemente del árabe hispánico *láwqa*, y éste del árabe clásico *lawqā'*, femenino de *alwaq*, "estúpido") significa, en su acepción principal, "que ha perdido la razón", y, en la secundaria, "de poco juicio, disparatado e imprudente" (DRAE). Ejemplos: *Ha perdido el juicio, está* **loco**; *Su comportamiento es el de un* **loco**. De ahí el sustantivo femenino "locura": "Privación del juicio o del uso de la razón" y "acción inconsiderada o gran desacierto" (DRAE). Ejemplos: *Padece* **locura** *senil*; *Lo que hace es una* **locura**. Queda claro que quien realiza "acciones inconsideradas", ya sea que esté loco de remate, en un sentido clínico, o que sólo cometa pendejada y media con incontinencia, para el caso es lo mismo, pues el sustantivo femenino "inconsideración" (del latín *inconsideratio, inconsiderationis*) significa "falto de consideración y reflexión" y el adjetivo y sustantivo "inconsiderado" (del latín *inconsiderātus*) significa "que no considera ni reflexiona" (DRAE); en otras palabras, que no piensa, que no usa el juicio, que no razona lo que dice y hace, que es un loco, aunque no esté en el manicomio. Ejemplo: *Trump, Kim Jong-un y Nicolás Maduro presentan signos de* **locura**. Así como hay un sentido figurado para el adjetivo "demencial" ("caótico, absurdo, incomprensible"), hay uno también, muy parecido, para "loco" y "locura", relacionado casi siempre con el amor o con la pasión amorosa, pues, como un lugar común, suele decirse y aceptarse que, cuando la gente se enamora, hace acciones inconsideradas, esto es, locuras: utiliza muy poco el juicio y se deja guiar por las emociones: no piensa ni analiza las cosas, y actúa con "locura" o "demencialmente"; de ahí las expresiones, previsiblemente cursis, pero correctas desde el punto de vista gramatical, "loco de amor", "locura de amor", "loco enamorado", "loco de pasión", etcétera. Explicado y comprendido lo anterior, un "loco" es un "demente" y la "demencia", una "locura"; por tanto, las expresiones "demencial locura", "loca demente", "locas dementes", "loco demente", "locos dementes" y "locura demencial", son, sin duda, redundantes, y no se piense que tienen un uso minoritario: no son pocas las personas que las utilizan con la soltura que da la locura.

Nicolás Maduro, el gobernante de Venezuela, que todo el tiempo dice tonterías redundantes y duplicadoras, bravuconadas y acciones inconsideradas, el de los "liceos y **liceas**", "libros y **libras**" y "millones y **millonas**", declaró lo siguiente (el burro hablando de orejas), en su debut ante la Asamblea General de las Naciones Unidas:

♀ "La estrategia militar de Obama contra el Estado Islámico es una **locura demencial**".

Alguien tan boquiflojo e inconsiderado no sabe, por supuesto, que toda locura es demencial y que toda demencia es locura. No hubiera podido decir lo correcto:

☼ La estrategia militar de Obama contra el Estado Islámico es una **locura**, y punto.

✎ Van unos pocos ejemplos de estas barbaridades redundantes: "Porque de amor estamos **locos dementes**" (de una canción que se intitula "**Locos dementes**"), "**Locos dementes** es una canción atrevida" (sí, sobre todo, por sus atrevimientos contra el idioma), "**Locos dementes** [película]: La morfología del absurdo", "**Locos dementes**: buena mezcla de amor zafado y naif", "seamos **locos dementes**", "dos **locos dementes**", "quizá me encontrarás tirado por ahí como un **loco demente**" (de una canción intitulada "Un **loco demente**"), "marcha organizada por El **Loco Demente**", "soy un **loco demente**", "Alan Moore: ¿intelectual literario o **loco demente**", "no estoy **loco**, sólo estoy **demente**", "El Guasón de Nicholson se asemeja mucho más al **loco demente** que conocemos del cómic", "¿eres ratero o eres un **loco demente**?", "**loco demente** con enorme cuchillo", "no podrás olvidar a este **loco demente**", "eras un **loco demente**, yo me moría por seguirte la corriente" (de una canción del grupo colombiano Aterciopelados), "procesaron al **Loco Demente** por amenazas coactivas y lesiones", "casa del **loco demente**", "todo por el capricho de un **loco demente** enfermo de poder", "**loca demente** por el futbol", "soy una **loca demente**", "la vida de unas **locas dementes**", "sitio para **locas dementes** que les encanta el rock", "su **locura demencial** de someter y conquistar", "una gran **locura demencial** o un gran crimen", "no puedo encarcelar una **locura demencial**, pero puedo nombrarla", "experimentarías una **locura demencial** y anestésica", "la **locura demencial** de la urbe", "tampoco me deja ingresar, es una **locura demencial**", "dilapidaron en la demagogia, en la corrupción y en una **locura demencial**", "la **locura demencial** de un individuo que provocó uno de los conflictos más desgarrantes y aterradores", "mis pequeños antídotos contra la **locura demencial** de los nuevos populismos", "la **locura demencial** y soez", "me molesta que hagamos apología de esta **locura demencial**", "confluyen en la más **demencial locura**", "esta **demencial locura**".

☞ Google: 74 300 resultados de "locos dementes"; 38 800 de "loco demente"; 15 600 de "loca demente"; 2 810 de "locura demencial"; 1 540 de "locas dementes"; 1 000 de "demencial locura". ☒

☞ Google: 348 000 000 de resultados de "loco"; 100 000 000 de "locura"; 79 100 000 de "locos"; 14 000 000 de "demencia"; 9 940 000 de "demente"; 6 690 000 de "dementes"; 2 340 000 de "locura de amor"; 1 840 000 de "loco de amor"; 1 100 000 de "locos de amor"; 839 000 de "loco enamorado"; 777 000 de "locuras de amor"; 514 000 de "locos enamorados"; 297 000 de "loco de pasión"; 139 000 de "loco de remate"; 137 000 de "loco de atar"; 110 000 de "locos de remate"; 81 500 de "locos de atar"; 75 500 de "locos de pasión". ☑

143. ¿los/las?, ¿-o(a)?, ¿-ores y-oras?, ¿-os y-as?

Suponer que la premisa "todos los hombres son mortales" (que incluso utilizó Simone de Beauvoir para el título de una de sus novelas) únicamente se refiere a los varones, pero no a las mujeres, es una más que graciosa ingenuidad. Cuando se utiliza el genérico "hombres", éste equivale a "seres humanos", entre los cuales están incluidas, por supuesto, las mujeres, aunque hoy sea políticamente incorrecta la premisa que exigiría, de acuerdo con el lenguaje inclusivo, la forma "todos los hombres y todas las mujeres son mortales". Pero aun si empleáramos un silogismo subjetivo, por ejemplo, con premisa principal "todos los hombres mienten", la conclusión no excluiría a las mujeres. Los desdoblamientos o las duplicaciones de género en español nacieron en el ámbito del discurso ideológico en los inicios del siglo XXI y su uso, ya frecuente, es propio del lenguaje administrativo y político. Nada tienen que ver con el ámbito popular de la lengua en el que, por lo general, el idioma se va transformado con el paso de varias generaciones. Surgieron justamente en la política casi como caricaturas (el "chiquillos y chiquillas" del presidente mexicano Vicente Fox), en lo que Gabriel Zaid ha denominado las "redundancias interesadas", pues "los políticos se adornan subrayando lo que conceden" ("niños y niñas", "los ciudadanos y las ciudadanas", "las y los jóvenes"), pero, como es obvio, en su propósito de complacer al auditorio, "nunca dirán 'los tontos y las tontas'". En la historia de las lenguas, y no únicamente del español, "la eliminación de redundancias fue un avance para decir lo mismo con menos palabras", como dice también Zaid. Sin mucha reflexión en torno al idioma, pero con bastante oportunidad política, la jerga de las duplicaciones de género fue adoptada muy pronto por los grupos y activistas de reivindicación de la mujer, para (tal es el argumento) "combatir el sexismo y propiciar la inclusión y la no discriminación por razones de sexo". El problema que tiene este uso de la lengua, caracterizado por la duplicación o el desdoblamiento de género (como en "los diputados y las diputadas", "los y las estudiantes", "los senadores y las senadoras", "los maestros y las maestras", "todos y todas", "todos(as)", "los/las", etcétera), es que se ha convertido en un dialecto *exclusivo* (y no precisamente *inclusivo*) de la política y la administración pública. La gente normal, esto es el común de las personas, no habla ni escribe así, y es obvio por qué: porque este uso, que transgrede la economía y la lógica del idioma y no aporta mayor claridad aunque pretenda precisión, de manera natural le resulta ajeno. Nadie saluda al **amigo/a** y le dice: "¿Cómo están tus **hijos/as**? Salúdamel**os(as)**". Es una barbaridad. Si alguien me pregunta, de manera normal, si tengo "hijos", diré que sí, que tengo dos: un hijo y una hija, y de este modo hago la precisión. Pero puedo responder, también, inequívocamente, que sí: que tengo dos hijas, y de esta forma, igualmente, daré la precisión, porque en español el sustantivo "hijo" no sólo designa al masculino, sino, de manera general, a la clase o especie. Es por ello que la denominación "el hombre de Neandertal" (*Homo neanderthalensis*) no define únicamente a los individuos de sexo masculino, sino también a los de sexo femenino. No hay duda en esto. La primera acepción del sustantivo masculino "hombre" (del latín *homo, homĭnis*) es "ser animado racional, varón o mujer". Es el mismo caso del adjetivo y sustantivo "homosexual" que no sólo designa al varón sino también a la mujer. Si habláramos y escribiéramos, convencionalmente, en el dialecto de las duplicaciones de género, diríamos y escribiríamos todo el tiempo cosas como las siguientes: ¿Tiene usted **hijos e hijas**?, *¿Cuántos sobrinos y cuántas sobrinas* tiene usted?, *¿Su padre y su madre* viven aún? Hace mucho tiempo que no veo a sus **hermanos(as)**, *¡Un cabrón y una cabrona me asaltaron!, Los políticos y las políticas son unos mentirosos y unas mentirosas*, etcétera. Pero como conocemos las leyes de la lógica y la economía del idioma, estos mismos enunciados los planteamos del siguiente modo, sin posibilidad de equívoco: *¿Tiene usted* **hijos**?, *¿Cuántos sobrinos tiene usted?, ¿Sus padres viven aún? Hace mucho tiempo que no veo a sus* **hermanos**, *¡Unos cabrones me asaltaron!, Los políticos son unos mentirosos*. Sin "redundancias interesadas", entre los hijos están incluidas las hijas; entre los sobrinos, las sobrinas; entre los padres, las madres; entre los hermanos, las hermanas; entre los cabrones, las cabronas, y entre los políticos, las políticas que no por ser mujeres dejan de tener las mismas debilidades y virtudes de todos los seres humanos. Ya el colmo es decir y escribir "humanos y humanas", y ya hay quienes proponen, ¡en serio!, torcer el idioma para decir cosas como "hij**oas**" o "hij**aos**" y "herman**oas**" o "herman**aos**" para abarcar los dos géneros. He aquí dos ejemplos deschavetados: ¿Cómo están tus **hijoas**?, *Hace mucho que no saludo a tus* **hermanaos**. Con estas características duplicadoras, el lenguaje se hace tortuoso, torturado y caricaturesco. ¡Imaginemos el *Quijote* "traducido" a este dialecto *no sexista*! Obviamente, un lenguaje así no tiene ningún futuro literario, pero tampoco mucho presente comunicativo. No se equivocó el poeta alemán Gottfried Benn cuando afirmó que "la lengua ha devenido puramente política" y, con las duplicaciones de género, estamos atestiguando el surgimiento de un lenguaje jergal construido no a partir de la evolución del uso popular, sino por la exigencia del poder, político en primer término, y, después, administrativo y académico. Ni las más importantes, célebres y radicales escritoras feministas de los siglos xix y xx usaron jamás este recurso duplicador que tuerce la lógica y la economía del idioma, dos elementos esenciales de la lengua no sólo comunicativos sino también estéticos. Al referirse a esta deformación y tortura del idioma, para el caso de España que, al igual que en México y en los demás países hispanohablantes va cobrando dimensiones de epidemia, Álex Grijelmo (en "El lenguaje lo sufre todo", *El País*, 10 de febrero de 2018) señala: "Los eufemismos se suman a esa tortura; y a ellos se añaden, con opuesta voluntad, las duplicaciones de género (ahora '**portavoces** y **portavozas**') o hasta la conversión de epicenos en femeninos. La solidaridad al contemplar los problemas de la mujer lleva a muchos ciudadanos a decir 'la jueza' y 'las juezas'. Esa **a** que marca el femenino no añade información, pero denota la intención ideológica de fondo; y es comprensible. Esta corriente, por cierto, ha mostrado gran interés en 'jueza' o 'concejala', pero ninguno en otros femeninos igualmente posibles, como 'corresponsala', 'estudianta' o 'ujiera'; al tiempo que desdeña las duplicaciones de las que sí dispone el idioma, como 'poeta' y 'poetisa', pues se pretende unificar en 'poeta' las dos alternativas y usar una sola forma para los dos géneros, justo lo contrario de lo que pasa con 'juez' y 'jueza'. La insistente campaña duplicadora ha contribuido, sí, a formar una conciencia general. Pero incluso las más exitosas campañas publicitarias caducan algún día y son retiradas para no cansar al público y resultar contraproducentes. De hecho, la machacona duplicación del género (si fuera esporádica y más simbólica en un discurso se digeriría mejor) agota seguramente a muchas personas, y tal vez les hace pensar si no se atenta ya contra su inteligencia cuando alguien dice '**los diputados** y **las diputadas** de mi grupo'; porque todos los españoles saben que los grupos están formados por diputados y diputadas, y la duplicación parece decirles que no se han enterado. Del mismo modo, la frase 'fui a una boda y no dejé de gritar ¡vivan **los novios!**' activa de inmediato la imagen de un hombre y una mujer que se casan, pero ahí sí sería necesario advertir de que los contrayentes eran por ejemplo **un novio**... y **un novio**. No se puede pensar en la aplicación de la lengua sin reflexionar también sobre cómo los contextos compartidos (y cambiantes) influyen en los mensajes. Ciertos partidos hacen tanto hincapié en el léxico que, a fuerza de mirar el escaparate de su lenguaje, olvidamos lo que se debería despachar en su mostrador: leyes que mejoren la vida de las mujeres y anulen la brecha salarial, dotaciones contra la desigualdad, más servicios sociales...". En otras palabras, tanto los eufemismos como las duplicaciones con los que el léxico político e ideológico tortura la lengua, para quedar bien con sus auditorios y sus simpatizantes, son en gran medida hipocresías. Hablando bien se entiende la gente (¿y **el gente**?), y la lógica del

idioma, más temprano que tarde, reducirá aún más el sector minoritario de este léxico burocrático, político y universitario. Lo que es seguro es que este dialecto artificial no trascenderá jamás de los ámbitos que lo parieron. El idioma de carácter
estético no padecerá sus estropicios. Aunque por el momento resulte ruidosamente
chocante, carece en realidad de futuro. No se trata de una revolución lingüística,
como algunas personas suelen creer, sino, paradójicamente, de una forma reacciona-
ria: no es una innovación, sino un retorno al origen redundante de la lengua. Insistimos: el común de las personas no habla ni escribe así, con duplicaciones: *Se informa
a los padres y las madres de familia que los alumnos y las alumnas de nuevo ingreso deben
presentarse con su profesor(a) correspondiente para pasar lista.* Hoy en México las diputadas hablan y escriben de la Cámara de **Diputados y Diputadas**, pero esto es innecesario, pues en español, en el caso de los sustantivos que designan seres animados, el
masculino genérico designa la especie, "sin distinción de sexos". Más aún: como señala Gabriel Zaid, "usar una palabra masculina para incluir ambos géneros puede parecer sexista, pero es a costa del género masculino, que pierde la exclusividad retenida
por el femenino". La Secretaría de Educación Pública, en un libro de carácter oficial,
al citar la frase "brindar más atención a **las y los estudiantes**", puntualiza: "En atención al criterio de la RAE, evitaremos en lo sucesivo este uso de los géneros: 'Este tipo
de desdoblamientos son artificiosos e innecesarios desde el punto de vista lingüístico. [...] Deben evitarse estas repeticiones, que generan dificultades sintácticas y de
concordancia, y complican innecesariamente la redacción y lectura de los textos'".
Sin embargo, **las profesoras y los profesores** que no tienen, en su criterio, el uso correcto de la lengua, cuyo propósito es la unidad, insisten con esto y lo transmiten a
los niños y las niñas, a **los adolescentes y las adolescentes**, a **los jóvenes y las jóvenes**.
¿Qué es lo que sigue? Entre otras cosas chuscas, que se modifique la letra del clásico
México lindo y querido, de Chucho Monge, por "sexista", por "machista": "Que me en-
tierren en la sierra, /al pie de los magueyales/ y que me cubra esta tierra/ que es cuna
de hombres [**y mujeres**] cabales", aunque se eche a perder la métrica. Y, dado que la
recipiendaria del homenaje de Quirino Mendoza y Cortés en el *Cielito lindo* es, obviamente, mujer, desde ahora tendrá que llamarse, y cantarse, *Cielita linda*. ¿Y qué hay
del himno nacional mexicano? Pues, nada, lo modificamos igualmente: "Mexicanos
y mexicanas al grito de guerra...". Hay cosas que comienzan con buenas intenciones
(como el camino del infierno que, según se sabe, está empedrado de ellas) y terminan en caricaturas.

☞ Google: 12 300 000 resultados de "los niños y las niñas"; 7 190 000 de "las niñas y los niños"; 4 080 000 de "los/las"; 3 420 000 de "las y los jóvenes"; 3 340 000 de "las y los estudiantes"; 3 260 000 de "maestro(a)"; 622 000 de "las jóvenes y los jóvenes"; 430 000 de

"diputados y diputadas"; 419 000 de "Día del Niño y de la Niña" (¡tan sencillo y tan claro que es decir y escribir "Día de la Niñez", como lo hacen ya, oficialmente, muchos países!); 404 000 de "diputadas y diputados"; 354 000 000 de "candidatos y candidatas"; 281 000 de "las adolescentes y los adolescentes"; 279 de "los adolescentes y las adolescentes"; 180 000 de "candidatas y candidatos"; 89 400 de "senadoras y senadores"; 59 600 de "senadores y senadoras"; 31 100 de "chiquillos y chiquillas". ☒

M

144. madera, materia, material, tabla, tabla de madera

Creer que una "tabla" únicamente puede ser de "madera" es como creer que un "cuchillo" sólo puede ser de "metal". Les tenemos noticias: ya hay "tablas" de "acrílico" o de "plástico" y hasta de "metal", y también ya existen "cuchillos" de "cerámica", mejores incluso que los de acero. En este último caso los hacedores del *Diccionario* de la Real Academia Española necesitan informarse, actualizarse, pues definen el sustantivo masculino "cuchillo" (del latín *cutellus*) como el "instrumento para cortar formado por una hoja de metal de un solo corte y con mango". Los académicos de la RAE y sus hermanastros de América y Filipinas no conocen los cuchillos de "cerámica" (del griego *keramikós*): "Perteneciente o relativo a la cerámica" y "dicho de un material no metálico: fabricado por sinterización" (DRAE). Ejemplo: *Los **cuchillos de cerámica** también se afilan.* Por esta ignorancia, que lleva a la ultracorrección, en el ámbito culto de nuestra lengua, se considera redundancia decir y escribir "tabla de madera". Tomando en cuenta las etimologías de los sustantivos "tabla" y "madera", así como sus respectivas definiciones, la censura a la expresión puede parecer válida, pero, a la luz del uso actual de ambos términos, podemos decir que los diccionarios de la lengua española pecan de una falta de actualización y, en tal sentido, la redundancia no existe. Veamos por qué. El sustantivo femenino "tabla" (del latín *tabŭla*) significa, en su acepción principal, "pieza de madera plana, de poco grueso y cuyas dos caras son paralelas entre sí" (DRAE). Ejemplo: *Construyó una mesa con varias **tablas**.* Pero hay una segunda acepción, en el mismo DRAE, que salva de la redundancia a la expresión "tabla de madera", pues, en esta acepción, una tabla es la "pieza plana y de poco espesor de alguna otra materia rígida". Esta acotación ("de alguna otra materia rígida"), se hace, obviamente, en oposición al sustantivo "madera". Ejemplo: *La **tabla** de cocina para cortar los alimentos es de un **plástico** muy duro y resistente.* En su acepción principal, el sustantivo femenino "madera" (del latín *materia*) significa "parte sólida de los árboles cubierta por la corteza", y, en su segunda acepción, "pieza de madera labrada que sirve para cualquier obra de carpintería" (DRAE). Ejemplo: *La mesa es de **madera**.* En su *Diccionario etimológico*, Corominas se refiere lo mismo a "madera de árbol" que a "materiales", y, en cuanto a "tabla" es, en efecto "pieza de madera plana", de donde deriva "tablado", "tablazón", "tablero" y "retablo", todos ellos construidos de "tablas", esto es, de "madera". Queda claro que, más allá de los muchos derivados de "tabla", el origen del vocablo está asociado a la "madera" que, como ya se ha dicho, es la parte sólida de los árboles que se encuentra debajo de la corteza. Y, sin embargo, el uso actual denomina "tabla" a cualquier pieza plana de "materia" rígida, casi siempre con la acotación que convenga, incluida la que genera, por definición, una aparente redundancia: "tabla de acrílico", "tabla de plástico", "tabla de aluminio", "tabla de cerámica", "tabla de madera", además de las acepciones de "lista", "listado" y "listín" (enumeración): "tabla periódica", "tabla de multiplicar", "tabla de posiciones", "tabla de conversiones", "tabla de goleo", "tabla de tarifas", etcétera. Ejemplo: *Tabla de posiciones de la liga inglesa*. Además, un "listón" es, entre otras cosas, un pedazo de madera delgado y estrecho. Ejemplo: *Listones de madera para persianas*. Regresemos, ahora, al significado del sustantivo femenino "madera". En el *Diccionario latino-español, español-latino*, el sustantivo femenino *materia* se define exactamente como "materia" ("el principio físico de las cosas"), y el sustantivo derivado "material" se emplea, *especialmente* (así lo precisa el diccionario) para la "madera de construcción"; de ahí que el verbo transitivo *materio* signifique "construir con madera". Guido Gómez de Silva, en su *Breve diccionario etimológico de la lengua española*, indica que el latín *materia* tiene también el preciso significado de "tronco de árbol" con una idea implícita: "el tronco es la madre del árbol", del indoeuropeo *māter-*, "madre". Por eso, en sentido figurado, "ser alguien de buena o de mala madera", remite a la calidad de la persona y de su origen. Ejemplo: *Es de tan **mala madera** que no agarra ni el barniz*, o *Hay **maderas** que no agarran el barniz*, tanto en su sentido recto como figurado. Por otra parte, una "tabla" de surf casi nunca es de "madera", sino de fibra acrílica, esto es, de un "material" distinto a la "madera". No deja de ser curiosa la evolución del sustantivo "materia" y su derivado el adjetivo y sustantivo "material" (así, en singular), pues, en muchas partes de México y de otros países de América, se distingue una casa de "madera" de una casa de "material", utilizado este sustantivo masculino como un genérico para referirse a los "materiales de construcción" (arena, cal, cemento, grava, tabique, varillas de acero, etcétera) que no incluyen la "madera", ya que ésta sólo se utiliza en la "cimbra" o en las "cimbras" de la obra: y son tarimas de madera burda o basta que se colocan y se apuntalan, con polines, para poner sobre ellas la trama de varillas de acero y el "hormigón" o "concreto" ("mezcla de agua, arena, grava y cemento"), y que luego, ya fraguada la mezcla, se retiran, porque su uso es exclusivo para este efecto. (De hecho, en la mayor parte de las viviendas de autoconstrucción, las maderas para cimbra se alquilan o rentan en lugar de comprarse, pues son reutilizadas para lo mismo en otras construcciones.) Así, en buena parte de México y de otros países de América, una "casa de material" es una "casa de concreto", en oposición completa a una "casa de madera", pues el término "material" nada tiene que ver con su raíz "madera", pero sí con su etimología indoeuropea *materia*: madre, principio físico de las cosas.

Ejemplo: *Ya hay gente en las comunidades que tiene **casa de material** y no de paja y madera*. En la novela *Boquitas pintadas*, de Manuel Puig, leemos que un personaje afirma: "El albañil tiene **casa de material**". El *Diccionario de mexicanismos*, de la AML, registra y define en sus páginas el supranacional "concreto" ("material de construcción hecho de cemento, cal, arena, grava y agua"), pero no dice que su sinónimo es "material", pese a que registra el adjetivo y sustantivo "materialista" ("persona que se dedica a la transportación o a la venta de materiales de construcción", "camión que sirve para transportar materiales de construcción" y "relativo o perteneciente a los materiales de construcción"). Ejemplo del DM: *Llama al chofer **materialista** para que se lleve el escombro*. Derivado de todo esto, un camión "materialista" va cargado de "materiales de construcción", pero entre los cuales **únicamente** hay "madera" si es, justamente, para la "cimbra" y no directamente para utilizarla en la construcción. De modo que, por todo anterior, queda claro que una "tabla" es, las más de las veces, de "madera", pero otras, puede ser de distinto material, pues el sustantivo "material" no es un término, hoy, que esté asociado, forzosamente, como en tiempos remotos, al sustantivo "madera". Y, siendo así, es una exageración, a causa de no estar actualizados, considerar redundancia la expresión "tabla de madera", aunque, por supuesto, debamos tener en cuenta que, en su origen, toda "tabla" era de "madera". Pero si ya el término mismo "material" (asociado originalmente a "madera") puede significar hoy lo contrario de "madera", por más que sea siempre preferible decir y escribir simplemente "tabla" (si de "madera" se trata), la expresión "tabla de madera" no debe censurarse como una bruta redundancia: su sentido es de precisión, en el entendido de que puede ser una "tabla de plástico" o una "tabla de aluminio", una "tabla de cerámica", una "tabla de acrílico" o una tabla incluso de arcilla, yeso, papel y cartón comprimidos, que no otra cosa es la denominada "tablarroca". También existen las "tablas de conglomerado", que están hechas, sobre todo de "madera en polvo", "serrín" o "aserrín" (del latín tardío *serrāgo, serragĭnis*): "conjunto de partículas que se desprenden de la madera cuando se sierra" (DRAE) y otros componentes que dan como resultado un producto compacto y sólido. Y dado que las "tablas", como hemos visto, pueden estar hechas de otro tipo de "material" diferente al de la "madera", no debe considerarse, siempre, una redundancia decir y escribir "tabla de madera". Lo importante es el contexto. No va uno a la "maderería" (sitio donde se expende "madera") a pedir *Cinco **tablas de madera** de media pulgada de grosor*; pide, como es lógico, por ejemplo, *Cinco **tablas**, de pino de primera calidad, de media pulgada de grosor*. Pero incluso las empresas expendedoras de "madera" se sienten en la necesidad de precisar el término "madera sólida" o "de una sola pieza", porque también expenden derivados de madera como el "triplay" o "contrachapado"; y, en el caso de un centro comercial que no expende únicamente "madera", habría que precisar qué tipo de "tabla" se requiere, pues, como ya vimos, no todas son de "madera". Conclusión: la expresión "tabla de madera" no es redundancia. Lo que les hace falta a los académicos de la lengua es actualizarse, pues sus conocimientos se quedaron varados, digamos, en el siglo XVIII o, tal vez, antes.

☞ Google: 278 000 000 de resultados de "tabla"; 99 600 000 de "tablas"; 16 600 000 de "tablas de madera"; 16 500 000 de "tabla de madera"; 7 320 000 de "tabla de plástico"; 4 930 000 de "tabla de aluminio"; 4 920 000 de "tablas de plástico"; 3 970 000 de "tablas de plástico"; 2 680 000 de "tabla de cerámica"; 1 090 000 de "tablas de cerámica"; 819 000 de "tabla para picar"; 551 000 de "tabla para cortar"; 546 000 de "tabla de acrílico"; 442 000 de "tabla de yeso"; 398 000 de "tablas de yeso"; 302 000 de "tablas de acrílico"; 74 100 de "tabla para cortar de madera"; 69 300 de "tabla para picar de madera"; 54 000 de "tabla de plástico para picar"; 47 800 de "tabla de plástico para cortar"; 23 400 de "tabla para cortar de plástico"; 19 900 de "tabla de conglomerado"; 17 600 de "tabla para picar de plástico"; 11 500 de "tablas de conglomerado". ☑

145. matrimonio, matrimonio adolescente, matrimonio de menores, matrimonio entre menores, matrimonio entre menores de edad, matrimonio infantil, matrimonio infantil y adolescente

Hay una inexactitud, de principio, a nivel internacional, en la definición del sustantivo en inglés *Child marriage* ("matrimonio infantil"), la cual ha sido trasladada a nuestra lengua sin oposición alguna por parte de los ámbitos profesionales de la política, el derecho, la sociología, la psicología, etcétera. El Fondo de las Naciones Unidas para la Infancia (Unicef), define *Child marriage* en los siguientes términos: "Matrimonio formal o unión informal antes de los 18 años". Es decir, para los buenos entendedores, en español, que si dos personas de 17 años y once meses ("antes de los 18 años") establecen una relación conyugal, esto "constituye una violación de los derechos humanos". Sí, leyó usted bien, una violación de los derechos humanos de la infancia, porque, para la Unicef, esas dos personas a punto de cumplir 18 años (a punto de llegar a la mayoría de edad legal) están todavía en la etapa de la "infancia". ¡Vaya cosa! En su página de internet, el Unicef usa también, inadecuadamente, los sustantivos "niñas" y "niñas adolescentes" ("Las **niñas que se casan antes de cumplir 18 años** tienen menos posibilidad de seguir yendo a la escuela"; "Las **niñas adolescentes** tienen más probabilidades de morir a causa de complicaciones durante el embarazo y el parto"), aunque se contradiga y utilice, asimismo, el término correcto "mujeres adolescentes", como en la siguiente información: "En todo el mundo, alrededor de un 21% de **mujeres adolescentes** se han casado **antes de cumplir los 18 años**". En todo idioma es necesaria la precisión para comprender perfectamente a qué nos referimos o qué pretendemos decir. Más allá de que, con las delicias de internet, haya personas para quienes la adolescencia comienza a los 12 años y termina en la tumba, es importante señalar que la niñez termina, en promedio, entre los once y los doce años, y que la adolescencia puede iniciar entre los doce y trece y llegar incluso (cuando es tardía) a los 21 años; más allá de esta edad (entre los 22 y los 24), se habla de una "adolescencia muy tardía" que puede conducir a muchos, habría que añadir con sorna, a una "puericia senil". Por ello, debemos aclararles a los hispanohablantes que una cosa es el "matrimonio infantil" y otra es el "matrimonio adolescente". Generalizar ambos en el concepto "matrimonio infantil" no es, de ningún modo, afortunado, sino confuso y, por supuesto, erróneo, dado que el Unicef se refiere, con ello, al "matrimonio que se contrae antes de cumplir 18 años", es decir, entre la etapa de la niñez y hasta los 17 años con once meses y veintinueve días. Se trata de un absurdo. Lo correcto sería, en todo caso, para generalizar, decir y escribir "matrimonio de menores", "matrimonio entre menores" y "matrimonio entre menores de edad" o bien "matrimonio infantil y adolescente", para abarcar ambas etapas de la vida (la "infancia" y la "adolescencia"), pues ni los niños son adolescentes (son, precisamente, niños) ni los adolescentes son niños (porque son, precisamente, adolescentes). ¿Es tan difícil comprender esto? No debería serlo, puesto que la definición del sustantivo "niñez", en el diccionario académico, es "período de la vida humana, que se extiende desde el nacimiento a la pubertad". Así, el niño y la niña son los seres humanos "que están en la etapa de la niñez". Hablando de derechos (¡y de derechos humanos!) es un abuso contra los derechos de las personas, decirles "niños" y "niñas" a quienes están en la "adolescencia" (sustantivo, del latín *adolescentia*): "Período de la vida humana que sigue a la niñez y precede a la juventud". La "niñez" termina en la "pubertad" (sustantivo femenino, del latín *pubertas, pubertātis*), que es el comienzo de la "adolescencia". De acuerdo con el diccionario académico, la "pubertad" es la "primera fase de la adolescencia, en la cual se producen las modificaciones propias del paso de la infancia a la edad adulta". En el caso del concepto "matrimonio infantil", que maneja el Unicef, y que acepta todo el mundo sin chistar, no se trata únicamente de una forma confusa e imprecisa, sino también, lo que es peor, de una discriminación inversa, conmiserativa y paternalista. Así, es frecuente, en el español coloquial, decirles "niñas" a las "mujeres" no sólo cuando son adolescentes, sino también cuando ya son mayores de edad, aunque jóvenes. Ejemplo: *Dile a esa **niña** que venga a mi oficina*. Y la "niña" que se presenta ante el jefe no tiene ni cinco ni ocho años, ¡sino veinticinco! Una mujer, cualquier mujer, mayor de edad, aunque aún joven, si se siente "inferiorizada" por semejante trato, tiene derecho a exigir que no se le diga "niña" ni siquiera en sentido afectivo, porque ya no es una "niña" y, con este trato, se le está discriminando con un término de inferioridad, desde una visión paternalista y patriarcal que la ve y la trata siempre como una "menor de edad". Los más calificados estudios en desarrollo humano distinguen siete etapas en la vida de las personas (más allá de las barbaridades y eufemismos que invente el lenguaje político): "Etapa prenatal", "etapa de la primera infancia", "etapa de la niñez", "etapa de la adolescencia", "etapa de la juventud", "etapa de la adultez o madurez" y "etapa de la ancianidad o vejez". Queda claro que los "niños" no son "adolescentes", pues son, ¡precisamente, adolescentes, y están a unos pasos de la juventud! Tampoco son, como dicen muchos profesionistas, "jóvenes adolescentes", pues los que son "jóvenes" no son "adolescentes" y los que son "adolescentes" aún no son "jóvenes", pues el sustantivo femenino "juventud" (del latín *iuventus, iuventūtis*) designa el "período de la vida humana que precede inmediatamente a la madurez" (DRAE). Ejemplo correcto: *Vi a tu hijo **adolescente**, ¡ya casi es un **joven**!* Dejémonos de formas afectadas, ñoñas cuando no abusivas al hablar y al escribir para referirnos y tratar a las personas. Un anciano es un anciano, y quizás un respetable y maravilloso anciano (aunque también pueda ser una persona irascible y fatua), más allá de que los eufemismos lo hayan convertido en un "adulto mayor", en una "persona de la tercera edad" o en un "adulto en plenitud". De la misma manera, un adolescente y un joven no son niños: *son lo que son*. El lenguaje político (en el que participa muchas veces la academia) se ha convertido no sólo en una imposición desjuiciada, sino también en una jerga que se opone a la lengua ciudadana, al idioma del común. Desde el poder, desde los poderes (económico, político, religioso, académico, cultural, etcétera) se socava la lógica y la precisión de la lengua, con un propósito convenenciero, esencialmente hipócrita y de mala conciencia. Por ello, los sustantivos calificados "matrimonio infantil" y "matrimonio adolescente" deben equivaler exactamente a lo que son (un niño o un infante no es lo mismo que un adolescente), y si queremos referirnos a ambos hay que precisarlo también: "matrimonio infantil y adolescente", que queda englobado, mucho mejor, en las expresiones "matrimonio de menores de edad" o "matrimonio entre menores", pues si lo legal, para un matrimonio, es la mayoría de edad, ésta será, por lo general, la de los 18 años. La incorrección no está en decir y escribir "matrimonio infantil", en tanto se refiera únicamente a los matrimonios entre niños o con niños (incluidas las niñas, por supuesto), sino en la interpretación que le dan a este sustantivo calificado (*Child marriage*, en inglés) las instancias internacionales que nos la han impuesto o de las cuales la hemos adoptado. Es un contrasentido hablar de "matrimonio infantil" cuando quienes lo contraen son adolescentes o casi jóvenes. Tiene razón Gabriel Zaid cuando afirma que, con sus eufemismos, sus contrasentidos, sus redundancias, sus duplicaciones y, en general, su lengua jergal, "los políticos se adornan subrayando lo que conceden". El poder político, especialmente, da trato de menores de edad a los ciudadanos, y afirma que sus adversarios políticos los engañan, porque sabe de antemano que él también puede engañarlos. Es asistencialista o autonomista, según le convenga. Está dispuesto a reducir la "edad penal" y hasta la "edad electoral", para ponerla en 16 años (en la etapa de la adolescencia), y así juzgar como adultos a los adolescentes y llenar las cárceles, y también llenar las urnas con votos de personas a quienes el Unicef considera sólo "niños"; pero se escandaliza o hace como que se escandaliza con la sola idea de reducir la "edad sexual" (pese a que la sexualidad también es un derecho de los adolescentes), y todo ello contra las evidencias científicas de investigaciones que demuestran que, por biología, la edad promedio en la que las personas inician su vida sexual es de 15 años. Ciencia contra demagogia convenenciera. Y, por si fuera poco, en esto hay una gran hipocresía revuelta con cinismo: a pesar de que las personas inician su vida sexual entre los quince y los dieciséis años, que es también el promedio del inicio en el consumo de bebidas alcohólicas, en los Estados Unidos, por ejemplo, la edad legal para el consumo de alcohol en establecimientos públicos es de 21 años: quienes tienen entre 18 años y menos de 21, carecen de la edad mínima legal para pedir que les vendan alcohol (aunque de todos modos lo consuman), pero no para iniciar una "carrera" en la próspera y millonaria industria de la pornografía, ya que para ser actriz pornográfica o actor pornográfico sólo se necesita haber cumplido 18 años, que es la edad legal para el matrimonio. Se es legalmente adulto para esto, pero no para lo otro. Éstos son los sinsentidos de un mundo que ha perdido la lógica no sólo en el idioma, pero que refleja esa pérdida en un idioma cada vez más político y burocrático, que nada, o muy poco, tiene que ver con el común.

☞ Google: 3 950 000 resultados de "niñas adolescentes"; 1 550 000 de "niña adolescente"; 427 000 de "niñas menores de 18 años"; 264 000 de "niñas y niños adolescentes"; 237 000 de "niños y niñas menores de 18 años"; 92 200 de "niñas y niños menores de 18 años". ☒

☞ Google: 415 000 resultados de "matrimonio infantil"; 398 000 de "personas adolescentes"; 324 000 de "matrimonio de menores"; 177 000 de "matrimonio de menores de edad"; 101 000 de "matrimonios de menores"; 79 100 de "persona adolescente"; 66 700 de "matrimonios infantiles"; 49 000 de "matrimonios de menores de edad"; 44 800 de "gente adolescente"; 19 400 de "matrimonio adolescente"; 11 800 de "matrimonio entre menores"; 9 440 de "matrimonio entre menores de edad"; 6 320 de "matrimonio entre menores"; 4 970 de "matrimonio infantil y adolescente"; 4 240 de "matrimonios entre menores de edad"; 3 100 de "matrimonios adolescentes"; 2 190 de "matrimonios infantiles y adolescentes". ☑

146. me parece, me parece que, *¿me parece que sin duda?*, *¿me parece sin duda?*, *¿me parece sin duda que?*

Las expresiones "me parece que sin duda", "me parece sin duda" y "me parece sin duda que", en su afán de enfatizar ("sin duda"), pero también de atenuar ("me parece")

incurren en un contrasentido, producto de la cortesía o de la "diplomacia" en su peor
sentido. Si lo cortés no quita lo valiente, basta con decir y escribir, de forma simple,
pero precisa, "sin duda". Analicemos el caso. El sustantivo femenino "duda" significa, de acuerdo con el DRAE, "suspensión o indeterminación del ánimo entre dos juicios o dos decisiones, o bien acerca de un hecho o de una noticia". Mucho mejor es
la definición de María Moliner, en el DUE: "Acción de dudar", "estado del que duda"
y "pensamiento del que duda", ya que el verbo transitivo e intransitivo "dudar" (del
latín *dubitāre*), significa, en su acepción principal, "no estar seguro de cierta cosa o
decidido por una cosa" (DUE). Ejemplos de Moliner: *La cosa no admite **duda***; *Estoy en*
duda** de si he cerrado el cajón*; *Voy a disipar tus **dudas; ***Dudo** si llegará a tiempo*; ***Dudo** si*
me dijo que había escrito o que iba a escribir. De ahí la locución adverbial "sin duda":
"Indudablemente, con toda seguridad" (DRAE). Ejemplos: ***Sin duda**, llegará a tiempo*;
*Tiene razón, **sin duda***. En cuanto al verbo intransitivo "parecer" (del latín vulgar *pa-*
rescĕre, derivado del latín *parēre*), en las acepciones tercera y cuarta del DRAE leemos
lo siguiente: "Seguido de una oración introducida por *que*, creer que el hecho expresado por ella es probable o posible", y "seguido de una oración introducida por *que*,
existir la impresión de lo expresado por ella", con dos ejemplos: ***Me parece** que se equi-*
voca y ***Parece** que va a llover*. Dado que el verbo expresa probabilidad, posibilidad o
impresión, el sustantivo masculino "parecer" se define como "opinión" y es sinónimo
de "juicio" y "valoración" (DRAE). Ejemplos: *A mi **parecer**, se equivoca*; *Según mi **pare-***
***cer**, lloverá*. Un "parecer" es una impresión, una opinión, un juicio, una valoración e
incluso una probabilidad y una posibilidad, pero de ninguna manera algo "indudable", adjetivo que significa "que no se puede poner en duda" y que es "evidente, cierto, claro" (DRAE). Ejemplos: *Es **indudable** que se equivoca*; *Es **indudable** que lloverá*. De
ahí el adverbio "indudablemente" ("de modo indudable"). Ejemplo: *Indudablemente,*
se equivoca; *Indudablemente, lloverá*. En conclusión, lo que es "indudable" o "indubi-
table" no puede ser un "parecer", ya que éste es una "opinión" e incluso una "impresión". Por ello, explicado y comprendido lo anterior, juntar el "parecer" con lo
"indudable" es incurrir en un contrasentido, casi siempre por "cortesía" (consideración en el trato social) que rehúye o disfraza la firmeza, con un antecedente ("me parece") que trata de suavizar la "verdad categórica" (esto es, "indudable") para no herir
la susceptibilidad del interlocutor o los interlocutores. El adjetivo "categórico" (del latín tardío *categorĭcus*, y éste del griego *katēgorikós*) significa "que no admite objeción
o discusión" y "dicho de un juicio o de un raciocinio: afirmado o negado sin restric-
ción ni condición". Ejemplo: *Esta es una verdad **categórica***. De ahí el adverbio "categóricamente" ("de manera categórica"). Ejemplo: *Categóricamente, lo negamos*. Queda
claro que debemos evitar estos circunloquios que juntan conceptos contradictorios
o antagónicos: el "parecer" con "lo indudable" que es como juntar la "sospecha" con

la "confirmación". La comunicación debe ser precisa y, para ello, hay que conocer el exacto significado de cada palabra. En un lenguaje afectadamente "diplomático", decir y escribir "me parece que sin duda", "me parece sin duda" y "me parece sin duda que" es atropellar la claridad y precisión de lo que se pretende comunicar. Una cosa es decir y escribir *Me parece que esa interpretación de la ley no es correcta* (el parecer es una opinión o una impresión) y otra, muy distinta, *Indudablemente, esa interpretación de la ley es incorrecta* (lo que es indudable no puede ser, simplemente, un parecer, sino que es una "verdad categórica").

Este contrasentido es del ámbito político y politiquero, pero ha invadido incluso el habla y la escritura de profesionistas de gran nivel intelectual. Abunda lo mismo en publicaciones impresas que en internet, y nadie, o casi nadie, repara en el absurdo que presentan dichos enunciados. Por lo demás, tanto "me parece" como "sin duda" se han vuelto "latiguillos" ("palabras o frases que se repiten innecesariamente en la conversación") que, del habla, han saltado a la escritura, para mayor imprecisión del idioma. En una conferencia de prensa, la consejera del Instituto Nacional Electoral (INE) Pamela San Martín (hay evidencia estenográfica y de audio en internet, en el portal del INE) afirmó:

♀ "**Me parece que, sin duda**, lo deseable en un Estado de Derecho sería que una controversia constitucional que versa sobre un presupuesto relacionado con un ejercicio fiscal fuera resultado previo a que finalizara ese ejercicio fiscal".

Si a la consejera "le parece", ello indica que sólo se trata de su opinión o de su impresión, pero si acota el "sin duda", su parecer o impresión deja de tener relevancia, y lo que tendría que decir, sin incongruencia, sin contrasentido, es lo siguiente:

♂ **Sin duda**, lo deseable en un Estado de derecho es que una controversia constitucional, etcétera.

✎ Van otros ejemplos de estos contrasentidos que tienen gran demanda entre funcionarios y políticos, pero también entre profesionistas de algún nivel intelectual: "**Me parece que sin duda** amerita, y con creces, ser valorado", "y **me parece que, sin duda**, que cuando hablamos del Estado no nada más debemos pensar en la responsabilidad", "entonces **me parece que sin duda** eso representa un desafío enorme", "**me parece que sin duda** hay perspectivas todavía favorables", "**me parece que, sin duda**, hay expresiones cada vez más visibles", "**me parece que sin duda** iba a seguir como titular", "**me parece que, sin duda**, el tema de la inseguridad se resolverá en el mediano plazo", "**me parece que sin duda** es un tema importantísimo para la transparencia", "**me parece que, sin duda**, es un reflejo de todos los cambios", "**me parece que sin duda** es un gran poeta", "**me parece que sin duda** debe mantenerse el voto obligatorio", "**me parece, sin duda**, indecente", "**me parece sin duda** la mejor solución", "**me parece sin duda** la entrevista más interesante", "**me parece sin duda** de las mejores rimas del año", "tal cosa **me parece sin duda** un problema grave", "esta visión panorámica **me parece, sin duda**, acertada", "**me parece sin duda** que éste es un medio sumamente eficaz", "**me parece, sin duda**, que ha sido fructífera esta tarde", "**me parece sin duda** que fue un descubrimiento asombroso" y, como siempre hay algo peor, "**a mí me parece, sin duda**, algo excesivo", "**la verdad que a mí me parece sin duda** el más llamativo y el más interesante" y "**a mí me parece, sin duda**, preocupante" (sí, sin duda, es preocupante que la gente no utilice el diccionario).

☞ Google: 5 630 000 resultados de "me parece que sin duda"; 67 200 de "me parece sin duda"; 30 800 de "me parece sin duda que"; 26 600 de "a mí me parece sin duda". ☒

147. medidas de prevención, *¿medidas de prevención para evitar?*, *¿medidas de prevención para impedir?*, *¿medidas para prevenir?*, *¿medidas preventivas para evitar?*, *¿medidas preventivas para impedir?*

Las expresiones "medidas de prevención para evitar", "medidas de prevención para impedir", "medidas para prevenir", "medidas preventivas para evitar" y "medidas preventivas para impedir", que son tan audibles y visibles en el periodismo, constituyen redundancias brutas, como consecuencia de no ir al diccionario y consultar los significados de los sustantivos "medida" y "prevención", el adjetivo "preventivo" y los verbos "evitar" e "impedir". Veamos. El sustantivo femenino "medida", cuya acepción principal es "acción y efecto de medir", significa, en su sexta acepción, en el DRAE, "disposición, prevención", usado más en plural que en singular. Ejemplo del diccionario académico: *Tomar, adoptar **medidas***. Queda claro que, en esta acepción, y con este uso, el sustantivo "medida" ya implica "prevención"; por lo tanto, las expresiones "medidas de prevención", "medidas para prevenir" y "medidas preventivas" constituyen gruesas redundancias. El sustantivo femenino "prevención" (del latín *praeventio, praeventiōnis*) significa, además de "acción y efecto de prevenir", "preparación y disposición que se hace anticipadamente para evitar un riesgo o ejecutar algo" (DRAE). Ejemplo: *Se tomaron las **prevenciones** adecuadas ante la probabilidad de mayores daños a la salud*, pero de ningún modo *Se tomaron **medidas de prevención para evitar** la probabilidad de mayores daños a la salud*, pues, como la definición ya lo indica, la "prevención" tiene el propósito de "evitar un riesgo", y tanto el sustantivo "medida" como el sustantivo "prevención" comparten significado. De ahí el adjetivo "preventivo" (del latín *praeventus*): "que previene". Ejemplo: *La medicina **preventiva** es indispensable para la salud pública*. Esto lo confirma el verbo transitivo "prevenir" (del latín *praevenīre*): "precaver, evitar, estorbar o impedir algo" (DRAE). Ejemplo: *Se adoptaron acciones para **prevenir** mayores daños a la salud*. En cuanto al verbo transitivo "evitar" (del latín *evitāre*), que está incluido en las definiciones del sustantivo "prevención" y el verbo "prevenir", significa, en su acepción principal "apartar algún daño, peligro o molestia, impidiendo que suceda" (DRAE). Ejemplo: *Se pusieron en* *marcha los protocolos para **evitar** riesgos de mayores daños a la salud.* "Prevenir" no es otra cosa que "impedir algo", generalmente dañino, anticipándose al riesgo. La "medicina preventiva" se anticipa al riesgo de la enfermedad con medidas de salud pública dirigidas contra posibles y probables epidemias. En este caso están las campañas de vacunación, aunque algunas bestias peludas, que encabezan movimientos "antivacunas", sean capaces de poner en riesgo no sólo la salud de sus hijos, sino también la de la sociedad en su conjunto, al difundir y extender su ignorancia y al oponerse, con creencias medievales, a la medicina preventiva fundamentada en la ciencia. El verbo transitivo "impedir" (del latín *impedīre*) es sinónimo de "evitar", pues significa "estorbar o imposibilitar la ejecución de algo" (DRAE). Ejemplo: *Las **medidas** adoptadas por el sistema de salud **impidieron** una epidemia.* Algo tenemos que hacer, también, para evitar, para impedir, la epidemia de ignorancia que se extiende, cada vez más, en nuestra lengua. Dicho y comprendido lo anterior, concluyamos que "medida" y "prevención" son sinónimos", del mismo modo que lo son, en un contexto determinado, los verbos "prevenir", "evitar" e "impedir", esto es, "imposibilitar algo"; siendo así, cometemos redundancias elevadas no al cuadrado, sino al cubo, con las expresiones "medidas de prevención para evitar", "medidas de prevención para impedir", "medidas para prevenir", "medidas preventivas para evitar" y "medidas preventivas para impedir", con sus respectivas formas en singular.

Estas redundancias brutas abundan en el periodismo, en el ambiente médico, en el lenguaje de los políticos y, por supuesto, en el de las burocracias, y aparecen campantes lo mismo en internet que en publicaciones impresas. Por el diario mexicano *Milenio* sabemos que una diputada

♀ "subrayó la imperiosa necesidad de exhortar a las autoridades sanitarias a que difundan entre la población las **medidas preventivas para impedir** la propagación de la enfermedad".

No sabemos si la diputada lo dijo textualmente o si se trata de la interpretación libre del reportero, pero, en todo caso, lo que se quiso informar de manera correcta, en el diario mexicano, es que la diputada

♻ pidió a las autoridades sanitarias que difundan entre la población las **medidas adoptadas para combatir** la propagación de la enfermedad.

🖉 Van otros ejemplos de estas redundancias que se han convertido en toda una epidemia contra la cual no se han tomado medidas o prevenciones: "**Medidas para prevenir** la intoxicación", "**medidas para prevenir** el cáncer de piel", "**medidas para prevenir** el cólera", "**medidas para prevenir** la salmonelosis", "**medidas para prevenir** la hipertensión", "**medidas para prevenir** los problemas a lago plazo", "**medidas para prevenir** el secuestro". "Venezuela extrema **medidas preventivas para impedir** avance del zika", "jornada sobre las **medidas preventivas**

para impedir el avance del mejillón cebra", "adopción de **medidas preventivas para impedir** la propagación del mosquito", "Irán enfatizó la toma de serias **medidas preventivas para impedir** nuevos atentados terroristas", "el equipo directivo deberá adoptar **medidas preventivas para impedir** accidentes de los alumnos", "la mejor **medida para prevenir** la meningitis es la higiene", "dejar de fumar es la mejor **medida para prevenir** las EPOC", "Senado aprueba **medida para prevenir** la obesidad" (la noticia sería que aprobara una medida contra su voracidad), "**medida para prevenir** el 'porno vengativo'", "**medida para prevenir** explotación financiera", "**medidas preventivas para evitar** los accidentes", "**medidas preventivas para evitar** riesgos en la oficina", "**medidas preventivas para evitar los riesgos psicosociales**", "**medidas preventivas para evitar** complicaciones de salud", "**medidas de prevención para evitar** los accidentes por sobreesfuerzo", "**medidas de prevención para evitar** accidentes en el hogar", "aumentan **medidas de prevención para evitar** delitos", "**medida de prevención para evitar** inhalación de partículas", "**medida de prevención para evitar** la pérdida de datos", "**medida preventiva para evitar** el fraude", "adoptar **medidas de prevención para impedir** la aparición de úlceras", "**medida de prevención para impedir** que los incendios se propaguen", "**medida preventiva para impedir** la propagación del virus".

☞ Google: 10 900 000 resultados de "medidas para prevenir"; 1 250 000 de "medidas preventivas para impedir"; 712 000 de "medida para prevenir"; 625 000 de "medidas preventivas para evitar"; 327 000 de "medidas de prevención para evitar"; 164 000 de "medida de prevención para evitar"; 153 000 de "medida preventiva para evitar"; 43 800 de "medidas de prevención para impedir"; 41 000 de "medida de prevención para impedir"; 22 100 de "medida preventiva para impedir"; 20 200 de "medidas preventivas contra el cáncer". ☒

☞ Google: 9 110 000 resultados de "tomar medidas"; 5 120 000 de "prevenir el cáncer"; 4 000 000 de "medidas contra"; 3 420 000 de "adoptar medidas"; 3 330 000 de "medidas para combatir"; 1 520 000 de "prevención contra"; 382 000 de "medida para combatir"; 253 000 de "medidas contra el cáncer"; 118 000 de "tomar acciones para prevenir"; 17 600 "adoptar acciones para prevenir". ☑

148. megalítica, megalítico, megalito, ¿megalito de piedra?, ¿megalito de roca?, ¿monumento megalítico de piedra?, piedra, ¿piedra megalítica?, roca, ¿roca megalítica?

Las brutas redundancias "megalito de piedra", "megalito de roca", "monumento megalítico de piedra", "piedra megalítica" y "roca megalítica", con sus respectivos plurales, delatan que las personas, aunque ignoren el significado de las palabras, no abren jamás un diccionario. El problema es que también los hacedores y redactores del diccionario académico suelen dedicarse a la holganza en lugar de actualizar muchas entradas que tienen ya casi tres siglos. Según el *Diccionario de la lengua española*, de la Real Academia Española, el sustantivo masculino compuesto "megalito" (de *mega-* y *-lito*) significa "monumento prehistórico construido con grandes piedras sin labrar"

(DRAE). La acotación "sin labrar" es innecesaria. Por ello, la definición de María Moliner, en el DUE, les enmienda la plana a los holgazanes redactores del DRAE: "**megalito** (de *mega-*, "grande" y *-lito*, "piedra"), m. Nombre dado a las construcciones prehistóricas hechas con grandes piedras". Ejemplo: *El **megalito** o los **megalitos** (también conocidos como dólmenes) de Stonehenge, en Gran Bretaña.* Pero también (¿y por qué no?), *Los **megalitos** (o pilares monolíticos) de Göbekli Tepe, en Anatolia, Turquía.* ¿Cuál es la diferencia? Que los dólmenes de Stonehenge (que datan del año 3100 antes de la era cristiana) son grandes piedras sin labrar; a diferencia de los pilares de Göbekli Tepe (que datan del año 9500 antes de Cristo), que están labrados y hasta presentan altorrelieves de gran belleza. ¿Y qué es, si no un "monumento megalítico", la disposición de las famosas esculturas de piedra llamadas "moáis", en la isla de Pascua, que data del 700 al 1600 de nuestra era? Ello sin importar que no sean desarrollos ceremoniales correspondientes a la prehistoria. (Aunque hay que ver de qué modo tan idiota definen, en el DRAE, el sustantivo masculino "moái" los listillos de la RAE: "Figura tallada de medio cuerpo que representa ancestros de la cultura pascuense". ¿Tallada en madera, acaso? ¿O en plastilina? ¿Y de qué tamaño? No lo dicen. Esto demuestra que lo que no sea de España no les importa a los académicos madrileños tan panhispánicos.) Por ello, también, es necesario eliminar el término "prehistórico" al definir el sustantivo "megalito" y el adjetivo "megalítico". Aunque los miembros de la Real Academia Española no lo sepan, existe toda una "cultura megalítica" en África, América, Asia y Oceanía y no únicamente en Europa, y el hecho de que los monumentos megalíticos de Europa (incluidos los de España) estén sin labrar, no les da derecho de generalizar a estos santos señores (incluidas también las santas señoras). Es una tontería, más que una torpeza, de la RAE y del DRAE la acotación "sin labrar" referida al "monumento prehistórico construido con grandes piedras", y más aún cuando, para el adjetivo "megalítico", ofrecen, neciamente, las siguientes acepciones: "Perteneciente o relativo a los megalitos", "propio de los megalitos" y "construido con grandes piedras sin labrar". ¡Otra vez la testaruda acotación "piedras sin labrar"! Nuevamente, vamos al DUE, y Moliner nos dice lo correcto: "**megalítico, -a**, adj. Se aplica a las grandes construcciones prehistóricas de piedra", y punto. He aquí su ejemplo: *Monumento megalítico.* (Aunque, como ya advertimos, insistir en la "prehistoria" es absurdo ante tantas evidencias megalíticas que pertenecen al período histórico.) Así como los académicos madrileños y sus hermanastros de América y Filipinas no examinan lo que ponen en el DRAE, de esta misma manera muchos hablantes y escribientes suponen que hay "monumentos megalíticos" de bronce, de hueso, de madera, de lodo, de chocolate y de otras sustancias menos dignas. ¿Y todo por qué? Porque ignoran que el sustantivo "megalito" equivale a "piedra grande" y que el adjetivo "megalítico" se refiere a las "grandes construcciones de piedra", ya que el elemento compositivo "mega-" (del griego *mega-*) significa "grande" (como en "**mega**lópolis": ciudad gigantesca), en tanto que el elemento compositivo "lito-" (del griego *líthos*) significa "piedra", como en "**lito**grafía": "arte de dibujar o grabar en piedra", o "gastro**lito**" —no recogido en el DRAE—, que significa "piedra que ingieren determinadas especies de reptiles, aves o mamíferos acuáticos para favorecer la digestión al ayudarlas a triturar los alimentos"). Por otra parte, el sustantivo femenino "piedra" (del latín *petra*) se aplica al "material de las rocas" (DUE) y no como dice el inepto DRAE "sustancia mineral, más o menos dura y compacta" (¿la plata, por ejemplo?, ¿el plomo?). Ejemplo: *La famosa ciudad de Petra, en Jordania, está excavada y esculpida en la piedra*. En cuanto al sustantivo femenino "roca" suele ser sinónimo de "piedra" sobre todo si es grande, de acuerdo con la tercera acepción de Moliner en el DUE: "Porción grande de roca que se aprecia con separación de lo que la rodea", y pone el siguiente ejemplo: *Nos sentamos sobre una roca*. En cuanto a la definición del DRAE, "roca" significa "piedra, o vena de ella, muy dura y sólida", definición que es tan moderna que viene del *Diccionario de Autoridades*, volumen v, de 1737: "**ROCA**. s. f. La piedra o vena de ella, mui dura y sólida". Como se puede ver, en casi tres siglos, ¡no le han cambiado nada! los fatigadísimos y sufridos académicos de Madrid, a pesar de que, entre las múltiples acepciones del sustantivo femenino "vena", en el DRAE, lo más parecido al significado del *Diccionario de Autoridades* sea "filón metálico", ¡pero la roca o piedra no es un metal! Más allá de la pereza y la tontería de los hacedores actuales del DRAE, lo cierto es que, por todo lo argumentado aquí, las expresiones "megalito de piedra", "megalito de roca", "monumento megalítico de piedra", "piedra megalítica" y "roca megalítica" son redundancias brutas en serio y en serie.

Abundan en internet, pero también en publicaciones impresas, incluso especializadas. En la *Wikipedia*, al referirse al complejo monumental de Puma Punku, de Bolivia, leemos acerca de

♀ "una explanada central, un montículo de terrazas de **piedras megalíticas**, y un corte amurallado al occidente".

En muchísimos casos, la *Wikipedia* contribuye también a difundir la ignorancia. Lo correcto es:

♻ un montículo de terrazas **megalíticas (o de grandes piedras o megalitos)**.

✐ He aquí algunos ejemplos de estas redundancias: "El secreto de las **piedras megalíticas**", "¿cómo movían las **piedras megalíticas**?" (a veces lo hacían con un diccionario en la mano), "las **piedras megalíticas** de Carnac", "estructuras de **piedras megalíticas** artificiales" (¡y además artificiales!), "las 509 mejores imágenes de **piedras megalíticas**", "**monumentos megalíticos de piedra** dedicados al culto religioso", "**monumentos megalíticos de piedra**, sin labrar", "impresionante colección de **monumentos megalíticos de piedra**", "**monumento megalítico de**

piedra parecido a una mesa", "**monumento megalítico de piedra** situado en el sur de Inglate-rra", "**monumento megalítico de piedra**, al pie de una laguna", "**megalitos de piedra** entre ca-sas", "**megalitos de piedra** que datan de 1000 a 6000 antes de Cristo", "las cabezas de **piedra megalítica** del Monte Nemrut", "misteriosa **piedra megalítica** encontrada en Winnipesaukee", "el famoso **megalito de piedra** en Inglaterra", "grupos sucesivos de personas se unieron para construir este **megalito de piedra** notable", "milenarios **megalitos de roca**", "**rocas megalíticas** en el campo", "antiguas **rocas megalíticas**" y, como siempre hay algo peor, "**enormes piedras megalíticas**" y "**grandes megalitos de roca**".

  ☞ Google: 34 000 resultados de "piedras megalíticas"; 11 400 de "monumentos megalíti-cos de piedra"; 11 300 de "monumento megalítico de piedra"; 10 900 de "megalitos de piedra"; 6 890 de "piedra megalítica"; 2 950 de "megalito de piedra"; 2 700 de "megalitos de roca"; 1 580 de "rocas megalíticas". ☒

  ☞ Google: 638 000 resultados de "megalitos"; 199 000 de "monumentos megalíticos"; 125 000 de "monumento megalítico"; 77 100 de "construcciones megalíticas"; 35 100 de "construcción megalítica"; 5 070 de "vestigios megalíticos". ☑

149. mejor, ¿*mejor buena fe*?, peor, ¿*peor mala fe*?

Las expresiones "mejor buena fe" y "peor mala fe" son redundantes y caricaturescas, utilizadas casi siempre en el ámbito político, con retórica demagógica. Cada vez que alguien afirma tener "la mejor buena fe" o hacer algo "con la mejor buena fe" es por-que nos quiere tomar el pelo. Veamos por qué. El sustantivo femenino "fe" (del latín *fides*) que, absurdamente, el DRAE dedica en sus primeras acepciones a la virtud teo-logal católica y a las creencias religiosas, es definida, adecuadamente, por María Mo-liner, en el DUE, en su acepción principal, como "creencia en algo sin necesidad de que esté confirmado por la experiencia o por la razón propias". Y pone un ejemplo: *Tengo fe en lo que él me diga*. Por ello, el sinónimo natural de "fe" es "creencia", sus-tantivo femenino que el DRAE define como "firme sentimiento y conformidad con algo". Ejemplo: *Tengo la creencia de que las cosas están bien así*. El DRAE define también el sustantivo femenino "buena fe" en dos palabras: "Rectitud, honradez". Ejemplo: *Fulano todo lo hace de buena fe*, esto es, con rectitud, con honradez, sin malicia, sin mala intención, sin engaño, pues, así como hay "buena fe", hay también "mala fe", definida por Moliner, en el DUE, como actuar "con mala intención o con engaño", y pone el siguiente ejemplo: *En ese asunto ha obrado de mala fe desde el principio*. Sien-do las cosas así, el énfasis pleonástico y ridículo lleva a los políticos a referirse a la "mejor buena fe" y a la "peor mala fe"; absurdamente, ya que el adverbio "mejor" (del latín *melior, meliōris*) significa "más bien, de manera más conforme a lo bueno o lo conveniente", en tanto que el adverbio "peor" (del latín *peior, peiōris*) significa "más mal, de manera más contraria a lo bueno o lo conveniente". Ejemplos: *Entre todos, es*

*el **mejor**; Se puede ver en seguida que es el **peor**.* Pero la mejoría de lo bueno y la peoría
de lo malo son formas redundantes que, como ya advertimos, se emplean con frecuencia en la jerga política demagógica y con un énfasis retórico que nada significativo
aporta a las expresiones "buena fe" y "mala fe". Incluso el *Diccionario panhispánico de
dudas*, tan blandengue, en este caso censura dichas formas (lo cual es un milagro): "Es
redundante y debe evitarse el uso conjunto de ambas formas del adjetivo [buena,
mala]: *mejor buena fe, peor mala fe*". Sin embargo, parece que los redactores del *Panhispánico* no se dan cuenta de que, en estas expresiones, "mejor" y "peor" no son formas adjetivales, sino adverbiales, y que la redundancia se puede evitar justamente
con otro adverbio que modifique al sustantivo femenino ("fe") ya de antemano calificado ("buena", "mala"): nos referimos al adverbio "muy" (apócope del antiguo *muito*,
y éste del latín *multum*), forma reducida de "mucho" que antepuesta a "buena fe" y
"mala fe" indica "grado alto de la propiedad mencionada" (DRAE). Ejemplos: *Siempre
lo hizo de **muy buena fe**; Siempre se ha comportado de **muy mala fe**.* En conclusión, las
formas incorrectas son "mejor buena fe" y "peor buena fe": vicios redundantes que
no debemos imitar de los políticos, al igual que no debemos imitarlos en otras muchas cosas viciosas.

Entre ellos, estas barbaridades son enormemente apreciadas, y hay testimonios
audiovisuales en internet, y evidencias escritas en publicaciones impresas. Nicolás
Maduro, el impresentable político venezolano, que tantos disparates nos regala todos los días, afirmó

♀ "tener la **mejor buena fe** ante la oposición".

Aunque sabemos que esto es una mentira, quiso decir el demagogo que

♂ tiene **buena fe** ante la oposición.

🖉 Van algunos ejemplos de estas redundancias politiqueras: "Con la **mejor buena fe** del mundo", "deben acogerse sus palabras con la **mejor buena fe**", "procedieron con la **mejor buena
fe**", "ha actuado con la **mejor buena fe**", "los improvisados que con la **mejor buena fe** echan
a perder las oportunidades", "con gran convicción y la **mejor buena fe**", "de la **mejor buena fe**
y con las mejores intenciones", "nosotros estamos poniendo nuestra **mejor buena fe**", "de la
mejor buena fe lo invitamos para sentarse a dialogar", "llevaban un sello de la **mejor buena fe**",
"estamos actuando con seriedad y de la **mejor buena fe**", "lleguen de la **mejor buena fe** a conclusiones", "debe actuar invariablemente como litigante de la **mejor buena fe**", "con la **mejor
buena fe** e intención caritativa", "es una encerrona hecha con la **peor mala fe**", "la declaración
del alcalde es de la **peor mala fe**", "eso es del peor gusto y de la **peor mala fe**", "su mala conciencia y **peor mala fe**".

☞ Google: 41 000 resultados de "mejor buena fe"; 40 300 de "de la mejor buena fe"; 37 000
de "la mejor buena fe"; 32 100 de "con la mejor buena fe"; 16 100 de "tener la mejor buena fe";

1 510 de "peor mala fe"; 699 de "la peor mala fe"; 692 de "de la peor mala fe"; 653 de "con la peor mala fe". ☒

⌁ Google: 11 600 000 resultados de "buena fe"; 3 510 000 de "mala fe"; 457 000 de "muy buena fe"; 62 000 de "muy mala fe". ☑

150. memoria, memorizar, ¿*memorizar de memoria?*, recordar, ¿*recordar de memoria?*
El significado del verbo transitivo "memorizar" es "fijar algo en la memoria" (DRAE). Ejemplo: *Memorizó muchos datos que le sirvieron para aprobar el examen final.* De ahí el sustantivo femenino "memorización" ("acción y efecto de memorizar") y el adjetivo y sustantivo "memorioso", del latín *memoriōsus* ("que tiene buena memoria"). Ejemplos: *La escuela privilegia la* **memorización** *y no la reflexión; Jorge Luis Borges es autor del cuento "Funes el* **memorioso***".* En cuanto a la acepción principal del sustantivo femenino "memoria" (del latín *memoria*), ésta es la "facultad psíquica con la que se recuerda" (DUE). Ejemplo: *Repasé en mi* **memoria** *aquellos poemas que aprendí en mi niñez.* Por ello, "decir", "hablar", "saber", "recitar", etcétera, "de memoria", es hacerlo "con las ideas o nociones que se tienen en la memoria, sin leer, consultar notas, etc." (DUE). Ejemplo de Moliner: *Se sabe de memoria la lista de reyes godos.* La locución adverbial "de memoria" significa "apoyarse únicamente en el recuerdo" (DRAE). Ejemplo del diccionario académico: *Cito* **de memoria***, sin contrastar los datos.* Queda claro, entonces, que la expresión "memorizar de memoria" es una espeluznante redundancia, en tanto que "recordar de memoria" es una redundancia bruta, puesto que al "decir", "hablar", "citar", "recitar", "saber", etcétera, "de memoria", lo que se hace es justamente "recordar", esto es, "apoyarse únicamente en el recuerdo". La acepción principal del verbo transitivo "recordar" (del latín *recordāri*) es "pasar a tener en la mente algo del pasado" (DRAE). Ejemplo del diccionario académico: *Ahora* **lo recuerdo***.* Mucho mejor es la definición de María Moliner en el DUE: "Retener cosas en la mente". Ejemplo: *Recordó y recitó poemas completos de Rubén Darío.* De acuerdo con Moliner, el sustantivo femenino "mente" (del latín *mens, mentis*) significa "facultad con que se piensa" (DUE) y sus sinónimos son "inteligencia" y "pensamiento". Ejemplos: *Te llevo siempre en mi* **mente***; Estás en mi* **pensamiento***.* En conclusión, los únicos verbos que, por las características mismas de la definición, no admiten anteceder a la locución "de memoria" son "recordar" y, por supuesto, "memorizar". Dejémonos de jaladas. Evitemos decir y escribir "memorizar de memoria" y "recordar de memoria", pues con decir y escribir "memorizar" y "recordar" ya está dicho todo. Es una virtud que alguien recite un poema de memoria o que otro recuerde estrofas enteras o simplemente versos, pero ¿recordarlos **de memoria**?, ¡pues sí, ni modo que sin memoria! Por ello, "memorizar de memoria" y "recordar de memoria" son dos atentados contra la lógica y contra el idioma que bien merecen, como castigo mínimo, escribir, y

leer en voz alta, mil veces la frase "No debo decir ni escribir 'memorizar de memoria' ni 'recordar de memoria'".

Se trata de redundancias del ámbito inculto de la lengua, pero no es sorprendente hallarlas en el habla y en la escritura de profesionistas. Abundan en internet, pero no son escasas en las publicaciones impresas (incluidos libros). En una guía monográfica (*La lectura*) de la Biblioteca de la Universidad de Extremadura, leemos que la "pre-lectura" (*sic*) o "exploración del texto",

♀ "conlleva **recordar de memoria** la visión general".

Lo correcto es muy simple:

♂ conlleva **recordar** el panorama general.

✎ He aquí algunos pocos ejemplos de estas atrocidades idiomáticas: "Voy a intentar **recordar de memoria** toda la trama", "13 claves para **recordar de memoria**", "comprender en lugar de **recordar de memoria**", "ellas vuelven a sentarse al piano y a **recordar de memoria** las partituras" (la expresión correcta es sencillísima: ellas vuelven a sentarse al piano para repasar las partituras), "**recordar de memoria** las palabras", "números de contraseñas que debes **recordar de memoria**" (más bien, que debes guardar en tu memoria) "fueron capaces de **recordar de memoria** el código al azar", "intentaremos **recordar de memoria** todo lo que necesitamos", "**recuerda de memoria** la cadena completa", "un lugar que uno conoce y **recuerda de memoria**", "es capaz de leer y escribir una o varias frases que **recuerda de memoria**" (basta con decir: es capaz de leer y escribir una o varias frases que memorizó), "los poemas que **se recuerdan de memoria**" (no, señor, los poemas que uno sabe de memoria), "**recordando de memoria** sus explicaciones", "las sigo **recordando de memoria**" (las sigo recordando, y punto), "**recordó de memoria** algunas palabras", "hasta **recordó de memoria** extensos párrafos", "no se me da bien **memorizar de memoria**", "es mejor que **memorizar de memoria**", "un montón de hojas para **memorizar de memoria**". ¡Y basta!

☞ Google: 180 000 resultados de "recordar de memoria"; 77 600 de "recuerda de memoria"; 23 300 de "recuerdan de memoria"; 19 900 de "recordando de memoria"; 15 600 de "recordó de memoria"; 10 200 de "memorizar de memoria". ☒

☞ Google: 214 000 000 de resultados de "recordar"; 7 160 000 de "memorizar". ☑

151. mirada, ¿*mirada con perspectiva?*, óptica, ¿*óptica con perspectiva?*, perspectiva, visión, ¿*visión con perspectiva?*, ¿*visión en perspectiva?*, ¿*visión perspectiva?*, vista, ¿*vista en perspectiva?*, ¿*vista perspectiva?*, visto, ¿*visto en perspectiva?*

El sustantivo femenino "perspectiva" (del latín tardío *perspectīvus*, y éste derivado del latín *perspicĕre*, "mirar a través de", "observar atentamente", y del latín medieval *perspectiva*, "óptica") significa, en su acepción principal: "Sistema de representación que intenta reproducir en una superficie plana la profundidad del espacio y la imagen tridimensional con que aparecen las formas a la vista" (DRAE). Ejemplo: *En el plano, la perspectiva del gran edificio era impresionante.* Otras acepciones importantes, en el mismo diccionario académico, para el sustantivo "perspectiva" son las siguientes: "Panorama que desde un punto determinado se presenta a la vista del espectador, especialmente cuando está lejano", "punto de vista desde el cual se considera o se analiza un asunto" y "visión, considerada en principio más ajustada a la realidad, que viene favorecida por la observación ya distante, espacial o temporalmente, de cualquier hecho o fenómeno". Ejemplos: *La perspectiva no es muy alentadora; Es una perspectiva bastante favorable.* De ahí la locución adverbial "en perspectiva", que el DRAE define como "en proyecto o con posibilidades para un futuro". Ejemplo del diccionario académico: *Tengo en perspectiva un gran proyecto.* También la locución preposicional "con perspectiva", no recogida en el DRAE, pero cuyo significado es bajo una determinada mirada u orientación. Ejemplo: *Educación con perspectiva de equidad.* Queda claro que, etimológicamente y por definición, el sustantivo femenino "perspectiva" incluye explícitamente los conceptos de "ver", "mirar", "observar", "óptica", "visión" y "vista", y, siendo así, decir y escribir "mirada con perspectiva", "óptica con perspectiva", "visión con perspectiva", "visión en perspectiva", "vista en perspectiva", "visto en perspectiva", "visión perspectiva" y "vista perspectiva", más sus plurales y variantes" es incurrir en redundancias atroces, pues el verbo transitivo "ver" (del latín *vidēre*) significa "percibir con los ojos algo mediante la acción de la luz"; el verbo transitivo "mirar" (del latín *mirāri*), "dirigir la vista a un objeto"; el verbo transitivo "observar" (del latín *observāre*), "examinar atentamente"; el adjetivo y sustantivo "óptica" (del latín medieval *opticus*), "perteneciente o relativo a la visión" y el sustantivo femenino "vista" (del latín tardío *vista*, derivado del latín *vidēre*, "ver"), "sentido corporal con que los ojos perciben algo mediante la acción de la luz". En conclusión, el sustantivo femenino "perspectiva" no debe modificarse con los términos "ver", "mirar" u "observar" y otros relacionados, puesto que esto es, precisamente, la "perspectiva": "Mirar a través de", "observar atentamente".

Las brutas redundancias de esta familia pertenecen, todas, al ámbito culto y profesional de nuestro idioma, y delatan, escandalosamente, que incluso las personas con altos estudios jamás abren el diccionario para saber, con exactitud, qué es lo que están diciendo y escribiendo y qué es lo que quieren decir y escribir. En el libro español *El paisaje en perspectiva histórica* (Prensas Universitarias de Zaragoza), leemos lo siguiente:

♀ "**Vista en perspectiva**, la gran transformación sufrida por el agrosistema desde 1752 ha sido precisamente la ampliación y consolidación de las tierras regadas".

Si el libro se intitula, correctamente, *El paisaje en perspectiva histórica*, con igual corrección, sin redundancia, el enunciado citado debió decir:

♂ **En perspectiva**, la gran transformación, etcétera.

✒ Van otros ejemplos de las muchas redundancias cultas y profesionales que se cometen con estas expresiones: "Procedimiento para definir la **vista en perspectiva**", "uso de la **vista en perspectiva**", "**vista en perspectiva** posterior y anterior", "**vista en perspectiva** desde arriba", "**vista en perspectiva** de la Puerta de San Vicente en Madrid", "**vista en perspectiva** de un muelle de madera", "**vista en perspectiva** de uno de los salones", "**visto en perspectiva**, da un poco de risa", "el panorama **visto en perspectiva**", "viejo puente en el bosque **visto en perspectiva**", "el valor trabajo **visto en perspectiva**", "el planeta Tierra **visto en perspectiva**", "**visión en perspectiva** del Sistema Solar", "ensayos sobre el futuro una **visión en perspectiva**", "la fragmentación en Yugoslavia, una **visión en perspectiva**", "**vistos en perspectiva**, mis poemas o novelas entrañan esta intencionalidad" (¡ájale!), "los datos conocidos en los últimos días **vistos en perspectiva**", "reúne un conjunto de ensayos que **vistos en perspectiva** dan un panorama amplio de la literatura norteamericana", "lo curioso de las **vistas en perspectiva**", "usamos dos **vistas en perspectiva**", "utilización de **vistas en perspectiva**", "para activar la **vista perspectiva**", "diferencia entre la **vista perspectiva** y ortográfica", "una **vista perspectiva** de un objeto", "**visión perspectiva** de la tecnología", "**visión perspectiva** del sector frutícola chileno", "**visión perspectiva** y desde el concepto", "**trata de personas** desde una **mirada con perspectiva** de equidad de género", "Ley de Dependencia: una **mirada con perspectiva** de género", "emociones y salud: una **mirada con perspectiva** de género", "**vistas perspectivas** variables", "**vistas perspectivas** e isométricas", "las **vistas perspectivas** que recrean un paseo por el interior", "desarrolla una **visión con perspectiva**", "una **visión con perspectiva** de género desde la enfermería obstétrica", "en la política pública no existe una **visión con perspectiva** de género", "un común denominador de las diversas **visiones en perspectiva**", "se presentarán **visiones en perspectiva**", "tres **miradas con perspectiva** de género", "ganan terreno las **miradas con perspectiva** de género", "tienen una **visión con perspectivas**", "las mujeres pidieron que la justicia tenga una **mirada con perspectivas** de género", "una **óptica con perspectiva** de género", "expusieron sus **visiones con perspectiva** metropolitana".

☞ Google: 384 000 resultados de "vista en perspectiva"; 339 000 de "visto en perspectiva"; 94 600 de "visión en perspectiva"; 77 200 de "vistos en perspectiva"; 69 700 de "vistas en perspectiva"; 63 700 de "vista perspectiva"; 23 400 de "visión perspectiva"; 15 700 de "mirada con perspectiva"; 15 700 de "vistas perspectivas"; 14 100 de "visión con perspectiva"; 12 700 de "visiones en perspectiva"; 7 040 de "miradas con perspectiva"; 4 640 de "miradas con perspectivas"; 3 450 de "visión con perspectivas"; 2 940 de "mirada con perspectivas"; 2 420 de "óptica con perspectiva"; 1 580 de "visiones con perspectiva". ☒

152. ¿*mirada retrospectiva?*, ¿*mirada retrospectiva al pasado?*, retrospectiva, ¿*retrospectiva al pasado?*, ¿*retrospectivo al pasado?*, ¿*visión retrospectiva?*, ¿*visto en retrospectiva?*

Prima hermana de las anteriores aberraciones redundantes, la expresión "retrospectiva al pasado" es, también, una rebuznancia muy parecida a "retroceder hacia atrás". Veamos por qué. El elemento compositivo "retro-" (del latín *retro-*) significa "hacia atrás", como en el verbo intransitivo "**retro**ceder" (del latín *retrocedĕre*): "volver hacia atrás", y en el adjetivo "retroactivo" (de *retro-* y *activo*): "que obra o tiene fuerza sobre el pasado". Ejemplos: *Retrocedió de inmediato cuando vio el peligro*; *En diciembre, le dieron un aumento de sueldo con efecto **retroactivo** al último trimestre del año*. El adjetivo "retrospectivo", con su femenino "retrospectiva" (del latín *retrospectus*, participio pasivo de *retrospicĕre*, "mirar hacia atrás", e *-ivo*), significa "que se considera en su desarrollo anterior" (DRAE). Ejemplo: *Hizo un estudio **retrospectivo** de la enfermedad*. Como sustantivo femenino, "retrospectiva", significa "exposición organizada para dar una visión de síntesis de algo pasado, por ejemplo, la obra de un pintor, desde sus principios hasta sus últimas creaciones" (DUE). Ejemplo: *Gran **retrospectiva** de Picasso en Madrid*. Al referirse a la forma adjetival, sorprende que María Moliner, en el DUE, utilice el siguiente ejemplo sin advertir su redundancia: *Una **mirada retrospectiva***. Es verdad que Moliner define el adjetivo "retrospectivo" (con su femenino "retrospectiva") de la manera más simple: "Se dice de lo que se refiere a tiempo pretérito"; sin embargo, antes ha definido el sustantivo femenino "retrospección" (del latín *retrospicĕre*) de la siguiente manera: "Acción de mirar o analizar el pasado" (DUE). Siendo así, queda claro que no únicamente son redundantes las expresiones "retrospectiva al pasado", "retrospectivo al pasado" y "mirada retrospectiva al pasado", sino también las no condenadas en España "mirada retrospectiva" y "visión retrospectiva", y la razón es muy simple: tanto el adjetivo "retrospectivo" como los sustantivos "retrospección" y "retrospectiva" ya incluyen en su raíz el concepto de "visión" y las acciones de "mirar" o "ver", pues la etimología latina *retrospicĕre*, de donde proviene el español "retrospectivo" significa, literalmente, "mirar hacia atrás". En consecuencia, la expresión "mirada retrospectiva" significaría algo así como *mirada que mira hacia atrás o hacia el pasado*. José Martínez de Sousa, en su *Diccionario de usos y dudas del español actual*, únicamente llama la atención acerca del pleonasmo "retroceder retrospectivamente", con apenas cinco resultados en el buscador de Google. Queda claro que, en España, se perdonan tanto sus dobles redundancias "mirada retrospectiva al pasado" y "visión retrospectiva al pasado", como sus redundancias simples "mirada retrospectiva" y "visión retrospectiva". Pero, aunque así sea en España, no hay que imitar estos disparates. Dejemos muy en claro que toda "retrospectiva" es una "mirada" y, precisamente, una "mirada hacia atrás", una "mirada hacia el pasado", una "mirada al ayer", una "mirada al pretérito". No ricemos el rizo con esto, tan parecido a "memorizar de memoria" y "recordar de memoria".

Son redundancias gruesas del ámbito culto, cultísimo inclusive, del español. Profesionistas de las más diversas carreras y gente de sólida cultura dice y escribe tales despropósitos sin reflexionar un ápice en sus expresiones. Abundan en publicaciones impresas, libros incluidos, y en las páginas de internet. En España circula desde hace varios años un libro de Lou Andreas-Salomé, traducido del alemán y cuyo título original *Lebensrückblick* (de *Lebens*, "vida", "vital", y *Rückblick*, "retrospectiva", "repaso", "revisión", "mirando hacia atrás", "mirando atrás") se convierte en español, redundantemente, en

♀ "*Mirada retrospectiva*".

Sin redundancia, bien pudo traducirse el título como

⚘ *Vida en perspectiva* o *Mi vida en perspectiva* o, más literal, *Repaso de mi vida* o *Una revisión de mi vida*.

✐ El adjetivo femenino "perspectiva", con su masculino "perspectivo" (del latín tardío *perspectīvus*, y éste derivado del latín *perspicĕre*, "mirar a través de", "observar atentamente"), significa, entre otras acepciones, "punto de vista desde el cual se considera o se analiza un asunto" y "visión, considerada en principio más ajustada a la realidad, que viene favorecida por la observación ya distante, espacial o temporalmente, de cualquier hecho o fenómeno" (DRAE). Ejemplo: *En perspectiva, la vida no ha sido tan mala*. He aquí unos pocos ejemplos de las obvias redundancias no condenadas en España y cada vez más extendidas en América: "hacer una **mirada retrospectiva**", "realizar una **mirada retrospectiva**", "una **mirada retrospectiva** para entender el presente", "una **mirada retrospectiva** a la economía cubana", "una **mirada retrospectiva** a mis años de universidad", "**visión retrospectiva** de una ciudad", "**visión retrospectiva y prospectiva** del proceso" (doble redundancia, pues ya vimos que la etimología latina *prospicĕre*, significa, literalmente, "mirar adelante", "prever"), "una **visión retrospectiva** al conocimiento", "parece plausible **visto en retrospectiva**", "**visto en retrospectiva**, muchas de las críticas de Walsh al escritor eran válidas", "si nos ponemos a **ver en retrospectiva**", "ahora puedo **ver en retrospectiva** que sus huellas dactilares estaban por todas partes", "su vida, **vista en retrospectiva**, me parece frívola", "espero que nuestra Presidencia sea **vista en retrospectiva**", "esta **mirada en retrospectiva** del avance", "una **mirada en retrospectiva** al plan", "**prever y mirar en retrospectiva**", "al **mirar en retrospectiva**", "¿**mirando en retrospectiva**, qué consejo te darías?", "**mirando en retrospectiva**, nos parece mentira que este día llegó", "*Miradas retrospectivas al México de Porfirio Díaz*" (título de un libro que hubiera podido resolverse, con elegancia y pulcritud en *El México de Porfirio Díaz*), "una **retrospectiva al pasado**" (lo sensacional sería una retrospectiva al futuro), "una **retrospectiva al pasado** pero con la vista puesta en el futuro", "**mirado en retrospectiva** eso puede parecer extraño", "**visiones retrospectivas y prospectivas**", "otras veces creemos **ver retrospectivamente**" y, como siempre hay cosas peores, "echar una **mirada retrospectiva al pasado** de nuestra tradición centenaria", "lanzando una **mirada retrospectiva al pasado** inmediato", "una serie de **miradas retrospectivas al pasado**" y "partiendo de un viaje **retrospectivo al pasado**".

☞ Google: 312 000 resultados de "mirada retrospectiva"; 124 000 de "visión retrospectiva"; 102 000 de "visto en retrospectiva", 101 000 de "ver en retrospectiva"; 72 200 de "vista en retrospectiva"; 32 700 de "mirada en retrospectiva"; 22 600 de "mirar en retrospectiva", 20 600 de "mirando en retrospectiva"; 8 980 de "mirando retrospectivamente"; 8 960 de "miradas retrospectivas"; 7 970 de "mirar retrospectivamente"; 5 960 de "retrospectiva al pasado"; 4 180 de "mirado en retrospectiva"; 3 960 de "visiones retrospectivas"; 2 340 de "mirada retrospectiva al pasado"; 2 260 de "ver retrospectivamente"; 1 000 de "retrospectivas al pasado"; 1 000 de "retrospectivo al pasado". ⊠

☞ Google: 27 700 000 resultados de "retrospectiva"; 2 350 000 de "retrospectivo"; 1 220 000 de "retrospectivas"; 827 000 de "en retrospectiva"; 749 000 de "mirando el pasado"; 719 000 de "retrospectivamente"; 601 000 de "retrospectivos"; 543 000 de "mirando hacia el pasado"; 461 000 de "mirada al pasado"; 271 000 de "estudiando el pasado"; 178 000 de "contemplando el pasado"; 37 600 de "viendo hacia el pasado"; 18 200 de "con retrospectiva". ☑

153. mito, ¿*mito falso?*, mitos, ¿*mitos falsos?*

Es frecuente escuchar y leer las expresiones "mito falso" y "falso mito". ¿Será porque los haya verdaderos? Desde luego que no. Ambas expresiones son redundantes si partimos de la definición del sustantivo masculino "mito" (del griego *mýthos*). El diccionario académico ofrece dos acepciones principales: "Narración maravillosa situada fuera del tiempo histórico y protagonizada por personajes de carácter divino o heroico" e "historia ficticia o personaje literario o artístico que encarna algún aspecto universal de la condición humana". Ejemplos: *Los **mitos** griegos son el origen de las religiones occidentales*; ***Mito** y leyenda pertenecen al pensamiento primitivo*. En la definición del término "mito" debemos poner atención en un sustantivo perfectamente calificado: "historia **ficticia**", puesto que el adjetivo "ficticio" (del latín *fictitius*) significa "fingido, imaginario o falso". Ejemplo del DRAE: *Entusiasmo **ficticio***. De ahí el sustantivo femenino "ficción" (del latín *fictio, fictiōnis*), que el diccionario académico define con dos acepciones principales: "Acción y efecto de fingir" e "invención, cosa fingida". Ejemplo: *Hay que saber distinguir entre la realidad y la **ficción***. La "ficción" es una "invención", que puede ser mala o mediocre o excelente y genial, pero siempre será "imaginaria" ("que sólo existe en la imaginación"), pues el sustantivo femenino "invención" (del latín *inventio, inventiōnis*) tiene entre sus acepciones la de "engaño, ficción". Ejemplo: *Los **mitos** griegos son prodigiosas **invenciones***. No es por nada que la acepción principal del sustantivo femenino "mitomanía" (de *mito* y *-manía*) sea la siguiente: "Tendencia morbosa a desfigurar, engrandeciéndola, la realidad de lo que se dice" (DRAE). Y a quien esto hace se le denomina "mitómano" o "invencionero" y, en el más alto nivel, en el culmen, escritor genial, que esto último fue Homero. Por todo lo anterior, decir y escribir "falso mito", "mito falso" y sus plurales es tanto como decir "calumnia falsa" o "falsa calumnia", ¿pues hay acaso alguna que no lo sea? Toda calumnia entraña falsedad, del mismo modo que todo mito conlleva ficción, esto es fingimiento, invención, fantasía, es decir, falsedad. "La verdad de las mentiras", denomina Mario Vargas Llosa a la literatura de ficción. Y exactamente esto es: la literatura de ficción tiene su particular verdad, *la verdad literaria*, que no es por supuesto, la verdad de nuestra cotidiana realidad. En su espléndido libro *Historia de dioses y héroes*, en cuyas páginas relata con amenidad los episodios de la mitología grecolatina, Thomas Bulfinch (1796-1867) define los mitos como "las más encantadoras historias que la fantasía haya creado nunca". Dado que los mitos son producto de la "fantasía" (sinónimo de ficción), todos los mitos son falsos. No hay mitos verdaderos, puesto que perderían su condición de mitos. Por otra parte, en el mundo hispanohablante, cada vez menos preciso, la gente suele decir y escribir "falso mito" y "mito falso" en lugar de decir y escribir, correctamente, el sustantivo femenino "mentira", una de cuyas acepciones es "cosa que no es verdad", con los sinónimos "embuste" y "patraña". Ejemplos: *Diez* **mentiras** *acerca del cáncer*; *Veinte* **patrañas** *sobre la sexualidad*. No es que sean "mitos", son embustes, son engaños. Y no es que existan "mitos verdaderos" porque pertenezcan a la gran mitología grecolatina; lo que ocurre es que, en el ámbito de lo que se ha dado en llamar "las teorías de la conspiración" hay pendejadas que no llegan siquiera a ser mitos. Son mentiras, y punto. Pero estas redundancias tan abundantes, "falso mito", "falsos mitos", "mito falso" y "mitos falsos", empleados en lugar de los sustantivos exactos "mentira", "embuste" y "patraña", nos muestran a qué grado las personas de alta escolaridad no usan el diccionario ni mucho menos la lógica. Incluso cuando no se califica el sustantivo "mito" pero se le usa como equivalente a "falsedad" ("falta de verdad o autenticidad") hay un desbarre. El término correcto es "falacia" (del latín *fallacia*), sustantivo femenino que significa "engaño, fraude o mentira con que se intenta dañar a alguien" o bien "hábito de emplear falsedades en daño ajeno" (DRAE). Ejemplo: *La autosuficiencia alimentaria de una nación es una* **falacia**, y no como dijo el entonces presidente de México, Enrique Peña Nieto, "La realidad es que hoy ningún país produce todo lo que consume, y este es un **mito** que hay que romper". Por cierto, ¿cómo se rompe un "mito"? Lo sabrá tal vez el discursero que escribió las palabras que leyó Peña Nieto: alguien que, seguramente, no tiene ni la más remota idea de los mitos griegos ni, por lo visto, del verbo "romper". Dicho sea, en conclusión: quien crea que los mitos pueden ser verdaderos es un zopenco a quien, como a Prometeo, hay que atar a una peña para que un águila o un zorro o cualquier otra bestezuela menos digna le devore todos los días el hígado, a ver si por la noche se le regenera; por otra parte, quien se refiera a "mitos falsos", porque cree que existen también los verdaderos, hay que ponerle los ojos frente al diccionario en la entrada correspondiente al sustantivo "mito" para que nunca olvide que no existen mitos "verdaderos". Los "mitos" son ficciones, historias fabuladas y, en el caso de los mitos clásicos, sublimes formas de entender e interpretar el mundo de los dioses cuando la ciencia aún no estaba desarrollada.

Diarios, libros, revistas y demás publicaciones impresas, lo mismo que las páginas de internet, rebosan de "mitos falsos", "falsos mitos" y "mitos" que no son mitos, sino falacias, embustes, falsedades, patrañas o mentiras, sin que las personas que tales cosas escriben (y hablan) se percaten de sus barbaridades. En prácticamente todos los casos, a lo único que se quieren referir con estas redundancias es a "creencias infundadas" o a "leyendas urbanas": en ambos casos, necedades a las que sólo dan crédito los papanatas. Son simplemente "mentiras" y no exactamente "mitos", mucho menos "mitos falsos", que es redundancia. En el diario español *El País* leemos el siguiente titular:

☹ "**Falsos mitos** sobre el autismo".

Seguramente en el diario *El País*, los redactores y editores han encontrado "mitos verdaderos". Lo único cierto es que tal expresión entraña una disparatada redundancia. Debió informar el diario español, con corrección idiomática, lo siguiente:

☺ **Mentiras** acerca del autismo, o bien: **Patrañas** acerca del autismo. Y mil veces es preferible **Necedades** acerca del autismo que **Mitos** acerca del autismo.

✎ Como España posee la corona del pleonasmo y la redundancia, el diario ABC no se queda atrás y nos obsequia el siguiente titular: "**Falsos mitos** y rumores alrededor del aguacate". Mas no sólo en España: en todos los países hispanohablantes la zurran con los "falsos mitos" y los "mitos falsos". He aquí más ejemplos, tomados de publicaciones impresas y de internet: "12 **falsos mitos** sobre el sexo" (no son mitos, son mentiras), "colección de **falsos mitos** populares", "12 **falsos mitos** sobre dietas", "9 **falsos mitos** sobre celulares" (no son mitos, son pendejadas), "**falsos mitos** sobre el cáncer", "10 **falsos mitos** en oftalmología", "los **falsos mitos** sobre la comida", "**mitos falsos** sobre la menstruación", "8 **mitos falsos** que aún sigues creyendo", "10 **mitos falsos** sobre el autismo infantil", "7 **mitos falsos** sobre el universo", "**mitos falsos** sobre la menopausia", "el **falso mito** del ecologismo noruego", "el **falso mito** del futbol mexicano", "el **falso mito** de los carbohidratos", "el **falso mito** de la estabilidad" (otra vez, en el diario español *El País*), "el **falso mito** de los perros detectores", "la barriga cervecera es un **mito falso**", "tener memoria de pez es un **mito falso**" (esto seguramente lo afirma un pez: el pezguato), "se cayó otro **mito falso**" (y se raspó las rodillas), "un **mito falso** sobre Messi", "el **mito falso** del chocolate", "el **mito falso** de que la URSS y el nazismo fueron en algún momento aliados" y cientos de miles más de estas tonterías.

☞ Google: 845 000 resultados de "falsos mitos"; 331 000 de "falso mito"; 194 000 de "mitos falsos"; 34 200 de "mito falso". ☒

154. muerte, muerto, *¿muerto en un asesinato?*, muertos, *¿muertos en un asesinato?*, *¿pierde la vida y muere?*

En el pasquín mexicano *Crónica de Tierra Blanca* leemos el siguiente encabezado: "Pierde la vida y muere". Se dirá que se trata de un diario de provincias, y que no hay que hacer mayor escarnio de este disparate digno de una antología del género del humor negro involuntario, pero de la capital de México es el diario sanguinolento *La Prensa*, que publicó el siguiente titular: "Fallecen tres al ser asesinados". Puede uno reír ante anuncios que parecen bromas (como "Se vende hielo congelado" o "Se sacan fotocopias idénticas"), pero no queda sino llorar ante periodismo tan estulto. De este periodismo, y no sólo mexicano, sino de todo el orbe hispanohablante, son las expresiones "muerto en un asesinato" y "muertos en un asesinato". ¡Vaya redundancias tan macabras! Puede decirse y escribirse "muerto" o "muertos" en un "atentado terrorista", pero "asesinato" es sustantivo masculino que se define como "acción y efecto de asesinar", en tanto que "asesinar" es verbo transitivo que Moliner define del siguiente modo en el DUE: "Matar a alguien cuando ello constituye un delito". La acotación "cuando ello constituye un delito" es pertinente, pues se puede matar a alguien, sin que constituya un delito, en combates armados de guerras declaradas entre países o bien al cumplirse la sentencia de muerte en las naciones donde todavía ello es legal. Decir y escribir "muerto en un asesinato" y "muertos en un asesinato" es errar de la forma más bruta, pues esos "muertos" equivalen a "asesinados". El adjetivo y sustantivo "muerto" (del participio de *morir*, y del latín *mortuus*) significa que "está sin vida" (DRAE). Ejemplo: *Cuatro **muertos** en un accidente automovilístico.* En cuanto al adjetivo participio "asesinado" se aplica a quien ha perdido la vida a manos de uno o más asesinos. Ejemplo: *Fue **asesinado** en una cantina.* Como es obvio, el adjetivo y sustantivo "asesino" designa al "que asesina". Ejemplo: *El **asesino** se confundió entre la multitud.* Pero si de matar se trata, el idioma sufre todos los días asesinatos impunes, pues el periodismo, lo mismo electrónico que impreso, cada día tiene menos interés en la precisión idiomática, y tratándose de la información de la llamada "nota roja", ésta se ha quedado en la etapa primaria de la escritura.

Estas redundancias atroces son cometidas por personas de las que puede suponerse que no pasaron jamás no digamos por una escuela de periodismo, más bien, ni siquiera por una escuela de nivel básico. Refiriéndose al magnicidio cometido contra el presidente estadounidense Kennedy, un comentarista escribe:

♀ "Un presidente es **muerto en un asesinato público**".

Tan fácil y preciso que es decir y escribir:

♂ Un presidente es **asesinado** en un acto público.

✐ He aquí algunos pocos ejemplos de estos desbarres tan macabros: "En el pasado fin de semana habrían **muerto en un asesinato**", "el padre de Kadyrov, **muerto en un asesinato**", "fue **muerto en un asesinato** selectivo", "**muerto en un asesinato** de guardias civiles borrachos", "**muerto en un asesinato** en sus dominios de Brondwich", "**muerto en un asesinato** cometido por uno de sus enamorados", "es **muerto en un asesinato** violento dentro del hospital", "tres muertos en un asesinato en la ciudad" y, como siempre hay algo peor, "cinco muertos en un asesinato múltiple", "niño pierde la vida y muere", "pierde la vida y muere atropellada", "pierde la vida y muere tras ser aplastado por un camión", "militares fallecen al ser asesinados".

☞ Google: 220 000 resultados de "muerto en un asesinato"; 172 000 de "muertos en un asesinato"; 105 000 de "pierde la vida y muere". ☒

155. multiforo, ¿*multiforum*?, poliforo, ¿*poliforum*?, ¿*polyforum*?

El DRAE no incluye las formas castellanizadas del sustantivo compuesto con los prefijos "multi" y "poli" más el sustantivo simple "foro": "multiforo" y "poliforo" ni sus variantes "multifórum", "polifórum" y "polyfórum", cuyo significado literal es "foro para múltiples actividades", pues el elemento compositivo "multi-" (del latín *multi-*) significa muchos, como en "**multi**millonario" o en "**multi**nacional", y el elemento compositivo "poli-" (del griego *poly*: "mucho") indica pluralidad o abundancia, como en "**poli**ducto" y "**poli**morfo". En cambio, incluye el anglogalicismo "fórum" que, aunque proviene de la etimología latina *forum* ("plaza para los negocios públicos y los juicios"), entró a nuestro idioma como préstamo del inglés y el francés, con dos acepciones: "foro (reunión para debatir ciertos asuntos)" y "lugar donde se celebra un fórum". ¿Y cómo define el diccionario académico el sustantivo masculino "foro", éste sí castizo (del latín *forum*)? Con las siguientes ocho acepciones: "Sitio en que los tribunales oyen y determinan las causas", "curia, y cuanto concierne al ejercicio de la abogacía y a la práctica de los tribunales", "reunión de personas competentes en determinada materia, que debaten ciertos asuntos ante un auditorio que a veces interviene en la discusión", "institución o medio donde tiene lugar un foro", "contrato consensual por el cual alguien cede a otra persona, ordinariamente por tres generaciones, el dominio útil de algo mediante cierto canon o pensión", "canon o pensión que se paga en virtud de un foro", "en la antigua Roma, plaza donde se trataban los negocios públicos y se celebraban los juicios", y, en el teatro, "parte del escenario que está al fondo y por la que suelen acceder los intérpretes". Siendo las cosas así, ni siquiera necesitamos el término "fórum" cuyo sinónimo es "foro", y, entre las acepciones del DRAE, falta, obviamente, la acepción sinónima de "auditorio": "Sala destinada a conciertos, recitales, conferencias, coloquios, lecturas públicas, etc." (DRAE), y que deriva en "multiforo" o "poliforo", con las variantes ya mencionadas, porque en una sala con tales características se realizan lo mismo espectáculos de diverso tipo que actividades culturales y de otra naturaleza. Dicho de otra manera, el "multiforo" o "poliforo" es un foro o auditorio destinado a múltiples y variadas actividades, sean deportivas, políticas, sociales, musicales, literarias, teatrales, cinematográficas, etcétera. Esto, que es tan sencillo de comprender, no les entra en el duro cráneo a los académicos de la RAE y a sus hermanastros de América y Filipinas, y por ello no han admitido dichos sustantivos compuestos perfectamente formados en nuestra lengua. Que no estén recogidos en el diccionario académico conduce también a utilizar las variantes que no pertenecen al español. Estrictamente, en nuestra lengua, lo correcto es derivar del latín y del griego los compuestos "multiforo" y "poliforo", evitando el uso de los términos originales: no *poly-*, sino "poli-"; no *forum*, sino "foro" (o "fórum") y, en consecuencia, tampoco "multiforum", "poliforum" ni "polyforum". Sin embargo, aunque "multiforo" y "poliforo" sean las formas perfectas para estos sustantivos compuestos, ante el silencio de la RAE, las variantes "multifórum" y "polifórum" se han propagado en el uso del ambiente culto del español, sin que merezcan ser condenadas. Las únicas formas condenables son "polyforum", por ser un compuesto grecolatino sin adaptación gráfica al español, y las variantes no tildadas "multiforum" y "poliforum", puesto que son palabras llanas o graves y no agudas. Por supuesto, la Real Academia Española y las academias de América y Filipinas, más ocupadas en "amigovios" y "papichulos", no se ocupan en cosas importantes, o le dan muy poca importancia a todo aquello que la tiene, para entregarse a fatigar zarandajas. Los lectores no hallarán estos términos en el DRAE, pero ello no quiere decir que sean incorrectos o censurables. Censurable es la inacción de los académicos.

En lo que sí hay que insistir es en el hecho de que las formas sin tilde "multiforum", "poliforum" y "polyforum" son erróneas, debido a que no se señala, con la necesaria tilde, su característica de palabras llanas o graves. Ante la inacción de las academias de la lengua, en sus más que defectuosos diccionarios (incluido, por supuesto, el dizque de mexicanismos de la AML), hasta las instituciones públicas escriben estas palabras con faltas ortográficas. En México, en la capital del país, tenemos, desde 1971, el **Polyforum** Cultural Siqueiros, y en León, Guanajuato, el

♀ "**Poliforum** León, inaugurado en 1979".

Todo bien, salvo la ortografía, pues lo correcto es:

♂ **Polifórum** León (con la indispensable tilde para la palabra llana o grave).

✐ Van otros ejemplos de estos términos cuyas grafías incorrectas son, en gran medida, culpa y responsabilidad de la Real Academia Española, la Academia Mexicana de la Lengua, el DRAE y el *Diccionario de mexicanismos*, esta obra de celebrada indigencia lexicográfica que no tiene espacio en sus páginas ni para "multiforo" y "multifórum" ni para "poliforo" y "polifórum", pero sí para algo tan trascendente y profundo como "polo sur", locución sustantiva que, según sus hacedores, es sinónimo popular, obsceno, eufemístico y festivo de "ano" (sin comentarios): "**Poliforum** Cultural Mexiac, Centro Nacional de las Artes", "**Poliforum** Mier y Pesado, Orizaba", "**Poliforum** Panamericano", "**Poliforum** Digital de Morelia", "**Poliforum** Benito Juárez", "**Poliforum** Cultural Universitario", "Centro de Convenciones y **Poliforum** Chiapas", "vista nocturna del **poliforum**", "**Multiforum** Juriquilla", "**Multiforum** Querétaro", "**Multiforum** de Ciudad

Juárez", "**Polyforum** Cultural Siqueiros", "rescatemos al **Polyforum**", "así será la remodelación del **Polyforum** Siqueiros", etcétera.

☞ Google: 1 200 000 resultados de "poliforum"; 498 000 de "multiforum"; 216 000 de "polyforum". ☒

☞ Google: 54 500 resultados de "polifórum". ☑

☞ Google: 381 000 resultados de "multiforos"; 330 000 de "multiforo"; 25 000 de "poliforo"; 7 820 de "poliforos". ☑ ☑

N

156. niña, niñas, niño, ¿niño de corta edad?, ¿niño de muy corta edad?, niños, ¿niños de corta edad?, ¿niños de muy corta edad?

¿Hay niños de **larga edad**? ¿Y, si los hay, y esa edad es larga, qué tan larga es? (El adjetivo "largo", del latín *largus*, significa, en la séptima acepción del DRAE, "dicho de un período de tiempo: subjetivamente prolongado".) La pregunta resulta lógica ante la reiteración de las expresiones vagas, y confusas, "niños de **corta edad**" y "niños de **muy corta edad**", ambas, también, subjetivas. El hábito del eufemismo en nuestra época a lo único que lleva es a la imprecisión o al equívoco cuando no a la mentira. Con respecto al "niño", existen categorías y convencionalismos, en los ámbitos de la educación y la salud, que lo sitúan en una edad o período que hace innecesario y hasta ridículo el adjetivo "corto". Veamos. El adjetivo y sustantivo "niño" (de la voz infantil *ninno*) tiene las siguientes acepciones en el diccionario académico: "Que está en la niñez" y "que tiene pocos años". María Moliner, en el DUE, lo dice mucho mejor que la tardígrada RAE: "Persona que no ha llegado todavía a la adolescencia". Ejemplo: *Son unos padres jóvenes de un **niño** encantador*. Queda claro que el "niño" (genérico que incluye a la "niña") "tiene pocos años", ya que, de otro modo (es decir, con muchos años), no sería "niño", aunque lo pareciera por su aspecto o por su comportamiento. (El adjetivo indefinido "poco", del latín *paucus*, significa "en número, cantidad o intensidad escasos respecto de lo regular, ordinario o preciso".) De ahí el sustantivo femenino "niñez": "Período de la vida humana, que se extiende desde el nacimiento a la pubertad". Ejemplo: *El período de la **niñez** es, con frecuencia, el más feliz de la vida*. Queda claro que, si la niñez, en el ser humano, abarca "desde el nacimiento a la pubertad", un "recién nacido" no es un "niño de corta edad", sino un "neonato" (de horas o de días), pues tal como lo define María Moliner, en el DUE, la expresión "recién nacido se aplica al niño que acaba de nacer o de pocos días". Ejemplo: *Tienen una hija **recién nacida***. Queda claro, también, que un "bebé" o una "bebé" (del francés *bébé*) es, como informa Moliner, "un niño muy pequeño, que todavía no anda, o que empieza a andar" (DUE) y no, como dice el torpe DRAE, "niño o niña recién nacido o **de muy corta edad**". ¿Para qué hablar de "muy corta edad", si se puede decir, como perfectamente lo dice Moliner, "que todavía no anda" o que apenas "empieza a andar"? Con excepciones, los niños empiezan a andar entre los nueve y los catorce meses; por tanto, un "bebé" o una "bebé" es el niño, o la niña, que todavía no

anda. Ahora bien: el adjetivo "corto", con su femenino "corta" (del latín *curtus*) significa, en la cuarta acepción del DRAE, "que tiene poca duración", y, en cuanto al sustantivo femenino "edad" (del latín *aetas, aetātis*), el diccionario académico lo define, en
su acepción principal, como "tiempo que ha vivido una persona o ciertos animales
o vegetales", y, secundariamente, como "cada uno de los períodos en que se considera dividida la vida humana". Sinónimo de "niñez" es "infancia" (del latín *infantia*),
que el DRAE define, prácticamente, con las mismas palabras con las que define "niñez": "Período de la vida humana desde el nacimiento hasta la pubertad". Ejemplo:
Infancia es destino. Si el fin de la "infancia" es la "pubertad", indispensable es saber
el significado de ésta. El sustantivo femenino "pubertad" (del latín *pubertas, pubertātis*) significa "primera fase de la adolescencia, en la cual se producen las modificaciones propias del paso de la infancia a la edad adulta". Ejemplo: *Su hija ya llegó a la
pubertad*. Con toda esta información, sacamos en claro que un "adolescente" ha dejado ya el período de la "niñez" o de la "infancia", pues, a partir de la "pubertad" ha en-
trado a la etapa de la "adolescencia" (del latín *adolescentia*), sustantivo femenino que
el diccionario académico define como "período de la vida humana que sigue a la niñez y precede a la juventud". Ejemplo: *Tiene un hijo que todavía está en la adolescencia*.
En este punto es necesario preguntarnos cuál es el límite (en años) de la niñez o de
la infancia, y la respuesta es simple si consultamos la información científica al respecto: objetivamente, la infancia termina a los 12 años, cuando se inicia la etapa de
la pubertad. A partir de los 13 años, un ser humano, con un desarrollo normal, inicia
su adolescencia. Y sin embargo, a pesar de toda esta información, que debería llevar
a conceptos precisos, la antediluviana Real Academia Española sigue refiriéndose a
vaguedades como "niño de corta edad" y "niño de muy corta edad", sin saber, por lo
visto, que, desde el punto de vista científico, la infancia también presenta etapas o
períodos perfectamente delimitados e identificados: primero, el "período neonatal"
(referido a los niños en el primer mes de vida), luego, el "período de la primera infancia" (de uno a tres años), después, la "etapa o edad preescolar" (entre los tres y los
seis años) y, finalmente, el "período escolar" o "edad escolar" (de los seis a los doce
años). En el cuarto volumen (1734) del *Diccionario de Autoridades* se dice que el adjetivo "niño se aplica al que no ha llegado a los siete años de edad: y se extiende en el
común modo de hablar al que tiene pocos años", pero tal definición es, por supuesto, anacrónica. Sin embargo, la Real Academia Española, que arrastra en su *Diccionario* tantas formas vetustas de comparación para definir algo, al grado de afirmar que
el "miltomate" es un "fruto parecido al tomate, pero del tamaño y color de una uva
blanca" (a pesar de que hay variedades de miltomate cuyos frutos son más grandes
que el cerebelo de ciertos académicos), se refiere a "niños de corta edad" y a "niños de
muy corta edad", con la subjetividad más absurda, pese que, como ya vimos, existen

términos, de carácter científico, para nombrar las etapas de la niñez o de la infancia. Y esto influye en muchas personas de los más diversos ámbitos, entre ellos, los de la medicina, la salud y la psicología, que se refieren también, con subjetividad, a la "corta edad" y la "muy corta edad" en los niños (lo mismo si éstos tienen algunos meses o hasta 9 años), como si la niñez no fuese, en sí misma, una etapa corta, o muy corta, de la vida humana, puesto que apenas alcanza los doce años.

Estos eufemismos tan vagos y confusos también han saltado al periodismo y aun a la literatura, y, al igual que todos los eufemismos, no aportan nada a la precisión de nuestro idioma. Las personas normales no hablan del siguiente modo: *Tengo un **niño de muy corta edad***, sino, como es lógico, *Tengo un **niño de dos años***. En la edición de Tamaulipas del diario mexicano *Milenio*, en el cuerpo de la nota "Más de 300 niños laboran durante la Semana Santa", un representante de los comerciantes de la playa de Miramar, en Tampico, asegura que

♀ "hay **niños de muy corta edad, desde los 7 años en adelante**, [que] ya los traen caminando [y trabajando] en la playa".

Como puede observarse, el eufemismo "niños de muy corta edad" es tan confuso, subjetivo e inexacto que este señor considera que se puede aplicar a quienes viven la etapa de la infancia "desde los 7 años en adelante". Tan fácil y preciso que es decir y escribir lo siguiente:

♂ En la playa Miramar, hay adultos que ponen a trabajar a **niños desde los siete años**.

✐ He aquí algunos ejemplos de estos eufemismos torpes que difunde el DRAE y con los cuales ha contagiado a cientos de miles de personas: "Información de interés para quienes vuelan con **niños de corta edad**" (obviamente en los aviones), "todos sabemos que los **niños de corta edad** son muy caprichosos" (pero no debemos condenarlos: existen individuos longevos muy caprichosos), "**niños de corta edad** con riesgo de lesiones en el hogar", "la educación de los **niños de corta edad**", "la importancia de la lectura en **niños de corta edad**", "problemas de atención de salud del **niño de corta edad**", "importancia de la nutrición y del cuidado del **niño de corta edad**", "¿es conveniente regalarle una tablet a un niño de **corta edad**?" (bueno, hoy los "niños de corta edad", pueden tener veinticinco o treinta años, ser dependientes de sus padres y estar pegados todo el día a los videojuegos en internet), "los **niños y niñas de corta edad** disfrutan de un ámbito protector", "cuatro **niñas de corta edad** esperan trasplantes de corazón", "encontrada una **niña de corta edad** que había desaparecido", "rescatada una **niña de corta edad** cuando estaba asomada al balcón de su casa", "no se debe dar a los **niños de muy corta edad** maníes", "programas educativos para **niños de muy corta edad (menores de cinco años)**", "acusan a **niño de 9 años de homicidio**. Según declaró el fiscal la decisión de acusar formalmente al menor fue tomada con mucho pesar por tratarse de un **niño de muy corta edad**", "**niña** es madre a los **9 años**; causa consternación que una **niña de muy corta edad** esté embarazada", "la víctima sería una **niña de muy corta edad**", "juguetes para **niños y niñas de muy corta edad**" y, como siempre hay algo peor", "muchas **niñas de muy corta edad** venden sus cuerpos por unas pocas monedas" (a este tipo de yerros conducen las expresiones subjetivas "niño de corta edad" y "niño de muy corta edad"; lo cierto es que, si partimos de la definición del DRAE, para la entrada "bebé" —"niño o niña recién nacido o **de muy corta edad**"—, es obvio que una bebé carece de la capacidad para vender su cuerpo).

☞ Google: 337 000 resultados de "niños de corta edad"; 160 000 de "niño de corta edad"; 67 500 de "niñas de corta edad"; 64 500 de "niña de corta edad"; 63 100 de "niños de muy corta edad"; 32 500 de "niño de muy corta edad"; 25 400 de "niña de muy corta edad"; 16 200 de "niñas de muy corta edad". ☒

☞ Google: 1 150 000 000 de resultados de "niños"; 564 000 000 de "niño"; 494 000 000 de "bebé"; 406 000 000 de "niña"; 383 000 000 de "bebés"; 308 000 000 de "niñas"; 130 000 000 de "infancia"; 37 900 000 de "recién nacido"; 32 000 000 de "niñez"; 19 400 000 de "recién nacidos"; 19 300 000 de "neonato"; 9 860 000 de "primera infancia"; 6 510 000 de "edad preescolar"; 6 140 000 de "recién nacida"; 3 930 000 de "edad escolar"; 2 700 000 de "neonatos"; 1 780 000 de "recién nacidas"; 1 140 000 de "período escolar"; 439 000 de "niños preescolares"; 395 000 de "niño preescolar"; 302 000 de "niño escolar"; 299 000 de "púberes"; 217 000 de "etapa preescolar"; 181 000 de "púber"; 32 500 de "período preescolar". ☑

157. ¿*nosotres?*, ¿*nosotrxs?*, ¿*todes?*, ¿*todxs?*

El presunto lenguaje "incluyente" sigue haciendo de las suyas. Similar al uso de la arroba (@) para, supuestamente, abarcar lo mismo el género femenino que el masculino en vocablos impronunciables como "nosotr@s", "som@s" y "tod@s" (con el agravante de que la arroba no forma parte del abecedario español y que, por lo tanto, no representa ningún sonido) es la utilización, también caprichosa y absurda, de la equis ("x"), vigesimoquinta letra del abecedario español que (como grafía arcaica) "representa el sonido fricativo velar sordo de la actual *j* como en México y Texas", y "al igual que la *s* representa el fonema fricativo dentoalveolar sordo en posición inicial de palabra, como en *xilófono*, y el grupo formado por el fonema oclusivo velar sordo y el fonema fricativo dentoalveolar sordo en posición intervocálica, y al final de sílaba o de palabra, como en *examen, mixto* y *relax*" (DRAE). Resumamos: en español, la "x" de "México" se lee y se pronuncia "j" al igual que en otros topónimos y también en nombres propios que utilizan esta grafía arcaica: "Oaxaca", "Xalapa", "Ximena", "Mexía" (*Méjico, Oajaca, Jalapa, Jimena, Mejía*); también tiene sonido de "s", como en "xenofobia", "xenófobo", "xilófono", "Xochimilco" y "Xóchitl" (*senofobia, senófobo, silófono, Sochimilco y Sóchitl*, y, por cierto, no "jenofobia", como decía y escribía Carlos Fuentes); en otros casos representa la combinación de los sonidos "ks", como en "exacto", "exageración", "examen", "exangüe", "excéntrico", "excitación", "mixto" y "rela**x**" (*eksacto, eksamen, eksangüe, eks*éntrico, *eksitación, miksto y rélaks*), que la falta de ortoepía en algunos lugares, especialmente en España, suele convertir en "s": por ejemplo *es*éntrico, en lugar de *eks*éntrico; finalmente, y en especial en México, con los topónimos derivados de lenguas indígenas, la "x" puede representar la combinación de sonidos "sh", como en "**X**ola", que se pronuncia *shola*. Fuera de estos usos correctos, la "x" no tiene ninguna otra adecuación fonética o gráfica en nuestro idioma. Por ello, escribir, con supuesto lenguaje incluyente, "nosotrxs", "somxs", "todxs", y otras variantes con la misma buena intención y la misma mala gramática, es absurdo y aberrante, porque no hay modo de que las vocales "a" y "o" (del femenino y el masculino, respectivamente) se sinteticen en esa "x" que, como ya vimos, en español, únicamente admite los sonidos de la "j" y la "s" y las combinaciones fonéticas "ks" y "sh". Resulta obvio que quienes utilizan la "x" con el mismo valor "incluyente" con el que usan la "@" no tienen modo de pronunciar ni la una ni la otra. Son representaciones caprichosas que rompen con la estructura lógica y gramatical del idioma. Prueba de esto es que el representante de un organismo ciudadano que se denomina "Nosotrxs", durante una entrevista para la televisión todo el tiempo, y todas las veces que se refirió al organismo, pronunció, muy claramente, "nosotros". Queda claro que es una forma simbólica de la "inclusión", pero totalmente desafortunada, y nociva, para la lengua española y para cualquier otro idioma donde la "x" no tenga el sonido equivalente de vocal que pueda utilizarse lo mismo para el masculino que para el femenino. En el caso de la arroba es mucho peor, pero en ambos casos este vicio del lenguaje se ha difundido a causa de internet. Lo más absurdo del caso es que son mucho menos los escribientes del inglés que representan "todos" como *everyb@dy* (en lugar del correcto *everybody*) que los escribientes del español que desbarran con "tod@s" y "todxs" y que ahora ya han extendido el uso de la arroba y de la equis a cualquier sustantivo, adjetivo o pronombre al que quieran dotar de género lo mismo masculino que femenino, para no ser, según esto, "sexistas", como "alumn@s", "alumnxs", "amig@s", "amigxs", "chic@s", "chicxs", "ell@s", "ellxs", propios de un uso jergal que no aporta absolutamente nada bueno al idioma. Es decir, ni siquiera le podemos echar la culpa de esto a la influencia del inglés y al anglicismo patológico. Para destruir nuestra lengua no siempre pedimos ayuda a la influencia viciosa de otros idiomas. Darío Villanueva, en su tiempo de director de la RAE, afirmó con razón que hoy "la corrección política es una forma posmoderna y perversa de censura", una forma, por lo demás, que ya no ejercen el Estado, la Iglesia o los partidos, sino "esa entidad etérea de lo políticamente correcto". A lo "políticamente correcto", agregamos nosotros, se suman los nuevos puritanismos que desembocan en una "nueva inquisición" que no osa decir su nombre, pero que se pasea por todas las avenidas, incluida la del idioma. Villanueva acierta cuando explica lo siguiente (sin que comprendan nada "los y las"): "Si aceptamos miembros y *miembras* y nos ponemos rigurosos, a partir de ese momento a los brazos habría que llamarles miembros, y a las piernas, *miembras*. La lengua es un ecosistema y si alteras un aspecto del sistema, alteras todo él y tienes que ser coherente con esa alteración. La gente se cree que en cuestiones de lengua uno puede decretar y que las cosas cambien mañana. No es así: las lenguas resultan de la decantación de siglos. Es una cosa muy seria, no podemos frivolizar con ella". Dicho de otro modo, los cambios en un idioma no se hacen ni por decreto ni por capricho de un grupo de militantes o *militantas*, o, para decirlo con las palabras de Gabriel Zaid: "La lengua admite innovaciones, pero no arbitrariedades". Lo más reciente de esta inquisición contra el idioma es el movimiento feminista argentino que "habilita la 'e' para una concurrencia de géneros": de "nosotros" y "nosotras", *nosotres*; de "todos y todas", *todes*; de "amigos" y "amigas", *amigues*; de "ellos" y "ellas", *elles*, etcétera. Hay gente seria o grave (cuya inteligencia no ponemos en duda) que ya toma con formalidad este "movimiento" social que atribuye a una "fuerza replicante". Así, el escritor y lingüista Raúl Dorra (1937-2019) encontró en la propuesta del feminismo ante el lenguaje, que "consiste en habilitar la vocal 'e' y utilizarla como indicadora de un género universal", "una profunda intuición lingüística", cuya "solución resulta simple, práctica y económica, pues ha echado mano de un único elemento sintáctico, ha generado un solo desplazamiento y, sin mayor violencia gramatical —si bien afecta la concordancia—, ha logrado una decisiva transformación semántica". Añade que "suena extraña al oído [y podría sonar extraña a los pies, decimos nosotros] y también resulta extraña en la escritura, pero esa extrañeza no impide, no impediría, su funcionamiento en la lengua y tampoco es infranqueable, pues bien puede suavizarse y desaparecer con el hábito". No ocultaba el lingüista su optimismo ante esto y afirmaba: "Creo, con fuerza, que la propuesta que habilita la 'e' para una concurrencia de géneros tiene todas las posibilidades de imponerse aunque debe esperar a que la sociedad, a su vez, la vaya habilitando". Así, una frase como: "Entusiasmados con este proyecto, algunos de los primeros egresados están listos para ser sus operadores", se leería, "revolucionariamente", del siguiente modo: "Entusiasmades con el proyecto, algunes de les primeres egresades están listes para ser sus operadores". ¡Genial!, exclamamos nosotros, y proscribimos, desde ahora, el jojó identificado con la risa sexista; ya sólo usaremos el jajá y el jejé, ni siquiera el jijí, y menos el jujú. Hay que ponernes a tono todes nosotres. Pero no deja de ser significativo que sea en Argentina donde más se utiliza este recurso "que habilita la 'e' para una concurrencia de géneros": el mismo país del lunfardo, acerca del cual dijo Borges: "El lunfardo es tan falso como el estilo de la oratoria oficial y de los documentos de gobierno". En su libro *Mil palabras*, Zaid escribió a propósito de estos despropósitos: "También es válido decir 'los ciudadanos y las ciudadanas', como decía el presidente Vicente Fox; innecesariamente, porque 'los ciudadanos' incluye a las ciudadanas. Hubo algo semejante en la "Ley de las y los jóvenes" que promulgó el Gobierno del Distrito Federal (30 de mayo de 2000). Redundancias interesadas: los políticos se adornan subrayando lo que conceden. Nunca dirán 'los tontos y las tontas'. [...] Usar una palabra masculina para incluir ambos géneros puede parecer sexista, pero es a costa del género masculino, que pierde la exclusividad retenida por el femenino. [...] Hay precisiones necesarias y hasta redundancias necesarias para que algo quede claro y diga lo que quiere decir. Pero las innecesarias ('los ciudadanos y las ciudadanas', 'las y los jóvenes') son un retroceso, no un avance".

✐ He aquí algunos pocos ejemplos de estas barbaridades que se han ido incrustando no sólo en el idioma, sino en las ideologías que hacen política de la gramática: "Participa con **nosotres** en esta ofrenda a los ancestros" (invitación de la Secretaría de Cultura de México que se quedó corta en sus clases de lenguaje inclusivo, pues le faltó precisar que la ofrenda es "a les ancestres"), "la lengua debe ser de todes", "todes les diputades", "pensar entre todes nosotres", "nosotres les alumnes", "bienvenides a todes les alumnes", "les chiques tienen la palabra" (no, lo que realmente tienen son los palabros con los que construyen un idioma excluyente y político, pues no corresponde al español del común), "todes les chiques están invitades", "amigues, sean todes bienvenides", "¡tod@s, todxs, y todas contra el sexismo, con el poder de las vocales!", "tod@s/todxs/tod*s (neutralidad de género)", "todos, todas, tod@s, todxs: lengua y diversidad", "todxs, tod@s, todes, o la disidencia gramatical", "tod@s y todxs: ¿pueden las palabras cambiar la realidad?", "todxs vosotrxs", "arte urbano para todxs", "medicinas para todxs nosotrxs", "igualdad y dignidad para todxs los seres humanos" (para ser congruentes con esta locura jergal tendría que ser así: para todxs lxs serxs humanxs), "Nosotrxs-La democracia es nuestra", "Nosotrxs. El cambio nos requiere a todxs", "recordando a lxs defensorxs que ya no están con nosotrxs", "rebelarse desde el nosotrxs", "¿quieres trabajar con nosotrxs?", "leernos entre nosotrxs" (más bien, para que la barbaridad sea completa, leernxs entre nosotrxs), "colegas, compañerxs y amigxs", "genial para ir con amigxs o en familia con niñxs", "nace una nueva asociación de amigxs del jazz". Ni siquiera las personas que reivindican esta forma jergal pueden hilar una conversación, todo el tiempo, con estos galimatías.

☞ Google: 23 400 000 resultados de "todes"; 7 540 000 de "alumnes"; 6 360 000 de "chiques"; 4 840 000 de "todxs"; 2 230 000 de "amigues"; 1 930 000 de "amigxs"; 1 110 000 de "nosotrxs"; 682 000 de "chicxs"; 456 000 de "nosotres"; 384 000 de "ellxs"; 205 100 de "alumnxs". ☒

158. numerales ordinales: sus correctas abreviaturas gráficas

La *Ortografía* de la Real Academia Española señala que los numerales ordinales, que expresan orden o sucesión en relación con los números naturales, "pueden abreviarse gráficamente utilizando números arábigos acompañados de letras voladitas o usando números romanos". Las formas perfectamente aceptadas, de acuerdo con la convención en nuestra lengua, son las siguientes: "1°" o "I" (que se lee "primero"), "2°" y "II" ("segundo"), "3°" y "III" ("tercero"), "4°" y "IV" ("cuarto"), "5°" y "V" ("quinto"), "6°" y "VI" ("sexto"), "7°" y VII ("séptimo"), "8°" y "VIII" ("octavo"), "9°" y "IX" ("noveno"), "10°" y "X" ("décimo"), "11°" y "XI" ("undécimo" o "decimoprimero"), etcétera. Para las formas apocopadas de "primero" y "tercero" ("primer" y "tercer"), las abreviaturas correctas son "1er", y "3er", y para los femeninos ("primera", "segunda", "tercera", "cuarta", "quinta", "sexta", "séptima", "octava", "novena", "décima", "undécima" o "decimoprimera", etcétera), la letra voladita se muda en "a" (que es, por excelencia, la desinencia de los sustantivos y adjetivos femeninos en español); así: "1^{a}", "2^{a}", "3^{a}", "4^{a}", "5^{a}", "6^{a}", "7^{a}", "8^{a}", "9^{a}", "10^{a}", "11^{a}", etcétera. Con los números romanos, utilizados para abreviar los numerales ordinales, la ortografía es invariable, como en los siguientes ejemplos: *I Congreso Nacional de Bibliotecarios* y *V Reunión Internacional de Archivistas*. La lectura correcta de estos ejemplos es "**primer** congreso nacional de bibliotecarios" y "**quinta** reunión internacional de archivistas", pues el género de estas abreviaturas debe concordar, por regla, con el género del sustantivo al que acompañan o modifican. Estas reglas, tan simples y precisas, son muchas veces pasadas por alto, ya sea por ignorancia o por capricho, pero, sobre todo, por deformación anglicista, dando como resultado las siguientes necedades: "1ro", "1ero", "2do", "3ro", "3ero", "4to", "5to", "6to", "7mo", "7timo", "7tmo", "8vo", "8tavo", "9no", "10mo", "11ro", "11avo", etcétera. Los agringados y anglicistas patológicos hacen una especie de "traducción" o "adaptación" pocha de las abreviaturas en inglés de los ordinales: *1st (first)*, *2nd (second)*, *3rd (third)*, *4th (fourth)*, *5th (fifth)*, *6th (sixth)*, *7th (seventh)*, *8th (eighth)*, *9th (ninth)*, *10th (tenth)*, *11th (eleventh)*, etcétera. Hay que evitar estas tonterías y no permitir siquiera que los creativos diseñadores (muchos de los cuales no saben precisamente gramática ni ortografía) impongan necedades como las siguientes en llamativos carteles y anuncios: "**2do** Congreso Nacional de Bibliotecarios" y "**5ta** Reunión Internacional de Archivistas". El suelo del idioma español es muy parejo como para andar pegando tanto brinco.

Enrique Peña Nieto, cuando fue presidente de México, hizo gala de su ignorancia desde los primeros días y hasta el último momento de su gobierno. Así anunció (o así le permitieron que anunciara, sin su desaprobación), en grandes impresos y en las pantallas, su sexto (y último, por fortuna) informe de gobierno:

♀ "**6to** Informe de Gobierno del Presidente Enrique Peña Nieto".

Por supuesto, a lo largo de los seis años como presidente, y mucho antes, Peña Nieto dio muestras de no saber ni la "o" por lo redondo, pero sus asesores, sus ayudantes y, en general, sus subordinados, que tuvieron que ver con este tipo de desaguisados, tampoco estaban mejor, y por lo mismo no sabían que, gráficamente, la correcta abreviatura del ordinal "sexto" es "6°" y no "6to"; por tanto, el último informe de este ignaro presidente debió anunciarse del siguiente modo:

🛈 6° informe de gobierno del presidente Enrique Peña Nieto.

✎ Las formas erróneas y bárbaras de abreviar los numerales ordinales van cobrando dimensiones de epidemia. He aquí unos pocos ejemplos de estos usos de redomada ignorancia: "El primer **1ro.** de mayo celebrado en Cuba", "**1ro.** de junio: Día internacional de la infancia", "Teoría general de derecho, **1ra** edición", "Tratado elemental de matemáticas, **1ra** parte", "oficializan aumento del IVA a 16% desde el **1ero** de septiembre", "la verdadera Superluna será el **1ero** de enero", "**1era** Feria de Competitividad en Comercio Exterior y Aduanas", "**1era** Maratón de Visualizaciones de Energía" (¡por Dios santo que no invento nada!), "**2do** año de continuidad de Estancias Posdoctorales" (así escriben muchos posdoctores), "Oaxaca viene de atrás y se llevó el **2do** de la serie", "**2da** Guerra Mundial", "peligra **2da** temporada de Luis Miguel La Serie", "el México se llevó el **3ro** de la serie", "los resultados PLANEA para **3ro** de secundaria" (y así quieren que los alumnos tengan mejor aprovechamiento escolar), "**3ero** de primaria" (sí, que a quien esto escribe lo regresen a 3° de primaria), "**3ero** de secundaria" (y a éste que lo regresen a 1° de primaria), "**3ra** Ley de Newton", "continúa la **3ra** final de serie", "Motorola Moto G **3era** generación", "qué es la psicología de **3era** generación" (es la psicología que se expresa con faltas de ortografía), "**4to.** Congreso Internacional de Innovación Educativa" (muy innovadores, sobre todo con las abreviaturas de los numerales ordinales), "**4to** Congreso Internacional de Investigación" (ojalá investiguen en la ortografía), "**4ta** generación Pokemon", "**4ta** Jornada Educativa Santillana" (¡así han de enseñar a escribir!), "cómo ser una chica popular en **5to** grado", "***5to piso*** de Ricardo Arjona" (¿por qué no nos sorprende?), "**5ta** victoria para Patrick Johnson", "**5ta** Carrera La Salle", "México, el **6to** país más visitado: OIT", "EPN dará mensaje por **6to** informe el 3 de septiembre" (pobre cuate), "**6ta** semana de embarazo", "**6ta** Comisaría", "Cuaderno Matemática **7mo** grado", "Adventistas del **7mo** Día", "**7ma** temporada", "**7ma** Carrera Anáhuac", "Monarcas suma de 3 en casa y se coloca **7timo** en la tabla general" (¡el futbol, obviamente!: reducto de destructores del idioma), "vendo departamento **7timo** piso con ascensor", "**7tima** generación", "las chicas más lindas de Calle 7, **7tima** temporada", "vista del **7tmo** piso", "**7tmo** capítulo", "**7tma** Conferencia", "**7tma** y última parte", "**8vo** Congreso Internacional Aneberries 2018", "cómo estar listo para el **8vo** grado", "**8va** Expo", "**8va** Feria de Educación y Fomento a la Lectura" (¡y es anuncio del gobierno mexicano en su portal de internet *gob.mx*!), "México es el **8avo.** productor de langosta", "Lengua y Literatura **8avo** año" (sí, así usan y enseñan la lengua), "**8ava** Semana de la Equidad de Género" (de la Facultad de Psicología de la UANL), "**8ava** maravilla del mundo" (la octava maravilla del mundo la veremos cuando la gente se acostumbre a abrir un diccionario), "**9no** Paseo Ciclista-Tijuana", "**9no** Congreso Nacional de Mercadotecnia", "**9na** sinfonía de Beethoven", "**9na** división", "Curso de Biología de

10mo grado", "Libro de Matemáticas **10mo** grado", "empataron uno a uno en la **10ma**", "concluye la **10ma** edición del curso de verano", "Sergio Pérez **11ro** en las prácticas libres para el GP de Alemania", "Juzgado **11ro.** Circuito Penal Panamá", "**11ra** Edición del Día del Idioma" (¡y por ser Día del Idioma le ponen en la madre al idioma!), "ganan con jonrón en la **11ra**", "**11avo** aniversario del programa radiofónico ¡Ya Párate!" (sí, por favor, ¡ya párate y consulta el diccionario!), "es México el **11avo** lugar a nivel mundial en producción de plástico", "**11ava** etapa", "triunfa en la **11ava** de la Temporada Grande", etcétera.

☞ Google: 30 000 000 de resultados de "4to"; 20 700 000 de "2do"; 17 600 000 de "8vo"; 13 100 000 de "2da"; 12 800 000 de "1ra"; 7 430 000 de "6to"; 7 010 000 de "1era"; 6 640 000 de "7mo"; 6 330 000 de "5ta"; 5 980 000 de "4ta"; 5 900 000 de "5to"; 5 290 000 de "3ra"; 4 540 000 de "1ro"; 3 730 000 de "10ma"; 3 500 000 de "10mo"; 3 410 000 de "8va"; 3 090 000 de "7ma"; 2 750 000 de "6ta"; 2 130 000 de "3ro"; 1, 470 000 de "1ero"; 1 460 000 de "9na"; 1 260 000 de "9no"; 1 030 000 de "3ero"; 219 000 de "11ro"; 196 000 de "11ra"; 146 000 de "7tma"; 140 000 de "11ava"; 96 900 de "8ava"; 89 200 de "7tima"; 65 800 de "7tmo"; 45 700 de "8tavo"; 44 600 de "11avo"; 26 000 de "7timo". ⊠

159. nunca, ¿nunca antes?

¿Qué pasa si al enunciado *Llegó con una indumentaria **nunca antes** vista* le quitamos el adverbio "antes"? Sencillamente evitamos una redundancia y conseguimos un idioma más preciso, claro y sin afectaciones: *Llegó con una indumentaria **nunca** vista.* Es importante saber el significado de las palabras a fin de evitar las repeticiones innecesarias. El adverbio "nunca" (del latín *numquam*) posee dos acepciones en el diccionario académico: "En ningún tiempo" y "ninguna vez". Ejemplo: ***Nunca** ha llegado puntual.* Su sinónimo es "jamás" (del latín *iam magis:* "ya más"), adverbio que, literalmente, significa "nunca". Ejemplo: ***Jamás** ha llegado puntual.* Con énfasis pleonástico no condenado son frecuentes las locuciones adverbiales "nunca jamás" y "jamás de los jamases", de carácter retórico, sobre todo en la literatura antigua, pero hoy, cada vez más, con el estigma de la afectación o de la mamonería (para decirlo con un mexicanismo que el *Diccionario de mexicanismos,* de la AML, omite, a pesar de que, en sus páginas, incluye el adjetivo y sustantivo "mamón", esto es, "engreído"), pues "nunca jamás" y "jamás de los jamases" no significan otra cosa que "nunca" y "jamás". Ejemplos: ***Nunca jamás** ha llegado puntual; **Jamás de los jamases** ha llegado puntual.* En cuanto al adjetivo "antes" (que también es adverbio y conjunción adversativa), su significado es "antecedente, anterior" (DRAE). Ejemplo: *Una semana **antes** de su muerte me lo encontré, y se veía bien.* Dicho y comprendido lo anterior, el adjetivo "antes" sobra, está de más, pospuesto al adverbio "nunca", pues si "nunca" significa "en ningún tiempo" y "ninguna vez", queda sobreentendido el concepto de "anterioridad" (sustantivo femenino que significa "precedencia temporal de una cosa con respecto a otra") y "anteriormente" (adverbio cuyo significado es "antes, en un momento anterior"). Ejemplos: *Antes llegaba puntual*; **Con anterioridad**, *era puntual*; *Anteriormente se presentaba con puntualidad*. Por ello, *Como* **nunca antes** es lo mismo que *Como* **nunca**, pero con viciosa redundancia.

Evitemos el "nunca antes" y digamos y escribamos "nunca" o "jamás". Es lo correcto y lo preciso, aunque la forma redundante abunde en todos los ámbitos de nuestra lengua, no sólo en el habla, sino también en la escritura, y no únicamente en internet, sino también en publicaciones impresas (incluidos libros, revistas y diarios). Un libro español, del sello La Esfera de los Libros, lleva por título

    ♀ "*La historia del mundo como* **nunca antes** *te la habían contado*".

Intitular un libro así es no tener el mínimo cuidado editorial. Lo correcto es

    ♂ La historia del mundo como **jamás** (o como **nunca**) te la habían contado.

🖉 Van unos poquísimos ejemplos de esta redundancia tan extendida en nuestro idioma: "10 penaltis **nunca antes** visto en el fútbol", "luce como **nunca antes**", "lograron una maniobra **nunca antes** hecha", "vive la magia cartagenera como **nunca antes**", "las inundaciones en Somalia han afectado a todos como **nunca antes**", "Simone Biles estrena 'triple doble', movimiento **nunca antes** visto en gimnasia", "**nunca antes** había tenido miedo de ser latina", "la versión **nunca antes** vista", "obra de Leonora Carrington **nunca antes** expuesta", "el nacimiento de un volcán **nunca antes** visto" (¿el nacimiento o el volcán?), "descubren un mineral **nunca antes** visto en la naturaleza", "la jugada de futbol **nunca antes** vista", "como **nunca antes**, Tania Rincón deja ver sus encantos", "descubren una coreografía **nunca antes** vista entre dos lunas" (ahora hasta los científicos son frívolos y banales), "campesinos reciben recursos como **nunca antes**: López Obrador" (¡y quién sabe por qué se quejan como **nunca antes**!), "como **nunca antes**, Luis Miguel aparece en público", "*La historia de España como* **nunca antes** *te la habían contado*" (otro libro de los mismos de *La historia del mundo como* **nunca antes** *te la habían contado*), "el busto de Nefertiti, como **nunca antes** se había visto", "descubren por accidente una galaxia **nunca antes** vista", "Noelia se exhibe como **nunca antes**", "Selena Gómez como **nunca antes**: en la cama, sin maquillaje y con acné", "lanzan canción **nunca antes** oída de Freddie Mercury", "la humanidad se enfrentará a un sufrimiento **nunca antes** visto". ¡Y basta!

    ☞ Google: 16 900 000 resultados de "nunca antes"; 9 530 000 de "como nunca antes". ☒

160. nunca más

El cuervo de Edgar Allan Poe tiene todo el derecho, porque tiene también toda la lógica, para decir y repetir "nunca más", pero para que el "nunca más" de los políticos y los funcionarios no atente contra la lógica y la semántica es indispensable que lo que, paradójicamente, se afirma con esta negación, no sólo sea probable sino, también, factible. "Nunca más" es un latiguillo demagógico de políticos que, en el mitin, gritan, por ejemplo: *¡**Nunca más** habrá un pueblo con hambre!, ¡**Nunca más** un estudiante sin escuela!, ¡**Nunca más** un trabajador sin empleo!, ¡**Nunca más** una familia sin techo!, ¡**Nunca más** el ejército será utilizado para reprimir al pueblo!*, etcétera. Pero esto no lo puede prometer ni Dios mismo, porque queda claro que siempre habrá pueblos con hambre, estudiantes sin escuela, trabajadores sin empleo, personas sin hogar, pueblos masacrados por los ejércitos de su país, etcétera. En estos contextos, el "nunca más" no es un énfasis retórico, sino una decidida mentira cuando no una idiotez, porque corresponde a un futuro incontrolable hasta para Dios Padre. Lo que el demagogo puede decir, sin atentar contra la lógica, es que él, y sólo él, y únicamente él, "nunca más abandonará su lucha para combatir el hambre, la falta de escolarización, el desempleo, las carencias habitacionales y la represión por parte del ejército" (¡aunque mienta!), pero no puede hablar en nombre del futuro que escapa de su control, porque ese futuro corresponderá a otros que tomarán decisiones cuando el demagogo del "nunca más" incluso ya esté en la tumba, y en el poder estén otros demagogos que pueden seguir prometiendo lo mismo, aunque mientan. *¡**Nunca más** habrá injusticia en México!*, grita, desaforado, el político que quiere nuestro voto. Él es bruto o simplemente mentiroso, pero nosotros seremos más brutos si no advertimos que esta promesa no la puede cumplir nadie, pues la locución "nunca más" implica un futuro que no está bajo el control de quien promete tan tremenda falacia. Cualquiera puede prometer **Nunca más** *me emborracharé*, aunque no cumpla su promesa y se emborrache dos días después de haber prometido y hasta jurado, pero queda claro que esa expresión es lógica y aceptable porque quien hace la promesa tiene la posibilidad de controlar el futuro (aunque falle en su control). Todo esto es muy claro y sólo puede resultar incomprensible para quienes se nieguen a entender. En el DUE, María Moliner, al definir la locución adverbial "nunca más", señala que se trata de la "forma enfática de 'nunca', referida al futuro", algo, por cierto, que omite el DRAE en la entrada correspondiente a "nunca". Ejemplo: *No comeré callos a la madrileña **nunca más***. El ejemplo implica que alguna vez el sujeto ha comido tal platillo, pero que, a partir del momento en que enuncia su promesa, no lo hará más. Tal es el matiz del "nunca más", siempre referido al futuro, con un antecedente del que se abjura o se reniega. Por ello el "nunca más" de los políticos es siempre una mentira, una tomadura de pelo o, en el mejor de los casos, una tontería que indica el total desconocimiento del significado de dicha locución adverbial.

En otros ámbitos ajenos a la política, el "nunca más" casi está usado con corrección, como cuando alguien afirma: **Nunca más** *volveré a saludar a ese cabrón*. Del sujeto depende el control de ese futuro. Pero en la boca de los políticos esta locución es simplemente torpe retórica, cuando no descarada falsedad. En una página de internet del Partido Socialista Unido de Venezuela (PSUV), Adán Chávez Frías (hermano mayor del fallecido presidente venezolano Hugo Chávez) escribe una arenga política con el título "Nunca más habrá pueblo traicionado", en la cual enfatiza:

✐ "En este momento decisivo las fuerzas revolucionarias garantizamos que **no habrá nunca más un pueblo traicionado**".

Si, como ya vimos, la locución adverbial "nunca más" se refiere siempre al futuro, Dios sabe cómo las fuerzas revolucionarias chavistas y maduristas garantizarán, para siempre, cuando ya no estén en el poder (o cuando ya no estén siquiera en este mundo), que el pueblo no sea traicionado. No se puede garantizar nada de un futuro que es imposible controlar, pero esto es lo que genera la megalomanía política: sentirse, y creerse, el Todopoderoso. Lo lógico y lo correcto (incluso si no fuese verdad) es prometer lo que sí se tiene bajo control, en estos términos:

◌ Las fuerzas revolucionarias garantizamos que **no traicionaremos al pueblo**.

✐ He aquí otros ejemplos de estas barbaridades políticas que, con demagogia, atentan contra la lógica y contra la corrección del idioma: "**Nunca más** se dará la espalda a los jóvenes", "**nunca más** se dará la espalda a este sector", "**nunca más** se dará la espalda a la juventud", "**nunca más** se dará la espalda a los principios", "**nunca más** se dará la espalda a la comunidad", "**nunca más** se dará la espalda a pueblos indígenas", "pusimos las aeronaves al servicio del pueblo, **nunca más** un gobierno corrupto", "voy a transparentar todas las acciones y licitaciones de mi Gobierno, **nunca más** un gobierno corrupto", "**nunca más** un gobierno corrupto que privilegie intereses partidistas", "**nunca más** un gobierno corrupto, sí a la alternancia del poder", "no más influyentismo, no más impunidad ni corrupción, **nunca más** un pueblo pobre con un gobierno rico", "**nunca más** un gobierno neoliberal asolando nuestra patria", "**nunca más** un gobierno neoliberal que ha generado muchísima hambre", "**nunca más** un gobierno neoliberal en la Argentina", "**nunca más** una mujer asesinada en México" (y, sin embargo, son asesinadas a diario; ¿con qué cara se puede decir este "nunca más", sino como un deseo?), "reitera AMLO que **nunca más** habrá represión" (una cosa es que reitere que en su gobierno no habrá represión y otra cosa es que diga que "nunca más" la habrá), "**nunca más** habrá represión en México, **nunca más** habrá un 68", "**nunca más** habrá represión, torturas ni masacres en México: AMLO", "Gianni Infantino prometió que **nunca más** habrá corrupción en la FIFA" (¿cómo puede alguien asegurar esto?; es algo así como prometer que nunca más habrá un burro sin mecate), "Macri aseguró que en Argentina **nunca más** habrá corrupción", "**nunca más** habrá corrupción e impunidad en el país" (entonces despreocupémonos para siempre), "**nunca más** habrá corrupción o corruptelas: Rajoy" (sí, es para partirse de risa: el 23 de mayo de 2018 el Partido Popular, del que Rajoy fue secretario general, fue condenado por corrupción "en cuatro décadas de régimen democrático"), "**nunca más** habrá corrupción, destrato, mentira, manipulación", y, en todos los casos, quien perora el "nunca más" no es Dios ni el secretario de Dios, sino un político que nos está prometiendo lo que Dios jamás nos prometió ni nos prometería en esta tierra: la vida como un jardín de rosas. La megalomanía de los políticos no tiene límites.

☞ Google: 30 700 resultados de "nunca más se dará la espalda"; 7 690 de "nunca más se dará la espalda a pueblos indígenas"; 5 630 de "nunca más un gobierno corrupto"; 4 570 de "nunca más un pueblo pobre"; 3 300 de "nunca más un gobierno neoliberal"; 1 680 de "nunca más una mujer asesinada"; 1 170 de "nunca más habrá represión"; 1 000 de "nunca más habrá corrupción". ☒

☞ Google: 14 500 000 resultados de "nunca más"; 95 900 de "nunca más podré"; 87 600 de "nunca más volveremos"; 23 200 de "nunca más nos veremos"; 14 500 de "nunca más estaré"; 10 400 de "nunca más estaremos"; 10 100 de "nunca más permitiré". ☑

O

161. olvido, ¿*olvido involuntario*?

La expresión "olvido involuntario" es una de tantas frases hechas acerca de la cual, debido a su amplio uso, ya nadie repara en su falta de lógica. ¿Hay, realmente, olvidos que sean voluntarios, esto es, intencionales? Si son, realmente, "olvidos", serán siempre involuntarios. Por tanto, es una redundancia decir y escribir "olvido involuntario". Veamos por qué. El verbo transitivo "olvidar" (del latín vulgar *oblitāre*) significa, en su acepción principal, "dejar de tener en la memoria lo que se tenía o debía tener" (DRAE). Ejemplo: *Reprobó el examen porque estudió a medias y **olvidó** casi todo*. De ahí el sustantivo masculino "olvido", con tres acepciones en el DRAE: "Cesación de la memoria que se tenía", "cesación del afecto que se tenía", "descuido de algo que se debía tener presente". Ejemplo: *Por un lamentable **olvido** no mencionó la presencia de Fulano*. Un "olvido" puede ser lamentable, penoso, bochornoso y hasta culposo, pero nunca doloso, pues, aunque las personas puedan esforzarse, esto es, poner su voluntad, en olvidar algo (un hecho doloroso, una humillación, la pérdida de un ser querido, etcétera), en el caso del "olvido", éste se debe, siempre, a un "descuido", sustantivo masculino que el DRAE define como "omisión, negligencia, falta de cuidado, inadvertencia, desatención". Si la "omisión" es voluntaria, o intencional, no se trata, desde luego, de un "olvido", sino de una "abstención de hacer o decir", cuya motivación es deliberada. Siendo así, más que un "olvido", es una renuncia o dejación. La excelsa Sor Juana Inés de la Cruz, en un soneto memorable ("No quiere pasar por olvido lo descuidado"), nos ilustra sobre el tema: "Dices que yo te olvido, Celio, *y mientes*/ en decir que me acuerdo *de olvidarte*,/ pues no hay en mi memoria *alguna parte*/ en que, aun como olvidado, *te presentes*.// Mis pensamientos son tan *diferentes*/ y en todo tan ajenos de *tratarte*,/ que no saben si pueden *agraviarte*,/ ni, si te olvidan, saben si lo *sientes*.// Si tú fueras *capaz de ser querido*,/ fueras capaz de olvido; y ya era *gloria*,/ al menos, la potencia de haber *sido*.// Mas tan lejos estás de esa *victoria*,/ que aqueste no acordarme no es *olvido*/ sino una negación de la *memoria*". Lo que no es un "olvido" (involuntario, por supuesto), es "una negación de la memoria". Por ello es absurdo, y redundante, hablar y escribir de "olvido involuntario", pues todo "olvido" lo es. Con gran ironía, Adolfo Bioy Casares escribe: "No me perturbes con recuerdos de otros olvidos". Hoy, cuando alguien se disculpa y admite un "olvido", se siente en la obligación de calificarlo de "involuntario", pero ¿quién demonios diría que, "voluntariamente", omitió algo o a alguien como "una negación de la memoria"? ¡Nadie! La gente prefiere ser hipócrita antes que cínica. De esta manera, el tonto "olvido involuntario" se ha vuelto legendario.

Una y otra vez, quienes se disculpan por sus "olvidos" insisten en que son "involuntarios", como si los hubiera intencionales. En un libro (*Comunicación y atención al cliente*), leemos:

♀ "Es la primera vez que ustedes se retrasan en un pago, lo que nos lleva a pensar que se debe a un **olvido involuntario**".

No, señores, lo correcto es tan simple como lo siguiente:

☖ Seguramente, por un **olvido**, o por un **descuido**, ustedes se han retrasado, por primera vez, en su pago.

✐ ¡Nada de "olvido involuntario"! En general, cuando alguien no paga una deuda, no es ni siquiera por un "olvido", sino por una deliberada decisión de posponer la deuda o porque, simplemente, carece de dinero. Lo importante es saber que todo "olvido", cuando realmente lo es, corresponde a un descuido, a una inadvertencia, a una falta de atención (y, por tanto, siempre es "involuntario") y no a una intencionalidad o premeditación, que ya sería una deliberada negación o dejación. He aquí algunos ejemplos de esta "involuntaria" y chocante redundancia: "Ha sido un **olvido involuntario**", "por un **olvido involuntario** no se incluyó el acto de adjudicación", "el perrito se había quedado encerrado por un **olvido involuntario**", "el **olvido involuntario** es la peor cosa que se puede hacer en el mundo" (¡no hay que ser tan dramáticos!, hay peores cosas), "te juro que fue un **olvido involuntario**", "muertes de menores de edad causadas por el **olvido involuntario**" (¿cómo olvidar que llevas en el coche a tu hijo de once meses, te bajas, pones los seguros y lo abandonas encerrado durante 18 horas?; eso no es olvido, ¡es irresponsabilidad!), "sin que quepa inferir que en asunto de tanta trascendencia fuese debido a un **olvido involuntario**", "el **olvido involuntario** del cuidado dental" (que es tanto así como si a la gente se le olvida que tiene dientes), "lamento el **olvido involuntario**" (entonces se trata de un "olvido lamentable" o de un "lamentable olvido"; no seamos necios), "**olvidos involuntarios** en los agradecimientos" (¿por qué no decir "descuidos"?), "los **olvidos involuntarios** se deben a que la persona está estresada" (y si son "voluntarios", entonces no está estresada, sino que es una cretina), "siempre van a existir **olvidos involuntarios**" (y siempre habrá personas que no consulten el diccionario), etcétera.

☞ Google: 24 100 resultados de "olvido involuntario"; 5 160 de "olvidos involuntarios". ☒

P

162. párpado, ¿*párpado del ojo?*, párpados, ¿*párpados de los ojos?*

El *Diccionario de Autoridades* en su quinto volumen (1737) definía el "párpado" describiendo su función: "El pellejo blando o túnica, con que se cubren los ojos, y los defienden, cerrándolos". El sustantivo masculino "párpado" (del latín vulgar *palpĕtrum*) posee una acepción única en el DRAE: "Pliegue cutáneo retráctil que protege el globo ocular". Parecida, aunque más específica, es la definición de María Moliner en el DUE: "Cada una de las dos membranas que, cerradas, cubren el ojo, en cuyo borde están implantadas las pestañas". Ejemplo: *Cerró los párpados, aunque no dormía*. De ahí el verbo intransitivo "parpadear": "mover los párpados abriéndolos y cerrándolos" (DUE). Ejemplo: *Parpadeaba de un modo exagerado*. De ahí también el sustantivo masculino "parpadeo": "acción y efecto de parpadear". Ejemplo: *Cuando se ponía nervioso lo evidenciaba con un exagerado parpadeo*. En cuanto al sustantivo masculino "ojo" (del latín *ocŭlus*), éste designa al "órgano de la vista en el hombre y en los animales" (DRAE). Ejemplo poético de Antonio Machado: *El ojo que ves no es / ojo porque tú lo veas; / es ojo porque te ve*. Queda claro, para todo el mundo, que los "párpados" sólo pueden estar en los "ojos". No hay párpados en otra parte del cuerpo, y aunque existe un sentido figurado del verbo "parpadear" ("dicho de la luminosidad de un cuerpo o de una imagen: vacilar u oscilar", DRAE), en su sentido recto la acción y efecto de "parpadear" corresponde únicamente a los ojos, y, por cierto, no sólo de los seres humanos, sino también de muchas especies animales que poseen membranas retráctiles que, cerradas, les cubren los ojos, especialmente al dormir. Dicho y comprendido lo anterior, las expresiones "párpado del ojo" y "párpados del ojo" son, sin duda, gruesas redundancias, pues no hay otros "parpados" que no sean los de los "ojos" o de las cavidades oculares. No olvidamos, por supuesto, que, en sentido figurado, se llama "ojo" también a otras cosas que nada tienen que ver con el órgano de la vista: por ejemplo, el ojo de la aguja, el ojo de buey (ventana redonda o tragaluz), el ojo de pescado (verruga redonda) y el ojo del culo o el ojo sin niña, acerca del cual no hay que hacer mayores comentarios, pues, al respecto, ya lo dijo casi todo Francisco de Quevedo. No olvidamos tampoco el pleonasmo no condenado "un ojo de la cara" (ejemplo: *Esto me costó un ojo de la cara*), no censurado quizá por existir el sentido figurado del otro ojo en nuestro cuerpo. Pero lo que podemos afirmar, con plena seguridad, es que los "párpados" sólo son propios del órgano de la vista, y que no los tenemos en otra parte sino en los ojos.

De ahí que sean redundancias brutas las ya mencionadas "párpado del ojo" y "párpados de los ojos", que del habla han pasado a la escritura desaseada o poco atenta, como si no bastara con decir, simple y precisamente, "párpado" y "párpados". Lo mismo en internet que en publicaciones impresas estas redundancias abundan sin que quienes las cometen se den por enterados. En una nota del diario mexicano *La Jornada* leemos lo siguiente:

♀ "El tracoma es una enfermedad infecciosa producida por la bacteria *Chlamydia trachomatis*, que provoca conjuntivitis e inflamación en los **párpados de los ojos**".

Para evitar la redundancia, el corresponsal del diario simplemente debió referirse a

♂ conjuntivitis e inflamación en los **párpados**, y sanseacabó.

🖉 He aquí otros ejemplos de estas redundancias: "Cómo quitar las verrugas de los **párpados de los ojos**", "¿a qué edad puedo operarme de los **párpados de los ojos**?", "mantén los **párpados de los ojos** afectados abiertos", "crear **párpados de los ojos** tipo Pixar" (¡hasta dónde puede llegar la tontería!), "¿sientes una bolita en los **párpados de los ojos**?" (si la sientes, ve a consultar el diccionario), "¿cómo quitar las bolsas de los **párpados de los ojos**?", "cirugía de las bolsas de los **párpados de los ojos** superiores" (¿son superiores los ojos o los párpados?), "solucionar el problema de piel seca en **párpados de los ojos**", "malestar ocasionado por bacterias en los **párpados del ojo**", "los **párpados del ojo** izquierdo están cerrados", "aparición de molestias en los **párpados del ojo**", "un espasmo en el **párpado del ojo**", "¿por qué tiembla el **párpado del ojo**?", "el temblor del **párpado del ojo** es una condición muy común", "me han detectado un papiloma en el **párpado del ojo** derecho", etcétera.

☞ Google: 101 000 resultados de "párpados de los ojos"; 32 500 de "párpado del ojo"; 13 500 de párpados del ojo". ☒

☞ Google: 5 690 000 resultados de "párpados"; 2 010 000 de "párpado". ☑

163. participación, *¿participación activa?*, *¿participación pasiva?*, participar, *¿participar activamente?*, ¿participar pasivamente?*

¿Se puede "participar pasivamente" en algo?, ¿existe la "participación pasiva? Ni siquiera Gandhi, el pacifista, participó "pasivamente", con su desobediencia civil no violenta, en el movimiento de independencia de la India. Esto quiere decir que no existen las participaciones pasivas; todas son activas. Veamos por qué. El verbo intransitivo "participar" (del latín *participāre*) significa, en su acepción principal, "dicho de una persona: tomar parte en algo". Ejemplo: *En la construcción de una sociedad mejor todos debemos participar*. En este ejemplo es pecado de redundancia agregar, después del infinitivo, el adverbio "activamente" ("de manera activa"), pues el sustantivo femenino "actividad" (del latín *actīvĭtas, actīvĭtātis*) es el "estado de lo que se mueve, obra, funciona, trabaja o ejerce una acción cualquiera"; asimismo, el "conjunto de las acciones que realizan las personas" (DUE). Ejemplo: *Todos tenemos una **actividad** que cumplir en la construcción de una sociedad mejor*. De ahí el adjetivo "activo" (del latín *actīvus*): "Que obra o tiene capacidad de obrar" (DRAE). Ejemplo: *Es una persona siempre **activa***. El antónimo o contrario de "activo" es el adjetivo "pasivo" (del latín *passīvus*): "Que implica falta de acción o de actuación" (DRAE). De ahí el sustantivo femenino "pasividad" (del latín *passivĭtas, passivitātis*): "cualidad de pasivo", y el adverbio "pasivamente": "con pasividad, sin operación ni acción de su parte" (DRAE). Ejemplos: *No contribuye en nada, es una persona absolutamente **pasiva**; Su **pasividad** es desesperante; Todo lo toma **pasivamente***. Queda claro que toda "participación" es, por definición, "activa", puesto que "participar" es "tomar parte en algo", esto es, "actuar" ("obrar, realizar actos libres y conscientes"), "obrar" ("hacer algo, trabajar en ello"), a diferencia del no actuar, del no obrar, de la persona "pasiva" que, en tanto mantiene su "pasividad" no "participa" en nada. Por todo lo anterior, las expresiones "participación activa" y "participar activamente" son brutas redundancias, en tanto que "participación pasiva" y "participar pasivamente" son, en consecuencia, contrasentidos no menos brutos. En particular las formas redundantes son de amplio uso, especialmente en los ámbitos académico y profesional, donde ya se abren camino también, aunque en menor proporción, los sinsentidos "participación pasiva" y "participar pasivamente", y en donde incluso ya se afanan, contra toda lógica, en tratar de definir y diferenciar la "participación activa" de la "participación pasiva", con risibles tecnicismos (¡como si la lógica no existiera!), pues debería quedar claro, por ejemplo, en el derecho penal, que una mujer que sufre violación sexual no tiene "participación pasiva" en ese acto delictivo (aunque así lo consideren los abogados), sino que es víctima de un abuso, de un delito, de un crimen, y punto, puesto que "participar" es "dicho de una persona: tomar parte en algo", y esto es como decir que una persona que sufrió asesinato es "partícipe" (del latín *partĭceps, participis*) o que "tiene parte" en la acción y efecto de asesinar. ¡No hay que ofender la inteligencia ni destruir la lógica! Una "víctima" ("persona que padece daño") no "participa" en nada. Sufre una acción.

Lo mismo en internet que en publicaciones impresas estos desbarres se muestran orondos, sin que quienes los cometen se den por enterados. En un comunicado de prensa (17 de abril de 2018) de la Comisión Económica para América Latina y el Caribe (CEPAL), leemos el siguiente encabezado:

♀ "**Participación activa** de la sociedad civil es indispensable para el cumplimiento de la Agenda 2030 en la región".

Hasta en la omisión inicial del artículo determinado de este enunciado es un yerro de carácter anglicista. Lo correcto es decir y escribir, correctamente, con lógica y con la perfecta sintaxis de nuestro idioma que

⏶ **la participación** de la sociedad civil es indispensable para el cumplimiento de la Agenda 2030 (y queda sobreentendido, además, que, ¡por supuesto!, es en la región, ya que se trata de un comunicado de la CEPAL (¡ni modo que en otra región!).

🖉 He aquí otros ejemplos de estas redundancias y de sus contrasentidos derivados que, como ya dijimos, incluso ya tratan de "definir" algunos profesionales del derecho, la política, la economía y la sociología para tomarnos el pelo (¡como si la lógica no existiera!): "**Participación activa** y desarrollo a la comunidad", "la **participación activa** como base fundamental para la mejora del lanzamiento en baloncesto de formación" (¡por Dios santo que no invento nada!), "la **participación activa** en el proceso de planificación", "el principio de **participación activa** y consciente" (¡de lo cual se colige que hay una participación pasiva e inconsciente!), "**participación activa** de la sociedad", "**participación activa** y proactiva de México en la OCDE", "**participar activamente** en el mercado", "**participar activamente** en las reuniones", "**participar activamente** en clases" (los profesores utilizan perfectamente la lógica cuando reportan que un alumno "**no participa** en clase"; ¡jamás dicen que **participa pasivamente**!), "pide Presidencia **participar activamente** en el macrosimulacro", "los invitamos a **participar activamente** en la próxima campaña de reciclaje", "empresarios buscan **participar activamente**", "**participar activamente** en desarrollo sostenible", "puede considerarse como **participación pasiva** donde la gente es receptora de las acciones" (¡sí, cómo no!), "la **participación pasiva** refleja un tipo de relación humana en la que se desvaloriza al otro", "¿cuál es la diferencia entre la **participación activa y pasiva**?" (la que se sacaron de la manga los abogados, sociólogos, economistas y politólogos), "en varios lugares los ancianos indígenas tienen a **participar pasivamente**" y, como siempre hay algo peor, "el trabajador puede y debe **participar pasivamente** en el desarrollo de su comunidad" (¿y cómo así?, pues suponemos que ¡echando la güeva!).

☞ Google: 6 700 000 resultados de "participación activa"; 3 110 000 de "participar activamente"; 23 100 de "participación pasiva"; 2 900 de "participar pasivamente". ☒

164. ¿*paso doble?*, pasodoble, pasodobles, ¿*pasos dobles?*

En una serie de entrevistas que publica el diario mexicano *Milenio* en la sección que lleva por título "Lado B", pero que bien podría denominarse "Suicidio asistido", funcionarios y políticos se dan vuelo con confesiones "divertidísimas" y desfachatadas. Entre sus intimidades reveladas, entre sus "confidencias públicas" (el oxímoron se agiganta), uno de estos preclaros afirma que baila "pasos dobles". No sabe que "pasodoble" es sustantivo masculino cuyo plural es "pasodobles", con grafía simple ambas. Tampoco lo sabe el periodista que lo entrevistó y, entre ambos, confidente y entrevistador, cometen un desbarre parecido al de "aves marías" por "avemarías" o "padres nuestros" por "padrenuestros". Lo correcto es "pasodobles", sustantivo compuesto (de *paso* y *doble*) cuyo singular es "pasodoble" y no "paso doble". Este sustantivo posee dos acepciones en el DRAE: "Marcha a cuyo compás puede llevar la tropa el paso ordinario" y "baile que se ejecuta al compás del pasodoble". María Moliner, en el DUE, define mucho mejor la segunda acepción: "Música, baile y canción típicamente españolas, con el ritmo de esa música". Ejemplos: *En la plaza se escuchó un **pasodoble**; Bailaba, como podía, **pasodobles** y mazurcas.* Se rezan "padrenuestros" y "avemarías", del mismo modo que se bailan "pasodobles" y no "pasos dobles" como dijo el entrevistado dispuesto a revelar sus íntimos "secretos". Por supuesto, la secuencia "pasos dobles" no es necesariamente incorrecta, en lo gramatical, en tanto no se use para nombrar la marcha, música, baile y canción del "pasodoble". Ejemplo: *Caminó a prisa, con largas zancadas, como si diera **pasos dobles**.* Pero este tipo de construcción es minoritaria o más bien marginal en nuestro idioma. Algo parecido se puede decir de "padres nuestros". Ejemplo: *Los **padres nuestros** siempre fueron muy pobres.* Tal construcción resulta forzada en la sintaxis normal de nuestra lengua, pues lo común es decir y escribir: ***Nuestros padres** siempre fueron muy pobres.* Todo esto revela que las más de las veces que vemos escritas las expresiones "paso doble", "pasos dobles" y "padres nuestros" se trata de desbarres ortográficos o de ultracorrección, y ello lo podemos saber por los contextos.

Cualquier persona podría corregir estos desbarres siempre y cuando acuda al diccionario. Lo malo es que casi nadie lo hace, y hablan y escriben como Dios les da a entender. En el diario colombiano *El Mundo*, leemos que

♀ "este año la temporada taurina trae consigo una importante agenda cultural: el arte flamenco, las coplas españolas, la cultura 'jonda' y hasta el baile de **paso doble**".

No; como ya vimos, lo que debió informar el diario es que, en la agenda cultural de la temporada taurina, está

♂ el baile de **pasodoble**.

🖉 Van otros pocos ejemplos de este dislate: "Aprendieron un derivado del típico baile de **paso doble**", "con interpretaciones de baile de **paso doble** y danzón", "el celebrado director francés Jean-Pierre Jeunet acusó a Del Toro por copiar el baile de **paso doble** de su proyecto Delicatessen", "Levy se lució con un sexy baile de **paso doble**", "después de este baile de **paso doble** se desvaneció rápidamente la 'independencia' fingida", "se apresuró a cruzar la carretera en una especie de baile de **paso doble**", "el músico debe hacer algún paso de baile tipo muy al estilo de Michael Jackson o algo así como un baile de **paso doble**", "la verbena empezaba con música de **paso doble**", "y le puse música de **paso doble**", "ameniza con música de **paso doble**", "cómo aprender a bailar un **paso doble**", "el Manco sacó a bailar un **paso doble** a una joven", "se hará una demostración y baile del **paso doble**", "también ha practicado el baile **del paso doble**", "el **paso doble** taurino en música", "con las risas de los presentes (¡ni modo que de los ausentes!) arrancaron los rasgueos de cuatro y punteos de arpa con un **paso doble** taurino", "la música de la danza del **paso doble**", "tiene una rutina inspirada por la danza del **paso doble**", "cántame un **paso doble** español", "el **paso doble** español del baile de la mujer en rojo", "caballo bailando **paso doble**", "en su primera coreografía bailando **paso doble**", "Mariano bailando **pasos dobles**", "se envolvió con la música de **pasos dobles**".

☞ Google: 8 560 resultados de "baile de paso doble"; 7 420 de "música de paso doble"; 7 240 de "bailar un pasodoble"; 5 840 de "baile del paso doble"; 4 610 de "paso doble taurino"; 4 380 de "danza del paso doble"; 3 400 de "paso doble español"; 1 470 de "bailando paso doble"; 1 000 de "música de pasos dobles". ☒

☞ Google: 3 880 000 resultados de "pasodoble"; 1 600 000 de "pasodobles". ☑

165. ¿*pecata minuta?*, peccata minuta

Seguramente es *peccata minuta* escribir "pecata minuta", pero, si se han de utilizar locuciones latinas, lo recomendable es escribirlas correctamente. Y lo correcto no es "pecata minuta", sino *peccata minuta*. Una "c" de más o de menos hace la diferencia entre una persona atenta y otra que puede hacer uso de la excusa al afirmar que la "c" omitida es *peccata minuta*. Por ello, en lugar de utilizar latinismos que ni siquiera se consultan en el diccionario, más vale decir y escribir, en español, "falta menor", "detalle sin importancia", "error perdonable", etcétera, porque la traducción literal de la locución sustantiva latina *peccata minuta* es "pecados pequeños", ya que se trata de una forma plural (*peccãtta*, "pecados", y *minũta*, "pequeños"), que el DRAE define del siguiente modo: "Error, falta o vicio leve" y "cosa pequeña o sin importancia". En el DUE, María Moliner la define como "falta o inconveniente de poca gravedad o importancia". Ejemplo: *Ya impreso el libro, vi que se me pasaron dos erratas:* **peccata minuta**, *considerando que es un libro de casi ochocientas páginas.* En el DRAE se registra en cursivas por tratarse de una locución latina, no así en el DUE y en el *Clave*, que admiten los caracteres normales o redondos. En tanto no se castellanice, con la adaptación gráfica "pecata minuta", esta locución que omite una "c" seguirá siendo un barbarismo, parecido a "motu propio" (o, peor aún, "de motu propio") en lugar de la correcta locución latina *motu proprio* ("libre, voluntariamente"), que también exige las cursivas de rigor. Y no debemos olvidar que cuando decimos y escribimos, con corrección, *peccata minuta*, estamos estrictamente utilizando el plural. Ejemplo: *Esas erratas en el libro son* **peccata minuta**, es decir, inconvenientes o faltas sin importancia. Y cuando el enunciado está en singular, por ejemplo, *Eso es* **peccata minuta**, lo que estamos diciendo es que *Eso pertenece a las **faltas menores o de poca gravedad***.

Se trata, obviamente, de un yerro del ámbito culto que ha sido imitado ya en los más diversos ambientes de nuestra lengua, lo mismo en internet que en publicaciones impresas (incluidos libros de autores exitosos). En el libro *La ambición de Norman Roy* leemos lo siguiente:

♀ "Los hechos podían desengañarme, nunca del todo, pero a priori cualquier empresa me parecía **pecata minuta** y me aplicaba presto a resolverla".

El autor debió escribir, con el perfecto empleo de la locución latina:

♂ cualquier empresa me parecía *peccata minuta*, etcétera.

✐ He aquí unos pocos ejemplos de esta barbaridad culta: "La fianza era **pecata minuta** para Flores", "el PP dice que las críticas al IVEX son **pecata minuta**", "Celdrán califica de **pecata minuta** el incidente de Pereira con las llaves de su casa", "como se puede comprobar, los temas a solucionar, con carácter de previo y especial pronunciamiento, no eran **pecata minuta**", "eso eran preocupaciones y lo demás **pecata minuta**", "nos llenamos de argumentos para justificar cómo así la **pecata minuta** de un pobre diablo encaja en el interés público", "todo lo demás es **pecata minuta**", "ya sois casi expertos en el manejo del DMR... lo que queda es **pecata minuta**", "al lado del Sánchez que no podía dormir con Iglesias en el Gobierno le quitaba el sueño y el que le ofrece una vicepresidencia y varios ministerios es **pecata minuta**", etcétera.

☞ Google: 86 200 resultados de "pecata minuta". ☒
☞ Google: 91 300 resultados de "peccata minuta". ☑

166. peculiaridad, ¿*peculiaridad característica?*, ¿*peculiaridad particular?*, ¿*peculiaridad propia?*

En el diccionario académico, el adjetivo "peculiar" (del latín *peculiāris*) significa "propio o privativo de cada persona o cosa". Ejemplo: *Ese gesto es* **peculiar** *en él*. De ahí el sustantivo femenino "peculiaridad": "cualidad de peculiar" y "detalle, signo peculiar" (DRAE). Ejemplo: *La* **peculiaridad** *de este pueblo es su hospitalidad*. El adjetivo "peculiar" está mucho mejor definido en el DUE: "Propio y característico de la cosa de que se trata". Ejemplos de María Moliner: *La concisión es un rasgo* **peculiar** *de su estilo; Cada fruta tiene su sabor* **peculiar**. Sinónimos de "peculiar" son, de acuerdo con el DUE, los términos "característico", "distintivo", "particular", "privativo", "propio", "representativo" y "típico". Siendo así, es improcedente calificar como "característica", "particular" y "propia" una "peculiaridad", pues, con ello, estamos cometiendo brutas redundancias, dado que lo peculiar es, por definición, "característico", "particular" y "propio". En su segunda acepción, el DRAE define el adjetivo y sustantivo "característico" como "dicho de una cualidad: que da carácter o sirve para distinguir a alguien o algo de sus semejantes", en tanto que el DUE, en su acepción principal, informa que "se aplica a lo que caracteriza". Ejemplo: *Un rasgo* **característico**, y nos remite a los sinónimos "distintivo", "particular", "peculiar" y "propio". ¿Cómo define el DRAE, en su segunda acepción, el adjetivo "propio" (del latín *proprio*)? De la siguiente manera: "Característico, peculiar de cada persona o cosa". Ejemplo: *Ese gesto es* **propio** *en él*, que es lo mismo que decir que es "característico", "particular" y "peculiar". María Moliner, en el DUE, es coincidente con el DRAE: "Se dice de aquello que la cosa de que se trata tiene por su naturaleza y la hace como es y distinta de otras". Ejemplo: *Tiene rasgos **propios**.* Y nos remite a los sinónimos "característico", "particular" y "peculiar". Dicho y comprendido lo anterior las expresiones "peculiaridad característica", "peculiaridad particular" y "peculiaridad propia" son brutas redundancias, cometidas por personas que nunca abren el diccionario.

Pertenecen al ámbito culto de nuestro idioma, especialmente en los ambientes profesionales, de donde lo han tomado los periodistas para darles vuelo y extender la ignorancia en muchísimos lectores. Abundan lo mismo en internet que en publicaciones impresas. En el diario oficialista cubano *Granma* leemos lo siguiente:

♀ "Desde la fundación de la República Popular China, su pueblo, bajo la dirección del Partido Comunista de China (PCCH), ha construido exitosamente el socialismo con **peculiaridades propias**".

Quisieron escribir en el Granma que

♻ el socialismo en China posee ciertas **peculiaridades** (¿propias?; ¡por supuesto, ni modo que ajenas!).

✐ Van otros ejemplos de estas barbaridades redundantes, cuyo uso es rimbombante entre los profesionistas de toda laya (¡incluidos los lingüistas!): "las **peculiaridades propias** de los mercados agroalimentarios", "la ley regulará las **peculiaridades propias** del régimen jurídico", "atender las **peculiaridades propias** de los distintos estratos sociales en México", "el acento y las **peculiaridades propias** del español de Nuevo México", "las **peculiaridades propias** de las sociedades", "La Puebla vieja: algunas **peculiaridades características**", "las **peculiaridades características** del trabajo como actividad", "los resultados demuestran las **peculiaridades características** personales de los reclusos y reclusas", "las **peculiaridades características** reales de cada país" (¿y cuáles serían las irreales?), "presentan una serie de **peculiaridades particulares**", "hay distintas etapas en la adolescencia y cada una trae consigo sus **peculiaridades particulares**", "el periodismo deportivo requiere de unas **peculiaridades particulares**" (entre ellas, tener vocación para destruir el idioma), "perfilar la **peculiaridad propia** de cada lengua", "prácticas dotadas de **peculiaridad propia**", "la **peculiaridad característica** de los hombres es que son innovadores", "cada una tiene su **peculiaridad particular**" y, como siempre hay algo peor, "su empleo no constituye una **peculiaridad propia y característica** de la documentación".

☞ Google: 97 300 resultados de "peculiaridades propias"; 23 800 de "peculiaridades características"; 15 200 de "peculiaridades particulares"; 12 200 de "peculiaridad propia"; 5 540 de "peculiaridad característica"; 1 000 de "peculiaridad particular". ☒

167. peligro, peligro evidente, *¿peligro inminente?*, peligro latente, peligro potencial, *¿peligro riesgoso?*

El sustantivo masculino "peligro" (del latín *pericŭlum*) significa, en la acepción principal del DRAE, "riesgo o contingencia inminente de que suceda algún mal". Para Moliner, en el DUE, significa "riesgo" y "circunstancia de existir posibilidad, amenaza u ocasión de que ocurra una desgracia o un contratiempo". Ejemplo: *La planta de energía atómica de Chernóbil siempre representó un **peligro** para los habitantes.* Si uno de los sinónimos de "peligro" es el sustantivo masculino "riesgo" (del antiguo *riesco*, "risco": "por el peligro que supone"), es indispensable conocer su significado. Para el DRAE, "riesgo" significa "contingencia o proximidad de un daño"; para el DUE, "posibilidad de que ocurra una desgracia o un contratiempo", y Moliner acota que "tratándose una desgracia suele usarse más 'peligro'", y nos da dos ejemplos: *Le asusta el **riesgo** de perder todo lo que tiene; No hay ningún **riesgo** en probar.* Queda claro que el calificativo inadmisible para modificar al sustantivo "peligro" es "riesgoso", dado que "peligro" y "riesgo" son sinónimos; pero, siguiendo la definición del DRAE, tampoco debemos usar el calificativo "inminente", puesto que un "peligro" es el "riesgo o contingencia inminente de que suceda algún mal". El adjetivo "inminente" (del latín *inmĭnens, inminentis*, participio activo de *inminēre*: "amenazar") significa "que amenaza o está para suceder prontamente" (DRAE). Ejemplo: *Es **inminente** la llegada del huracán Dorian a Florida.* De ahí el sustantivo femenino "inminencia" (del latín *inminentia*): "Cualidad de inminente, especialmente tratándose de un riesgo" (DRAE). Ejemplo: *Existe **inminencia** de que el huracán azote las costas de Honduras.* Así entendidas las cosas, otro calificativo (además de "riesgoso") que no admite el sustantivo "peligro" es "inminente", pues, por definición, todo "peligro" lo es. Los adjetivos que sí admite el sustantivo "peligro" son, entre otros ("alarmante", "grande", "mayor", "menor", etcétera), "evidente", "latente" y "potencial", pues el adjetivo "evidente" (del latín *evĭdens, evidentis*) significa "cierto, claro, patente y sin la menor duda" (DRAE). Ejemplo: *Estamos ante un **peligro** evidente.* En cuanto a "latente" (del latín *latens, latentis*) significa "oculto, escondido o aparentemente inactivo" (DRAE). Ejemplo: *La parte lateral del cerro que se desgajó y sepultó medio pueblo era un **peligro** latente.* Y por lo que respecta a "potencial", el diccionario académico lo define del siguiente modo, en su cuarta acepción: "Que puede suceder o existir, en contraposición a lo que existe" o, para decirlo mucho mejor, con palabras de Moliner, en el DUE, "se aplica a lo que sólo existe en potencia", esto es, como "posibilidad". Ejemplo: *Si una represa carece de mantenimiento se convierte en un **peligro** potencial.* Hay grandes riesgos así como hay grandes peligros, riesgos y peligros evidentes, y también peligros y riesgos latentes o potenciales, pero si decimos y escribimos "peligro inminente" y, peor aún, "peligro riesgoso", estamos incurriendo en bárbaras redundancias, pues, por definición, como ya lo vimos, todo "peligro" (cuyo sinónimo es "riesgo") posee las características de la "inminencia" ("cualidad de inminente" o que "está para suceder prontamente") y de lo "riesgoso" ("que entraña contingencia o proximidad de un daño"). Evitemos, pues, estas construcciones, pues siempre será mejor decir y escribir *Hay **inminencia** de que el huracán azote las costas de Guerrero* que *Hay **peligro inminente** de que el huracán azote las costas de Guerrero*. En cuanto a la locución "peligro riesgoso", ésta es tan bárbara que todos tendríamos que suponer que nadie la comete, pero hay muchos ejemplos para probar lo contrario.

Se trata de redundancias del periodismo, pero también de las empresas aseguradoras que ya tienen incluso definiciones técnicas que serían graciosísimas de no ser porque su objetivo es no cubrir un daño en el bien "asegurado" que ha sufrido un siniestro. El título original, en inglés, de la película *Clear and Present Danger* (basada en la novela de Tom Clancy, con el mismo título) fue traducido al español como

♀ *"Peligro inminente".*

Pero la traducción tosca y literal "peligro claro y presente", bien pudo haberse adaptado, en español, como

♂ *Peligro evidente* (puesto que el peligro es "cierto, claro, patente y sin la menor duda").

🖉 He aquí otros ejemplos de estas redundancias: "El **peligro inminente** en nuestras comunidades", "cambio climático: **peligro inminente**", "el mundo debe luchar contra el **peligro inminente** de la contaminación química", "Lago de Chapala, en **peligro inminente**", "el bioterrorismo, ¿es un **peligro inminente?**", "¿qué es un **peligro inminente** para la salud?", "el deshielo del Ártico, un **peligro inminente** para la vida en la Tierra" (éste es el mejor ejemplo para demostrar que lo que corresponde en este enunciado es el adjetivo "evidente"), "¿estamos en **peligro inminente?**", "el **peligro inminente** de no tener una liga competitiva", "Perú declara emergencia por **peligro inminente** a la salud", "La Amazonía, en **peligro inminente**" (otra vez hay que decirlo: en este caso el peligro es "evidente"), "la dieta como **peligro inminente**", "Trump y los **peligros inminentes**", "los **peligros inminentes** del Big Data", "200 **peligros inminentes** en la vía pública", "**peligros inminentes** en el uso de las drogas", "Zapatero es un **peligro riesgoso** severo", "peligro moderado de incendio y **peligro riesgoso** de incendio", "te salvé de un **peligro riesgoso**", "en los corners sorprendía y creaba **peligro riesgoso**", "lo importante es reconocer dónde está el centro de decisión de la organización que 'condiciona' el **peligro riesgoso**", "algunos personajes se encuentran en **peligro riesgoso**", "la gente distingue ese **peligro riesgoso** según la especie de agua" y, como siempre hay algo peor, "estos maravillosos insectos se encuentran en un **alto y riesgoso peligro** de extinción.

☞ Google: 1 020 000 resultados de "peligro inminente"; 47 600 de "peligros inminentes"; 4 750 de "peligro riesgoso". ☒

☞ Google: 457 000 resultados de "peligros potenciales"; 334 000 de "peligro latente"; 367 000 de "peligro potencial"; 52 600 de "peligro evidente"; 26 500 de "peligros evidentes"; 26 300 de "peligros latentes". ☑

168. peluca, peluca de cabello natural, ¿*peluca natural*? ¿*peluca postiza*?, postiza, postizo

¿Existen pelucas que no sean postizas? No, por supuesto. Incluso si se trata de pelucas elaboradas con cabello humano, no por ello dejan de ser postizas, pues el adjetivo "postizo" (del latín *positicius*, de *positus*: "puesto") significa, en el diccionario académico, "que no es natural ni propio, sino agregado, imitado, fingido o sobrepuesto". Por ello, como sustantivo, suele usarse la forma acortada "postizo" para referirse al "añadido de pelo postizo" (DRAE). Ejemplos: *Tiene dientes postizos*; *Llevaba un postizo horrible que se notaba desde un avión*. En cuanto al sustantivo femenino "peluca" (del francés *perruque*), su significado es breve y preciso: "Cabellera postiza". Ejemplo: *Llevaba una peluca rubia desteñida que le daba un aspecto miserable*. En conclusión, las "pelucas" son siempre "postizas", nunca naturales, ¡aunque estén elaboradas de cabello natural!, porque hacen las veces de cabelleras propias, imitándolas; son cosas agregadas o sobrepuestas (generalmente, de fibras sintéticas que imitan el cabello), en este caso, sobre la cabeza escasa o carente de pelo o bien sobre la cabeza con una cabellera que se desea ocultar. Es el caso también de "peluquín" (cuyo sinónimo es "bisoñé"), sustantivo masculino que designa a la "peluca pequeña o que sólo cubre parte de la cabeza" (generalmente usada por varones). Ejemplo: *El hombre resbaló, cayó de espaldas y un metro más allá fue a dar su peluquín*. También se utiliza para referirse a la "peluca con bucles y coleta que se usó a fines del siglo XVIII y a principios del XIX" (DRAE). Ejemplo: *El peluquín de Mozart*. Sabido todo lo anterior, la expresión "peluca natural" es un contrasentido; lo correcto es "peluca con cabello natural" o "peluca de cabello natural", y, si utilizamos la lógica, habremos de darnos cuenta de que la expresión "peluca postiza" es una redundancia brutísima, dado que las pelucas son imitaciones del cabello propio que, quizás, alguna vez se tuvo, o aditamentos sobrepuestos a la cabeza (aunque no se carezca de pelo); no hay "peluca" que no sea "postiza", aquí y en China.

El contrasentido "peluca natural" y la rebuznancia "peluca postiza" pertenecen a los ámbitos del diseño, la moda y los espectáculos, y han ido contaminando otros ambientes, entre ellos el periodístico. Su reino está en internet, pero extiende sus dominios en las publicaciones impresas. Justamente en internet leemos el siguiente anuncio:

♀ "Disfruta de la **naturalidad** o belleza de las **pelucas naturales**".

Con corrección, el anunció debió comunicar lo siguiente:

♂ Disfruta de la belleza de las **pelucas elaboradas con cabello natural**.

✐ Van otros ejemplos de este contrasentido y de la redundancia mencionada: "7 mejores imágenes de **pelucas naturales**", "encuentra **pelucas naturales**", "**pelucas naturales**, cada vez más difíciles de conseguir", "venta de **pelucas naturales**", "**pelucas** cortas **naturales** de color negro", "**pelucas 100% naturales**", "una **peluca natural** es una verdadera artesanía", "desventajas de una **peluca natural**", "**peluca natural** con flequillo", "**peluca natural** de mujer", "**peluca postiza** en Mercado Libre", "**peluca postiza** importada", "**peluca postiza** con moño y trenzas", "**peluca postiza** rizada de fibra refractaria", "**peluca postiza de pelo** largo ondulado", "**pelucas postizas de pelo** sintético", "**pelucas postizas** en Amazon" y, como siempre hay algo peor, "los griegos con **pelucas postizas** y mantos violetas" ("mantos violetas", seguramente, también "postizos").

☞ Google: 915 000 resultados de "pelucas naturales"; 266 000 de "peluca natural"; 9 940 de "peluca postiza"; 3 250 de "pelucas postizas". ☒

☞ Google: 966 000 resultados de "pelucas de cabello natural"; 296 000 de "peluca de cabello natural"; 12 300 de "peluca con cabello natural". ☑

169. pensar, ¿pensar con el cerebro?, ¿pensar con la cabeza?, ¿pensarlo en la cabeza?

A veces se dice que los necios y los energúmenos toman decisiones con el hígado o con las tripas, y se llega a admitir, pero esto es irónico, metafórico, sarcástico o burlesco, que "piensan con el hígado". No debemos entender como literal este sentido figurado. Pensemos antes que, frente a ciertas necedades, a tal grado espesas, en España se usa con frecuencia la locución verbal sarcástica, vulgar y malsonante "pensar con el culo", es decir "de forma irracional y sin lógica ni coherencia", todo ello para concluir, con verdad de Perogrullo (ya implícita en el sentido irónico de la locución), que "el culo no está hecho para pensar". Ante una idiotez que a alguien se le ha ocurrido poner en práctica, un español exclama: ¡Joder, eso es *pensar con el culo!* En México, a esto le decimos "pensar con las patas" o "pensar con los pies", que es lo mismo que no pensar. Pero, sea como fuere, el pensamiento reside siempre en el cerebro, en la cabeza y, por ello, es una tonta redundancia decir y escribir las expresiones "pensar con el cerebro", "pensar con la cabeza" y "pensarlo en la cabeza". Por supuesto, hay quienes cometen tan grandes pendejadas que pareciera que piensan con las patas (que es lo mismo que con las nalgas), pero incluso ellos, hay que insistir en esto, aunque lo dudemos, resuelven el pensamiento en el interior de sus duras cabezotas. Decir que alguien "piensa con el cerebro" es redundancia tan grande como decir que alguien "mastica con la boca". Veamos por qué. La acepción principal del verbo transitivo "pensar" (del latín *pensāre*: "pesar, calcular, pensar") es la siguiente: "Formar o combinar ideas o juicios en la mente" (DRAE). Ejemplo del diccionario académico: *Me asusta lo que **pienso**.* De ahí el sustantivo femenino "pensamiento", con cuatro acepciones: "Facultad o capacidad de pensar", "acción y efecto de pensar", "actividad de pensar" y "conjunto de ideas propias de una persona, de una colectividad o de una época". Ejemplos del DRAE: *Suspender el* **pensamiento**; *Los comienzos del* **pensamiento** *occidental*. Queda claro, entonces, que la acción de "pensar" se produce en el cerebro, en la mente, dentro de la cabeza, pues el sustantivo masculino "cerebro" (del latín *cerebrum*) designa "uno de los centros nerviosos constitutivos del encéfalo, existente en todos los vertebrados y situado en la parte anterior y superior de la cavidad craneal" (DRAE). Ejemplo: *Se le oxidó el* **cerebro** *por falta de uso*. Justamente, la segunda acepción del sustantivo "cerebro", en el diccionario académico, es "cabeza (juicio, talento y capacidad)". Siendo así, no hay que darle más vueltas al asunto. decir y escribir las frases "pensar con el cerebro", "pensar con la cabeza" y "pensarlo en la cabeza" equivale a no saber usar el cerebro, la mente (que se encuentra dentro de la cabeza), al momento de utilizar el idioma. Es verdad que no parece del todo redundante la expresión, usual, "pensar con la cabeza fría", pero incluso en este sentido se puede tener menos afectación, y más lógica, al decir o al escribir: "pensar fríamente" o "pensarlo fríamente". ¿En dónde? ¡Por supuesto, en la cabeza!: ya sea que esté fría o caliente. ¡Ni modo que no!

Aunque abundan en particular en el habla, no son raras en el periodismo, lo mismo electrónico que impreso, semejantes expresiones redundantes, dichas y escritas con la mayor naturalidad, y hasta con donaire; y, por supuesto, el reino de estas barbaridades se encuentra en internet. Un internauta escribe:

♀ "Ya lo he **pensado en mi cabeza** desde hace mucho".

¡Qué bueno que ha sido en la cabeza y no en la parte que nombra la locución verbal malsonante de los españoles! ¡Pero si es muy sencillo decir y escribir!:

☝ Ya lo he **pensado** desde hace mucho.

✎ Van algunos ejemplos de esta torpe redundancia: "**Pensar con la cabeza**, los intestinos y el corazón", "cómo **pensar con la cabeza** cuando te enamoras", "**pensar con la cabeza**... y los pies en el suelo" (¡vaya problema metafísico!), "ha llegado la hora de **pensar con la cabeza**" (sí, es que antes sólo se pensaba con la cola), "es mejor **pensar con la cabeza**", "hay que **pensar con la cabeza** por quién vas a votar" (¡y todo para que elijas a un tipo sin cabeza!), "el futbol, ese deporte que se juega con los pies y **se piensa con el cerebro**" (no siempre: a veces es al revés), "nunca **pensé en mi cabeza** que podía hacer un disco de salsa: Diego *El Cigala*", "yo jamás **pensé en mi cabeza** que iba a suceder", "**pensé en mi cabeza** que al menos hacer mucho dinero me haría feliz", "no estoy tan mal, **pensé en mi cabeza**" (no, tan mal no está; por lo menos el pensamiento se aloja en su cabeza), "así fue que **la pensé en mi cabeza**", "**pensé en mi cabeza** mientras me sentaba en la cama" (lo extraordinario sería que pensara en la cama mientras se sentaba en su cabeza), "la vi tal como **la pensé en mi cabeza**", "**pensé en mi cabeza** sin pronunciar una palabra" (hay que agradecer su silencio), "me toca disparar a mí, **pensé en mi cabeza**", "**pensé en mi cabeza** esa opción entre muchas otras" y, como siempre hay algo peor, "lo más controvertido que he hecho en mi vida ha sido decidir **pensar con el cerebro** en lugar de con el color de mi piel" (metafórico estás, pero cualquier mortal puede explicarte que es imposible pensar con el color de tu piel o con el olor de tus pies).

☞ Google: 582 000 resultados de "pensar con la cabeza"; 247 000 de "pensar con el cerebro"; 41 100 de "pensar con la cabeza fría"; 3 960 de "pensándolo con la cabeza"; 2 750 de "pensar con la cabeza caliente". ☒

☞ Google: 288 000 000 de resultados de "pensar"; 235 000 de "pensar con los pies"; 93 100 de "pensar con el culo"; 71 300 resultados de "pensar fríamente"; 54 200 de "pensarlo fríamente"; 49 500 de "pensar con las patas"; 39 000 de "pensar con el hígado"; 26 500 de "pensar con las nalgas"; 21 800 de "pensar con las tripas". ☑

170. ¿pensar en mi mente?, ¿pensarlo en mi mente?, ¿pensé en mi mente?

Variante de la horrible redundancia "pensar con el cerebro" es la expresión "pensé en mi mente", otro atentado contra la lógica y el sentido común, que utilizan incluso algunos escritores a quienes habría que recomendarles un curso básico de redacción y otro de lógica. Si, como ya vimos, la acepción principal del verbo transitivo "pensar" (del latín *pensāre*: "pesar, calcular, pensar") es "formar o combinar ideas o juicios en la mente" (DRAE), queda claro que el sitio donde se genera el pensamiento (las ideas y los juicios) es la "mente", sustantivo femenino (del latín *mens, mentis*) con tres acepciones en el diccionario académico: "Potencia intelectual del alma", "designio, pensamiento, propósito, voluntad" y "conjunto de actividades y procesos psíquicos conscientes e inconscientes, especialmente de carácter cognitivo". María Moliner, en el DUE, pone la precisión al respecto: "Facultad con que se piensa", y nos remite al sinónimo "inteligencia". Ejemplo: *Dedicar la* **mente** *a tonterías es perder el tiempo*. Si la facultad o capacidad de pensar se aloja en el cerebro, es ahí justamente donde está la "mente", la "potencia intelectual", la "inteligencia". Cuando alguien dice o escribe "pensé en mi mente" o, refiriéndose a otro (generalmente, un personaje de novela cursi), "pensó en su mente", está cometiendo rebuznancias tan brutas como "pensar con el cerebro" y "pensar con la cabeza". Tenemos derecho a suponer que no son muchas personas capaces de construir tan grandes barbaridades, pero las evidencias nos demuestran que esas personas son más de las que suponemos.

Estas redundancias están aclimatadas en internet, pero no faltan en las publicaciones impresas, incluidos libros de autores que influyen en los jóvenes. En un relato, que pretende ser muy intrigante y terrorífico, hallado en internet, leemos lo siguiente:

🖙 **"Pensó en su mente** mientras intercambiaba miradas con los lunáticos".

Una lección básica de redacción y otra de lógica le habrían servido al autor para escribir:

👌 **Pensaba** (o **estaba pensativo**) mientras intercambiaba miradas con los lunáticos.

✍ He aquí algunos pocos ejemplos de estas barbaridades redundantes acerca de las cuales es innecesario abundar: "No te dejo de **pensar en mi mente**", "no tenía cabeza para **pensar en mi mente**, solo estaba tu figura", "suelo **pensar en mi mente**, pero casi nunca lo digo", "yo soy la única persona que puede **pensar en mi mente**", "**pensar en mi mente** que me subo a un avión", "ese era mi punto, **pensé en mi mente**", "**pensé en mi mente**: 'siento demasiada vergüenza'", "**pensé en mi mente**: la única manera de acercarme a Emily era haciéndome amigo de su hermano", "al llegar a la meta lo único que **pensé en mi mente** fue que un sueño más se había hecho realidad", "**pensé en mi mente** que jamás terminaríamos", "**pensé en mi mente**: no quiero estar sola esta noche", "No te sientas mal, **pensó en su mente**", "Kyra **pensó en su mente** en mil maneras de resistirse y escapar", "quería desaparecerla, eso **pensó en su mente**", "Xiao Yan **pensó en su mente** antes de ir al lado este del salón", "y él **pensó en su mente** que esta realidad no era real". ¡Y basta!

☞ Google: 3 280 000 resultados de "pensar en mi mente"; 446 000 de "pensé en mi mente"; 409 000 de "pensó en su mente". ⊠

171. perder, ¿perder la vertical?, ¿perder la verticalidad?, vertical, verticalidad

Los futbolistas jamás se caen. Lo que ocurre con ellos, cuando están en el suelo sobándose lastimeramente un pie o una rodilla, o rodando interminablemente como Neymar, es que "pierden la vertical" o "pierden la verticalidad". Pero si alguien "pierde la vertical", ¿quién la encuentra? La respuesta es parte del misterio que envuelve al futbol. Esto de "perder la vertical", que es acortamiento de "perder la verticalidad", es una pedantería de las muchas barbaridades que tiene el futbol. ¿Por qué no dicen, simplemente, los locutores, cronistas y narradores deportivos que el matalote se cayó y punto? ¡Ah, por supuesto que no: hay que ser líricos: no se cayó; perdió la vertical o la verticalidad! Y, ya en el suelo, el matalote encuentra la horizontal o la horizontalidad, debemos suponer. El DRAE define el adjetivo "vertical" del siguiente modo: "Dicho de una recta o de un plano: Que es perpendicular a un plano horizontal" o "que tiene la dirección de la plomada". En cuanto al sustantivo femenino "verticalidad" es la cualidad de vertical. De veras que hay que ser muy necios para no utilizar el lenguaje llano y, a cambio, elaborar barbaridades petulantes. Incluso el verbo "desplomar", con su pronominal "desplomarse" es más natural que "perder la verticalidad", aunque, aplicado a una persona, este verbo signifique "caerse sin vida o sin conocimiento" (DRAE). Tratándose de cosas, y especialmente de edificios o construcciones, el verbo transitivo "desplomar" significa "hacer que una construcción u otra cosa pierda la posición vertical" (DUE), y en su uso pronominal "perder una cosa, particularmente una construcción, la posición vertical" (DUE). Ejemplo: *Con el sismo, el edificio más alto de la ciudad se desplomó.* Pero la gente normal se cae y se levanta. El verbo intransitivo "caer" y su pronominal "caerse" es, dicho de un cuerpo, "perder el equilibrio hasta dar en tierra o cosa firme que lo detenga". Los futbolistas, graciosamente, no se caen, no pierden el equilibrio, ¡se desploman!, es decir pierden la posición vertical, como si estuvieran muertos o hubiesen perdido el sentido, ¡a pesar de que los vemos exagerando cualquier golpecito e incluso amago de golpe! Basta que otro futbolista se acerque un poquito para que ellos "se desplomen" para al rato "recuperar la verticalidad". ¡Payasos que son, pero más payasos aún son los comentaristas del futbol!, y no únicamente los de los medios audiovisuales, sino también, ahora que ya es vicio de moda, los cronistas, reporteros y comentaristas de las publicaciones impresas.

Esta petulante futbolejada apantalla a los futboleros que suponen que, por este tipo de expresiones, el futbol ya pasó a ser una ciencia. En una crónica futbolírica de la agencia EFE (la misma que participa en la Fundéu BBVA, que orienta a los lectores en el uso del idioma) y que se publica en el sitio virtual de Fox Deportes, leemos la siguiente joya:

♀ "En el 24, una combinación de Iniesta con Neymar, que **perdió la verticalidad**, acabó con un pase de la muerte del brasileño a Messi, quien no remató bien a dos metros de la línea de gol".

Hay muchas idioteces en únicamente estas tres líneas de esa crónica pedante, pero la peor de todas es decir que Neymar "perdió la verticalidad", en lugar de decir, simplemente, que

♂ se tropezó y **se cayó** (además de rodar como sólo él saber hacerlo).

🖋 El medio futbolístico, al igual que el de la farándula, es uno de los ámbitos donde con mayor regocijo se patea el idioma. He aquí unos poquísimos ejemplos de esta porquería ampulosa y necia con la que se llena la boca tanta gente: "Remató antes de **perder la verticalidad**", "una entrada a ras de suelo que hizo **perder la verticalidad** al jugador canario", "buscar tener más juego de balón sin **perder la verticalidad**", "desperdicia la oportunidad de gol tras **perder la verticalidad** ante la férrea defensa", "una gran parada de Pinto sobre la línea de gol, tras un envenenado balón que le lanzó Anzaldi, tras **perder la verticalidad**" (¡pura poesía o, mejor dicho, poesía pura!), "un mal control del balón le llevó a **perder la vertical**", "cerca de **perder la vertical** sacó el tiro centro", "el andino alcanzó a puntear a pesar de **perder la vertical** para vencer al portero", "casi **pierde la verticalidad** pero se recompuso", "ante la acción de la defensa, el atacante **pierde la verticalidad**", "pero cuando regateó a Blanco **perdió la verticalidad** y su disparo con la zurda acabó fuera por poco", "Federico Mancuello **perdió la verticalidad** cuando lo perseguía Franco Sosa", "tuvo que esforzarse para no **perder la vertical**", "no **perder la vertical** de las piernas" (¡ah, chingá!), "intentaba no **perder la vertical** y avanzar", "Paul Aguilar cometió otra mano al 27 dentro del área, cuando **perdió la vertical** y un ofensor jarocho estaba al acecho" (sería bueno saber qué tipo de ofensas le dirigió el "ofensor jarocho", sobre todo si era nativo de Alvarado), "Capel **perdió la vertical** por un toque de Adriano", "salió con buen ritmo pero en la primera transición **perdió la vertical** lo que propició la caída", "la mujer que traía una bolsa en sus manos **perdió la vertical** y cayó de frente", "**perdió la vertical** en la jugada y terminó cayendo al césped" y, como siempre hay algo peor, "el secreto es no **perder la verticalidad durante la caída**".

☞ Google: 83 200 resultados de "perder la verticalidad"; 61 900 de "perder la vertical"; 43 300 de "pierde la verticalidad"; 22 900 de "perdió la vertical"; 20 000 de "perdió la verticalidad"; 17 400 de "no perder la vertical"; 15 900 de "no perder la verticalidad"; 7 600 de "perdieron la verticalidad"; 4 870 de "no pierde la vertical"; 3 870 de "no pierde la verticalidad". ☒

172. periodismo, periodismo digital, periodismo escrito, prensa, prensa digital, prensa escrita

En los últimos años, el término "prensa" se usa como sinónimo de "periodismo". ¿Está mal? En principio, sí. Pero el uso de este barbarismo se ha ido imponiendo socialmente al grado de que ya no resulta censurable. El uso manda. Expliquemos por qué. El sustantivo femenino "prensa" (del catalán *premsa*) significa, en su acepción principal, "máquina que sirve para comprimir, cuya forma varía según los usos a que se aplica" (DRAE). Ejemplo: *Una monstruosa **prensa** compacta los automóviles viejos y los deja listos para el reciclaje.* En su acepción secundaria, el sustantivo "prensa" designa al "taller donde se imprime", es decir, a la "imprenta". Ejemplo: *El jefe de impresión recibió la orden de detener la **prensa** porque había una noticia importantísima de última hora.* Como tercera acepción, se aplica al "conjunto o generalidad de las publicaciones periódicas y especialmente las diarias" (DRAE). Ejemplo: *Con los recursos de internet, la **prensa** vespertina ha perdido clientes.* Finalmente, la cuarta acepción, en el diccionario académico, se usa para designar al "conjunto de personas dedicadas al periodismo". Y el DRAE ofrece el siguiente ejemplo: *Han permitido que la **prensa** entre en el juicio.* Esta acepción y este ejemplo prueban, incontestablemente, que el sustantivo "prensa", independientemente de que se refiera al ejercicio periodístico escrito o audiovisual, se ha convertido en sinónimo del sustantivo masculino "periodismo" (de la raíz *periódico* e *-ismo*): "Captación y tratamiento, escrito, oral, visual o gráfico, de la información en cualquiera de sus formas y variedades" (DRAE). Ejemplo: *Todos los gobiernos desean un **periodismo** que los celebre, no que los critique.* El término "periodismo" deriva, como ya vimos, del adjetivo y sustantivo "periódico", en la tercera acepción del diccionario académico: "Dicho de un impreso: Que se publica con determinados intervalos de tiempo". Ejemplo con adjetivo: *La revista mexicana* Proceso *es una publicación **periódica** semanal.* Ejemplo con sustantivo: *El Universal es un **periódico** mexicano que circula diariamente.* Queda claro que un "periodista" no es, nada más, quien le da "tratamiento escrito" a la información que se publica, sino también quien le da tratamiento oral, visual y gráfico. Tan periodista es el reportero que escribe una nota informativa, como el reportero que no necesita escribirla porque la divulga, de manera oral, a través de la radio, la televisión e internet. Si el sustantivo "escrito" (del participio de *escribir* y del latín *scriptus*) designa la "carta, documento o cualquier papel manuscrito, mecanografiado o impreso", queda claro que el "periodismo escrito" es aquel que se divulga luego de pasar por una "prensa" que "imprime" esa "escritura" (sustantivo femenino, del latín *scriptūra*): "carta, documento o cualquier escrito", pero lo cierto es que, hoy, el "periodismo escrito" ya no necesita forzosamente una "prensa", esto es, una "imprenta", pues los recursos de las tecnologías digitales pueden sustituirla perfectamente. El término "prensa" hace hoy las veces de una sinécdoque (el *todo* por la *parte*) para abarcar al "periodismo", sea escrito o no, porque, además, ya ni siquiera la "prensa escrita", en muchísimos casos, se realiza con una "prensa" tradicional, sino con una "prensa" digital. Esto es importante, pues no perdamos de vista que el sustantivo "prensa" deriva del verbo "prensar", esto es, "apretar algo en la prensa". ¿Y qué se apretaba y, en menor medida, aún se aprieta, en la prensa? El papel sobre el cual caía, o cae, la plancha con los tipos (piezas con letras y signos realzados), para que quedaran impresos en él, mediante la tinta. Hoy la "prensa digital" ni siquiera necesita de un mecanismo que prense o apriete el papel bajo una plancha (y su nombre más adecuado es "impresora"), y, en cuanto al "periodismo digital", una buena parte de él utiliza la "escritura" y, por tanto, también es "periodismo escrito". En conclusión, es válida la sinécdoque "prensa" para referirse, con amplitud, al "periodismo", del mismo modo que no son censurables los sustantivos calificados "prensa digital" y "prensa escrita", puesto que a lo que refieren es a ciertas modalidades físicas y conceptuales del "periodismo". El uso transformó lo que en un principio era una redundancia en una forma aceptable ante los cambios y avances tecnológicos. Dígase y escríbase, entonces, sin incorrección, "periodismo digital", "periodismo escrito", "prensa digital" y "prensa escrita", términos que quedan abarcados en los conceptos generales "periodismo" y "prensa". Son usos válidos como en los siguientes ejemplos: "La **prensa** afecta al régimen cierra filas en torno al presidente", "la **prensa** militante y su narrativa sobre México", "claves para el **periodismo** de análisis y opinión", "el **periodismo crítico** es necesario"; "la **prensa escrita** es el conjunto de publicaciones impresas", "historia de la **prensa escrita**", "adiós a la **prensa escrita**", "¿sobrevivirá la **prensa escrita** en el mundo digital?", "la crisis de la **prensa escrita**", "la **prensa digital** se reinventa", "un nuevo diario irrumpe en la **prensa digital**", "¿cuál es el futuro de la **prensa digital** en España?", "10 características del **periodismo digital**", "¿qué es el **periodismo digital**?", "Licenciatura en **Periodismo Digital**", "características y funciones del **periodismo escrito**", "comunicación y lenguaje en el **periodismo escrito**", "técnicas avanzadas de **periodismo escrito**".

☞ Google: 545 000 000 de resultados de "prensa"; 104 000 000 de "periodismo"; 2 640 000 de "prensa escrita"; 2 030 000 de "periodismo digital"; 1 570 000 de "prensa digital"; 155 000 de "periodismo escrito". ☑

173. periodo, período, ¿periodo de tiempo?, ¿período de tiempo?, ¿periodo de tiempo?, períodos, ¿períodos de tiempo?

Es muy famoso y hasta bien visto el pleonasmo "período de tiempo", pero, aunque aparentemente vaya bien vestido, si le quitamos las galas y lo dejamos en cueros, lo único que nos queda es una bruta redundancia. Veamos por qué. El sustantivo "período", también "periodo" (del latín *periŏdus*, y éste del griego *períodos*), posee las siguientes acepciones principal y secundaria: "Tiempo que algo tarda en volver al estado o posición que tenía al principio" y "espacio de tiempo que incluye toda la duración de algo". Ejemplo: *Solicitó la beca para un **período** de tres años*. Si el sustantivo "período" ya incluye en su definición el concepto de "tiempo", resulta bruta redundancia decir y escribir "período de tiempo", pues incluso, en la tercera acepción del sustantivo "período", está implícito el sentido temporal: "Menstruo de las mujeres y de las hembras de ciertos animales" (DRAE). Ejemplo: *Casi invariablemente tiene su **período** cada 28 días*. El significado principal del sustantivo masculino "tiempo" (del latín *tempus*) es el siguiente en el DRAE: "Duración de las cosas sujetas a mudanza". Ejemplo: *El verano aquí es un **tiempo** tan caluroso que es casi imposible dormir*. Explicado y comprendido lo anterior, no existe duda en el hecho de que la expresión "período de tiempo" (con su plural) es una redundancia que debemos evitar, a pesar de que tenga tan buena fama incluso en los ámbitos cultos de nuestra lengua. No olvidemos que a muchos cultos y a muchísimos profesionistas la consulta del diccionario les saca ronchas y, por ello, prefieren mantenerse alejados de las obras de consulta y referencia. Pero, para colmo de males, en España, donde esta barbaridad redundante tiene su reinado, un hablante a quien le asalta la duda formula la siguiente pregunta a la Fundéu BBVA ("asesorada por la Real Academia Española"): "¿Se puede escribir 'periodo de tiempo' o simplemente 'periodo'? La misma pregunta para 'lapso de tiempo'". ¿Y cuál es la respuesta que recibe de este "buscador urgente de dudas" de la agencia EFE y de BBVA? Pues que "ambas expresiones son redundantes, pero se pueden escribir. *Lapso de tiempo* incluso se encuentra recogida por la Academia". ¡Vaya forma de patear la lógica y el sentido común!; además, desde un organismo cuya función es guiar por buen camino al hablante y escribiente del español y no de desbarrancarlo. Es obvio que la persona que duda no formula la pregunta correctamente, pero quien responde (desde la Fundéu BBVA) lo hace con las patas. La pregunta no es si "se pueden escribir", sino si es correcto escribir "período de tiempo" y "lapso de tiempo". Pero la respuesta es de una estupidez categórica: "ambas se pueden escribir", y, además, con un argumento acrítico: "*Lapso de tiempo* incluso se encuentra recogida por la Academia". ¿Y qué con eso? Que la Academia recoja tonterías en su diccionario no es novedad, pero que un buscador urgente de dudas no las examine ya es el colmo. Hay que decirles a los que trabajan en la Fundéu BBVA algo que no admite duda: de "poderse escribir", ¡se puede escribir cualquier cosa!, sin que ello constituya corrección idiomática. ¿Se puede escribir, por ejemplo, "en **períodos temporales periódicamente en ciertos lapsos de tiempo**, consultaba a los sabios de la Fundéu BBVA y ellos me ayudaban a reafirmar mi ignorancia"? ¡Tan se puede, que lo acabo de escribir! Por ello, insistimos, la pregunta no es si "se puede escribir", sino si existe corrección idiomática al escribir una cosa u otra. Por supuesto, tanto "período de tiempo" como "lapso de tiempo" son expresiones redundantes que pertenecen a los usos más viciosos del idioma, porque en ambas expresiones el sustantivo "tiempo" está de más, ya que el sustantivo masculino "lapso" (del latín *lapsus*) significa "paso o transcurso" y "tiempo entre dos límites". Ejemplo: *Ese **lapso**, en que el vigilante fue a cagar, lo aprovechó el delincuente para huir.* ¿Es correcto decir y escribir "lapso de tiempo"? ¡Por supuesto que no: basta con decir "lapso"! Que la redundante y pleonástica, además de incongruente, Real Academia Española incluya en su mamotreto "lapso de tiempo" (como forma correcta) pero no así "período de tiempo", lo único que demuestra es que en el equipo de redactores del DRAE es un hábito la holgazanería y una despreocupación el uso de la lógica. Quienes hicieron el *Diccionario de Autoridades*, precursor del DRAE, ésos sí que trabajaban. En el tomo cuarto (1734), leemos la definición de "lapso": "El curso con que va pasando el tiempo" y nos ofrece dos ejemplos, precisamente de autoridades en el uso: *Y el **lapso** y transcurso de los dichos treinta días, sea habido por conclusión; Trahe otros innumerables Doctores, para probar que por ocultos que sean y contra el Fisco, quedan prescriptos por el **lapso** del término legal.* Ni en la definición ni en los ejemplos el *Diccionario de Autoridades* se refiere a "lapso de tiempo". Fueron los académicos del DRAE los que, décadas y siglos después, echaron a perder esa obra pionera, empeorándola y no mejorándola. El docto Fernando Lázaro Carreter, ¡que Dios sabrá por qué graves pecados perteneció a la Real Academia Española!, ofrece, en uno de sus agudos análisis de *El dardo en la palabra*, dos ejemplos que despejan toda duda sobre la incorrección de "lapso de tiempo": *En el **lapso** de tres minutos no abrió la boca; Hubo un breve descanso, y, en aquel **lapso*** (que no es el descanso, sino el tiempo que dura el descanso), *nadie abandonó los asientos.* No puede ser más claro. Dicho y escrito por alguien (uno de los lexicógrafos más competentes) que perteneció, como ya dijimos, a la malhadada RAE.

Que la propia RAE insista en su "lapso de tiempo" y que de ahí se desprenda el también redundante "período de tiempo" da pie, como es lógico, a que mucha gente insista en estos despropósitos "autorizados", "legitimados", pero de bruta redundancia académica. En la revista española *Expansión*, en la sección "Diccionario", leemos la siguiente joya:

ℰ "**período de gracia**. (Del inglés, *grace period*.) En finanzas, **período de tiempo** durante el cual el titular únicamente paga intereses sin amortizar capital".

Lo correcto es obvio:

♢ En finanzas, el "período de gracia" corresponde al **tiempo** durante el cual el deudor paga únicamente intereses sin amortizar capital. (¡Cuán difícil es para los españoles, y ahora también para muchos hispanohablantes de América, no desbarrancarse en las redundancias!)

𝒜 Entre los ejemplos, que se cuentan por millones, van aquí unos poquísimos de estas redundancias legitimadas por la pleonástica y redundante Real Academia Española: "Determinar el **período de tiempo** cubierto", "si la máquina no se va a utilizar durante un largo **período de tiempo**, apague la máquina" (doble redundancia), "estará allí durante un largo **período de tiempo**", "la gestación es el **período de tiempo** comprendido entre la concepción y el nacimiento", "¿qué **período de tiempo** se recomienda que transcurra entre una cesárea y un nuevo embarazo?", "**período de tiempo** largo", "**período de tiempo** académico", "se trata de un **período de tiempo** optativo", "dentro de un **período de tiempo** razonable", "**periodo de tiempo** que abarca la jornada", "**períodos de tiempo** que sí tienen nombre", "comparar **períodos de tiempo** en reportes", "por largos **períodos de tiempo**", "cálculos de **periodos de tiempo**", "**periodos de tiempo** más largos de lo habitual", "es frecuente y admisible el uso de la locución redundante **lapso de tiempo**" (así lo dice el *Diccionario panhispánico de dudas*), "pequeño **lapso de tiempo**", "registro de un **lapso de tiempo**", "diferentes **lapsos de tiempo**", "pequeños **lapsos de tiempo**". ¡Y basta!

☞ Google: 74 700 000 resultados de "período de tiempo"; 48 300 000 de "periodo de tiempo"; 31 700 000 de "períodos de tiempo"; 11 400 000 de "lapso de tiempo"; 10 800 000 de "periodos de tiempo"; 353 000 de "lapsos de tiempo". ☒

☞ Google: 312 000 000 de resultados de "periodo"; 304 000 000 de "período"; 48 200 000 de "períodos"; 26 000 000 de "periodos"; 22 700 000 de "lapso"; 2 130 000 de "lapsos". ☑

174. pero, sino

José Alfredo Jiménez, el gran compositor y letrista, que no fue a la escuela, era un gran maestro en el uso del idioma. Todas sus letras tienen perfección formal (incluidas las que llevan métrica regular y rima) y sentido lógico. Sabía utilizar, mucho mejor que algunos profesionistas, la conjunción adversativa "pero". Por ejemplo, de su canción "El rey", tenemos estos tres octosílabos perfectos, con el uso inobjetable de la conjunción adversativa: "Después me dijo un arriero/ que no hay que llegar primero,/ **pero** hay que saber llegar". Mucha gente no sabe que la conjunción adversativa "pero" (del latín *per hoc*: "por esto") no únicamente se usa "para contraponer a un concepto otro diverso o ampliativo del anterior" (DRAE), sino también para contraponer conceptos de calidades positivas o negativas, afirmativas o negativas. Justamente por esto la conjunción se llama "adversativa", pues el adjetivo "adversativo" (del latín *adversatīvus*) significa, literalmente, "que denota oposición o contrariedad" (DRAE). Ejemplos: *Es muy buen escritor, **pero**, como persona, es insoportable*; *Como persona es insoportable, **pero** es muy buen escritor*. En ambos ejemplos la conjunción adversativa "pero" introduce una oposición o contrariedad en relación con la primera parte del enunciado. En el ejemplo inicial, la primera parte del enunciado se refiere a algo positivo ("buen escritor"), en tanto que la segunda, introducida por la conjunción "pero", se refiere a algo negativo ("persona insoportable"). En el segundo ejemplo, se invierte el orden de los factores, y la primera parte del enunciado tiene carácter negativo ("persona insoportable"), en tanto que la segunda parte, introducida por la conjunción "pero", posee carácter positivo ("buen escritor"). En el fragmento citado de la canción "El rey", de José Alfredo Jiménez, la oposición o contrariedad va de lo negativo ("no hay que llegar primero") a lo positivo ("**pero** hay que saber llegar"). Por ello constituye un disparate el siguiente encabezado del diario mexicano *Milenio*: "Amores que no matan, **pero** fortalecen". Nada tiene que hacer en esta oración la conjunción "pero" introduciendo un concepto de sentido positivo que, en sí, ya posee el enunciado inicial (*no morir*). Lo lógico y correcto es: *Amores que no matan, fortalecen*, pues el verbo "fortalecer" es consecuencia positiva del también sentido positivo "no morir". Similar es el sentido de la expresión coloquial *Lo que no mata, engorda*, pues el verbo "engordar", en este caso, es consecuencia de carácter positivo, a partir de la positividad de "no morir". Para usar el "pero" correctamente, en esta oración tendríamos que decir o escribir consecuencias como las siguientes: *Amores que no matan, **pero** hieren*; *Amores que no matan, **pero** duelen*; *Amores que no matan, **pero** hacen sufrir*; *Amores que no matan, **pero** espantan*; *Amores que no matan, **pero** apendejan*, etcétera. Podría decirse también, con corrección gramatical, y con entera lógica, *Amores que no matan, **sino** que fortalecen*, pero debe saberse que la también conjunción adversativa "sino" (de *si* y *no*) no es equivalente de "pero": se usa, específicamente, "para contraponer un concepto afirmativo a otro negativo anterior" (DRAE). Ejemplo del diccionario académico: *No quiero que venga, **sino**, al contrario, que no vuelva por aquí*. Lo cierto es que las características que distinguen a la conjunción adversativa "sino" (no confundir con "si no") son mucho más claras y precisas en *La Página del Español*, que se puede consultar en la red, que en la definición del DRAE. Estas características son: "Opone dos ideas; corrige o niega información, y la primera frase normalmente es negativa". He aquí los ejemplos de dicha página: *No voy a comprarme un abrigo, **sino** unos pantalones*; *Buenos Aires no está en España, **sino** en Argentina*. En cuanto a las características de la conjunción "pero", también resultan más precisas las de *La Página del Español* que las que ofrece el DRAE, y son las siguientes: "Contrasta dos ideas; añade información, y la primera frase puede ser [como ya vimos] afirmativa o negativa". Ejemplos: *Voy a ir a España, **pero** no voy a visitar Madrid; No como mucho chocolate, **pero** me encanta.* Es alarmante que, con una lógica cada vez más extraviada y con una gramática cada vez más perdida, muchas personas no sepan distinguir entre "pero" y "sino", y más alarmante es aún que estas personas hagan de las suyas en las publicaciones ya sean impresas o digitales. Los siguientes enunciados utilizan correctamente la conjunción adversativa "pero": "Los médicos salvan vidas, **pero** matan la escritura", "las rejas no matan, **pero** sí tu maldito querer" (Tomás Méndez), "micromachismos no matan, **pero** sí violentan", "hay amores que no matan, **pero** hieren", "los balines de goma y perdigones que usan los carabineros no matan, **pero** rompen los ojos", "las verdades no matan, **pero** incomodan". Por el contrario, en los siguientes enunciados, la conjunción adversativa "pero" está erróneamente utilizada: "El otro no es malo, **pero** peor" (lo correcto: el otro no es malo, **sino** peor), "las miradas no matan, **pero** sí conquistan" (las formas correctas son: "Las miradas que no matan, conquistan" o "Miradas que no matan, **sino** que conquistan"), "las apariencias engañan **pero** ayudan a robar" (la conjunción adversativa es innecesaria; lo correcto es decir y escribir: "las apariencias engañan y sirven para robar"), y, ya en el colmo de la torpeza, ¿cómo entender la siguiente frase: "en la primera guerra mundial, las armas ayudan, **pero** matan a mucha gente" (la conjunción adversativa está correctamente empleada, pero lo que no tiene sentido es lo que se pretende expresar: la lógica se ha perdido por completo y lo que nos queda es un chiste macabro e involuntario: algo que hubiera podido decir, con excelente sarcasmo, Groucho Marx: *Las balas son buenas, **pero** lo malo es que matan a mucha gente.* Nunca hay que extraviar la lógica en el idioma, para expresar con claridad y concisión lo que se pretende decir y escribir. La equivocada utilización de las conjunciones adversativas "pero" y "sino" conducen a construcciones bárbaras que a veces terminan en negro humor involuntario.

☞ Google: 2 270 000 000 de resultados de "pero"; 493 000 000 de "sino". ☑

175. perpetrado, perpetrar, perpetuado, perpetuar

"Perpetuado" es el adjetivo participio del verbo transitivo y pronominal "perpetuar", "perpetuarse" (del latín *perpetuāre*): "Hacer perpetuo o perdurable algo" y "dar a las cosas una larga duración" (DRAE). Ejemplos: *La Iglesia católica busca **perpetuar** el cristianismo; Francisco Franco se **perpetuó** en el poder; Hay quienes buscan **perpetuarse** como beneficiarios del presupuesto público; **Perpetuados** en la política mexicana, muchos cabrones nunca han tenido que trabajar.* El adjetivo "perpetuo" (del latín *perpetuus*) tiene como acepción principal la siguiente: "Que dura y permanece para siempre" (DRAE). Ejemplo: *Perpetuo, sólo Dios.* Muchos periodistas y otros profesionales de la información suelen confundir lo "perpetuado" con lo "perpetrado", del mismo modo que confunden el verbo "perpetuar" con el verbo "perpetrar". Es evidente que no consultan el diccionario. Si lo hiciesen sabrían que "perpetrado" es el adjetivo participio del verbo transitivo "perpetrar" (del latín *perpetrāre*: "cumplir, ejecutar, realizar") cuyo significado es "cometer, consumar un delito o culpa grave" (DRAE). Ejemplos: *El crimen fue **perpetrado** ayer; Nadie lo creía capaz de **perpetrar** tal asesinato.* De ahí el sustantivo femenino "perpetración" (del latín tardío *perpetratio, perpetratiōnis*: "ejecución, realización"): "Acción y efecto de perpetrar", y el adjetivo y sustantivo "perpetrador" (del latín tardío *perpetrātor*): "Que perpetra". Ejemplos: *La **perpetración** del crimen conmocionó al pueblo, El **perpetrador** aparentaba ser una buena persona.* Hasta escritores que se creen los nuevos Borges, los nuevos Rulfo, los nuevos Vargas Llosa, que ganan premios arreglados y marean a no pocos lectores, ignoran la diferencia que hay entre "perpetuar" y "perpetrar, entre "perpetuado" y "perpetrado". Estos barbarismos reinan, sobre todo, en el periodismo policíaco impreso y electrónico, pero ya se colaron en las secciones deportivas de los diarios. Y todo por usar palabras rebuscadas cuyo significado desconocen, pues en lugar de "perpetrar" se puede decir y escribir "cometer" o "realizar", y en vez de "perpetrado", bien se puede decir y escribir "cometido" o "realizado". Quienes no conocen el diccionario ni siquiera por sus cubiertas, dicen y escriben "perpetuado" y "perpetuar" cuando lo que quieren decir y escribir es "perpetrado" y "perpetrar". Por supuesto, en un sentido figurado, se puede llegar a decir y a escribir que, en un determinado lugar, "el delito se ha perpetuado", puesto que "perpetuar" admite la acepción de la larga duración de algo. Pero lo cierto es que, las más de las veces, a lo que quieren referirse los hablantes y escribientes es a la consumación o ejecución de un asesinato, de un crimen, de un robo, etcétera; por ello es obvio que el verbo "perpetuar" y el adjetivo "perpetuado" no vienen al caso.

Estas confusiones están entre las más ridículas que se dan en nuestro idioma. En el diario mexicano *El Economista* leemos que

♀ "El Primer Ministro de Libia, Abdullah al-Thani, logró **escapar con vida** a un intento de asesinato **perpetuado** por un grupo armado que disparó contra su coche".

¡Notición hubiera sido que el ministro libio hubiera logrado **escapar sin vida**! Y es obvio que el intento de asesinato no fue "perpetuado", sino

♂ **perpetrado** por un grupo armado que disparó contra su coche.

✎ Como estas noticias hay miles e internet y en las publicaciones impresas. He aquí unas pocas, a manera de ejemplos, de estas barrabasadas: "Esclarecen triple asesinato **perpetuado** en el 2004", "aseguran que se trató de un asesinato **perpetuado** por parte del gobierno de Nicolás

Maduro", "detienen al responsable del asesinato **perpetuado** dentro de un taller mecánico", "intento de asesinato **perpetuado** en la Catedral Metropolitana", "su asesinato, **perpetuado** en un céntrico barrio de Buenos Aires", "asesinatos **perpetuados** estos últimos días", "asesinatos **perpetuados** a mitad de este 2017 en México", "los asesinatos **perpetuados** por Jack El Destripador", "los crímenes **perpetuados** por el Estado", "crímenes **perpetuados** por la Policía Nacional", "crímenes **perpetuados** durante el régimen franquista", "los crímenes **perpetuados** por agentes del orden", "él no era capaz de **perpetuar** un crimen perfecto", "hay distintas formas de **perpetuar** un crimen cibernético", "áreas que los delincuentes conocen bien para **perpetuar** un crimen", "un viejo crimen **perpetuado** en la escuela", "un horrendo crimen **perpetuado** por la familia Manson", "fueron capturados luego de **perpetuar** un robo", "arrestado sospechoso de **perpetuar** un robo", "esclarecen un robo **perpetuado** a un comerciante", "la policía esclareció el robo **perpetuado** por menores", "captan robos **perpetuados** por niños utilizados por adultos", "la policía investiga la ola de robos **perpetuados** este fin de semana", "disminuyeron los robos **perpetuados** por motoasaltantes".

☞ Google: 20 000 resultados de "asesinato perpetuado"; 11 800 de "asesinatos perpetuados"; 10 600 de "crímenes perpetuados"; 10 200 de "perpetuar un crimen"; 3 240 de "crimen perpetuado"; 2 680 de "perpetuar un robo"; 1 710 de "robo perpetuado"; 1 150 de "robos perpetuados". ☒

☞ Google: 68 300 resultados de "crímenes perpetrados"; 58 600 de "robo perpetrado"; 48 000 de "crimen perpetrado"; 42 500 de "perpetrar un robo"; 40 700 de "perpetrar el robo"; 40 300 de "perpetrar el crimen"; 39 500 de "asesinatos perpetrados"; 34 100 de "asesinato perpetrado"; 32 200 de "robos perpetrados"; 28 300 de "perpetrar el asesinato"; 10 200 de "perpetrar un crimen"; 9 340 de "perpetrar un asesinato". ☑

176. ¿*persona con capacidades diferentes?*, ¿*persona de capacidades diferentes?*

De todas las aberraciones idiomáticas que ha creado la fiebre del eufemismo de lo políticamente correcto, una de las peores es la que se refiere a las "personas con capacidades diferentes" para designar, en especial, a aquellas que padecen algún déficit o insuficiencia física; por ejemplo, ciegas, mudas, sordas, sordomudas, etcétera. Como muy bien señala el agudo observador Eduardo Mejía, "personas con capacidades diferentes somos todas, sin excepción". Así es. Pero esto no lo entienden quienes, en el ánimo de no herir susceptibilidades, hieren la lógica y el significado en el idioma español. Veamos por qué. La primera acepción del sustantivo femenino "persona" (del latín *persōna*) es "individuo de la especie humana". Ejemplo: *Pablo es una buena persona*. El sustantivo femenino "capacidad" (del latín *capacĭtas, capacitātis*) significa "cualidad de capaz". Ejemplos del diccionario académico: *Capacidad para el cargo que se desempeña*; *Capacidad intelectual*. El plural, "capacidades", implica por supuesto que, en el caso de un individuo, puede tener más de una "aptitud" (del latín *aptitūdo*), pues tal es su sinónimo, sustantivo femenino que significa "capacidad para operar competentemente en una determinada actividad". Ejemplo: *Pablo tiene muchas **aptitudes** para cumplir con el trabajo.* De ahí el adjetivo "apto" (del latín *aptus*): "Idóneo, hábil, a propósito para hacer algo". Ejemplo: *Es **apto** para desempeñar esa labor.* En cuanto al adjetivo y adverbio "diferente" (del latín *differens, differentis*) significa diverso, distinto. Ejemplo: *Luis realiza este trabajo de forma **diferente**.* Pero si, de alguna manera, siempre inobjetable, todos los individuos tenemos diversas capacidades y somos distintos o diferentes para realizarlas, ¿qué gana el idioma con denominar "personas con capacidades diferentes" o "personas de capacidades diferentes" a quienes padecen alguna disfunción producto de una carencia física o intelectual? ¡No gana nada y, en cambio, sí pierde lógica y sentido! Todos, por definición, somos personas con capacidades diferentes, incluso si no tenemos visibles carencias físicas o intelectuales. La epidemia del eufemismo en el idioma español ha llegado a extremos que lindan con la mentira. Una persona carente de un brazo tiene capacidades tan diferentes como otra que posee ambas extremidades superiores. Es cierto que una persona sordomuda, por ejemplo, desarrolla con mayor agudeza otros sentidos distintos a los del habla y la audición y, con ello, adquiere otras aptitudes o capacidades, pero sus "capacidades diferentes" lo son también en relación con las "capacidades diferentes" de quienes pueden oír y hablar. Y lo mismo puede decirse de los ciegos, los miopes, los escleróticos, los mancos, etcétera. El *Diccionario de la lengua española* de la RAE ya dio entrada a múltiples eufemismos sin que se haya caído el mundo, pero también sin que se haya mejorado la lengua española en su economía, sus significados y su lógica. Por fortuna, aún no admite el sinsentido "personas con capacidades diferentes" para designar a las personas con carencias físicas o intelectuales que, sin embargo, son aptas para desempeñarse laboral y socialmente. Incluye el adjetivo y sustantivo "discapacitado" (calco del inglés *disabled*) que define del siguiente modo: "Dicho de una persona: Que padece una disminución física, sensorial o psíquica que la incapacita total o parcialmente para el trabajo o para otras tareas ordinarias de la vida". Y da como sinónimo el adjetivo y sustantivo "minusválido" (del latín *minus*, menos, y *válido*), derivado del sustantivo femenino "minusvalía": "Discapacidad física o mental de alguien por lesión congénita o adquirida". Todo ello para restar aspereza al adjetivo y sustantivo "inválido" (del latín *invalĭdus*) que, sin embargo, es el término original en nuestra lengua y que el diccionario académico define del siguiente modo: "Dicho de una persona: Que adolece de un defecto físico o mental, ya sea congénito, ya adquirido, que le impide o dificulta algunas de sus actividades". Cabe advertir que este término tiene su origen en el ámbito militar, pues "inválido" es especialmente el militar "que en acto de servicio o a consecuencia de él ha sufrido mutilación o pérdida de alguna facultad importante" (DRAE). En contraposición,

el adjetivo y sustantivo "válido" solía usarse aplicado a la persona anciana "que puede valerse por sí misma". La Organización de las Naciones Unidas (onu) se refiere
a las "personas con discapacidad" precisamente en su *Convención sobre los derechos
de las personas con discapacidad*, dando al sustantivo femenino "discapacidad" el significado que ofrece María Moliner en el due: "Incapacidad física o mental causada
por una enfermedad o accidente, o por una lesión congénita". El sinónimo al que
nos dirige Moliner en su diccionario es el sustantivo femenino "minusvalía" ("incapacidad física o mental"). Pero ya es hora de aclarar, de precisar, que una "persona
discapacitada" no es lo mismo que una persona "incapacitada". Hay quienes tienen
todas las partes y funciones de su organismo y pueden estar incapacitadas para una
acción o destreza particular. El sustantivo femenino "incapacidad" (del latín *incapa-
cĭtas, incapacitātis*) significa "falta de capacidad para hacer, recibir o aprender algo"
y "falta de entendimiento e inteligencia". Ejemplo: *La **incapacidad** de Fulano para ser
legislador es más que evidente* (aunque no sea una persona con "discapacidad" física o
intelectual). Vemos a personas discapacitadas o con discapacidad que compiten en
natación, atletismo, gimnasia, etcétera, con altos niveles de habilidad y destreza, y
que, con facilidad, son capaces de vencer a quienes no padecemos alguna amputa-
ción, por ejemplo, pero que no practicamos el deporte; en este sentido, nosotros no
somos "discapacitados", sino que estamos "incapacitados" (no somos "capaces") para
competir con ellos. El propósito del eufemismo puede ser noble (con el fin de evitar
la "discriminación"), pero en sus extremos lo que consigue es falsear la realidad y,
en no pocos casos, socavar la lógica del idioma con fórmulas que desvirtúan el significado de las palabras. Parece claro que una persona que padece ceguera total, es
decir una persona "ciega", carente del sentido de la vista ("invidente"), no equivale a
una persona que padece "debilidad visual", esto es que tiene dificultades o deficiencias para ver. Pero decir y escribir "enfermo visual" es no decir prácticamente nada
porque el eufemismo se extiende en una indefinición o imprecisión absoluta. Es el
caso también de los absurdos eufemismos "adulto mayor" o "adulto en plenitud", en
lugar de los términos correctos "anciano" y "viejo", pues la "ancianidad" y las "vejez"
no merecen eufemismos tan disparatados.

Volviendo al disparate de las "personas con capacidades diferentes", éste ya se volvió plaga en nuestro idioma por culpa de los políticos, los académicos, los periodistas y los burócratas que no sólo no consultan el diccionario de la lengua, sino que
tampoco acuden a fuentes directas como es la ya mencionada *Convención sobre los
derechos de las personas con discapacidad*. En el diario mexicano *Excélsior* leemos el siguiente encabezado:

♀ "ine se reúne con **personas con capacidades diferentes**".

¿Personas con capacidades diferentes? En todo caso, personas con ciertas capaci-dades limitadas, pues, como ya lo dijimos, todas las personas tenemos capacidades diferentes. Ya que se trata de personas con discapacidad o con características espe-ciales, lo que debió informarse es que

⚬ el Instituto Nacional Electoral recibió a **ciudadanos con discapacidad** o bien a **personas que requieren de atención especial** o **con necesidades especiales** (si lo que se pretende es un eufemismo lógico para evitar los adjetivos y sustantivos "discapaci-tado" que, como ya vimos, es calco del inglés, o "inválido" y "minusválido", los cuales, por cierto, no tienen ningún sentido peyorativo que consigne o registre el dicciona-rio académico).

✒ He aquí otros ejemplos de este tan desafortunado eufemismo creado por una sociedad esencialmente hipócrita e ignorante, tomados todos ellos de publicaciones impresas y de in-ternet: "qué es la discriminación a **personas con capacidades diferentes**", "inclusión de **per-sonas con capacidades diferentes**", "apoyo a **personas con capacidades diferentes**", "cómo ayudar a las **personas con capacidades diferentes**", "garantizar derechos de **personas con ca-pacidades diferentes**", "¿conoces a alguna **persona con capacidades diferentes**?", "es una **per-sona con capacidades diferentes**", "Poder Judicial incorporó a una **persona con capacidades diferentes**" (habría que preguntar: ¿diferentes a las de quién?), "convivencia con **personas de capacidades diferentes**", "incluirán a **personas de capacidades diferentes**", "primera **persona de capacidades diferentes** en las oficinas centrales", "Día internacional de la **persona de capa-cidades diferentes**", etcétera.

☞ Google: 1 320 000 resultados de "personas con capacidades diferentes"; 103 000 de "persona con capacidades diferentes"; 82 000 de "personas de capacidades diferentes"; 24 100 de "persona de capacidades diferentes". ☒

177. pictórica, pictórico, pintura, ¿*pintura pictórica?*, ¿*pinturas pictóricas?*

Al parecer, se debe al artista Piet Mondrian (1872-1944) el término redundante "pin-tura pictórica". Es bastante probable, dado que data de 1917, y lo acuñó para hacer la distinción entre "arte pictórico" y "pintura decorativa". Pero así sea de Mondrian, "pintura pictórica", en su traducción literal al español, es una tontería, pues toda "pin-tura" es "pictórica", del mismo modo que toda "poesía" es "poética", más allá de nuestros gustos y conceptos sobre el arte de la pintura y el arte de la poesía. Veamos por qué. El adjetivo "pictórico" (del latín *pictor, pictōris*, "pintor") significa "pertene-ciente o relativo a la pintura" (DRAE). Ejemplo: *El arte **pictórico** del Renacimiento es un momento de esplendor cultural*. En cuanto al sustantivo "pintura", el DRAE ofrece las si-guientes acepciones principales: "Arte de pintar", "tabla, lámina o lienzo en que está pintado algo" y "obra pintada". Ejemplos: *La **pintura** de Picasso destaca en el arte del* siglo xx; *Las **pinturas** de la exposición no eran muy buenas.* El sustantivo "pintor", en su acepción principal, se aplica a la "persona que profesa o ejercita el arte de la pintura" y, en su acepción secundaria, a la "persona que tiene por oficio pintar puertas, ventanas, paredes, etc." (DRAE). A la primera se le conoce y reconoce como "artista"; a la segunda, como "pintor o pintora de brocha gorda" (no es un arte, sino el oficio utilitario de un obrero). La acepción principal del verbo transitivo "pintar" (del latín vulgar *pinctāre*, derivado del latín *pictus*, "pintado") se refiere al artista o a quien imita al artista ("representar algo en una superficie con líneas y colores"); la acepción secundaria se refiere a la persona que ejerce el oficio utilitario ("cubrir con un color la superficie de algo"). Ejemplos: ***Pintar** fue para Van Gogh una pasión y un destino; En sus ratos de ocio le gusta **pintar**; Mandó **pintar** su casa con los colores del partido político con el que simpatiza* (hay gente así). Podría pensarse que, más allá de Mondrian, la expresión redundante "pintura pictórica" tiene el propósito de diferenciar el arte de la pintura del simple oficio utilitario que se realiza con la brocha gorda o con el rodillo; sin embargo, no hay rastros de este contexto en los ejemplos consultados, lo mismo en publicaciones impresas que en internet. Se trata, más bien, de un planteamiento estético vanguardista que, como ya dijimos, pretende diferenciar entre el "arte pictórico" (o "pintura abstracta") y la "pintura decorativa". Pero justamente el término que se debe emplear, al menos en su traducción española, es "arte pictórico" o "pintura abstracta" en oposición a la "pintura decorativa", que es la que realiza para "decorar" o "adornar" espacios y objetos, sin alcanzar jamás la dignidad del arte pictórico. No pensó el creador de esta redundancia en un paralelismo que es forzoso hacer: la gran música clásica, el más portentoso "arte musical" no se llama "música musical" en oposición a la "música de ascensor" o "música de fondo". Asimismo, el "arte musical" se diferencia del rap, el reguetón y otras simplezas por su gran calidad, su hondura espiritual y su profundidad estética. No podríamos decir que el reguetón no es música, pero seríamos unos pelmazos si creemos que está a la altura de Mozart, Beethoven, Armstrong o Charlie Parker. Del mismo modo, la "pintura decorativa" es pintura, cuyo propósito es únicamente ornamentar, y nada tiene que ver con la profundidad conceptual y estética de las obras de Picasso, Van Gogh, Rembrandt, Leonardo y el propio Mondrian, entre otros. ¿"Pintura pictórica"? Es una aberrante redundancia, aunque su creación se deba a un notable pintor del siglo xx: algo así como decir y escribir "danza dancística" u "ópera operística", "arquitectura arquitectónica" o "cine cinematográfico". El idioma es flexible al uso y maleable en sus derivaciones, pero no admite atentados contra la lógica.

El reino de esta redundancia culta está en internet, aunque de pronto ya encontramos su influjo en publicaciones impresas de personas que jamás utilizan la lógica ni usan el diccionario. En la edición española del libro *Escritos de arte de vanguardia*

1900/1945 leemos lo siguiente, en traducción del original de Piet Mondrian ("El neo-plasticismo en pintura, 1917-1918"):

♀ "En **pintura** —pictórica, no decorativa— la expresión naturalista y los recursos naturalistas que llegaron a ser más internos, se intensificaron en lo abstracto. El arte decorativo no hizo más que *generalizar* la forma y el color *naturales*. De esta forma, el sentimiento de la expresión estética de relación fue aclarado mediante una **pintura pictórica**".

Lo correcto es lo siguiente:

♂ En el **arte pictórico no decorativo** la expresión naturalista, etcétera. El sentimiento de la expresión estética fue aclarado mediante la **pintura no decorativa**.

✐ He aquí otros ejemplos de esta desafortunada redundancia surgida en el ámbito mismo de la pintura: "La **pintura pictórica** no es un estilo de lejanía en el sentido de que haya de ser invisible la factura", "composición de acuarela dibujada mano artística con gotas de **pintura pictórica**", "la **pintura pictórica** y barroca del siglo XVII", "el desarrollo de conceptos como el de **pintura pictórica**", "clases de dibujo y **pintura pictórica** y decorativa", "se inició en la **pintura pictórica**", "exhibición de **pintura pictórica**", "pintores me han hecho ver lo que puede ser la **pintura pictórica**", "realiza una **pintura pictórica** performática", "ejemplos de este tipo de **pintura pictórica** en Europa", "en la **pintura pictórica** el color se extiende", "rompió con la **pintura pictórica** tradicional", "él estaba a favor de la **pintura pictórica**", "exposición de **pinturas pictóricas** en el Centro Cultural de Los Andes", "la Casa del Arte de Ciudad Victoria inauguró esta tarde la exhibición de **pinturas pictóricas**", "**pinturas pictóricas** famosas", "se llevó a cabo la inauguración de **pinturas pictóricas** en el municipio de San Damián Texoloc". ¡Y basta!

☞ Google: 9 290 resultados de "pintura pictórica"; 4 750 de "pinturas pictóricas". ⊠

☞ Google: 4 490 000 resultados de "pintura abstracta"; 642 000 de "arte pictórico"; 1 500 de "arte pictórico abstracto"; 1 000 de "pintura no decorativa". ☑

178. piquete, piquetes

Entre las diversas acepciones del sustantivo masculino "piquete" (de *pico*), ni el DRAE ni el *Diccionario panhispánico de dudas* ni el pobre *Diccionario de mexicanismos*, de la AML, incluyen en sus páginas la acepción mexicana coloquial que consiste en el golpe dado con la punta de algún dedo de la mano, especialmente el índice, como en las expresiones "piquetes de ojos" o "piquete en el ojo", "piquete de costillas" o "piquete en las costillas", "piquete de ombligo" o "piquete en el ombligo", "piquete culo" o "piquete en el culo", etcétera. Ejemplo (tomado de la novela *La voluntad y la fortuna*, 2008, de Carlos Fuentes): "Digamos pues que en los doce pisos que me eran permitidos en el edificio Utopía yo trataba de ser modelo de circunspección, trato afable, ausencia de familiaridades, nada de canchanchanerías, **piquetes en el ombligo** o guiños léperos". Y uno más (tomado del cuento "La noche ajena", de Enrique Serna): "Corrí a colocarme tras él y le di un **piquete de culo**". Éste es el sentido del mexicanismo "piquete", aunque, en la acepción principal del diccionario académico, el sustantivo "piquete" sea el "golpe o herida de poca importancia hecha con un instrumento agudo o punzante", y, entre las acepciones secundarias, un "jalón pequeño" y, como americanismo, una "punzada", esto es, un "dolor agudo, repentino y pasajero que suele repetirse de tiempo en tiempo" o bien una "herida ocasionada por la punta de un objeto". En ninguno de estos diccionarios (y la omisión es particularmente vergonzosa en el DM) se consigna el uso coloquial que posee en México, y en otros países de América, el golpe repentino que se da a otra persona con la punta del dedo índice o bien de otros dedos, ya sea como agresión (especialmente en los ojos), como signo de camaradería o familiaridad o como una forma discreta de advertencia ante un comportamiento inadecuado (en cualquier parte del cuerpo, excepto los ojos). Ejemplos: *En la lucha libre son los rudos los que usan el* **piquete** *de ojos*; *Se saludaron con* **piquetes** *en el ombligo*; *Ante su impertinencia, discretamente, le dio un* **piquete** *en las costillas para que guardara silencio*. Como ya hemos dicho, a los investigadores y miembros de la Academia Mexicana de la Lengua les hace falta calle. En la lucha libre es famoso el "piquete de ojos", y en el barrio es más que famoso el "piquete de fundillo", que no es tanto una expresión de connotación sexual, sino, en general, un sentido figurado de la extrema confianza o intimidad que tienen dos personas que son "uña y mugre". Ejemplo: *Esos dos se llevan de* **piquete** *de fundillo*. También, incluso entre niños, se usan las expresiones "piquete en las costillas" o "piquete en la panza". Ejemplos: *Le dio unos* **piquetes** *en las costillas*; *Le dio un* **piquete** *en la panza*. El *Diccionario de mexicanismos*, exhaustivo en tonterías, más que en mexicanismos, documenta sólo cuatro acepciones para el sustantivo masculino "piquete": "Pinchazo, punzada hecha con un objeto agudo, especialmente con una navaja o puñal: *Le dieron un* **piquete** *muy feo en la panza*", "penetración sexual: *Me late que a tu novia ya le hace falta un* **piquete**" (los hacedores del *Diccionario de mexicanismos*, de la AML, se dan vuelo con una impostada ñerez de cubículo, pero ni siquiera advierten la carga de misoginia en sus ejemplos, aunque haya varias mujeres en el equipo), "picadura de animal o de un objeto punzocortante: *Traigo un* **piquete** *de mosquito en el tobillo*", y "pequeña porción de alcohol que se agrega a una bebida: *Dame un cafecito, pero con* **piquete**". A diferencia del DM, el *Diccionario del español usual en México* no incluye la minoritaria acepción "penetración sexual" para "piquete" (porque, en general, en México, a la penetración sexual no se le dice "piquete", salvo en los sitios pornográficos de internet, y, en el habla, sólo se usa, si acaso, como albur, cuando alguien pide un "café con piquete". Ejemplo: *Aquí tienes el café, y luego te doy el* **piquete**), pero sí el significado de "golpe repentino en una parte del cuerpo con el dedo o con cualquier objeto relativamente agudo", esto es, con algo que tenga "pico" o punta (un lápiz, un bolígrafo, etcétera), y nos ofrece un perfecto ejemplo: *Le di un **piquete** en las costillas para que se callara*. Obviamente, en este ejemplo, el contexto se refiere a alguien que, en público, está diciendo impertinencias o revelando inconveniencias; entonces, repentina y discretamente se le da un "piquete en las costillas" (o en el hombro, la espalda o el muslo), para que entienda que debe cerrar la boca porque ya se sobrepasó. Por otra parte, según el presidente de México, Andrés Manuel López Obrador, la locución "piquete de ojos" equivale también a "mochada": soborno, cohecho, mordida, transa o "moche" (término éste, "moche", que tampoco recoge el *Diccionario de mexicanismos*, de la AML, a pesar de los millones de resultados que tiene en internet), pero tal acepción es tan ínfima en sus evidencias que parece ser exclusiva de la picaresca política del presidente y su círculo cercano. Lo cierto es que el indiscutible mexicanismo "piquete", con las acepciones ya examinadas, no existe para la Academia Mexicana de la Lengua, al menos en su paupérrimo DM. He aquí sólo unos poquitos ejemplos entre las decenas de miles de este perfecto uso que podemos encontrar en internet y en publicaciones impresas: "Mientras el réferi no prestaba atención, Kevin Owens le dio un **piquete de ojos** a Jack Swagger y luego lo llevó a la lona", "por **piquete de ojos** paran pelea de UFC en CDMX", "AMLO nos ha dado puro **piquete de ojos** en sus primeros 100 días de gobierno", "la huracarrana y el **piquete de ojos** llegan al Museo Barroco, sucursal de la Arena Puebla", "Jeremy Stephens alegó un **piquete de ojos** y obligó a la suspensión de la pelea", "multan a Mourinho por **piquete de ojos**", "un **piquete de ojo** puede llevar a un rasguño en la córnea", "insultos, cerveza y hasta agresiones, de todo le llovió por abandonar el combate por un **piquete de ojo**", "patadas, zancadillas y **piquetes de ojo**", "**piquetes de ojo** y cabezazos", "golpes bajos, **piquetes de ojo** y zancadillas no se harán esperar", "el villano atacó a su rival con un **piquete en los ojos**", "este lo lesionó con un **piquete en el ojo**", "ya saben las reglas: nada de patadas ni **piquetes en los ojos**", "le hizo dos **piquetes en el ojo**", "denle un **piquete en el culo** a ver si se le quita lo pendejo", "el Güero Martínez se lleva de **piquete de culo** con el mero presidente de la gran capital", "hasta de **piquete de culo** con los cuates", "le di un **piquete de ombligo**", "le di un **piquete en la pierna**", "le di un **piquete en las costillas** causando que brincara y abriera los ojos", "me acerqué silencioso y le di un **piquete en el culo**", "antes se llevaban de **piquete de ombligo**", "como si se llevaran con él de **piquete de ombligo**", "se llevan a **piquetes de ombligo**", "abrazos y **piquetes en el ombligo** a todos", "te mereces unos **piquetes en la panza**", "Cepillín declaró que es tan amigo de Aracely Arámbula que hasta de **piquete de costilla** se llevan", "se ganaron un agarrón de nalgas, un **piquete en la panza**, una tosca caricia en la tatema de erizados pelos", "los que antes eran enemigos políticos, ahora hasta **piquete de panza** se dan", "desde hace muchos años se llevan de **piquete de costillas**", "ahora se llevan de **piquete en el** ombligo", "**piquetes de panza** como los que te gustan", "pasaron de las sonrisas y los **piquetes de ombligo** a jugar manitas calientes entre ellos", "hay risas, **piquetes de costillas** y uno que otro picorete", "con los que se lleva de **piquete de nalga**", "**piquetes de fundillo** para todos", "se lleva de **piquete de fundillo** con el viejo".

☞ Google: 43 400 resultados de "piquete de ojos"; 38 000 de "piquete de ojo"; 29 000 de "piquetes de ojos"; 26 500 de "piquete en los ojos"; 24 800 de "piquete en el ojo"; 16 700 de "piquetes en los ojos"; 6 670 de "piquetes en el ojo"; 5 950 de "piquete en el culo"; 4 220 de "le di un piquete"; 3 270 de "piquete de culo", 2 580 de "piquete de ombligo", 2 270 de "piquetes en el ombligo"; 2 090 de "piquetes en la panza"; 1 760 de "piquete de costilla"; 1 700 de "piquete en la panza"; 1 520 de "piquete de panza"; 1 510 de "piquete de costillas"; 1 360 de "piquete en el ombligo"; 1 200 de "piquetes de panza"; 1 140 de "piquetes de ombligo"; 1 100 de "piquetes de costillas"; 1 000 de "piquetes de costilla"; 900 de "piquete nalga" ☑

179. plan, *¿plan a futuro?*, plan con futuro, *¿plan de futuro?*, *¿plan futuro?*, *¿plan para el futuro?*, proyecto, *¿proyecto a futuro?*, proyecto con futuro, *¿proyecto de futuro?*, *¿proyecto futuro?*, *¿proyecto para el futuro?*

El sustantivo masculino "plan" (de *plano*) es sinónimo de "proyecto" y significa "programa de cosas que se piensan hacer y de cómo se piensa hacerlas" (DUE). Ejemplos de María Moliner: *Plan del ensanche de Madrid*; *Plan de ahorro*. De ahí el verbo transitivo "planear": "Proyectar hacer cierta cosa" (DUE). Ejemplo: *Planea un viaje por Europa para este verano*. Asimismo, en el DUE, el sustantivo masculino "proyecto" (del latín *proiectus*) significa "idea que se tiene de algo que se piensa hacer y de cómo hacerlo". Ejemplo de Moliner: *Cambia de **proyecto** cada media hora*. De ahí que una de las acepciones del verbo transitivo "proyectar" (del latín *proiectāre*) sea "pensar hacer una cosa". Ejemplo del DUE: ***Proyectan** casarse este verano*. En cuanto al adjetivo y sustantivo "futuro" (del latín *futūrus*), su significado es "que está por venir". Ejemplos: *A un poeta **futuro**; Imagina que su **futuro** será brillante*. Dicho y comprendido lo anterior, queda claro que todo "plan" y todo "proyecto" son "futuros", "a futuro", "de futuro" y "para el futuro", pues tanto "plan" como "proyecto" son programas o ideas de algo que se piensa hacer y que tendrá o no realización posterior. El "Plan Sexenal", por ejemplo, "fue el nombre dado a la plataforma electoral y al plan de gobierno de Lázaro Cárdenas que echó a andar cuando alcanzó la presidencia de México en 1934" (*Wikipedia*). En un "plan" o "proyecto", el "futuro" no es, necesariamente, un largo o muy largo plazo (puede ser, también, corto o mediano), pero, en lo que no hay duda (la definición es muy precisa al respecto) es en que lo planeado o proyectado está aún por hacerse, no se ha hecho, se hará y hasta es posible y probable que nunca se haga. Dicho de otro modo, lo que se programa, en un "plan" o "proyecto", corresponde, irrefutablemente, al "porvenir" ("suceso o tiempo futuro"). Siendo así, las expresiones tan socorridas "plan a futuro", "plan de futuro", "plan futuro", "plan para el futuro", "proyecto a futuro", "proyecto de futuro", "proyecto futuro" y "proyecto para el futuro", más sus plurales y variantes, son redundantes, a pesar de lo que diga, en galimatías, la *Wikilengua del español*: "Un **plan futuro** o **futuro plan** es un plan que todavía no se ha hecho y está por venir, es decir, todavía no se ha planificado (ejemplo: *El desarrollo de esa posibilidad se ha dejado para un plan futuro*). No debe confundirse con **plan a futuro** o **plan para el futuro**, que es lo que ya se ha planificado, pero aún no se ha puesto en práctica. Generalmente se considera una redundancia, pues en principio los planes son siempre para el futuro, pero puede aludir a los planes que no se han cumplido y que aún pueden cumplirse en caso de que, en el momento de hablar, parte se hayan cumplido. Son posibles planes para el pasado cuando se da una referencia: *Los planes para el pasado año no llegaron a realizarse*. Un **plan de futuro** es un plan con posibilidades de éxito". Esto es querer buscarle pelos al huevo. Si un plan no se realizó el año anterior, se dice simple, pero precisamente: *El año pasado los planes no se realizaron*, y nos olvidamos de la idiotez "**planes para el pasado año**". Lo más risible es que la Fundéu bbva, ¡que participa en la *Wikilengua del español*!, en su buscador urgente de dudas desmiente a su parienta, sin siquiera percatarse de ello, pues, con corrección, a un hispanohablante que le plantea sus dudas en las expresiones "proyecto de futuro", "proyecto con futuro" y "proyecto para el futuro", le da la siguiente respuesta: "**Proyecto de futuro** se trata de una redundancia, muy habitual en la lengua hablada, que es muy redundante. [Queremos creer que, de acuerdo con esta redacción, "muy redundante" es "la lengua hablada" y no la "redundancia"; queremos creer.] Y es una redundancia porque todos los proyectos son de futuro, ya que no hay proyectos de presente o de pasado. También es redundante **un proyecto para el futuro**. En cambio, **un proyecto con futuro** es otra cosa, pues lo que se indica es que se tiene fe en ese proyecto". Esto delata que la Fundéu bbva avala, sin ver, lo que se incluye en la *Wikilengua*. Pero, más allá de estas risibles cosas, hay que insistir en el hecho de que lo primero que extravía quien comete redundancias es la lógica, y después, el significado de las palabras: Si todo "plan" y todo "proyecto" son, por definición, acciones que están por realizarse, modificar dichos sustantivos con el adjetivo y sustantivo "futuro" es únicamente rizar el rizo y decir tonterías. Por favor, que nadie los engañe con galimatías. En efecto, las únicas formas aceptables, no exentas de redundancia, pero en grado menor, son "plan con gran futuro", "plan con futuro", "proyecto con gran futuro" y "proyecto con futuro" (más sus plurales), porque, en estos casos las expresiones modificadoras "con gran futuro" y "con futuro" tienen el propósito de enfatizar la confianza, la certidumbre, y sobre todo la fe, en esos "planes" y "proyectos" (sin que esto quiera decir que lo que se afirma sea verdad). Ejemplos:

*Lo que empezó siendo una experiencia piloto se ha convertido en un **plan con gran futuro**; El Tren Maya: un **proyecto con gran futuro** para el país.*

Las publicaciones impresas y las páginas de internet están llenas de estas redundancias, lo mismo que los discursos de los políticos y las noticias sobre políticos. En el portal de internet *Noticias* ONU leemos el siguiente titular:

♀ "El Secretario General [de la ONU] presenta el **plan de futuro** para las operaciones de paz".

Debería saberse en la ONU que no hay "planes de pasado". Lo correcto es decir y escribir:

♂ El Secretario General [de la ONU] presenta el **plan** para las operaciones de paz.

✐ He aquí sólo unos cuantos ejemplos de estas redundancias que se cuentan por millones: "*Una mirada al pasado y un **proyecto de futuro***" (título de un libro español), "Quinto Conversatorio Ciudades Cuidadoras: Un **proyecto de futuro**" (ciudades cuidadoras, sí, pero no del idioma), "la humanidad necesita un **proyecto de futuro**", "Chile, la creación de un **proyecto de futuro**", "cómo llevar a cabo un **proyecto de futuro**", "un **plan de futuro**... o 25 prioridades de AMLO", "un **plan personal de futuro para personas** con discapacidad" (doble redundancia), "un **plan de futuro** para la Universidad", "tenemos un **plan de futuro** para ti", "mexicanos sin **plan para el futuro**", "necesitas crear un **plan para el futuro**", "el **plan para el futuro** de la humanidad", "Nissan presenta su **proyecto para el futuro** de la conducción", "Bosque Real, un **proyecto para el futuro**", "**proyectos de futuro** con herramientas ágiles", "mis **proyectos de futuro**", "nuestros **planes de futuro**", "hacer **planes de futuro**", "mis **planes para el futuro**", "hacer planes **para el futuro**", "está preparando grandes **proyectos para el futuro**", "lecciones del pasado: **proyectos para el futuro**" (es bonito jugar con las palabras, oponiendo los naturales antónimos "pasado" y "futuro", pero no hay que ser necios: todo proyecto es para el futuro), "de cara a **futuros proyectos**", "le deseo mucho éxito en sus **proyectos futuros**", "mi **proyecto a futuro**", "tengo **planes a futuro**", "los **proyectos a futuro** de Vargas Llosa", "Yalitza Aparicio nos revela sus **planes a futuro**" y, como siempre hay algo peor, "forma de presentación en el **futuro proyecto de programa** y presupuesto".

☞ Google: 7 780 000 resultados de "proyecto de futuro"; 6 950 000 de "plan de futuro"; 6 360 000 de "plan para el futuro"; 6 300 000 de "proyecto para el futuro"; 6 020 000 de "proyectos de futuro"; 5 670 000 de "planes de futuro"; 4 400 000 de "planes para el futuro"; 3 640 000 de "proyectos para el futuro"; 1 310 000 de "futuros proyectos"; 638 000 de "proyectos futuros"; 571 000 de "planes futuros"; 550 000 de "proyecto a futuro"; 503 000 de "proyectos a futuro"; 410 000 de "planes a futuro"; 388 000 de "futuro proyecto"; 236 000 de "futuro plan"; 194 000 de "proyecto futuro"; 190 000 de "futuros planes"; 156 000 de "plan a futuro"; 44 200 de "plan futuro". ☒

☞ Google: 36 100 resultados de "proyecto con futuro"; 23 200 de "proyectos con futuro"; 12 300 de "proyecto con gran futuro"; 7 640 de "plan con futuro"; 5 470 de "proyectos con gran futuro"; 4 510 de "planes con futuro". ☑

180. ¿*plazita*?, ¿*tazita*?, diminutivos de sustantivos terminados en "z"

Por regla ortográfica, los sustantivos agudos y los monosílabos terminados en "z" forman su plural con "c", como en "actriz" ("actrices"), "audaz" ("audaces"), "capaz" ("capaces"), "cicatriz" ("cicatrices"), "frigidez" ("frigideces"), "locuaz" ("locuaces"), "luz" ("luces"), "matriz" ("matrices"), "pez" ("peces"), "rigidez" ("rigideces"), "secuaz" ("secuaces"), "timidez" ("timideces"), "voraz" ("voraces"), "voz" ("voces"). Asimismo, los adjetivos terminados en "z" cambian a "c" en sus derivaciones sustantivadas y verbales, como en "audaz" ("audacia"), "capaz" ("capacitar"), "falaz" ("falacia"), "feroz" ("ferocidad"), "incapaz" ("incapacitar"). También, en ciertos tiempos de conjugación de los verbos terminados en "-zar" se trueca la "z" en "c" antes de "e", como en "analizar" ("analice", "analicen", "analicemos"), "comenzar" ("comience", "comencemos", "comiencen"), "trazar" ("trace", "traces", "tracemos"). Asimismo, los diminutivos y algunos derivados de sustantivos terminados en "z" o cuya última sílaba sea "-za" o "-zo", cambian la "z" en "c" antes de "e" o de "i", como en "calabaza", cuyos diminutivos son "calabacín" y "calabacita", y de donde se deriva el verbo transitivo "calabacear" y el pronominal "calabacearse", además del coloquialismo "calabacearla" (eufemismo por "cagarla"), y también el sustantivo "calabacero" ("persona que vende calabazas" y "planta cuyo fruto es la calabaza"); pero la "z" se conserva, por obvias razones, en "calabazar" ("sitio sembrado de calabazas"), "calabazate" ("dulce seco de calabaza"), "calabazo" ("cierto tipo de calabaza") y "calabazazo" ("golpe dado con una calabaza"), pues nadie, en estos casos, cambiaría la "z" por "c" para decir y escribir *calabacar, calabacate, calabaco y calabacazo*, términos que, por supuesto, no tienen ningún significado en nuestro idioma. Son los mismos casos de "luz", "brazo", "cabeza", "taza", "trenza", "pedazo", "plazo", "pescuezo", "paz" "chorizo", "garbanzo", "trozo", "feliz", "precoz", etcétera, de los que derivan los diminutivos, adjetivos, sustantivos y verbos "lucecita", "lucidez", "lucidor", "lucimiento", "lucir" "bracito", "bracero", "cabecita", "cabecear", "cabecera", "tacita", "trencita", "pedacito", "pedacear", "placito", "placear", "placera", "placero", "pescuecito", "paces", "pacificar", "pacífico", "choricito", "choricera", "garbancito", "garbancera", "garbancero", "trocito", "trocear", "felicidad", "felicitación", "felicitar", "precocidad", entre otros. Pero también hay sustantivos terminados en "z" que no entran en ninguna de estas reglas, como "tamiz" ("tamizar"), "barniz" ("barnizar"), "matiz" ("matizar"), "idiotez" ("idiotizar"), entre otros. Si seguimos estas sencillas reglas, jamás cometeremos la tontería de mantener la "z" sobre todo en ciertos diminutivos que es obligado formar con "c".

Entre los diminutivos erróneos de un sustantivo terminado en "-za" y en "-zo" es frecuente "plazita", mucho más que otros, como "tazita" y "brazito", obviamente por ignorancia de las reglas gramaticales y ortográficas y por influjo de los correctos aumentativos "plazota", "tazota" y "brazote". Muchísimos lugares o centros comerciales se llaman

♀ "La **Plazita**".

Con corrección deben llamarse

♂ La **Placita**.

✐ Van unos pocos ejemplos de estos erróneos y horribles diminutivos con "z": "**Plazita** Gourmet Oaxaca", "La **Plazita**, Mexicali", "cómo llegar a La **Plazita** en Aguascalientes", "La **Plazita** Restaurante", "local comercial La **Plazita** de María", "Restaurante La **Plazita** (Miraflores), Lima", "Restaurante Taberna Atípica La **Plazita** en Valdemorillo", "La **Plazita**, punto de encuentro", "La **Plazita** de Plata", "las **plazitas** en México", "una de las **plazitas** interiores del convento", "fraccionamiento Las **Plazitas**", "**Tazita** de Oro Joyería", "Café La **Tazita**", "La **Tazita**, Caracas", "La **Tazita** del Alfarero", "juego de **tazita** y platitos", "juego de **tazitas** con azucarera", "**tazitas** de café con soporte", "**tazitas** de café con espigas", "se tronó un **brazito**", "no pudieron salvar el **brazito** de Berenice", "**brazitos** de pato con salsa de peras", "**brazitos** de mermelada y chocolate", etcétera.

☞ Google: 482 000 resultados de "plazita"; 273 000 de "tazita"; 122 000 de "brazito"; 99 300 de "tazitas"; 56 100 de "plazitas"; 56 000 de "brazitos". ☒

☞ Google: 6 910 000 resultados de "tacita"; 5 360 000 de "placita"; 1 660 000 de "placitas"; 965 000 de "tacitas"; 479 000 de "bracitos"; 188 000 de "bracito". ☑

181. político, político ladrón, ¿político rata?, políticos, políticos ladrones, ¿políticos ratas?, ¿políticos rateros?, presidente, presidente ladrón, ¿presidente rata?, ¿presidente ratero?, presidentes, presidentes ladrones, ¿presidentes ratas?, ¿presidentes rateros?

No es creíble que, en general, los políticos y los presidentes sean "rateros", es decir, simplemente "rateros". Habiendo tanto que robar en el presupuesto, y habiendo tantos "servidores públicos" de alto rango ostensiblemente beneficiados con enriquecimiento explicable (sus trayectorias en el servicio público), queda claro que éstos no se conforman con "raterías", con cosas ínfimas, migajas y moronas para las hormigas. Lo que hacen no es "ratear" ("hurtar con destreza y sutileza cosas pequeñas"), sino "latrocinar" ("dedicarse al robo o latrocinio"). Hay una gran diferencia en ello, aunque en México solamos confundir al "ladrón" con el "ratero", seguramente porque tenemos una repulsión natural hacia las "ratas", esos pobres animalitos a los que no deberíamos insultar comparándolos con los políticos, por ejemplo, cuando decimos o escribimos: *Fulano de Tal (y aquí el nombre del político del partido que sea) es una ratota*. No; de ningún modo: ni ratas, ni ratitas ni ratotas ni muchos menos ratones ni ratoncitos merecen que los comparemos con los políticos ladrones. Es muy fácil rimar el grito de protesta "¡**Políticos rateros** se llevan los dineros!", pero no es más difícil, y sí mucho mejor y más apegado a la realidad, corear: "¡**Políticos ladrones** se forran de millones!". Una cosa es ser ladrón y otra cosa es ser ratero, aunque, en México, muchísimas personas no sepan distinguir una cosa de otra. Veamos por qué. Aparentemente, en la expresión "políticos rateros" hay una redundancia, pero no es así, lo que hay es una inexactitud, pues no es lo mismo ser "ratero" que ser "ladrón". Todo "ratero" es un "ladrón", pero no todo "ladrón" es un "ratero". De acuerdo con el DRAE, el adjetivo y sustantivo "ratero" significa "dicho de un ladrón: que hurta con maña y cautela cosas de poco valor". Ejemplo: *En el metro, dos **rateros**, luego de distraerlo, le volaron la cartera.* De ahí el sustantivo femenino "ratería": "hurto de cosas de poco valor, especialmente si se hace con maña y cautela". Ejemplo: *En el barrio, todos sabían que vivía de sus **raterías**.* Definitivamente, no es lo mismo robarse una billetera con trescientos pesos, que robarse el presupuesto público completo de un año o de dos años. Quien se roba el presupuesto, aprovechándose de su cargo público (presidente del país, presidente municipal, gobernador de un estado, secretario de Estado, subsecretario, director general, diputado, senador, etcétera), no es un simple "ratero", como bien lo demuestra la definición, sino un ladrón, un gran ladrón, un ladronazo. No hay que ofender a los "rateros" ni a las "ratas", mucho menos a los "raterillos" y los "ratoncitos": las cosas, como son. El "ratero" es apenas un "ladronzuelo"; el "ladrón", en cambio, es algo más que eso. El adjetivo y sustantivo "ladrón" (del latín *latro, latrōnis*: "bandido") es el que "hurta o roba" con una cuantía mayor a la del "ratero" o "ladronzuelo". Ejemplo: *El **ladrón** de los mil millones de dólares resultó ser el presidente de la compañía.* ¿Llamaríamos "ratero" al cabrón de este ejemplo? Por supuesto que no. Un "ratero" hurta cosas de poco valor, un ladrón se lleva todo o casi todo. Del adjetivo y sustantivo "ladrón" deriva el sustantivo masculino "latrocinio" (del latín *latrocinium*): "acción propia de un ladrón o de quien defrauda a alguien gravemente". ¿Ladrones, ladronazos, autores de latrocinios o fraudes gravísimos? Los ejecutivos de la empresa Enron, que hicieron quebrar a esta compañía por pérdidas de 74 000 millones de dólares, y Berni Madoff, que les robó a miles de inversionistas algo más de 20 000 millones de dólares. También los gobernadores de los estados, que se llevan el presupuesto de un año o de dos años. ¡Éstos son ladrones, no rateros! Ejemplo: *El gobernador cometió el mayor **latrocinio** de que se tenga memoria en el estado.* Es cierto que tanto el "ladrón" como el "ladronzuelo" o "ratero" se caracterizan por lo mismo: "robar" (del latín vulgar *raubare*, y éste del germánico *raubôn*: "saquear, arrebatar"): "tomar para sí lo ajeno", pero lo que los diferencia es el monto del "robo" ("cosa robada"). Vistas las cosas así, el "ratero" es un niño de pecho, en tanto que el "ladrón" (sobre todo si se mueve en los ámbitos del gobierno, la empresa y los negocios) es quien puede aplastar con su zapato a ese niño de pecho y a todo aquel que se le ponga en frente. ¡Pobre del "ratero" en manos de un ladronazo! En México, al "ladronzuelo" o "ratero" le decimos "rata", adjetivo y sustantivo que documenta el DM de la AML con el siguiente ejemplo: *Ángel es bien* **rata**, *se llevó mis discos.* Sí, "se rateó" unos pinches discos, pero no se robó toda la partida presupuestal para los programas sociales, por ejemplo, del gobierno de un estado o de una secretaría. Si le decimos "ratero" al gran "ladrón" es porque no sabemos utilizar, con precisión el idioma, ni vamos al diccionario para subsanar esta incapacidad. ¿Cómo podemos decirle simplemente "ratero" a un presidente del país que se llevó toda la "partida secreta" y algo más? ¡Ése no es un "ratero", es un grandísimo ladrón! Por todo lo anterior, los connotados políticos acusados de robo y "enriquecimiento inexplicable" (¡cómo que "inexplicable"!; se explica si están en la política) y los ejecutivos de grandes empresas acusados de fraude no son "rateros" ni "raterillos" ni "ladronzuelos", ¡son "ladrones", "ladronazos" ("ladronzazos" dicen algunos en México), porque no cometen "raterías", sino "latrocinios" y grandes fraudes. Y, por cierto, en la popular canción "Rata de dos patas", que interpreta Paquita la del Barrio, se refiere a una persona infrahumana, pero no porque ratee o por sus raterías, sino por su ojetez (por sus "actos despreciables que realiza con la intención de dañar a alguien o aprovecharse de él", DM), lo cual demuestra que una "rata de dos patas" no es necesariamente un "ratero", sino un ser despreciable, aunque no haga pequeños hurtos.

Debido al desconocimiento de los significados, en México, calificamos de simples "rateros" a quienes son más que "ladrones", "ladronazos". Esta inexactitud se da en casi todos los ámbitos del idioma, y hay evidencias de ello en internet, pero también en las publicaciones impresas, incluidos los diarios, las revistas y los libros. En el diario *Excélsior*, en la columna "Arsenal" de Francisco Garfias, el comentarista político recoge una frase de una política, Xóchitl Gálvez, en la que asegura que

♀ "la gente está hasta la madre de los **políticos rateros**".

En realidad, la gente, en México, está hasta la madre de muchas cosas, y, entre ellas, de la inseguridad, la demagogia, los políticos, los ladrones, los narcos, la corrupción, los rateros, etcétera. Pero, si como dicen que dijo el clásico (Carlos Hank González), "un político pobre es un pobre político", los políticos, en general, no son rateros ni raterillos, que hurtan carteras, relojes o teléfonos celulares; ellos peen más alto y, además pueden ser muy ojetes, en el sentido que le da a la ojetez la canción "Rata de dos patas". Para corregir a Xóchitl Gálvez, y para corregir a muchos otros, habría que precisar que

♻ la gente está hasta la madre de los **políticos ladrones** (nunca se ha visto a un presidente del país robarle su reloj a nadie, pero sí se sabe de los latrocinios que comete).

✐ He aquí algunos ejemplos de estas inexactitudes que se presentan por el desconocimiento de los significados de los adjetivos y sustantivos "ratero" y "ladrón": "Pinches **políticos rateros**. Ratas con fuero" (de una canción de Alex Lora y el Tri intitulada "**Políticos ratas**"), "los negocios, la política y los **políticos rateros**", "basta de políticos corruptos, basta de **políticos rateros**", "enjuiciamiento a todos los **políticos rateros**", "acabar con los **políticos rateros**", "**políticos rateros** y mañosos", "pinches **políticos rateros**, y yo sin aguinaldo", "también perdona a **políticos rateros** y gobernantes deshonestos", "defiende a los **políticos rateros** y criminales", "la época de los **políticos rateros**", "toda esa bola de **políticos rateros**, asesinos y corruptos", "**políticos rateros** que han robado al pueblo", "venganza contra los **políticos ratas**", "vamos a señalar a todos los **políticos ratas**", "trabajadores pobres y **políticos ratas**", "tan bronco con los partidos políticos y tan dócil con los **políticos ratas**", "**políticos ratas** los mismos que se postulan siempre", "que quiten a tanto **político rata**", "lo que a la gente le molesta es ver a un **político rata**", "las capturas de los **ex gobernadores ratas** de Veracruz y Tamaulipas", "los **gobernadores ratas** han motivado a que se desequilibre el federalismo", "que ningún **político ratero** y pendejo se salga con la suya", "aparte de **político ratero**, ahora saliste crítico de cine", "mira el pinche **presidente rata** y asesino de México", "su pinche **presidente rata** EPN", "los **presidentes rateros** de México", "en mi país los **gobernantes rateros** ya se han robado mi patrimonio", "nunca más un **presidente ratero**", etcétera.

☞ Google: 14 500 resultados de "políticos rateros"; 14 100 de "políticos ratas"; 2 190 de "político rata"; 2 030 de "gobernadores ratas"; 2 000 de "político ratero"; 1 880 de "presidente rata"; 1 730 de "presidentes rateros"; 1 180 de "gobernantes rateros"; 1 100 de "presidente ratero"; 1 000 de "pinches políticos rateros"; 1 000 de "diputados rateros"; 1 000 de "gobernador rata"; 1 000 de "presidentes ratas". ☒

☞ Google: 42 300 resultados de "políticos ladrones"; 13 300 de "político ladrón"; 11 800 de "presidentes ladrones"; 6 020 de "diputados ladrones"; 4 770 de "presidente ladrón"; 3 120 de "gobernantes ladrones"; 1 050 de "diputado ladrón". ☑

182. poner, ¿*poner (a algo) contra la pared?*, poner contra la pared

La locución verbal coloquial "poner contra la pared" únicamente se utiliza, con corrección, aplicada a personas, no a cosas, más allá de que al periodismo le haya dado por torcer este recto sentido. En el diccionario académico leemos, en la entrada correspondiente: "poner **a alguien** contra la pared": "Ponerlo en una situación difícil, casi sin salida, acorralarlo". Con igual precisión, María Moliner, en el DUE, nos ofrece la siguiente definición: "poner contra la pared" (locución de carácter informal): "Acorralar a alguien, obligarle a tomar una decisión". En el *Clave, diccionario de uso del español actual*, la definición es prácticamente la misma: "**poner a alguien contra la pared**. Ponerlo en una situación en la que forzosamente tiene que tomar una decisión. *Me pusieron contra la pared y tuve que decidirme*". Ni el DRAE ni el DUE ni el *Clave* sugieren siquiera que la expresión pueda utilizarse para cosas ("algo"), sino siempre para personas ("alguien"). Ejemplos: *La actitud inflexible de su jefe* **lo puso contra la pared**; *La negativa de la empresa* **puso contra la pared a los huelguistas**; *El tener que decidir en 24 horas* **puso contra la pared a la solicitante**. En estos ejemplos "se pone contra la pared" (es decir, se acorrala, se obliga a tomar una decisión) a "él", en el primer caso; a "ellos", en el segundo, y a "ella", en el tercero. Siempre personas, nunca cosas. Dios sabrá en qué momento esta locución verbal de carácter coloquial o informal fue utilizada por el primer periodista ignaro para aplicarlo a cosas, instituciones o entidades animadas, en un sentido en el que nada tiene que ver "tomar una decisión en una situación forzosa"; lo cierto es que hoy se utiliza, de la manera más absurda, en lugar de la forma adecuada y precisa, como en los siguientes encabezados de diversos diarios: "La desaparición de un periodista **pone contra la pared al gobierno de Riad**", "No pueden **llevar contra la pared a la universidad** del pueblo", "Rechazamos la reforma al esquema de financiación de la ley 30, que **pone contra la pared a la universidad**" y "El conflicto que **tiene contra la pared a la universidad**".

Y, sin embargo, hay cosas peores. Ya es frecuente leer o escuchar que "**se puso contra la pared a la ONU**" o que "**se ha puesto contra la pared al Barcelona**", pero qué tal que ¡"**se pone contra la pared al cannabis**"! ¡Sí, ni más ni menos que a la industria de la marihuana! Son barrabasadas que deben evitarse, porque, además, hay casos más graves, como el siguiente encabezado del diario mexicano *La Jornada*:

♀ "Contaminación de suelos **pone contra la pared a la actividad agrícola**: FAO".

¿Tiene sentido lógico y gramatical dicho enunciado? No lo tiene. Y para saber que no lo tiene basta con leer las primeras líneas de la nota informativa. Ahí leemos lo correcto:

☼ "La contaminación de suelos **plantea un serio desafío para la productividad agrícola**, la seguridad alimentaria y la salud humana, pero se sabe muy poco sobre la escala y la gravedad de las amenazas, advierte un nuevo informe de la Organización de las Naciones Unidas para la Alimentación y la Agricultura (FAO)". La contaminación de suelos plantea un desafío para la productividad agrícola, pero ¡nada que ver con "poner contra la pared a alguien"!

✐ Entendámonos: no es lo mismo que algo **sea o plantee un desafío** a que algo **ponga contra la pared** a otra cosa. En el ejemplo, ¡la contaminación pone contra la pared a la productividad agrícola! Una cosa, un suceso, un problema, etcétera, lo mismo que un individuo, pueden poner contra la pared a una persona o a varias (desde luego en un sentido figurado), porque esto quiere decir que las acorralan, las presionan y las obligan a tomar una decisión, pero que una cosa "ponga contra la pared" a otra cosa es de una enorme absurdidad lógica y gramatical. Tienen sentido los siguientes dos encabezados periodísticos: "Reforma de pensiones **pone contra la pared a Daniel Ortega**" y "Actriz porno **pone contra la pared al presidente de EU**", pero no lo tiene el ya citado "Contaminación de suelos **pone contra la pared a la actividad agrícola**". Por supuesto, debemos insistir en el sentido figurado de la locución verbal, ya que también existe el sentido recto de la acción, como en el comentario de una adolescente que encontramos en *Answers Yahoo*, en el que asegura que, literalmente, sin sentido figurado, lo siguiente: "Mi novio **me pone contra la pared** cuando me besa". ¡Es literal, no es sentido figurado! Quien no lo ha hecho, al menos lo ha visto. He aquí otros ejemplos del mal uso de esta locución: "Un discurso que **pone contra la pared a nuestro sistema democrático**", "la OCDE **pone contra la pared al modelo chileno**", "sequía inusual **pone contra la pared al agro quintanarroense**", "el hampa **pone contra la pared la investigación agrícola**", "esta situación **pone contra la pared al campo**", "una desazón mundial **pone contra la pared a la democracia**". En todos estos ejemplos, nada pone contra la pared al "sistema democrático", "al modelo chileno", "al agro quintanarroense", a "la investigación agrícola", "al campo", "a la democracia". Los pone en problemas o en crisis, en aprietos o en grave situación, pero no **contra la pared**, que es algo muy distinto. Nada más hay que imaginar ¡a la investigación agrícola contra la pared!, ¡al campo contra la pared!, ¡a la democracia contra la pared! Cada vez hablamos y escribimos un español más disparatado.

☞ Google: 127 000 resultados de "contra la pared a la universidad"; 19 100 de "contra la pared al gobierno"; 1 280 de "pone contra la pared al gobierno"; 1 000 de "contra la pared al Barcelona". ☒

183. porvenir, *¿porvenir por delante?, ¿porvenir por detrás?*

¿Puede alguien tener el "porvenir por detrás"? Mucha gente cree que sí, puesto que siente la necesidad de referirse al "porvenir por delante". Pero son barbaridades a tal grado cómicas que, en su famoso ensayo *El chiste y su relación con lo inconsciente* (1905), Sigmund Freud (1856-1939) le dedica un comentario a lo que no puede ser sino un chiste cuando alguien conoce perfectamente el significado del sustantivo "porvenir". Freud glosa un chiste del señor "N": "Hablando de una personalidad política, dijo: 'Este hombre tiene UN GRAN PORVENIR DETRÁS DE ÉL'. Tratábase de un joven que por su apellido, educación y cualidades personales pareció durante algún tiempo llamado a llegar a la jefatura de un gran partido político y con ella al Gobierno de la nación. Mas las circunstancias cambiaron de repente y el partido de referencia se vio imposibilitado de llegar al poder, siendo sospechable que el hombre predestinado a asumir su jefatura no llegue ya a los altos puestos que se creía. La más breve interpretación de este chiste sería: 'Ese hombre ha tenido ante sí un gran porvenir, pero ahora ya no lo tiene'. En lugar de 'ha tenido' y de la frase final, aparece en la frase principal la modificación de sustituir el 'ante sí' por su contrario 'detrás de él'". Freud anota al pie de la página que "en la técnica de este chiste actúa todavía otro factor. Refiérese al carácter del contenido de la modificación (representación antinómica, contrasentido)". Queda claro que sólo como un chiste puede utilizarse el contrasentido "porvenir por detrás". Ejemplo tomado de una página de internet: "Esa minifalda roja tiene un gran **porvenir por detrás**". O bien, con ironía, y utilizando conscientemente las paradojas, el psicoanalista argentino Fernando Yurman, residente en Venezuela, en una entrevista de 2010, se refiere al deterioro muy grande y visible de su país natal, y afirma: "Es un país que tiene un grandioso **porvenir por detrás**, un maravilloso **futuro en el pasado**". En este caso estamos ante una licencia poética admisible, pero nunca, en la realidad, el porvenir está detrás, sino siempre, y por definición, adelante, por lo que la expresión "porvenir por delante" es una torpísima redundancia. La definición del sustantivo masculino "porvenir" es muy precisa. "Suceso o tiempo futuro" y "situación futura en la vida de una persona, de una empresa, etc." (DRAE). Ejemplo: *Todo indicaba que tendría un gran **porvenir**, pero fracasó.* No hay "porvenir" que no esté en el "futuro" (del latín *futūrus*), adjetivo y sustantivo masculino que significa "que está por venir". Ejemplo: *Todo indicaba que tendría un gran **futuro**, pero fracasó.* En cuanto al adverbio "delante", éste significa "con prioridad de lugar, en la parte anterior o en sitio detrás del cual hay alguien o algo" (DRAE). Ejemplo: *Siempre iba **por delante** de los demás.* El antónimo o contrario del adverbio "delante" es el adverbio "detrás" (de las preposiciones latinas *de* y *trans*: "al otro lado de"), cuyo significado es "en la parte posterior, o con posterioridad de lugar, o en sitio delante del cual está alguien o algo" (DRAE). Ejemplo: *Siempre se quedaba **detrás** de los demás.* Dicho y comprendido lo anterior, la expresión "porvenir por detrás" sólo puede ser un chiste o una licencia poética, por su carácter de contrasentido, en tanto que la expresión "porvenir por delante" es una bruta redundancia que podríamos suponer que nadie es capaz de cometer, y, sin embargo, hay miles de personas que incurren en ella y, lo que es peor, desde las más altas tribunas de sus países.

En un discurso tonante y autocomplaciente, Mauricio Macri, el impresentable político argentino, entonces presidente de su país, dijo lo siguiente (y hay evidencia audiovisual de ello en internet):

♀ "No tenemos límite en nuestro futuro. Tenemos un gran **porvenir por delante**".

Da la impresión de que, con alguna excepción, todos los presidentes de los países de lengua española, sean de izquierda, centro o derecha (lo cual también ya es casi imposible distinguir), han ido a la misma escuela de chorlitos, pues su uso de la lógica y del diccionario es prácticamente nulo. Al igual que Macri, Mariano Rajoy, expresidente del Gobierno Español, dijo, durante un debate (y también existe evidencia audiovisual en *YouTube*): "Yo creo que España y los españoles tenemos un gran **porvenir por delante**". Para no incurrir en tonterías redundantes, Macri debió decir lo siguiente, aunque su dicho no dejase de ser una jalada o una mentira:

♂ Nuestro futuro es ilimitado. Tenemos un gran **porvenir**.

✐ Van aquí otros ejemplos de esta barbaridad redundante que está entre las más torpes en su género: "Un interesante **porvenir por delante**", "todavía con 25 años y un **porvenir por delante**", "Anna Saliente tiene 27 años y un **porvenir por delante**", "lleno de vida y con el **porvenir por delante**", "puede tener un enorme **porvenir por delante**", "se propuso que su hijo tendría un **porvenir por delante**", "eres una joven con **porvenir por delante**", "teníamos poco dinero en la bolsa, pero todo el **porvenir por delante**", "un **porvenir por delante** y un mejor futuro para su hijo", "tienes un bello **porvenir por delante**", "Mbappé es un gran jugador, con un gran **porvenir por delante**", "esta investigadora tiene un gran **porvenir por delante**", "lo que he de comunicarte es que tiene un gran **porvenir por delante**", "sabía que tenía un gran **porvenir por delante**", "el NPE tiene un gran **porvenir por delante** a muy corto plazo", "la selección española Sub21 ha demostrado que España tiene un gran **porvenir por delante**", "en plena cima de su carrera musical y con mucho **porvenir por delante**", "a los 17 años, Naomi tiene ideas brillantes y un brillante **porvenir por delante**", "Murillo era un joven pintor con brillante **porvenir por delante**", "tenía un buen **porvenir por delante**", "sé que tenemos un enorme **porvenir por delante**" y, como siempre hay algo peor, "un muy exiguo **porvenir por delante**".

☞ Google: 25 800 resultados de "porvenir por delante"; 3 000 de "gran porvenir por delante"; 1 200 de "brillante porvenir por delante"; 1 000 de "buen porvenir por delante". ⊠

184. posponer, *¿posponer para después?, ¿posponer para luego?, ¿posponer para más adelante?, ¿posponer para más tarde?*, posponerse, *¿posponerse para después?, ¿posponerse para luego?, ¿posponerse para más adelante?, ¿posponerse para más tarde?*

El verbo transitivo "posponer" (del latín *postponĕre*, de *post*, "después de", y *ponĕre*, "poner") significa, en su acepción principal, "poner o colocar a alguien o algo después de otra persona o cosa", y, en su acepción secundaria, "dejar de hacer algo momentáneamente, con idea de realizarlo más adelante" (DRAE). También se usa como pronominal: "posponerse". Ejemplos: *Pospusieron la junta para el próximo lunes*; *Se pospuso la publicación para el 2021*. Cuando se habla o se escribe de "posponer" o "posponerse" lo correcto es utilizar un complemento que indique una precisión o, en su defecto, algo aproximado, pero no la generalización "para después", "para luego", "para más adelante", "para más tarde", pues todas estas expresiones ya están explícitas en la etimología del verbo ("poner después de") e implícitas en la definición del verbo ("dejar de hacer algo con la idea de realizarlo después"). El adverbio "después" (del latín *de*, "de", *ex*, "desde" y *post*, "después") significa, en su acepción principal, "detrás o a continuación" y, en su acepción secundaria, "más tarde o con posterioridad" (DRAE). Ejemplos del diccionario académico: *El ejemplo va **después** de la definición*; *Te veré **después***. Sinónimo de "después" es el también adverbio "luego" (del latín vulgar *loco*, ablativo de *locus*, "lugar"), que significa "después, más tarde". Ejemplo del DRAE: *Anoche fuimos al teatro, y **luego** a una sala de fiestas*. Si "más tarde" es sinónimo de "después", también lo es "más adelante" que, obviamente, denota tiempo futuro. Ejemplos: *Te veré **más tarde***; *Dejaremos ese tema para **más adelante***. Dicho y comprendido lo anterior, las expresiones "posponer para después", "posponer para luego", "posponer para más adelante" y "posponer para más tarde", más sus variantes pronominales, son evidentes redundancias en tanto no se indique con precisión o con aproximación en qué momento se reanudará la acción suspendida o pospuesta. Ejemplos correctos: *Lo pospuso **para después de comer***; *Lo pospuso **para luego de casarse***; *Lo pospuso **para el próximo año***; *Lo pospuso **para el 9 de noviembre***; *Se pospuso **para después de las vacaciones***, *Se pospuso **para luego de los exámenes***; *Se pospuso **para el 2023***; *Se pospuso **para la tercera semana de febrero***. Sin estas precisiones o aproximaciones, hablar y escribir de "posponer" "para después", "para luego", "para más adelante", "para más tarde" significa cometer gruesas redundancias.

Estas formas redundantes pertenecen al español culto y profesional. Son frecuentes en internet, pero no son menos visibles en las publicaciones impresas. En el libro *El proceso de conversaciones para la solución del diferendo peruano-ecuatoriano* (Fondo Editorial de la Pontificia Universidad Católica del Perú, 2000), leemos lo siguiente:

♀ "De esta manera, aparte de convenir en **posponer para después** la redacción del párrafo 5 sobre el reparto de los caudales de aguas, centró su interés únicamente en los párrafos 7, 8, 9 y 13 de su documento original".

Redundancia culta, sin duda, pues si no se precisa para cuándo se pospone algo, queda claro que es para después (¡ni modo que para antes!). Lo correcto:

☏ De esta manera, aparte de convenir en **posponer** la redacción del párrafo 5, etcétera.

✐ He aquí unos pocos ejemplos de estas redundancias que se cometen, obviamente, por desconocer el significado del verbo "posponer": "Tema que Eusebio prefiere **posponer para después**", "hacer lo importante primero y **posponer para después** lo menos urgente", "hoy es el día ideal para no **posponer para después** algo tan bello", "la procrastinación se define como la tendencia patológica y sistemática, a **posponer para después** algunas acciones", "es tentador **posponer para después** cosas y acciones que debemos afrontar hoy", "se debe **posponer para más tarde** la satisfacción de una necesidad que parece inmediata", "malgastas una parte más que importante en asuntos que podrías **posponer para más tarde**", "Descartes creía poder **posponer para más tarde** el estudio" (no injuriemos a Descartes; él no dijo eso), "esta compra es simplemente imposible **posponer para más tarde**" (entonces, pospóngala para más temprano), "procrastinación o el arte de **posponer para más tarde**" (¡y dale con esto: ni modo que se posponga para más temprano!), "debate que debimos **posponer para más adelante**" (¿y por qué no para más atrás?), "tratando de **posponer para más adelante** aquellos problemas", "además de **posponer para más adelante** este asunto", "decidí **posponer para más adelante** la revelación de mi doctrina", "implica **posponer para luego** una actividad a como dé lugar", "es la rutina de **posponer para luego** cosas que ya debí haber terminado antes", "el paseo tendrá que **posponerse para más tarde**", "estas cosas habrán de **posponerse para más adelante**", "las cosas más importantes no han de **posponerse para luego**", "hay que hacer las cosas y no **posponerlas para después**".

☞ Google: 6 570 resultados de "posponer para después"; 4 060 de "posponer para más tarde"; 3 750 de "posponer para más adelante"; 3 180 de "posponer para luego"; 1 380 de "posponerse para más tarde"; 1 120 de "posponerse para más adelante"; 1 110 de "posponerse para luego"; 1 080 de "posponerse para después". ☒

☞ Google: 2 620 resultados de "posponer para después de"; 2 170 de "posponer para luego de"; 1 000 de "posponerse para después de". ☑

185. ¿*preveer*?, ¿*preveer con antelación*?, ¿*preveer con anticipación*?, prever, ¿*prever con antelación*?, ¿*prever con anticipación*?, ¿*prever previamente*?

El verbo transitivo "prever" (del latín *praevidĕre*) significa "ver con anticipación", "conocer, conjeturar por algunas señales o indicios lo que ha de suceder" y "disponer o preparar medios contra futuras contingencias" (DRAE). Ejemplos: *Por fortuna, **previeron** que los gastos podían aumentar; **No previeron** las cosas ni siquiera por los antecedentes que se presentaron; Al construir su casa **previeron** que debía ser muy sólida para soportar huracanes.* Lo mismo pasa con la variante "prever con antelación", pues el sustantivo femenino "antelación" (del latín medieval *antelatio, antelationis*) significa "anticipación con que, en orden al tiempo, sucede algo respecto a otra cosa" (DRAE) o mucho mejor expresado por María Moliner en el DUE: "Anticipación. Cierto espacio de tiempo que media entre una cosa u otra consabida o que se expresa, que ocurre después". Ejemplo del DUE: *Su secretario llegará con **antelación** para preparar la entrevista.* Si "antelación" es sinónimo de "anticipación", no hay duda de que "prever con antelación" es otra rebuznancia. Se prevé siempre con anticipación o con antelación. La definición es muy clara: prever es ver con anticipación. Y no faltan los que construyen el siguiente horror: ¡"prever previamente"! (Que Dios los perdone, porque nosotros no.) En el buscador urgente de dudas de la Fundéu BBVA se hace una acotación que viene al caso: "Cuando se quiere especificar la magnitud de la antelación con la que algo se ha previsto, sí es correcto usar esta fórmula, acompañada de un adjetivo que determine la duración de ese período: *prever con mucha/poca antelación* o *prever con la suficiente anticipación*, por ejemplo". Pero si ya las expresiones "prever con antelación" y "prever con anticipación" son horribles redundancias, lo peor es añadirles una falta ortográfica que las hace aún más bárbaras, al construir dichas expresiones con el falso verbo "preveer" (por influencia del correcto "proveer"): "preveer con antelación", "preveer con anticipación" e incluso "preveer previamente", diabólicos horrores de quienes jamás se asoman a un diccionario. ¡**Se prevé**, no **se prevee**!, y si a ello se añaden las redundancias "con antelación" y "con anticipación", habría en que enviar al parvulario a quienes dicen y escriben cosas así.

Y no son pocos los hablantes y escribientes que cometen tamaños desatinos, incluidos los del ámbito culto o, por lo menos, de alta escolarización. Están en las publicaciones impresas (libros, revistas y periódicos), pero también en internet donde es tan fácil confundir el culo con la cuaresma. En el diario español *Heraldo*, de Aragón, leemos lo siguiente, en relación con las lluvias de estrellas:

♀ "Estos fenómenos se pueden **prever con antelación**, ya que todos los años la Tierra en su camino alrededor del Sol atraviesa la trayectoria de varios cometas".

Con corrección, sin redundancia, los redactores debieron escribir que

☝ estos fenómenos se pueden **prever**, etcétera.

✐ Van aquí unos pocos ejemplos de estos barbarismos y de estas barbaridades redundantes, a veces doblemente bárbaras: "**Se prevee** que el calentamiento global sea dos veces mayor", "cara navidad y costoso año nuevo: **se prevee** el gasto de 5,500 mil (*sic*) por familia capitalina", "**se prevee** realizar la feria de empleo cada dos meses", "cómo **preveer** mis ingresos", "el proceso de **preveer** el futuro", "una buena herramienta para **preveer** cambios", "**preveen** la colocación de más postes nomencladores", "**preveen** un incremento de personal en las empresas", "**se preveen** problemas en octubre", "**se preveen** tormentas fuertes", "**prever con antelación** las actividades", "se debe **prever con antelación** un sistema de evacuación", "**prever con antelación** las consecuencias negativas", "**prever con antelación** plagas o enfermedades", "**prever con anticipación** el trazado de escenarios posibles", "se puede **prever con anticipación** un viaje internacional", "**prever con anticipación** todas las situaciones", "se puede ganar tiempo si **se prevén con antelación** las posibles objeciones", "**se prevén con antelación** todos los materiales necesarios", "**prevén con anticipación** la compra de bebidas y comidas", "**se prevén con anticipación** los créditos", "**preveer con anticipación** sus futuras indigencias", "**preveer con antelación** los momentos del curso escolar", "estos fenómenos se pueden **preveer con antelación**", "**preveer con antelación** de la llegada de productos y materiales", "hay que **preveer con antelación** la mejor manera de llegar a los andenes" y, como siempre hay algo peor, "esta organización permite **prever con antelación los imprevistos**" (¡olé, pringaos!) y "muchas veces el alumnado se enfrenta a problemas que no había podido **preveer previamente**".

☞ En Google: 669 000 resultados de "prevee"; 667 000 de "preveer"; 230 000 de "preveen"; 81 200 de "se preveen"; 25 400 de "prever con antelación"; 12 100 de "prever con anticipación"; 1 800 de "prevén con antelación"; 1 220 de "prevén con anticipación"; 1 180 de "preveer con anticipación"; 1 000 de "preveer con antelación". ☒

☞ Google: 53 700 000 resultados de "prevé"; 19 500 000 de "prever"; 9 640 000 de "prevén"; 3 720 000 de "se prevén"; 4 480 de "prever con suficiente antelación"; 3 190 de "prever con suficiente anticipación"; 676 de "prever con mucha antelación"; 564 de "prever con "mucha anticipación"; 1 de "prever con poca antelación"; 1 de "prever con poca anticipación". ☑

186. prevista, *¿prevista de antemano?*, previsto, *¿previsto de antemano?*

Si está previsto lo está de antemano. Ni modo que no. Esta rebuznancia es parienta de "prever con antelación" y "prever con anticipación", pues el adjetivo "previsto", participio irregular del verbo "prever", significa "sabido por anticipado, por ser natural o lógico" (DUE). Ejemplo de María Moliner: *Estaba previsto el fracaso.* Su antónimo es el adjetivo y sustantivo "imprevisto" que "se aplica a las cosas que ocurren sin haber sido previstas o sin que se haya contado con ellas" (DUE). Ejemplos: *Tuvo un gasto imprevisto; Su derrota fue imprevista.* Como bien advierte Moliner, este adjetivo y sustantivo suele usarse redundantemente con sustantivos como "accidente", "azar", "sorpresa", etcétera, que, naturalmente, son, en sí mismos, "imprevistos". Ejemplos de estas redundancias, tan brutas como "previsto de antemano": *Tuvo un accidente imprevisto; El azar imprevisto lo condujo a conocer a quien sería su esposa; Se regocijó con esa sorpresa imprevista.* En cuanto a la locución adverbial "de antemano", su significado es "con anticipación, anteriormente" (DRAE). Ejemplo: *Por las estadísticas, sabíamos de antemano, qué candidato ganaría.* Si el adverbio "de antemano" significa "con anticipación", y si el adjetivo "previsto" significa "sabido por anticipado, por ser natural o lógico", queda claro que las expresiones "prevista de antemano" y "previsto de antemano" son redundantes... de antemano.

Y no se crea que se trata de redundancias del ámbito inculto de la lengua, sino de los ambientes informados y altamente escolarizados. Abundan en internet tanto como en publicaciones impresas. En *El olor de la guayaba, Conversaciones con Gabriel García Márquez* (1982), su autor, Plinio Apuleyo Mendoza, escribe:

♀ "Todo lo suyo está **previsto de antemano**; puede fijar en enero una cita para septiembre y, cosa rara en un latinoamericano, cumplirla".

Lo correcto:

♂ Todo lo suyo está **previsto**, etcétera.

🖉 He aquí otros ejemplos de estas redundancias atroces: "Nada hay **previsto de antemano**", "con el desenlace **previsto de antemano**", "todo está **previsto de antemano** en mi día", "un resultado **previsto de antemano**", "tener **previsto de antemano** todo", "un debate que ya estaba **previsto de antemano**", "no estaba **prevista de antemano**", "la compra no **prevista de antemano**", "obtener información no **prevista de antemano**", "se trató de una reacción **prevista de antemano**", "efectos negativos significativos, no **previstos de antemano**", "objetivos **previstos de antemano**", "surgen sin haber sido **previstos de antemano**", "mecanismos **previstos de antemano**", "tus decisiones están **previstas de antemano**", "cadena de respuestas **previstas de** antemano", "requieren de soluciones **previstas de antemano**", "unas fechas que pueden ser **previstas de antemano**", "premisas **previstas de antemano**" y, como siempre hay algo peor, "**revelación azarosa no prevista de antemano**".

☞ En Google: 74 100 resultados de "previsto de antemano"; 73 500 de "prevista de antemano"; 37 300 de "previstos de antemano"; 29 900 de "previstas de antemano". ☒

187. púber, púberes, ¿*puberta*?, ¿*puberto*?

Probablemente habrá quienes crean que su hijo Cutberto es "puberto" y que su hija Roberta es "puberta", pero en buen español no hay "pubertos" ni "pubertas", sino "púberes", plural del adjetivo y sustantivo "púber" (del latín *puber*): "Que ha llegado a la pubertad". Ejemplo: *Su hija ya es **púber***. El sustantivo femenino "pubertad" (del latín *pubertas, pubertātis*) se aplica a la "primera fase de la adolescencia, en la cual se producen las modificaciones propias del paso de la infancia a la edad adulta" (DRAE). Ejemplo: *Su hija ya está en la **pubertad***. De ahí el adjetivo "puberal" (del latín *puber, pubĕris*: "púber" y *al*): "Perteneciente o relativo a la pubertad". Ejemplo: *En la fase **puberal**, se cubre de vello la parte inferior del vientre de la especie humana*. De ahí el sustantivo masculino "pubis" (del latín tardío *pubis*, y éste del latín *pubes*): "Parte inferior del vientre en los humanos". Ejemplo: ***Pubis** angelical* (título de una novela de Manuel Puig y de la película basada en esa novela). De ahí también los adjetivos "pubiano" y "púbico": "Perteneciente o relativo al pubis". Ejemplos: *Zona **pubiana**, Vellos **púbicos***. Asimismo, el sustantivo femenino "pubescencia" (del latín *pubescens, pubescentis*: "pubescente"), sinónimo del sustantivo "pubertad". Ejemplo: *Su hija ya está en la **pubescencia***. De ahí el adjetivo y sustantivo "pubescente" (del antiguo participio activo de pubescer; latín *pubescens, pubescentis*): "que ha llegado a la pubertad", y el verbo intransitivo muy poco usado "pubescer" (del latín *pubescĕre*: "cubrirse de vello"): "llegar a la pubertad". Ejemplo: *Tu hijo ya es **pubescente***. Adjetivo y sustantivo poco usado es "púbero" (femenino: "púbera"), sinónimo de "púber", invariable para el masculino y el femenino, pero de ningún modo "puberto" y "puberta", palabros que se han formado a partir de "púber" y que se han ido abriendo paso en el habla y en internet. Son barbarismos. Célebre es el verso incomparable de Rubén Darío "Que **púberes** canéforas te ofrenden el acanto", de su inolvidable "Responso a Verlaine". Las "canéforas" (del francés *canéphore*, y éste del griego *kanēphóros*) eran "en algunas fiestas de la Antigüedad, las doncellas que llevaban en la cabeza un canastillo con flores, ofrendas y objetos necesarios para los sacrificios" (DRAE). La acepción principal de "doncella" (del latín vulgar *domnicilla*, diminutivo de *domna*: "señora") es "mujer virgen". Darío pide, para Verlaine, el homenaje de doncellas "púberes", esto es no sólo vírgenes de cualquier edad, sino, en especial, "pubescentes". Que quede claro: aunque hoy las grafías "puberta", "pubertas", "puberto" y "pubertos" sean mayoritarias en su uso, son deformaciones no aceptadas del hermoso adjetivo y sustantivo "púber" y su no más bello plural esdrújulo "púberes" que inmortalizó Rubén Darío. La ignorancia de nuestra lengua nativa constituye ya una patología, y son los profesionistas, en este caso y en otros más, quienes se encargan de darle patadas al idioma. El palabro "puberto", con su femenino y los plurales respectivos, nació en el ámbito de la psicología, la medicina, la salud y la autoayuda. Vamos desbarrancándonos miserablemente. ¡Y es un milagro que este disparate no esté incluido en el *Diccionario de mexicanismos*, ahíto de barbarismos parecidos! No está, únicamente porque ¡se les pasó! Como ya advertimos, las formas erróneas han superado ya, en el uso, a las formas legítimas. En el habla, lo mismo que en la escritura, y en publicaciones impresas y en internet, retozan los "pubertos". He aquí unos pocos ejemplos barbáricos: "Golpes entre **pubertas**", "¡son un par de **pubertas**!", "mochilas para niñas **pubertas**", "cuando éramos una **pubertas**", "como escuché decir a unas **pubertas**", "las **pubertas** sonreían como si se hubieran ganado un auto", "canción que a las **pubertas** nos encantaba", "¿soy niña, adolescente o **puberta**?", "¿**puberta** es una grosería?" (¡por supuesto!), "ser **puberta** en el 2000", "el diario de una **puberta**", "entrevista a una **puberta**", "tomándome una foto a mí misma como una **puberta**", "se empezaba a sentir como una **puberta**", "notas mentales de una **puberta** añoñada", "como una **puberta** a sus 65 años se cimbró e hizo trepidar a los más de tres mil cuerpos", "7 formas de identificar que tu hijo ya es un **puberto**", "11 señales de que tu chico aún es un **puberto**", "viviendo con un **puberto**", "sueño de **puberto** se convierte en pesadilla", "denuncian a mujer por enamorar a un **puberto**", "los **pubertos** y sus riesgos", "conversaciones de **pubertos**", "de infantes a **pubertos**", "de **pubertos** a famosos galanes", "unas lecciones de finanzas para **pubertos**", etcétera. Dejémonos de jaladas: en México sólo ha existido un **puberto**: **Puberto** Batis.

☞ Google: 1 560 000 resultados de "pubertas"; 811 000 de "puberta"; 338 000 de "puberto"; 314 000 de "pubertos". ☒
☞ Google: 329 000 resultados de "púberes"; 175 000 de "púber". ☑

188. público, ¿*público asistente*?

El diccionario académico ofrece tres acepciones para el sustantivo masculino "público" (del latín *publĭcus*): "Conjunto de personas que forman una colectividad", "conjunto de personas que participan en unas mismas aficiones o con preferencia concurren a determinado lugar" y "conjunto de personas reunidas en determinado lugar para asistir a un espectáculo o con otro fin semejante". Ejemplos: *El **público** rugía; Cada tipo de teatro tiene su **público**; El **público** abarrotó el lugar.* Si leemos con atención la tercera de estas acepciones queda claro que "público asistente" es una torpe redundancia, pues que el "público" es, por definición, el conjunto de personas que se reúnen en cierto lugar para "asistir" a un espectáculo "o con otro fin semejante". Si es "público" es porque "asiste". La acepción principal del verbo transitivo "asistir" (del latín *assistĕre*: "detenerse junto a") significa "acompañar a alguien en un acto público"; de ahí que el adjetivo "asistente" (del latín *assistens, assistentis*) signifique "que asiste o concurre" y "que asiste o está presente". Ejemplo: *Los **asistentes** al espectáculo no salieron decepcionados.* En este sentido, "asistir" o "concurrir" a un espectáculo, a una actividad, etcétera, es ser parte del "público" y, por lo tanto, hablar y escribir de "público asistente" es una redundancia bruta que delata la falta de uso del diccionario.

Esta redundancia es abundante en el periodismo, pero también en otros ámbitos, incluido el de la cultura y las bellas artes, en los que tampoco utilizan mucho el diccionario. En la sección cultural del diario mexicano *La Crónica de Hoy* leemos el siguiente encabezado:

♀ "Hugh Jackman pidió al **público asistente** 'Las mañanitas' para su papá".

Lo sorprendente sería que el actor pidiese que los que no asistieron o concurrieron al estreno de la película *X-Men: La batalla final* le cantaran "Las mañanitas" a su papá. Lo que debió informar el diario, correctamente, es que

☼ Hugh Jackman pidió al **público** que le cantara "Las mañanitas" a su papá.

✎ Si es "público" es "asistente", pues en él no están incluidos los que no asistieron a la actividad o el espectáculo. He aquí algunos muy pocos ejemplos de este desatino redundante: "**Público asistente** al concierto canta junto a Descemer y Haila", "**público asistente** a la Feria Internacional del Libro Universitario", "un gran **público asistente** al festival", "**público asistente** a la Feria Internacional del Libro de Guadalajara", "el **público asistente** disfruta con el cine social", "Giselle despierta admiración en el **público asistente**", "**público asistente** a las conferencias", "considerar que el **público asistente** es joven", "se proporciona al público **asistente un guión**", "duelo de pianistas pone de pie a **público asistente**" (sí, porque quienes no fueron al concierto se quedaron sentados), etcétera.

☞ Google: 2 460 000 resultados de "público asistente". ☒
☞ Google: 939 000 000 de resultados de "público". ☑

189. pueblo, *¿pueblo falso?, ¿pueblo verdadero?*, verdadero, *¿verdadero pueblo?*

Todos los políticos hablan del "pueblo" como una abstracción, salvo cuando se trata de calificarlo, y se refieren, entonces, al "pueblo verdadero" y al "verdadero pueblo" en función del que está integrado, obviamente, por simpatizantes, adeptos y partidarios. La pregunta es necesaria: ¿si hay un "pueblo verdadero" o un "verdadero pueblo", existe, en consecuencia, un "pueblo falso" o un "falso pueblo"? Si el asunto es conceptual, vayamos a los conceptos. De acuerdo con el DRAE, el sustantivo masculino "pueblo" (del latín *popŭlus*) posee las siguientes cinco acepciones: "Ciudad o villa", "población de menor categoría", "conjunto de personas de un lugar, región o país", "gente común y humilde de una población" y "país con gobierno independiente". Con un sentido lógico muy despierto, que no poseen los hacedores del DRAE, María Moliner, en el DUE, ofrece, para el sustantivo "pueblo", cuatro acepciones que van de lo general a lo particular (como debe ser): "Conjunto de los habitantes de un país. *El* **pueblo español**" [y nos remite a "nación"; esto es, adecuando su ejemplo: *La* **nación española**], "conjunto de personas de la misma raza, que forman una comunidad, tanto si ocupan establemente un país como si son errantes. *El* **pueblo ibero**", "población pequeña (aldea, caserío, villa, etc.)" y "conjunto de las personas que viven modestamente de su trabajo, generalmente corporal". Una observación muy importante que hace Moliner es la siguiente: "En lenguaje político se abarca con la designación 'pueblo' al **conjunto de todos los gobernados**", y nos ofrece el siguiente ejemplo: *La voluntad del pueblo*. Esto quiere decir que, cuando un político, especialmente, el gobernante de una nación, inicia su discurso o su arenga con la frase "pueblo de México" o "pueblo de Colombia" o "pueblo de Venezuela", idealmente se está refiriendo a "todos los gobernados" y no sólo al sector más pobre de la nación ni mucho menos sólo al conjunto de las personas que votaron por él y lo llevaron al poder. El "pueblo" de un determinado país es el conjunto de todos los habitantes "mexicanos", "colombianos", "venezolanos", etcétera. Es verdad que, también, en términos políticos, se utiliza el sustantivo "pueblo" para referirse al sector más desprotegido y vulnerable de la sociedad, esto es, al conjunto de habitantes más pobres de un país. Pero esto no quiere decir que sólo este conjunto constituya el "pueblo", aunque, por antonomasia, cuando se habla de "pueblo", suela pensarse de inmediato en el "conjunto de personas que forman la clase trabajadora, por oposición a los gobernantes, los capitalistas y los burgueses" (*Diccionario del español usual en México*). Ejemplo perfecto, para este caso, del propio DEUM: *De esos acuerdos en la cúpula, el* **pueblo** *ni sabe nada ni se beneficia en nada*. A este "pueblo" se refirió el ministro mexicano priista al que alude Jaime Sabines en su poema "*Diario Oficial* (Marzo de 1970)": "Por decreto presidencial: el pueblo no existe./ El pueblo es útil para hablar en banquetes:/ 'Brindo por el pueblo de México',/ 'Brindo por el pueblo de Estados Unidos'./ También sirve el pueblo para otros menesteres literarios:/ escribir el cuento de la democracia,/ publicar la revista de la revolución,/ hacer la crónica de los grandes ideales./ El pueblo es una entidad pluscuamperfecta/ generosamente abstracta e infinita./ Sirve también para que jóvenes idiotas/ aumenten el área de los panteones/ o embaracen las cárceles/ o aprendan a ser ricos./ Lo mejor de todo lo ha dicho un señor Ministro:/ 'Con el pueblo me limpio el culo'./ He aquí lo máximo que puede llegar a ser el pueblo:/ un rollo de papel higiénico/ para escribir la historia contemporánea con las uñas". Sabines fue diputado priista, pero nunca dejó de ser un gran poeta, y dijo las cosas precisas en su momento, durante el gobierno de Gustavo Díaz Ordaz ("este hombre pequeño por todas partes,/ incapaz de todo, menos del rencor"), cuando incluso los que hoy dicen defender al "pueblo", defendieron y aplaudieron en la tribuna de la nación al presidente de México que actuó, dijeron, "con madurez revolucionaria" frente a "los enemigos del cambio social". En fin, cosas de ver y no creer. En lo que no hay duda es en el hecho de que el adjetivo "verdadero" ("que contiene verdad") sólo se usa, para calificar a una parte del "pueblo" ("conjunto de los habitantes de un país") cuando un político y, especialmente, un gobernante, habla de sus adeptos y no del "pueblo" en general. Lo que ocurre es que los políticos y las máximas autoridades no van a decir jamás que no gobiernan para todo su "pueblo" o toda su "nación", y, por ello, hablan de un "pueblo verdadero" que los apoya, de lo cual hay que colegir que todos los demás no forman parte del "pueblo" o que constituyen un "falso pueblo", en donde "falso" (del latín *falsus*) es adjetivo que significa "fingido o simulado".

Lo mismo en la derecha que en la izquierda se habla así desde el poder, contrariando la lógica del idioma. En una entrevista a modo, de esas que tanto le gustan al presidente venezolano Nicolás Maduro y que, según se ve, disfruta mucho su entrevistador, el español Ignacio Ramonet, en el diario mexicano *La Jornada* leemos esta declaración imperdible:

♀ "¿Cuál es nuestra fórmula secreta? Que nosotros tenemos un proyecto de verdad, un proyecto de país que tiene la legitimidad y el **apoyo del pueblo verdadero**".

No hubiera podido decir el entrevistado (porque las evidencias lo desmentirían) que tiene el apoyo del **pueblo entero**, y por ello se refiere al "pueblo verdadero", abstracción que contrapone a un también abstracto "pueblo falso" o "no pueblo". Con demagogia, pero sin atentar contra la lógica y la verdad del idioma, Nicolás Maduro pudo haber dicho:

♂ tenemos un proyecto que posee la legitimidad y el **apoyo mayoritario del pueblo** o, mejor aún, el **apoyo de la mayor parte del pueblo**.

✐ Ni **pueblo falso** ni **pueblo verdadero**. Como ya vimos, el pueblo es el conjunto de los habitantes de un país, más allá de sus estratos, sectores o clases sociales. Que una parte de ese "pueblo" e incluso una gran parte de ese "pueblo" apoye a un gobierno o a un gobernante en particular, no le quita su calidad de "pueblo" a la parte que no coincide con él. He aquí unos pocos ejemplos de esta tontería política con la que los gobernantes hacen uso del maniqueísmo para endiosarse o perpetuarse en el poder: "El **verdadero pueblo** ecuatoriano amó, ama y amará a García Moreno" (y los demás, aunque sean ecuatorianos, no pertenecen al pueblo), "el **verdadero pueblo** de México sale a protestar contra AMLO", "este es el **verdadero pueblo** la verdadera democracia así que no podrán con nuestro presidente jamás", "el centro le corresponde al **verdadero pueblo**", "el líder de su **verdadero pueblo**", "el **verdadero pueblo** bueno y las fuerzas armadas", "seguimos fortaleciendo los lazos con el **verdadero pueblo**", "no forman parte del **verdadero pueblo**", "sólo se recoge lo que el **verdadero pueblo** requiere y exige", "el **pueblo verdadero** de García Moreno aún se entusiasma por los ideales", "entre esta masa de lectores hay **pueblo verdadero**", "el **pueblo verdadero** contra sus enemigos", "un peligro que amenaza al **pueblo verdadero**", "contra los intereses del **pueblo verdadero**", "Evo el **pueblo verdadero** te espera con sus brazos abiertos", "el **pueblo verdadero** y los que quieren el bien", "que te apoya y defienda el voto del **pueblo verdadero**", "el **pueblo verdadero** los apoya y el **falso** no", "siempre ha sido el presidente del pueblo el real pueblo de México no el **falso pueblo** del PRIAN", "¡Ese es el **pueblo falso**!", "un **pueblo falso** e incongruente". ¡Y basta!

☞ Google: 138 000 de "verdadero pueblo"; 15 500 de "pueblo verdadero"; 18 800 de "falso pueblo"; 3 420 de "pueblo falso". ☒

190. pulsión, *¿pulsión instintiva?*, pulsiones, *¿pulsiones instintivas?*

Si es "pulsión" es "instintiva". Por ello, decir y escribir "pulsión instintiva" y "pulsiones instintivas" constituyen gruesas redundancias que podrían evitarse con el simple hecho de consultar el diccionario. Veamos. De acuerdo con el DRAE, el sustantivo femenino "pulsión" (del latín tardío *pulsio, pulsiōnis*: "acción de repeler") pertenece al ámbito de la psicología y significa "impulso o tendencia instintivos". El término se utiliza sobre todo en el psicoanálisis "para designar —informa la *Wikipedia*— aquel tipo de impulso psíquico característico de los sujetos de la especie humana que tiene su fuente en una excitación interna (un estado de tensión percibida como corporal) y que se dirige a un único fin preciso: suprimir o calmar ese estado de tensión". Sigmund Freud se refiere en sus obras a la pulsión de vida, a la pulsión de muerte y, especialmente, a la pulsión sexual. Pero este término, "pulsión", entró al español a partir del sustantivo alemán *Trieb*, utilizado por Freud, que se tradujo, inicialmente, de manera literal, y errónea, como "instinto" o "apetito", hasta que ciertos traductores más atentos, a partir de las lecturas e interpretaciones del psiquiatra y psicoanalista francés Jacques Lacan, encontraron que Freud, en sus obras distingue, perfectamente, entre el sustantivo *Trieb*, como un término técnico que debe traducirse como "pulsión", y el también sustantivo alemán *Insti'nkt*, que significa, literalmente, "instinto", pero utilizado por Freud "cuando quiere referirse al concepto estrictamente biológico" (*Wikipedia*). En "Angustia y vida pulsional", Freud escribe: "Las **pulsiones** no rigen sólo la vida anímica, sino también la vegetativa". Aclarado esto, no hay duda de que el sustantivo calificado "pulsión instintiva" es redundante. Basta con decir y escribir "pulsión".

Es, obviamente, redundancia del ámbito profesional y, por tanto, del español culto, entre las personas que jamás dudan de nada y, por ello, nunca consultan el diccionario. Incluso en revistas y libros especializados se comete esta bruta redundancia con su respectivo plural. En la traducción mexicana del libro *Desarrollo humano: Estudio del ciclo vital* (Pearson, 1997), de F. Philip Rice, leemos lo siguiente:

♀ "Freud creía que los principales determinantes de la conducta eran las **pulsiones instintivas** vinculadas al sexo y la agresión".

El término "pulsiones instintivas" se repite en otros contextos del libro. Pero lo correcto es decir y escribir que

♂ Freud creía que los principales determinantes de la conducta eran las **pulsiones** vinculadas al sexo y a la agresión.

✐ He aquí otros pocos ejemplos de esta redundancia bruta del ámbito profesional: "Freud sugirió que los humanos nacen con ansias biológicas específicas (o **pulsiones instintivas**)", "su **enfoque** técnico está más **enfocado** en el contexto específico de **pulsiones instintivas**" (doble redundancia), "la evolución de las **pulsiones instintivas** en el niño", "Freud dice que tenemos **pulsiones instintivas**" (no digamos mentiras sobre Freud), "al inicio de la vida se reprimen muchas **pulsiones instintivas**", "las **pulsiones instintivas** de la persona", "el malestar de las **pulsiones instintivas**", "la pugna de las **pulsiones instintivas**", "despliegue de **pulsiones instintivas** en la poesía de García Lorca", "las **pulsiones instintivas** se debaten frente al super-yo", "importancia y características de las **pulsiones instintivas**", "los trastornos de la mente se explicaban en términos de **pulsiones instintivas**", "**pulsiones instintivas** que son modeladas por experiencias de la infancia", "**pulsión instintiva** e impulso instintivo", "diferencia cualitativa entre **pulsión instintiva** y deseo humano", "la conciencia de la **pulsión instintiva**", "el tercer poemario de la escritora colombiana Lilián Pallares es un libro de naturaleza salvaje que conecta con la **pulsión instintiva** que llevamos dentro" (sí, claro, que llevamos dentro, ni modo que fuera), "ocurre una negación de la **pulsión instintiva**", "es provocada por una **pulsión instintiva** que busca saciedad", etcétera.

☞ Google: 11 600 resultados de "pulsiones instintivas"; 2 530 de "pulsión instintiva". ☒

☞ Google: 1 340 000 resultados de "pulsión"; 844 000 de "pulsiones". ☑

191. punto, punto final, punto y aparte, punto y coma, punto y seguido, ¿punto y final?, puntos suspensivos

Es correcto decir y escribir "punto y aparte", "punto y coma" y "punto y seguido", para referirnos, respectivamente, al "punto que cierra un párrafo tras el que el contexto continúa en uno nuevo", al "signo ortográfico (;) usado para separar oraciones sintácticamente independientes, pero con relación semántica directa entre sí", y al "punto tras el que comienza un nuevo enunciado". Pero es incorrecto decir y escribir "punto y final", pues al "punto con que se cierra un escrito o una división importante del texto" (por ejemplo, una parte o un capítulo) se llama, con corrección "punto final" y no "punto y final". En cuanto al sustantivo plural "puntos suspensivos", que el DRAE define como el "signo ortográfico (...) usado para señalar la interrupción de un discurso, para darlo por conocido o sobreentendido, para indicar vacilación o para sugerir un final abierto", consta, únicamente de tres puntos, esto es, de no más ni menos de tres. Tal es la convención ortográfica. Poner más de tres es una incorrección. Ejemplo: *Caras vemos...* Mucha gente cree que poniendo más de tres consigue un efecto mayor o más intenso, pero esto es una tontería que inició con las llamadas "vanguardias literarias" que hoy no son más que antiguallas. Además, sólo se usa en plural, por obvias razones: "puntos suspensivos", pero no "punto suspensivo". De todo lo anterior, por ultracorrección, una buena parte de los hablantes y escribientes dice y escribe "punto y final" (por analogía con "punto y aparte", "punto y coma" y "punto y seguido"), pero, como ya vimos, se trata de un error: la conjunción copulativa ("y") es innecesaria: lo correcto es "punto final". Rematamos un texto con el "punto final", no con el "punto y final". Suele usarse también en sentido figurado, para referirse al final o término de una acción. Ejemplo: *Puso **punto final** a su carrera*, pero no *Puso **punto y final** a su carrera*.

Esta ultracorrección está tan extendida en nuestra lengua que el número de resultados en el buscador de Google es bastante cercano al del término correcto. "Punto y final" dicen y escriben hasta los profesionistas, los cultos, los periodistas (por supuesto) y los escritores. Hay que comprenderlos: ¡no tienen un diccionario en casa ni en sus cubículos (¿pero ni siquiera en sus teléfonos inteligentes?)! En el diario *El País* un escritor de muy buen nivel literario intitula su columna o artículo de opinión:

 ♀ "Aprender a poner **punto y final**".

Como ya advertimos, la ultracorrección ha invadido todos los ámbitos de nuestro idioma. Lo correcto:

 ☼ Aprender a poner **punto final**.

 ✎ He aquí algunos pocos ejemplos de este desbarre por ultracorrección que cometen incluso los que supuestamente guían a los hablantes y escribientes: "El **punto y final** señala el final de un texto o escrito", "usamos **punto y final** para terminar el texto", "la raya se uso (*sic*) para encerrar una aclaración que interrumpe el texto. El punto y seguido para los enunciados. Y el **punto y final** para terminar el texto", "pongamos **punto y final** y dejemos de hacernos daño", "El Chapo Guzmán: **Punto y final**", "**punto y final** al cuento de hadas", "monarquías: ¿**punto y final** o punto y seguido?", "y ponemos el **punto y final** a una gran noche", "puso **punto y final** a su carrera como futbolista", "**punto y final** para una campaña atípica", "poner el **punto y final**", "**punto y final** al debate autonómico", "**punto y final** a la Cumbre contra la Pederastia del Vaticano", "yo sí acostumbro a usar el **punto y final**", "la razón por la que usted no debe usar el **punto y final** en Whatsapp" (¡ay!, qué delicaditos) y, como siempre hay algo peor, "ya le va tocando poner **punto y final** para terminar", "vamos a ver si conseguimos tener un buen **punto y final para terminar**" (lo maravilloso sería conseguir un buen punto final para empezar).

☞ Google: 3 700 000 resultados de "punto y final". ☒

☞ Google: 6 050 000 resultados de "punto final". ☑

Q

192. quinceañera, quinceañero, ¿*quinceñera?*, ¿*quinceñero?*
En el lenguaje jergal mexicano, "ñero" (forma reducida de "compañero") es sustantivo que equivale a "amigo", "camarada", "aliado" y, por supuesto, "compañero", pero con frecuencia adquiere un matiz peyorativo, para distinguirlo de "compa" (acortamiento lo mismo de "**compa**ñero" que de "**compa**dre"), pues "ñero" se aplica al individuo de los sectores populares, con un sentido marcadamente despectivo. Entre iguales el saludo es afectuoso: "Qué onda, ñero", es decir, ¿cómo estás, amigo?, pero, desde fuera, o cuando se usa desde una distancia social, clasista, racista inclusive, es frecuente escuchar: "es un ñero bien ojete", es decir, *es un cabrón del que no te debes fiar*. El "compa", en cambio, tiene una representación social más amigable, según los convencionalismos, y, siendo así, los "compas" son más de fiar que los "ñeros", incluso entre ellos. Desde fuera, el término "ñero" adquiere, inevitablemente, un estigma social clasista. Sea como fuere, los términos "quinceñeras" y "quinceñeros" sólo podrían significar esto mismo: quince ñeras y quince ñeros: treinta en total en paridad de sexos, reunidos, quizás, en calidad de chambelanes, para participar en la celebración de los quince años de una amiga o familiar: la "quinceañera", pero no por cierto la "quinceñera", que aunque fuese "ñera", o perteneciese al "ñeraje" o a la "ñerez", es "quinceañera", pues este adjetivo y sustantivo, evidentemente compuesto (*quince + años*) se aplica a la "persona que tiene quince años o alrededor de esa edad" (DRAE). Ejemplos: *Es un* **quinceañero** *y su novia también es* **quinceañera**; *La* **quinceañera** *estuvo muy feliz en su festejo*. Propio del ámbito popular mexicano, en cuanto a los festejos que se realizan para celebrar que alguien (especialmente una mujer) ha cumplido quince años, el barbarismo "quinceñera" (con su masculino y sus plurales) pertenece también a este ámbito de la lengua. Por falta de ortoepía, el error del habla se traslada a la escritura y se convierte también en falta de ortografía: "quinceñera", "quinceñeras", "quinceñero" y "quinceñeros" en lugar de "quinceañera", "quinceañeras", "quinceañero" y "quinceañeros" que son las formas correctas.

El reino de estos barbarismos está en el habla y en la escritura cotidiana e informal, pero también en internet, y a veces extiende sus dominios, y sus demonios, en publicaciones impresas. En un diario digital leemos el siguiente encabezado:

♀ "Entregan beca durante Expo **Quinceñera**".

Se quiso informar lo siguiente:

⚥ "Entregan beca durante la Expo **Quinceañera**".

✒ Unos pocos ejemplos de este disparate de amplio espectro: "locura en los xv de Rubí **Quinceñera**", "vestido de **quinceñera**", "treintañera se hizo pasar por **quinceñera**", "**quinceñera** fallece tras caída de caballo en la que era trasladada", "**quinceñera** de Masaya perece ahogada
en río", "sacerdote que maltrató a **quinceñera** maya se retira de la iglesia", "conoce a Rubí, la
quinceñera más famosa del mundo", "30 ideas de vestidos para **quinceñeras**", "pasteles de
fiestas y **quinceñeras**", "programa para **quinceñeras**", "el evento que las próximas **quinceñeras** no se pueden perder", "torta para **quinceñeras**", "decorados de moda para **quinceñeros**",
"servicio de auto para **quinceñeros**", "**quinceñero** ebrio choca y deja 11 lesionados", "un amor
quinceñero".

☞ Google: 420 000 resultados de "quinceñera"; 77 500 de "quinceñeras"; 33 700 de "quinceñero"; 14 200 de "quinceñeros". ☒

☞ Google: 28 800 000 resultados de "quinceañera"; 10 700 000 de "quinceañeras"; 890 000
de "quinceañero"; 493 000 de "quinceañeros". ☑

193. ¿*quiz*?, test

Somos tan patológicamente anglicistas que ya no queremos decir "cuestionario",
"examen", "prueba", "sondeo", etcétera. Ahora, a muchos individuos, realmente de-
formados por internet, les ha dado por decir y escribir "quiz". ¡Que no jodan! *Quiz* es
voz inglesa que se pronuncia *kwiz* y que, en su calidad de sustantivo, se traduce al
español como "encuesta", "examen" o "interrogatorio", entre otros sinónimos, y, en
su calidad de verbo transitivo, significa "interrogar". Somos tan brutos anglicistas y
anglófilos que ahora ya no queremos utilizar el español para referirnos a una prueba
o a un examen. Los que dicen y escriben, especialmente en internet, *cute* (*¡Ay!, qué
cute el nene*), dicen y escriben también *quiz*, incluso con mayúscula inicial (*¡Atrévete
a responder este Quiz!*). No pueden ser más ridículos. Lo que para los nativos anglopar-
lantes es *quiz*, para los nativos hispanohablantes es "cuestionario", "encuesta", "examen", "interrogatorio", "prueba" o "sondeo" (incluso, "concurso"), es decir, "examen
que se hace para demostrar o comprobar los conocimientos o aptitudes de alguien"
(DRAE). Y si lo que quieren es una voz inglesa equivalente, pero ya aclimatada en
nuestro idioma, ahí tienen el sustantivo masculino "test" (del inglés *test*): "Prueba
destinada a evaluar conocimientos o aptitudes, en la cual hay que elegir la respuesta
correcta entre varias opciones previamente fijadas" (DRAE). Ejemplo: *Este test te mos-
trará qué tan buena es tu memoria*. La modita de utilizar el anglicismo crudo *quiz* nació, obviamente, en internet, pero se ha ido extendiendo en publicaciones impresas,
pese a que tenemos en español su perfecta traducción y varios sinónimos.

Es barbaridad ampliamente extendida en los ámbitos de la farándula y de las redes sociales, que hacen trizas el idioma español. En una página chilena de internet, dedicada a la educación y, en particular, a la historia (*e-historia.cl*), leemos lo siguiente:

♀ "5 herramientas para crear un **quiz** en línea".

¡Cuánto trabajo les cuenta decir en español!:

☝ Cinco herramientas para crear un **examen** en línea.

✎ Van unos pocos ejemplos de esta barbaridad anglicista y anglófila adoptada por millones de individuos que odian su propio idioma: "7 consejos que debes aplicar para crear un **Quiz** y que nadie te dijo", "¿cómo realizar un **Quiz**?", "¿cómo hacer un **quiz**?", "cosas que pensamos durante un **quiz**", "un **quiz** de cultura pop", "instrucciones para resolver un **quiz** en internet", "podemos adivinar tu secreto más oscuro con este **quiz**", "este **Quiz** definitivo te dirá qué personaje de Juego de Tronos eres" (¡qué cosa más trascendente!), "este **quiz** determinará tu verdadero nivel de estrés" (que puede llegar a escuatro y a escinco), "este **quiz** determinará qué tipo de inteligencia tienes" (sobre todo, inteligencia), "el **Quiz** con el que Meade quiere ganarse a los indecisos" (¡vaya jalada: por eso perdió la presidencia de México este bruto!), "el **Quiz** más difícil", "el **quiz** financiero" (la idiotez se va extendiendo), "otro **quiz** de conocimiento general", "otro **quiz** sobre películas de cine", "te retamos a sacar el puntaje perfecto en este difícil **quiz**", "resuelvan estos **quiz**", etcétera.

☞ Google: 1 900 000 resultados de "un quiz"; 423 000 de "este quiz"; 323 000 de "el quiz"; 10 500 de "otro quiz"; 3 720 de "difícil quiz"; 2 420 de "estos quiz". ☒

R

194. racionalizar, racionar

¿Se "racionalizan" los alimentos? Hay quienes creen que sí. Pero, en realidad, desean decir que se "racionan". Veamos por qué. El verbo transitivo "racionalizar" tiene dos acepciones principales en el DRAE: "Reducir a normas o conceptos racionales" y "organizar la producción o el trabajo de manera que aumente los rendimientos o reduzca los costos con el mínimo esfuerzo". Ejemplo: *Racionalizar la producción fue indispensable para salvar la fábrica.* Deriva del adjetivo "racional" (del latín *rationālis*): "perteneciente o relativo a la razón" y "conforme a la razón", y del sustantivo femenino "racionalidad" (del latín *rationalĭtas, rationalitātis*): "cualidad de racional". Ejemplos: *Hay que administrar los recursos de una manera racional*; *La racionalidad es lo que distingue al hombre del animal.* El verbo transitivo "racionar" (de *ración*) significa "someter algo en caso de escasez a una distribución ordenada" y "limitar el consumo de algo para evitar consecuencias negativas" (DRAE). Ejemplo: *Durante la guerra fue necesario racionar los alimentos.* De ahí el sustantivo masculino "racionamiento" ("acción y efecto de racionar"), muy distinto del sustantivo femenino "racionalización" ("acción y efecto de racionalizar"). Ejemplos: *El racionamiento de pan fue habitual durante la guerra*; *La racionalización distingue al ser humano del chimpancé.* Aunque "racionalizar" y "racionar" no sean exactamente términos homófonos, su parecido lleva al disparate de decir y escribir que los alimentos "se racionalizan", cuando lo cierto es que "se racionan". El primero deriva de "razón" (del latín *ratio, ratiōnis*), sustantivo femenino con dos acepciones principales en el DRAE: "Facultad de discurrir" y "acto de discurrir el entendimiento; el segundo deriva de "ración", sustantivo femenino que, aunque comparte etimología con el primero, significa "parte o porción de alimento que se da tanto a personas como a animales" y "cantidad de algo que puede adquirir la población en épocas de escasez" (DRAE). Resulta obvio que, en épocas de escasez de alimentos, es razonable, y del todo racional, recurrir al racionamiento, pero, estrictamente, los alimentos no "se racionalizan", sino que "se racionan". Esta confusión pertenece al ámbito culto de la lengua. Profesionistas de diversas especialidades, periodistas y gente culta (y de razón) no saben la diferencia entre "racionalizar" y "racionar", lo cual podrían resolver si abriesen un diccionario.

Esta barbaridad abunda en internet, pero también en las publicaciones impresas, especialmente en el periodismo. En el sitio de internet *Bolsamanía* leemos el siguiente encabezado:

♀ "Maduro habla de guerra económica para **racionalizar la comida** en Venezuela".

Sabemos que Maduro es capaz de decir cualquier desatino y no dudamos de que así lo dijo: "racionalizar la comida", pero si los redactores no le imponen a la expresión el entrecomillado de rigor, debemos entender que es *Bolsamanía* la autora del desatino. "Racionalizar la comida", si lo hace Maduro, es ponerle algo de su poco "raciocinio", lo cual haría la comida más escasa e incomible. Lo que este sitio de internet debió informar correctamente es que

☼ Maduro habla de guerra económica para **racionar la comida** en Venezuela.

✐ He aquí otros ejemplos de esta barbaridad que lleva a confusiones muy divertidas o patéticas, según se vea, sin que la gente se dé cuenta de lo que está diciendo o escribiendo: "Venezuela se prepara para **racionalizar la comida**", "la importancia de **racionalizar la comida**", "se empieza a **racionalizar la comida**", "**racionalizar la comida** antes de servirla" (sobre todo si la comida tiene como ingrediente principal sesos de res), "quiere **racionalizar la comida** para que haya para todos" (sí, claro, se pone a pensar en lo poquito que deben comer los demás, para que a él le toque mucho; ¡esto es "racionalizar la comida"!), "a mí lo que me interesa es **racionalizar la comida**" (muy bien, ¡pues échele coco!), "hay que **racionalizar los alimentos**", "los gobiernos del orbe comenzaron a **racionalizar los alimentos**", "estamos en condiciones de **racionalizar los alimentos** de los reclusos", "cazan algo y luego **racionalizan la comida**", "**racionalizan la comida** hasta que comen el último bocado", "**se racionalizan los alimentos** y la gente está devastada", "**racionalizan los alimentos** y ganan menos de diez dólares mensuales", etcétera.

☞ Google: 32 900 resultados de "racionalizar la comida"; 25 400 de "racionalizar los alimentos"; 1 050 de "racionalizan la comida"; 1 000 de "racionalizan los alimentos". ☒

☞ Google: 177 000 resultados de "racionar la comida"; 7 150 de racionar los alimentos"; 1 440 de "racionan la comida"; 1 000 de "racionan los alimentos". ☑

195. ráfaga, ¿*ráfaga de viento?*, ráfagas, ¿*ráfagas de vientos?*, viento, vientos

Es cierto que se llama "ráfaga" a un cierto tipo de nube ("de poco cuerpo o densidad"), a un "golpe de luz vivo o instantáneo" y al "conjunto de proyectiles que en sucesión rapidísima lanza un arma automática" (DRAE), especialmente una ametralladora. Pero la primera acepción del sustantivo femenino "ráfaga" (de origen incierto, dice el DRAE) es "viento fuerte, repentino y de corta duración". Ejemplo: *Una ráfaga me voló el sombrero*. Por ello es una redundancia bruta decir y escribir "ráfaga de viento", pues en la definición ya se encuentra explícita la característica ventosa de la "ráfaga" cuyo sinónimo es "ventolera" (de *ventola*): "Golpe de viento recio y poco durable" (DRAE). Ejemplo: *La **ventolera** levantó toda la basura que encontró a su paso*. Si no se precisa que se trata de una "ráfaga de ametralladora" o de una "ráfaga de luz" o de la nube que lleva por nombre "ráfaga", es de lo más torpe, por redundante, hablar y escribir de "ráfaga de viento", pues el "viento" es parte de la acepción principal de "ráfaga". En el ejemplo *Una **ráfaga** me voló el sombrero*, tendríamos que ser muy brutos para suponer que fue una "ráfaga de ametralladora", pues una ráfaga como ésta no sólo nos volaría el sombrero, sino también la cabeza. De ahí que decir y escribir *Una **ráfaga de viento** me voló el sombrero* es delatar que debajo del sombrero tal vez tengamos una cabeza, pero poco acostumbrada a usar la lógica y el diccionario. El sustantivo masculino "viento" (del latín *ventus*) significa, en su acepción principal, "corriente de aire producida en la atmósfera por causas naturales, como diferencias de presión o temperatura" (DRAE). Ejemplo: *El **viento** mecía los árboles*. Si no precisamos otra cosa, toda "ráfaga" es de "viento". Y, además, toda "ráfaga" es un "viento fuerte"; por ello, resulta doble redundancia decir y escribir: "fuerte ráfaga de viento", "fuertes ráfagas de viento". No ricemos el rizo. Digamos y escribamos "ráfaga", "ráfagas", "ventolera", "ventoleras", "fuerte viento", "fuertes vientos" y, con ello, ya lo hemos dicho todo.

Hasta los meteorólogos y meteorólogas hablan y escriben de "ráfagas de viento", "ráfagas de vientos" y, peor aún, "fuertes ráfagas de viento". Obviamente, también los periodistas y otros profesionistas, pues esta redundancia es del ámbito culto, o por lo menos informado, de la lengua, y está lo mismo en internet que en publicaciones impresas. En el diario mexicano *El Heraldo de Juárez* leemos el siguiente encabezado:

♀ "Alerta amarilla por posibles **ráfagas de viento** de hasta 84 km/h".

El contexto de la información nos exige que evitemos la redundancia. Lo correcto:

◌ Alerta amarilla por probables **ráfagas** de hasta 84 kilómetros por hora.

✎ Si son "ráfagas" de hasta 84 kilómetros por hora son, sin duda, de "viento" y, además, de "viento fuerte". He aquí otros ejemplos de esta redundancia que se produce por ignorar el significado del sustantivo "ráfaga": "**Ráfagas de viento** en San Luis Potosí superarán los 80 km/h", "reportan saldo blanco por **ráfagas de viento**", "**ráfagas de viento** dañan hangar en Aeropuerto de NL", "se prevén **ráfagas de viento** superiores a 60 km/h en Baja California", "se esperan **fuertes ráfagas de viento**" (doble redundancia, pues ya vimos que una "ráfaga" es un "viento fuerte"), "**intensas ráfagas de viento** afectan el país", "**ráfagas de viento** potencialmente dañinas golpearán la costa", "**ráfaga de viento** tumba un camión", "una **ráfaga de viento** arrastra a un hombre", "**ráfaga de viento** arranca un toldo", "**fuertes ráfagas de viento** y lluvia azotan al DF", "**fuertes ráfagas de viento** se registran en Santiago", "**fuertes ráfagas de viento** se mantendrán en toda Nicaragua" (pero no causarán más daño que el que causan, desde hace años, Daniel Ortega y su consorte Rosario Murillo), "**fuerte ráfaga viento** casi se lleva a camión", "una **fuerte ráfaga de viento** derrumba parcialmente el techo", "**fuertes ráfagas de vientos** en zona norte por tormenta", "**ráfagas de vientos** avivan incendios en California" y, como siempre hay algo peor, "**ráfaga de viento que sopla muy fuerte**" (¡ay, nanita!).

☞ Google: 2 310 000 resultados de "ráfagas de viento"; 659 000 de "ráfaga de viento"; 298 000 de "fuertes ráfagas de viento"; 208 000 de "ráfagas de vientos"; 34 300 de "fuerte ráfaga de viento". ☒

☞ Google: 5 830 000 resultados de "ráfaga"; 5 620 000 de "ráfagas"; 623 000 de "ventolera"; 75 300 de "ventoleras". ☑

196. ¿*reconfirmar*?

Con el verbo "reconfirmar" (no incluido en el DRAE), pero muy utilizado en el habla y, cada vez más, en la escritura, es difícil ponerse de acuerdo entre los bandos en pugna: por un lado, los que lo consideramos una evidente redundancia y, por el otro, los que aseguran (entre ellos, la *Wikilengua* y la Real Academia Española a través de @*RAEinforma*) que es un derivado perfecto de "confirmar", que significa "confirmar con intensidad" y "volver a confirmar" (como en el ejemplo de la *Wikilengua Me gustaría utilizar esta ocasión para reconfirmar a ustedes nuestra determinación*), dado que el prefijo "re-" (del latín *re-*) significa "repetición", como en "**re**construir" (volver a construir o construir nuevamente) y "**re**surgir" (volver a surgir o surgir nuevamente). La lógica nos dice que esto es verdad, pero el problema está en la definición del verbo raíz "confirmar" (del latín *confirmāre*), transitivo y pronominal, con las siguientes acepciones en el DRAE: "Corroborar la verdad, certeza o el grado de probabilidad de algo", "revalidar lo ya aprobado" y "asegurar, dar a alguien o algo mayor firmeza o seguridad". Ejemplos: *El testigo **confirmó** los hechos*; *Fue **confirmado** en el puesto*; *Le **confirmaron** que su pedido llegará a la hora y el día estipulados*. María Moliner (que tampoco incluye en el DUE el verbo "reconfirmar") define "confirmar" en los siguientes términos: "Corroborar, ratificar. Afirmar algo nuevo o asegurar algo que era dudoso" [ejemplo: *Los periódicos **confirman** hoy la noticia*], "adquirir certeza definitiva algo que era dudoso" [ejemplo: *Se han **confirmado** los rumores*], "repetir o decir que es verdad lo que ha dicho otro" [ejemplo: ***Confirmó** la coartada del sospechoso*], "dar validez definitivamente a algo que era sólo provisional" [ejemplo: *El juez ha **confirmado** la sentencia*], "dar a alguien la seguridad o más seguridad de cierta creencia o sospecha" [ejemplo: *Las últimas noticias me **confirman** en que no es prudente salir al extranjero*], "añadir validez a un juicio sobre alguien" [ejemplo: *Este nuevo libro lo **confirma** como uno de nuestros mejores ensayistas*], "adquirir más certeza de cierta cosa" [ejemplo: *Cada vez me **confirmo** más en la creencia de que le van mal los negocios*], y, finalmente, "dar nueva validez a la condición de cristiano adquirida por el bautismo, mediante el sacramento llamado 'confirmación'" [ejemplo: *Llevaron a su hijo al templo para que recibiera la **confirmación**]. La cuestión es que si "confirmar" es sinónimo de "corroborar" y "ratificar", y si "confirmación" es sinónimo de "corroboración" y "ratificación", resulta innecesario el prefijo iterativo "re-" aplicado al verbo "confirmar" y al sustantivo femenino "confirmación" (del latín *confirmatio, confirmatiōnis*): "acción y efecto de confirmar" y "nueva prueba de la verdad y certeza de un suceso, dictamen u otra cosa", pues queda claro que, en cuestión de veracidad, algo se "certifica" (se da por cierto), pero no se "recertifica" (volver a certificar o certificar nuevamente), aunque también este verbo sea considerado válido por quienes "reconfirman". Digámoslo con propiedad: en términos jurídicos, a un reo, luego de pasar por un largo proceso de acusaciones, pruebas, amparos, etcétera, en la última instancia (que ya no admite más recursos), se "le confirma la sentencia" (no "se le reconfirma"). Las expresiones "confirmar nuevamente u otra vez" y "volver a confirmar" no pueden ser sino redundancias, si partimos de la definición del verbo raíz "confirmar". Veamos por qué. En el tomo segundo (1729) del *Diccionario de Autoridades*, la definición de "confirmar" es prácticamente la misma de la última edición impresa del DRAE (2014): "Aprobar de nuevo, revalidar lo hecho o dicho". Ahí mismo, el sustantivo "confirmación" se define como "aprobación, revalidación de alguna cosa". Y hay un ejemplo significativo: *Diéronle mando sobre todo por tres meses, hasta que viniesse la **confirmación** del Rey de Argel*. En este ejemplo queda de manifiesto la provisionalidad de algo (el mando), en tanto no exista la "confirmación" (la aprobación, la ratificación) del rey. Guido Gómez de Silva, en su *Breve diccionario etimológico de la lengua española*, acorde con lo anterior, asegura que "confirmar" es "corroborar la verdad o validez de" y "dar mayor firmeza": del latín *confirmāre*: "confirmar, dar firmeza, de *con-* ('cabalmente') + *firmāre* ('dar firmeza'), de *firmus* ('firme')". La clave en esta cuestión está en el prefijo "con-" (también "co-" y "com-") que, como señala Gómez de Silva equivale a "cabalmente", en el sentido de "completo", "exacto", "perfecto". Siendo así, lo que ya está "**con**firmado" (con "completa firmeza"), no requiere "volver a confirmarse", esto es, a "**re**confirmarse", pues ya indica completitud, exactitud y perfección. Es importante, también, ir a las definiciones, en el DRAE, de los verbos "corroborar", "ratificar" y "revalidar" que aparecen en todas las acepciones de "confirmar". El verbo transitivo y pronominal "corroborar" (del latín *corroborāre*) significa "dar mayor fuerza a la razón, al argumento o a la opinión aducidos, con nuevos razonamientos o datos". Ejemplo: *Corroboraron que aquello era cierto*. El verbo transitivo y pronominal "ratificar" (del latín *ratus*, "confirmado" y *-ficar*) significa "aprobar o confirmar actos, palabras o escritos dándolos por valederos y ciertos". Ejemplo: *Se **ratificó** la certeza de sus dichos*. Finalmente, el verbo transitivo y pronominal "revalidar" (que ya posee el prefijo iterativo "re-") significa "ratificar, confirmar o dar nuevo valor y firmeza a algo" y "recibirse o ser aprobado en una facultad ante tribunal superior". Ejemplo: ***Revalidó** sus declaraciones*. (No incluye el DRAE, pero sí el DM, el sentido con el que se usa en México y en otros países de América el verbo transitivo "revalidar": "dar validez académica una institución a estudios o asignaturas aprobados en otra". Ejemplo: *Me revalidaron los estudios en administración de la universidad canadiense.*) Es bastante probable que el uso acabe imponiendo el verbo transitivo e iterativo "reconfirmar", pero, por todo lo expuesto aquí, no hay razones lógicas para este derivado. Con decir y escribir "confirmar" es suficiente, a pesar de la abundancia de ejemplos en contrario: "**Reconfirmar** ambición", "**reconfirmar** un servicio", "**reconfirmar** la aceptación de la operación", "**reconfirmar** mi vuelo", "**reconfirmar** el primer éxito", "**reconfirmar** su paso", "**reconfirmar** nuestros pensamientos", "**reconfirmar** las sanciones", "**reconfirmar** lo dicho", "**reconfirmar** su embarazo", "**reconfirmar** los horarios", y una revisión revela que, en la mayor parte de los contextos en los que se utiliza este verbo, a lo que desean referirse las personas es, simplemente, a "confirmar". Hay cosas peores, por supuesto. En *Twitter* alguien dice: "Si querés **vuelvo a reconfirmar la confirmación** de mi asistencia", y otro también se las gasta: "**Vuelvo a reconfirmar la confirmación** de asistencia". Pero, afortunadamente, también en internet, hay sarcásticos que van en el sentido contrario de estas redundancias, y se regocijan, por ejemplo, de la siguiente manera: "Puedo **reconfirmar la confirmación de la confirmación ya confirmada**" y "falta **reconfirmar la confirmación de la veracidad de la veracidad de las pruebas**". El sentido común todavía funciona. Amén.

☞ Google: 306 000 resultados de "reconfirmar"; 187 000 de "reconfirma"; 52 400 de "reconfirmó"; 51 400 de "reconfirmé"; 24 200 de "reconfirman"; 16 800 de "reconfirmamos"; 5 310 de "reconfirmen".

    ☞ Google: 167 000 000 de resultados de "confirmar"; 155 000 000 de "confirma"; 73 000 000 de "confirmó"; 60 200 000 de "confirmé"; 25 800 000 de "confirman"; 3 090 000 de "confirmamos"; 2 520 000 de "confirmen". ☑

197. reincidir, *¿reincidir en lo mismo?, ¿reincidir nuevamente?, ¿reincidir una vez más?, ¿volver a reincidir?, ¿volver a reincidir en lo mismo?*
El verbo intransitivo "reincidir" tiene un único y muy preciso significado: "Volver a caer o incurrir en un error, falta o delito" (DRAE). Está compuesto del prefijo iterativo "re-" y el verbo intransitivo "incidir" (del latín *incidĕre*, de *in-*, "in-", y *cadĕre*, "caer"): "Caer o incurrir en una falta, un error, un extremo, etc." (DRAE). Ejemplos: *Incurrió en un grave delito*; *Reincidió en un delito grave*. El verbo intransitivo "incurrir" (del latín *incurrĕre*) significa "caer en una falta, cometerla" (DRAE). Ejemplo: *Incurrió en un error*. Pero, a diferencia del verbo "incidir", que admite el prefijo iterativo "re-" (del latín *re-*), que significa "repetición", en nuestro idioma no existe el verbo "reincurrir", sino, como ya vimos, "reincidir", y, para el término simple, con el sentido que

aquí analizamos, lo normal hoy es "incurrir" y no "incidir", para evitar confusiones o ambigüedades con las acepciones secundarias de este último: "repercutir (causar efecto una cosa en otra)" y "caer sobre algo o alguien" (DRAE). Ejemplos: *El alza en el salario mínimo* **incidió** *en la inflación*; *La campaña política de odio* **incidió** *en la polarización social*. El sustantivo femenino "reincidencia" significa "reiteración de una misma culpa o defecto" (DRAE). Ejemplo: *Su historial delictivo es de* **reincidencia**. Si en la definición queda claro que la "reincidencia" es la "reiteración de **una misma culpa o defecto**", decir y escribir "**reincidir en lo mismo**" es gruesa redundancia, que se multiplica si decimos y escribimos "**volver a reincidir en lo mismo**", pues agregamos a la primera redundancia el verbo intransitivo "volver" (del latín *volvĕre*), cuyo significado es "repetir o reiterar lo que antes se ha hecho" (DRAE). En cuanto al sustantivo femenino "reiteración" (del latín *reiteratio, reiteratiōnis*), significa "acción y efecto de "reiterar" (del latín *reiterāre*), verbo transitivo cuyo significado es "volver a decir o hacer algo" (DRAE). Ejemplos: *Sus* **reiteraciones** *ya cansan*; *Ya deje usted de* **reiterar** *y plantee algo preciso*. Del mismo modo que se es "reincidente" (adjetivo y sustantivo que significa "que reincide o que ha reincidido"), se es "reiterativo", adjetivo que significa "que tiene la propiedad de reiterarse" y "que denota reiteración" (DRAE). Ejemplos: *Es un criminal* **reincidente**; *Su discurso es* **reiterativo**. No importa cuántas veces se "reitere" ni cuántas veces se "reincida", para ser "reiterativo" y "reincidente"; lo cierto es que se riza el rizo al decir y escribir *Reitera una y otra vez* y *Reincide una vez más*. Estos verbos ("reiterar" y "reincidir") ya contienen el sentido de "repetición" una o más veces con el prefijo iterativo "re-". Y que las academias digan misa: que no por decir dos veces misa son "remisas".

Dígase y escríbase, simplemente, "reincidir" cuando lo que se desea expresar es "incurrir" una o más veces; ello a pesar de que las formas redundantes gocen de mucha simpatía enfática por parte de profesionistas, quizá por la influencia del pleonasmo hebreo, como cuando en *El libro de los jueces* se afirma que "**Israel reincidió una y otra vez** en la infidelidad". En el libro colectivo *Amazonia colombiana: Imaginarios y realidades* (Universidad Nacional de Colombia, 2011), uno de los coautores llega al siguiente extremo:

☟ "**Reincidir repetidamente en las mismas** estrategias fracasadas de desarrollo".

Aquí la redundancia es múltiple, pues si se reincide es repetidamente y, de acuerdo con la lógica, se reincide en lo mismo (de otro modo no sería reincidencia). Lo correcto es:

✎ **Reincidir** en las estrategias fracasadas de desarrollo.

✎ He aquí otros pocos ejemplos de reincidencias redundantes: "Las perspectivas son de **reincidir en lo mismo**", "es el miedo a **reincidir en lo mismo**", "evitar **reincidir en lo mismo**", "no sabe otra cosa, sólo **reincidir en lo mismo**", "lo que hacen es **reincidir en lo mismo**", "para no **reincidir en lo mismo**", "es muy fácil **volver a reincidir**", "en caso de **volver a reincidir** se le impondrán sanciones más severas", "lo peor es que tiene muchas posibilidades de **volver a reincidir**", "hombre con condena por violación **vuelve a reincidir**", "el 90% de los violadores **vuelve a reincidir**", "**vuelve a reincidir** en malas conductas", "ayer **volvió a reincidir**", "en los años anteriores a 1914 **volvió a reincidir**" (tan fácil que es decir y escribir: antes de 1914 reincidió), "al año siguiente **volvió a reincidir**", "él quiere **volver a reincidir en lo mismo**", "creo que es **volver a reincidir en lo mismo**", "esto es **volver a reincidir en lo mismo**", "estamos **volviendo a reincidir**", "ya está **volviendo a reincidir en lo mismo**", "vemos cómo **vuelve a reincidir en lo mismo**", "y aun así **vuelve a reincidir en lo mismo**", "este degenerado que **vuelve a reincidir en lo mismo**", "para luego **reincidir nuevamente**", "manifestó su voluntad para no **reincidir nuevamente**", "no hacen otra cosa que darse vuelta y **reincidir una vez más**", "les es fácil **reincidir repetidamente**", "**reincidir repetidamente** en las mismas estrategias fracasadas de desarrollo", "**reincidir repetidamente** en el cargo", "**reincidir repetidamente** en la manipulación" y, como siempre hay cosa peores, "ese **mismo jugador vuelve a reincidir en lo mismo**" (la noticia sería que no fuese el mismo jugador), "**una vez más se vuelve a reincidir en lo mismo**", "y **vuelven a reincidir repetidamente**", "la pérdida del mutuo acuerdo por **reincidir repetidamente en las mismas** situaciones" y "**volver a reincidir nuevamente en lo mismo** con otras personas" (que, en buen cristiano, se diría: reincidir con otras personas).

☞ Google: 48 800 resultados de "reincidir en lo mismo"; 35 500 de "volver a reincidir"; 23 600 de "vuelve a reincidir"; 13 100 de "volvió a reincidir"; 6 960 de "volver a reincidir en lo mismo"; 6 090 de "volviendo a reincidir"; 5 600 de "vuelve a reincidir en lo mismo"; 1 980 de "reincidir nuevamente"; 1 540 de "reincidir una vez más"; 500 de "reincidir repetidamente". ☒

☞ Google: 673 000 resultados de "reincidir"; 1 600 de "reincidir por tercera vez"; 1 060 de "reincidir por segunda vez". ☑

198. reserva, ¿*reserva por adelantado?*, reservación, ¿*reservación por adelantado?*, reservar, ¿*reservar por adelantado?*

Toda "reserva" o "reservación" es "por adelantado". La razón más obvia es que no puede ser "por atrasado". Veamos. El verbo transitivo "reservar" (del latín *reservāre*) significa, en su acepción principal, "guardar algo para lo futuro" y, en una de las acepciones secundarias, "destinar un lugar o una cosa, de un modo exclusivo, para uso o persona determinados" (DRAE). Ejemplos: *Reservó algo de dinero para el siguiente mes*; *Pidió que le reservaran una mesa en el restaurante*. De ahí el sustantivo femenino "reservación": "acción y efecto de reservar" y "reserva de habitaciones, de localidades para un espectáculo, etc." (DRAE). Ejemplo: *Hizo una reservación en el hotel donde siempre se alojaba cuando iba a Madrid*. De ahí también el sustantivo femenino "reserva" (de *reservar*): "guarda o custodia que se hace de algo, o prevención de ello para que sirva a su tiempo" y "acción de destinar un lugar o una cosa, de un modo exclusivo, para un uso o una persona determinados" (DRAE). Ejemplo: *Hizo la reserva de su boleto de avión para viajar una semana después*. Si la acepción principal del verbo "reservar" es "guardar algo para lo futuro", y la secundaria, "destinar un lugar o una cosa, de un modo exclusivo, para uso o persona determinados", queda claro que todo acto de "reservar" y toda "reserva" o "reservación" se vinculan a algo que no ha ocurrido, que ocurrirá (tarde o temprano) o que está por ocurrir; es decir, corresponde al futuro. Por ello, la locución adverbial "por adelantado" significa "con antelación" (DRAE). Ejemplo: *Exigio su pago por adelantado*. El sustantivo femenino "antelación" (del latín medieval *antelatio, antelationis*) significa "anticipación con que, en orden al tiempo, sucede algo respecto a otra cosa" (DRAE). Ejemplo: *Le aconsejaron que comprara su boleto de avión con antelación.* "Por adelantado" y "con antelación" son expresiones sinónimas que nos remiten también a otras muy parecidas: "por anticipado" y "con anticipación"; esto es, antes de que ocurra lo que hemos "reservado" para el "futuro" (del latín *futūrus*), adjetivo y sustantivo cuya acepción principal es "que está por venir", incluso si se trata de un futuro muy cercano. Se puede efectuar, por la mañana, la "reserva" de una mesa en un restaurante y hacer uso de ella al mediodía. Así sea muy corto el tiempo entre la "reserva" y su uso, esto no impide que sea "con antelación", "con anticipación", "por adelantado". Por todo lo antes expuesto, son redundancias brutas las expresiones "reserva por adelantado", "reservación por adelantado" y "reservar por adelantado" más sus plurales y variantes de conjugación. Basta con decir "reserva", "reservación" y "reservar".

Se trata de redundancias del ámbito general de la lengua, cometidas y acometidas también por personas de alta escolarización que, sin embargo, no suelen utilizar ni la lógica ni el diccionario. Un internauta, muy acomedido, les informa a sus colegas:

♀ "Al realizar una **reserva por adelantado** no se paga al instante".

Quiso avisarles, en buen español, que

♂ al hacer una **reserva** no se paga de inmediato.

🖉 Van unos pocos ejemplos de estas redundancias atroces: "Con una **reserva por adelantado**, usted evitará las largas esperas", "no te quedes sin roscón y **reserva por adelantado**", "podrá disfrutar de un descuento de hasta 25% o incluso un 30% si **reserva por adelantado**", "normalmente, **se reserva por adelantado**" (y, anormalmente, se reserva por atrasado), "te recomendamos que hagas una **reserva por adelantado**", "frenesí de **reservas por adelantado** del nuevo iPhone X de Apple en China", "las **reservas por adelantado**, sólo con tarjetas de crédito", "ofertas especiales en **reservas por adelantado**", "en julio y agosto es recomendable **reservar por adelantado**", "una pequeña joya que hay que **reservar por adelantado**", "no es necesario **reservar por adelantado**", "no se puede **reservar por adelantado**", "se requiere **reservar** por adelantado", "hicimos la **reservación por adelantado** para cuatro días", "me comprometí a hacer mi primera **reservación por adelantado**", "¿debo hacer una **reservación por adelantado** o puedo comprar en la taquilla el día de mi visita?", "tienes que hacer la **reservación por adelantado**", "la **reservación por adelantado** acorta los tiempos de espera", "**reserve por adelantado** y obtenga las mejores tarifas", "**reserve por adelantado** y ahorre hasta un 25%", "puente patrio detona **reservaciones por adelantado**", "los restaurantes que ofrecen **reservaciones por adelantado** cobran un cargo por cancelación", "**reservamos por adelantado** para una fiesta de cumpleaños", "inteligentemente, **reservamos por adelantado** en línea, para evitar la cola increíblemente larga para entrar" (pero no usaron esa misma inteligencia para consultar el diccionario), "este lugar **se reservó por adelantado**", "**reservó por adelantado** el salón de fiestas". ¡Y basta!

☞ Google: 109 000 resultados de "reserva por adelantado"; 48 300 de "reservas por adelantado"; 27 100 de "reservar por adelantado"; 14 500 de "reservación por adelantado"; 10 800 de "reserve por adelantado"; 9 650 de "reservaciones por adelantado"; 3 140 de "reservamos por adelantado"; 2 220 de "reservó por adelantado". ☒

199. reverter, revertió, revertir, revirtió

El verbo intransitivo "revertir" (del latín *reverti*: "volver") tiene dos acepciones principales en el DRAE: "Dicho de una cosa: Volver al estado o condición que tuvo antes" y "dicho de una cosa: Venir a parar en otra". Ejemplo: *Los índices de criminalidad se revirtieron en 1998.* Dicho verbo se conjuga tomando como modelo el verbo "sentir": *Sentí, sentiste, sintió, sentimos, sintieron*; así, también, *revertí, revertiste, revirtió, revertimos, revirtieron.* No debemos confundirlo con el verbo "reverter", también intransitivo y que comparte la raíz latina *reverti*, con "revertir", pues aquél significa prácticamente lo contrario de "revertir": "Dicho de una cosa: Rebosar o salir de sus términos o límites" (DRAE). Se conjuga como "entender": *Entendí, entendiste, entendió, entendimos, entendieron*; así, también, *revertí, revertiste, revertió, revertimos, revertieron.* Especialmente, en la tercera persona del singular del pretérito perfecto del modo indicativo ("revirtió") hay personas que se confunden y dicen lo contrario de lo que desean significar ("revertió"). Como ya vimos, "revertió" no es incorrecto, siempre y cuando se trate del verbo "reverter" ("rebosar"), pero es un disparate cuando lo que se desea indicar es que una cosa volvió al estado o condición que tuvo antes, esto es, "revirtió".

En una de sus conferencias matutinas (12 de abril de 2019), el presidente de México, Andrés Manuel López Obrador, quien necea todo el tiempo, porque siempre cree tener la razón y se imagina sabio que jamás se equivoca, dijo, empecinado, ante una pregunta del periodista Jorge Ramos, en relación con el índice de asesinatos violentos:

♀ "**Se revertió** la tendencia".

Si la tendencia en el índice de asesinatos "se revertió", entonces el periodista tenía razón: el índice de los asesinatos violentos en México se rebosó y se salió de sus límites de tantos que ha habido. Pero no, en lo que neceó López Obrador su propósito era decir todo lo contrario: que los asesinatos violentos en México habían disminuido, esto es que:

👌 **Se revirtió** la tendencia.

✐ Al igual que el presidente López Obrador, hay otros hablantes y escribientes del español que no saben la diferencia que hay entre el verbo "revertir" y el verbo "reverter". He aquí algunos ejemplos: "Forterra **revertió** la tendencia", "El Bovespa **revertió** la tendencia y opera en baja", "en algunos delitos **se revertió** la tendencia" (quiere decir entonces que se salió de control), "**se revertió** la tendencia, disminuyendo hasta un 5% anual", "Ríos **revertió** la tendencia y resultó reelecta", "el agosto **se revertió** la tendencia alcista", "**se revertió** la tendencia positiva", "**revertió** la tendencia negativa", "**se revertió** la tendencia privatizadora", "**se revertió** la tendencia y estamos muy optimistas" (¡vaya optimismo: las cosas se pusieron peores y hay optimismo!).

☞ Google: 2 710 resultados de "revirtió la tendencia". ☒

200. revictimizar, ¿revictimizar a la víctima?, ¿revictimizar a las víctimas?, víctima, víctimas

El verbo transitivo "revictimizar" no aparece en las páginas del DRAE, pero es un verbo legítimo que, tarde o temprano, tendrá que admitir porque está derivado correctamente del también verbo transitivo "victimizar": "Convertir en víctimas a personas o animales". (No confundir con el también transitivo "victimar", del latín *victimāre*, "sacrificar una víctima", cuyo significado es "asesinar, matar".) Ejemplo: *Es habitual que la justicia mexicana revictimice a las personas.* Queda claro que únicamente se puede "revictimizar" a quien es o ha sido "victimizado", esto es, "convertido en víctima". Pero si, a pesar de no figurar en el DRAE, no hay razón para proscribir el verbo "revictimizar", sí hay razón para señalar que la expresión "revictimizar a la víctima" es gruesa redundancia. Basta con decir y escribir "revictimizar" y, según sea el contexto, precisar lo que convenga para dar claridad a la información. Ejemplos: *La afectada fue revictimizada en el ministerio público*; *Revictimizar a quien ha sufrido abuso sexual es otra forma de injusticia, cometida en este caso por las instituciones.* Estos ejemplos correctos se convierten en formas redundantes si decimos y escribimos: *La víctima fue revictimizada en el ministerio público*; *Revictimizar a la víctima que ha sufrido abuso sexual es otra forma de injusticia, cometida en este caso por las instituciones.* Hay que emplear la lógica y el buen sentido del idioma: si para sufrir "revictimización" antes se tiene que ser "víctima", queda claro que sólo una "víctima" puede sufrir "revictimización", y por ello es gruesa redundancia hablar y escribir de "víctimas revictimizadas" y de "revictimizar a las víctimas".

Se trata de redundancias del ámbito periodístico, pero que ya se utilizan también en otros ambientes profesionales. En *El Diario de Coahuila* (México) leemos el siguiente encabezado:

♀ "No **revictimizar a las víctimas** de delito".

Para evitar tal redundancia, lo correcto es decir y escribir:

♂ No **revictimizar a quienes han sufrido un delito**.

🖉 Van otros ejemplos de estas redundancias tan frecuentes incluso entre los organismos de derechos humanos: "La CEAV y su decisión de **revictimizar a las víctimas**", "eviten **revictimizar a las víctimas**", "sin **revictimizar a las víctimas**", "abstenerse de perseguir y **revictimizar a las víctimas**", "no **revictimizar a la víctima**", "no culpabilizar ni **revictimizar a la víctima**", "sustanciar los procesos penales sin **revictimizar a la víctima**", "se **revictimiza a la víctima**", "eso terminaría **revictimizando a las víctimas**", "la institución, al ser omisa, está **revictimizando a la víctima**", "sin criterios de ética profesional **revictimizan a la víctima**", etcétera.

☞ Google: 16 200 resultados de "revictimizar a las víctimas"; 14 300 de "revictimizar a la víctima"; 13 300 de "revictimiza a la víctima"; 3 390 de "revictimizando a las víctimas"; 3 300 de "revictimizando a la víctima"; 3 100 de "revictimizan a la víctima". ☒

☞ Google: 17 500 resultados de "revictimizar a las mujeres"; 13 000 de "revictimizar a las personas"; 9 240 de "revictimizar a la persona"; 2 490 de "revictimizar a los afectados"; 1 000 de "revictimizar a la persona afectada"; 1 000 de "revictimizar a la afectada". ☑

201. rumor, ¿*rumor no confirmado?*, rumores, ¿*rumores no confirmados?*
Por definición, un "rumor" no es, nunca, un dato confirmado o verificado. El sustantivo masculino "rumor" (del latín *rumor, rumōris*) es, a decir del diccionario académico, la "voz que corre entre el público". Mucho mejor es la definición de María Moliner en el DUE: "Noticia vaga y no confirmada que circula entre la gente". Ejemplo: *Corre el rumor de que el ministro renunciará*. La voz que corre entre el público, a la que se refiere el DRAE, equivale al "chisme" (del latín *schisma*, y éste del griego *schísma*: "escisión", "separación"): "Noticia verdadera o falsa, o comentario con que generalmente se pretende indisponer a unas personas con otras o se murmura de alguna" (DRAE). Ejemplo: *Según los chismes políticos, el ministro pronto renunciará*. El verbo transitivo "confirmar" (del latín *confirmāre*) significa, en su acepción principal, "corroborar la verdad, certeza o el grado de probabilidad de algo" (DRAE). Ejemplo: *Se confirma la noticia de que el ministro renunciará en abril*. De ahí el sustantivo femenino "confirmación" (del latín *confirmatio, confirmatiōnis*): "acción y efecto de confirmar" y "nueva prueba de la verdad y certeza de un suceso, dictamen u otra cosa" (DRAE). Ejemplo: *Existe ya la confirmación de la renuncia del ministro*. De ahí, también, el adjetivo participio "confirmado": "corroborado", "verificado". Ejemplo: *La renuncia del ministro ha*

*sido **confirmada***. Un "rumor" se instala en la vaguedad, la murmuración, el cotilleo y no equivale, por cierto, a una "información" (del latín *informatio, informatiōnis*, "concepto", "explicación de una palabra"), sustantivo femenino que significa, entre otras cosas, "comunicación o adquisición de conocimientos que permiten ampliar o precisar los que se poseen sobre una materia determinada" y "conocimientos comunicados o adquiridos mediante una comunicación" (DRAE). Ejemplo: *Está plenamente confirmada la **información** de que el ministro dejará su cargo en abril*. Especialmente en México y en otros países de América, le damos al sustantivo "rumor" la sinonimia o equivalencia del sustantivo masculino "trascendido" (del participio de *trascender*): "noticia que por vía no oficial adquiere carácter público" (DRAE). Ejemplo: *Hasta ahora sólo es un **trascendido** de prensa, y nada se sabe de su veracidad*. De cualquier forma, si atendemos a sus definiciones, "rumor" y "trascendido" no son la misma cosa. Dicho y entendido todo lo anterior, las expresiones "rumor no confirmado" y "rumores no confirmados" son brutas redundancias. Basta con decir y escribir "rumor" y "rumores" y todo queda dicho.

Las redundancias que se producen al calificar los "rumores" como "no confirmados" están, sobre todo, en los ambientes de los espectáculos, la política y los deportes, donde tunden con ganas a nuestro pobre idioma. Abunda en internet, pero también en las publicaciones impresas, especialmente en el periodismo. En el libro *Una pareja casi perfecta* leemos lo siguiente:

♀ "Niego rotunda y categóricamente tales **rumores no confirmados**".

Lo correcto y sin grandilocuencia:

♂ Tales **rumores constituyen falsedades**.

🖉 Si el "rumor" es una noticia vaga y no confirmada que circula entre la gente, cuando, por fin, se prueba su veracidad, deja de ser "rumor" y pasa a ser "noticia confirmada" o, también, aceptablemente, "la confirmación de un rumor", porque incluso "rumor confirmado" y "rumores confirmados" tienen algo de sinsentido (aunque perdonable), en el entendido estricto de que han dejado de ser "rumores" para convertirse en "certezas". He aquí otros ejemplos de estas redundancias: "**Rumores no confirmados** que hoy viene Michael McKinley", "yo me encargaba de la sección de filtraciones y **rumores no confirmados** en el periódico" (en realidad, se ocupaba de los "trascendidos"), "según **rumores no confirmados**, ya identificaron a algunos embozados", "todavía persistían diversos **rumores no confirmados**", "por ahora es sólo un **rumor no confirmado**", "circulaba un **rumor no confirmado** de que lo habían descubierto y lo habían matado", "algo sobre Kurt Cobain, un **rumor no confirmado** sobre su suicidio", "uno que se sirve de **rumores no verificados** sin la intención de engañar", "basándose en **rumores no verificados**, para hablar pestes del gobierno cubano", "se aconseja a los ciudadanos no hacer caso de **rumores no verificados**" y, como siempre hay algo peor, "nadie sostendrá la veracidad de una idea personal con la fuerza como generalmente se sostiene la **veracidad de un rumor no confirmado**".

☞ Google: 27 500 resultados de "rumores no confirmados"; 6 480 de "rumor no confirmado"; 1 000 de "rumores no verificados". ☒

S

202. san, santa, santas, santo, santos

En sus *Cuestiones de morfología española*, Mario García-Page Sánchez explica: "Según la norma gramatical, la palabra *santo* se apocopa, por razones fonéticas (especialmente, por la pérdida de acento en posición proclítica), ante cualquier nombre propio, salvo algunos que comienzan por *to-*, *do-*: *san Andrés / santo Toribio (Tomás, Tomé) / santo Domingo*". Precisa el autor que ello sólo aplica para el masculino: *san Andrés*, pero no *san Juana* ni *san Teresa*, sino *santa Juana* y *santa Teresa*, pues "el recurso de la apócope no afectaría en ningún caso a los femeninos: *santa Ana, santa Isabel, santa Tecla, santa Tamara, santa Tomasa, santa Domitila*". En realidad, la regla no es muy clara y ni siquiera del todo terminante, pues si bien decimos y escribimos, por lo general, "santo Domingo", "santo Tobías", "santo Tomás" y "santo Toribio", la regla se incumple con "san Doroteo" y "san Torcuato", entre otros, y hay quienes, caprichosamente, en sentido contrario, añaden a "santo Daniel" y "santo Medero". En cuanto a las "razones fonéticas", también las podemos poner en duda. En su *Índice gramatical*, Félix Fano, aducía otro tipo de razones, casi esotéricas: "este adjetivo (**santo**) pierde la última sílaba cuando antecede a los nombres de los santos. No se aplica esta regla a los tres bienaventurados **Santo Tomás**, **Santo Toribio**, **Santo Domingo**". Así de confuso es el asunto. Como sabemos, la "apócope" consiste en "la supresión de algún sonido al final de un vocablo", como en "primer" por "primero" y en "san" por "santo" (pero no por "santa"). En 1896, en su *Gramática ampliada del idioma español y lenguas y dialectos de la Península Ibérica*, Ramón Martínez García aducía razones de eufonía para exceptuar de la forma apocopada los nombres de los santos varones que inician con "do-" y "to-". Quién sabe qué idea tenían entonces de la eufonía los académicos madrileños, pero si el sustantivo femenino "eufonía" (del latín tardío *euphonia*, y éste del griego *euphōnía*) significa "sonoridad agradable que resulta de la acertada combinación de los elementos acústicos de las palabras" (DRAE), hoy es evidente que en "santo Tobías", "santo Tomás", santo Tomé" y "santo Toribio" hay cacofonía, en la combinación *santóto*. A todas luces la hay si atendemos los términos con que el DRAE define el sustantivo femenino "cacofonía" (del griego *kakophōnía*: de *kakós*, "malo", y *phōno*, "voz, sonido"): "Disonancia que resulta de la inarmónica combinación de los elementos acústicos de la palabra". Más eufónicos resultan hoy "san Tobías", "san Tomás", "san Tomé" y "san Toribio", aunque el hábito nos indique que estas formas apocopadas tienen menos aceptación. Por supuesto, tampoco aplica la forma apoco-pada en los plurales: "san Andrés, san Pedro y san Pablo", pero también "santos Andrés, Pedro y Pablo". Más que razones fonéticas y, especialmente, eufónicas, lo que tenemos en estas excepciones a la regla es simplemente un hábito que incluso ha comenzado a perderse dejando exclusivamente el uso para "santo Tomás", "santo Tomé" y "santo Domingo". Hoy es frecuente decir y escribir "san Tobías" y "san Toribio", al igual que "san Torcuato" y "san Doroteo". Y hay casos que, involuntariamente, son risibles, como "san Tito" y "san Tiquico". Por otra parte, como bien señala García-Page Sánchez, no se utiliza la forma apocopada "en ciertos contextos, como el sintagma nominal con artículo determinado". Ejemplo: *Tener más paciencia que el santo Job*. En conclusión, la forma apocopada ("san") del adjetivo "santo", del latín *sanctus* ("en el mundo cristiano, dicho de una persona, declarada **santa** por la Iglesia"), únicamente se usa para el masculino singular, nunca para el femenino, con tres excepciones: "santo Domingo", "santo Tomás" y "santo Tomé". Y, por cierto, para quienes no lo sepan, Santa Claus (o Santa Clos o Santo Clos) no es un santo.

☞ Google: 1 170 000 resultados de "san Tomé"; 1 160 000 de "san Domingo"; 783 000 de "san Tomás"; 363 000 de "san Juana"; 66 300 de "san Teresa"; 16 600 de "san Catalina"; 7 460 de "san Inés". ☒

   ☞ Google: 156 000 000 de resultados de "santo Domingo"; 11 300 000 de "santo Tomás"; 25 900 000 de "santo Tomé"; 1 620 000 de "santo Toribio"; 412 000 de "san Torcuato"; 42 500 de "san Toribio"; 15 400 de "san Doroteo"; 11 800 de "san Tobías". ☑

203. sentada, sentado, sentado a la mesa, sentado en la mesa, sentar, sentarse, sentarse a la mesa, sentarse en la mesa

¿Cuál es la imagen que nos formamos cuando decimos que una persona está "sentada en la silla"? Obviamente, que ha puesto las nalgas, que las ha "asentado", sobre la "silla", que para esto sirven especialmente las sillas (para poner las nalgas), aunque también puedan dárseles otros usos. Por ejemplo, puede uno pararse sobre ellas (sobre las "sillas", no sobre las "nalgas"), para poder llegar a algún punto u objeto que no estaría a nuestro alcance si no tenemos un objeto, como apoyo, que nos eleve. Para esto sirven mucho mejor las escaleras, pero a veces podemos usar una silla (y, con frecuencia, rompernos la crisma). El verbo transitivo y pronominal "sentar" (del latín *sedentāre*, de *sedens, sedentis*, "que está sentado") tiene la siguiente acepción principal en el DRAE: "Poner o colocar a alguien en una silla, banco, etc., de manera que quede apoyado y descansando sobre las nalgas". Esta definición es horrorosa, porque da, ¡por sentado!, que alguien "pone" o "coloca" a otra persona en una silla, banco u otra cosa, como si el sujeto no pudiese "sentarse" por sí mismo, esto es, asentar las nalgas, él mismo, sobre la silla u otra superficie, incluido el suelo. Perfecta es, en cambio, la definición de María Moliner, en el DUE: "Tomar la postura que consiste en descansar con las nalgas apoyadas en algún sitio". Y ofrece tres ejemplos impecables: *Nos sentamos en el suelo*; *Se sentó en una silla*; *Hagan el favor de sentarse*. Cuando alguien se "sienta" es porque "asienta" las nalgas sobre una superficie. Otra vez el DRAE define, con regia idiotez, el verbo "asentar", del mismo modo que lo hace con "sentar", a diferencia de Moliner que, en el DUE, define el verbo transitivo y pronominal "asentar" (de *a-* y *sentar*) como "sentar a alguien en un sitio" o "sentarse una persona". Ejemplo: *Asentó su voluminosa humanidad en el sillón*. Queda claro, entonces, que cuando decimos o escribimos que alguien se "sentó **en** la silla" es porque puso o "asentó" sus "nalgas" en ella, esto es, sobre la silla, encima de la silla, que también se llama "asiento" (de *asentar*), sustantivo masculino que significa, en su acepción principal, "mueble para sentarse" (DRAE). Ejemplo: *Llegaron tarde a la función y todos los **asientos** estaban ocupados*. Ahora bien, no es lo mismo "pasen **a** la mesa" que "pasen **en** la mesa". Todo el mundo lo sabe. Por ello, si decimos o escribimos que alguien "se sentó **en** la mesa", nuestra primera imagen es que puso o "asentó" sus nalgas sobre la "mesa" (del latín *mensa*), sustantivo femenino que el diccionario académico define del siguiente modo: "Mueble compuesto de un tablero horizontal liso y sostenido a la altura conveniente, generalmente por una o varias patas, para diferentes usos, como escribir, comer, etc.". Y en este etcétera puede incluirse el uso de los patanes: poner las nalgas encima de dicho mueble, entre otras muchas cosas. Ejemplo: *Llegó y con desfachatez **se sentó en la mesa** y puso las patas sobre una silla*. La cosa es tan clara que, así como no es lo mismo "la mesa" que "lame esa", así también no es lo mismo "sentarse **a** la mesa" que "sentarse **en** la mesa". Usemos la lógica, el sencillo sentido común. Quien se sienta **en** la mesa lo hace encima de ella, obviamente: asienta o apoya las nalgas en la mesa en lugar de hacerlo en la silla o en otro mueble que sirva de "asiento". María Moliner define del siguiente modo la locución verbal "sentarse a la mesa": "Ocupar cada comensal su asiento para empezar a comer" (DUE); y el DRAE dice lo mismo, con otras palabras: "Sentarse, para comer, junto a la mesa destinada al efecto". De ahí también la locución verbal contraria o complementaria "levantarse alguien de la mesa": "Abandonar el sitio que ocupa en la mesa de comer" (DRAE). El problema con estas definiciones es que no están actualizadas, pues resulta claro que las personas ocupan la mesa o se sientan a la mesa no únicamente para comer, esto es para ingerir alimentos, sino también para conversar, acordar, discutir, etcétera. Bastaría con precisar que "sentarse a la mesa" significa ocupar un asiento alrededor de la mesa, sea para tomar alimentos o para departir (hablar, conversar). Pero sea como fuere, quien ocupa un lugar en la mesa, lo hace ante ella, junto a ella, alrededor de ella y no sobre ella. De ahí que sea una barbaridad del burdo *Diccionario* *panhispánico de dudas* (basurero del DRAE) decir lo siguiente: "Aunque, en sentido recto, *sentarse en la mesa* significa 'acomodarse encima de ella', esta expresión funciona también como equivalente de *sentarse a la mesa*, locución fija que significa 'sentarse frente a una mesa para comer, negociar, etc.'; así, son perfectamente correctos [¿podrían, acaso, ser "perfectamente incorrectos"?] ejemplos como los siguientes: '*Andrés regresó a sentarse* EN *la mesa que compartíamos con los consuegros*' (Mastretta *Vida* [Méx. 1990]); '*De nuevo se volverán a sentar* EN *la mesa de negociaciones empresarios y trabajadores*' (*País* [Esp.] 31.8.77). Es más, cuando el sustantivo mesa lleva elementos especificativos lo normal es usar la preposición *en: Se sentó en la mesa del fondo y pidió el menú; Para desayunar me siento siempre en la mesa que está junto a la ventana*, etc.". En realidad, no. Eso no es lo normal, sino el uso incorrecto que se ha ido imponiendo como consecuencia de no utilizar el diccionario ni mucho menos la lógica. Lo normal, y correcto, es decir y escribir **Ocupó** la mesa del fondo y pidió el menú; Para desayunar **ocupo** siempre la mesa que está junto a la ventana, etcétera. Habrá quienes no distingan entre "**sentarse a** la mesa" y "**sentarse en** la mesa", pero esto no legitima el disparate de confundir una cosa con otra. Quienes comen, beben, negocian, acuerdan, dialogan, discuten, etcétera, lo hacen **en la mesa**, pero no **sentados en ella**, sino **ante ella**, **alrededor de ella**, **junto a ella** o **frente a ella**. Ya los que decidan sentarse en ella y hasta bailar en ella es porque habrán bebido más de la cuenta y habrán perdido toda inhibición. Que no joda el *Panhispánico*: esta locución equívoca no la acepta ni su señora madre doña RAE, lo cual quiere decir que la encuentra digna únicamente para el *Panhispánico*. Que los españoles y muchos hispanoamericanos no distingan entre "sentarse **a** la mesa" y "sentarse **en** la mesa" no quiere decir que debamos imitarlos haciendo panhispánica la necedad. En su *Diccionario de usos y dudas del español actual*, el eminente lexicógrafo José Martínez de Sousa dice al respecto: "**sentarse a la mesa**. 'Tomar asiento ante una mesa'. (Distíngase de SENTARSE EN LA MESA.) **sentarse en la mesa**. 'Tomar asiento en una mesa'. (Distíngase de SENTARSE A LA MESA.)". Indudablemente, existen formas correctas del uso de la locución "sentarse en la mesa": de acuerdo con el contexto, y con lo que se desea expresar, es cuando, literalmente, alguien pone o coloca las nalgas en la mesa o sobre la mesa (que tal es el significado de "sentar" o "sentarse"), y hasta se pedorrea, si le dan ganas, en tan digna superficie que no está hecha para eso, pues lo normal es que la gente, que sabe usar las mesas, las sillas y las nalgas, además de las palabras, asiente su trasero en una silla y hasta se pedorree en ella si se le antoja, en lugar de hacer esto sobre la mesa. Como es obvio, el uso mayoritario de "sentarse **en** la mesa" corresponde a quienes quieren decir y escribir, en realidad, "sentarse **a** la mesa". Esto es verdad, si atendemos a los contextos en que encontramos la locución. Es su problema, si no distinguen, pero lo apropiado es "sentarse a la mesa", y es correcto también "sentarse en la mesa" si lo que se asienta sobre ella, encima de ella, son las nalgas o el culo (pues tal es su sinónimo). Si uno busca imágenes en Google de gente "sentada en la mesa", lo que encontrará, y no pocas veces, son fotografías, dibujos o pinturas de personas con las nalgas sobre la mesa y sobre el escritorio, y bien sabemos que mucha gente no sólo se sienta sobre la mesa y sobre el escritorio, sino que también hace otras cosas, encima de estos muebles, diversas actividades, además de comer. Por ello es importante precisar lo que el contexto nos exige. Digamos y escribamos, con propiedad, "sentarse **a** la mesa" (alrededor de ella, frente a ella, junto a ella) si esto es lo que hacemos, y digamos y escribamos "sentarse **en** la mesa" (sobre ella, encima de ella) si tal cosa practicamos. Hay quienes incluso se sientan y se acuestan y hacen peripecias mil en la mesa... de billar.

☞ Google: 6 260 000 resultados de "sentado en la mesa"; 3 910 000 de "sentada en la mesa"; 3 140 000 de "sentados en la mesa"; 1 810 000 resultados de "sentarse en la mesa"; 1 130 000 de "sentado a la mesa"; 1 340 000 de "sentarse a la mesa"; 363 000 de "sentados a la mesa"; 348 000 de "sentada a la mesa". ☑

204. símbolos: no son abreviaciones de palabras, no llevan punto y son invariables

La *Ortografía* de la RAE es muy clara en relación con los símbolos utilizados en nuestro idioma y en otros idiomas, esto es con carácter universal: "Los símbolos no son abreviaciones de palabras o de expresiones lingüísticas, sino representaciones gráficas directas de conceptos o entes de la realidad mediante letras o signos, aunque en el caso de los formados por letras puedan haberse originado a partir de una palabra perteneciente a una lengua determinada. Así, *S*, que es el símbolo del azufre, está tomado de la inicial de la palabra latina *sulphur*. El símbolo es el mismo en todas las lenguas, no así el nombre del elemento que representa: *azufre* en español, *zolfo* en italiano, *sulphur* o *sulfur* en inglés, *soufre* en francés, *sofre* en catalán, etc." Añade la Real Academia Española en su *Ortografía* que, "en general, los símbolos han sido fijados por entidades de normalización, por lo que tienen un carácter convencional y estable, y validez internacional". Además, "los símbolos se leen reproduciendo la palabra que designa, en la lengua del texto, el concepto que el símbolo representa". Ejemplo: *500 kg*, que leemos como "quinientos kilogramos". Y, dado que "la forma de los símbolos ya viene determinada por el organismo de normalización que la haya fijado", nada hay que agregar a su escritura: son invariables (en género y en número) y, a diferencia de las abreviaturas, se escriben siempre sin punto, como en *N*, por "norte" y *m*, por "metro". Ejemplo: *100 m*, que leemos como "cien metros", pero no *100 **ms*** ni *100 **mts*** ni *100 **m.***, pues, como ya se advirtió, no se pluralizan en su representación ni deben llevar punto ni tilde ni cualquier otro elemento que no haya sido fijado por las entidades de normalización. Dicho de otro modo, "los símbolos no varían de forma, aunque se usen en contextos de referencia plural", y la puntuación después del símbolo únicamente se admite si dicho punto marca el final de un párrafo, en el entendido de que corresponde al punto y aparte o al punto final, pero no al símbolo. Son muchísimas las personas que ignoran estas elementales reglas. En nuestro idioma, entre los símbolos más comunes, es frecuente ver escritas las formas "cm." (por "centímetro"), "cms" y "cms." (por "centímetros"), "gr" y "gr." (por "gramo"), "grs" y "grs." (por "gramos"), "ha." (por "hectárea") y "has" y "has." (por "hectáreas"), "kg.", "Kg" y "Kg." (por "kilogramo"), "kgs", "kgs.", "Kgs" y "Kgs." (por "kilogramos"), "km." (por "kilómetro"), "kms" y "kms." (por "kilómetros"), "m." y "mt." (por "metro"), "mts" y "mts." (por "metros"), "lit", "lit." y "lt" y "lt." (por "litro"), "lts" y "lts." (por "litros"), "mil." y "ml." (por "mililitro") y "mils" y "mils." (por "mililitros"), "mm." (por "milímetro") y "mms" y "mms." (por "milímetros"), "seg" y "seg." (por "segundo") y "segs" y "segs." (por "segundos"), "ton" y "ton." (por "tonelada") y "tons" y "tons." (por "toneladas"). En todos estos casos se trata de formas erróneas, utilizadas por personas que no saben distinguir entre abreviaciones de palabras y símbolos. De manera correcta, estos símbolos se escriben de la siguiente manera: **"cm"** ("centímetro" y "centímetros"), **"g"** ("gramo" y "gramos"), **"ha"** ("hectárea" y "hectáreas"), **"kg"** ("kilogramos" y "kilogramos"), **"km"** ("kilómetro" y "kilómetros"), **"m"** ("metro" y "metros"), **"l"** o **"L"** ("litro" y "litros"), **"ml"** ("mililitro" y "mililitros"), **"mm"** ("milímetro" y "milímetros"), **"s"** ("segundo" y "segundos") y **"t"** ("tonelada" y "toneladas"). En el caso de la mayúscula ("L") para "litro" y "litros", ésta tiene el propósito de evitar la confusión con el número uno: "1 L" en lugar de "1 l". Cualquier otra forma de representación para estos símbolos es errónea.

En español es habitual el uso incorrecto de la representación de los símbolos, lo mismo en publicaciones impresas que en internet. El periodismo está lleno de estas incorrecciones. En el diario mexicano *El Universal* leemos el siguiente encabezado:

♀ "Aseguran más de cuatro **tons** de mariguana en Sinaloa".

Si es un encabezado, en un diario, es una contravención a las reglas del periodismo poner símbolos o inventar abreviaciones de palabras para representar símbolos. Lo lógico es escribir el sustantivo completo:

♂ Aseguran, en Sinaloa, más de cuatro **toneladas** de mariguana. O bien, aunque sea torpe desde un punto de vista periodístico, es decir informativo: Aseguran, en Sinaloa, cuatro **t** de mariguana (más aún cuando los militantes, funcionarios y simpatizantes de la 4T andan tan susceptibles).

✎ En general, pocas personas conocen las reglas de la escritura de los símbolos de unidades y fracciones de medida. Y, como las ignoran, inventan las más peregrinas abreviaciones, según se le antoje a cada cual. He aquí unos poquísimos ejemplos de estas barbaridades que se cuentan por decenas de millones: "Cafetera 1 **lit**", "aceite virgen extra lata 1 **lit**", "tetera hierro colado verde 1 **lit**", "frasco shampoo 1 **lit**", "termo acero inoxidable 1 **lit**", "aceite sin filtrar 1 **lit**", "malacate eléctrico 1 **ton**", "decomisa la PEP 1 **ton** de hierba", "renta de aires acondicionados de 1 **ton**", "camioneta de 1 **ton**", "vodka 1 **lt**", "agua mineral 1 **lt**", "bebidas de jugo de uva 1 **lt**", "whisky Passport Scotch 1 **lt**", "rollo de cartón corrugado 1 **mt** de ancho", "varilla galvanizada de 1 **mt**", "caucho por metro 1 **mt** de ancho", "lingote de oro 1 **gr**", "té de manzanilla sobres de 1 **gr**", "vitamina c 1 **gr**", "Splenda Sustituto Azucar 700/1 **gr**", "Gatlin vence a Bolt para ganar 100 **mts** en Mundial", "Usain Bolt clasifica a la semifinal de los 100 **mts** planos", "residencia a 100 **mts** del Consulado", "hermoso loft de diseño a solo 100 **mts** de la playa", "casa bonita a 200 **mts** de la playa", "Bolt no se baja del olimpo: ganó los 200 **mts** y es tricampeón", "¿qué nos motiva para recorrer 100 **kms**?" (ojalá que la motivación sea un diccionario como premio), "nuestros 100 **kms** por la lucha contra la pobreza y el derecho al agua", "cubitos de hielo bolsa 2 **kgs**", "croquetas bolsa 2 **kgs**", "ejemplar de lubina de 2 **kgs**", "bombones surtidos especiales bote 2 **kgs**", "aceituna manzanilla rellena de anchoa 2 **kgs**", "como adelgazar 2 **kgs** en una semana", "hace 19 horas 2 **segs**", "silencio de dos **segs**", etcétera.

☞ Google: 27 400 000 resultados de "1 lit"; 19 000 000 de "1 ton"; 12 900 000 de "1 lt"; 7 510 000 de "1 mt"; 6 550 000 de "1 gr"; 5 270 000 de "2 tons"; 4 480 000 de "100 mts"; 2 580 000 de "200 mts"; 2 520 000 de "100 kms"; 2 190 000 de "300 mts"; 2 000 000 de "100 tons"; 1 830 000 de "100 grs"; 1 790 000 de "500 grs"; 1 720 000 de "30 cms"; 1 680 000 de "20 cms"; 1 650 000 de "10000 kms"; 1 460 000 de "400 mts"; 1 450 000 de "4 lts"; 1 280 000 de "4 tons"; 1 270 000 de "2 kgs"; 1 270 000 de "2 lts"; 1 260 000 de "50 cms"; 1 140 000 de "1000 tons"; 1 070 000 de "50 has"; 951 000 de "100 has"; 765 000 de "1000 kms"; 34 900 de "2 segs". ☒

205. sin lugar a duda, sin lugar a dudas, sin lugar a la duda

No es que estas locuciones enfáticas sean, gramaticalmente, incorrectas, pero se han vuelto molestas muletillas y están entre los peores lugares comunes lo mismo del habla que de la escritura, y lo peor es que, las más de las veces, su uso no corresponde a la verdad, peca de inexactitud: la gente confunde su "seguridad", su "certeza", esto es su propia "falta de duda" con el adverbio "indudablemente" ("de modo indudable") que, en tanto no se aclare en el enunciado, se entiende en lo general y no en lo individual. En lugar de decir y escribir "no tengo duda" sobre esto o sobre aquello, hablantes y escribientes generalizan sus íntimas convicciones en "sin lugar a duda", "sin lugar a dudas" y "sin lugar a la duda". Casi siempre, cada vez que alguien dice o escribe estas locuciones, que se han vuelto horribles muletillas, es porque lo que afirma, o niega, es lo que personalmente cree, pero que, en general, es todo, menos "indudable". Ejemplos: *Sin lugar a duda Cristiano Ronaldo es el mejor futbolista*; *Sin lugar a dudas Lionel Messi es el mejor futbolista*; *Sin lugar a la duda Maradona ha sido el mejor futbolista*; *Sin lugar a dudas Pelé ha sido el más grande futbolista*. En todos estos ejemplos, de lo que se habla y escribe es de algo totalmente subjetivo, según sea quien lo afirma, y, en consecuencia, dudoso. Lo correcto sería decir: *No tengo duda de que el mejor futbolista es Fulano.* Así quedará claro que esto es indudable para quien lo afirma, aunque sea del todo dudoso para los demás. El DRAE define el sustantivo femenino "duda" como la "suspensión o indeterminación del ánimo entre dos juicios o dos decisiones, o bien acerca de un hecho o de una noticia". Ejemplo: *Es conveniente tener **dudas** sobre esa información.* Las locuciones enfáticas "sin lugar a duda", "sin lugar a dudas" y "sin lugar a la duda" pueden acortarse en la locución adverbial "sin duda", mucho más natural, que el DRAE define como "indudablemente" o "con toda seguridad", y cuya aplicación correcta obliga al hablante y escribiente a evitar toda subjetividad. Ejemplo: *Sin duda, Pelé, Maradona y Messi están entre los más grandes futbolistas.* ¿Quién podría dudar esto? ¡Nadie! Y quien lo dude será porque no tiene la menor idea del tema. Otro ejemplo: *Sin duda, Cervantes y Shakespeare están entre las cumbres de la literatura universal.* Y quien lo dude es porque no sabe nada al respecto. También se puede decir y escribir: *Indudablemente, las tecnologías digitales han modificado los hábitos de millones de personas,* pero de ningún modo (porque se trata de una mentira o, al menos, de una inexactitud), *Sin lugar a dudas, las tecnologías digitales son mejores que los libros impresos.* Lo contrario, en cambio, es exacto: *Es dudoso que las tecnologías digitales sean mejores que los libros impresos.* Por lo demás, es conveniente acortar en "sin duda", las locuciones "sin lugar a duda", "sin lugar a dudas" y "sin lugar a la duda", que se han vuelto viciosas lo mismo en el habla que en la escritura, o sustituirlas por "indudablemente" o "con toda seguridad". María Moliner, en el DUE, incluye también las formas perifrásticas "sin duda alguna" y "sin ninguna duda", que también abrevia en "sin duda". Más retorcida es la expresión "sin espacio para la duda", más coloquial la expresión "no cabe duda", y más literarias las locuciones "sin asomo de duda" y "sin sombra de duda", pero que también significan, llanamente, "sin duda". Redundante y aún más viciosa es la expresión "absolutamente sin lugar a dudas" con la cual se rebuzna más ruidosamente.

En conclusión, evitemos estas locuciones adverbiales enfáticas utilizadas arbitraria y profusamente: con carácter subjetivo y como muletillas del habla y la escritura. En ambos casos son ridículas y, en general, mentirosas. En un discurso autocomplaciente el presidente mexicano Enrique Peña Nieto, en su momento, afirmó lo siguiente, reproducido en múltiples medios impresos y electrónicos:

♀ "Éste, **sin lugar a dudas**, es el sexenio del empleo".

"Sin lugar a dudas" para él, porque de lo que habla, con triunfalismo, es del sexenio en el que gobernó. Pero como el tema admite dudas, sin politiquería y sin exageraciones, debió simplemente decir:

♂ Éste es el sexenio del empleo. (Sin el "sin lugar a dudas".)

🖉 He aquí algunos ejemplos, tomados de publicaciones impresas y de internet, de la forma viciosa y mentirosa en que se utilizan estas locuciones: "Uruguay está para ser protagonista **sin lugar a dudas**", "Nisman fue víctima de un homicidio **sin lugar a dudas**" (pero precisamente si algo hay al respecto es un montón de dudas), "este es, **sin lugar a dudas**, el accesorio más extraño" (no, no es verdad: ¡hay un montón de accesorios de los que se puede decir lo mismo, con inexactitud!), "**sin lugar a dudas**, la mejor academia de estética integral y maquillaje" (y todos los que hacen publicidad de su negocio dicen lo mismo), "este artista **sin duda alguna** llegó a los corazones de miles y miles de fanáticos quienes coreaban **sin lugar a duda** todas sus canciones", "**sin lugar a duda** el fútbol simboliza unión en el mundo" (¿"sin lugar a duda", unión en el mundo?; es más probable que, en este caso, el "sin lugar a duda" simbolice rivalidad y no unión), "**sin lugar a la duda** las mujeres son nuestra inspiración" (¿sí?, que se lo digan a los misóginos), "**sin lugar a la duda** un cierre de cursos espectacular", "**sin lugar a la duda** un agradable ambiente", "**sin lugar a la duda**, la inteligencia predictiva ayudará a mejorar las soluciones de ciberseguridad" y, como siempre hay algo peor, "es **absolutamente sin lugar a dudas** que no es la Luna, es demasiado brillante, demasiado blanca" (declaración boba de un teórico de la conspiración que **absolutamente sin lugar a dudas** en todo ve moros con tranchetes).

☞ Google: 13 100 000 resultados de "sin lugar a dudas"; 2 470 000 resultados de "sin lugar a duda"; 531 000 de "sin lugar a la duda".

206. sumergida, sumergido, ¿*sumergido bajo*?, sumergidos, sumergir, ¿*sumergir bajo*?

Es frecuente leer que un barco que naufragó se encuentra "**sumergido bajo** el agua" o "**sumergido bajo** el mar". Como no hay nada que pueda estar sumergido "sobre" el agua o "sobre" el mar, se trata de expresiones redundantes y absurdas. El término "bajo" (del latín *bassus*), con carácter preposicional o adverbial, equivale a "debajo" ("en lugar inferior a"), y el verbo transitivo y pronominal "sumergir", "sumergirse" (del latín *submergĕre*) significa, en su primera acepción, "meter algo debajo del agua o de otro líquido" (DRAE). Ejemplo: *El buzo se sumergió en las cálidas aguas de Cozumel.* De ahí el adjetivo "sumergido": "Que está metido debajo del agua o de otro líquido" (DRAE). Ejemplo: *El barco ha permanecido sumergido desde el siglo XVII en el mar Caribe.* Suelen ignorar las personas, incluidas las que tienen los más altos grados universitarios, que en cierto grupo de términos compuestos el prefijo "sub-" (del latín *sub-*), a veces acortado en "su-" o adaptado en "sus-", significa "bajo" o "debajo de", como en "**sub**acuático", "**sub**marino", "**sub**suelo", "**sus**cribir" y, como ya vimos, "**su**mergido" y "**su**mergir". Por tanto, basta con decir y escribir "**su**mergido" y "**su**mergir" para denotar que es "debajo de" un determinado líquido. Ejemplo: *Sumergió los aros de cebolla en el aceite caliente.* La preposición "en" (del latín *in*) "denota en qué lugar, tiempo o modo se realiza lo expresado por el verbo a que se refiere" (DRAE). Ejemplos: *Eloy está en Murcia; Pedro está en Monterrey; El pecio está sumergido en el Mediterráneo.* En este último ejemplo queda muy claro que, si un pecio está **sumergido en** el Mediterráneo, es obvio, por definición, que está bajo las aguas de dicho mar. Por ello, decir y escribir, sea por caso, que *El pecio está **sumergido bajo** las aguas del Mediterráneo* es una redundancia que delata que el hablante o el escribiente de tal expresión ignora por completo las definiciones del adjetivo "sumergido", el verbo "sumergir" y el prefijo "sub-" ("su-" y "sus-").

Esta redundancia está en todos los ámbitos de nuestro idioma, pero es vicio innegable del ambiente culto de la lengua. Incluso escritores, traductores y editores la frecuentan muy quitados de la pena. En la cuarta de forros de la novela española *La línea invisible del horizonte* leemos lo siguiente:

♀ "Javier no tarda en descubrir que, como otros en el lugar, arrastra una historia secreta como el pueblo antiguo **sumergido bajo** las aguas".

Lo sorprendente sería que esa historia secreta tuviese que ver con un pueblo antiguo sumergido **sobre** las aguas. Es obvio que debió escribirse

♂ **sumergido en** las aguas, y punto.

🖊 He aquí otros ejemplos de esta redundancia a la que son muy afectos escritores y traductores que ignoran los significados del verbo "sumergir" y el adjetivo "sumergido": "Este parque queda **sumergido bajo** el agua", "este pueblo estuvo **sumergido bajo** el agua", "el camposanto local **sumergido bajo** el agua", "ciudades **sumergidas bajo** el mar", "las pirámides de Egipto habrían estado **sumergidas bajo** el mar", "en 2100 las ciudades costeras estarán **sumergidas bajo** el mar", "¿cuál será la primera ciudad en **sumergirse bajo** el agua", "desarrollan dron capaz se **sumergirse bajo** el agua", "está acostumbrado a **sumergirse bajo** el agua", "hallan una ciudad romana **sumergida bajo** las aguas", "Nueva Orleans **sumergida bajo** las aguas", "pequeña isla volcánica **sumergida bajo** las aguas del Mediterráneo", "una iglesia **sumergida bajo** el agua reapareció", "la NASA muestra cómo Louisiana quedó **sumergida bajo** el agua", "un parque hermoso **sumergido bajo** las aguas", "imagen del bosque milenario **sumergido bajo** el mar", etcétera.

☞ Google: 79 000 resultados de "sumergido bajo el agua"; 57 700 de "sumergidas bajo el mar"; 29 000 de "sumergirse bajo el agua"; 28 900 de "sumergida bajo las aguas"; 25 200 de "sumergida bajo el agua"; 24 000 de "sumergido bajo las aguas"; 23 200 de "sumergido bajo el mar"; 20 300 de "sumergidos bajo el mar"; 19 400 de "sumergidas bajo el agua"; 18 100 de "sumergida bajo el mar"; 15 900 de "sumergidas bajo las aguas"; 10 200 de "sumergir bajo el agua"; 7 350 de "sumergirse bajo el mar"; 4 900 de "sumergió bajo el mar". ☒

☞ Google: 421 000 resultados de "sumergido en el agua"; 394 000 de "sumergirse en el agua"; 354 000 de "sumergida en el agua"; 316 000 de "sumergirse en el mar"; 266 000 de "sumergido en el mar"; 260 000 de "sumergidos en el agua"; 224 000 de "sumergida en el mar"; 180 000 de "sumergirse en las aguas"; 164 000 de "sumergidas en el agua"; 131 000 de "sumergidos en el mar"; 86 000 de "sumergidas en el mar". ☑

207. supercalifragilisticoespiralidoso

Para que no les tomen el pelo con jaladas, deben saber los hablantes y escribientes del español que, en nuestro idioma, las palabras no se miden por número de letras, sino por número de sílabas: monosílabas (una), bisílabas (dos), trisílabas (tres) cuatrisílabas (cuatro), pentasílabas (cinco), hexasílabas (seis), heptasílabas (siete), octosílabas (ocho), eneasílabas (nueve) y decasílabas (diez), como en "él", "ella", "ustedes", "caminaron", "caleidoscopio", "arteriosclerosis", "electrodoméstico", "telecomunicaciones", "electroencefalografía" y "otorrinolaringología", respectivamente. En el vasto repertorio del español, los vocablos eneasílabos y decasílabos (calificados jocosamente como "sesquipedales", es decir "de pie y medio") son realmente escasos y, al menos hasta ahora, no existen, en nuestro idioma, palabras de más de diez sílabas. La muy famosa expresión "supercalifragilisticoespiralidoso" es, en realidad, un trabalenguas ("locución difícil de pronunciar en especial cuando sirve de juego para hacer que alguien se equivoque", DRAE), pero no es una expresión (y, además, ¡no es una palabra!) que forme parte del diccionario. Asimismo, ciertos términos compuestos del ámbito médico o científico, de construcción más bien técnica, no están registrados en el diccionario de la lengua, sean por caso las invenciones gráficas del ámbito médico "hepatocistoduodenostomía" y "nasofaringolaringofibroscopia", que también podrían utilizarse en el juego del trabalenguas, al igual que "Parangaricutirimícuaro", derivado del topónimo purépecha San Juan Parangaricutiro, en Michoacán. Y ya que nos referimos a juegos, acertijos y ociosidades, dignos de la simple curiosidad o de la enciclopedia de datos inútiles, la palabra en español que está compuesta por un mayor número de letras (23) es "electroencefalografista", pero ni siquiera es la más extensa en número de sílabas, pues tiene nueve, al igual que "esternocleidomastoideo" (con 22 letras). Más larga, por su número de sílabas (diez), es, como ya vimos, "otorrinolaringología", que sin embargo posee menos letras (20). En el otro extremo, el *Compendio ilustrado y azaroso de todo lo que siempre quiso saber sobre la lengua española* informa que el adjetivo "menstrual" (se divide y se pronuncia así: mens-trual) es el vocablo bisílabo con mayor número de letras (nueve), a diferencia de "oía", el vocablo trisílabo con menor número de letras en español (tres), pues cada una de sus letras (además, vocales todas) corresponde a una sílaba: o-í-a. Cabe advertir que uno de los principales problemas de las personas es no saber dividir las palabras en sílabas. Son muchos los hablantes y escribientes de nuestro idioma que no distinguen entre una sílaba y una letra, pues ignoran que una sola letra vocal puede ser una sílaba (denominada "simple"), pero, como es obvio, las sílabas también están constituidas con consonantes, y, por ello, no siempre constan de una sola letra. Una sílaba, como la definió Félix Fano en su *Índice gramatical*, es la "letra o conjunto de letras que pueden proferirse en un solo golpe de voz". Ejemplos: Vio (monosílabo); Violen (bisílabo); Violenta (trisílabo); Violentado (cuatrisílabo); Violentamente (pentasílabo). Por supuesto, la división silábica de una palabra tiene sus reglas y no obedece al corte caprichoso que cada cual quiera hacer pausando o separando conjuntos de letras contiguas. El sustantivo femenino "sílaba" (del latín *syllăba*) es la "unidad de la lengua compuesta por uno o más sonidos articulados que se agrupan en torno al de mayor sonoridad, que por lo común es una vocal" (DRAE). Y esto se aprende o se debería aprender en la educación básica y en el parvulario inclusive. No saber deletrear y no saber silabear son dos deficiencias evidentes de la pésima escolarización del sistema educativo. Nadie debería obtener un certificado de primaria si no domina estos dos conocimientos básicos, es decir primarios. El mayor problema es que muchos profesores de primaria, secundaria y preparatoria (y a veces de la universidad) tampoco poseen estos dominios elementales. Simplemente no saben dividir en sílabas.

✐ He aquí doce ejemplos de palabras de nueve sílabas y dos de diez, entre los escasos términos eneasílabos y decasílabos que existen en nuestro idioma y que registra el DRAE, la mayor parte de ellos compuestos y todos ellos sesquipedálicos: "anatomopatológico", "desoxirribonucleótido", "electroencefalografía", "electroencefalográfico", "electroencefalografista", "fotolitográficamente", "institucionalizaremos", "internacionalizaciones", "internacionalizaremos", "litofotográficamente", "otorrinolaringólogo", "paleofitopatología" y "otorrinolaringología" y "otorrinolaringológico". Y recuerden: cuando alguien les diga que en español tenemos palabras "endecasílabas" (once sílabas), "dodecasílabas" (doce sílabas), etcétera, no se dejen apantallar: les quieren tomar el pelo. No hay tales palabras en nuestro idioma.

☞ Google: 2 000 000 de resultados de "otorrinolaringología" (diez sílabas); 742 000 de "otorrinolaringólogo" (nueve sílabas); 424 000 de "otorrinolaringólogos" (nueve sílabas); 321 000 de "esternocleidomastoideo" (nueve sílabas); 276 000 de "anatomopatológico" (nueve sílabas); 152 000 de "electroencefalografía" (nueve sílabas); 136 000 de "otorrinolaringológica" (diez sílabas); 130 000 de "anatomopatológicos" (nueve sílabas); 123 000 de "otorrinolaringológicas" (diez sílabas); 103 000 de "otorrinolaringológico" (diez sílabas); 70 700 de "anatomopatológica" (nueve sílabas); 69 200 de "anatomopatológicas" (nueve sílabas); 54 900 de "otorrinolaringóloga" (nueve sílabas); 54 900 de "otorrinolaringológicos" (diez sílabas); 33 700 de "electroencefalográfico" (nueve sílabas); 30 200 de "electroencefalográficos" (nueve sílabas); 30 000 de "electroencefalográficas" (nueve sílabas); 26 700 de "internacionalizaciones" (nueve sílabas); 24 700 de "desoxirribonucleótidos" (nueve sílabas); 22 600 de "electroencefalográfica" (nueve sílabas); 20 900 de "electroencefalografistas" (nueve sílabas); 17 200 de "esternocleidomastoideos" (nueve sílabas); 16 700 de "electroencefalografista" (nueve sílabas); 16 500 de "litofotográficamente" (nueve sílabas); 14 400 de "paleofitopatología" (nueve sílabas); 14 300 de "otorrinolaringólogas" (nueve sílabas); 12 300 de "otorrinolaringologías" (diez sílabas); 9 700 de "desoxirribonucleótido" (nueve sílabas); 6 190 de "institucionalizaremos"

(nueve sílabas); 9 690 de "electroencefalografías" (nueve sílabas); 5 750 de "internacionalizaremos" (nueve sílabas); 4 670 de "esternocleidomastoidea" (nueve sílabas); 4 350 de "fotolitográficamente" (nueve sílabas); 1 130 de "esternocleidomastoideas" (nueve sílabas). ☑

T

208. tala, tala ilegal, tala legal, talador, talar, *¿talar árboles?*, *¿talar un árbol?*

De acuerdo con el DRAE, el verbo transitivo "talar" (del germánico *tālōn*, "arrancar") posee dos acepciones principales: "Cortar por el pie un árbol o una masa de árboles" y "arrasar campos, edificios, poblaciones, etc.". María Moliner, en el DUE define de modo muy diferente este verbo: "Cortar los árboles de un bosque, dejándolo despoblado" (sinónimos: "desmontar", "arrasar") y "destruir arbolado, cosechas, casas, etc.; por ejemplo, un desastre o en la guerra". (Para el caso de Andalucía, Argentina y Extremadura hay una acepción específica, tanto en el DRAE como en el DUE: "Podar olivos o encinas".) De ahí, el sustantivo femenino "tala": "acción y efecto de talar". En el *Clave*, esta acción y efecto de talar se describe como "corte de los árboles por la parte baja del tronco", y ofrece el siguiente ejemplo: *El grupo ecologista se movilizó contra la **tala** de los pinos*. Coincide el *Clave* con el DRAE en la definición del verbo "talar": "Referido a un árbol, cortarlo por la parte baja de su tronco", y pone un ejemplo: *Usaron sierras mecánicas para **talar** los robles*. Si atendemos a las definiciones del DRAE y el *Clave*, el verbo "talar" posee un sentido neutro: simplemente es la acción de cortar por el pie un árbol o una masa de árboles; en cambio, en el DUE, Moliner ajusta la definición a la raíz germánica *tālōn*, con un sentido negativo: "arrancar", "arrasar" y, por tanto, "cortar los árboles de un bosque, dejándolo despoblado", esto es, "arrasado", sinónimo de "destruido". Llama la atención esta diferencia que no es sólo de matices, sino de fondo, porque, si vamos al *Diccionario etimológico* de Corominas, encontramos que "talar" no es un verbo neutro, sino de sentido negativo, pues la primera acepción de Corominas es "devastar", que coincide con el alemán antiguo *zâlôn* (del germánico *tālōn*), "robar", "arrebatar". Guido Gómez de Silva añade el sinónimo "arruinar". Las definiciones del DRAE son casi idénticas a las del tomo sexto (1739) del *Diccionario de Autoridades* (lo cual quiere decir que hace casi tres siglos que vienen repitiendo lo mismo) y en ellas se ha basado el *Clave*. Moliner, en cambio, obedece a la etimología. Si utilizamos el sentido negativo que le da Moliner al verbo "talar", de acuerdo con su etimología germánica ("desmontar", "arrasar", "arrebatar", "arruinar", "destruir" e incluso "robar"), la "tala" no significa "cortar **un** árbol (en singular) por el pie" o "desde el tronco", sino despoblar de **árboles** (en plural) un bosque, cortándolos desde el tronco, en donde el verbo transitivo "despoblar" (del latín *depopulāri*, "saquear", "devastar"), significa, en su acepción secundaria, "despojar un sitio de lo que hay en él" (DRAE). Ejemplo del propio DRAE: ***Despoblar*** *un campo de árboles, de hierbas.* Los famosos "voladores de Papantla", de la cultura totonaca, en México, no "talan" **un árbol,** sino que lo cortan, a partir de un ritual religioso. En el "rito del **corte**" del árbol elegido o seleccionado, entre música, danza y sahumerios alrededor del "árbol sagrado", se le pide permiso a la madre naturaleza y perdón al bosque por el hijo que será derribado; y, a cambio del árbol cortado, se siembran cien para reforestar. No hay "tala" en el sentido preciso que le da Moliner a este sustantivo femenino; lo que hay es el "corte" de **un solo ejemplar de los árboles** que tiene el bosque. No se arrasa ni se devasta ni se despuebla el bosque; se corta, especialmente, **un árbol.** Sin embargo, si nos basamos en el sentido neutro de las definiciones del DRAE y el *Clave,* todo corte por el pie, incluso de un ejemplar de árbol, es "tala" y, por tanto, se ajusta a la acción de "talar". En este sentido, "talar" es sinónimo de "cortar" y de "tronchar", pero, obviamente, por todo lo dicho, no de "arrasar", "arrebatar", "desolar", "destruir" y "devastar". Con el sentido negativo, del todo lógico y acorde con la etimología germánica, puede haber "tala legal" y "tala ilegal" del bosque o de una parte del bosque (ambas dañinas, con la única diferencia de que la primera está autorizada por la ley, en tanto que la segunda está fuera de la legalidad), pero no la "tala" de un solo árbol (aunque se corte y se derribe), pues sólo puede hablarse de "tala" cuando se arrasa parte de un bosque "dejándolo despoblado" o, con las palabras mismas del DRAE, cuando se corta "una masa de árboles". Siendo así, "talar un árbol" es un disparate y "talar árboles" o "talar los árboles" brutas redundancias, ya que basta con decir y escribir "talar" para referirse, con ello, a la devastación de "una masa de árboles". Un campesino "corta" un árbol, y tal vez corte dos o tres más, para hacer su vivienda, pero no "devasta", no "arrasa", no "destruye" su ámbito natural. El "talador", en cambio, es alguien que, por dinero (directamente, cuando vende la madera, o, indirectamente, cuando le pagan por allanar una amplia floresta) devasta, destruye y arrasa el bosque o parte de él. Y no hay que confundir al "talador" con el "leñador" o "leñatero" (del latín *lignātor, lignatōris*), sustantivos que se aplican a la "persona que se emplea en cortar leña" y a la "persona que vende leña", tomada generalmente "del árbol caído", esto es, del árbol muerto, de la madera seca, o bien del árbol que, aún en pie, está sin vida. Por eso, a veces, la leña se recoge del suelo, de las ramas desprendidas de los árboles. Muy lejos está un "leñador" de ser un "talador". Sin embargo, quienes confían en el DRAE seguirán creyendo que se puede "talar un árbol", si "talar" significa tan sólo cortar un árbol por el pie o desde el tronco, con un sentido neutro. Aquí planteamos la cuestión, y nos inclinamos, con sentido común y con el uso de la lógica, ajustándonos, además, a la etimología, por la definición de María Moliner en el DUE. Un árbol se puede cortar, se puede tronchar, se puede tumbar o derribar, pero no "talar" si la acción no se ejecuta también con otra cantidad considerable de árboles a grado tal de dejar despoblada o arrasada una parte del bosque. Por ello, también, como ya advertimos, si aplicamos este sentido, "talar árboles" es redundancia, tanto como decir y escribir "desmontar el monte" (más de 25 000 resultados en Google); se "tala" el bosque o una parte del bosque, se "tala" un sitio arbolado, una superficie de arboleda, pero no un solo árbol. Una prueba del sentido negativo que tienen el verbo "talar" y el sustantivo "tala" es el adecuado uso que se le da a "tala" en el siguiente encabezado del diario mexicano *La Jornada* (20 de enero de 2020): "Denuncian **tala** y venta de predios en zona protegida de Monterrey". Incluso los lectores que no lean el cuerpo de la información saben de antemano, a partir del encabezado, que la denuncia no es porque se cortó "**un** árbol", sino porque se cortaron muchos, a fin de vender predios allanados, despoblados de árboles; es decir, se denuncia una "tala" en una zona protegida por la ley. Quizá, dentro de tres siglos, la Real Academia Española se digne revisar este sentido del verbo "talar" que hoy, para ella, simplemente significa "cortar por el pie un árbol".

Hay muchos usos inadecuados del verbo "talar" y del sustantivo "tala" que se presentan como equívocos, producto de la definición del DRAE y de otros diccionarios que se basan en el DRAE. Por supuesto, las más de las veces, inadvertidos. En el sitio de internet *Ecología Verde* leemos el siguiente encabezado:

♀ "El problema de la **tala** indiscriminada **de árboles en los bosques**".

En cualquier sentido de la definición (ya sea el del DRAE o el del DUE), existe en esta frase una redundancia. Lo correcto es decir y escribir:

♂ El problema de la **tala** indiscriminada **en los bosques**.

🖉 He aquí otros ejemplos redundantes y disparatados (consecuencia, en gran medida, de la equívoca definición del DRAE): "Los motivos de la **tala de árboles** son muchos", "actividad humana centrada en la **tala de árboles**", "introducción a la **tala de árboles** con el uso de una motosierra", "exigir al gobierno que aplique la ley para frenar la **tala de árboles**", "es un crimen la **tala de árboles**", "los costos reales de la **tala de árboles**", "la **tala de los árboles** y destrucción de los bosques", "la entidad ambiental que contrató las obras y otorgó el permiso para **la tala de los árboles**", "ratificó la decisión de dar permiso para la **tala de los árboles**", "quisiera denunciar la **tala de un árbol**", "quisiera hacer la **tala de un árbol** de aguacate y una palmera dentro de un condominio", "en ciertas ocasiones tal vez resulte imprescindible plantearse la **tala de un árbol**", "**talar árboles** nos mata poco a poco", "**talar árboles** nos está matando lentamente", "multa por **talar árboles**"; "el sonido de las motosierras **talando árboles**", "el Nuevo Campus Universitario de Guadalajara se estrena **talando árboles**", "**talar los árboles** altos", "**talar los árboles** de Navidad", "seis pasos para **talar un árbol** correctamente", "cómo **talar un árbol**", "**tala un árbol** para robar bicicletas en Insurgentes" (en realidad, como se observa en el video, no taló nada: dobló y rompió un tierno arbolito por la mitad, lo serruchó, y luego sacó por encima del

delgado tallo las dos bicicletas que estaban encadenadas al débil ejemplar), "alcalde **tala un árbol** de 30 años de un señor mayor", "niño **tala un árbol**" (no lo tala, lo corta), "**talan un árbol**
que amenazaba con caer" (no lo talan, lo cortan, para evitar un accidente), "**talan un árbol** en
el puerto de Ibiza por riesgo de caída" (mismo comentario que en el caso anterior), "**talando
un árbol** con precisión absoluta" (no; derribando un árbol con precisión), "Cristián de la Fuente genera polémica al subir video **talando un árbol**" (ni siquiera lo derribó; apenas le dio unos
hachazos, sin técnica ninguna para cortarlo).

☞ Google: 3 190 000 resultados de "tala de árboles"; 385 000 de "tala de los árboles"; 223 000
de "tala de un árbol"; 204 000 de "talar árboles"; 97 500 de "talando árboles"; 66 000 de "talar los árboles"; 51 300 de "talar un árbol"; 17 000 de "tala un árbol"; 8 010 de "talan un árbol";
7 220 de "talando un árbol". ☒

☞ Google: 148 000 000 de resultados de "tala"; 37 500 000 de "talar"; 519 000 de "tala ilegal"; 383 000 de "tala de bosques"; 246 000 de "tala de la selva"; 233 000 de "tala de áreas";
149 000 de "cortar un árbol"; 136 000 de "combate a la tala"; 128 000 de "tala clandestina";
43 100 de "tala del bosque"; 38 500 de "tala en México"; 31 400 de "tala en el bosque"; 26 300
de "talar el bosque"; 17 600 de "tala de selvas"; 16 600 de "tala legal"; 16 500 de "tala en Perú";
13 800 de "tala en Brasil"; 12 800 de "tumbar un árbol"; 6 190 de "talar la selva"; 5 620 de "tala
en el Amazonas"; 5 470 de "tala en Chiapas"; 4 770 de "tala del manglar"; 2 930 de "tala en la selva amazónica"; 2 270 de "tala en selva"; 1 000 de "talan reserva". ☑

209. talla, tallas, tamaño, tamaños

El sustantivo femenino "talla" se aplica, en la segunda acepción del DRAE, a la "estatura o altura de las personas" y, en la cuarta acepción, a la "medida convencional
usada en la fabricación y venta de prendas de vestir". Ejemplos: *Un hombre de **talla
mediana**; Ya no le quedan las prendas de **talla chica***. Por ignorancia del significado del
término, producto de no consultar jamás el diccionario, cada vez se utiliza más el
sustantivo "talla" para aplicarlo a los animales. Por ejemplo, *Un pez de **talla pequeña***.
Debe saberse que, en nuestro idioma, únicamente las personas tienen talla, y que
los animales, y las cosas, tienen "tamaño" (del latín *tam*, "tan", y *magnus*, "grande"),
sustantivo masculino que significa "mayor o menor volumen o dimensión de algo"
(DRAE). Ejemplo: *Atraparon en Brasil una serpiente Pitón de gran **tamaño***. Por otra parte, ni el DRAE ni el DUE, ni mucho menos el *Panhispánico*, recogen las locuciones "fal-
tarle a alguien tamaños" o "tener alguien tamaños", aplicado a las personas, que al
menos el *Diccionario de mexicanismos*, de la AML, recoge como sustantivo masculino plural, "tamaños", con la acepción de "valor, agallas", y con el siguiente ejemplo:
*Para hacer lo que hizo Juan, hay que **tener tamaños***. En realidad, la locución no se refiere únicamente a "valor" y "agallas", en una palabra, a "temeridad", sino también
a "capacidad" y a "calidad", como en el siguiente ejemplo: *Ya se vio que el futbolista*

mexicano X ***no tiene los tamaños*** *para estar en la Liga Española.* Referirnos a "talla", en el caso de los animales, es una absoluta tontería que, todo parece indicar, hemos adoptado del inglés, traduciendo, con las patas, la voz inglesa *size* como "talla", en el caso de los animales, cuando la traducción correcta debe ser "tamaño" y, respecto de ciertas cosas, "calibre". En inglés, el sustantivo y el verbo *size* significan "talla" (en las personas) y "tamaño" (en las cosas y en los animales); por ello, un enunciado como el siguiente: *We have seen films on television* ***showing under-sized fish*** *on sale in supermarkets in Spain,* no debe traducirse como *En la televisión hemos podido ver que en los supermercados españoles se vende* ***pescado de talla inferior*** *a la establecida,* sino, correctamente, como *En la televisión hemos visto que en los supermercados de España se vende* ***pescado de tamaño inferior*** *al que exigen las normas.* Evitemos, pues, esta gringadera de malos traductores, que no conocen, elementalmente, ni el inglés ni el español.

Aunque cada vez aumenta su uso en nuestro idioma, para referirse a un animal, "talla" es idiotez en serio y en serie. Las páginas de internet están llenas de ella, pero también ya es frecuente en las publicaciones impresas, especialmente en los diarios, y hasta en los libros. En el diario español *La Vanguardia* leemos el siguiente titular:

☞ "Denuncian a un patrón por capturar **pescado de talla inferior** a la permitida".

En España, hoy, triunfan el anglicismo y la anglofilia. Lo correcto es decir y escribir:

☞ Denuncian a un patrón por capturar **pescado de tamaño inferior** al permitido.

✎ Van unos pocos ejemplos de este disparate de anglicistas que no saben ni inglés ni español, y que además no consultan el diccionario: "No tener miedo a un **perro de talla grande**", "10 razas de **perro de talla grande**", "**perro de talla grande** en adopción", "los **perros de talla grande** son hermosos", "collar de piel para **perros de talla grande**", "los **perros de talla grande** llegan a la vejez antes que los de talla pequeña", "adopción de **perros de talla pequeña**", "**perros de talla pequeña** sobreviven a los de talla grande", "compro **caballo de talla grande**", "es un **caballo de talla grande**", "10 razas de **perros de talla mediana**", "**perros de talla mediana** más populares", "el terrier escocés es un **perro de talla pequeña**", "el pastor australiano es un **perro de talla mediana**", "el Pinscher es un **perro de talla mediana**", "rascador para **gatos de talla grande**", "bandeja sanitaria perfecta para **gatos de talla grande**", "manejo de las especies de **aves de talla grande**", "alimento para **aves de talla grande**", "ballenas y **peces de talla grande**", "la proteína es parte fundamental para **peces de talla grande**", "no soy el único que necesita **caballos de talla grande**", "competir con **caballos de talla grande**", "**perro de gran talla**, imponente y fuerte", "la sierra donde están libres estas **aves de gran talla**", "el percherón es un **caballo de gran talla**", "mordeduras de **perros de gran talla**", "representaciones de **aves de talla mediana**", "yeguas andaluzas con **caballos de gran talla**", "poni, **caballo de talla pequeña**", "el Bombay es un **gato de talla mediana**", "el Singapura, un **gato de talla pequeña**", "alimento para **aves de talla pequeña**", "**peces de gran talla** en la reserva", "sólo había **peces de talla mediana**", "se venden dos **caballos de talla pequeña**", "crearon **caballos de talla mediana**", "cesta linda para **perros y gatos de talla pequeña**", "los gatos Burmillas son **gatos de talla mediana**", "capturas residuales de **peces de talla inferior** a la reglamentaria", "conviene consumir con moderación algunos **pescados de talla grande**" (sí, no sean tragones: no se coman, en una sentada, un pez espada completo), "toleraba la venta de **pescado de talla inferior** a la permitida", "alcalde hace un llamado a los turistas a acatar las normas y no comprar **pescado de talla pequeña**" (sí, por favor, háganle caso al señor: no compren sardinas; de tiburones para arriba), "capturan **camarón de talla grande**, pero falla el precio", "intoxicaciones producidas por consumo de **pescado de gran talla**", "los **pescados de talla pequeña**, la mejor fuente de proteínas", "recomiendo comprar un **pescado de talla mediana**", "arenero para **gatos de gran talla**", "evitar sacar **camarón de talla pequeña**", "importación ilegal de **camarón de talla mediana** proveniente principalmente de Sudamérica" (se le reconoce porque canta tangos en lugar de corridos), "jaula adecuada para **loros de talla mediana**".

☞ Google: 115 000 resultados de "perro de talla grande"; 78 900 de "perros de talla grande"; 57 200 de "perros de talla pequeña"; 48 300 de "caballo de talla grande"; 44 000 de "perros de talla mediana"; 42 600 de "perro de talla pequeña"; 39 900 de "perro de talla mediana"; 32 100 de "gatos de talla grande"; 29 200 de "aves de talla grande"; 23 600 de "peces de talla grande"; 21 600 de "caballos de talla grande"; 11 400 de "perro de gran talla"; 9 000 de "aves de gran talla"; 8 250 de "caballo de gran talla"; 7 830 de "perros de gran talla"; 7 700 de "aves de talla mediana"; 7 170 de "caballos de gran talla"; 6 960 de "caballo de talla pequeña"; 6 920 de "gato de talla mediana"; 6 630 de "gato de talla pequeña"; 6 360 de "aves de talla pequeña"; 6 270 de "peces de gran talla"; 5 850 de "peces de talla mediana"; 4 270 de "caballos de talla pequeña"; 3 710 de "caballos de talla mediana"; 3 460 de "gatos de talla pequeña"; 3 150 de "gatos de talla mediana"; 3 010 de "peces de talla inferior"; 2 200 de "pescados de talla grande"; 2 070 de "pescado de talla inferior"; 1 800 de "pescado de talla pequeña"; 1 500 de "camarón de talla grande"; 1 480 de "pescado de gran talla"; 1 350 de "pescados de talla pequeña"; 1 310 de "pescado de talla mediana"; 1 180 de "gatos de gran talla"; 1 040 de "camarón de talla pequeña"; 1 000 de "camarón de talla mediana"; 900 de "loros de talla mediana". ☒

210. tecnología, tecnología digital

La gente que no suele ir al diccionario ignora la definición de "tecnología". No sabe que "tecnología" es un término aplicable lo mismo a una punta de flecha del período Paleolítico, elaborada por un *Homo habilis*, que la última versión del teléfono llamado "inteligente", fabricado y ensamblado en China. Y especialmente los que menos saben de esto son los publicistas y vendedores de teléfonos celulares y otros dispositivos electrónicos que, deschavetados por la era digital, suponen que "tecnología" equivale a "digital", y por ello crean eslóganes como el siguiente que aparece en un anuncio espectacular en las calles de la capital de México: "Mamá quiere **tecnología**". Pues, bien, si mamá quiere tecnología, basta con que le demos un molcajete, pues éste es producto de una cierta tecnología. Así como muchas personas suponen que las "redes sociales" se inventaron en internet, a pesar de que son tan viejas como el ser humano organizado a partir de sus vínculos y afinidades, asimismo, hay muchas personas que están seguras de que "tecnología" equivale a "internet". Esto es lo malo de vivir fuera de la realidad; todo el tiempo en lo virtual. No es lo mismo las "redes sociales" que las "redes sociales de internet", y no es lo mismo la "tecnología" que la "tecnología digital". Veamos por qué. El sustantivo femenino "tecnología" (del griego *technología*) significa "conjunto de teorías y de técnicas que permiten el aprovechamiento práctico del conocimiento científico" (DRAE), o bien "conjunto de conocimientos y medios técnicos aplicados al desarrollo de una actividad; particularmente industrial" (DUE). Ejemplo: *En el siglo XVIII, en Europa, se produjo un gran desarrollo en la ciencia y la tecnología*. Queda claro que, para referirnos a una particular forma del desarrollo tecnológico, hay que calificarla. Ejemplos: *La tecnología paleolítica*; *La tecnología agrícola o agropecuaria*; *La tecnología artesanal*; *La tecnología industrial*; *La tecnología informática*; *La tecnología digital*. Hablar y escribir simplemente de "tecnología" no tiene que llevarnos a pensar forzosamente en la "informática", pues ésta es una de las muchas formas en el desarrollo tecnológico. Como sustantivo femenino, el término "informática" (del francés *informatique*) designa al "conjunto de conocimientos científicos y técnicas que hacen posible el tratamiento automático de la información por medio de computadoras". En el caso del término "digital" (del latín *digitālis*: "perteneciente o relativo a los dedos" y "referente a los números dígitos": esto es, entre el cero y el nueve), este adjetivo se aplica a los "medios de comunicación, especialmente de prensa: que se publican en internet o en formato electrónico" (DRAE). Si algo hay que agregar, cabe decir que el adjetivo "electrónico" es lo "perteneciente o relativo al electrón" y, más específicamente, lo "perteneciente o relativo a la electrónica". En conclusión, si hablamos y escribimos de "tecnología" hay que dejar de suponer que ésta es, por antonomasia, la tecnología de internet: informática y digital.

Nada hay más viejo que la tecnología; nada hay más nuevo que la tecnología, y sin embargo hoy en los medios de información se difunde la errónea idea de que "tecnología" es sinónimo de "nueva tecnología" o "tecnología de internet". En el diario español *El País* (que es un país de perlas, pese a su *Libro de estilo*) leemos el siguiente titular:

♀ "La **tecnología** es un producto adictivo y debe ser regulado como tal".

Podría pensarse que se trata de un error de omisión, pero es algo peor: es ignorancia, pues en el cuerpo de la información todo el tiempo el redactor se refiere a "la dependencia de la tecnología", "los peligros de la tecnología", "los efectos negativos de la tecnología" y a la "industria tecnológica". Pero la noticia no es ésta, sino la que se anuncia desde el sumario: "El 48% de los jóvenes que pasan más de cinco horas al día conectados al móvil ha sufrido depresión, aislamiento o tendencias suicidas, según un estudio presentado en Washington". Entonces, como es obvio, lo que preocupa no es el uso de la "tecnología" a secas, sino el abuso de la tecnología informática que se hace en dispositivos digitales. Por tanto, el diario español *El País* debió informar que

🕐 la **tecnología digital** es un producto adictivo y debe ser regulado como tal, o mejor aún: La **tecnología de internet** puede ser adictiva y debe ser regulada.

🖍 Utilizar el sustantivo "tecnología" como sinónimo de "internet" o equivalente de "nueva tecnología" o "tecnología digital" es un abuso en la inexactitud del idioma, producto de la ignorancia entre quienes creen (y son legión) que la "tecnología" apenas surgió hoy. Las publicaciones impresas y electrónicas están llenas de esta torpeza idiomática. He aquí algunos pocos ejemplos: "Riesgos del uso de la **tecnología** en la sociedad", "los riesgos de la **tecnología** en los niños", "piden a padres reconocer riesgos de la **tecnología**" (sí, que reconozcan que los libros son riesgosos), "los hijos y la **tecnología**" (¿qué tipo de tecnología?), "ansiedad y dependencia de la **tecnología**" (insistimos: ¿qué tipo de tecnología?), "los comportamientos del adicto a la **tecnología**", "la dependencia de la **tecnología** actualmente", "eliminar la dependencia de la **tecnología**" (¡pobre *Homo habilis*: era dependiente de la tecnología lítica!), "deshumanización y dependencia de la **tecnología**", "los peligros de la **tecnología**", "noticias y videos sobre peligros de la **tecnología**", "yo amo la **tecnología**" (¿por ejemplo, la tecnología para hacer un canasto?), "¡amo la **tecnología**! y a mis hijos" (por los signos exclamativos, tiene más amor por su teléfono celular que por sus hijos), "dormir feliz con mi tablet, amo la **tecnología**" (¡listo para el manicomio!).

☞ Google: 7 360 000 resultados de "riesgos de la tecnología"; 4 570 000 de "dependencia de la tecnología"; 1 380 000 de "peligros de la tecnología"; 325 000 de "amo la tecnología"; 259 000 de "adictos a la tecnología"; 233 000 de "estrés y tecnología"; 82 400 de "adicción a la tecnología"; 11 100 de "regala tecnología". ☒

☞ Google: 360 000 resultados de "adicción a internet"; 175 000 de "adictos a internet"; 79 200 de "riesgos de la tecnología digital"; 68 900 de "adictos a las nuevas tecnologías"; 63 200 de "dependencia de la tecnología digital"; 30 000 de "peligros de la tecnología digital"; 12 100 de "adictos a la tecnología digital". ☑

211. temporal, *¿temporal de la cabeza?*, *¿temporal de la cara?* *¿temporal del cráneo?*
Los seres humanos tenemos músculos y huesos llamados "temporales", pero no los tenemos ni en los pies ni en las nalgas. Estos músculos y huesos se localizan, exclusivamente, en la cabeza, en cada lado de la cara y en el cráneo, en la región de las sienes. Por ello, referirnos al "músculo temporal de la cabeza" y al "hueso temporal del

cráneo" son redundancias imperdonables. Si vamos al diccionario académico sabremos que el adjetivo y sustantivo "temporal" (del latín *temporālis*, de *tempŏra*: "sienes") se usa para referirnos a lo "perteneciente o relativo a las sienes": *Músculos temporales*, *Hueso temporal*. Puesto que no tenemos músculos ni huesos "temporales" en otras partes del cuerpo que no sea la cabeza, es una tontería redundante agregar al adjetivo o al sustantivo "temporal" las expresiones "de la cabeza", "de la cara" y "del cráneo". Estos desbarres pertenecen al español del ámbito culto y, en particular, del ambiente profesional de la medicina y la anatomía. Ello revela que los profesionistas no suelen consultar el diccionario, pues si lo hicieran sabrían que tampoco tenemos "sienes" en otras partes del cuerpo que no sean la cara y el cráneo. El sustantivo femenino "sien" (de *sen*, influido por *sentir*, precisa el DRAE) tiene el siguiente significado: "Cada una de las dos partes laterales de la cabeza situadas entre la frente, la oreja y la mejilla". Ejemplos: *Tengo un terrible dolor en las sienes*; *Se disparó en la sien izquierda*. Dado que los músculos y los huesos "temporales" se localizan en la región de las sienes, queda claro que basta con decir y escribir "temporales" (refiriéndonos a estos músculos y huesos) y no agregar nada más, pues si se añade "de la cabeza", "de la cara" y "del cráneo" estamos cometiendo brutísimas redundancias. Millones de personas cultas o, por lo menos, ilustradas o altamente escolarizadas, no saben que los "temporales" (músculos y huesos) se localizan únicamente en las "sienes". ¿Y por qué no lo saben? Porque consultar el diccionario les produce una enorme pereza.

En libros, diarios y revistas, y por supuesto en publicaciones de internet, estos desbarres redundantes abundan. En el portal español *Neurowikia* leemos esta joya:

♀ "La mácula de la retina se localiza en el lado **temporal de la cabeza**".

Esto lo escribe un especialista. Debió escribir que la mácula de la retina

☼ se localiza en la región **temporal** (esto es, de las sienes), y punto.

✎ He aquí otros pocos ejemplos de estas barbaridades: "Tratamiento del **músculo temporal de la cabeza** para el dolor **de cabeza**" (¡vaya, vaya!), "masaje del **músculo temporal de la cabeza** para la cefalea tensional", "dolor muscular en la **región temporal de la cabeza**", "**vena temporal de la cabeza**" (es que seguramente hay venas temporales en las ingles), "se manifiesta en la **zona temporal de la cabeza** en forma de latidos", "situados en el **hueso temporal de la cabeza**", "**arterias temporales de la cabeza**", "**músculos temporales de la cabeza**", "**regiones temporales de la cabeza**", "**zonas temporales de la cabeza**", "sufre una fisura en el **hueso temporal del cráneo**" (todo sería más fácil si la fisura estuviera en el hueso temporal de la rodilla), "hundimiento en el **hueso temporal del cráneo**", "abombamiento lateral de las **áreas temporales del cráneo**", "conecta la mandíbula con los **huesos temporales del cráneo**", "articula la mandíbula con el **hueso temporal de la cabeza**", "la parte petrosa del **hueso temporal del cráneo**", "tratamiento del **músculo temporal de la cabeza**", "nos recuerda mucho el movimiento de los **huesos temporales del cráneo**", "la articulación que conecta la mandíbula inferior con los **huesos temporales de la cabeza** por ambos lados", ¡y basta!, pues no dudamos que haya quienes crean que los músculos y los huesos "temporales" (¡de la cabeza!) son aquellos que, como los dientes temporales, se caen, luego de cierto tiempo, para dar paso a los huesos "permanentes".

☞ Google: 4 230 000 resultados de "temporal de la cabeza"; 364 000 de "temporales de la cabeza"; 281 000 de "temporales de la cara"; 54 500 de "temporal del cráneo"; 35 500 de "temporales del cráneo"; 19 600 de "hueso temporal de la cabeza", 11 400 de "hueso temporal del cráneo"; 3 090 de "músculo temporal de la cabeza"; 1 480 de "huesos temporales del cráneo", 1 460 de "huesos temporales de la cabeza". ☒

212. tenemos que tener, tener, ¿*tener que tener?*, tiene que tener, tienen que tener, tienes que tener

La secuencia "tener que" (conjugada) + un verbo en infinitivo es una perífrasis que expresa necesidad, obligación o deber. Ejemplo: *Tienes que ir mañana a la escuela, tienes que hacer la tarea y, cuando termines, tendrás que ayudar en la casa: tu cuarto tiene que estar ordenado*. También se admite la secuencia "tener que" (conjugada) + el infinitivo "tener", aunque parezca una redundancia: estrictamente no lo es; se trata de una forma coloquial, y en cierto modo viciosa, que resulta admisible en el habla, pero es chocante en la escritura. Ejemplo: *Tienen que tener listos sus exámenes en media hora —dijo el profesor*. Por supuesto, así hablan, en general, los profesores, y hasta el presidente de México, como cuando expresó: "Todos **tienen que tener** la oportunidad de estudiar". Pero si no se trata de una incorrección de carácter semántico, se trata al menos de una afectación de forma, de una cacofonía, de una falta de armonía en el idioma, que puede resolverse de la manera más sencilla: *Deben tener listos sus exámenes en media hora —dijo el profesor* y *Todos **deben tener** la oportunidad de estudiar*. Hay que insistir en que no se trata ni de una redundancia ni de una incorrección de sentido, pero sí de una forma oral que resulta desatinada y desaseada en la escritura, y, más aún, cuando en la secuencia "tener que" + "tener", el verbo repetido está también en infinitivo. Tal construcción se vuelve tan torpe que, decididamente, hay que condenarla, pues ni siquiera resulta comprensible y va contra las leyes de la economía del idioma. Esto es lo malo de utilizar, con donaire, en la lengua oral, la secuencia conjugada de "tener que" + "tener": que lleva a los hablantes y escribientes a extremos francamente bárbaros de expresión. Y no son pocos los que utilizan tal forma, astrosa y desastrosa, en nuestro idioma.

En el sitio de internet *Fondo Blanco Editorial (Servicios editoriales digitales)*, Luis Carlos escribe un artículo imperdible con el título "'Tener que tener' y otras perífrasis verbales indeseables" (las otras son "voy a ir" y "poder hacer"). Especialmente, en internet hay muchísimas evidencias de estas perífrasis indeseables, pero las publicaciones impresas también están ahítas de ellas. Las encontramos por decenas de millones. En un ejemplo del traductor en línea *Linguee*, leemos lo siguiente:

♀ "Solventar el común grave problema de poder cargar y actualizar cuando te venga en gana **sin tener que tener** un Master en programación".

La expresión es horripilante, y solucionarla es de lo más fácil, si se usara el sentido común. Lo correcto:

☝ actualizar cuando te venga en gana, **sin necesidad de tener** un máster en programación.

✎ Cada vez hacemos de nuestro idioma una porquería porque nos da pereza pensar en lo que decimos o en que vamos a decir y escribir. He aquí otros ejemplos de esta barrabasada: "Oportunidades van y vienen, **tener que tener** la certeza y inteligencia para saber tomarlas", "parece que vamos a **tener que tener paciencia**", "vamos a **tener que tener** que jugar muy bien para tumbar al Chiclana" (así habla el entrenador, y así juegan sus futbolistas), "la gente va a **tener que tener** paciencia", "es muy probable que, en algún momento, vayas a **tener que tener** una conversación con alguien que no toleras" (y que tampoco te tolera, porque hablas así), ¿existe ADSL sin **tener que tener** teléfono fijo?", "vamos a **tener que tener** mucho ojo", "va a **tener que tener** cuidado con ciertos tipos de alimentos", "**tener que tener** deseo es un motivo para no tenerlo" (¡qué profundidad!), "se puede hacer una mayor y mejor contribución a la humanidad sin **tener que tener** hijos", "WhatsApp se actualiza y ya deja enviar notas de voz sin **tener que tener** pulsado el botón", "vamos a **tener que tener** paciencia para encontrarnos como equipo", "también vas a **tener que tener** en cuenta la arquitectura", "la intensidad la vamos a **tener que tener** de local", "con Robinho vamos a **tener que tener** un poco de paciencia", "Pinot llorando al **tener que tener** que retirarse" (¡vaya expresión tan espantosa!), "cenar en Noruega sin **tener que tener** que pedir un préstamo" (otra muy espantosa construcción), "vamos a **tener que tener** la cabeza muy fría para acordar algunas cosas" (que metan, entonces, la cabeza en la nevera, antes de acordar), "es un elemento que van a **tener que tener** presente los jueces de La Haya" (así lo dijo el canciller boliviano), "voy a **tener que tener** más cuidado con las faltas", "ETA va a **tener que tener** claro que urge cerrar el ciclo de negación de la violencia", "Jerry está profundamente aliviado de ya no **tener que tener** todo bajo control", "vamos a **tener que tener** cuidado con Castillejos", "el presidente va a **tener que tener** mucha prudencia". ¡Y ya basta de tanta torpeza idiomática!

☞ Google: 21 700 000 resultados de "tener que tener". ☒

☞ Google: 36 800 000 resultados de "tiene que tener", 24 600 000 de "tienen que tener"; 23 900 000 de "tienes que tener"; 21 100 000 de "tenemos que tener". ☑

☞ Google: 62 100 000 resultados de "tendremos"; 46 500 000 de "debe tener"; 20 600 000 de "debes tener"; 16 500 000 de "deben tener"; 9 500 000 de "debemos tener". ☑☑

213. tildar, ¿tildar de artista?, ¿tildar de genio?, ¿tildar de maestro?

Dicho y escrito con propiedad, a uno lo pueden tildar de loco o de pendejo, de idiota o de cabrón, pero no, por supuesto, de artista, caballero, genio o maestro. La razón es muy sencilla, "tildar" carece de connotación positiva. Veamos por qué. El verbo transitivo "tildar" (del latín tardío *titulāre*: "intitular") tiene tres acepciones muy precisas en el DRAE: "Poner tilde a las letras que lo necesitan", "tachar lo escrito" y "señalar a alguien con alguna nota denigrativa". Ejemplos: *Hay que **tildar** las palabras agudas terminadas en vocal*; *Fulano **tildó** de fracasado a Mengano*. Dado que la tercera acepción del verbo especifica que se usa para "señalar a alguien con alguna nota denigrativa", todo lo que sea señalamiento o calificativo de carácter favorable, o positivo, hacia alguien o algo no es "tildar", sino "elogiar". Por supuesto, se puede tildar a alguien de "artista", siempre y cuando el sustantivo "artista" vaya acompañado de un adjetivo denigratorio. Ejemplos: *Lo tildó de **artista ramplón**; Lo tildó de **artista fraudulento**.* Cabe señalar que el verbo transitivo "denigrar" (del latín *denigrāre*: "poner negro", "manchar") significa "deslustrar, ofender la opinión o fama de alguien", y también "injuriar, agraviar, ultrajar" (DRAE). Ejemplo: *Lo denigró llamándolo **artista ramplón**.* En consecuencia, si no hay denigración (ofensa, injuria, agravio, ultraje) en un señalamiento es incorrecto decir y escribir que se le tilda de esto o de aquello a alguien; en todo caso, no se le tilda, sino que se le elogia o, simplemente, se le califica. Ejemplo: *Lo calificó de genio*, pero de ningún modo *Lo **tildó** de genio*, a menos, por supuesto, que el sustantivo "genio", en un sentido figurado, esté acompañado de un adjetivo denigratorio: *Lo **tildó** de genio demente*, o bien *Lo **tildó** de genio de la estafa.* Ya es frecuente en los más diversos ámbitos, ¡incluidos los de la literatura y el arte!, pero en especial en los del deporte, los espectáculos y el roce social leer y escuchar expresiones como las siguientes: "lo tildó de caballero", "lo tildó de crack", "lo tildó de genio", "lo tildó de maestro", "lo tildó de poeta", etcétera. No, de nada de esto se puede "tildar" a nadie; sí, en cambio, de corrupto, de ladrón, de idiota, de imbécil, de estúpido, de vil, de ruin, de abyecto y de cualquier otro rasgo denigrativo.

Las publicaciones impresas y las páginas de internet acogen cada vez más este tipo de barrabasadas. Así, en una información de la agencia EFE, fechada en Oviedo, y publicada en el diario ABC, leemos que el gran escritor Paul Auster, en su visita a España,

♀ "también valoró la obra del Premio Nobel de Literatura J. M. Coetzee, especialmente *Esperando a los bárbaros*, que **tildó de 'obra maestra absoluta'**".

Y conste que la agencia que distribuye dicha información es la misma que hace el *Diccionario de español urgente* y que participa en el *Buscador urgente de dudas* de la Fundéu BBVA, pero que, en correcto español, debió informar que

♂ Paul Auster **elogió** como una "obra maestra absoluta" la novela *Esperando a los bárbaros*, de J. M. Coetzee.

🖉 Si éstos son los errores que cometen quienes se proponen corregir el idioma y ayudar a los hablantes y escribientes a utilizar un mejor español o castellano, no es difícil imaginar cómo están las cosas en los demás ámbitos despreocupados del idioma. He aquí algunos ejemplos, tomados de publicaciones impresas y de internet: "Vargas Llosa definió los cuentos de Onetti como 'sarcásticos, lúcidos y misóginos'. Destacó entre ellos 'Bienvenido, Bob', que **tildó de obra maestra**", "aquí se la **tildó de obra maestra**", "conquistó a la crítica especializada que la **tildó de obra maestra**", "reconozco por qué se le **tildó de obra maestra**", "la crítica la **tildó de obra maestra**", "Vila-Matas la **tildó de 'obra maestra ignorada'**", "una voz anónima y estentórea **tildó de 'maestro'** al novelista fallecido", "Kurt Vonnegut lo **tildó de 'maestro del lenguaje'**", "el papa emérito lo **tildó de maestro espiritual**", "se lo **tildó de maestro del absurdo**", "lo **tildó de maestro de la ironía**", "seleccionaron un vino que Rocco **tildó de excelente**", "**tildó de excelente** a la reunión", "**tildó de excelente** elección", "a quien **tildó de caballero**", "a este último lo **tildó de caballero**", "se le **tildó de artista narrativo y literario**", "expresó sus condolencias y lo **tildó de genio**", "ante los micrófonos lo **tildó de crack**", "Neymar felicitó a Chile y **tildó de crack** a Alexis Sánchez", "el Doctor Johnson **tildó de poeta metafísico** a John Donne", "lo **tildó de poeta mágico**", etcétera.

    ☞ Google: 4 450 resultados de "tildó de excelente"; 3 840 de "tildó de obra maestra"; 3 520 de "tildó de maestro"; 3 080 de "tildó de artista"; 2 870 de "tildó de caballero"; 2 580 de "tildó de *crack*"; 2 170 de "tildó de genio"; 1 800 de "tildó de poeta". ☒

    ☞ Google: 19 700 resultados de "tildó de cobarde"; 10 700 de "tilda de corrupto"; 9 180 de "tildó de corrupto"; 6 610 de "tildan de cobarde"; 5 920 de "tildan de corrupto"; 5 550 de "tildó de ladrón"; 5 520 de "tildó de idiota"; 5 400 de "tilda de cobarde"; 4 590 de "tildó de imbécil"; 4 590 de "tilda de ladrón"; 3 050 de "tildan de ladrón"; 2 690 de "tildó de estúpido"; 1 000 de "tildan de pendejo". ☑

214. tiritar, tiritar de fiebre, tiritar de frío, tiritar de miedo, tiritar de pavor

Contra lo que algunos afirman, la expresión "tiritar de frío" no es redundancia, pues también se puede tiritar de fiebre o de miedo. La redundancia es "estar aterido de frío", porque el verbo transitivo "aterir" significa, específicamente, "pasmar de frío" (DRAE), pero no así "entelerido de frío", ya que el adjetivo "entelerido" significa "sobrecogido de frío o de pavor" (DRAE). Siendo así, podemos tiritar o temblar sea por frío, por miedo o por fiebre, y estar entelerido de miedo o de frío. Veamos por qué. El verbo intransitivo "tiritar" (de origen onomatopéyico) significa "temblar o estremecerse de frío o por causa de fiebre, de miedo, etc." (DRAE). Ejemplos: *Al borde la hipotermia, **tiritaba** espasmódicamente; La fiebre lo hacía **tiritar**; Lleno de pavor, **tiritaba** sin pronunciar palabra.* Si los sinónimos naturales del verbo "tiritar" son "temblar" y "estremecerse", veamos, también, sus respectivos significados. El verbo intransitivo "temblar" (del latín vulgar *tremulāre*) significa "agitarse con sacudidas de poca amplitud, rápidas y frecuentes" (DRAE). Ejemplos: **Temblaba** *de miedo frente a su agresor;* **Temblaba** *de frío en la madrugada; La fiebre lo hacía* **temblar** *incontrolablemente.* En cuanto al verbo pronominal "estremecerse" (del latín *ex-,* "ex-" y *tremiscĕre,* "comenzar a temblar"), significa "temblar con movimiento agitado y repentino" (DRAE). Ejemplos: *Se* **estremecía** *de miedo frente a su agresor;* ***Se*** **estremecía** *de frío en la madrugada; La fiebre lo hacía* **estremecerse** *incontrolablemente.* Queda claro, entonces, que "tiritar" no es acción exclusiva producto del frío o del enfriamiento, y que, por tanto, no es sinónimo del verbo transitivo "aterir" (de origen incierto, pero quizá del mismo origen onomatopéyico que *tiritar*), cuyo significado es "pasmar de frío". Basta decir que alguien *Estaba* **aterido** para significar que estaba "pasmado por el frío", pero si se agrega que *Estaba* **aterido** *de frío,* se comete una bruta redundancia. En cambio, *Estar* **entelerido** *de frío* no es expresión redundante, puesto que también se puede *Estar* **entelerido** *de miedo,* ya que el adjetivo "entelerido" (de origen incierto) significa "sobrecogido de frío o de pavor" (DRAE). Dígase pues, con confianza y con corrección, "tiritar de frío", pues de ningún modo es redundancia, por lo ya expuesto y comprendido.

☞ Google: 15 800 resultados de "ateridos de frío"; 11 100 de "aterido de frío"; 10 700 de "aterida de frío"; 7 300 de "ateridas de frío". ☒

☞ Google: 84 500 resultados de "tiritando de frío"; 70 900 de "tiritar de miedo"; 35 600 de "tiritando de miedo"; 24 100 de "tiritar de frío"; 18 100 de "tiritaba de frío"; 11 500 de "tiritaba de miedo"; 9 760 de "tiritando de fiebre"; 6 970 de "tiritaban de frío"; 4 230 de "tiritando de pavor"; 2 110 de "tiritaba de fiebre"; 1 940 de "tiritaban de miedo"; 1 910 de "tiritar de fiebre"; 1 120 de "tiritar de pavor". ☑

215. trata, trata de adolescentes, trata de hombres, trata de jóvenes, trata de migrantes, trata de mujeres, trata de niñas, trata de niños, ¿trata de personas?, ¿trata de seres humanos?

Con el sustantivo femenino "trata" (de *tratar:* comerciar) hay un problema de difícil solución. Los expertos en este tema y la misma Organización de las Naciones Unidas (ONU), así como todos los gobiernos del mundo, se empeñan en decir y en escribir "trata de personas" y "trata de seres humanos", como si la "trata" pudiese ser de objetos, animales, ideas, etcétera, y no, exclusivamente, de personas o seres humanos. Si vamos al DRAE (y a cualquier otro diccionario de la lengua española), sabremos que la acepción principal del sustantivo femenino "trata" es la siguiente: "Tráfico que consiste en vender seres humanos como esclavos". Y la Real Academia Española, tan obsoleta, todavía insiste (en una segunda acepción específica) en la expresión "trata de blancas", definiéndola del siguiente modo: "Tráfico de mujeres, que consiste en atraerlas con coacción o mediante engaño a centros de prostitución para su explotación sexual". Es obvio que esto no es "trata de blancas", sino "trata de mujeres", del mismo modo que hay "trata de niñas", "trata de niños", "trata de adolescentes" y "trata de jóvenes", precisiones que sí admite el sustantivo "trata" porque especifican el tipo de víctima; pero, como ya vimos, por definición, no hay trata que no sea de personas o de seres humanos. No se habla de "trata de órganos humanos", por ejemplo, sino de "tráfico de órganos humanos", que así se conoce, con precisión, este delito. El gran problema es que los diccionarios confunden al hablante en vez de ayudarlo a resolver sus dudas. Y hasta el diario español *El País*, en su *Libro de estilo*, le enmienda la plana al DRAE, pero también la caga al hablar de "trata de personas". Leemos en sus páginas: "**trata de blancas**. Esta expresión figura en el *Diccionario* pero no debe utilizarse en *El País*. Escríbase 'trata de mujeres', 'trata de personas', 'trata de esclavos', etcétera. Este uso de 'trata' se refiere al tráfico de personas que consiste en atraerlas mediante coacción o engaño a centros de explotación o prostitución". No hay "trata" de aves, arácnidos, libros, perros, gatos, etcétera. Por definición, como ya vimos, la "trata" es exclusivamente de "personas" o de "seres humanos". Por ello, las expresiones "trata de personas" y "trata de seres humanos" son redundantes; lo correcto es, simplemente, "trata", y es correcto también precisar el tipo de personas o de seres humanos (por edad, por sexo, por condición, por nacionalidad, etcétera) que padecen o sufren la trata; de tal forma, la redundancia se anula si decimos o escribimos "trata de adolescentes", "trata de hombres", "trata de jóvenes", "trata de menores", "trata de migrantes", "trata de mujeres", "trata de "niñas", "trata de niños", "trata de extranjeros", "trata de mujeres jóvenes", "trata de centroamericanos", "trata infantil", etcétera.

Aunque la ONU y los gobiernos de los países se refieran a "trata de personas" y a "trata de seres humanos", estas expresiones son redundantes por definición. Que los especialistas en estos temas también utilicen tales redundancias, revela que ellos tampoco consultan el diccionario. Son, por lo mismo, redundancias del ámbito culto y oficial, y pasan inadvertidas en la mayor parte de los casos. En la página oficial de la Oficina de las Naciones Unidas contra las Drogas y el Crimen (UNODC), leemos que

♀ "la **trata de personas** o compraventa de seres humanos es un problema mundial y uno de los delitos más vergonzosos que existen [pues] la **trata de personas** afecta prácticamente a todos los países".

Lo correcto es decir y escribir que

♂ la **trata** o compraventa de seres humanos es un problema mundial, etcétera.

✍ He aquí unos pocos ejemplos de esta redundancia que, al igual que la trata, afecta a todos los países de lengua española: "Prevenir, reprimir y sancionar la **trata de personas**", "ser víctima de la **trata de personas**", "la **trata de personas** es un fenómeno muy antiguo", "Día Mundial contra la **Trata de Personas**" (ONU), "la **trata de personas** se ha convertido en un problema social", "10 datos importantes sobre la **trata de personas**", "la **trata de personas** es un problema mundial", "la **trata de personas** y su impacto en México", "prisión preventiva a mujer por **trata de personas**", "estudios realizados en materia de **trata de personas**", "**trata de personas**, la esclavitud del siglo 21", "¿qué es la **trata de personas**?", "las víctimas de la **trata de personas** son sometidas mediante el uso de la fuerza", "lucha contra la **trata de seres humanos**", "noticias sobre **trata de seres humanos**", "sin distinción, la **trata de seres humanos** es un delito que explota a mujeres, menores y hombres", "la **trata de seres humanos** es el tercer tipo de tráfico más lucrativo en el mundo", "la **trata de seres humanos** es un delito grave que vulnera los derechos humanos", "prevención y lucha contra la **trata de seres humanos**", "**trata de seres humanos** con fines de explotación laboral", "más de 21 millones de personas son víctimas de la **trata de seres humanos**", "**trata de seres humanos**, llaga de la humanidad".

☞ Google: 131 000 000 de resultados de "trata de personas"; 6 940 000 de "trata de seres humanos". ⊠

☞ Google: 415 000 000 de resultados de "trata" (aunque en esta cifra se incluyen los resultados de la conjugación de la tercera persona del singular —él trata— del presente de indicativo del verbo "tratar", ajenos, por completo, al sustantivo femenino "trata"); 36 800 000 de "trata de niños"; 34 200 000 de "trata de mujeres"; 13 800 000 de "trata de jóvenes"; 11 900 000 de "trata de menores"; 5 300 000 de "trata de adolescentes"; 4 890 000 de "trata de niñas"; 1 130 000 de "trata de mujeres jóvenes"; 23 600 de "trata infantil". ☑

216. tubo, *¿tubo hueco?*, *¿tubo hueco por dentro?*, tubos, *¿tubos huecos?*, *¿tubos huecos por dentro?*

Cuando a alguien, con eufemismo, en apariencia inocente, *lo mandan por un tubo*, no es que le digan, con graciosas palabras, que se vaya al diablo, sino, con malsonancia implícita, que se vaya a la mierda, pues por un tubo (o por una tubería) se van la mierda y otros desechos del cuerpo hasta llegar al sumidero o a la fosa séptica. Y, para que usted y la mierda, puedan irse por un tubo, el tubo, como es lógico debe ser un "conducto" o "canal". En tal sentido, todo "tubo" es "hueco", ya que, de otro modo, no sería "tubo". El sustantivo masculino "tubo" (del latín *tubus*) se aplica a la "pieza hueca, de forma por lo común cilíndrica y generalmente abierta por ambos extremos" (DRAE). Ejemplo: *Tuvo que comprar un **tubo** para reparar el sistema de desagüe.* De ahí el sustantivo femenino "tubería": "Conducto formado de tubos por donde se lleva el agua, los gases combustibles, etc." (DRAE). Ejemplo: *Tuvo que comprar dos **tubos** de diferente calibre para reparar la **tubería** del gas.* Queda más que claro, entonces, que todo "tubo" es, por naturaleza y por definición, "hueco", y, por ello, decir y escribir "tubo hueco" es caer en uno de los más grandes pendejismos en nuestro idioma, el cual se agrava cuando, por si fuera poco, se le añade una cola horripilante al decir y escribir "tubo hueco por dentro"; pendejismo éste elevado a la segunda potencia. Si no está "hueco", puede usted jurar que no es un "tubo", pues el adjetivo "hueco" (derivado del latín *occāre*, "ahuecar") significa, en su acepción principal, "que tiene vacío el interior" (DRAE). Ejemplo del diccionario académico: *Esta columna está **hueca**.* No le demos vueltas al tubo ni al idioma. Decir y escribir "tubo hueco" es una redundancia atroz, y decir y escribir "tubo hueco por dentro" es doble redundancia atroz.

Estas redundancias pertenecen al español inculto, pero incluso personas con cierta preparación escolarizada las usan muy ufanas. Las páginas de internet demuestran que hasta las empresas de ferretería y tubería ofrecen "tubos huecos" y "tubos huecos por dentro". Estos pendejismos no faltan tampoco en las publicaciones impresas. En la página española de *Amazon*, entre las ofertas que presumen está el

♡ "**tubo hueco** de acero inoxidable sin costuras".

Sea lo que fuere, lo que ofertan realmente, con corrección, sin pendejadas, es un

⊘ **tubo** de acero inoxidable y (seguramente) sin soldaduras.

✎ Van otros ejemplos, unos pocos, de estas abundantes jaladas dignas de horca y garrote: "**Tubo hueco** de aluminio", "encuentre fácilmente su **tubo hueco**", "**tubo hueco** de doble cabeza para tubería", "**tubo hueco** con boquilla", "un **tubo hueco** por el cual circula una corriente", "se reemplaza por un **tubo hueco** de la misma longitud", "se da la formación de un **tubo hueco**", "encontrá **tubo hueco** de silicona en Mercado Libre Argentina", "perfil de **tubo hueco**", "el esófago es un **tubo hueco** que transporta los alimentos y los líquidos desde la garganta hasta el estómago" (así es: tan hueco como el coco de quien escribió esto), "**tubo hueco** galvanizado", "**tubos huecos** de acero en Mercado Libre México", "**tubos huecos** metálicos al mejor precio", "**tubos huecos** y macizos" (hay quienes piensan que una barra cilíndrica de metal macizo ¡es un tubo!), "**tubos huecos** de aluminio con forma de estrella", "**tubos huecos** de distintas longitudes", "máquina para hacer **tubos huecos**" (a lo mejor se refiere a una máquina para hacer churros), "encontrá **tubos huecos** de resina", "**tubos huecos** aislantes para trabajos eléctricos", "**tubos huecos** de vidrio", "resonancia en **tubos huecos**", "curvadora de **tubos huecos**, "fabricación de **tubos huecos** sin costura", "instrumento de viento compuesto de **tubos huecos**" (si es adivinanza, ha de ser el culo), "**tubería hueca** de aluminio", "venta al por mayor de **tubería hueca** de acero", "municiones de acero que se echan a través de la **tubería hueca**", "imagina que eres una **tubería hueca**" (¡vaya imaginación!), "hacían un pequeño ruido constante, como de **tubería hueca**", "lleva el **tubo hueco por dentro** para los cables", "están diseñados a base de un **tubo hueco por dentro**", "ahora soy un **tubo hueco por dentro** que crece hacia lo alto" (y esto no es otra cosa que poesía elevándose al infinito y más allá).

☞ Google: 154 000 resultados de "tubo hueco"; 39 700 de "tubos huecos"; 8 820 de "tubería hueca"; 1 750 de "tubo hueco por dentro". ⊠

☞ Google: 214 000 000 de resultados de "tubo"; 86 300 000 de "tubos"; 29 000 000 de "tubería"; 24 300 000 de "tuberías"; 7 690 de "mándalo por un tubo"; 5 710 de "mandarlo por un tubo"; 5 440 de "mandar a alguien por un tubo". ☑

217. túnel, túnel aerodinámico, túnel inflable, túnel submarino, túnel subterráneo

¿Es la expresión "túnel subterráneo" una redundancia? Si atendemos a la primera acepción del sustantivo masculino "túnel" (del inglés *tunnel*), "vía subterránea abierta artificialmente para el paso de personas y vehículos" (DRAE), podemos estar seguros de que no hay "túnel" que no sea subterráneo; sin embargo, la segunda acepción del mismo diccionario académico desmiente tal seguridad: "Instalación cubierta y alargada que comunica dos puntos y sirve para distintos fines". Hay túneles que no necesariamente son subterráneos. Especialmente, y con las nuevas tecnologías hidráulicas, los "túneles submarinos" que, como ya lo avisa el nombre, están construidos por debajo de la superficie marina. ¿A alguien se le ocurriría llamar "túnel subterráneo" a un "túnel submarino"? Están, también, los túneles inflables que se utilizan en los estadios para que los jugadores atraviesen varios metros, desde las instalaciones arquitectónicas hasta el inicio de la cancha o las superficies deportivas. Por otra parte, existe el "tubo aerodinámico", "túnel aerodinámico" o "túnel de viento" (*wind tunnel*, en inglés), que el DRAE define de la siguiente manera: "túnel donde se somete un objeto, generalmente un modelo a escala, a la acción de corrientes de aire controladas, para estudiar su comportamiento aerodinámico". Pero lo que no dice el diccionario académico es lo más importante: que este "túnel" o *wind tunnel* no es subterráneo, sino, tan sólo, bajo techo, y muchos son, en cierto modo, túneles virtuales. Como bien sabemos, o debemos saber, el adjetivo "subterráneo" (del latín *subterraneus*) significa "que está debajo de la tierra". Ejemplo: *El espacio subterráneo como recurso de la ciudad contemporánea*. Debido a su origen ("túnel" entró en nuestra lengua como un anglicismo crudo), todo nos hace suponer que "túnel subterráneo" es una redundancia, pero si revisamos las otras acepciones del sustantivo "túnel", para referirnos a especificidades, veremos que incluso hay vías de tránsito peatonal (o pasajes), con todas las características de un túnel, pero elevadas y no subterráneas, o bien al ras, como los *sotoportegos* venecianos: túneles, sin duda, pero de ningún modo subterráneos, sino como pasajes al nivel de la ciudad, entre viviendas y por debajo de ellas. Queda claro que, de acuerdo con el contexto en que se utiliza el sustantivo "túnel", puede ser innecesario especificar si es "subterráneo" o no, pero también es verdad que, definitivamente, no todos los "túneles" son "subterráneos", y, en este sentido, no hay razón para afirmar que el sustantivo calificado "túnel subterráneo" es una redundancia si tenemos, como opuestos, el "túnel submarino", el "túnel aerodinámico" o "túnel de viento" y el "túnel inflable". Usar la lógica, además del diccionario, es importante para una precisa comunicación. Si es necesario, y el contexto lo exige, dígase y escríbase, "túnel subterráneo", pues no hay redundancia en ello.

☞ Google: 36 800 000 resultados de "túnel"; 6 850 000 de "túneles"; 974 000 de "túnel de viento"; 128 000 de "túneles de viento"; 65 200 de "túnel submarino"; 19 700 de "túneles inflables"; 19 100 de "túnel aerodinámico"; 16 000 de "túnel inflable"; 10 500 de "túneles submarinos"; 6 260 de "túneles aerodinámicos" ☑

U

218. urgencia, ¿*urgencia apremiante?*, urgencias, urgente, urgentemente

¿Hay urgencias que no apremien? Hay personas que suponen que sí, puesto que las distinguen de las "urgencias apremiantes". Sin embargo, "urgencia apremiante" es una atroz redundancia. Veamos por qué. El sustantivo femenino "urgencia" (del latín *urgentia*) significa "cualidad de urgente" y "necesidad o falta apremiante de lo que es menester para algún negocio"; también, "inmediata obligación de cumplir una ley o un precepto". Ejemplo: *Se necesitan, con* **urgencia***, donadores de sangre tipo AB positivo.* De ahí el adjetivo "urgente" (del antiguo participio activo de *urgir*): "Que urge", y el adverbio "urgentemente": "De manera urgente" (DRAE). Ejemplos: *Es* **urgente** *que el médico Fulano se presente en el consultorio 46; Se necesitan,* **urgentemente***, donadores de sangre tipo AB positivo.* En cuanto al verbo transitivo "apremiar" significa, en su acepción principal, "dar prisa, compeler a alguien a que haga algo con prontitud" (DRAE). Ejemplo: *Hay que* **apremiar** *a las autoridades a que cumplan con sus responsabilidades.* De ahí el adjetivo "apremiante": "Que apremia". Ejemplo: *Es* **apremiante** *que las autoridades cumplan con sus responsabilidades.* Siendo así, los sustantivos "urgencia" y "apremio" ("acción y efecto de apremiar") son prácticamente sinónimos, y, por ello, tan redundante es la expresión "urgencia apremiante" como la expresión "apremio urgente", minoritario este último.

La redundancia "urgencia apremiante", su variante "apremiante urgencia" y sus plurales, son propias del ámbito culto de la lengua. Los utilizan profesionistas diversos, entre ellos, escritores, traductores y periodistas que se dan vuelo con repeticiones tan zonzas. En la traducción española de la novela *Un gran chico*, de Nick Hornby, leemos lo siguiente:

♀ "A ella empezaba a resultarle indigna de confianza esa **urgencia apremiante**".

Tache para el traductor. Lo correcto, sin redundancia:

♂ A ella empezaba a resultarle indigna de confianza esa **urgencia** (o indigno de confianza ese **apremio**).

🖉 He aquí otros ejemplos de esta redundancia culta, de profesionistas y, especialmente, de escritores, traductores y periodistas: "Es pues una **urgencia apremiante** restaurar la autoridad paterna", "los objetivos de la FAO siguen teniendo una **urgencia apremiante**", "me acercaría a él con la **urgencia apremiante** de una sola pregunta", "subrayó que en materia de género hay una **urgencia apremiante** para impartir la justicia de forma eficiente", "subrayó la **urgencia apremiante** de reducir nuestras emisiones de carbono", "la **urgencia apremiante** producida por acontecimientos imprevisibles", "Europa está atravesando un periodo en el que necesita reconocer la **apremiante urgencia** de adoptar medidas", "ya no podía dejar de pensar en esa **apremiante urgencia**", "su nombre pronunciado con desesperación, con **apremiante urgencia**", "todavía sigue siendo una **apremiante urgencia** la necesidad de superar la discriminación", "las **apremiantes urgencias** familiares", "ante las **urgencias apremiantes** de la sobrevivencia".

☞ Google: 7 470 resultados de "urgencia apremiante"; 4 330 de "apremiante urgencia"; 700 de "apremiantes urgencias"; 600 de "urgencias apremiantes". ☒

219. usada, ¿usada usualmente?, usado, ¿usado usualmente?, usual, usualmente, ¿usualmente usada?, ¿usualmente usado?

La lógica nos dice que no podrían ser muchas las personas que encallaran en redundancias tan brutas como "usado usualmente" y sus variantes. Algo como decir y escribir "habituado habitualmente" o "sentado sedentemente". Sin embargo, en el mal uso del idioma, la lógica queda al margen y nos muestra que la gente es capaz de decir y escribir atrocidades sin realmente examinar lo que está expresando. El verbo transitivo e intransitivo "usar" significa, en su acepción principal, "hacer servir una cosa para algo", y, en su tercera acepción, "ejecutar o practicar algo habitualmente o por costumbre" (DRAE). Ejemplo: *Podría decirse que él **usa** corbata hasta cuando duerme*. De ahí el adjetivo "usado" (del participio de *usar*) que, en su segunda acepción (la que nos interesa para el caso), significa "habituado, ejercitado, práctico en algo" (DRAE). Ejemplo: *El pleonasmo es **usado** en retórica para dar énfasis a lo expresado*. De ahí, también, el adjetivo "usual" (del latín *usuālis*): "Común o habitual", y el adverbio "usualmente": "De manera usual o habitual" (DRAE). Ejemplos: *En la política, y entre políticos, la mentira es **usual**; Usualmente, los políticos mienten con descaro*. Para no caer en la atrocidad formal "usado usualmente", nuestro idioma cuenta con sinónimos, y el mejor de ellos, para este efecto, es el verbo transitivo "emplear" (del francés *employer*), cuya quinta acepción, en el DRAE, significa, precisamente, "usar" o "hacer servir para algo". Y el diccionario académico pone el siguiente ejemplo: ***Emplea** mucho tiempo en la cocina*, que podría transformarse en *Habitualmente, **emplea** mucho tiempo en la cocina*, y, en definitiva, aunque tenga el mismo significado, formalmente no es lo mismo decir y escribir "usada usualmente" que "empleada usualmente". Con el verbo "emplear" se rompe la redundancia y se expresa exactamente lo que se desea expresar. También sinónimo del verbo "usar" es el verbo transitivo "utilizar": "Hacer que algo sirva para un fin" (DRAE). Ejemplo: *Podría decirse que él **utiliza** la corbata hasta cuando duerme*. De ahí el adjetivo participio "utilizado": usado para algún fin. Ejemplo: *El pleonasmo es **utilizado** en retórica para dar énfasis a lo expresado*.

"Emplear" y "utilizar" son equivalentes de "usar" que nos ayudan a evitar las atroces redundancias "usado usualmente" y sus variantes. En el caso del adverbio, también podemos sustituir "usualmente" por "habitualmente" ("de manera habitual"), donde el adjetivo "habitual" (del latín medieval *habitualis*) significa "que se hace, padece o posee con continuación o por hábito" (DRAE). Ejemplo: *En la política, y entre políticos, la mentira es habitual.* En lugar de "usado usualmente" se dice lo mismo, pero sin redundancia formal, sin cacofonía, con la expresión "usado habitualmente". Ejemplo: *En la política, y entre políticos, la mentira es **usada habitualmente** con descaro.*

La redundancia "usado usualmente" y sus variantes no son exclusivas del ámbito inculto de la lengua. Incluso profesionistas las **utilizan habitualmente** con donaire. Abundan no sólo en internet, sino también en las publicaciones impresas, incluidos libros. En la traducción española del libro de texto de educación superior *Genética* (Editorial Médica Panamericana), del doctor Eberhard Passarge, leemos lo siguiente:

♀ "Las poblaciones humanas que viven en diferentes regiones geográficas difieren en el color de la piel, los ojos y el cabello. Esto es **usualmente usado** en forma errónea para definir razas humanas".

Usado en forma errónea es el idioma español de las traductoras. Lo correcto:

♂ Esto es **habitualmente usado** en forma errónea para definir razas humanas.

🖋 Van unos pocos ejemplos de esta bruta redundancia y sus variantes: "Este producto **usualmente usado** para la cocina", "bolígrafo **usualmente usado** en el Perú", "este tipo de comedero es **usualmente usado** para ratas y ratones", "**usualmente usado** como comedor familiar privado", "**usualmente usado** para recomendar un objeto", "un signo de impresión **usualmente usado** en pares", "Belcebú: **usualmente usado** este nombre como sinónimo del Diablo", "**usualmente usado** en gabardinas y pantalones de campaña", "**usualmente usado** para alimentar el ganado", "el mercurio (Hg) es un líquido **usualmente usado** en termómetros su ingesta produce la muerte", "**usualmente usado** como botón de pánico", "el signo **usado usualmente**", "no era un término **usado usualmente** por los antiguos pobladores de México", "**usado usualmente** en productos para el acné", "vehículo de transporte **usado usualmente** para dar recorridos a turistas", "los gatos hidráulicos son **usualmente usados** únicamente por vulcanizadores", "**usualmente usados** sin ninguna teoría precisa acerca del ejercicio", "términos **usualmente usados** dentro de la música", "**usualmente usada** para grandes caudales", "es **usualmente usada** como decoración en la época navideña", "son **usualmente usadas** como punto de referencia", "terminologías y frases **usualmente usadas** a bordo", "los cánticos **usados usualmente** en el estadio", "la frase 'sudar como puerco' es **usada usualmente** para referirse a alguien que está **transpirando** gran cantidad de **sudor**" (doble redundancia; lo correcto: usada habitualmente para referirse a alguien que transpira mucho), "estos medios engloban diversas tecnologías **usadas usualmente** para transmitir noticias de interés social". ¡Y basta!

☞ Google: 70 300 resultados de "usualmente usado"; 23 300 de "usado usualmente"; 19 900 de "usualmente usados"; 17 100 de "usualmente usada"; 15 400 de "usualmente usadas"; 7 200 de "usados usualmente"; 4 310 de "usada usualmente", 3 450 de "usadas usualmente". ☒

☞ Google: 321 000 resultados de "utilizado habitualmente"; 150 000 de "usados habitualmente"; 143 000 de "habitualmente usadas"; 132 000 de "habitualmente utilizados"; 125 000 de "utilizados habitualmente"; 103 000 de "usualmente utilizada"; 92 100 de "habitualmente utilizado"; 91 200 de "usualmente utilizadas"; 74 500 de "usadas habitualmente"; 71 700 de "utilizadas habitualmente"; 68 300 de "utilizada habitualmente"; 65 100 de "habitualmente utilizadas"; 64 700 de "habitualmente usado"; 60 300 de "usado habitualmente"; 57 700 de "habitualmente usados"; 51 300 de "habitualmente utilizada"; 50 000 de "habitualmente usada"; 28 600 de "usada habitualmente"; 22 100 de "usualmente empleados"; 18 800 de "usualmente empleada"; 17 700 de "usualmente empleado"; 11 900 de "usualmente empleadas"; 10 500 de "empleada usualmente"; 10 300 de "utilizada usualmente"; 9 800 de "utilizadas usualmente"; 3 980 de "empleadas usualmente". ☑

V

220. va, va a ir, ¿va ir?, vamos a ir, ¿vamos ir?, van a ir, ¿van ir?, vas a ir, ¿vas ir?, voy a ir, ¿voy ir?

Los verbos auxiliares (entre ellos, especialmente, "haber") se emplean en la formación de los tiempos compuestos, de la voz pasiva, como en "he cantado", "hube buscado" y "habría preferido", y en las perífrasis verbales con la finalidad de aportar "información modal o aspectual" (DRAE). Una perífrasis verbal es una "unidad predicativa constituida generalmente por un verbo auxiliar en forma personal y un verbo auxiliado en forma no personal" (DRAE). Ejemplo: *El envío **debe llegar** sin falta mañana*. La información modal o aspectual en este ejemplo consiste en *la obligación de que el envío llegue*, lo cual aporta un matiz diferente a simplemente decir que *el envío llegará*. Entre los verbos auxiliares más comunes debemos mencionar "ser", "estar", "tener", "deber", "poder", "ir", "andar" y "seguir", como en "estar corriendo" o "ir corriendo", "debe llegar" o "puede llegar", "va a salir" o "va a llegar", "va a cantar" o "voy a trabajar". El desaseo o la falta de armonía en el idioma se produce cuando se utiliza como auxiliar el mismo verbo auxiliado. Es el caso de la perífrasis verbal indeseable y desaseada "tener que tener", ya examinada, pero también, aunque en menor medida, de las perífrasis verbales "va a ir", "vamos a ir", "van a ir", "vas a ir" y "voy a ir", aceptables en la oralidad, pero chocantes en la escritura. El verbo en forma personal ("va", "vamos", "van", "vas" y "voy") auxilia al infinitivo, pero éste es ¡el mismo verbo "ir"! Es un uso perifrástico vicioso (aunque no incorrecto gramaticalmente), porque estas perífrasis no añaden ninguna información modal o aspectual en el enunciado, sino que constituyen rodeos, no condenables en el habla, pero inarmónicos en la escritura. En lugar de "va a ir" lo adecuado y educado es decir y escribir "irá"; en lugar de "vamos a ir", "iremos"; en lugar de "van a ir", "irán"; en lugar de "vas a ir", "irás", y en vez de "voy a ir", nada mejor que decir y escribir "iré". Ejemplos: *Irá mañana sin falta*; *Iremos en cuanto podamos*; *Irán muy pronto*; *Irás y no volverás*; *Iré si el tiempo lo permite*. En contraposición tenemos las cacofónicas construcciones *Va a ir mañana sin falta*, *Vamos a ir en cuanto podamos*, *Van a ir muy pronto*, *Vas a ir y no volverás* y *Voy a ir si el tiempo lo permite*. Pero si estas formas sólo son desaseadas o desafortunadas, por su cacofonía e inarmonía; incorrectas, además de horribles, son, en cambio, las formas en las que se omite la preposición "a", como en "va ir", "vamos ir", "van ir", "vas ir" y "voy ir", pues "al tratarse de un verbo de movimiento, es habitual que vaya acompañado de un complemento de lugar" y "cuando el complemento expresa destino, debe ir precedido de *a, para* o *hasta*", como señala el *Panhispánico*, y en el caso de la perífrasis verbal "*ir a* + infinitivo, la acción designada por el infinitivo se va a producir en un futuro más o menos inmediato". Ejemplo del *Panhispánico*: *Vas a tener miles de problemas*, pero, por supuesto, no *Vas tener miles de problemas*. Los miles de problemas llegan cuando el infinitivo es el mismo verbo "ir" y los hablantes y escribientes eliminan la imprescindible preposición "a" de la forma personal del verbo "ir". ¿El resultado? Idioteces como las siguientes: *Va ir mañana sin falta*, *Vamos ir en cuanto podamos*, *Van ir muy pronto*, *Vas ir y no volverás* y *Voy ir si el tiempo lo permite*.

Estas formas redundantes y afectadas han pasado de la oralidad a la escritura, lo mismo en internet que en publicaciones impresas, y tanto en el ámbito culto como en el inculto de la lengua. Son de uso común a pesar de su evidente cacofonía. Pero las que sí son censurables son las formas gramaticalmente incorrectas "va ir", "vamos ir", "van ir", "vas ir" y "voy ir". En el diario *Primera Hora*, de Puerto Rico, leemos siguiente encabezado:

♀ "Soy yo la que **va ir** a Miss Universe: Brenda Jiménez".

Si así lo dijo la miss, lo creemos, pero un diario debe ayudarla, y ayudarse, al informar a sus lectores. He aquí lo correcto, que no fueron capaces de escribir los redactores:

♂ Soy yo la que **va a ir** a Miss Universe: Brenda Jiménez.

🖉 Evitaremos los ejemplos de las perífrasis verbales simplemente afectadas o inarmónicas, pero aquí van algunos de las perífrasis, además de detestables, gramaticalmente incorrectas: "**Va ir** directo a la cárcel", "sé que me **va ir** bien", "reitera Adán Augusto que al estado le **va ir** bien" (sí, tan bien como le va en el idioma), "el paro en Colombia **va ir** más allá del jueves 21", "se **va ir** directo al infierno", "¿se **va ir** Galilea Montijo de México?", "el salario se **va ir** recuperando poco a poco" (en cambio, el idioma no), "AMLO no **va ir** a la toma de protesta de Bolsonaro" (y, como no **va ir**, se **va quedar**), "estoy seguro que les **va ir** muy bien", "así **van ir** pasando los años", "**van ir** a la playa", "dos amigos de los muchachos **van ir** de excursión", "ex funcionarios duartistas corruptos se **van ir** solitos del PRI", "**vamos ir** al grano", "**vamos ir** con actitud positiva", "**vamos ir** de compras", "**vamos ir** a proponer desde los primeros minutos" (obviamente, lo dice un futbolista), "**vamos ir** a ver películas", "**vamos ir** partido a partido" (obviamente, lo dice un entrenador de futbol), "el PS no **va ir** solo a la elección", "no **va ir** a la escuela", "no **va ir** a la casa de la abuela a cenar", "mi hermana no **va ir**", "¿**vas ir** o no **vas ir**?", "**vas ir** a trabajar", "**vas ir** a comer", "**voy ir** a preguntar a la tienda", "**voy ir** a verlos", "**voy ir** a clases", "no **van ir** porque no se sienten súbditas", "no **van ir** a un funeral", "esos niños no **van ir** a la escuela", "¿no **vas ir** al trabajo?", "no **vas ir** a poner la mano al fuego", "¿no **vas ir** a jugar?", "pase lo que pase no **voy ir** al baño", "yo no **voy ir** a votar", "yo no **voy ir** a la marcha". ¡Y basta de tanta tontería!

☞ Google: 1 640 000 resultados de "va ir"; 663 000 de "van ir"; 252 000 de "vamos ir"; 196 000 de "no va ir"; 149 000 de "vas ir"; 74 400 de "voy ir"; 37 900 de "no van ir"; 13 300 de "no vas ir"; 13 300 de "no voy ir". ☒

☞ Google: 48 900 000 resultados de "va a ir"; 36 400 000 de "voy a ir"; 25 200 000 de "vamos a ir"; 24 800 000 de "vas a ir"; 23 200 000 de "van a ir". ☑

☞ Google: 135 000 000 de resultados de "irá"; 108 000 000 de "irán"; 35 400 000 de "iremos"; 16 600 000 de "iré"; 4 900 000 de "irás". ☑☑

221. veni, vidi, vici, ¿veni, vidi, vinci?, ¿vini, vidi, vici?, ¿vini, vidi, vinci?

Hay gente que se quiere adornar con las locuciones latinas y acaba diciendo todo lo contrario de lo que desea significar. Es el caso de *veni, vidi, vinci*, cuya traducción literal es "llegué, vi, fui vencido", a diferencia de la correcta expresión latina *veni, vidi, vici*: "Llegué, vi, vencí". Ésta es la diferencia entre una ene de más o de menos, y entre consultar el diccionario y no hacerlo. También están las erróneas variantes *vini, vidi, vici* y *vini, vidi, vinci* que, traducidas literalmente al español, a pesar de su discordancia, dirían algo así como "del vino [bebida alcohólica], vi, vencí" y "del vino [bebida alcohólica], vi, fui vencido". (Es previsible que la escritura de un borracho sea deplorable.) La correcta locución latina *veni, vidi, vici* es de Plutarco, quien la atribuye a Julio César, en su libro *Vida de César*, y, como explica Angela Maria Zanoner, en su estupendo volumen *Frases latinas*, "con estas palabras César comunicó a Roma la noticia de su victoria sobre Farnaces II", y explica que "el dicho se utiliza actualmente para referirse a una acción rápida y eficaz". De acuerdo con Plutarco, César escribió esta frase luego de la batalla de Zela, y lo refiere así: "Dejó como reina de Egipto a Cleopatra —que poco después tuvo de él un hijo al que los habitantes de Alejandría llamaban Cesarión— y partió para Siria. Desde allí marchó a la provincia de Asia, al enterarse de que Domicio, derrotado por Farnaces, el hijo de Mitrídates, había tenido que huir del Ponto con unos cuantos hombres, y que Farnaces, insaciable en explotar su victoria, ocupaba Bitinia y Capadocia, tenía ambiciones sobre la llamada Pequeña Armenia y sublevaba a todos los reyes y tetrarcas de dicha región. Así pues, César marchó de inmediato con tres legiones contra este hombre y, entablando un gran combate cerca de la ciudad de Zela, lo puso en fuga, lo expulsó del Ponto y destruyó completamente su ejército. Y cuando le contaba a uno de sus amigos de Roma, Macio, la prontitud y rapidez con que había ganado dicha batalla escribió estas tres palabras: 'Llegué, vi, vencí'; en latín, estas palabras, que terminan en la misma desinencia verbal [*veni, vidi, vici*], son de una concisión muy expresiva". Por ultracorrección, o por ignorancia, algunos cultos que no aprobaron, o que no llevaron, latín en la universidad, y que tampoco se dignan consultar el diccionario, convierten el *vici* en *vinci*, y acaban diciendo lo contrario de lo que pretenden. El verbo "vencer", *vincĕre* en latín (*vinco, vincis, vici, victum*) pertenece a la tercera conjugación, y la voz pasiva *vinci*, del presente de infinitivo, se traduce, literalmente, como "ser vencido", en tanto que la tercera persona del singular *ego vici*, del pretérito perfecto de indicativo, se traduce como "yo vencí". En cuanto al término *vini* (literalmente, "del vino") éste no pertenece a la conjugación del verbo *vincĕre*, sino que es el caso genitivo singular de la declinación del sustantivo **vinus** ("vino", bebida alcohólica). En conclusión, si la gente quiere adornarse con latinismos, es recomendable ir al diccionario (hay incluso diccionarios especializados en frases y locuciones latinas). Y la frase que Plutarco atribuye al genio de Julio César es, correctamente, *Veni, vidi, vici*: "Llegué, vi, vencí" o "Vine, vi, vencí". Si uno quiere sentirse César (y "César" era título imperial) hay que decir y escribir, al menos, los latines con corrección.

Son abundantes las personas presuntamente cultas que la cagan cuando citan esta frase latina, que escriben, según ellos, de memoria. Entre éstos, no pocos escritores. En el sitio de internet de la Casa del Libro se anuncia el volumen

♀ *"Vini, vidi, vici*, de Peter Jones".

Y el falso título se repite tres veces, a pesar de que la portada del libro muestre, con letras muy grandes, que se intitula

♂ *Veni, vidi, vici*.

🖋 He aquí unos poquísimos ejemplos de estas barbaridades dizque cultas: "Una visita a lo Julio César: **vini, vidi, vici**", "**Vini, vidi, vici**. Hechos, personajes y curiosidades", "Marc Gené: **vini, vidi, vici** con Audi en las 6 horas de Spa-Francorchamps", "**Vini, vidi, vici** y murió... países rapaces se adueñan del mundo", "**Vini-vidi-vici**. Joaquín caminaba muy de prisa por la calle", "el gran protagonista que a la manera del César, **vini vidi vici** a la ciudad", "el origen de **veni, vidi, vinci**", "**veni, vidi, vinci**; por Fernando Villanueva", "**Veni Vidi Vinci**-La óptica profesional en Barcelona", "**Veni, vidi, vinci**-Peter Jones", "Cassano: **veni, vidi, vinci**", "Lecturalia. Libro José Mourinho. **Veni, vidi, vinci**", "Belasteguín entona un **veni, vidi, vinci** en el Marter Final", "**Veni, vidi, vinci** (llegué, vi y vencí)-El Rincón de la Real", "**Veni, vidi, vinci**. Paula Esparza Enériz", "el **vini, vidi, vinci** del poder y la política dominicana", "la televisión digital entona el **vini, vidi, vinci**", "**vini, vidi, vinci**! A veces la confianza en uno mismo es lo único a lo que puedes aferrarte" (y la confianza de este señor es gigantesca, al grado de no consultar el diccionario), "¿por qué Cesar pronunció esta frase: **vini, vidi, vinci**?", "**vini, vidi, vinci** como el Cesar", Real Madrid-Valladolid: **Vini, Vidi, Vinci** (2-0)", "Álex Rubio: **vini, vidi, vinci**", "Pierre Milan hizo bueno el **vini, vidi, vinci** en su primera mesa final", "Jesús Gil en Marbella: **vini, vidi, vinci**". ¡Y basta!

☞ Google: 220 000 resultados de "vini, vidi, vici"; 60 400 de "veni, vidi, vinci"; 36 000 de "vini, vidi, vinci". ☒

☞ Google: 4 270 000 resultados de *"veni, vidi, vici"*. ☑

222. ver, ¿*ver visualmente*?, verlo, ¿*verlo visualmente*?

¿Y, si no es "visualmente", cómo se podría "ver"? Hay barbaridades redundantes que uno supone que nadie cometería, pero no son pocos los hablantes y escribientes del español que dicen y escriben "ver visualmente" y "verlo visualmente". Es de las más grandes tonterías. Aunque Sor Juana Inés de la Cruz, en una de sus inolvidables liras, imploró, con genial sinestesia, "óyeme con los ojos,/ ya que están tan distantes los oídos", esta maravilla que se permite la poesía no es algo que pueda permitirse el sentido recto de la palabra, el idioma civil, la lengua de uso. La única forma de "ver" es "visualmente", si de lo que se habla es de poner los ojos sobre algo para percibirlo. El verbo transitivo e intransitivo "ver" (del latín *vidēre*) significa, en su acepción principal, "percibir con los ojos algo mediante la acción de la luz" (DRAE). Ejemplo: *Confuso, lo primero que vio al despertar fue a una enfermera.* De ahí el sustantivo femenino "visión" (del latín *visio, visiōnis*): "Acción y efecto de ver" (DRAE). Ejemplo: *Su visión fue aclarándose tras percibir que estaba en un cuarto de hospital.* De ahí, también, el adjetivo "visual" (del latín tardío *visuālis*): "Perteneciente o relativo a la visión", y el adverbio "visualmente": "Con la vista" (DRAE). Ejemplos: *Su percepción visual lo llevó a recordar el accidente; Recorrió visualmente la habitación.* Queda claro, por todo lo anterior, que "ver visualmente" es una rotunda rebuznancia, de esas que, como ya dijimos, estamos dispuestos a suponer que nadie cometería. Y, sin embargo, son muchas las personas que utilizan este disparate redundante.

Las páginas de internet, por supuesto, están llenas de gente que, sin metáfora alguna, asegura que "ve visualmente", y este vicio ha contagiado a las publicaciones impresas (incluidos los libros). ¡Hay que ver, nada más, hasta dónde puede llegar el desinterés por el cuidado del idioma! En el libro español *Integración de las TIC en la docencia universitaria* (¡un libro escrito por profesionistas para profesionistas!), coordinado por Ana García Valcárcel Muñoz-Repiso, leemos lo siguiente:

👁 "Otra forma de **ver visualmente** las diferencias entre submuestras es a través de la técnica de las curvas ROC".

¿Y si mejor las **vemos oralmente**? ¡Ah, claro, no se puede! Porque lo correcto es simple, pero también precisamente,

👁 otra forma de **ver** las diferencias, etcétera.

✒ Van otros ejemplos de estas aberraciones redundantes que han hecho de nuestra lengua un trapeador: "Se quiere **ver visualmente** la existencia del límite", "aquí hay un gran enlace donde **puedeis ver visualmente** los servicios ofrecidos por AWS", "gráficas que permitan **ver visualmente** la información", "una herramienta ideal para que el usuario pueda **ver visualmente** cómo podría quedar un ambiente en su casa", "el azulejo rosa del baño se puede **ver visualmente** que tiene textura", "me ayudó mucho poder **ver visualmente** lo que gastaba", "podrás

ver visualmente tu rendimiento a lo largo de los meses", "ayudar a **ver visualmente** la historia que vamos a contar", "tengo algunas ideas muy claras sobre el viaje, lo que me gustaría **ver visualmente**", "además de debutar como **directora de sí misma** (¡ájale!), podemos **ver visualmente** lo que quería dar a entender en la canción Xanny", "al tener las pestañas rizadas, las hace **ver visualmente** más largas y así los ojos también lucen mucho más abiertos y despiertos" (¡por supuesto, si están abiertos y despiertos!), "una guía gráfica para **ver visualmente** toda la programación", "así **se ve visualmente** una señal pésima", "una persona a quien **se ve visualmente** a través de los sentidos no es necesariamente —de hecho, nunca lo es— la persona que se piensa (¡cuánta profundidad!), "es la que mejor **se ve visualmente** en este caso", "la secuencia **se ve visualmente** con ambos ojos" (eso le dijeron al cíclope), "estaría muy bien **verlo visualmente**" (¡y con los ojos!), "**verlo visualmente** lo hace aún más real", "algún interesado en subir contenido y **verlo visualmente**", "aquí podéis **verlo visualmente**". ¡Y basta!

☞ Google: 66 600 resultados de "ver visualmente"; 15 200 de "ve visualmente"; 2 500 de "verlo visualmente". ☒

223. verdad, verdadera, ¿*verdadera falsedad?*, verdaderamente, ¿*verdaderamente falsa?*, ¿*verdaderamente falso?*, verdadero

El antónimo del adjetivo "verdadero" ("que contiene verdad", "real y efectivo", "ingenuo, sincero", "que dice siempre verdad") es el adjetivo "falso" (del latín *falsus*): "Fingido o simulado", "incierto y contrario a la verdad". En su *Gran diccionario de sinónimos*, Fernando Corripio ofrece cuatro equivalencias para el adverbio "verdaderamente" (cuyo significado es "con toda verdad o con verdad"): "evidentemente", "realmente", "ciertamente" y "efectivamente". El sustantivo femenino "verdad" (del latín *verĭtas, veritātis*) posee las siguientes acepciones en el DRAE: "Conformidad de las cosas con el concepto que de ellas forma la mente", "conformidad con lo que se dice con lo que se siente o se piensa", "propiedad que tiene una cosa de mantenerse siempre la misma sin mutación alguna", "juicio o proposición que no se puede negar racionalmente" y "cualidad de veraz". Ejemplo: *La ley de gravitación universal es una **verdad** científica*. El sustantivo femenino "falsedad" (del latín *falsĭtas, falsitātis*) significa, de acuerdo con el diccionario académico, "falta de verdad o autenticidad" y "falta de conformidad entre las palabras, las ideas y las cosas". Ejemplo: *Lo que ha dicho es una **falsedad***. Si lo "verdadero" es "veraz" (del latín *verax, verācis*), adjetivo cuyo significado es "que dice, usa o profesa siempre la verdad", lo "falso" es "falaz" (del latín *fallax, fallācis*), adjetivo que significa "embustero, falso" y "que halaga y atrae con falsas apariencias" (DRAE). Ejemplos: *Nuestra información es **veraz**; Sus argumentos son **falaces***. Habrá quienes consideren uso ejemplar de retórica las expresiones "verdadera falsedad", "verdaderamente falsa" y "verdaderamente falso" y las denominen oxímoron u oxímoros, pero lo cierto es que se trata de contrasentidos producto de un asidero enfático inconveniente. Las formas enfáticas correctas de estas redundancias son "completa (o entera) falsedad", "completamente (o enteramente) falsa" y "completamente (o enteramente) falso", donde el adjetivo "completo" (del latín *complētus*, participio pasivo de *complēre*, "terminar, completar") significa "lleno, cabal" y "acabado, perfecto" (DRAE). *El trabajo ya está* **completo**. Con seguridad, es de esta sinonimia de lo "completo" como "perfecto" de donde surgen los oxímoros "verdadera falsedad", "verdaderamente falsa" y "verdaderamente falso" que, sin embargo, no tienen un propósito deliberadamente retórico más allá del énfasis. Se puede decir de alguien que *Es un* **completo** *pendejo*, que sería lo adecuado, pero también se dice, como equivalente, que *Es un* **perfecto** *pendejo*. La "perfección de los pendejos" ("tontos", "estúpidos", "cobardes", "pusilánimes", más lo que usted quiera agregar) implica su "completitud", ya que, después de ésta, no se puede ambicionar mayor potencia o cualidad en lo "pendejo". (Para los "pendejos" el límite no es el cielo, sino la precisión del idioma.) Esto puede comprenderse, "perfectamente", pero, en cambio, se produce un ruido verbal cuando se pretende armonizar dos vocablos que, por sí mismos, se repelen: los opuestos, los antónimos "verdad" y "falsedad". Si algo es "verdaderamente falso", ¿es verdadero o es falso? O bien, lo "falso verdaderamente" no puede ser más falso porque ya llegó a su tope de falsedad. Esto último es lo que se quiere decir, pero, para evitar los contrasentidos, y ese ruido innecesario del idioma en torno al significado, dígase y escríbase "completa (o entera) falsedad", "completamente (o enteramente) falsa", "completamente (o enteramente) falso", y punto.

Son muchos los que no aplican la lógica cuando utilizan el idioma, incluidos destacados profesionistas de cuya inteligencia no podemos dudar, pero sí de su cuidado en relación con el uso de la lengua. Tanto en internet como en publicaciones impresas encontramos estos contrasentidos usados con gran donaire. En el diario colombiano *El País*, leemos lo siguiente:

♀ "Existen creencias **verdaderamente falsas** con respecto a los conciertos".

Si lo que se quiere es énfasis acerca de la falsedad de las creencias, lo correcto es decir y escribir:

♂ Existen creencias **enteramente falsas** con respecto a los conciertos.

🖉 Van otros ejemplos, unos pocos, de estas formas desaconsejables, por chocantes y equívocas: "Frases **verdaderamente falsas**", "unas son **verdaderamente falsas**, otras no", "*Historias de Murcia verdaderas...*, *y* **verdaderamente falsas**" (título de un libro), "entre nuestras amistades existen algunas que son **verdaderamente falsas**", "noticias **verdaderamente falsas**", "con categorías **verdaderamente falsas**", "puras palabras escritas y dichas **verdaderamente falsas** mencionadas por ella", "historias **verdaderamente falsas**", "utilizando una acupuntura **verdaderamente falsa**", "por medio de una risa **verdaderamente falsa**", "esa máscara es **verdaderamente falsa**", "el *feedback*

verdaderamente falso no podía proporcionarse", "lo **verdaderamente falso** es y siempre será la amistad jurada", "lo **verdaderamente falso** en el programa", "decir algo **verdaderamente falso**", "la dimensión de lo **verdaderamente falso**", "habría una **verdadera falsedad**", "la **verdadera falsedad** de la recuperación económica", "en esto hay una **verdadera falsedad**", "muchos de sus datos son **verdaderamente falsos**", "noticias y rumores **verdaderamente falsos**", la Hacienda Pública las califica de **verdaderas falsedades**", "una historia de **verdaderas falsedades**", "lo que aquí se reprime son **verdaderas falsedades** ideológicas vertidas en instrumentos privados", y, como siempre hay cosas peores, "lo falso consiste en la **falsa verdad**, que es la **verdadera falsedad**", "parece cada vez más complicado diferenciar lo **falso falso** de lo **verdaderamente falso**", "**ficción verdaderamente falsa**" y "cárcel para las **facturas falsas**, que eran **verdaderamente falsas**".

☞ Google: 27 800 resultados de "verdaderamente falsas"; 22 700 de "verdaderamente falsa"; 6 000 de "verdaderamente falso"; 3 580 de "verdadera falsedad"; 1 000 de "verdaderamente falsos"; 800 de "verdaderas falsedades". ☒

☞ Google: 328 000 resultados de "completamente falso"; 174 000 de "completamente falsa"; 72 300 de "completamente falsas"; 40 600 de "completamente falsos"; 16 000 de "completa falsedad"; 11 400 de "enteramente falso"; 8 090 de "enteramente falsa"; 5 140 de "enteramente falsas"; 3 600 de "enteramente falsos". ☑

224. veredicto, ¿veredicto final?

Con decir "veredicto" ya todo está dicho, pero ya se ha hecho vicio redundante, entre los cronistas y narradores de boxeo, por ejemplo, decir, al término de una pelea que será definida por decisión de los jueces: "Ahora sabremos el veredicto final". ¿Acaso hay un "veredicto" que no sea final, esto es, terminante y concluyente? Veamos el significado del sustantivo masculino "veredicto (del latín *vere*, "con verdad", y *dictus*, "dicho": literalmente, "dicho con verdad"): "Fallo pronunciado por un jurado" y "parecer, dictamen o juicio emitido reflexiva y autorizadamente" (DRAE). Ejemplo: *De acuerdo con el **veredicto**, se dictó una condena de 10 años de prisión al inculpado*. Existe también, en el ámbito penal, un "veredicto de inculpabilidad", definido del siguiente modo por el DRAE: "Veredicto que pronuncia el jurado descargando al reo de todos los capítulos de la acusación" (DRAE). Ejemplo: *El juez pronunció el **veredicto de inculpabilidad** a favor del acusado quien, inmediatamente, obtuvo su libertad*. Queda claro que todo "veredicto" se dicta al final de un determinado proceso; dicho "veredicto" es, de acuerdo con la definición, el "fallo" (de *fallar*), sustantivo masculino con dos acepciones en el DRAE: "Sentencia de un juez o de un tribunal, y en ella, especialmente, el pronunciamiento decisivo o imperativo" y "decisión tomada por persona competente sobre cualquier asunto dudoso o disputado". Ejemplos: *El **fallo** del juez condenó al reo a purgar una pena de 40 años de cárcel; El **fallo** del jurado será de carácter inapelable*. Puede aducirse que un fallo, de carácter administrativo o legal, puede apelarse, pero esa misma "apelación" (del latín *apellatio, apellatiōnis*) o "acción de apelar" constituye otro proceso al que seguirá otro "veredicto" que puede confirmar el fallo, revocarlo o atenuarlo, pues el verbo intransitivo "apelar" (del latín *apellāre*, "llamar") significa, en su acepción principal, "recurrir a alguien o algo en cuya autoridad, criterio o predisposición se confía para dirimir, resolver o favorecer una cuestión", y, en su acepción específicamente legal, "recurrir al juez o tribunal superior para que revoque una resolución dada por el inferior" (DRAE). Ejemplo: *Presentó un recurso de* **apelación** *ante la Suprema Corte de Justicia de la Nación*. Al final de este nuevo "proceso" (del latín *processus*), que corresponde al recurso de "apelación", se pronunciará, también, un "veredicto", pues el sustantivo masculino "proceso" significa, de acuerdo con el diccionario académico, "conjunto de actos y trámites seguidos ante un juez o tribunal, tendentes a dilucidar la justificación en derecho de una determinada pretensión entre partes y que concluye por resolución motivada". Esta resolución es, justamente, el "veredicto" que, por obvias razones, sólo puede darse como conclusión, al final del proceso. Dicho, en buen cristiano, todo "veredicto" es "final" y todo "veredicto final" es redundante. Basta con decir y escribir "veredicto" y todo se ha dicho y escrito.

"Veredicto final" es un vicio redundante no tanto del ámbito del derecho como de quienes, en otros ámbitos, utilizan términos que no comprenden ni, por supuesto, consultan en el diccionario. Es abundante en el ámbito de los deportes y los espectáculos, lo mismo en publicaciones impresas que en internet. Una película estadounidense, protagonizada por Paul Newman y dirigida por Sidney Lumet fue intitulada en España, reino de la redundancia contumaz,

☿ *"Veredicto final".*

Pero el título original, en inglés, de la película es *The Verdict*, es decir, literalmente,

♣ *El veredicto.*

✎ ¿De dónde se sacaron los españoles el adjetivo "final"? ¡De sus polainas, obviamente! En Argentina tampoco quisieron la perfecta traducción literal, en español, y optaron por el título caprichoso *Será justicia*. Así se las gastan. He aquí otros ejemplos de esta barbaridad redundante tan grata a los españoles: "***Veredicto final*** está de vuelta", "**veredicto final** por la investigación del Real Madrid vs. Brujas", "hoy es el **veredicto final** en el caso de Pablo Lyle", "reparto y equipo técnico de *Veredicto final*", "**Veredicto final**" (título de una canción), "tenemos esperanza en que **veredicto final** nos dé la razón", "Veracruz paga por la permanencia a espera de **veredicto final**", "**veredicto final**: FIFA da la razón a exequipo de Emiliano Sala", "**veredicto final** de El Chapo se mantiene en suspenso", "dan prórroga de dos meses para **veredicto final** de Rosario Robles", "La Haya: **veredicto final** se presentará este lunes", "**veredicto final** en juicio político a Trump se conocerá el miércoles", "darán mañana el **veredicto final** en el caso de Carlos

Domínguez", "**veredicto final** sobre Lomelí", "el día 28 de febrero se conocerá el **veredicto final** del jurado del Certamen Internacional de Teatro Breve", "predecir los **veredictos finales** a partir de los votos iniciales", "la historia no pronuncia **veredictos finales**", "dieron sus **veredictos finales**", "el Tribunal dará los **veredictos finales** de los casos examinados el viernes 27 de marzo", "dentro de una semana se darán a conocer los resultados y los **veredictos finales**".

   ☞ Google: 473 000 resultados de "veredicto final"; 5 000 de "veredictos finales". ☒

225. víctima, ¿*empresa víctima?*, ¿*negocio víctima?*, víctimas

Con la colaboración de las autoridades policíacas, a los periodistas les ha dado por hablar y escribir de "camiones víctimas", "empresas víctimas", "negocios víctimas" y hasta de "ductos víctimas". Es una bestialidad. Y todo porque no consultan el diccionario. He aquí las cinco acepciones que registra el DRAE para el sustantivo femenino "víctima" (del latín *victīma*): "Persona o animal sacrificado o destinado al sacrificio", "persona que se expone u ofrece a un grave riesgo en obsequio de otra", "persona que padece daño por culpa ajena o por causa fortuita", "persona que muere por culpa ajena o por accidente fortuito" y "persona que padece las consecuencias dañosas de un delito". María Moliner, en el DUE, coincide totalmente con el DRAE: "víctimas" sólo pueden serlo una persona y un animal, entendida por "persona" el "individuo de la especie humana" (DRAE). Ni las empresas ni los negocios ni los almacenes ni las tiendas ni los autobuses ni los aviones ni, por supuesto, los ductos que transportan gas o gasolina pueden ser víctimas de nada. Víctimas son las personas. Ejemplo: *Fulano fue víctima de la violencia en el futbol*. Víctimas son los animales: *El chivo expiatorio es la víctima inocente que paga por las faltas de la comunidad*. Si leemos la idiotez de que "**diariamente** el personal especializado de la empresa [Petróleos Mexicanos] labora **diariamente** para atender y reparar los **ductos víctimas** de vandalismo", apostemos a que quien redactó esto es alguien afectado de sus facultades mentales, y no tanto por la repetición torpe del adverbio "diariamente", sino, sobre todo, porque cree que los "ductos" de la empresa Pemex son seres animados, llenos de vida, como una persona o un animal. En realidad, los ductos pueden ser dañados para robar el producto que transportan, pero no son víctimas de nada; víctimas serían, en todo caso, las personas heridas o asesinadas (que cumplían, tal vez, el trabajo de vigilar los ductos) por los ladrones de gasolina, que, a su vez, serían los "victimarios", y es obvio que todo victimario es un individuo de la especie humana o bien un predador animal, pero nunca un objeto o una máquina. No podríamos decir que el "victimario" de un atropellamiento es el automóvil, sino el individuo que conduce el automóvil que hiere o mata al peatón, incluso si se trata de un homicidio culposo y no doloso. Si un ladrón se introduce en la casa de alguien y roba sus pertenencias, la víctima no es la casa, sino el habitante o el dueño de la casa que ha sufrido el delito de robo, y el victimario es, obviamente, el ladrón.

Si un autobús es asaltado por una pandilla, y cada uno de los pasajeros es despojado de sus bienes, la víctima no es el autobús, sino que son víctimas las pobres personas que tuvieron la mala suerte de abordar el autobús en un país donde los ciudadanos están prácticamente desprotegidos por las empresas y por los gobiernos. Dejémonos de vaciladas: los periodistas deberían tener siempre a la mano un buen diccionario (y esto hoy es facilísimo con un simple teléfono conectado a internet), y dudar, al menos un poquito, de las cosas que dan por sabidas y sentadas.

Cada vez el ámbito periodístico, escrito y audiovisual, se llena de este uso bárbaro que atribuye la condición de "víctimas" a objetos o a entidades. En el diario mexicano *El Economista* se llega al extremo de referirse a

♀ "transportes **víctimas** de rapiña".

A lo que se refieren, en realidad, es a

♂ transportes cuya carga o mercancía ha sido **saqueada**.

✒ "Fui víctima de rapiña", se quejaba amargamente el camión (no el camionero) ante el ministerio público. Igual está el caso de un ducto de Pemex que presentó su denuncia por haber sido víctima de robo de combustible, y lo hizo llorando, entre chisguetes y chisguetes de gasolina. ¡No jodamos! Dejemos de patear la lógica. Víctimas sólo son las personas y los animales, pero no los objetos ni las entidades como empresas e instituciones. He aquí una breve selección de burradas de este tipo, tomadas del periodismo impreso y de internet: "Uno de cada tres **negocios fue víctima** de delito durante 2017", "20% de **negocios, víctimas** de delito", "1 de cada 3 **negocios víctimas** de delito en 2015", "dos **negocios** en la avenida Gobernadores **fueron víctimas** de robo", "diariamente 19 **negocios víctimas** de robo", "van siete **negocios víctimas** de robo en Coatzacoalcos", "en Coahuila y Querétaro el reporte fue de tres de cada 10 **negocios víctimas** de algún delito", "otro **negocio víctima** de un cortinazo", "**negocio víctima** de la abusiva facturación de Edenorte", "58% de **empresas** ha sido **víctima** del delito", "**víctimas** del delito, 5 de cada 10 **empresas** en México", "33% de las **empresas** en Tabasco **víctimas** de algún delito en 2017", "**empresa víctima** de competencia desleal", "**tiendas víctimas** de los ladrones", "**transporte víctima** de asaltos", "**camiones víctimas** de asalto", etcétera.

☞ Google: 8 760 resultados de "negocios víctimas"; 8 410 de "negocio víctima"; 6 230 resultados de "empresas víctimas"; 5 910 de "empresa víctima"; 4 280 de "tiendas víctimas"; 1 780 de "transporte víctima"; 1 590 de "tienda víctima"; 1 170 de "transportes víctimas"; 1 100 de "camiones víctimas". ☒

226. volver, ¿*volver a reiniciar*?

La mayor parte de los verbos que inician con el elemento iterativo "re-" (del latín *re-*, cuyo significado es "repetición") no admite combinarse con el verbo "volver" sin convertirse en redundancia. Se equivocan quienes afirman que no hay redundancia en la expresión "volver a reiniciar" (*volver a + infinitivo*) si el "**re**inicio" ("acción de **re**comenzar") se realiza por segunda, tercera o cuarta vez y así sucesivamente. Yerran porque pierden de vista que el verbo transitivo "volver" (del latín *volvĕre*), en su sexta acepción en el DRAE significa "poner o constituir nuevamente a alguien o algo en el estado que antes tenía" y, en su carácter de intransitivo, "volver" significa también "ir al lugar de donde se partió" y "repetir o reiterar lo que antes se ha hecho" (DRAE). Ejemplos: *Lo **volvió** a su estado original*; ***Volvió** al lugar de su infancia*; *Deshizo el tejido y **volvió** a empezar*. Si "volver" ya posee valor "iterativo" (del latín *iteratīvus*: "que se repite, que indica repetición"), añadirle otro verbo explícitamente iterativo con el prefijo "re-" (como "**re**iniciar", esto es "**re**comenzar") es rizar el rizo a más no poder: algo así como "volver a volver" que, obviamente, es un disparate. Esta redundancia es frecuente en el ámbito de la informática, pues en la segunda acepción del DRAE, "reiniciar" significa "cargar de nuevo el sistema operativo en una computadora". Ejemplo: *Cierre todas las aplicaciones y **reinicie** el equipo*. Queda claro que sólo se puede "**re**iniciar" en sustitución de lo "iniciado" o "comenzado"; si no es así, el verbo que se utiliza es "iniciar" o "comenzar", a partir de cero. Para decirlo en otras palabras, "se activa" lo que no está "activado", y se "**re**activa" lo que ya estaba "activado", pues el verbo transitivo y pronominal "activar", "activarse", significa "hacer que se ponga en funcionamiento un mecanismo", en tanto que el verbo transitivo "**re**activar" (como ya lo indica el prefijo iterativo "re-") significa "volver a activar". Puede admitirse la expresión "reinicie una vez más", en el entendido de que existe el antecedente de un "reinicio" ("acción de recomenzar"), pero, por si fuera poco, en prácticamente todos los casos en los que se utiliza la expresión "volver a reiniciar", tal antecedente (el "**re**inicio") no existe (esto es muy fácil advertirlo en el contexto), por lo que, correctamente, tendría que decirse y escribirse "volver a iniciar" o, simplemente, "reiniciar". Si no se emplea la lógica es difícil comprender esto, como otras tantas cosas que no se entienden porque no se utiliza el sentido común ni se consulta el significado de las palabras en el diccionario.

"Volver a reiniciar" es, como ya advertimos, redundancia preferente del ámbito informático que, sin embargo, ha saltado a otros contextos del idioma. En el libro *Introducción al estudio de la informática* leemos lo siguiente:

♀ "Posiblemente, alguna vez te encuentres con alguna situación crítica en el que el ordenador no responde a las órdenes. Entonces se dice vulgarmente que el ordenador se ha quedado colgado. En este caso conviene interrumpir la sesión de trabajo y **volver a reiniciar** el sistema".

De acuerdo con el contexto, en ningún momento el "ordenador [que] se ha quedado colgado" tuvo un "**re**inicio", sino, simplemente, un "inicio". Y, siendo así, incontrovertiblemente, lo correcto, sin redundancia, con precisión, es decir y escribir:

♂ conviene interrumpir la sesión de trabajo y **reiniciar** el sistema. Punto.

🖉 He aquí algunos pocos ejemplos de esta redundancia y esta inexactitud que no consiguen distinguir ni siquiera los académicos de la lengua: "Nunca intente **volver a reiniciar** un tratamiento", "Yo deje de tomar Roucatan 6 meses puedo **volver a reiniciar**", "36 razones para **volver a reiniciar** en Vallarta", "los Estados Unidos han llegado a acuerdos con Rusia y China de forma que podrán **volver a reiniciar** las exportaciones de carne" (en realidad, podrán "reiniciar" las exportaciones de carne), "**volver a reiniciar** el escritorio es mucho más sencillo que volver a reiniciar todo el equipo", "muchas mujeres se preguntan cuando podrán **volver a reiniciar** las relaciones sexuales una vez ha sido madre" (a esto se le llama escribir con las patas), "una vez hecho esto tan solo tendremos que **volver a reiniciar** el equipo", "como todo ser humano a veces tomamos malas decisiones, pero se puede volver al punto de partida y **volver a reiniciar**", "solo debes **volver a reiniciar** tu ordenador", "lo he cargado durante más de dos horas y lo he **vuelto a reiniciar** sin cambios", "se ha **vuelto a reiniciar** el servicio de comidas a domicilio", "las he configurado con éxito y he **vuelto a reiniciar**", "**vuelvo a reiniciar** la actividad después de un periodo de sequía" (entonces no "vuelve a reiniciar", sino que "reinicia"), "he tenido problemillas de salud, pero **vuelvo a reiniciar**" (no "vuelve a reiniciar", "reinicia"), "el lunes **vuelvo a reiniciar** el cuerpo, con mentalidad fresca", "piden que se **vuelva a reiniciar** las clases", "se le pedirá que **vuelva a reiniciar** su ordenador", "jamás **vuelva a reiniciar** el tratamiento con un medicamento", "ella **volvió a reiniciar** su danza", "hizo lo que le pidió y **volvió a reiniciar** la tarea", "en Australia siento que **volví a reiniciar** mi carrera" (no, lo que sintió en Australia es que "reinició" su carrera), "**volví a reiniciar** y todo perfecto", "hay que **volver a reiniciar** todo", "son muchas las parejas que **vuelven a realizar** su relación", "las cuadrillas de obreros **volvieron a reiniciar** los trabajos" (¡pero si sólo los habían suspendido una vez!), "**volvimos a reiniciar** después de lo que pasó" (en realidad, después de lo que pasó, "reiniciaron"). ¡Y basta!

☞ Google: 176 000 resultados de "volver a reiniciar"; 88 000 de "vuelto a reiniciar"; 77 000 de "vuelvo a reiniciar"; 41 300 de "vuelva a reiniciar"; 34 100 de "volvió a reiniciar"; 28 400 de "volví a reiniciar"; 25 200 de "hay que volver a reiniciar"; 23 200 de "vuelven a reiniciar"; 12 500 de "volvieron a reiniciar"; 2 840 de "volvimos a reiniciar". ☒

Y

227. yo, ¿yo mismo me?

Ya casi para terminar este libro, debemos insistir en que los pleonasmos y las redundancias son formas antiguas en los usos de nuestra lengua, arcaísmos a los que es absurdo regresar después del largo proceso evolutivo del idioma. La lengua de Cervantes es modélica para la época de Cervantes (las dos primeras décadas del siglo XVII), no para la nuestra. Y, sin embargo, a finales del siglo XVIII, el franciscano español Vicente Martínez Colomer (1762-1820), un autor menor, tenía tal admiración fanática por la obra cervantina que, como aquel imaginario Pierre Menard, de la fecunda invención de Jorge Luis Borges, se propuso copiar su estilo y escribió, con declarada imitación, una *Nueva colección de novelas ejemplares* y *Los trabajos de Narciso y Filomela* (inspirada ésta, por supuesto, en *Los trabajos de Persiles y Sigismunda*), obras que, en su época, muy pocos leyeron, y que hoy nadie lee, sino los especialistas literarios y, siempre, con un fin interesado: historiar, especular y disertar y bordar sobre la nada (es decir, sobre un autor ilegible), y no precisamente disfrutar de una obra literaria que sea realmente digna de leerse y releerse. Traemos a cuento a este autor, justificadamente olvidado, porque, en *Los trabajos de Narciso y Filomela*, escribió: "**Yo mismo me admiro de mí mismo** y no puedo imaginar cómo una leve casualidad pudo producir en mí tales efectos". La imitación despide un tufo acedo, y, sin quererlo, caricaturiza la prosa cervantina, porque Cervantes jamás escribió una redundancia tan torpe como la que su imitador escribe para "honrarlo". Se entiende, perfectamente, por qué ya nadie lee a Martínez Colomer, y por qué seguimos leyendo a Cervantes. En el habla, la expresión "yo mismo" tiene un sentido enfático, y en la escritura puede tener un énfasis de estilo que no debería condenarse como cualquier otra redundancia, pues ayuda no sólo a dar fuerza al discurso, sino también, a veces, a evitar posibles ambigüedades. Ejemplos: *Me pidieron que te hiciera llegar este libro, pero, mejor, te lo he traído* **yo mismo**; *Si eso te resulta muy complicado, entonces* iré **yo mismo**. Hace noventa años, en un discurso leído ante la Real Academia Española, el doctor Resurrección María de Azcue, entonces presidente de la Academia de la Lengua Vasca, escribió y leyó lo siguiente, con entera corrección: "Uno de los primeros acuerdos que tomó la Academia regional vasca, a la que tengo el honor de pertenecer, fue que uno de sus miembros llegase a Madrid para estudiar la organización de la Real Academia Española. **Vine yo mismo** con tan honroso encargo". El problema con la expresión "yo mismo" se presenta cuando carece de antecedente en una oración y, acompañado de un verbo en primera persona del singular, produce una construcción viciosamente redundante que no es ni enfática, en el habla, ni elegante en la escritura. Ejemplo: *Yo mismo me tropecé con un pequeño escalón.* Si examinamos esta frase veremos que las tres primeras palabras son sinónimas del sujeto de primera persona del singular, pues "yo" (del latín *ego*) es pronombre personal (de la primera persona del singular, masculino y femenino), y es la "forma que, en nominativo, designa a la persona que habla o escribe" (DRAE). Ejemplo: *Yo estoy muy tranquila.* Por supuesto, dado que la conjugación de un verbo en primera persona del singular designa implícitamente al sujeto, podemos prescindir del "yo" y decir, simplemente, *Estoy muy tranquila*, pero no hay pecado de redundancia en conservar el "yo". El adjetivo "mismo", con su femenino "misma", cuyo significado es "idéntico, no otro" y "exactamente igual", se usa "por pleonasmo, añadido a los pronombres personales y a algunos adverbios para dar más energía a lo que se dice" (DRAE). Ejemplo del diccionario académico: *Yo mismo lo haré.* Siguiendo con el análisis de nuestro ejemplo, el pronombre personal "me" (del latín *me, mihi*) es la forma átona de "yo" y, exactamente, pronombre de la primera persona del singular, masculino y femenino. En conclusión, si "yo" y "me" son equivalentes o sinónimos, tendríamos que eliminar uno. En nuestro ejemplo, sería suficiente decir y escribir: *Me tropecé con un pequeño escalón.* Sin embargo, aunque el verbo intransitivo "tropezar" (del latín vulgar *interpediāre*: "impedir") admite la forma pronominal ("tropezarse"), ésta se usa con diferente sentido y en otro contexto ("dicho de una persona: hallar casualmente a otra"; ejemplo: *Sin imaginarlo, me tropecé en la calle con Fulano*); de ahí que la conjugación "tropecé", primera persona del singular de indicativo del verbo "tropezar", ya contenga, implícitamente, el pronombre "yo" o bien su forma átona "me". Por tanto, bastaría con decir y escribir, en buen español: *Tropecé con un pequeño escalón.* Y, como podemos ver, todo lo demás (*Yo mismo me*) sale sobrando. Similar, en redundancia, es el "tú mismo te" (en el caso de la segunda persona del singular). Ejemplo: *Tú mismo te tropezaste con un pequeño escalón.* Basta y sobra con decir *Tropezaste con un pequeño escalón.*

En la lengua oral estas redundancias o pleonasmos enfáticos, al parecer, no le hacen daño a nadie. El problema es que, si estamos acostumbrados a hablar así, casi invariablemente, trasladamos estas formas viciosas a la escritura, llegando a extremos tan bárbaros como el rapeo de "yo mismo me río de mí" que atenta contra la economía de la lengua. Pero no se crea que sólo los raperos hablan y escriben así. En la edición española (Valencia) de la *Autobiografía* de Andrew Taylor Still, leemos la siguiente joya:

♀ "**Yo mismo me caí** de un caballo y me llevé un susto, y eso hizo que mi corazón tocara la bocina, y ellos me dijeron que era una alteración valvular".

Tal fácil y preciso que es escribir:

☝ **Me caí** de un caballo y me asusté, etcétera.

✐ Van otros ejemplos de este vicio redundante tan básico que no debería aparecer jamás en la escritura: "**Yo mismo me** apoyé", "**yo mismo me** escuché", "**yo mismo me** hago la vida", "**yo mismo me** he restringido los permisos", "**yo mismo me** asusto al imaginar", "**yo mismo me** apunté", "**yo mismo me** sorprendo", "**yo mismo me** asusto a veces con lo que escribo" (Stephen King), "**yo mismo me** pregunto", "**yo mismo me** siento espiado" (Enrique Peña Nieto), "**yo mismo me** impongo", "tres preguntas virtuales que **yo mismo me** hacía en el encabezamiento del presente artículo", "**yo mismo me reuní** con el alcalde de Arjona en nuestro ayuntamiento" (pues si fue él quien se reunió con el alcalde, ¡tenía que ser él mismo y no su otro yo!), "**yo mismo me** voy a maldecir", "**tú mismo te** tiendes una trampa", "**tú mismo te** engañas", "**tú mismo te** fabricas las mentiras y ni **tú mismo te** las crees", "**tú mismo te** tienes que levantar y seguir", "**yo misma** tuve que animar**me**", "**yo misma me** culpaba", "**yo misma me** pongo los rulos", "**yo misma me** contesto a mi pregunta anterior", "**yo misma me** estoy pidiendo regresar a Colombia", "**yo mismo me** caí de la silla", "**yo mismo me** caí y me pelé todo la rodilla", "**yo mismo me** caí de la cama" y, como siempre hay algo peor, "**tú mismo te** jodes **a ti mismo**" y "**yo mismo me** río **de mí mismo**".

☞ Google: 1 220 000 resultados de "yo mismo me"; 723 000 de "tú mismo te"; 702 000 de "yo misma me"; 24 500 de "yo mismo me río de mí"; 16 800 de "yo mismo me caí"; 11 400 de "yo mismo me río de mí mismo". ☒

228. yodación, yodada, yodado, yodar, ¿yodatación?, ¿yodatada?, ¿yodatado?, ¿yodatar?, yodizar

El término "yodatada" y su minoritario masculino "yodatado" son barbarismos, producto de la ultracorrección institucional. Lo correcto es "yodada" y "yodado", pero el erróneo adjetivo "yodatada", para calificar especialmente a la "sal" a la que se le ha añadido "yodo", proviene, equivocadamente, del sustantivo "yodato" ("sal de ácido yódico") y no del sustantivo "yodo". El sustantivo femenino "sal" (del latín *sal*) significa "sustancia, consistente en cloruro sódico ordinariamente blanca, cristalina, de sabor propio, muy soluble en agua, que se emplea para sazonar y conservar alimentos, es muy abundante en las aguas del mar y también se encuentra en la corteza terrestre". Ejemplo: *La sal es tan importante que se usaba en la antigüedad como pago o remuneración por el trabajo: de ahí el sustantivo "salario".* Si la "sal", por definición, es "cloruro sódico", la "sal yodada" no es, de ningún modo, equivalente al "yodato" que se define como el "anión [ion con carga negativa] formado por el ácido yódico" (*Wikipedia*). De acuerdo también con la *Wikipedia*, el "componente de yodo de la sal yodada" se llama "yoduro de potasio". En consecuencia, el "cloruro de sodio", o "sal", al que se agrega "yodo" se convierte en "sal yodada" y no en "sal yodatada", como erróneamente se le conoce en México a consecuencia de la denominación gubernamental. Asimismo, al proceso de añadir "yodo" a la "sal" se le llama, correctamente, "yodación" y no, "yodatación"; y a la acción de añadir o aplicar "yodo" a una sustancia, se le debe decir, correctamente, "yodar", y no, disparatadamente, "yodatar". Estas incorrecciones son mexicanas por excelencia, y sorprende que el *Diccionario de mexicanismos*, de la AML, que aloja en sus páginas barbaridad y media, no les haya hecho el honor de tomarlas en cuenta. El adjetivo "yodado" significa "que contiene yodo" (DRAE). Ejemplo: *Casi toda la sal para consumo humano es **yodada***. El verbo transitivo "yodar" significa "aplicar o añadir yodo a una sustancia" (DRAE). Ejemplo de la *Wikipedia*: *La sal común, o sal de mesa, **se yoda** para cubrir las carencias nutritivas de este elemento [el yodo] en algunas dietas*. El sustantivo masculino "yodo", también "iodo" (del francés *iode*, y éste del griego *iódes*, "de color violeta"), se aplica al "elemento químico de número atómico 53, de color azul violeta y muy reactivo" (DRAE). Ejemplo: *La sal **yodada** se llama así porque se le añade **yodo***. De ahí el sustantivo femenino "yodación" ("acción y efecto de yodar") y el verbo transitivo "yodar" ("aplicar o añadir yodo a una sustancia"). Ejemplos: *La sal común o sal de mesa pasa, generalmente, por un proceso de **yodación**; **Yodar** la sal tiene el propósito de combatir la deficiencia de **yodo** en la población*. Tanto el diccionario académico como el *Diccionario de mexicanismos* de la AML, incluyen la minoritaria variante americana "yodizar", equivalente de "yodar", que el DM define del siguiente modo: "Agregar yodo a un producto, generalmente a la sal". Y ofrece el siguiente ejemplo: *Antes de empacar la sal, la **yodizan** para que sea más sana*. (En realidad, no: el propósito de la yodación de la sal no es para que ésta sea más sana, sino para ayudar a la población que, en su alimentación cotidiana, generalmente, padece déficit de yodo.) Lo cierto es que, en nuestro idioma, es un disparate el falso verbo "**yodatar**", que deriva en el disparatado sustantivo femenino "**yodatación**" y en el no menos disparatado adjetivo "**yodatado**"; lo correcto es "yodar" y "yodación", y el perfecto adjetivo participio derivado de "yodar" es "yodado". En México, desde hace décadas, incluso en el *Diario Oficial de la Federación* (DOF), se habla de "sal **yodatada**" y de "sal sin **yodatar**" (¡cultísimos que son nuestros políticos desde el origen de los tiempos!) Y en los diarios y revistas, que tienen casi siempre como fuente los documentos oficiales, por ejemplo, de la Secretaría de Salud (antes Secretaría de Salubridad y Asistencia), se han difundido estos barbarismos, sin consultar jamás el diccionario. Un ejemplo: "En los años 60 [...] se estableció la obligación de **yodatar** la sal para consumo humano, con lo que se previno el bocio" (*La Jornada*, "Erradicación de males", viernes 19 de octubre de 2018. Fuente: *75 años. 1943-2018. Secretaría de Salud*). De una vez por todas, ¡basta ya de usar la "yodatación" y "yodatar" la sal y basta ya de consumir sal "yodatada" o sin "yodatar"! La mayor parte de los políticos y legisladores mexicanos no conoce ni la "o" por lo redondo; en los documentos oficiales reflejan su ignorancia, pero también, lo que es peor, no sólo su déficit de yodo, sino su incapacidad, entre otras muchas incapacidades, para consultar el diccionario.

Pocas veces, como en este caso, es tan evidente que los desbarres "yodatación", "yodatada", "yodatar", "yotatado" y "yodatadora" inclusive nacieron en el ámbito gubernamental y, de ahí, extendieron su uso en el habla y en la escritura cotidianas, en México. Hoy los tenemos en todos los ámbitos en los que se utilizan, por necesidad, estos términos que difunden los documentos oficiales ayudados por el periodismo, ámbito donde también tendrían que acostumbrarse a consultar el diccionario. El 9 de octubre de 1963 se publicó en el *Diario Oficial* (era presidente de México Adolfo López Mateos) el

♀ "Reglamento de **Yodatación** de la Sal", en cuyo artículo primero se establece que "la Secretaría de Salubridad y Asistencia, a través del personal técnico que designe, verificará que toda la sal destinada al consumo humano, con excepción de la de exportación y la que no sea utilizada por la industria alimenticia, sea debidamente **yodatada**", y en el artículo tercero se acota que "en los productos de exportación, enlatados o no, puede utilizarse sal sin **yodatar**".

Lo correcto:

♂ **Yodación, yodada** y **yodar.**

✏ He aquí otros ejemplos de estas barbaridades que nacieron en el gobierno y que ahí siguen, y que, desde hace más de medio siglo, contaminan nuestro idioma: "Información técnica de la sal **yodatada** fluorada", "sal de mar **yodatada**, un básico en tu cocina", "consumo de sal **yodatada** en todas las zonas", "Sal Sol **Yodatada** en Grano", "se agota la sal **yodatada** en China por temor a radiación", "la controversia de la sal **yodatada**", "distribución y venta de sal **yodatada** y sin **yodatar**", "Sal La Fina **Yodatada**", "sal refinada **yodatada**", "Sal Pegaso de Grano **Yodatada**", "Sal industrial refinada no **yodatada**", "elaborado con exquisito abulón agua y sal **yodatada**", "el consumo de sal adecuadamente **yodatada** corrige la deficiencia del yodo", "¿por qué la sal está **yodatada**?" (porque así la calificaron erróneamente en el gobierno mexicano), "sal de mesa **yodatada**", "cloruro de sodio **yodatado**", "Salinera la Boladeña Ganazal **Yodatado**", "excluye la refinación y **yodatado** de sal", "jarabe de rábano **yodatado**", "la **yodatación** de la sal como medida de prevención del bocio en México", "En la Cumbre Mundial de la Infancia México se comprometió a redoblar esfuerzos a favor de los niños de cara al año 2000. [...] Supervisar más de cerca la **yodatación** de la sal, pues la carencia del yodo era la causa principal del retraso mental" (Carlos Salinas de Gortari, en su libro *México: Un paso difícil a la modernidad*), "la Organización Panamericana de la Salud (ops) estableció niveles de **yodatación** que se debe cumplir por salud", "sal completamente natural sin **yodatar** ni **fluoratar**", "el 14 de mayo último se expidió el Decreto que ordena **yodatar** la sal de consumo humano en la República" (Quinto Informe de Gobierno del presidente Adolfo López Mateos), "implantación a nivel nacional de la obligación de **yodatar** la sal", "otras acciones importantes han sido el decreto de **yodatar** la sal de consumo humano para combatir el bocio endémico y, más recientemente, de añadirle flúor para evitar la caries dental" (*Necesidades esenciales en México*, Salud, Presidencia de la República, 1982), "se organizó una Planta **Yodatadora** de Sal en Xochimilco, D. F.", "Estación **Yodatadora** de Sal".

☞ Google: 24 500 resultados de "yodatada"; 1 110 de "yodatado"; 1 060 de "yodatación"; 900 de "yodatar". ☒

☞ Google: 567 000 resultados de "yodada"; 241 000 de "yodado"; 81 000 de "yodados"; 77 300 de "yodadas"; 48 500 de "yodación"; 43 500 de "yodar"; 600 de "yodizar". ☑

229. yugular, ¿*yugular de la garganta?*, ¿*yugular del cuello?*

En un reportaje de la televisión escucho a un médico que asegura que el paciente murió desangrado en muy poco tiempo porque había recibido una gran herida "en la vena **yugular del cuello**". Lo dice un médico, no un matarife. Y, si así lo dice quien practica la medicina y conoce (se supone) la anatomía humana, nos asalta la duda de si habrá una "vena yugular" que no sea la del "cuello". Por ejemplo, acaso, ¿la yugular de la ingle? Pero no, la vena principal de la ingle se denomina "femoral", por estar en la zona del "fémur" ("hueso del muslo, que se articula por uno de sus extremos con el coxis y por el otro con la tibia y el peroné"), y porque el adjetivo "femoral" significa "perteneciente o relativo al fémur" (DRAE). En consecuencia, no hay vena "femoral" que pueda estar en el cuello o en la garganta, y en cuanto a la vena "yugular", ésta puede estar únicamente en la garganta o en el cuello, no en los pies ni en las nalgas, pues su etimología latina es *iugulum* ("garganta, cuello"), con sus derivados *iugulo* ("degollar") y *iugulātio* ("degollación, degüello"). De ahí que, en español, el sustantivo femenino "yugular" (del latín tardío *iugulāris*: cuello, garganta) signifique "vena yugular" (DRAE) o, mucho mejor, "cada una de las dos venas situadas a uno y otro lado del cuello" (DUE), puesto que son dos y no una (como nos lo hace suponer la tacaña y torpe definición del diccionario académico). Ejemplo: *Se desangró rápidamente porque le fue cortada de tajo la* **yugular** *izquierda.* Pero, además, "yugular" es también adjetivo, que no incluye el DRAE, pero sí el *Diccionario de uso del español*, de María Moliner, y significa "de la garganta" (DUE). Ejemplo: *Se le inflamó la región* **yugular**. De ahí también el verbo transitivo "yugular" (del latín *iugulāre*), ya casi en desuso, cuyo significado es "degollar", cortar el cuello" (DRAE). Ejemplo: *El verdugo lo* **yuguló**, que no es otra cosa que decir que lo "decapitó", lo "degolló" o, simplemente, "le cercenó la cabeza", "le cortó el cuello". Por todo lo anterior, queda claro que es más que idiota la redundancia de decir y escribir "yugular del cuello" (con su variante "yugular de la garganta"), pues estos términos son sinónimos. Por ello cuando alguien dice o escribe (así se trate de un médico) que una persona murió desangrada porque *Recibió una herida en la vena* **yugular del cuello** desconfiemos, con fundadas razones, de que haya aprobado la materia de anatomía, pues la "vena yugular" no puede estar sino en el cuello o en la garganta.

Por supuesto, no únicamente los médicos que reprobaron anatomía dicen y escriben "vena **yugular del cuello**" y "vena **yugular de la garganta**". Son redundancias de amplio espectro en hablantes y escribientes del español, aunque dichos pendejismos se concentren entre los médicos y el ámbito clínico. El diario español *El Mundo* recoge, entrecomillada, la siguiente declaración del médico Ángel Villamor, quien le practicó una cirugía al torero Enrique Ponce que fue empitonado y fracturado en la clavícula por un pobre animal que sólo se defendía de un cabrón que lo agredía:

♀ "El pitón pasó entre el pulmón y la clavícula a pocos centímetros de la carótida o la **yugular del cuello**".

Este médico seguramente cree que hay venas yugulares en las patas. Debió decir, correctamente, que

♦ "el pitón pasó entre el pulmón y la clavícula, a pocos centímetros de la vena **yugular**".

✍ Otro médico asegura que, para realizar una biopsia de hígado, "se inserta un tubo delgado y flexible a través de la vena **yugular del cuello**". Debe creer este profesionista de la medicina que hay otra vena yugular que no está en el cuello, sino en la cola. He aquí otros pocos ejemplos de esta redundancia vergonzosa sobre todo entre los profesionales del ámbito médico: "introducimos la aguja en el surco **yugular del cuello**", "cada día era más difícil acertar con una vena, y la **yugular del cuello** no quería tocarla jamás", "presión venosa yugular (JVP) es una observación de la cantidad de presión en la vena **yugular del cuello**", "se les corta la vena **yugular del cuello** para ser desangrados", "podemos acceder a la vena cefálica del brazo o a la vena **yugular del cuello**", "se introduce un catéter delgado a través de la vena **yugular del cuello**", "diagnóstico mediante pulso venoso **yugular del cuello**", "posó sus labios sobre la **yugular del cuello**" (pura literatura de altos vuelos), "introducir la aguja en el surco **yugular del cuello**", "un golpe en la **yugular del cuello**", "cortar la **yugular de la garganta** de las vacas en un solo movimiento", "hincar sus garras y sus colmillos en la **yugular de la garganta** del sistema" (poesía, obviamente), "una tajada en la zona **yugular de la garganta**", "le apuntó con su puñal reluciente en la vena **yugular de la garganta**" (literatura, obviamente), "circula hacia abajo, hacia la vena **yugular de la garganta**", "dilatación de la vena **yugular del cuello**", "entre las venas destacan la vena **yugular del cuello**" (¿y qué nos dice este médico de la vena yugular de la rodilla?), "las dos venas **yugulares del cuello**", "se vacían en las venas **yugulares del cuello**", "la linfa es conducida hacia los ganglios **yugulares del cuello**", "expansión de las venas **yugulares del cuello**", "distensión de las venas **yugulares del cuello**", "obstrucción de las venas **yugulares del cuello**", etcétera.

☞ Google: 7 930 resultados de "yugular del cuello"; 5 200 de "yugular de la garganta"; 4 660 de "vena yugular del cuello"; 2 830 de "yugulares del cuello"; 1 320 de "venas yugulares del cuello". ⊠

Z

230. zanca, zancada, ¿*zancada corta*?, zancada grande, ¿*zancada larga*?, ¿*zancada pequeña*?, zanco, zancos, zancudo, zancudos

En su *Diccionario de uso del español*, María Moliner define el sustantivo femenino "zancada" (de *zanca*), como "paso largo". El DRAE añade algo: "Paso largo que se da con movimiento acelerado o por tener las piernas largas", definición ésta que, prácticamente, no ha tocado desde 1739, pues es copia casi fiel de la que aparece en el tomo sexto del *Diccionario de Autoridades*: "El passo largo, que se dá con movimiento irregular, ò por ser las piernas largas" (¡así de moderna es la Real Academia Española!). Tanto el DUE como el DRAE se refieren a la locución adverbial "en dos zancadas" (con su variante "en tres zancadas"), "frase con que se expresa la rapidez con que se va o se puede ir a un sitio" (DUE). Ejemplo de Moliner: *Se plantó allí **en dos zancadas**.* En el caso del DRAE, su definición no se diferencia mucho de la *Diccionario de Autoridades* que leyeron los hablantes y escribientes de nuestra lengua hace casi tres siglos: "*En dos zancadas*. Modo adverbial, con que se explica, y pondera la ligereza de alguno con que vá, y llega con brevedad, y prisa à alguna parte" (¡así de moderno es el DRAE, y hay que ver el arduo trabajo que realizan los académicos!). Debemos saber, además, que el sinónimo natural de "zancada" es el sustantivo masculino "tranco", que está incluido en el *Diccionario de Autoridades* con la siguiente definición: "el passo largo, ò salto, que se dá echando un pie adelante, dexando el otro atrás", y que, en su última edición (2014), el DRAE sintetiza así: "Paso largo o salto que se da abriendo mucho las piernas". Al igual que "zancada", "tranco" posee una locución adverbial coloquial similar: "en dos trancos", que se usa "para explicar la celeridad con que se puede llegar a un lugar". Ejemplo: *Llegó allí **en dos trancos**.* Hasta aquí, todo está bien, más por los antiguos lexicógrafos que por los académicos de hoy. El problema surge cuando se califica la "zancada" con un adjetivo que parece redundante. Así, el *Clave, diccionario de uso del español actual*, define el sustantivo "zancada" como "paso largo de una persona" (y en ello coincide con el DRAE y el DUE), pero ofrece el siguiente ejemplo: *Caminaba a **grandes zancadas**.* La pregunta que se impone, ante este ejemplo, es la siguiente: Si hay "grandes zancadas", ¿las habrá "pequeñas"? El adjetivo "grande" (del latín *grandis*) admite cierta sinonimia con el adjetivo "largo" (del latín *largus*), pues en tanto éste significa "que tiene longitud" y "que tiene mucha longitud", además de "copioso, abundante, excesivo, dilatado, extenso" (DRAE), aquél significa "que supera en tamaño, importancia, dotes, intensidad, etc., a lo común y regular". Se puede decir, por tanto, *Es un médico de **larga** experiencia*, y se dice prácticamente lo mismo con *Es un médico de **gran** experiencia*. Por ello, si la definición del sustantivo "zancada" ya contiene el adjetivo "largo", es claro que hablar y escribir de "larga zancada" o de "zancada larga" (con sus equivalentes "largo tranco" y "tranco largo") es cometer brutas redundancias, y, por el contrario, referirse a "corta zancada" o a "zancada corta" es incurrir en un contrasentido. Pero, con el adjetivo "grande", lo que existe, cuando modifica a "zancada", es una duda razonable. Veamos por qué. Parecidas, no iguales, a "zancada larga" y "larga zancada" son "zancada grande" y "gran zancada", y parecidas, también, a "zancada corta" y "corta zancada" son "zancada pequeña" o "pequeña zancada", donde el adjetivo "pequeña", o "breve" ("que tiene poco tamaño o un tamaño inferior a otros de su misma clase"), equivaldría, en cierto modo, al adjetivo "corta" (del latín *cortus*): "Dicho de una cosa: que tiene menos longitud de la normal o adecuada, o de la que tienen otras de su misma especie" (DRAE). Ejemplo: *Caminaba, ensimismado, con pasos **cortos***. Despeja esta duda el lexicógrafo Fernando Corripio quien, en su *Gran diccionario de sinónimos*, evidencia que lo "largo" puede ser "grande", pero lo "grande" no es necesariamente "largo". Dicho de otro modo, los adjetivos "grande" y "largo" no son exactamente sinónimos, sino voces afines. En tal sentido, no hay redundancia, al menos formal, en las expresiones "zancada grande" y "gran zancada" (con sus equivalentes "gran tranco" y "grandes trancos"), aunque sí exista contrasentido obvio en "zancada pequeña" y "pequeña zancada", pues, por definición, una "zancada" jamás será algo que tenga "poco tamaño". Y, sin embargo, aún hay más que decir en relación con una acepción escandalosamente errónea que ofrece el DRAE, y que crea la mayor confusión. De acuerdo con el diccionario académico el sustantivo femenino "zanca" (del latín tardío *zanca*), del cual deriva "zancada", significa, coloquialmente, "pierna del hombre [es decir del ser humano] o de cualquier animal, sobre todo cuando es larga y delgada". Dice el viejo refrán: *Marzo revín reveja, no queda cabra ni oveja, ni pastor con su pelleja ni lobo con sus zancas ni perro con sus carrancas*. (Explican Francisco Javier Rúa Aller y María Jesús García Armesto, compiladores del *Refranero meteorológico en León*: "Con esto se quería expresar que el mes de marzo era malo para el ganado, porque había fríos vientos acompañados de chubascos de agua y nieve".) De ahí el adjetivo y sustantivo "zancudo", que, para variar, el DRAE define con las patas: "Que tiene las **zancas largas**". Y aquí hay que decir: ¡no, por supuesto!, ¡de ningún modo!, pues la correcta definición de "zancudo" es la que ofrece María Moliner en el DUE: "Se aplica a la persona o animal que tiene **las piernas o las patas largas**" (es decir, ¡que tiene "zancas"!), pues, por ejemplo, "zancudo" es el nombre de cierto tipo de mosquito, más grande que el común, con **largas patas**, esto es con "zancas". Para que el lector tenga una imagen precisa del término, "zancudo" es Usain Bolt, pero no

Danny DeVito. Esta es prueba más de que el *Diccionario* de la Real Academia Española ha contribuido, con sus deficiencias, sus patochadas y sus definiciones escritas con las patas, a desorientar y confundir a los hablantes y escribientes de nuestra lengua. Pueden aceptarse los lugares comunes "grandes zancadas" y "enormes zancadas", "grandes trancos" y "enormes trancos", a pesar de su aparente redundancia, y más aún si equiparamos estas expresiones con las comparativas "zancada más larga" y "zancadas más largas", "tranco más largo" y "trancos más largos", sobre todo cuando nos referimos a atletas con relativas diferencias anatómicas (unos más altos y con las piernas un poco más largas que los otros), pero son imperdonables las redundancias, brutas de plano, "larga zancada", "largas zancadas", "zancada larga" y "zancadas largas" (derivadas de las disparatadas "**zancas largas**" que el DRAE atribuye al "zancudo"), así como los equivalentes "tranco largo" y "largos trancos", y los sinsentidos "breve zancada", "corta zancada", "pequeña zancada", "zancada corta" y sus plurales y variantes, pues no hay "zancadas" que no sean largas y, por supuesto, nunca son breves, cortas o pequeñas, pues incluso las personas que no son "zancudas" (esto es, de "piernas largas"), cuando dan "zancadas" abren lo más ampliamente posible el compás. Hoy, los académicos del DRAE, y sus hermanastros de América, han extraviado la lógica y han descarriado a los hablantes y escribientes. Por otra parte, como sustantivo masculino, el término "zanco" designa a "cada uno de dos palos altos y dispuestos con sendas horquillas, en que se afirman y atan los pies. Sirven para andar sin mojarse por donde hay agua, y también para juegos de agilidad y equilibrio" (DRAE). "Andar en zancos" es elevarse del ras, por medio del par de palos altos que define el diccionario académico, y caminar, justamente "a zancadas", esto es "a largos pasos" o "a trancos". Ejemplo: *Por necesidad, aceptó un trabajo en el que debía disfrazarse y andar en zancos*. Pero ni el DRAE ni el DUE, y ni siquiera el *Clave* (¡mucho menos el *Panhispánico*!) recogen la muy válida acepción de "zanco" para referirse a los maderos (estacas o pilotes) sobre los cuales se asientan los "palafitos" (del italiano *palafitta*): "Viviendas construidas sobre pilotes en un lago, pantano, etc." (DUE). Ejemplo: *Casas sobre **zancos** en Castro, isla de Chiloé, en la Patagonia*. Por cierto, aunque exista cierta homofonía parcial, no es lo mismo "anca" que "zanca". El sustantivo femenino "anca" (del italiano o quizá del occitano *anca*) significa "cada una de las dos mitades laterales de la parte posterior de las caballerías y otros animales" y "cadera y nalga de una persona" (DRAE). Por ello, hay quienes cabalgan en las "ancas" de la caballería, cuando van detrás del jinete, y se dice que "montan en ancas". Cuando comemos "ancas de rana", no estamos refiriéndonos a sus largas patas, a sus "zancas" (que, de hecho, lo son), sino a sus caderas, a la parte posterior del animal, que es la más carnosa; estrictamente, si no fuese algo cómico, y hasta incongruente, a las "nalgas" de la rana. Y bien sabemos que, coloquialmente, para referirnos a alguien desnalgado o de escaso nalgatorio, se dice que tiene "nalgas de rana", con la variante, aún más severa de "nalgas de víbora", y, sin embargo, siempre habrá una frase de consuelo: "Peores nalgas tiene el sapo y se sienta".

En conclusión, lo correcto es "zancada" y "tranco" para referirnos al "paso largo", y podemos admitir, al no ser redundancia de forma, "gran zancada" y "grandes zancadas", "gran tranco" y "grandes trancos", pero, de ningún modo, "larga zancada" ni "largas zancadas" ni "largo tranco" ni "largos trancos", que son redundancias brutas, ni tampoco "zancada corta" o "zancada pequeña", "tranco corto" o "tranco pequeño", más sus plurales y variantes, que son contrasentidos, pues las "zancadas" y los "trancos", por definición, jamás son "cortos", "breves" o "pequeños", sino siempre "largos". Junto con el diccionario hay que usar también la lógica, sobre todo cuando los académicos de la lengua no la usan. Las redundancias y los sinsentidos consignados son habituales en internet, pero no faltan, por cierto, en las publicaciones impresas y, especialmente, son favoritas de los escritores y traductores españoles. (¡Ah!, cómo gozan ellos usándolas.) En una novela española, *Las largas sombras*, leemos lo siguiente:

♀ "Rita y Ana se giraron para ver a David acercarse cruzando la avenida a **largas zancadas, buscándolas con la vista**".

Lo correcto, sin redundancia y sin obviedades es decir y escribir:

♂ Rita y Ana se giraron para ver a David que se acercaba, buscándolas, cruzando a **zancadas** la avenida (pues, además, es obvio que, si las busca, es con la vista; ¡ni modo que con el olfato!).

🖉 He aquí unos pocos ejemplos de este tipo de redundancias y de los sinsentidos ya mencionados: "Empezó a correr con **largas** y suaves **zancadas**", "la monja se había puesto a gritarme mientras se acercaba hacia nosotros con **largas zancadas** sobre el césped", "disminuyó el ritmo de sus **largas zancadas** para acompasarse a mis pasos doloridos", "intentaba mantenerme a la altura de sus **largas zancadas**", "ni entrar se puede al Paraíso florido, de donde salieron a **largas zancadas** Eva y Adán, cabizbajos, tiritantes", "cruzó la oficina con dos **largas zancadas**", "corría hacia el ascensor para seguir las **largas zancadas** de Sander", "después se alejó con **largas zancadas**", "con **largas zancadas** para andar los caminos", "he dado unas **largas zancadas** hasta situarme a su lado", "soñó con aquel hombre de **largas zancadas**", "**largas zancadas** hasta Gomorra", "con sus **largas zancadas** logró quitarse al portero", "con **largas zancadas** los dos hombres se introdujeron en el recinto", "correr con **zancadas largas**", "El hombre de las **zancadas largas**" (título de una apología de Fidel Castro), "con **zancadas largas** y decididas reanudó su viaje", "después dio otra **larga zancada**", "el dio una **larga zancada** para acercarse a ella", "carreras con **zancadas cortas**" (¡entonces no son zancadas!), "**zancadas cortas** para avanzar más rápido" (esto es no tener idea de la lógica), "la **zancada larga** es un ejercicio muy completo", "la **zancada larga** y pesada conlleva a una mayor tensión en nuestras articulaciones", "cadencia alta a base de **zancada más corta**", "esta **zancada más corta** me da un mayor control", "**zancadas más cortas** tienden a activar los cuádriceps", "tienen **zancadas más cortas** y rápidas", "**zancada corta** de lado a lado", "una **zancada corta** puede ser muy eficiente para el maratón", "**pequeñas zancadas** para un gran final" (si son pequeñas no son zancadas), "**zancadas más pequeñas** y más rápidas" (¿más pequeñas?, ¡tampoco son zancadas!), "la clave es dar una **zancada más pequeña**" (¡tan pequeña que ya no es zancada!), "adapté mi paso a su **pequeña zancada**" (¡que no es zancada, por Dios!), "pego dos **zancadas pequeñas** como mi cuerpo" y, como siempre hay algo peor, "acaba de llegar al pueblo, siente atracción por la mujer de piel blanca, de **breve zancada**, que camina hacia su casa" (¿de breve zancada?, ¡no hay breves zancadas!; ha de ser de "paso breve", es decir, "corto", y, además, la mujer "camina", ni siquiera camina a prisa o corre; entonces, no tiene "zancada" alguna, y esto prueba que la gente ha extraviado hasta el sentido común).

☞ Google: 40 000 resultados de "largas zancadas"; 19 200 de "zancadas largas"; 14 100 de "larga zancada"; 13 200 de "tranco largo"; 11 400 de "zancadas cortas"; 9 740 de "zancada larga"; 6 070 de "zancada más corta"; 5 130 de "trancos largos"; 5 040 de "zancadas más cortas"; 4 550 de "zancada corta"; 2 730 de "largos trancos"; 1 600 de "tranco corto"; 1 530 de "pequeñas zancadas"; 1 060 de "largo tranco"; 1 000 de "zancadas más pequeñas"; 980 de "zancada más pequeña"; 900 de "pequeña zancada"; 500 de "zancadas pequeñas", 400 de "trancos cortos". ☒

☞ Google: 155 000 resultados de "grandes zancadas"; 22 200 de "gran zancada"; 21 300 de "grandes trancos"; 4 880 de "zancadas grandes"; 4 250 de "zancada más larga"; 4 010 de "zancadas más grandes"; 3 170 de "zancadas más largas"; 2 920 de "enormes zancadas"; 2 670 de "gran tranco"; 2 530 de "zancada más grande"; 2 500 de "enorme zancada"; 2 320 de "zancada grande"; 1 280 de "zancadas enormes"; 500 de "zancada enorme". ☑

☞ Google: 2 360 000 resultados de "tranco"; 1 770 000 de "zancudo"; 1 760 000 de "zancudos"; 1 420 000 de "zanca"; 1 340 000 de "zancos"; 1 230 000 de "zancadas"; 1 180 000 de "trancos"; 1 170 000 de "zancada"; 119 000 de "zancas". ☑☑

OBRAS CONSULTADAS Y CITADAS

Academia Mexicana, *Índice de mexicanismos. Registrados en 138 listas publicadas desde 1761. Prepara-do por la Academia Mexicana*, 3ª edición, Academia Mexicana / Consejo Nacional para la Cultura y las Artes / Fondo de Cultura Económica, México, 2000.

Agencia EFE, *Diccionario de español urgente*, Ediciones SM, Madrid, 2000.

Albaigès, Josep M., *Diccionario de palabras afines*, Espasa Calpe, Madrid, 2001.

Alvar Ezquerra, Manuel, director, *Diccionario ideológico de la lengua española*, Biblograf, Barcelona, 1998.

Alsina, Ramón, *Todos los verbos castellanos conjugados*, 2ª edición, Teide, México, 1984.

Barthes, Roland, *El placer del texto y Lección inaugural de la Cátedra de Semiología Literaria del Collège de France*, traducción de Nicolás Rosa y Óscar Terán, cuarta edición en español, corregida, Siglo XXI Editores, México, 1982.

Basulto, Hilda, *Nuevo diccionario de términos comerciales y financieros*, 2ª edición, corregida y aumentada, Diana, México, 1991.

Becerra, Marcos E., *Rectificaciones i adiciones al Diccionario de la Real Academia Española*, 3ª edición, Secretaría de Educación Pública, México, 1984.

Bioy Casares, Adolfo, *Borges*, Destino, Barcelona, 2006.

Blecua, José Manuel (director), *Diccionario general de sinónimos y antónimos de la lengua española*, Biblograf, Barcelona, 1999.

Bosque, Ignacio y Manuel Pérez Fernández, *Diccionario inverso de la lengua española*, Gredos, Madrid, 1987.

Buitrago, Alberto y J. Agustín Torijano, *Diccionario del origen de las palabras*, Espasa Calpe, Madrid, 1998.

Bulfinch, Thomas, *Historia de dioses y héroes*, prólogo de Carlos García Gual, traducción de Daniela Stein, Montesinos, Barcelona, 1990.

Carnicer, Ramón, *Sobre ortografía española*, Visor Libros, Madrid, 1992.

Carreter, Fernando Lázaro, *El dardo en la palabra*, Galaxia Gutenberg / Círculo de Lectores, Barcelona, 1998.

_____, *El nuevo dardo en la palabra*, Aguilar, Madrid, 2003.

Celdrán Gomáriz, Pancracio, *Creencias populares (Costumbres, manías y rarezas: con su explicación, historia y origen)*, Ediciones y Distribuciones Mateos, Madrid, 2000.

Cervantes Saavedra, Miguel de, *Don Quijote de la Mancha*, 2ª edición, edición de Florencio Sevilla Arroyo, Castalia, Madrid, 2002.

Catherine Clément y Julia Kristeva, *Lo femenino y lo sagrado*, traducción de Maribel García Sánchez, Cátedra / Universitat de València / Instituto de la Mujer, Madrid, 2000.

Company Company, Concepción, directora, *Diccionario de mexicanismos*, 4ª reimpresión, Academia Mexicana de la Lengua / Siglo XXI, México, 2014.

Corominas, Joan, *Breve diccionario etimológico de la lengua castellana*, 3ª edición, Gredos, Madrid, 1973.

Corripio, Fernando, *Gran diccionario de sinónimos, voces afines e incorrecciones*, 3ª edición, Bruguera, Barcelona, 1979.

_____, *Diccionario etimológico general de la lengua castellana*, 3ª edición, Bruguera, Barcelona, 1984.

_____, *Diccionario de ideas afines*, 7ª edición, Herder, Barcelona, 2000.

De Lucas, Carmen, *Diccionario de dudas*, Edaf, Madrid, 1994.

Del Hoyo, Arturo, *Diccionario de palabras y frases extranjeras en el español moderno*, Aguilar, Madrid, 1990; 3ª edición, corregida y aumentada, Santillana, Madrid, 2002.

Deneb, León, *Diccionario de equívocos*, Biblioteca Nueva, Madrid, 1997.

Diccionario de sinónimos y antónimos, Santillana, Madrid, 2000.

Diccionario de dificultades de la lengua española, Santillana, Madrid, 2002.

Diccionario enciclopédico de las ciencias médicas, McGraw-Hill, México, 1985.

Diccionario general de la lengua española, 2ª edición, Biblograf, Barcelona, 2002.

Diccionario ilustrado latino-español, español-latino, 10ª edición, Biblograf, Barcelona, 1973.

Eco, Umberto, *De la estupidez a la locura. Cómo vivir en un mundo sin rumbo*, traducción de Helena Lozano Miralles y Maria Pons Irazazábal, Lumen, México, 2016.

El País, *Libro de estilo*, 16ª edición, Ediciones El País, Madrid, 2002; 22ª edición, Aguilar, México, 2014.

Fano, Félix, *Índice gramatical*, 2ª edición, reformada, Ediciones Botas, México, 1947.

Fernández Fernández, Antonio, *Diccionario de dudas*, Ediciones Nobel / Ediciones de la Universidad de Oviedo, Asturias, 2007.

Fitch Romero, A. Roxana, *Las locuciones coloquiales del español de México: Inventario y criterios de clasificación*, tesis doctoral, Universitat Autònoma de Barcelona, julio de 2018.

_____, *Corpus de locuciones coloquiales del español mexicano (CoLCEMex)*. En Línea: https://www.jergasdelhablahispana.org/colcemex/

Freud, Sigmund, *Tres ensayos para una teoría sexual*, traducción de Luis López Ballesteros y de Torres, RBA Ediciones, Barcelona, 2002.

Fundación del Español Urgente, *Compendio ilustrado y azaroso de todo lo que siempre quiso saber sobre la lengua española*, Debate, México, 2014.

Garibay, Ángel María, *En torno al español hablado en México*, estudio introductorio, selección y notas de Pilar Máynez Vidal, Universidad Nacional Autónoma de México, México, 1997.

Gómez de Silva, Guido, *Breve diccionario etimológico de la lengua española*, 5ª reimpresión, El Colegio de México / Fondo de Cultura Económica, México, 1996.

_____, *Diccionario internacional de literatura y gramática*, Fondo de Cultura Económica, México, 1999.

_____, *Diccionario breve de mexicanismos*, Academia Mexicana / Fondo de Cultura Económica, México, 2001.

Góngora, Luis de, *Antología poética*, edición, introducción y notas de Ana Suárez Miramón, RBA Ediciones, Barcelona, 1994.

Gortari, Eli, *Silabario de palabrejas*, Plaza y Valdés, México, 1988.

Gran diccionario Larousse español-inglés, english-spanish, 16ª reimpresión, Larousse, México, 2002.

Grijelmo, Álex, *El estilo del periodista*, Taurus, Madrid, 1997.

Gringoire, Pedro, *Repertorio de disparates*, 3ª edición aumentada, Drago, México, 1982.

Hernández Velasco, Irene, "La corrección política es una forma perversa de censura: Darío Villanueva, director de la RAE", *El Mundo*, Madrid, 28 de agosto de 2018.

Lara, Luis Fernando, director, *Diccionario del español usual en México*, 2ª edición, corregida y aumentada, El Colegio de México, México, 2009.

Locke, John, *Del abuso de las palabras*, traducción de Martín Schifino, Taurus, México, 2014.

Marcos González, Blanca, y Covadonga Llorente Vigil, *Los verbos españoles*, 3ª edición, Ediciones del Colegio de España, Salamanca, 1999.

Martínez de Sousa, José, *Diccionario de tipografía y del libro*, 4ª edición, Paraninfo, Madrid, 1995.

_____, *Diccionario de usos y dudas del español actual*, Biblograf, Barcelona, 1996.

Moliner, María, *Diccionario de uso del español*, 2ª edición, Gredos, Madrid, 1999.

Montemayor, Carlos, coordinador, *Diccionario del náhuatl en el español de México*, Universidad Nacional Autónoma de México, México, 2007.

Moreno de Alba, José G., *Minucias del lenguaje*, Fondo de Cultura Económica, México, 1992.

_____, *Nuevas minucias del lenguaje*, Fondo de Cultura Económica, México, 1996.

Muchnik, Mario, *Lo peor no son los autores. Autobiografía editorial 1966-1997*, 3ª edición, Taller de Mario Muchnik, Madrid, 1999.

Olsen de Serrano Redonnet, María Luisa, y Alicia María Zorrilla de Rodríguez, *Diccionario de los usos correctos del español*, 2ª edición, Ángel Estrada y Compañía, Buenos Aires, 1997.

Ortiz de Burgos, José, *Diccionario italiano-español, spagnoulo-italiano*, 17ª edición, Ediciones Hymsa, Barcelona, 1979.

Quevedo, Francisco de, *Obras completas, I, Poesía original*, 3ª edición, edición, introducción, bibliografía y notas de José Manuel Blecua, Planeta, Barcelona, 1971.

Ramos Alicia, y Ana Serradilla, *Diccionario del español coloquial*, Akal, Madrid, 2000.

Real Academia Española, *Diccionario de Autoridades (1726-1739)*, seis volúmenes. En línea: http://web.frl.es/DA.html

Real Academia Española, *Diccionario de la lengua española*, 21ª edición, Espasa Calpe, Madrid, 1992.

_____, *Diccionario de la lengua española*, 22ª edición, Espasa Calpe, Madrid, 2001.

_____, *Diccionario de la lengua española*, 23ª edición, Espasa Libros / Editorial Planeta Mexicana, 2014.

_____, *Ortografía de la lengua española*, edición revisada por las Academias de la Lengua Española, Espasa Calpe, Madrid, 1999.

Real Academia Española y Asociación de Academias de la Lengua Española, *Diccionario panhispánico de dudas*, Santillana, Bogotá, 2005.

_____, *Ortografía básica de la lengua española*, Espasa, México, 2012.

Riemen, Rob, *Para combatir esta era. Consideraciones urgentes sobre el fascismo y el humanismo*, traducción de Romeo Tello A., Taurus, México, 2017.

Robelo, Cecilio A., *Diccionario de aztequismos*, 3ª edición considerablemente aumentada, Librería Navarro, México, s/f, *ca*. 1950.

Santamaría, Francisco J., *Diccionario general de americanismos*, tres volúmenes, 2ª edición, Gobierno del Estado de Tabasco, Villahermosa, 1988.

Santamaría, Andrés *et al.*, *Diccionario de incorrecciones, particularidades y curiosidades del lenguaje*, 5ª edición, actualizada y ampliada, Paraninfo, Madrid, 1989.

Seco, Manuel, *Diccionario de dudas y dificultades de la lengua española*, 8ª edición, Aguilar, Madrid, 1982, y novena edición renovada, Espasa Calpe, Madrid, 1991.

Siméon, Rémi, *Diccionario de la lengua náhuatl o mexicana*, 2ª edición, traducción de Josefina Oliva de Coll, México, Siglo XXI, 1981.

Suazo Pascual, Guillermo, *Abecedario de dichos y frases hechas*, Edaf, Madrid, 1999.

Tello, Antonio, *Gran diccionario erótico de voces de España e Hispanoamérica*, Ediciones Temas de Hoy, Madrid, 1992.

Zaid, Gabriel, *El secreto de la fama*, Lumen, México, 2009.

_____, *Mil palabras*, Debate, México, 2018.

ÍNDICE ALFABÉTICO DE VOCES, EXPRESIONES Y TEMAS

[Se distinguen en *cursivas* las formas incorrectas]

Esta obra se imprimió y encuadernó
en el mes de enero de 2021,
en los talleres de Litográfica Ingramex,
Centeno 195, colonia Valle del Sur, Iztapalapa,
C.P. 09819, Ciudad de México.